'프랜차이즈 사업자가 알아야 할 쉽고, 체계적인 가맹사업법 해설'

알기 쉽게 해설한

가맹사업법

'프랜차이즈 사업자가 알아야 할 쉽고, 체계적인 가맹사업법 해설'

알기 쉽게 해설한

가맹사업법

장준근 지음

KSI 한국학술정보[주]

추천의 글

우리나라에 프랜차이즈 시스템이 도입된 1980년 대 이후 프랜차이즈산업은 매년 10% 이상의 고도성장을 계속하고 있으며, 그 매출액이 2008년 기준 77조 원으로 우리나라 GDP의 약 7.5%를 차지하는 등 프랜차이즈 산업이 국가경제에 미치는 영향력이 매우 크다 할 수 있습니다. 더군다나 프랜차이즈 시스템은 외식이나 도소매업뿐만 아니라 서비스업 등 다양한 분야에서 활용이 가능하기 때문에 산업의 전망도 매우 밝다고 할 수 있습니다.

이렇게 산업이 양적으로 성장하고 국민 경제에 미치는 영향이 커짐에 따라 이에 걸맞은 체제를 갖추기 위하여 관련 법률에 대한 중요성과 그 인지도도 매우 높아지고 있습니다. 특히 가맹사업거래의 공정화에 관한 법률이 대표적이라고 할 수 있습니다. 동 법률에 따르면 정보공개서의 등록, 가맹금의 예치, 불공정거래행위 그리고 분쟁 시 조정방법 등을 규정하고 있어 프랜차이즈 사업을 하고 계시거나 프랜차이즈 사업을 영위하고자 하는 기업이나 개인들은 이러한 법률 내용을 반드시 숙지하여야 할 것입니다. 그러나 가맹사업법은 너무 어렵고, 번거롭게만 여겨지는 것이 사실입니다. 그런데도 정작 이런 가맹사업법을 알기 쉽게 정리한 책을 찾기란 생각보다 쉽지 않습니다.

이러한 상황에서 프랜차이즈 산업인이 쉽고 친근하게 다가갈 수 있도록 가맹사업법에 대한 기존의 천편일률적인 법조문 중심의 편제에서 벗어나 각각의 제도를 중심으로 목차를 구성하여 이해하기 쉽도록 하여 실무에도 적극적으로 활용할 수 있는 서적이 출간되었다는 점에서 매우 기쁘게 생각합니다.

이번에 출간되는 이 도서는 프랜차이즈를 준비하시는 예비창업자는 물론이고 프랜차이즈사업을 하시는 본사나 가맹거래사를 준비하는 수험생들에게도 큰 도움이 될 것을 확신합니다.

사)한국프랜차이즈협회

상근부회장 한상만

추천의 글

병을 잘 치료하는 것보다 예방하는 것이 최선인 것처럼 법률상 분쟁도 발생하지 않도록 하는 것이 중요합니다.

실무에서 사건을 접하면서 의뢰인들이 미리 조금만 신경을 써서 조심했더라면 어려움에 처하지 않았을 텐데 하는 안타까움을 느끼는 적이 허다합니다. 우리네 사회생활이라는 것이 인식하지는 못하지만 단순한 물품구입에서부터 자신의 전 재산이 걸려 있는 큰 계약까지 순간순간 수많은 법률행위의 연속이라는 점을 간과해서는 안 되고 법에 대한 이해가 필요하기 때문입니다.

프랜차이즈 업무 역시 관련 종사자들이 꼭 알아야 할 법규정들이 있고 이에 대한 숙지는 여러분들의 권리와 이익을 지켜 줄 것입니다. 하지만 아쉽게도 우리나라의 법률이 일반 국민은 이해하기 쉽지는 않습니다. 법규의 탄력성이나 표현의 한계 등이 그 이유일 것입니다. 그래서 법률에 대한 정리와 해설이라는 도움이 필요하고 가맹사업법에 대하여는 저자의 본 도서가 그 역할을 할 것이라 기대됩니다.

이 책은 법에 대한 해설서에서 요구되는, 법 전체는 물론 관련법의 충분한 이해와 단순한 조문의 나열이 아닌 실제 사용되는 조문들의 유기적 결합을 통한 독자의 이해를 도울 수 있는 구조를 지니고 있습니다. 또한 저자의 실력과 노력이 빚어낸 법률해석의 정확성 역시 독자들이 가맹사업법을 이해하고 실질적인 도움을 얻을 수 있는 장점입니다.

이 책을 통하여 프랜차이즈 회사의 실무자, 프랜차이즈 창업을 하고자 하는 분, 수험생, 대학에서 프랜차이즈를 전공하는 분들 모두가 필요한 도움을 효율적으로 받을 수 있을 것이라 기대합니다. 나아가 이 책이 국내 시장을 넘어 세계의 표준을 만들어 나갈 수 있는 프랜차이즈업의 발전에 기여하게 되기를 바랍니다.

변호사 임남향

머리말

오늘날 사회 전반을 흐르는 화두는 바로 "소통"인 것 같습니다. '소통'이란 그 사회의 성격과 질을 결정짓는 중요한 요소이기 때문일 것입니다. 이는 곧 가맹사업관계, 즉 가맹본부와 가맹사업자 간에도 그대로 적용이 됩니다. 소통을 통한 가맹본부와 사업자 간의 신뢰구축이야말로 가맹사업의 성패를 좌우한다고 해도 과언이 아닐 것입니다. 소통을 통한 신뢰구축, 즉 신뢰가 소통의 제일 전제라고 한다면 신의성실을 기본원칙으로 하는 가맹사업법이야말로 가맹사업당사자 간의 소통을 이루는 가장 기본적인 수단이 될 것입니다, 그렇다면 가맹사업법의 존재이유는 무엇일까요? 가맹점사업자(프랜차이즈사업자)를 보호하여 궁극적으로는 국민경제발전을 도모함에 있습니다.

1997년 외환위기 이후 수많은 명예퇴직자들이 자의 반 타의 반 자영업시장에 뛰어듦에 따라 가맹사업시장(프랜차이즈시장)의 성장은 그야말로 눈부신 발전을 거듭하여 왔습니다. 그러나 그러한 외형적 성장에 비해, 질적 성장은 답보상태에 머물러 있었던 것이 사실입니다. 수많은 사기성 가맹본부의 난립 등으로 인하여 선량한 프랜차이즈창업희망자들이 오히려 피해를 보는 등 문제의 심각성은 이루 말할 나위가 없었던 것입니다.

대부분의 경우 처음부터 가맹사업에 뛰어들고자 했던 사람은 그리 많지 않습니다. 오륙도, 사오정이라는 말이 있듯이 한창 일할 나이에 젊음을 바쳐 왔던 직장을 뒤로하고 제2의 인생을 살기 위해 프랜차이즈시장에 들어오게 됩니다, 그런데 그분들이 맞이하는 대부분의 현실은 어떨까요? 우리가 상상하는 것 이상으로 현실은 결코 만만치 않습니다.

많은 사람들이 사기성 가맹본부에 속아 좌절감을 느낀 채 폐업하거나 아니면 인건비도 못 건진 채 하루하루를 힘들게 살아가는 경우를 주변에서 심심치 않게 찾아볼 수 있습니다. 프랜차이즈시장을 포함하여 자영업시장은 그야말로 생존경쟁의 법칙이 그대로 적용되는 이른바 사느냐, 죽느냐의 생존의 문제인 것입니다.

그렇다면 그러한 생존의 갈림길에서 우리가 해야 할 일은 무엇이겠습니까?

무조건 많이 보고 배우고 익혀서 나만의 보호 장치를 장착하고 있어야 하는 것입니다.

그러한 최소한의 보호 장치가 가맹사업법인 것입니다. 당사 간의 신뢰를 바탕으로 하는 가맹사업법은 가맹사업을 영위하고자 하는 분들에게 자신들의 권리를 행사하고 의무를 이행하는 나아가 가맹사업시장의 발전을 이루기 위한 방향을 제시하고 있습니다.

한편 가맹본부는 가맹사업법이라는 법의 테두리 안에서 자신의 사업을 영위하여야 할 것입니다. 또한 가맹점사업자를 살리는 길이 곧 자신을 살리는 길임을 인식하여야 할 것입니다. 이처럼 가맹사업법의 목적은 가맹사업 당사자를 보호하기 위한 최소한의 법적 장치이며, 이를 숙지하고 적극적으로 활용하는 것은 선택의 문제가 아닌, 필수적인 것이라 할 수 있습니다.

책을 쓴다는 것 자체가 본인에게는 벅찬 작업이었습니다. 그러나 프랜차이즈 사업을 하면서 느꼈던 점, 그리고 직접 수험생 입장에서 국가시험을 준비해 본 경험자입장에서 그동안 많이 아쉬웠던 점을 보완하였습니다.

이 책은 어떤 학문적 독창성을 추구하는 것이 아닙니다. 다만 가맹사업관련 전문가입장에서 관련업계종사자들의 가맹사업법의 이해를 위하여 반드시 필요하다고 생각되는 부분을 정리함으로써 여러분의 수고를 덜어드린다는 데 그 의의를 두고 있습니다.

사람은 누구나 다 자신의 일로 바쁩니다. 그러나 어떤 사람들은 기꺼이 아까운 자신의 시간을 나누어 주는 분들도 계십니다. 이 책의 출간에 도움을 주신 한국 프랜차이즈협회 한상만 부회장님과 법무법인 양헌의 임남향 변호사님 그리고 예비변호사 송진욱 형, 그리고 출간을 망설이는 저에게 출간을 적극 권유한 한국프랜차이즈연구소 김지윤 소장께 감사드립니다. 더불어 어려운 출판시장에도 불구하고 필자를 믿고 출판을 결심해 주신 한국학술정보(주)에 감사드리며 특히 출판협의과정에서 도움을 주신 도서기획팀의 조은영 님께 거듭 감사의 말씀을 드립니다.

꽤 괜찮은 회사를 그만두고 다른 일을 한다고 했을 때 주위 분들의 만류도 있었고 실제로 여러 가지 위기상황이 많이 있었습니다. 그럼에도 불구하고 묵묵히 인내심을 가지고 제 자리를 지켜 준 배우자로서 그리고 유능한 사회인으로서 훌륭하게 제 능력을 발휘하고 있는 아내 이지숙에게 깊은 애정과 존경심을 보냅니다. 또한 한창 아빠와 놀 나이에 시간이 없다는 핑계로 그렇지 못한 점에 대하여 이 지면을 빌어 사랑하는 딸 장수영에게, 그리고 언제나 헌신적인 부모님 그리고 장인, 장모님께 깊은 사랑과 죄스러운 마음을 전합니다.

2011년 3월 24일

따스한 봄날에

장준근 씀

CONTENTS

CONTENTS

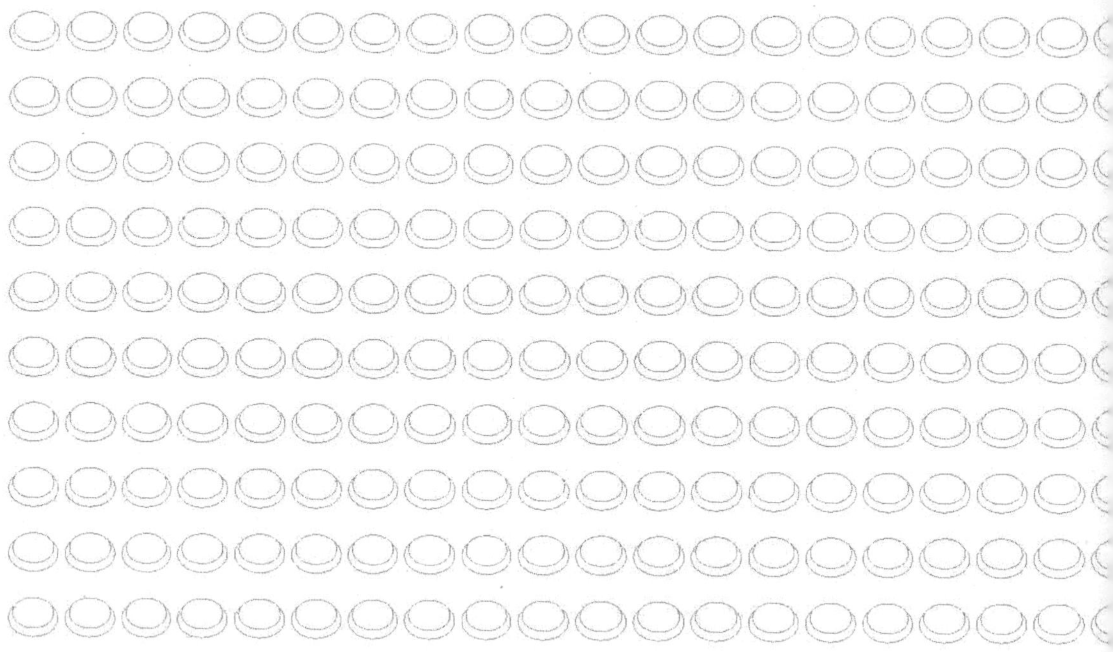

제1장 가맹사업과 가맹사업법

Ⅰ. 가맹사업의 개관

1. 가맹사업(franchise)의 유래[1)]

가. **가맹사업(프랜차이즈)이란 단어의 의미**[2)]는 '특허권을 주다', '영업권을 주다'이다. 사업유형으로서 프랜차이즈라는 용어의 의미는 군주의 특권이나 허가에 의하여 특정한 신민(臣民)에게 부여된 특권을 의미하였다. 이것이 점차 사업관계에도 확대되어 이제는 상사관계에서 타인에게 특정한 권리를 부여하는 경우까지 포함하게 된 것이다.

프랜차이즈 비즈니스개념을 최초로 도입한 기업이 어디냐에 대해서는 견해가 나누어지나, 1860년대 미국의 싱어 재봉틀회사(Singer Sewing Machine Co.)에서 비롯되었다는 주장이 유력하다. 이어 19세기 말 GM이 자동차 소매아울렛(outlet) 확보를 위해 자본조달측면에서 프랜차이즈개념을 도입하였고, 그 후 1950년대에는 맥도날드 등 패스트푸드 업체의 등장을 계기로 본격적으로 전 세계적으로 확산되게 되었다.

싱어 재봉틀회사(Singer Sewing Machine Co.)

싱어는 재봉틀을 개발하여 시장에 판매하는 데 두 가지의 장애물이 있었다. 그 하나는 고객들이 구입을 하기 전에 고객들에게 재봉틀의 사용방법을 가르치는 것이었고, 다른 하나는 그의 기계를 대량생산하는 데 필요한 자금을 확보하는 것이었다.

이러한 문제에 직면한 싱어는 그의 기계 사용방법을 가르칠 수 있는 교육자의 파견과 제품판매 권리를 지역 사업가들에게 파는 아이디어를 생각해 냈다. 그 결과 재봉틀의 판매는 엄청나게 증가하였고, 그의 사업 또한 빠르게 팽창하였다. 재봉틀의 판매와 교육자파견에 대한 권리의 대가로 받은 권리허가수수료(fee)는 그가 상품을 대량으로 제조할 수 있는 자금을 제공하였고, 모든 가맹점사업자(franchisee)는 자신의 비용으로 사업을 운영하였기 때문에 싱어사는 각 지역센터의 매니저만 고용하면 되었다. 싱어의 이와 같은 사업확장모델은 19세기에 들어서 여러 기업들이 적용하면서 빠르게 확산되었다.

---

1) 김후중, 가맹사업법 이해와 실무(무역경영사, 2008년).

2) 프랜차이즈(franchise)와 프랜차이징(franchising)을 혼동하는 경우가 많은데, 프랜차이즈(franchise)는 사업적인 관점에서 볼 때 정부 또는 개인적 주체가 어떤 개인 또는 집단에게 부여하는 특정의 권한을 의미하고, 프랜차이징(franchising)은 일반적으로 이러한 권한을 수단으로 여러 사업분야에서 마케팅 또는 유통기법으로 사업화하는 방법을 말한다(Khan, 1992)(임재석, 프랜차이즈 시스템의 규범에 관한 연구, 제150면).

나. 우리나라 가맹사업의 시작

우리나라 프랜차이즈의 효시에 대해서는 1975년 개점한 림스 치킨으로 보는 견해와 1979년 7월 커피전문점으로 개점한 난다랑으로 보는 견해가 있으나, 일반적으로 1979년 햄버거 전문점인 롯데리아가 가맹점 형태로 제1호점을 개점한 것을 프랜차이즈 비즈니스의 시작으로 보고 있다. 그러나 본격적으로 성장을 시작한 것은 1988년 서울올림픽 이후 1989년 편의점 가맹본부인 (주)코리아세븐의 세븐일레븐이 제1호 가맹점을 개점한 시점으로 보고 있고, 이를 계기로 현대적 의미의 프랜차이즈 사업이 본격화하게 되는 계기가 되었다. 이는 미국의 싱어(Singer)사가 프랜차이즈 비즈니스개념을 도입한 시기와 비교하면 약 130여 년이 뒤진 것이고, 프랜차이즈비즈니스가 본격화되기 시작한 20세기 초와 비교해 봐도 대략 100년 늦게 우리나라에 도입되었다고 볼 수 있다.

2. 가맹사업의 의의

가. 국제프랜차이즈협회(IFA)의 정의

"프랜차이즈 사업이란 프랜차이저(가맹본부)와 프랜차이지(가맹점사업자) 사이의 계약관계로서, 프랜차이저는 노하우와 훈련 등의 업무에 관하여 계속적으로 이익을 제공하고 또는 이를 유지할 의무를 지며, 프랜차이지는 프랜차이저의 소유 또는 관리하에 있는

WHAT IS A FRANCHISE?[3]

A franchise is the agreement or license between two legally independent parties which gives:

- a person or group of people(franchisee) the right to market a product or service using the trademark or trade name of another business(franchisor)
- the franchisee the right to market a product or service using the operating methods of the franchisor
- the franchisee the obligation to pay the franchisor fees for these rights
- the franchisor the obligation to provide rights and support to franchisees

3) IFA EDUCATIONAL FOUNDATION, An Introduction to Franchising, 제1면.

공통의 상표 및 영업기준에 따라 영업을 하며 프랜차이즈 사업에 대하여 자신의 자본을 실질적으로 출자하는 것을 말한다."

나. 영국프랜차이즈협회(BFA)의 정의[4)]

"프랜차이즈란 어떤 사람이 다른 사람에게 부여하고 있는 계약상의 면허로서 다음의 요소를 구비하고 있는 것을 말한다. ① 프랜차이즈를 부여한 기간 동안 프랜차이지는 프랜차이저가 보유하는 특정 명칭을 사용하여 특정의 사업을 수행하는 것이 허용되고 요구될 것, ② 프랜차이즈를 부여한 기간 동안 프랜차이지가 수행하는 해당 사업의 방법에 대하여 프랜차이저는 계속적으로 통제할 권리를 부여할 것, ③ 프랜차이저는 프랜차이지에 대하여 해당 사업을 실행하는 데 따른 지원할 의무를 수행하는 일을 수행하며 경영상의 다른 사항에 대하여도 지원할 것, ④ 프랜차이즈를 부여한 기간 동안 정기적으로 프랜차이저는 프랜차이지에게 제공하는 프랜차이즈 상품 또는 서비스의 대가로서 프랜차이저는 프랜차이지에게 금전의 지급을 요구할 수 있을 것, ⑤ 지주회사와 그 자회사와의 사이의 거래 또는 같은 지주회사 자회사 상호 간의 거래 또는 지주회사에 대하여 관리되고 있는 개인 및 회사 사이의 거래가 아닐 것"

다. 일본프랜차이즈 체인협회(JFA)의 정의[5)]

"프랜차이즈란 사업자(가맹본부)가 다른 사업자(가맹점사업자)와의 사이에 계약을 체결하고 자기의 상표, 서비스, 마크, 상호, 그 밖의 영업의 상징이 되는 표지 및 경영의 노하우를 사용하여, 동일한 이미지 하에 상품의 판매 및 그 밖의 사업을 수행할 권리를 부여하고, 가맹점사업자는 그 반대급부로서 일정의 대가를 지급하며, 사업에 필요한 자금을 투입하여 가맹본부의 지도 및 지원하에 사업을 수행하는 양자의 계속적 관계를 말한다."

라. 한국프랜차이즈협회(KFA)의 정의

"프랜차이즈란 가맹본부가 프랜차이즈를 구매한 사람에게 프랜차이즈 회사의 이름, 상

---

4) 산업자원부, 프랜차이즈 경영가이드 총서 제6권(한국프랜차이즈협회, 2004년), 제12면.

5) 산업자원부, 같은 자료, 제13면.

호, 영업방법 등을 제공하여 상품과 서비스를 시장에 판매하거나 기타 영업을 할 수 있는 권리를 부여하며 영업에 관하여 일정한 통제, 지원을 하고 이러한 포괄적 관계에 따라 일정한 대가를 수수하는 계속적 채권관계를 의미한다."

마. 가맹사업거래의 공정화에 관한 법률상의 정의

가맹사업거래를 규율하는 법으로 가맹사업거래의 공정화에 관한 법률(약칭 "가맹사업법")이 2002년 제정되어 시행 중이며 시행령과 고시 등 하위규정이 마련되어 있다.

가맹사업법 제2조에 의하면 다음과 같이 정의하고 있다.

"가맹사업이라 함은 가맹본부가 가맹점사업자로 하여금 자기의 상표 · 서비스표 · 상호 · 간판 · 그 밖의 영업표지(이하 '영업표지'라 한다)를 사용하여 일정한 품질기준이나 영업방식에 따라 상품(원재료 및 부재료를 포함한다. 이하 같다) 또는 용역을 판매하도록 함과 아울러 이에 따른 경영 및 영업활동 등에 대한 지원 · 교육과 통제를 하며, 가맹점사업자는 영업표지의 사용과 경영 및 영업활동 등에 대한 지원 · 교육의 대가로 가맹본부에 가맹금을 지급하는 계속적인 거래관계를 말한다."

바. 검토

위에서 살핀 바와 같이 각 나라의 프랜차이즈에 대한 정의는 큰 차이를 발견할 수 없다. 즉, 가맹본부(프랜차이저)는 자신의 상호, 영업방법 등 경영상의 노하우를 제공하고, 가맹점사업자(프랜차이지)는 그에 대한 대가를 지불하는 것을 일반적으로 프랜차이즈라고 한다.[6]

---

6) 이에 대하여 최근 한국의 프랜차이즈시장에서는 그 개념이 조금씩 변화하고 있다는 견해가 있는데, 가맹본부는 가맹점주에게 상표, 상호, 서비스표(영업표지)의 사용허가 및 광고지원, 상품공급, 경영노하우를 제공해 주고 로열티를 받는 대신 기계, 장비, 인테리어 금액에 로열티 금액을 아예 포함시키는 형태로 변이하고 있다고 한다. 즉 가맹점주 입장에서는 표면적으로는 로열티를 내지 않지만 계약기간 동안 지급해야 할 많은 로열티 금액을 일시에 지급하는 형태로서, 이는 가맹본부와 가맹점주 사이에는 정통적인 프랜차이즈개념의 핵심인 경영노하우 및 기타 실무적 제반교육의 제공이 미비하다는 것을 의미한다는 것이다.

3. 가맹사업의 성립요건

가. 가맹본부가 가맹점사업자에게 영업표지 등의 사용을 허가

(1) 가맹사업을 영위함에 있어서 가장 두드러진 특징은 가맹본부가 각각의 가맹점들로 하여금 자신의 영업표지를 사용하게 한다는 것이다. 이렇게 함으로써 가맹점사업자들은 동일한 영업표지 아래 가맹사업을 할 수 있게 된다.

☞ 영업표지에 있어서 1) 상호란, 상인이 영업을 함에 있어 자신을 표칭하는 명칭을 말하고, 2) 상표란, 상품을 생산, 가공, 증명 또는 판매하는 것을 업으로 하는 자가 자기의 영업과 관련하여 타인의 상품과 자기의 상품을 구별(이른바 '자타상품의 식별기능')하기 위해서 사용하는 기호, 문자, 도형 또는 이들을 결합한 것을 말하며(상표법 제2조 제1항 제1호), 3) 서비스표란, 서비스업에 종사하는 자가 자기가 제공하는 서비스를 타인의 그것과 구별하기 위하여 사용하는 표장을 말한다(상표법 제2조 제1항 제2호). 뿐만 아니라 가맹사업상 영업표지는 이들 외에도 간판, 선전탑, 광고/의장, 디자인, 조명, 색상 등 널리 가맹본부의 동일성을 상징하는 모든 표현물이나 표현방법 등을 망라한다.

상 표	상 호
1. 자타상품을 식별하기 위하여 상품에 부착하는 표장(**자타상품 식별기능**) 2. 자타상품을 식별하는 기호로서 문자뿐만이 아니라 기호, 문자, 도형, 입체적 형상 또는 이들의 결합 또는 이들과 색채의 결합으로 구성될 수 있으며, 상표의 사용에 있어서는 **강제성이 없다.**	1. 상호는 상인(법인, 개인)이 영업상 자기를 표시하는 명칭으로서 **영업의 동일성을 표시하는 기능**을 하는 것입니다. 즉, 상호는 상인이 영업에 관하여 자기를 표시하는 명칭으로서 인적표지의 일종이며, 문자로 표현되고 호칭되며, 회사의 경우 상호의 사용이 **강제적이다.**

(2) 또한 가맹본부는 영업표지에 대한 배타적 권리를 보유하고 있어야 한다. 따라서 등록 등을 통해 상표권 등의 권리를 확보하고 있어야 할 것이다. 뿐만 아니라, 예를 들어 제3자가 가맹점사업자의 영업구역 내에서 유사한 상표나 서비스표 등 영업표지를 사용할 경우 가맹본부는 가맹점사업자를 위하여 제3자의 영업표지 침해행위를 금지해야 할 의무를 부담한다 할 것이다.

한편, 영업표지와 관련하여 가맹본부는 가맹점사업자로 하여금 영업표지의 사용을 허락하고 그에 대한 대가로 가맹금을 수령하는 이상 가맹계약기간 중에는 가맹점사업자와 의논이나 협의 없이는 영업표지를 일방적으로 변경할 수 없다. 판례(判例) 또한 가맹본부는 가맹계약기간 중 가맹점사업자와의 협의 없이는 영업표지를 일방적으로 변경할 수 없다고 판시한 바 있다.

> 편의점 가맹계약에 있어서 가맹계약상의 영업표지의 인지도 등에 비추어 볼 때 영업표지는 이 사건 가맹계약의 가장 중요한 사항이고, 그 영업표지를 변경하는 것은 원고가 운영하는 편의점에 대한 소비자들의 인지도나 식별가능성 등에 영향을 미칠 수 있는 중요한 요소이다(대법원 2008. 11. 13. 선고 2007다43580 판결).

나. 가맹본부의 경영 및 영업활동 등에 대한 지원 · 교육 · 통제

가맹사업은 가맹본부가 자신의 사업전략에 따라 가맹점사업자를 지원· 교육 · 통제하는 거래형태이다.

(1) 가맹본부는 가맹점사업자를 위하여 '지원'하여야 한다.

가맹본부는 가맹점사업자에게 창업 준비부터 창업진행과정, 창업 후의 영업활동, 영업종료에 이르기까지 영업활동 전반에 걸쳐 다양한 형태의 지원을 제공해야 한다. 여기서 가맹본부의 지원이란 가맹점사업자의 영업에 대하여 계속적인 지도 또는 조력을 제공하는 것을 말한다. 예를 들어 음식업 가맹사업의 경우 가맹본부는 물품을 제공하고, 영업에 필요한 교육을 시행하며, 음식조리법, 종업원의 고객응대요령 등을 기재한 매뉴얼을 만들어 제공하는 등 가맹점사업자로 하여금 보다 손쉽게 영업활동이 가능하도록 필요한 지원을 해야 한다.

(2) 가맹본부는 가맹점사업자를 '교육'하여야 한다.

가맹본부는 자신만이 갖고 있는 노하우(Know-How)나 영업비밀, 영업방식 등을 가맹사업자로 하여금 습득할 수 있도록 교육을 시켜야 한다.

(3) 가맹본부는 가맹사업을 위해 필요한 범위 내에서 가맹점사업자를 '통제'한다. 가맹본부의 통제란 그의 영업표지와 경영상의 노하우, 영업비밀, 더 나아가 고객에 대한 가맹본부의 신뢰 등을 보호하기 위하여 가맹점사업자의 영업에 일정한 제한을 가하는 것이라 할 수 있다.[7]

☞ 예를 들어 음식업 가맹사업의 경우, 생산기법, 입지선정이나 고객에 대한 제한, 특정한 메뉴만 판매하도록 하는 등 메뉴통제를 하거나, 자점매입을 금지하거나, 종업원의 복장을 통제하거나, 영업일수를 통제하는 등의 통제를 한다. 왜냐하면 상품이나 용역의 균질성 유지를 위해서는 가맹본부의 지시나 통제가 필수적이기 때문이다. 다만 이러한 가맹본부의 통제로 말미암아 불공정행위 여부와 관련하여 종종 가맹점사업자 간에 분쟁이 발생하고 있으며, 이에 대하여는 불공정거래행위 편에서 구체적으로 다루고자 한다.

결국, 가맹계약거래로 인정되기 위해서는 가맹점사업자는 가맹본부가 정해 준 일정한 '품질기준과 영업방식'에 따라야 한다는 것이다.

여기서 1) 품질기준을 정하여 준다는 의미는 제품이나 서비스를 일정한 표준에 적합하도록 기준(재료, 외형, 제품의 특성 등)을 설정하여 준다는 의미이다. 또한 2) 영업방식을 정하여 준다는 의미는 영업방식의 스타일(영업시간, 판매방식, 고객응대요령, A/S방식 등)을 정하여 준다는 의미이다. 이러한 품질기준이나 영업방식을 정하여야 하는 이유는 가맹사업은 고객으로 하여금 어느 가맹점에서나 동일한 제품이나 서비스를 동일한 방식으로 제공받을 수 있다는, 신뢰를 바탕으로 하는 사업이기 때문이다.

다. 가맹점사업자는 영업표지사용 및 경영 · 영업활동 등에 대한 지원 · 교육에 대한 대가로 가맹금 지급

(1) 가맹금이란, 명칭이나 지급형태를 불문하고 가맹점사업자가 가맹점운영권이나 영업활동에 대한 지원 · 교육에 대한 대가로 가맹본부에 지급하는 대가를 말한다(가맹사업법 제2조 제6호).

7) 주아라, 加盟契約에 관한 硏究(한남대학교 대학원 석사학위논문, 2009년), 제14면.

이처럼 가맹금은 대가적 의미가 있는 것으로서 가맹점사업자는 가맹금 지급의무를 짐으로써 가맹계약은 쌍무 · 유상계약이 되는 것이다.

(2) 가맹사업이 되기 위해서는 가맹희망자나 가맹점사업자가 가맹본부에 대가를 지급하는 구조여야 하며, 가맹금의 지급이 없는 경우에는 가맹사업이라고 할 수 없다.

라. 가맹사업은 계속적 거래관계이다.

(1) 가맹계속적 계약관계이다. 따라서 일시적 지원만 하는 경우는 가맹사업이 아니며, 일정기간 동안 계속해서 급부실현의무를 지는 계약이다.

(2) 또한 계속적 계약관계라는 점 때문에 당사자 간의 상호신뢰성이 무엇보다 강하게 요구된다. 따라서 가맹계약에 있어서는 계약당사자가 누구이냐가 매우 중요한 문제가 되며, 당사자에 관한 착오는 법률행위내용의 중요부분의 착오로서 취소할 수 있게 되는 것이다(민법 제109조).

☞ 민법 제109조

제109조(착오로 인한 의사표시) ① 의사표시는 법률행위의 내용의 중요부분에 착오가 있는 때에는 취소할 수 있다. 그러나 그 착오가 표의자의 중대한 과실로 인한 때에는 취소하지 못한다. ② 전항의 의사표시의 취소는 선의의 제삼자에게 대항하지 못한다.

4. 가맹사업의 특성

가. 가맹점사업자의 독립성

(1) 가맹점사업자는 가맹본부와 독립하여 자기의 명의와 계산으로 영업을 하는 별개의 독립된 사업자이다. 따라서 가맹본부와 가맹점사업자는 독립된 사업자로서 독자적

인 의사결정을 내리지만 가맹사업의 본질상 가맹본부는 사업의 통일성 유지를 위한 범위 내에서 가맹점사업자에 대한 통제를 가하게 되는 것이다.

☞ 가맹점사업자에게 독립적 지위가 있다는 의미는 그 영업의 결과가 직접 자기에게 귀속된다는 것을 의미한다. 따라서 가맹점사업자가 본부의 대리인이나 피용자이어서는 안 되며, 이 경우에는 가맹점사업자의 독립성이 없기 때문에 가맹계약으로 인정되지 않는다.

☞ 가맹점사업자는 가맹본부의 상호, 상표, 서비스표 등을 사용하기 때문에 외관상 가맹본부와 동일한 기업의 지점 혹은 분점으로 보일 수 있으나, 법률상 독립한 사업주체임을 주의하여야 한다.

(2) 가맹사업거래는 가맹본부와 가맹점사업자가 각각 독립한 자본으로 운영하는 독립사업자 간의 거래이다. 대법원도 "이른바 '프랜차이즈 계약'의 기본적인 성격은 각각 독립된 상인으로서의 본사 및 가맹점주 간의 계약기간 동안의 계속적인 물품공급계약이고, 본사의 경우 실제로는 가맹점의 영업활동에 관여함이 없이 경영기술지도, 상품대여의 대가로 결과적으로 매출액의 일정비율을 보장받는 것에 지나지 아니하여 본사와 가맹점이 독립하여 공동경영하고 그 사이에서 손익분배가 공동으로 이루어진다고 할 수 없으므로 가맹점 계약을 동업계약관계로는 볼 수 없다"고 판시하였다(대법원 1996. 2. 23. 95도2608 판결).

나. 영업표지의 동질성

가맹본부와 가맹점사업자가 공통의 영업표지 아래 영업활동을 함으로써 소비자입장에서는 이러한 가맹사업 전체를 동일한 것으로 인식하는 경향이 있다.

다. 상호 의존성

가맹사업은 가맹본부가 가맹점사업자로 하여금 자기의 상표, 서비스표, 상호, 간판, 그 밖의 영업표지를 사용하여 일정한 품질기준에 따라 상품 또는 용역을 판매하도록 함과 아울러 이에 따른 경영 및 영업활동 등에 대한 지원 · 교육과 통제를 하고, 가맹점사업자는 그에 대한 대가로 가맹본부에 가맹금을 지급하는 계속적인 거래관계를 말하므로, 가맹사업은 가맹본부와 가맹점 사이의 '상호의존적 사업방식'으로서 신뢰관계를 바탕으로 가맹점사업자의 개별적인 이익보호와 가맹점사업자를 포함한 전체적인 가맹조직의 유지발전이라는 '공동의 이해관계'를 가지고 있다(대법원 2005. 6. 9. 선고 2003두7484 판결).

라. 당사자 간의 갈등구조

가맹사업당사자는 서로 독립한 사업자이고, 각자가 추구하는 구체적인 목표 등에서 차이가 존재할 수 있기 때문에 운영 면에서 이해관계로 인한 갈등이 언제든지 발생할 수 있는 구조이다.

마. 정보의 불균형

가맹사업거래는 가맹본부가 개발한 가맹사업시스템을 가맹점사업자가 이용하는 구조이기 때문에 해당 가맹사업에 대한 정보력에 있어서는 불균형관계에 놓여 있다. 이러한 정보의 불균형을 이용한 기회주의적인 가맹본부의 등장가능성이 높다.

☞ 허위 · 과장된 정보제공을 통해서 가맹점사업자를 모집하는 것이 그 대표적인 예이다.

5. 가맹사업의 기능

가. 가맹사업의 순기능(順機能)

(1) 창업성공률의 제고

가맹사업은 비교적 소자본으로 안정적으로 창업할 수 있으며, 경기 침체 시에 더욱 증가하는 경향이 있으므로 내수기반확충에 기여하는 측면이 있다.

☞ 5년간 자영업자 창업대비 폐업비율 84.3%, 프랜차이즈 편의점 5년차 폐업률 25%

(2) 자영업자에게 안정적 일자리 제공

가맹본부로부터 전문적인 지식, 경영노하우 등을 제공받아 사업을 영위하므로 실패율이 낮다. 이는 자영업자에게 안정적인 일자리를 제공함으로써 서민경제 안정화에 기여할 수 있다는 것이다.

☞ 프랜차이즈 1개 창업 시 평균 417명 고용창출(가맹본부: 46명, 가맹점: 371명)

(3) 중소기업 비중확대에 기여

가맹점주의 자금으로 가맹점이 개설되는 경우처럼 소규모의 자본으로도 효율적인 전국적 유통망 구축이 가능하다. 비록 대기업의 프랜차이즈사업으로의 진출이 증가하고는 있지만 현재 대부분의 가맹본부는 중소기업으로서 프랜차이즈산업이 성장할수록 국민경제에서 중소기업이 차지하는 비중을 높일 수 있으며, 프랜차이즈시장을 발전시킴으로써 중소기업의 활성화를 도모하고 궁극적으로는 국가경제의 발전을 기대할 수 있다.

(4) 서비스산업 등 연관산업의 활성화

1) 가맹사업은 제조업, 유통업 등 거의 모든 업종에서 적용이 가능하나, 그중에서도 특히 서비스산업에서 다양한 서비스 업종 창출이 가능하다.

2) 내수시장 확대를 통해 수출중심의 경제체질의 개선이 가능하다.

(5) 해외시장진출에 기여

1) 가맹사업은 자국 내에서의 경영노하우와 시스템을 해외시장으로 이전하여 사업을 전개시킬 수 있는 장점이 있다. 즉, 인력, 시설장비, 원 · 부자재 등 융합수출로 채산성을 극대화시킬 수 있다.

2) 현지교민 네트워크를 통한 한민족 공동체강화 및 이른바 '한류' 확산에 기여할 수 있다.

나. 가맹사업의 역기능(逆機能)

(1) 가맹본부에 불리한 점

1) 직영체제의 경우 부진점 또는 불량점은 경영진의 판단에 따라 폐점조치를 단행하거나 점장의 교체 등 신속한 조치가 가능하나, 프랜차이즈사업의 경우 가맹점은 독립한 지위를 갖고 있으므로 이러한 조치가 쉽지 않다. 프랜차이즈 사업에 있어 부진점이나 불량점이 있는 경우 이른바 분쟁으로 발전될 가능성도 있으며 프랜차이즈 본사의 대외적 신용도 하락의 원인으로 작용하기도 한다.[8)]

2) 직영점의 경우 가맹본부의 철저한 경영지도와 통제가 가능하고 용이하다. 따라서 새로운 외부환경의 변화에 신속하고 적절한 대처가 가능하다. 그러나 가맹점의 경우 기본적으로 독립적인 지위를 가지고 때문에 효율적인 경영이나 품질유지를 위한 관리통제가 쉽지 않다.

3) 가맹본부가 내리는 통일적인 경영지도 또는 통제는 각각의 가맹점의 실정에 맞지 않는 경우가 있다. 가맹본부는 가맹사업의 통일성을 유지하고 그러한 통일성을 유지하기 위해 가맹점을 지도하고 통제한다. 그러나 이러한 통일적인 지도나 통제는 가맹점이 갖는 지역별 특색, 즉 그 지역에 거주하는 고객의 특성, 상권의 특성 등을 고려하지 않고 이루어지는 경우가 많다.

(2) 가맹점사업자에게 불리한 점

1) 가맹점사업자는 가맹본부와는 독립한 법적 지위를 갖고 있음에도 불구하고 상호, 상표, 상품의 품질, 경영상의 동일성을 유지하기 위해 가맹본부의 지시나 통제에

8) 박주현, 프랜차이즈경영의 이해(글로벌, 2009년), 제36면.

따라야 한다. 따라서 가맹본부에 지나치게 의존하는 경향이 생기게 되는 단점이 있다. 가맹점사업자의 개인의 경영능력이나 창의력 등이 아무리 뛰어나도 영업방식 등에 있어 가맹본부에 의존해야 하는 구조적인 문제를 가지고 있다.

2) 가맹본부에 의존해야 하는 구조적인 문제는 가맹본부보다 시장변화에 대한 대처능력이 떨어지게 하는 원인이 된다.

3) 수많은 가맹점사업자 중 단 하나의 가맹점이라도 영업이 부진하거나 실패하여 폐점하게 되는 경우에는 가맹사업의 동일성을 갖는 외관상 대외적 신뢰도가 떨어질 수 있기 때문에 그러한 부정적인 이미지는 건전하게 운영되고 있는 다른 가맹점사업자에게도 부정적인 영향을 미칠 수 있다.

6. 가맹사업과 유사개념과의 구별[9)]

가. 대리점과의 구별

대리점이란, 상품의 제조자나 공급자로부터 상품을 구입하여 자기의 계산으로 판매하는 독립된 상인으로서 대리점에 대한 판매권을 부여한 자('판매권 부여자')는 자기상품의 매출촉진이나 가격유지 등을 위하여 대리점에 일정한 지시나 통제를 가하는 경우가 많다. 따라서 가맹사업과의 구별이 어렵다. 그러나 굳이 구별하자면 ㉠ 가맹사업과 같은 통일적인 지시 · 통제판매전략이 존재하지 않는다. ㉡ 일반적으로 서비스판매는 대상으로 하고 있지 않다.

나. 특약점과의 구별

특약점은 상품의 생산과 모든 공급자로부터 상품의 계속적 공급을 보장받고 특정한 지역에서 상품의 판매권을 보장받는다.

9) 주아라, 加盟契約(Franchise)에 관한 연구(한남대 석사학위논문, 2009년), 제21면.

(1) 공통점

자신의 명의와 계산으로 영업을 하는 독립된 상인이라는 점

(2) 차이점

특약점	가맹사업
① 상품의 생산자로부터 통일적인 지시, 통제를 받지 않으며, ② 본인의 상호가 아닌, 자신의 상호를 사용하는 영업활동이라는 점. 따라서 당사자 사이에는 동일한 그룹이라는 이미지가 없다. ③ 상품만을 그 대상으로 한다.	① 가맹본부로부터 일정한 지시, 통제를 받는다. ② 가맹본부의 상호를 사용하여야 한다. ③ 가맹사업은 상품뿐만 아니라 용역 등도 대상으로 한다.

다. 체인사업[10)]과의 구별

체인(연쇄화)사업은 같은 업종의 여러 소매점포를 직영하거나, 계속적으로 경영을 지도하고 상품, 원재료 또는 용역을 공급하는 사업방식으로 유사한 형태의 여러 영업점을 중앙에서 통제하고 중앙조직과 연쇄점 간 그리고 연쇄점 상호 간에 마치 체인처럼 연결된 조직구조를 갖는 사업유형이다. 결국, 체인사업은 "공동경영"의 개념이다.

10) 유통산업발전법 제5조에 따르면 "체인사업"이라 함은 같은 업종의 여러 소매점포를 직영하거나 같은 업종의 여러 소매점포에 대하여 계속적으로 경영을 지도하고 상품 · 원재료 또는 용역을 공급하는 사업을 말하는 것으로서 네 가지로 구분할 수 있다. 1) 직영점형 체인사업이란, 체인본부가 주로 소매점포를 직영하되, 가맹계약을 체결한 일부 소매점포에 대하여 상품의 공급 및 경영지도를 계속하는 형태의 체인사업을 말한다. 2) 프랜차이즈형 체인사업이란 독자적인 상품 또는 판매 · 경영기법을 개발한 체인본부가 상호 · 판매방법 · 매장운영 및 광고방법 등을 결정하고, 가맹점으로 하여금 그 결정과 지도에 따라 운영하도록 하는 형태의 체인사업을 말한다. 3) 임의가맹점형 체인사업이란, 체인본부의 계속적인 경영지도 및 체인본부와 가맹점 간의 협업에 의하여 가맹점의 취급품목 · 영업방식 등의 표준화사업과 공동구매 · 공동판매 · 공동시설활용 등 공동사업을 수행하는 형태의 체인사업을 말한다. 즉 쉽게 말하면 단독점포와 프랜차이즈의 중간형태로서 체인본부는 최소한의 기능만 하고 점포주가 자기만의 특성을 살려 융통성 있게 경영해 나갈 수 있는 체인형태로서 상호만을 서로 함께 쓸 뿐 매장 내의 상품이나 서비스에 대하여는 전혀 규제나 간섭을 하지 않는 형태의 체인이다. 4) 조합형 체인사업이란, 같은 업종의 소매점들이 중소기업협동조합법 제3조에 따른 중소기업협동조합을 설립하여 공동구매 · 공동판매 · 공동시설활용 등 사업을 수행하는 체인사업을 말한다.

체인사업	가맹사업
1) 유사점 ① 체인점(연쇄점)은 독립적 사업체라는 점 ② 프랜차이즈형 체인사업은 동일한 간판이나 외관을 가지고 서로 비슷한 영업방식을 취하고 있다는 점 2) 차이점 다수의 체인점이 계약 등에 의해 중앙체인본부를 구성하고(☞ 따라서 체인사업의 1차적 목적은 체인본부 자체의 이익이 아니라, 참여기업 모두의 이익을 보호하는 데 있다), 체인본부의 구성이나 경영에 참여할 수 있는 권리가 있다는 점	가맹점 상호 간에는 아무런 관련성이 없다.

라. 다단계 판매사업과의 구별

다단계 판매사업이란 상위의 유통단계에 있는 자가 상품 · 용역의 판매뿐만 아니라 동시에 하위 유통단계에 있는 자를 계속적으로 모집함으로써 수익을 얻는 구조의 사업방식

다단계판매사업	가맹점사업자
1) 유사점 상위유통단계에 있는 자와 하위유통단계에 있는 자의 관계는 가맹사업상 가맹본부와 가맹점사업자와 비슷한 외관 2) 차이점 ① 다단계판매는 3단계 이상의 구조 ② 다단계판매사업자는 동일조직체 내의 일부 구성원에 불과	① 가맹사업은 본부와 사업자라는 2단계 구조 ② 가맹사업 당사자는 독립적인 영업주체

마. 위탁매매인과의 구별

위탁매매인이란, “자기명의로써 타인의 계산으로(자타)” 물건 또는 유가증권의 매매를 업으로 하는 자이다(상법 제101조).

위탁매매인	가맹점사업자
1) 타인의 계산으로 영업 2) 위탁상품이 소비자에게 매도될 때까지는 위탁자가 그 상품의 소유권을 보유	1) 자기의 계산으로 영업 2) 가맹계약을 하면 가맹점사업자가 그 상품의 소유권을 보유

바. 대리상과의 구별

대리상이란, 일정한 상인을 위하여 상업사용인이 아니면서 상시 그 영업부류에 속하는 거래의 대리 또는 중개를 영업으로 하는 자이다(상법 제87조).

대리상	가맹점사업자
"상인본인을 위하여 상인본인의 이름으로" 본인을 대리하여 행위	직접 자기명의로 거래하고 그 법률효과도 자기에게 귀속

사. 상표 등 사용권자와의 구별

상표 등 사용권자란, 상표, 특허, 서비스표 기타 무체재산권의 소유자가 이를 일정기간 동안 사용하게 하거나, 판매를 허용하는 라이센스계약에 의해 사용권을 얻은 자

① 유사점: 타인의 영업표지를 자신의 영업에 사용할 권리를 갖는다는 점

② 차이점: 영업지도나 통제를 받지 않는다는 점이다. 그러나 상표 등의 사용계약을 체결할 때 일정한 통제를 가하는 경우(∵그 상표 등의 명성을 보호하기 위해서)가 있는데, 이 경우 가맹사업과의 구별이 불분명하다. 이 경우 '중대한 조력(significant assistance)' 또는 '비즈니스 패키지(Business package)'가 존재하느냐 여부가 가맹사업 여부 판단의 중요한 기준이 된다.[11]

라이센스계약	가맹사업
1) 사용권설정자가 사용권자의 영업에 대하여 당연히 통제력을 보유하는 것은 아니다. 2) 사용권설정에 그치는 것이 일반적이다.	1) 가맹본부의 가맹점사업자에 대한 지시, 통제가 필수적이다. 2) 사용권설정+영업에 필요한 노하우 등에 대한 사용허락까지 복합적으로 이루어지는 것이 대부분이다. 즉, 가맹사업은 라이센스계약을 하나의 구성요소로 포함하는 상위에 있는 개념이라 할 것이다.

11) 즉, 라이센스계약+α(지시, 통제)=가맹사업. 참고로 IFA의 Licensing 정의는 다음과 같다. "Licensing allows a licensee to pay for the rights to use a particular trademarks. Unlikes franchises, in which the franchisor exerts significants control over the franchisee's operations, licensors are mainly interested in collecting royalties and supervising the use of the license rather than influencing the operations of the business."

아. 고용과의 구별

고용은 당사자 일방이 노무를 제공하고 이에 상대방은 보수를 지급할 것을 내용으로 하는 계약

(1) 공통점

타인의 지시와 통제에 따르면서 계속적 계약관계를 유지해 나간다는 점

(2) 차이점

고 용	가맹사업
노무자는 독립성이 없다	가맹점사업자는 독립성이 있다.

7. 가맹사업(프랜차이즈 시스템)의 유형

가. 내용에 따른 분류

(1) 상품/상호 프랜차이즈(product/trade name franchising)

가맹점에 상호, 상표 등의 사용을 허락함과 동시에 상품만을 공급하고 그 영업에 관한 노하우는 제공하지 않는 프랜차이즈를 말한다.

1) 상품판매형 프랜차이즈(Distribution franchise)

① 가맹점사업자가 가맹본부로부터 그의 상표가 부착된 상품을 판매할 권리를 부여받고, 그가 생산하거나 공급하는 상품을 판매하는 것이다. 이는 계속적인 상품공급계약의 한 형태이다.

② 초기 1세대 전형적인 모습으로서 음료수제조회사, 석유회사, 자동차회사 같은 자본력이 풍부한 상품제조회사가 가맹본사가 되고, 경제력이 약한 상품소매업자가 가맹점이 되는 형태이다. 즉, 브랜드파워가 강한 상품의 제조회사가 주로 활용하는 프랜차이즈 기법으로서 대부분 대리점의 형태로 국내에 소개되어 있다.[12)]

2) 상호 프랜차이즈(trade name franchising)

단순히 가맹점에 제조업자의 상호만을 같이 사용할 수 있는 권한을 부여하는 방식

(2) 영업형 프랜차이즈[서비스형 프랜차이즈, 비즈니스 패키지형 프랜차이즈(Business format franchise)]

영업형 프랜차이즈는 비교적 새롭게 등장한 가맹사업거래이지만, 현재 가맹사업거래의 주종을 이루고 있다. 이는 가맹점사업자가 가맹본부의 영업표지 · 경영상의 노하우 등을 이용하고 가맹본부의 일정한 지시에 따라 독자적인 가맹점사업을 운영하는 프랜차이즈를 말한다. 영업형 프랜차이즈는 전국적 또는 세계적으로 해당 상표 및 그와 연관된 상품과 서비스에 대한 소비자의 인지도를 구축하려는 데 그 목적이 있다. 예컨대, 편의점 프랜차이즈와 같이 가맹본부가 독자적으로 개발한 점포운영방식을 가맹점사업자에게 제공하고 가맹점사업자가 그 운영방식에 따라 사업을 운영하는 가맹사업방식이다. "소위 프랜차이즈 패키지"로서 우리나라의 대부분의 프랜차이즈가 여기에 해당된다.[13)]

(3) 생산형 프랜차이즈(상품제조프랜차이즈, manufacturing franchise)

가맹본부가 개발한 독특한 제조방법을 이용하여 가맹본부의 지시에 따라 가맹점사업자도 스스로 상품을 제조하고, 이를 가맹본부의 상표로 판매하는 형태이다. 이것을 산업프랜차이즈라고 하지만, 이는 제조업뿐만 아니라 수공업, 주택의 건축, 농업일 수도 있다. 코카콜라, 요플레 등이 대표적이나, 이러한 형태의 이용의 예는 우리나라에는 그다지 많

12) 유재은, 한국시장의 프랜차이즈전략(한국생산성본부, 2009년), 제32면.

13) 비즈니스 패키지형 프랜차이즈를 다시 1) 직영점(Regular chain), 2) 가맹점(Franchise chain), 3) 임의가맹점(자율체인점, Voluntary chain)으로 나누는 견해도 있지만, 생각건대 비즈니스형, 패키지형 프랜차이즈는 가맹점(Franchise chain)에 한정하는 것이 타당하다고 생각한다.

지 않다고 한다.

(4) 전환형 프랜차이즈(conversion franchising)

기존의 독립사업체가 프랜차이즈 구성원으로 전환하여 만들어진 것을 말한다.

나. 유통단계에 따른 분류(운영주체에 따른 분류)

(1) 생산자와 도매상 간의 가맹사업

이는 주로 상품의 판매와 관련하여 체결되는 것으로서, 상품의 생산자인 가맹본부와 대규모 중간도매상인 가맹점사업자 사이에 이루어지는 가맹사업을 말한다. 이는 주로 시장이 너무 분산되어 있거나 너무 적어서 수익성확보가 어려울 때 제조업자가 대신하여 유통기능을 수행할 도매상과 프랜차이즈계약을 체결하여 운영하는 방법으로, 대표적인 모델은 코카콜라사업 등을 들 수 있다.

(2) 생산자와 소매상 간의 가맹사업

이것 역시 상품의 판매와 관련하여 체결되는 것으로서, 상품의 생산자가 가맹본부가 되고 직접 소비자를 상대하는 소매상이 가맹점사업자가 되는 가맹사업을 말한다. 이는 제조업자가 소매상에게 판매권을 주고 그 소매상은 제조업자가 제시하는 각종 판매 및 서비스 조건을 따르기로 하는 독립적인 사업자간의 특권을 부여하는 사업형태로, 자동차 딜러나 주유소 등의 사업이 있다.[14)]

(3) 도매상과 소매상 간의 가맹사업

도매상인 가맹본부와 소매상인 가맹점사업자 사이에 이루어지는 가맹사업으로서 가맹본부는 안정적인 판로확보가 가능하고, 가맹점사업자는 가맹본부가 가진 상품의 대량구

---

14) 최경진, 프랜차이즈 사업에 대한 법적 연구(고려대 법무대학원 석사학위논문, 2009년), 제9면.

매력을 통해 이익을 얻는다. 이는 도매업자와 소매업자 간의 시스템으로서 도매업자가 다수의 제조업자로부터 다양한 품목을 제공받아 소매상을 가맹점 삼아 활용하는 방법으로 프랜차이즈를 개발하고 소매상을 계열화하는 방법으로 자동차부품판매점 등 전형적인 영업형 프랜차이즈사업 등을 예로 들 수 있다.[15)]

다. 권한에 따른 분류

(1) 단일지역 프랜차이즈(single-unit franchise)

일정기간, 일정지역 내에서 어떤 개인이 하나의 점포에만 가맹영업을 하도록 하는 것이다. 즉, 일정지역 내에서 일정기간 동안 가맹본부가 가지고 있는 권리 및 영업권을 부여하는 방식이다.

(2) 복수지역 프랜차이즈(multi-unit franchise)

1) 지역개발 프랜차이즈(area development)

일정기간, 일정지역 내에서 하나의 가맹점에서 여러 개의 점포개설권(right to open more than one unit)을 부여하는 방식이다. 이는 가맹점주가 프랜차이즈본사와 지역개발계약을 체결하고 개발수수료를 지급한 뒤 일정지역의 개발권을 매입하는 방식으로서 해당지역 내에서 직영점을 출점하는 권리를 부여하는 것을 말한다.

2) 지역분할 프랜차이즈(master franchise, sub-franchising)

지역별 하위 가맹점 모집권을 수여하는 프랜차이즈 형태로서, 이는 일정 지역 내에서 정해진 기간 동안 가맹점에게 권한부여계약을 통해 권리를 부여하고, 권리를 부여받은 하위의 경영본부가 다시 차 하위 가맹점에 경영본부로부터의 모든 서비스를 제공하고 그에 따르는 대가를 취하는 방식을 말한다. 쉽게 말하면 일정기간, 일정지역 내에서 하나의

---

15) 최경진, 같은 논문, 제9면.

가맹점에 프랜차이즈 본사로서의 권리를 부여하고, 이 권리를 부여받은 가맹점(서브 프랜차이즈본사 또는 지역본부)이 그 지역 내에서 프랜차이즈 본사로서의 역할을 수행하는 것을 말한다. 일반적으로 다국적 프랜차이즈 기업의 확장방법으로 많이 사용되고 있다.

3) 메가 프랜차이즈(mega franchise)[16)]

하나의 가맹점주가 동일지역 또는 다른 지역에서 동일 브랜드 또는 타 브랜드의 가맹점을 여러 개 운영하는 형태를 말한다. 이는 프랜차이즈의 선진국이라 할 수 있는 미국과 일본에서는 이미 널리 보편화된 형태라고 할 수 있다. 가맹본부입장에서는 브랜드의 신뢰성을 높일 수 있는 기회가 되며, 또한 기존에 가맹점을 운영해 본 경험이 있는 사람이므로 점포운영에 대한 노하우가 이미 있기 때문에 가맹본부 입장에서는 가맹점관리가 보다 용이하다는 장점이 있다.

8. 국내 가맹사업의 현황 및 문제점

IMF 이환위기 이후 이른바 '조기퇴직'이 일반화되면서 조기퇴직자들에 의한 창업수요가 지속적으로 증가하고 있다. 특히 가맹사업은 특별한 경험이나 지식 없이도 소자본으로도 비교적 안전하게 창업이 가능하다는 이유 때문에 그 수요가 계속해서 증가하는 추세이며, 이에 따라 가맹사업이 국민경제에서 차지하는 비중도 크게 증가하고 있다.

가. 국내 가맹사업의 현황 및 전망[17)]

(1) 가맹사업 경제적 비중 및 특성

가맹사업의 2008년도 매출은 약 77조 원으로 GDP의 약 7.5%(미국의 경우 GDP 대비 12%～14%)를 차지하고 있으며, 이 수치는 2005년 매출액 61조 원보다 약 26%가

16) 서민교, 프랜차이즈 경영론(벼리 커뮤니케이션, 2010년), 제39면.

17) 지식경제부, 한국프랜차이즈협회 실태조사, 2008년 9월 말.

증가하였다.

외식업의 비중이 높은 것을 알 수 있으며, 소매업의 비중이 큰 폭으로 감소하였고, 반면에 서비스업은 감소세에서 증가세로 전환되고 있음을 알 수 있다.

☞ 미, 일 등 선진국의 가맹사업성장률(10%) 고려 시 2010년 매출액 규모는 약 114조 원으로 추정

○ **매출액 규모**

업 종	2002년(조 원)	2005년	2008년	2005년 대비 2008년 증감률(%)
계	**41.69**	**61.31**	**77.3**	**26.1**
외식업	11.18	24.07	40.17	66.9
소매업*	26.08	34.13	28.02	- 17.4
서비스업	4.43	3.11	9.12	193

(2) 가맹본부 및 가맹점사업자 현황

1) 가맹본부 수: 2008년 말 가맹본부 수 2,426개, 2005년 2,211개보다 9% 증가

☞ 외식업 1,194(54%), 소매업 515개(23.3%), 서비스업 502개(22.7%)

2) 가맹점사업자 수: 2008년 가맹점 257,274개, 2005년 284,182개보다 9% 감소

☞ 외식업 131,193(54%), 소매업 61,611개(21%), 서비스업 64,470(25%)

○ 업종별 가맹본부 수

순 위	업 종	가맹본부 수
	총 계	**2,426**
1	패스트푸드가 아닌 음식사업	993
2	패스트푸드사업	494
3	소매업	354
4	서비스업	163
5	교육관련사업	129
6	식품소매업	83
7	유지관리서비스업	44
9	제과제빵업	36
10	자동차관련사업	31
11	기타	99

○ 가맹점 사업자 수

업 종	2002년	2005년	2008년	2005년 대비 2008년 증감률(%)
계	**119,623**	**284,182**	**257,274**	**−9.5**
외식업	50,873	141,992	131,193	−7.6
소매업*	44,175	87,511	61,611	−29.6
서비스업	24,575	54,679	64,470	17.9

○ 가맹점 종사자 수

업 종	2002년(명)	2005년	2008년	2005년 대비 2008년 증감률(%)
계	**566,094**	**831,726**	**1,001,492**	**20.4**
외식업	233,899	391,160	560,456	43.3
소매업*	223,507	231,202	169,702	26.6
서비스업	108,688	209,365	271,334	29.6

(3) 가맹본부규모

업 종	2002년(개)	2005년	2008년	2002년 대비 2008년 증감률(%)
계	**1,600(100%)**	**2,211(100%)**	**2,426(100%)**	**76.9**
외식업	559(34.9%)	1,194(54.0%)	1,523(62.7%)	140
소매업*	817(51.0%)	515(23.3%)	437(19.6%)	▽24
서비스업	224(14.0%)	502(22.7%)	466(17.7%)	150

(4) 우리나라 가맹산업의 전망[18)]

향후 한국의 프랜차이즈산업의 전망은 프랜차이즈사업에 있어서 선진국이라 할 수 있는 미국이나 일본의 경우를 비교하여 봄으로써 그 규모를 가늠할 수 있다.

1) 미국의 프랜차이즈산업 현황

미국의 경우 1985년의 경우 소매업 전체 매출의 30%에 해당하는 5,000억 달러가 프랜차이즈에 의한 매출이었는데, 이는 그해 GNP의 20%에 해당하는 것이었다. 이후 가파른 성장세를 기록, 미국의 프랜차이즈 본사 수는 지난 1996년 말 기준으로 4,000여 개, 가맹점 수는 57만 8,000여 개 정도로서 미국 전체 소매업 점포 수의 약 40%를 차지하고 있으며, 매출액은 1조 1,1640억 달러로 미국 GNP의 14%, 소매업 전체의 33%를, 1998년에는 미국 전체 소매매출의 45%를 차지할 정도로 급성장하였다. 향후 수년 이내에 미국의 프랜차이즈업은 미국 소매업매출의 50% 이상을 차지할 것으로 예상하고 있다. 이렇듯 미국의 프랜차이즈산업은 그동안 매년 10% 이상의 성장을 계속해 왔으며, 최근에 들어서는 증가세가 둔화되어 성숙기에 접어들었음을 알 수 있다.

2) 일본의 프랜차이즈산업 현황

일본의 경우 1998년 체인본사 수는 923개로 1995년 말 755개에 비해 22.3%가 증가하였고 가맹점 수는 19만 2,450개로 1995년의 15만 8,000개에 비해 약 21.8%의 증가율을 기록하였고, 매출액은 16조 1,900억 엔을 기록하여 1995년 대비 24.0%의 높은 성장세를 실현하는 것으로 나타났다. 최근 일본프랜차이즈협회(JFA)가 실시한 서베이 조사결과에 의하면 2001년 현재 일본의 프랜차이즈점포 수는 직영점과 가맹점을 포함하여 218,812개이며, 매출은 17조 6,141억 7천1백만 엔에 달한다. 이러한 추이는 1998년에 비하여 2001년에는 업체수가 13% 늘었다고 할 수 있다.

---

18) 산업자원부, 프랜차이즈경영가이드 총서 1(한국프랜차이즈협회, 2004년), 제14면.

3) 우리나라 프랜차이즈산업의 전망

미국이나 일본의 성장률을 고려할 때, 우리나라 프랜차이즈산업은 2010년 매출 113조 원, 2013년에는 150조 원에 근접할 것으로 전망된다.[19)]

나. 우리나라 가맹사업의 문제점

프랜차이즈산업이 전 세계적으로 빠르게 확산 · 발전하고 있지만 그에 못지않게 우리나라의 프랜차이즈 시장은 아래와 같은 문제점을 안고 있다.

(1) 편중된 업종

프랜차이즈 업종별 분포도를 보면 프랜차이즈 21개 업종을 기준으로 할 때, 외식업종(패스트푸드, 패스트푸드가 아닌 음식점, 제과 · 제빵업)의 비중이 전체의 35%, 서비스업은 14%, 도 · 소매업은 51%로 나타나고 있다.[20)]

이는 우리나라의 가맹사업이 외식업 중심의 틀을 벗어나지 못하고 있음을 여실히 보여주고 있으며, 외식업의 비중이 지나치게 높고 고부가가치업종인 서비스업종에 취약한 문제점을 안고 있다.

즉, 외식업프랜차이즈의 경쟁심화에 따른 부실화 가능성이 매우 높아 가맹점사업자의 피해가 우려된다는 것이다.

---

19) 이러한 전망치 산출의 근거로는 최근까지 급성장하고 있어 우리와 환경이 비슷한 유럽 및 영국 등의 성장률을 고려하면 연평균 매출액 및 업체 수가 10% 이상을 증가하고 있다는 점에서 성장시기에는 10%의 성장률을 가정하였다. 영국의 경우도 과거 10년간 매출액 성장률이 11.6%였으며, 미국 역시 성장기에는 년 10% 이상의 성장률을 보이고 있다. 물론 국가규모나 시장규모가 다르므로 직접 비교하기는 어려운 점이 있다 하더라도 국내의 경우도 10% 이상의 성장률을 보이고 있다는 점에서 매출액은 매년 10% 성장과 3%의 인플레이션을 가정하였으며, GDP는 매년 5% 성장과 3%의 인플레이션을 가정하였다. 참고로 GDP란 한 나라의 지리적 영역 내에서 가계, 기업, 정부 등 모든 경제주체가 일정기간 동안 생산활동에 참여한 결과 창출된 부가가치를 시장가격으로 평가한 합계를 말한다.

20) 산업자원부, 프랜차이즈경영원론(프랜차이즈경영가이드 연구총서 제1권, 한국프랜차이즈협회, 2004년), 제17면.

(2) 가맹본부의 경쟁력 취약

자본인력 등 규모가 영세하여 가맹점을 지속적으로 지원할 수 있는 역량이 부족한 가맹본부가 많다(☞ 국내가맹본부 평균 자본금 18억 원, 10억 미만 기업 약 72%). 또한 경영능력, 전문지식 등 부족으로 노하우 전수와 지속성장에 한계를 드러내고 있다. 즉, 대부분의 가맹본부들이 주먹구구식으로 사업을 시작하는 경향이 높고 체계적인 준비가 부족하기 때문에 가맹점사업자와 끊임없이 마찰하게 되고 결국에는 가맹사업이 부실화되는 문제가 발생하게 된다.

(3) 인프라 및 제도적 기반의 미흡

막대한 초기비용과 불확실성으로 물류, 정보화 등 인프라 투자를 기피하는 경향이 있으며, 산업분류, 통계조사 등 정책지원의 기반이 취약하다는 문제가 있다.

(4) 가맹사업의 단명

가맹본부업력에 대한 실태조사에 따르면 평균 사업 지속기간은 5.4년이었고, 현재 가맹사업의 49%가 최근 3년 동안에 가맹사업을 개시한 것으로 나타나고 있다.[21] 이는 이른바 다산다사(多産多死)의 구조를 보여주고 있으며, 우리나라의 많은 가맹본부가 경영안정을 확보하지 못한 상태에서 가맹점을 모집하고 있어 가맹점사업자까지 동반 부실의 가능성을 높이고 있다.

(5) 사회적 신뢰의 부족

가맹본부의 과장 · 허위 광고 등으로 가맹본부와 가맹점 간 신뢰가 미흡하다는 문제가 있으며, 사기성이 짙은 가맹본부의 난립으로 예비창업자의 신뢰가 매우 낮은 것이 사실이다.

---

21) 산업자원부, 같은 자료, 제17면.

☞ 국내산업규모는 일본의 30% 수준이나, 가맹본부의 수는 약 2배에 이른다.

(6) 프랜차이즈 전문교육의 부재

가맹사업의 원활한 전개를 위해서는 기획단계에서부터 상권분석 및 점포개발, 마케팅, 법률 및 세제에 관한 프랜차이즈 고유의 전문적인 지식을 필요로 한다. 그러나 이와 같은 교육을 전문적으로 하는 교육기관이 매우 부족한 것이 현실이다. 따라서 이에 대한 대책마련이 요구된다.

(7) 규모의 영세성

선진국의 프랜차이즈사업은 점차 대형화되어 가고 있는 추세를 보이고 있으며 이를 통해 국제적으로 프랜차이즈화를 추진하고 있다. 반면 우리나라의 경우 비록 대기업의 프랜차이즈사업참여가 증가하고는 있지만, 대부분 자금규모가 영세한 가맹본부가 여전히 많고 따라서 유통 및 집배송 등에서 규모의 경제를 누리지 못하고 있으며, 이는 선진국의 프랜차이즈와의 대결 시 경쟁에서 뒤처지는 원인이 되고 있다.

(8) 해외시장으로의 진출부진

프랜차이즈사업은 근본적으로 글로벌 사업이다. 그럼에도 불구하고 가맹본부규모의 영세성, 전문경영인력의 부족 등으로 해외진출이 부족하다.

☞ 가맹본부 수는 2,426개에 이르나, 해외진출 가맹본부 수는 약 2.5%에 불과하다.

Ⅱ. 가맹사업거래의 공정화에 관한 법률(이하 '가맹사업법')

1. 총칙

가. 가맹사업법의 제정배경 및 제정목적

(1) 제정배경

1997년 IMF 관리체제를 맞은 이후, 많은 명예퇴직자들이 창업시장으로 쏟아져 나오면서 일부 가맹본부들의 우월적 지위를 이용한 횡포, 허위 · 과장광고를 통한 가맹점모집 등으로 인해 많은 분쟁이 발생하게 되었다. 이에 가맹사업거래의 공정화에 관한 법률(이하 '가맹사업법')을 제정함으로써 가맹사업의 공정한 거래질서를 확립하고, 가맹본부와 가맹점사업자가 상호 대등한 지위에서 상호보완적으로 균형 있게 발전할 수 있도록 하여 소비자복지의 증진과 국민경제의 건전한 발전에 이바지하는 것을 목적으로 제정하였다.

(2) 제정목적

> 가맹사업법 제1조(목적) 이 법은 가맹사업의 공정한 거래질서를 확립하고 가맹본부와 가맹점사업자가 대등한 지위에서 상호보완적으로 균형 있게 발전하도록 함으로써 소비자 복지의 증진과 국민경제의 건전한 발전에 이바지함을 목적으로 한다.

나. 가맹사업법의 제정 및 개정

(1) 가맹사업법의 제정

2002년 5월 13일 법률 6704호로 제정 · 공포되었고, 동년 11월 1일에 시행하게 되었다.

(2) 가맹사업법의 개정

이렇게 제정된 가맹사업법은 이후 5차례에 걸친 개정이 있었다.

1) 제1차~제3차 개정

가맹사업법이 아닌 다른 법률이 개정됨에 따른 형식적 개정에 불과하다.

2) 제4차 개정(2007. 8. 3.)

① 가맹희망자의 범위를 확대
② 정보공개서 등록제도를 도입
③ 가맹금 예치제도를 도입
④ 불공정거래행위의 유형을 추가: '영업지역의 침해'
⑤ 가맹본부의 일방적인 가맹계약갱신거절을 제한
⑥ 분쟁조정기구를 제3의 기관인 한국공정거래조정원에 설치
⑦ 가맹거래상담사제도를 가맹거래사제도로 변경
⑧ 가맹본부의 상권분석내용을 반드시 서면으로 제공토록 의무화

3) 제5차 개정(2010. 3. 22.)

개정 전	개정 후(현행)
제42조(양벌규정) 법인의 대표자나 법인 또는 개인의 대리인·사용인 그 밖의 종업원이 그 법인 또는 개인의 업무에 관하여 제41조의 규정에 해당하는 위반행위를 한 때에는 행위자를 벌하는 외에 그 법인 또는 개인에 대하여도 동조 각항의 벌금형을 과한다.	제42조(양벌규정) 법인의 대표자나 법인 또는 개인의 대리인, 사용인, 그 밖의 종업원이 그 법인 또는 개인의 업무에 관하여 제41조의 위반행위를 하면 그 행위자를 벌하는 외에 그 법인 또는 개인에게도 해당 조문의 벌금형을 과(科)한다. <u>다만, 법인 또는 개인이 그 위반행위를 방지하기 위하여 해당 업무에 관하여 상당한 주의와 감독을 게을리 하지 아니한 경우에는 그러하지 아니하다.</u>
제43조(과태료) ①~⑧(생략)	제43조(과태료) ①~⑧(생략)
⑨ 제8항에 따른 과태료 처분에 불복하는 자는 그 처분을 고지 받은 날로부터 30일 이내에 공정거래위원회에 이의를 제기할 수 있다.	〈삭제〉

⑩ 제8항에 따른 과태료 처분을 받은 자가 제9항에 따라 이의를 제기한 경우에는 공정거래위원회는 지체 없이 관할 법원에 그 사실을 통보하여야 하며, 통보를 받은 관할 법원은 비송사건절차법에 따른 과태료 재판을 한다.	〈삭제〉
⑪ 제9항에 따른 기간 이내에 이의를 제기하지 아니하고 과태료를 납부하지 아니하는 경우에는 국세체납처분의 예에 따라 징수한다.	〈삭제〉

☞ **개정이유 및 주요 내용**

양벌(兩罰) 규정에서 법인 또는 영업주가 종업원 등에 대한 관리·감독상 주의의무를 다한 경우에는 처벌을 면하게 함을 명확하게 함으로써 양벌규정에 책임주의 원칙이 관철되도록 하는 한편, 질서위반행위규제법의 제정(법률 제8725호, 2007. 12. 21. 공포, 2008. 6. 22. 시행)으로 불필요해진 과태료의 부과·징수 절차 등에 관한 내용을 정비하려는 것임.

다. 가맹사업법의 적용범위

(1) 인적 적용범위

> 제3조(적용배제) 이 법은 다음 각 호의 1에 해당하는 경우에는 적용하지 아니한다. 다만, 제9조 및 제10조의 규정의 경우에는 그러하지 아니하다.
> 1. 가맹점사업자가 가맹금의 최초 지급일부터 6월까지의 기간 동안 가맹본부에게 지급한 가맹금의 총액이 대통령령이 정하는 금액을 초과하지 아니하는 경우
> 2. 가맹본부의 연간 매출액이 대통령령이 정하는 일정규모 미만인 경우

1) 적용대상

가맹사업법은 가맹본부, 가맹희망자, 가맹점사업자에 적용되는 것으로서 가맹사업법에서 정한 가맹사업의 요건에 해당하는 경우에는 거래방식이나 명칭 등에 상관없이 원칙적으로 가맹사업에 해당되어 가맹사업법이 적용된다. 따라서 가맹사업법의 적용을 회피하기 위해서 외형상으로 가맹본부가 가맹금을 가맹점사업자로부터 직접 수령하지 않는다 하더라도 가맹사업법상 가맹금의 정의규정에 따르면 가맹본부가 가맹점사업자에게 제공하는 각종 물품, 인테리어 공사, 각종 설비 또는 임대차에 있어서 적정한 도매가격을 초과하는 금전도 전부 가맹금으로 보기 때문에 가맹금을 받지 않고 있는 가맹본부는 존재

하지 않는다고 볼 수 있다. 그러므로 형식적으로는 가맹금의 지급이 없었다고 하더라도 가맹사업법의 규정한 가맹금의 정의에 따라 판단하면 모든 가맹사업이 가맹사업법의 적용대상이 된다고 볼 수 있다.

☞ 가맹사업의 성립요건

① 가맹본부가 가맹점사업자에게 영업표지의 사용권 부여

② 가맹점사업자는 일정한 품질기준이나 영업방식에 따라 상품 또는 용역을 판매

③ 가맹본부는 경영 및 영업활동 등에 대한 지원, 교육, 통제를 수행

④ 영업표지 사용 및 경영 및 영업활동 등에 대한 지원, 교육에 대한 대가로 가맹금 지급

⑤ 가맹사업은 계속적 거래관계이다.

2) 적용의 배제(가맹사업법 시행령 제5조)

① 가맹금 최초지급일부터 6월까지 기간 동안 지급한 가맹금 총액이 100만 원을 초과하지 않은 경우

② 가맹본부 연간매출액이 5천만 원 미만인 경우(1년 이상 직영점을 운영하고 있는 경우에는 직영점매출을 합하여 2억 원 미만)

☞ 5,000만 원 미만의 영세한 가맹본부에게까지 가맹사업법상의 모든 의무를 지키도록 하는 것은 가혹한 측면이 있기 때문이다.

③ 단, 허위 · 과장정보제공행위규정(법 제9조)과 가맹금반환규정(법 제10조)은 모든 가맹본부에 적용됨.

☞ 연간 매출액의 산정방법

바로 전 사업연도의 손익계산서상의 매출액으로 한다. 다만, 가맹본부가 손익계산서를 작성하지 않는 경우에는 부가세법상에 따른 바로 전 2개 과세기간(7월, 다음 해 1월)의 부가가치세 확정신고서상의 과세표준과 면세수입금액을 합한 금액을 말한다(가맹사업법 시행령 제5조 제3항).

가맹본부가 가맹사업을 시작한 후 1년이 지나지 아니한 경우에는 사업을 시작한 때부터 마지막으로 부가가치세 확정신고를 한 때까지의 부가가치세 확정신고서(부가가치세

확정신고가 없는 경우에는 부가가치세 예정신고서)상의 과세표준과 면세수입금액을 합한 금액을 매출액으로 본다(가맹사업법 시행령 제5조 제4항).

(2) 시간적 적용범위

가맹사업법은 공포(2007. 8. 3.) 후 6개월이 경과한 날부터 시행한다(가맹사업법 부칙 제1조 본문). 법률은 그 효력이 생긴 때부터 그 이후에 발생한 사실에 대해서만 적용되는 것이 원칙이다. 이는 법률의 효력을 소급시킴으로써 발생할 수 있는 혼란을 방지하고 법적 안정성을 도모하기 위함이다.

라. 가맹사업에 적용되는 법률

가맹사업을 영위함에 있어서는 가맹사업법 외에도 다양한 법률의 적용을 받게 된다.

법 률	내 용
1) 헌법	헌법은 국가조직법이기 때문에 가맹사업도 당연히 헌법상 경제질서규정인 제23조, 제119조 1항, 2항 등을 기초로 하여 또 그에 의한 일정한 제약을 받게 된다.
2) 민법	가맹계약을 둘러싼 모든 계약관계에는 민법이 적용된다.
3) 상법	회사를 만들어 가맹사업을 운영하고자 할 경우에는 상법상의 회사편 등이 적용된다.
4) 약관규제법	가맹계약서는 그 법적 성질이 "약관 등 규제에 관한 법률"상의 약관에 해당되므로 동법의 적용을 받게 된다.
5) 지적재산권에 관한 법률	가맹사업을 영위하는 데 있어 중요한 상표, 서비스표, 특허권 등의 등록과 보호를 받기 위해서는 상표법 등 지적재산권에 관한 법률이 적용된다.
6) 부정경쟁방지 및 영업비밀보호에 관한 법률	영업비밀의 침해 및 보호와 관련해서는 "부정경쟁방지 및 영업비밀보호에 관한 법률"이 적용된다.
7) 독점규제및공정거래에관한법률	가맹사업법 제38조는 가맹사업거래에 관하여 가맹사업법의 적용을 받는 사항에 대하여는 공정거래법 제23조 제1항 1호, 3호, 4호, 5호 및 제29조 제1항을 적용하지 않는다고 규정하여 가맹사업법이 공정거래법에 대하여 특별법적인 성격을 갖는다. 따라서 가맹사업법이 규정하지 않은 사항에 대해서는 공정거래법이 보충적으로 적용되는 것이다.

☞ 그 밖에 소비자보호법, 제조물책임법, 표시 · 광고의 공정화에 관한 법률 등이 적용될 수 있다.

제2장 가맹사업거래의 기본원칙

가맹사업관계도 민사관계인 것을 감안하면 무엇보다 가맹사업거래에 있어서 가장 기본을 이루는 원칙은 '사적 자치의 원칙'이라 할 것이다. 즉, 가맹사업당사자인 가맹본부와 가맹점사업자는 각자가 합의한 계약내용에 따라 권리를 행사하고 의무를 부담하는 것이 원칙인 것이다. 또한 가맹사업에서는 가맹사업당사자 간의 동반자적 신뢰관계가 무엇보다 강하게 요구되는데, 이러한 가맹사업의 본질적인 특성상 신의성실의 원칙이 강하게 요구된다. 이런 점을 감안하여 가맹사업법에서는 제4조에서 규정을 두어 신의성실의 원칙을 특별히 강조하고 있다.

Ⅰ. 사적 자치의 원칙

사적 자치의 원칙이란, 사법상의 법률관계는 개인이 자유로운 의사에 따라 자기책임하에서 자유로운 사법상의 권리와 의무를 발생시킬 수 있으며, 국가는 이에 간섭하지 않는다는 근대사법의 원칙을 말한다.

가맹계약과 가맹사업거래는 사인 간의 계약관계이기 때문에 사적 자치의 원칙이 가장 기본적으로 적용이 된다. 따라서 가맹본부와 가맹점사업자가 합의한 계약이 최우선적으로 고려하는 법원(法源)이 되며, 가맹사업법은 단지 당사자 사이에 체결된 계약이 미비점이 있을 때 보충적으로 보완하는 역할을 한다. 다만 사적 자치의 원칙도 여러 가지 폐해가 나타남에 따라 국가가 개입하여 규제를 가했던 것과 같이, 가맹사업에 있어서도 만약 당사자 간의 합의한 계약내용이 법상의 강행규정 등을 위반한 경우에는 그 계약의 효력에 제한을 받는다는 점을 주의하여야 할 것이다.

☞ 개인의사는 개인과 개인의 자유로운 의사의 합치인 계약에서 가장 많이 나타나는데 이 때문에 사적 자치의 원칙을 '계약자유의 원칙'이라고도 하며, 또한 계약은 법률행위 가운데서도 가장 중요한 것이므로 '법률행위자유의 원칙'이라고도 한다.

☞ '계약'을 민법상 법원(法源)으로 볼 수 있느냐에 대하여는 논의가 있으나, 여기서는 생략하기로 한다.

Ⅱ. 신의성실의 원칙

민법 제2조(신의성실) ① 권리의 행사와 의무의 이행은 신의에 좇아 성실히 하여야 한다. ② 권리는 남용하지 못한다.

1. 의의

신의성실의 원칙이란 법률관계의 당사자는 상대방의 이익을 배려하여 형평에 어긋나거나 신뢰를 저버리는 내용 또는 방법으로 권리를 행사하거나 의무를 이행해서는 안 된다는 추상적인 규범을 의미한다.

이와 관련하여 가맹사업법은 제4조에서 "가맹사업당사자는 가맹사업을 영위함에 있어서 각자의 업무를 신의에 따라 성실하게 수행하여야 한다"라고 규정하고 있다.

2. 법적 성격

가. 공공복리의 실천원리의 성격

나. 강행규정적 성격

신의칙은 강행법규적 성질을 가지므로, 신의칙에 반하는 것은 강행규정에 위배되는 것으로서 당사자의 주장이 없더라도 법원이 직권으로 판단할 수 있다(대판 1998. 8. 21. 97다37821).

3. 적용범위

신의성실의 원칙은 민법뿐만 아니라 상법 등 사법의 전 영역은 물론이고 사회법 및 공법의 영역에도 적용되는 사법관계전반에 걸쳐 적용되는 기본원칙이다. 판례는 "신의칙은 계약법의 영역에 한정되지 않고 모든 법률관계를 규제 지배하는 원리이다(대판 1983. 5. 24. 82다카1919)"라고 판시한 바 있다.

4. 신의칙의 기능

가. 권리와 의무내용의 구체화

신의칙은 법률행위 해석의 최종적인 기준으로서 당사자가 명확하게 정하지 아니한 권리와 의무의 내용을 그 법률행위의 의미에 적합하게 보충해 주는 기능을 갖는다.

나. 구체적 타당성의 실현

민법 제2조를 비롯한 신의칙 규정은 극히 추상적인 기준만을 규정한 일반조항이다. 일반조항은 모든 사안에 적용될 수 있기 때문에 개별적인 사안에서 구체적인 타당성을 실현하는 데 매우 중요한 기능을 한다.

다. 법률의 흠결을 보충

민법 제2조에 의하면 "민사에 관하여 법률에 규정이 없으면 관습법에 의하고 관습법이 없으면 조리(條理)에 의한다"고 하여 법의 흠결이 있는 경우 조리에 법률 해석을 인정한다.

5. 적용 요건

가. 일반조항

민법 제2조의 신의칙은 요건과 효과가 백지로 되어 있는 일반조항이다. 즉, 요건에서 신의, 성실이라는 추상적인 기준만을 제시하고 효과에 관해서도 아무런 정함이 없어 개별적 사안에서 어떤 행동이 신의성실에 합치하는지를 구체적으로 밝히고 있지 않다. 이러한 일반조항은 개별적 사안에서 구체적 타당성을 실현하는 데 중요한 기능을 수행하지만 반면 자의적으로 적용될 위험의 소지가 있는 만큼 법적 안정성을 해할 수 있다.

나. 특별결합관계의 존재

통설은 신의칙은 채권관계 기타 일정한 사회적 접촉을 가지는 사람 사이에만 적용되는 것으로 해석한다.

6. 신의칙의 효과

가. 권리창설적 효과

신의칙은 주된 급부의무 또는 명시적으로 규정된 종된 의무에 작용하여 이를 확장함으로써 부수적 의무와 이에 상응하는 권리를 발생시킬 수 있다. 즉 신의칙은 권리창설적 효과로서 부수적 주의의무[22]를 인정하는데, 부수적 주의의무는 주된 급부의무의 내용을 제대로 실현하기 위하여 이에 수반되는 준비 · 지원 · 주의 · 배려 등을 하게 하거나 상대방에게 발생할 수 있는 손해를 예방해야 할 의무를 말한다.[23]

---

22) 이와 관련하여 논의가 되는 것은 가맹본부의 상권조사의무(商圈調査義務)의 인정 여부이다. 가맹본부의 상권조사의무를 긍정하는 견해는 주로 신의칙상의 주의의무를 그 이유로 들고 있다. 이에 대해서는 후술함.

23) 김형배 외 공저, 민법학강의(제10판), 제42면.

나. 권리변경적 효과

신의칙은 제한적이나마 계약의 내용을 수정하는 역할을 한다. 사정변경의 원칙이 그 예이다.

다. 권리소멸적 효과

일반적으로 실효의 원칙을 그 예로 들 수 있으며, 판례에 따르면 실효의 원칙이라 함은 권리자가 장기간에 걸쳐 그 권리를 행사하지 아니함에 따라 그 의무자인 상대방이 더 이상 권리자가 권리를 행사하지 아니할 것으로 신뢰할 만한 정당한 기대를 가지게 된 경우에 새삼스럽게 권리자가 그 권리를 행사하는 것은 법질서 전체를 지배하는 신의성실의 원칙에 위반되어 허용되지 아니한다는 것을 의미한다(대판 1996. 7. 30. 선고, 94다51840 판결).

그 밖에 모순행위금지의 원칙과 권리남용 금지의 원칙도 그 예로 들 수 있다.

7. 신의칙의 파생원칙

가. 사정변경의 원칙

(1) 의의

사정변경의 원칙이란 법률행위 당시에 기초가 된 사정의 현저한 변화로 최초에 약정한 내용을 당사자에게 강제하는 것이 형평에 어긋나 신의칙상 계약을 변경하거나, 해제 또는 해지할 수 있게 하도록 하는 원칙을 말한다(신의칙의 파생원칙).

(2) 행사요건

1) 법률행위의 기초가 되는 사정의 현저한 변경이 있을 것, 2) 사정변경에 귀책사유가

없을 것, 3) 법률행위 당시 사정변경을 예견할 수 없었을 것, 4) 종전의 계약관계를 유지하는 것이 심히 부당할 것

사정변경을 이유로 하는 매매계약의 해제: 부정 매수인이 애초에 계약할 당시의 금액표시대로 잔대금을 제공한다면 그동안에 앙등한 매매목적물의 가격에 비하여 그것이 현저하게 균형을 잃은 이행이 되는 경우라 할지라도 민법상 매도인으로 하여금 사정변경의 원리를 내세워서 그 매매계약을 해제할 수 있는 권리는 생기지 않는다(대판 1963. 9. 12. 63다452).

(3) 관련 판례

사정변경을 이유로 하는 근보증계약의 해지: 인정 회사의 이사라는 지위에 있었기 때문에 부득이 회사와 은행 사이에 계속적 거래로 인한 회사의 채무에 연대보증인이 된 자가 그 후 회사로부터 퇴직하여 이사의 지위를 상실하게 된 때에는 사회통념상 계속 보증인의 지위를 유지케 하는 것이 부당하므로, 연대보증계약 성립 당시의 사정에 현저한 변경이 생긴 것을 이유로 그 보증계약을 일방적으로 해지할 수 있다(대판 2000. 3. 10. 99다61750).

☞ 결국, 판례의 태도는 사정변경원칙의 적용에 비교적 소극적이어서 이에 의한 비계속적 계약의 해제권의 발생은 부인하나, 계속적 계약관계에 있어서는 위 원칙에 따른 해지권 등을 인정하고 있다.

나. 실효의 원칙

(1) 의의

실효의 원칙이라 함은 권리자가 장기간에 걸쳐 그 권리를 행사하지 아니함에 따라 그 의무자인 상대방이 더 이상 권리자가 권리를 행사하지 아니할 것으로 신뢰할 만한 정당한 기대를 가지게 된 경우에 새삼스럽게 권리자가 그 권리를 행사하는 것은 법질서 전체를 지배하는 신의성실의 원칙에 위반되어 허용되지 아니한다는 것을 의미한다.

(2) 요건

1) 권리행사의 가능성이 충분함에도 2) 상당한 기간 동안 권리의 불행사가 있고 3) 더 이상 권리행사를 하지 않을 것으로 믿을 만한 의무자의 정당한 기대가 있은 후 4) 새삼스럽게 권리를 행사하는 것은 허용되지 않는다는 원칙이다.

(3) 효과

권리가 실효된다.

☞ 실효의 의미에 대해서는 권리가 영구적으로 소멸한다고 보는 견해와 권리는 존속하고 그 행사만이 허용되지 않는 것으로 보는 견해가 대립한다.

(4) 적용범위

실효의 법리는 원칙적으로 사법관계는 물론 공법관계에도 적용된다. 다만, 소유권이나 친권과 같은 배타적, 항구적 권리는 그 권리의 본질과 배치되지 않는 범위에서만 제한적으로 인정할 것이다.

(5) 관련 판례

1) 해제권의 실효를 인정한 판례

> 매도인에게 해제권이 발생했음에도 불구하고 오랫동안 행사하지 않고 있어서 매수인으로서는 더 이상 매도인이 해제권을 행사하지 않을 것이라는 신뢰를 갖게 된 경우 매도인의 해제권은 실효의 원칙에 따라 소멸하는 것이고, 이제 와서 매매계약을 해제하기 위해서는 다시 이행제공을 하면서 최고를 하여야 한다(대판 1994. 11. 25. 94다12234).

2) 실효의 원칙적용을 부정한 판례

인지청구권은 본인의 일신전속적인 신분관계상의 권리로서 포기할 수도 없으며 포기하였더라도 그 효력이 발생할 수 없는 것이고, 이와 같이 인지청구권의 포기가 허용되지 않는 이상 거기에 실효의 법리가 적용될 여지도 없다(대판 2001. 11. 27. 2001므1353).

다. 모순행위금지의 원칙(이른바 '금반언의 원칙')

(1) 의의

모순행위금지의 원칙이란 자신의 선행행위와 모순되는 행위는 허용되지 않는다는 원칙이다.

☞ 판례: 금반언은 예컨대 민법 제452조에 규정된 바와 같이 실체법상의 법률효과이므로 단순한 사실행위(종전 소송에서의 증언과 배치되는 소제기)에는 그 법률상 효과가 없다.

(2) 요건

1) 선행행위의 존재가 있어야 하고, 2) 그에 대한 상대방의 정당한 신뢰가 형성되었음에도 불구하고, 3) 선행행위에 반하는 후행행위가 있어야 한다. 4) 이러한 모순행위에 의해 상대방의 신뢰가 침해되어야 하며, 이러한 상대방의 신뢰는 보호받을 만한 가치가 있어야 한다.

(3) 판례

1) 적용을 긍정한 판례

사용자로부터 해고된 근로자가 퇴직금 등을 수령하면서 아무런 이의의 유보나 조건을 제기하지 않았다면 해고의 효력을 다투고 있었다고 볼 수 있는 객관적인 사정이 있는 경우이거나 그 외에 상당한 이유가 있는 상황하에서 이를 수령하는 등의 특별한 사정이 없는 한, 그 해고의 효력을 인정한 것이므로, 그로부터 오랜 기간이 지난 후에 그 해고의 효력을 다투는 소를 제기하는 것은 신의칙이나 금반언의 원칙에 위배되어 허용될 수 없다(대판 2000. 4. 25. 99다34475).

2) 적용을 부정한 판례

강행법규에 위반하여 무효인 수익보장약정이 투자신탁회사가 먼저 고객에게 제의를 함으로써 체결된 것이라고 하더라도, 이러한 경우에 강행법규를 위반한 투자신탁회사가 스스로가 그 약정의 무효를 주장함이 신의칙에 위반되는 권리의 행사라는 이유로 그 주장을 배척한다면, 이는 오히려 강행법규에 의하여 배제하려는 결과를 실현시키는 셈이 되어 입법취지를 완전히 몰각하게 되므로, 달리 특별한 사정이 없는 한 위와 같은 주장이 신의성실의 원칙에 반하는 것이라고 할 수 없다(대판 1999. 3. 23. 99다4405).

라. 권리남용금지의 원칙

(1) 의의

권리의 행사가 외관상 적법한 것으로 보이는 경우에도 실질적으로는 정당한 권리행사라고 볼 수 없는 때에는 이를 허용할 수 없다는 원칙이다.

(2) 요건

1) 객관적 요건

① 권리의 행사가 있어야 한다(예외적으로 친권의 불행사 같은 경우에는 권리남용이 성립할 수 있다). ② 그 권리의 행사에 의하여 권리행사자의 이익과 상대방의 불이익 사

이에 현저한 불균형이 있어야 한다. ③그 권리행사가 사회질서에 위반하여야 한다.

2) 주관적 요건

권리남용의 요건으로 타인을 해할 목적, 즉 '가해의사'라는 주관적 요건이 필요한지에 대하여는 입장이 나뉘는데, 통설은 '가해의사'라는 주관적 요건은 권리남용의 성립요건이 아니라고 보는 반면, 판례의 경우 주류입장은 주관적 요건을 요구하지만, 그 입장이 일관되지 않는다.

☞ 판례의 입장

1) **객관적 요건과 주관적 요건을 모두 요구**하는 판례입장(**주류적 태도**)

> 권리행사가 권리의 남용에 해당한다고 할 수 있으려면, 주관적으로 그 권리행사의 목적이 오직 상대방에게 고통을 주고 손해를 입히려는 데 있을 뿐 행사하는 사람에게 아무런 이익이 없는 경우이어야 하고, 객관적으로는 그 권리행사가 사회질서에 위반된다고 볼 수 있어야 하는 것이며, 이와 같은 경우에 해당하지 않는 한 비록 그 권리의 행사에 의하여 권리행사자가 얻는 이익보다 상대방이 잃을 손해가 현저히 크다 하여도 그러한 사정만으로는 이를 권리남용이라 할 수 없고, 어느 권리행사가 권리남용이 되는가의 여부는 각 개별적이고 구체적인 사안에 따라 판단되어야 한다(대판 2003. 2. 14. 2002다62319).

2) 객관적 요건이 존재하는 경우 **주관적 요건이 추정**된다는 판례

> 권리행사가 권리남용에 해당한다고 할 수 있으려면, 주관적으로 그 권리행사의 목적이 오직 상대방에게 고통을 주고 손해를 입히려는 데 있을 뿐 행사하는 사람에게 아무런 이익이 없는 경우이어야 하고, 객관적으로는 그 권리행사가 사회질서에 위반된다고 볼 수 있어야 하는 것이며, 이와 같은 경우에 해당하지 않는 한, 비록 그 권리의 행사에 의하여 권리행사자가 얻는 이익보다 상대방이 잃을 손해가 현저히 크다 하여도 그러한 사정만으로는 이를 권리남용이라 할 수 없고, 다만 이러한 주관적 요건은 권리자의 정당한 이익을 결여한 권리행사로 보이는 객관적인 사정에 의하여 추인할 수 있다(대판 1998. 6. 26. 97다42823).

3) **주관적 요건은 필요 없다고 본 판례**

상표권의 행사가 법적으로 보호받을 만한 가치가 없다고 인정되는 경우에는, 그 상표권의 행사는 비록 권리행사의 외형을 갖추었다 하더라도 등록상표에 관한 권리를 남용하는 것으로서 허용될 수 없고, 상표권 행사의 목적이 오직 상대방에게 고통을 주고 손해를 입히려는 데 있을 뿐 이를 행사하는 사람에게는 아무런 이익이 없어야 한다는 주관적 요건을 반드시 필요로 하는 것이 아니다(대판 2007. 1. 25. 2005다67223).

(3) 효과

1) 일반적 효과

청구권의 행사가 권리남용으로 인정되면 법에 의한 조력을 받지 못하게 되고, 상대방에게 항변권이 생기는 것이 주된 효과이다.

2) 권리의 소멸 여부

친권의 남용(민법 제924조)과 같이 명문의 규정이 있는 경우를 제외하고는 권리 자체가 소멸하는 것은 아니고 그 권리의 행사가 허용되지 않을 뿐이다.

Ⅲ. 가맹사업법상 신의칙의 구체적 표현

1. 의의

신의성실의 원칙이란 법률관계의 당사자는 상대방의 이익을 배려하여 형평에 어긋나거나 신뢰를 저버리는 내용 또는 방법으로 권리를 행사하거나 의무를 이행해서는 안 된다는 추상적인 규범을 의미한다.

이와 관련하여 가맹사업법은 제4조에서는 가맹사업거래의 기본적인 대원칙으로서 신의성실의 원칙을 먼저 규정하고, 제5조와 제6조에서 신의성실의 구체적 표현으로서 가맹본부 및 가맹점사업자의 준수사항을 각각 규정하고 있으며, 제3장(가맹사업거래의 공정화)에서 규정하고 있는 여러 가지 제도를 통하여 신의칙에 기반을 둔 가맹본부의 의무들을 구현하고 있다.

2. 제도의 취지

가. 가맹사업은 그 본질상 상호의존적 성격의 사업으로서 가맹당사자 간의 상호신뢰가 무엇보다 중요하기 때문에 가맹사업법에 별도로 규정을 둠으로써 신의성실의 원칙을 특별히 강조한 것이다.

나. 힘의 불균형으로 인한 가맹본부의 권한남용의 가능성으로부터 가맹점을 보호하기 위하여 동 규정을 두게 된 것이다.

3. 가맹사업법 제4조(신의성실의 원칙)

> 제4조(신의성실의 원칙) 가맹사업당사자는 가맹사업을 영위함에 있어서 각자의 업무를 신의에 따라 성실하게 수행하여야 한다.

가맹사업법은 제4조에서 신의성실의 원칙을 규정하여 가맹사업당사자 간의 바람직한 거래관계를 형성할 수 있도록 하였다. 즉, 가맹사업당사자는 서로 상대방의 신뢰를 침해하지 않도록 성실히 권리를 행사하고 의무를 이행하여야 할 의무를 부담한다.

우리 대법원도 "신의성실의 원칙은 사적자치의 원칙이 지배하는 특정 개인 간의 거래관계에 있어서 그 권리의 행사와 의무의 이행에 관하여 사회공동체의 일원으로서 상호 간 신뢰를 저버리지 않는 성실성을 요구하는 것을 말한다(대법원 1985. 4. 23. 선고 84다카890 판결)"라고 판시한 바 있다. 그렇다면 가맹본사가 가맹점 모집 시에 시장조사를 하고 이에 근거하여 가맹점사업자를 모집하는 경우 등, 다시 말하면 가맹본사는 계약체결 이전임에도 불구하고 가맹점사업자에 대하여 신의칙의 의무를 부담하는가에 대해서, 판례는 “프랜차이즈 계약에 있어서는 영업지식과 경험이 부족한 가맹점주로서는 가맹점 운영에 관한 축적된 경험을 가진 가맹본부가 제공하는 정보를 신뢰하고 그에 기초하여 점포를 선정하고 영업활동을 전개할 수밖에 없어 가맹점주의 영업상 성패는 계약체결과정에 있어서의 입지선정과 그 이후의 교육훈련, 경영비법의 전수 등 가맹본부가 제공하는 정보에 크게 의존한다고 할 것이므로, 가맹본부는 계약체결 이후에는 물론이고 계약체결과정에 있어서도 계약체결 여부에 대한 객관적인 판단자료가 되는 정확한 정보를 제공할 신의칙상 의무를 진다(대전지방법원 2002. 8. 14. 선고 2001가합9179 판결)”고 판시한 바 있다.

한편, 신의성실의 원칙위반에 대해서는 별도의 제재규정이 정해진 바는 없으나, 이는 계약관계전반에 걸쳐 통용되는 민사상의 대원칙으로서 가맹본부와 가맹점사업자 간의 계약내용을 해석함에 있어 그 기준이 되며, 분쟁발생 시 구체적 해결조항이 없는 경우 보충적인 분쟁해결의 기준이 된다.

4. 가맹사업법 제5조와 제6조

가맹본부와 가맹점사업자의 준수사항은 종래 학문상 가맹사업관계의 특성으로만 논의되던 사항을 법규로서 천명하고, 가맹사업거래의 기본적인 모델을 제시하여 공정한 가맹사업거래관계를 유지하려는 데 그 의의가 있다. 다만, 가맹사업당사자의 준수사항 위반에 대하여는 별도의 제재규정이 없으나, 가맹사업거래의 기본적인 틀을 제공할 뿐만 아니라, 가맹계약서의 작성지침 및 가맹계약의 내용의 해석기준으로서 기능하게 된다.

가. 제5조(가맹본부의 준수사항)

제5조(가맹본부의 준수사항) 가맹본부는 다음 각 호의 사항을 준수한다.
1. 가맹사업의 성공을 위한 사업구상
2. 상품이나 용역의 품질관리와 판매기법의 개발을 위한 계속적인 노력
3. 가맹점사업자에 대하여 합리적 가격과 비용에 의한 점포설비의 설치, 상품 또는 용역 등의 공급
4. 가맹점사업자와 그 직원에 대한 교육 · 훈련
5. 가맹점사업자의 경영 · 영업활동에 대한 지속적인 조언과 지원
6. 가맹계약기간 중 가맹점사업자의 영업지역 안에서 자기의 직영점을 설치하거나 가맹점사업자와 유사한 업종의 가맹점을 설치하는 행위의 금지
7. 가맹점사업자와의 대화와 협상을 통한 분쟁해결 노력

나. 제6조(가맹점사업자의 준수사항)

제6조(가맹점사업자의 준수사항) 가맹점사업자는 다음 각 호의 사항을 준수한다.
1. 가맹사업의 통일성 및 가맹본부의 명성을 유지하기 위한 노력
2. 가맹본부의 공급계획과 소비자의 수요충족에 필요한 적정한 재고유지 및 상품진열
3. 가맹본부가 상품 또는 용역에 대하여 제시하는 적절한 품질기준의 준수
4. 제3호의 규정에 의한 품질기준의 상품 또는 용역을 구입하지 못하는 경우 가맹본부가 제공하는 상품 또는 용역의 사용
5. 가맹본부가 사업장의 설비와 외관, 운송수단에 대하여 제시하는 적절한 기준의 준수
6. 취급하는 상품 · 용역이나 영업활동을 변경하는 경우 가맹본부와의 사전 협의
7. 상품 및 용역의 구입과 판매에 관한 회계장부 등 가맹본부의 통일적 사업경영 및 판매전략의 수립에 필요한 자료의 유지와 제공
8. 가맹점사업자의 업무현황 및 제7호의 규정에 의한 자료의 확인과 기록을 위한 가맹본부의 임직원 그 밖의 대리인의 사업장 출입허용
9. 가맹본부의 동의를 얻지 아니한 경우 사업장의 위치변경 또는 가맹점운영권의 양도 금지
10. 가맹계약기간 중 가맹본부와 동일한 업종을 영위하는 행위의 금지
11. 가맹본부의 영업기술이나 영업비밀의 누설 금지
12. 영업표지에 대한 제3자의 침해사실을 인지하는 경우 가맹본부에 대한 영업표지침해사실의 통보와 금지조치에 필요한 적절한 협력

5. 가맹사업법 제3장(가맹사업거래의 공정화)

가맹사업법은 제3장에서 신의칙에 기반을 둔 가맹사업거래의 공정화를 위한 가맹본부의 의무를 규정하고 있다.

가. 정보공개서 제공의무(가맹사업법 제7조)

가맹본부는 가맹희망자에게 제공할 정보공개서를 공정거래위원회에 등록하여야 하며(법 제6조의2), 등록한 정보공개서를 제공하여야 한다(법 제7조). 또한 가맹본부는 가맹희망자에게 정보를 제공함에 있어서 허위 또는 과장된 정보를 제공하거나 중요사항을 누락하여서는 아니 된다(법 제9조).

나. 가맹계약서 사전교부의무 및 보관의무(가맹사업법 제11조)

가맹본부는 가맹희망자가 가맹계약의 내용을 미리 인지하고 가맹계약을 맺을 수 있도록 하기 위하여 가맹계약서를 가맹계약의 체결일 또는 가맹금의 최초 수령일 중 빠른 날 전에 가맹희망자에게 제공하여야 하며, 이러한 가맹계약서는 가맹사업의 거래가 종료된 날로부터 3년간 보관하여야 한다.

다. 가맹금의 예치의무(가맹사업법 제6조의5)

가맹본부는 가맹점사업자나 가맹희망자가 제2조 제6호 가목 및 나목에 해당하는 가맹금(개시지급금, 계약이행보증금 등)을 금전으로 지급하는 경우에는 당해 가맹금을 예치기관에 예치하도록 하여야 한다.

종래에는 부실한 가맹본부나 기만적인 가맹점모집을 통해 가맹금만 사취하려는 가맹본부로부터 가맹희망자의 가맹금을 보호할 수 있는 제도적 장치가 없었기 때문에 이러한 가맹본부로부터 가맹금을 돌려받지 못하는 경우가 빈번하게 발생하였다.

가맹사업법은 이러한 악덕가맹본부의 가맹금사취행위로부터 가맹점사업자나 가맹희망자를 보호하기 위하여 가맹점사업자나 가맹희망자가 가맹본부에 지급하는 가맹금을 계약

체결일로부터 2개월 동안 가맹본부와는 독립한 제3의 예치기관에 예치하도록 한 후, 가맹점사업자가 1) 영업을 개시하거나 또는 2) 가맹계약체결일부터 2월이 경과한 후에 비로소 예치한 가맹금의 지급을 요청할 수 있도록 하였다.

라. 불공정거래행위 금지(가맹사업법 제12조)

가맹본부는 가맹점사업자에 대하여 거래거절이나 구속조건부 거래 등 가맹사업의 공정한 거래를 저해할 우려가 있는 행위를 하거나 다른 사업자로 하여금 이를 행하도록 하여서는 아니 된다.

☞ 가맹사업법상 불공정거래행위(거/구/남/침/그)

1) 거래거절(① 영업지원 등 거절, ② 부당한 계약갱신거절, ③ 부당한 계약해지)
2) 구속조건부거래(① 가격의 구속, ② 거래상대방의 구속, ③ 가맹점사업자의 상품/용역의 판매제한, ④ 영업지역의 준수강제, ⑤ 그 밖의 가맹점사업자의 영업활동제한)
3) 거래상지위남용(① 구입강제, ② 부당한 강요, ③ 부당한 계약조항의 설정 또는 변경, ④ 경영의 간섭, ⑤ 판매목표강제, ⑥ 불이익제공)
4) 영업지역의 침해
5) 그 밖의 불공정거래행위

마. 가맹계약 종료사실의 사전통지의무(가맹계약의 갱신문제, 가맹사업법 제13조)

가맹본부는 가맹점사업자가 가맹계약 만료 전 180일부터 90일까지 사이 갱신을 요구하는 경우 정당한 이유 없이는 이를 거절하지 못한다.

가맹본부는 ① 사업자의 갱신요구에 대하여 15일 이내 서면으로 거절통지를 하지 않거나, ② 계약기간만료 전 180일부터 90일까지 사이에 조건변경통지나, 갱신거절통지를 서면으로 하지 않은 경우에는 그 전 계약과 같은 조건으로 다시 체결된 것으로 본다.

바. 가맹계약의 해지절차준수의무(가맹사업법 제14조)

가맹본부는 가맹계약을 해지하려는 경우에는 가맹점사업자에게 반드시 2개월 이상의 유예기간을 두고, 계약의 위반사실을 구체적으로 밝히고, 이를 시정하지 않으면 해지한다는 사실을 서면으로 2회 이상 통지하여야 한다. 이러한 절차를 거치지 아니한 가맹계약의 해지는 그 효력이 없다.

Ⅳ. 가맹본부와 가맹점사업자의 준수사항[24)]

1. 서론

가맹사업법은 신의성실원칙의 구체적 표현으로서 가맹본부와 가맹점사업자의 준수사항을 규정하고 있다(가맹사업법 제5조 및 제6조).

2. 가맹본부의 준수사항

제5조(가맹본부의 준수사항) 가맹본부는 다음 각 호의 사항을 준수한다. 1. 가맹사업의 성공을 위한 사업구상 2. 상품이나 용역의 품질관리와 판매기법의 개발을 위한 계속적인 노력 3. 가맹점사업자에 대하여 합리적 가격과 비용에 의한 점포설비의 설치, 상품 또는 용역 등의 공급 4. 가맹점사업자와 그 직원에 대한 교육 · 훈련 5. 가맹점사업자의 경영 · 영업활동에 대한 지속적인 조언과 지원 6. 가맹계약기간중 가맹점사업자의 영업지역 안에서 자기의 직영점을 설치하거나 가맹점사업자와 유사한 업종의 가맹점을 설치하는 행위의 금지 7. 가맹점사업자와의 대화와 협상을 통한 분쟁해결 노력

24) 이한무, 가맹사업법 해설(실무 및 소송의 쟁점)(법률정보센터, 2009년), 제53면 내지 76면.

가. 가맹사업의 성공을 위한 사업구상

(1) 의의

가맹본부는 가맹사업의 성공을 위한 사업구상을 하여야 한다. 최초 가맹사업의 시작은 가맹본부에 의해 시작되는 것이고 가맹본부가 제시하는 해당 가맹사업의 사업성 등 전망을 보고 가맹점사업자는 투자를 하기 때문이며, 가맹사업의 성공은 가맹사업이 갖는 본질적인 특성상 가맹점사업자의 개인적인 능력보다는 가맹본부가 공급하는 상품, 서비스, 경영시스템, 마케팅 등 가맹본부의 역량에 달려 있기 때문이다.

(2) 성격

본조의 사업구상의무는 추상적인 성격을 띠고 있기 때문에 실제 가맹계약에 있어서 가맹본부가 본조의 사업구상의무를 위반하였는지를 입증하기란 결코 쉬운 일이 아니다. 다만, 가맹본부의 사업구상이 사기에 이를 정도로 현저한 경우라면 민법 제750조 불법행위책임에 의한 손해배상책임을 지게 될 것이며, 이에 이르지는 않더라도 그 의무위반의 정도에 따라서 계약의무위반이 되는 경우가 있을 수 있다.

나. 상품이나 용역의 품질관리와 판매기법개발을 위한 계속적인 노력

(1) 품질관리노력

가맹본부는 상품 또는 용역에 대한 일정한 수준의 품질유지를 위하여 노력하여야 한다. 가맹본부는 가맹점사업자로 하여금 일정한 상품 및 용역의 품질기준을 준수하도록 요구하고 이를 위하여 그 사업에 필요한 일정한 품질수준의 상품이나 원재료를 공급하는 역할을 하기 때문이다.

(2) 판매기법개발노력

가맹본부는 새로운 판매기법 개발을 위하여 노력하여야 한다. 즉 가맹본부는 항상 우리의 고객은 누구인가, 핵심 고객층은 누구인가, 고객은 우리에게 무엇을 요구하는가, 신규고객을 발굴하기 위한 방안은 무엇인가, 기존 고객을 유지하고, 고객가치를 극대화할 수 있는 방안은 무엇인가 등 고객 분석을 통하여 고객을 재발견함으로써 매출과 수익을 증대시키기 위한 노력을 다하여야 한다.

(3) 위반의 효과

가맹본부가 이러한 품질관리와 판매기법개발을 위한 노력을 게을리 한 경우 그 위반의 정도에 따라서 가맹계약의 의무위반이 될 수 있다.

다. 가맹점사업자에 대하여 합리적 가격과 비용에 의한 점포설비의 설치, 상품 또는 용역 등의 공급

(1) 의의

가맹본부는 가맹사업의 유지를 위하여 지속적으로 가맹점사업자에게 점포설비와 상품이나 용역을 제공해야 할 의무가 있다. 그런데 가맹사업법에서는 이와 관련하여 점포설비나 상품 등을 공급함에 있어서 합리적인 가격으로 공급하라는 의무를 규정한 것이다. 이를 위하여 가능한 한 가맹본부는 원자재부터 개발하려는 노력이 필요한 것이고, 또한 대량구입의 이점 등을 살려서 자재들을 본부가 최대한 합리적인 가격으로 가맹점사업자에게 공급하여야 한다.

(2) 문제의 소재

합리적 가격에 의한 상품 등의 공급의무와 관련하여서는 2가지가 문제된다.

먼저 ① 가맹본부가 원재료에 적정한 이윤을 부쳐 공급하는 것이 허용되느냐의 문제이다. 가맹사업의 특성상 가맹본부가 원재료 납품과 관련하여 정당한 이득을 보는 것은 허용이 되며 가맹계약의 위반이 아니다. 그러나 만약 가맹본부가 정상적인 소매가격이상으로 상품 등을 공급하면서 매입가와 공급가 사이에 과다한 이득을 부과하여 가맹점사업자로부터 폭리를 취하고 있고, 이로 인하여 가맹점사업자에게 손해가 발생하였다면 이는 본조의 위반 또는 구입강제행위에 해당할 수 있다.

결국 가맹본부가 취하고 있는 이득이 사회통념상 과다한 것인지 여부가 그 합리적 가격의 기준이 될 것인데, 어느 정도의 이윤을 취득하는 것이 과다한 이득인지는 각 개별 사건에 따라 구체적으로 판단하여야 할 문제라 하겠다. 대법원도 아래와 같이 판시하였다.

> 가맹본부가 16개의 일반 공산품을 가맹점사업자에게 공급함에 있어서 그 가격을 시중거래가격 이상으로 책정하여 부당한 이윤을 취득하였다는 점을 인정할 자료도 없는 점 등을 종합적으로 고려하면, 가맹본부가 가맹점사업자에게 위 16개의 일반 공산품을 가맹본부로부터만 공급받도록 하는 것은 가맹사업의 목적 달성에 필요한 범위 내의 통제로서 거래상의 지위를 이용하여 부당하게 거래상대방으로 하여금 구입할 의사가 없는 상품을 구입하도록 강제하는 행위에 해당한다고 할 수 없다(대법원 2006. 3. 10. 선고 2002두332 판결 참조).

② 불공정거래인지 여부가 문제된다. 거래상의 지위를 남용하여 상품 등의 구입을 강제하는 행위는 불공정거래행위로서 금지되기 때문이다. 이와 관련하여 결론을 말하면 다음과 같다.

㉠ 프랜차이즈의 특성이나 상품의 품질과 아무 관련이 없는 점포설비 등을 가맹본부가 구입강제하는 것은 불공정거래행위로서 가맹사업법위반이 되지만(가맹사업법 제12조 제1항), ㉡ 프랜차이즈특성의 유지를 위해 점포설비 등의 구입을 요구하는 것은 일정한 요건 하에 허용이 된다.

> 가맹사업에서는 가맹사업의 통일성과 가맹본부의 명성을 유지하기 위하여 합리적으로 필요한 범위 내에서 가맹점사업자가 판매하는 상품 및 용역에 대하여 가맹점사업자로 하여금 가맹본부가 제시하는 품질기준을 준수하도록 요구하고, 그러한 품질기준의 준수를 위하여 필요한 경우 가맹본부가 제공하는 상품 또는 용역을 사용할 수 있다고 봄이 상당하다(대법원 2005. 6. 9. 선고 2003두7484 판결 참조).

라. 가맹점사업자와 그 직원에 대한 교육 · 훈련

(1) 의의

가맹본부가 아무리 훌륭한 프랜차이즈 패키지를 개발하였다 하더라도 소비자와 직접 접촉하는 것은 가맹점이므로, 가맹본부가 소비자를 위해서 개발한 것을 가맹점에 올바로 이해시키기 위해서는 정확하게 소비자에게 제공하는 능력을 갖추어야 한다.

교육 · 훈련을 위해서는 첫째, 교육 · 훈련을 위한 커리큘럼, 둘째, 교육 · 훈련을 지속적으로 시행하기 위한 조직의 구성 및 전담기획자와 실제 교육담당자, 셋째, 교육 · 훈련을 위한 시설과 기기를 갖추고 있어야 한다.

(2) 효과

가맹점사업자가 가맹본부가 실시하는 교육에 참여하지 않은 것은 계약에 따라서는 가맹계약의 위반이고 가맹계약의 정당한 해지사유가 될 수 있다.

한편 가맹본부로서는 가맹점사업자에 대한 교육 · 훈련을 실시하기 위한 제반능력을 갖추지 못하고 내실 있는 교육을 하지 못하는 것도 그 위반의 정도에 따라 가맹계약위반이 될 수 있다.

마. 가맹점사업자의 경영 · 영업활동에 대한 지속적인 조언과 지원

가맹본부는 가맹점사업자가 경영 및 영업활동을 원활히 유지하기 위하여 필요한 조언과 지원을 하여야 하며, 이러한 지원은 창업준비에서 창업과정, 창업 후 영업, 영업종결에 이르는 전 과정에 걸쳐 지속적으로 이루어져야 한다. 따라서 가맹본부가 이러한 가맹사업의 본질에 반하여 가맹점사업자의 영업활동에 필요한 조언이나 지원을 제대로 하지 못할 경우 가맹계약의 위반이 될 수 있다.

바. 가맹계약기간 중 가맹점사업자의 영업지역 안에서 자기의 직영점을 설치하거나 가맹점사업자와 유사한 업종의 가맹점을 설치하는 행위의 금지

(1) 의의

가맹본부는 가맹점사업자의 영업지역을 보호해 주어야 할 의무가 있다. 가맹본부가 부당하게 가맹계약을 위반하여 가맹계약기간 중 가맹점사업자의 영업지역 안에서 가맹점사업자와 같은 업종의 자기 또는 계열회사의 직영점이나 가맹점을 설치하는 행위는 가맹사업법상 불공정거래행위에 해당하여 금지된다(가맹사업법 제12조 제1항 제4호).

(2) 취지

가맹점사업자에 대한 영업지역의 보호는 가맹점사업자들이 일종의 독점권을 가질 수 있기 때문에 가맹점사업자의 투자를 촉진하고 효과적인 시장개발을 자극하는 효과가 있다. 따라서 가맹점사업자에 대한 적정한 영업지역보장은 가맹본부나 가맹점사업자에게 모두 이익이 되는 것이다.

대법원도 가맹본부가 아무런 제약 없이 가맹점의 영업지역 안에 직영점을 개설할 수 있도록 하는 약정은 무효라고 판시한 바 있다.

> 모든 가맹계약에 있어서 가맹본부의 가맹점에 대한 판매지역권 보장의무가 당연히 인정되는 것은 아니라 하더라도 가맹본부로서는 소속 가맹점의 판매지역권을 부당하게 침해하는 것은 허용되지 않는다고 할 것이므로 가맹본부가 아무런 제약 없이 언제라도 가맹점의 점포와 동일 지역 내에 직영점을 개설하거나 가맹점을 둘 수 있도록 하는 조항을 두었다면 이는 가맹점에 대하여 부당하게 불리한 조항으로 약관의 규제에 관한 법률 제6조 제1항, 제2항 제1호에 의하여 무효라고 보아야 할 것이다(대법원 2000. 6. 9. 선고 98다45553 판결 참조).

(3) 문제점

1) 쟁점 ①

영업지역 보호의무는 영업지역 준수 강제금지규정(가맹사업법 제12조 제1항 제2호)과 관련하여 해석상의 문제를 낳고 있다. 즉 가맹본부는 법 제5조 제6호와 제12조 제1항 제4호에 의하여 가맹점사업자에게 영업지역을 보호해 주어야 하는 의무가 있는 반면, 한편으로는 법 제12조 제1항 제2호에 의하여 영업지역의 준수를 강제할 수는 없기 때문에 제5조와 제12조 제1항 제2호의 관계를 어떻게 해석하느냐가 문제되는 것이다.

2) 쟁점 ②

가맹본부가 여러 가지 이유에서 직영점을 운영해야 할 상황이 발생하거나 경제사정의 변동 등으로 영업지역의 범위를 변경해야 하는 경우가 발생할 수 있는데, 이러한 사정의 변경이 있는 경우에도 가맹점이나 직영점의 설치가 금지되느냐가 문제가 된다.

만약 가맹계약서에 영업지역의 변경이 있을 수 있음을 미리 알린 경우라면 이는 계약서에 따른 영업지역의 변경이므로 허용된다고 본다. 가맹사업법에서도 "가맹점사업자의 영업지역에 같은 업종의 직영점이나 가맹점을 설치하기 위해서는 미리 정보공개서에 영업지역의 변경이나 조정이 가능함을 알리고 계약을 체결하여야 한다(법 시행령 제13조 제1항 [별표 2])."고 규정하고 있다.

문제는 계약서에 이와 관련 조항이 없음에도 경제사정의 변경 등 중대한 사정변경이 있다면 영업지역의 변경이 가능하냐이다. 이는 결국 가맹사업에 적용되는 신의성실의 원칙의 파생원칙인 '사정변경의 원칙'의 적용문제라고 할 수 있다. 그런데 사정변경원칙에 대하여 법원은 일반적으로는 이를 인정하고 있지 않으며, 다만 계속적 보증계약에서 해지권을 인정하거나 보증책임의 범위를 제한하는 원리로만 인정하는 태도를 견지하고 있다(대법원 1990. 2. 27. 선고 89다카1381 판결 등).

이러한 판례의 태도에 비추어 볼 때 사정변경을 이유로 한 가맹점사업자의 영업지역을 변경하는 것은 원칙적으로 허용되지 않는다고 할 것이다. 다만 전쟁에 준하는 비상사태, 예상할 수 없는 급격한 경제사정의 변동 등 기존 영업지역을 적용한다면 현저하게 부당한 결론이 날 정도의 사정변경이 있는 경우에만 예외적으로 영업지역의 변경이 허용된다고 볼 것이다. 그 외의 경우에는 계약기간 동안 가맹본부는 영업지역을 보장하여야 한다.

사. 가맹점사업자와의 대화와 협상을 통한 분쟁해결노력

완성된 사법체계를 갖추고 있는 법치국가에서 사업당사자 간에 분쟁이 발생한 경우 그 해결은 결국 사법부의 몫이며 일방당사자에게는 분쟁해결을 위한 대책마련에 대한 의무가 있다고 볼 수는 없다. 그럼에도 굳이 가맹사업법에서 규정을 두어 가맹본부에게 대화와 협상을 통한 분쟁해결노력의무를 부과한 이유는 무엇인가가 문제된다.

그 이유는 가맹사업거래의 분쟁이 가지고 있는 다음과 같은 특성 때문이라고 할 수 있다.

첫째, 분쟁의 다발성이다. 가맹사업거래는 필연적으로 가맹본부가 가맹점사업자의 판매 및 영업방식을 통제하도록 되어 있기 때문에 가맹본부와 가맹점사업자 사이에는 영업 전반에 걸쳐 다양한 형태의 분쟁가능성이 상존한다.

둘째, 가맹본부와 가맹점사업자 간에는 현실적으로 정보력이나 경제력의 차이가 발생한다. 특히 분쟁과 관련하여서는 그 원인이 된 정보가 대부분 가맹본부의 내부적 정보인 경우가 많기 때문에 가맹점사업자는 그 정보를 알 수 없는 경우가 많다.

셋째, 분쟁의 집단성이 있어, 개별분쟁이 발생하더라도 그 파급효과가 크다. 하나의 가맹본부는 일반적으로 적어도 수십 개에서 수백 개 내지는 수천 개의 가맹점사업자와 함께 가맹사업을 영위하고 있기 때문에 어느 한 가맹점사업자와 분쟁이 발생하면, 그 여파가 다른 가맹점사업자들에게도 미치는 이른바 '분쟁의 도미노현상'이 발생하는 경향이 있다. 이에 따라 가맹본부는 가맹점사업자와의 분쟁이 발생하게 되면 이러한 여파를 의식해서 강하게 대응하고 분쟁해결을 위한 융통성을 발휘하지 못하게 된다. 한편 가맹점사업자입장에서는 분쟁을 자신에게 유리한 방향으로 이끌기 위해 다른 가맹점사업자들과 연대하여 대응하고자 하는 경향이 있다. 결국 가맹사업분쟁은 하나의 가맹점사업자와의 분쟁에서 시작하여 가맹사업 전체의 분쟁으로 확산 발전되어 가는 특성이 있다.

이러한 특성에 비추어 가맹본부는 가맹점사업자와의 대화를 통해 분쟁을 해결할 수 있는 프로그램을 마련하여야 하고, 대화와 협상을 통한 분쟁해결을 위해 노력하여야 한다.

문제는 가맹본부가 가맹사업과 관련한 분쟁해결을 위한 자체적인 프로그램을 마련하지 않거나 대화와 협상을 통한 분쟁해결을 위한 노력을 기울이지 아니하였다고 하여 곧 가맹계약위반의 책임을 물을 수 있느냐이다.

생각건대, 대화와 협상을 통한 분쟁해결방식으로의 유도에는 한계가 있을 수밖에 없고 가맹사업의 분쟁도 최종적으로는 사법부의 판단에 의해 결정되어야 할 문제라는 점에서 소송제기 이전에 대화를 통한 분쟁해결절차를 마련하지 않고 있다는 것만으로 가맹계약위반이 될 수는 없다고 보는 것이 타당하다.

3. 가맹점사업자의 준수사항

제6조(가맹점사업자의 준수사항) 가맹점사업자는 다음 각 호의 사항을 준수한다.

1. 가맹사업의 통일성 및 가맹본부의 명성을 유지하기 위한 노력
2. 가맹본부의 공급계획과 소비자의 수요충족에 필요한 적정한 재고유지 및 상품진열
3. 가맹본부가 상품 또는 용역에 대하여 제시하는 적절한 품질기준의 준수
4. 제3호의 규정에 의한 품질기준의 상품 또는 용역을 구입하지 못하는 경우 가맹본부가 제공하는 상품 또는 용역의 사용

5. 가맹본부가 사업장의 설비와 외관, 운송수단에 대하여 제시하는 적절한 기준의 준수
6. 취급하는 상품 · 용역이나 영업활동을 변경하는 경우 가맹본부와의 사전 협의
7. 상품 및 용역의 구입과 판매에 관한 회계장부 등 가맹본부의 통일적 사업경영 및 판매전략의 수립에 필요한 자료의 유지와 제공
8. 가맹점사업자의 업무현황 및 제7호의 규정에 의한 자료의 확인과 기록을 위한 가맹본부의 임직원 그 밖의 대리인의 사업장 출입허용
9. 가맹본부의 동의를 얻지 아니한 경우 사업장의 위치변경 또는 가맹점운영권의 양도 금지
10. 가맹계약기간 중 가맹본부와 동일한 업종을 영위하는 행위의 금지
11. 가맹본부의 영업기술이나 영업비밀의 누설 금지
12. 영업표지에 대한 제3자의 침해사실을 인지하는 경우 가맹본부에 대한 영업표지침해사실의 통보와 금지조치에 필요한 적절한 협력

가. 가맹사업의 통일성 및 가맹본부의 명성을 유지하기 위한 노력

가맹점사업자는 가맹계약의 본질상 가맹본부가 운영하고 있는 가맹사업의 통일성 및 가맹본부의 명성을 유지하기 위해 노력하여야 한다. 이와 관련하여 첫째, 가맹본부는 가맹점사업자가 소비자에게 판매하는 상품과 용역에 대한 품질의 동일성 유지를 위하여 가맹점사업자로 하여금 원재료를 비롯한 일정한 물품을 반드시 가맹본부로부터 구입하도록 구속하는 경우가 많은데 이러한 구속이 불공정거래행위가 되는지 여부가 문제된다.[25)]

이 경우 가맹본부입장에서는 상품 및 용역에 대한 동일성과 균일성을 유지시켜야 할 의무가 있기 때문에 가맹본부는 상품이나 그 원재료의 공급처를 제한하여야 할 필요성이 인정된다. 이러한 점을 감안하여 가맹본부는 가맹점사업자로 하여금 특정한 거래상대방(가맹본부 포함)과 거래하도록 구속하기 위해서는 일정한 요건을 갖추도록 하고 있다.

둘째, 가맹점사업자가 가맹본부의 정책에 반대하여 다른 가맹점사업자에게 호소하는 호소문 등을 발송하는 경우 가맹본부의 명성을 해치는 것이 아니냐가 문제된다.

이 문제는 가맹점사업자의 통지문이나 인터뷰의 내용에 따라 달라질 수 있다. 가맹점사업자의 행위가 오로지 가맹사업의 발전과 가맹점사업자의 보호라는 공익을 위해 진실을 적시한 경우라면 허용되지만, 그렇지 않다면 본조에서 말하는 가맹본부의 명성을 해치는 행위에도 해당하여 민 · 형사상의 책임을 지게 될 것이다. 이와 관련하여 대법원은 허위내용의 인터뷰는 가맹본부의 명성을 해치는 행동이 되고 가맹계약의 해지사유가 된

25) 이에 대해서는 불공정거래행위파트에서 자세히 살펴봅니다.

다고 보고 있다.

> A는 자신의 대전 용두점에서 다른 회사 제조의 오렌지주스를 비치, 판매하였고 텔레비전방송국에서 허위의 내용으로 인터뷰를 하였다. 그런데 이러한 행위는 가맹계약의 본질적인 부분을 해하는 것으로서 계속적 거래관계를 지속하기 어려운 중대한 사유에 해당한다 할 것이고, 나아가 A의 위와 같은 행위로 인하여 가맹본부인 원고와 가맹점사업자인 A 사이의 신뢰관계는 이미 붕괴되었다 할 것이며 위와 같은 사정을 들어서 한 원고의 가맹점계약 해지권의 행사가 단지 A의 사업활동을 곤란하게 할 의도로 남용된 것이라거나 법이 금지하고 있는 목적달성을 위하여 그 실효성을 확보하기 위한 수단으로 부당하게 행하여진 것으로 볼 만한 자료가 없으므로 이 사건 가맹점계약의 해지행위는 불공정거래행위로서의 거래거절에 해당한다고 할 수 없다.

나. 가맹본부의 공급계획과 소비자의 수요충족에 필요한 적정한 재고유지 및 상품진열

가맹점사업자는 가맹사업의 통일성과 명성을 유지하기 위하여 가맹본부의 공급계획과 소비자의 수요충족에 필요한 적정한 재고유지 및 상품진열을 할 의무가 있다.

먼저 재고관리는 기업이 원재료나 부품, 재고 그리고 완제품 등의 수량과 품질을 가장 적정한 수준에서 유지하면서, 보관비용이나 이자 등의 재고비용을 최저로 하여 기업이 필요로 할 때 효과적으로 활용할 수 있도록 계획하고 통제하는 것이다.

다음으로 상품의 진열은 일반적으로 점포의 이미지, 제품의 특성, 포장형태 등을 고려하여 결정하면 될 것이다. 그러나 가맹점사업자는 상품을 진열함에 있어서 이러한 요소들 이외에도 가맹본부의 계획을 고려하여 이에 따라야 할 의무가 있다.

다. 가맹본부가 상품 또는 용역에 대하여 제시하는 적절한 품질기준의 준수

가맹사업은 고객으로 하여금 어느 가맹점에서나 동일한 제품이나 서비스를 동일한 방식에 의해서 제공받을 수 있다는 신뢰를 바탕으로 하는 사업이기 때문에 가맹본부가 제시하는 품질기준을 가맹점사업자가 그대로 따르는 것은 가맹사업의 성공과 유지를 위해서 매우 중요한 것이다. 특히 가맹점사업자가 가맹본부의 영업표지로 상품 또는 용역을 소비자에게 공급하므로 가맹점사업자가 제공하는 상품 · 용역의 품질이 열등할 경우 가맹본부의 영업표지의 가치가 희석화[26]되는 현상이 일어나기 때문에 품질기준의 준수는 상품이나 용역의 통일적인 품질 및 외관의 확보를 위하여 필수적이다. 참고로 독일연방대법원은 McDonald's 사건에서 프랜차이즈 가맹점이 햄버거를 굽기 위한 온도를 준수하지 않고, 이를 시정하라는 두 번의 경고도 무시한 경우, 특별해지를 하기 위한 '중대한 사유'가 된다고 판시한 바 있다.[27]

라. 가맹사업법 제6조 제3호의 규정에 의한 품질기준의 상품 또는 용역을 구입하지 못하는 경우 가맹본부가 제공하는 상품 또는 용역의 사용

이른바 '자점매입(自店買入)금지의무'란 가맹본부가 가맹점사업자에게 자기가 선정한 공급처를 통해서만 상품을 공급받을 수 있도록 하거나, 특정기업의 제품취급을 금지한 경우, 가맹점은 반드시 이를 준수하여야 한다는 것이다. 대부분의 프랜차이즈 계약의 경우 가맹점사업자의 자점매입 금지조항을 두고 있다. 자점매입 금지조항은 원칙적으로 계약자유의 원칙상 유효한 것으로 보아야 한다. 다만 불공정거래행위인 구속조건부거래행위와 거래상 지위남용 그리고 민법 제103조와 관련하여 그 유효성 여부가 논의된다.

먼저 구속조건부 거래(가맹사업법 제12조 제1항 제2호)의 한 유형인 거래상대방의 구속행위(동법 시행령 제13조 제1항 관련 [별표 2])의 해당 여부를 먼저 살펴보면, 거래상대방의 구속행위란 가맹사업영위에 필요한 부동산 · 용역 · 상품 · 원재료 또는 부재료의 구입 · 판매 또는 임대차 등과 관련하여 부당하게 가맹점사업자에게 특정한 거래상대방(가맹본부를 포함한다)과 거래할 것을 강제하는 행위를 말하는 것으로서 프랜차이즈 사업의 특성상 가맹본부는 일정한 기준에 따라 상품 또는 용역을 규격화시키고 그 동일성과 균일성을 유지하여야 할 의무가 있기 때문에 일정한 품질관리를 위해 가맹본부는 상품이나 그 원재료의 공급처를 제한하여야 할 필요성이 인정되며 이러한 경우 가맹점사업자의 자점매입은 금지된다고 할 것이다. 반면에 상품 또는 용역의 동일성과 균일성을 유지하는 데 지장이 없는 경우에는 가맹점사업자의 자점매입을 허용하여야 할 것이다. 공정거래위원회도 "프랜차이즈 계약에 있어서 원재료인 맥주뿐만 아니라 프랜차이즈 계약의 목적달성에 지장이 없는 부품인 과일 · 훈제치킨 · 마른안주 · 오징어 등과 같은 안주

26) 이러한 경우를 '상표의 희석화'가 아니냐는 질문을 받은 적이 있으나, 이 경우 상표의 희석화문제가 아닙니다. 참고로 희석화란, 주지 · 저명한 동일 · 유사한 상표(商標)를 동일 · 유사하지 않은 상품(商品)에 사용하여, 주지 · 저명한 상표주가 그동안의 비용과 노력으로 쌓아놓은 상표의 신용에 편승하여 부당한 이득을 얻는 행위를 말합니다.

27) BGH NJW 1985, 1984

류, 종이 냅킨, 나무젓가락 등 여러 가지 재료도 포함되는데, 이러한 부품들이 모두 취급 상품의 동질성 확보와 밀접히 관련된 제품이라고 보기는 어려움에도 불구하고 이러한 재료의 구입까지도 포괄적으로 사업자 또는 사업자가 지정하는 공급업자의 사전승인을 얻게 하고 있어 부당하다"라고 보아 무효라는 취지의 심결[28]을 내린 바 있다.

다음으로 거래상 지위남용(가맹사업법 제12조 제1항 제3호)과 관련하여 살펴보면, 거래상 지위의 남용은 가맹본부가 거래상 지위를 이용하여 부당하게 가맹점사업자에게 불이익을 주는 행위를 말한다. 거래상 지위남용은 구입강제 · 부당한 강요 · 부당한 계약조항의 설정 또는 변경 · 경영간섭 · 판매목표강제 · 불이익강제 등으로 나타나는데, 그중 구입강제와 관련하여 살펴보면, 구입강제(동법 시행령 제13조 제1항 관련 [별표 2])란 가맹점사업자에게 가맹사업의 경영과 무관하거나 그 경영에 필요한 양을 넘는 시설 · 장비 · 상품 · 용역 · 원재료 또는 부재료 등을 구입 또는 임차하도록 강제하는 행위로서 가맹사업의 경영과 무관하거나 그 경영에 필요한 양을 넘는 경우는 가맹점사업자의 자점매입이 허용된다고 보는 것이 타당할 것이다. 이 경우 가맹사업의 경영에 필요한 범위 내인지 여부에 대한 판단은 가맹사업의 통일적 이미지와 상품의 동일한 품질을 유지하는데 지장이 있는지 여부를 판단하여 결정하여야 한다고 판시한 바 있다(대법원 2006. 3. 10. 선고 2002두332판결).

마지막으로 민법 제103조[29]에 대하여 가맹점사업자의 자점매입금지약정은 계약자유의 원칙상 그 내용대로 유효하다고 할 것이나, 다만 프랜차이즈 사업의 목적달성을 위하여 필요한 범위를 벗어나서 자점매입을 금지하는 경우는 경제적 활동의 자유를 과도하게 제한하는 것으로서 민법 제103조에 해당되어 무효가 될 수 있다.[30]

생각건대, 가맹사업의 통일성과 브랜드의 명성유지를 위해 필수적이 아니라고 한다면 가맹점사업자가 직접 구입하여 사용하는 것을 가맹본부가 금지할 수 없다. 다만, 가맹점사업자가 직접 물품을 구입하여서는 가맹본부가 정한 품질기준을 맞추기가 어렵다고 판단될 경우에 가맹점사업자는 가맹본부가 제공하는 상품이나 용역을 사용하여야 할 의무가 있다는 것이다. 대법원도 같은 취지이다.

---

28) 1997. 12. 23. 시정권고 제97－339호, 캠프체인사업부(주)의 OB WORLD PLAZA 체인계약서상 불공정약관에 대한 건.

29) 민법 제103조(반사회질서의 법률행위)
선량한 풍속 기타 사회질서에 위반한 사항을 내용으로 하는 법률행위는 무효로 한다.

30) 구재군, 프랜차이즈 契約에 관한 硏究(서울대학교 대학원 박사학위논문, 2000년), 제132면.

가맹사업에 있어서는 가맹사업의 통일성과 가맹본부의 명성을 유지하기 위하여 합리적으로 필요한 범위 내에서 가맹점사업자가 판매하는 상품 및 용역에 대하여 가맹점사업자로 하여금 가맹본부가 제시하는 품질기준을 준수하도록 요구하고, 그러한 품질기준의 준수를 위하여 필요한 경우 가맹본부가 제공하는 상품 또는 용역을 사용하도록 요구할 수 있다고 봄이 상당하다(대법원 2005. 6. 9. 선고 2003두7484 판결 참조).

마. 가맹본부가 사업장의 설비와 외관, 운송수단에 대하여 제시하는 적절한 기준의 준수

가맹사업의 통일성 유지는 상품 그 자체의 품질유지만으로 완성되는 것이 아니라 그 밖의 사업장의 설비, 인테리어, 심지어 운송수단에 의하여도 좌우된다. 왜냐하면 프랜차이즈는 상품과 외관, 기타 설비가 별도로 분리되는 것이 아니라 하나의 프랜차이즈 패키지로서 의미가 있기 때문이다. 따라서 가맹점사업자는 가맹본부가 제시하는 설비나 외관, 운송수단에 대한 기준도 준수하여야 할 의무가 있다.

이와 관련하여 대법원은 다음과 같이 판시하고 있다.

냉동고, 냉장고, 마이크로오븐기 등의 주방기기는 가맹사업의 통일적 이미지와 동일한 품질의 유지와 관련이 있고, 인테리어 공사는 점포레이아웃의 통일적 이미지와 관련이 있는 점, 인테리어 공사는 가맹점사업자에게 선택의 자유가 어느 정도 보장되어 있는 점, 가맹본부가 주방기기와 인테리어 공사의 구입 및 설치를 통하여 부당한 이윤을 취하고 있지는 않은 점 등에 비추어 보면, 가맹사업의 목적달성에 필요한 범위 내의 통제로서 거래상의 지위를 이용하여 부당하게 점포설비의 구입 및 설치를 자기 또는 자기가 지정한 자로부터 하도록 강제하는 행위에 해당한다고 볼 수는 없다(대법원 2006. 3. 10. 선고 2002두332 판결 참조).

바. 취급하는 상품ㆍ용역이나 영업활동을 변경하는 경우 가맹본부와의 사전협의

가맹계약에 있어 가맹점사업자는 원칙적으로 가맹본부가 제시하는 계약서와 운영매뉴얼상의 상품을 취급하고 영업활동 조건을 준수하여야 한다. 따라서 만약 이를 변경하고자 한다면 가맹본부와 사전협의를 거쳐야 할 것이다.

사. 상품 및 용역의 구입과 판매에 관한 회계장비 등 가맹본부의 통일적 사업경영 및 판매전략의 수립에 필요한 자료의 유지와 제공

가맹점사업자가 가맹본부에 대한 보고 및 증빙서류제출의무는 가맹점의 영업상태·회계처리 등을 가맹본부가 파악하고 이를 바탕으로 그 본부 자신 내지 프랜차이즈시스템 전체의 이익으로 보전할 수 있는 조치를 마련하기 위하여 요청된다. 따라서 가맹본부의 정당한 자료제공 요구에 대하여는 가맹점사업자는 응하여야 할 의무가 있다.

아. 가맹사업자의 업무현황 및 제7호의 규정에 의한 자료의 확인과 기록을 위한 가맹본부의 임직원 그 밖의 대리인의 사업장 출입허용

가맹사업의 통일적 성격, 시스템성에 비추어 가맹본부는 가맹점사업자에 대한 통제와 지시권이 있다. 따라서 가맹점사업자는 가맹본부의 통제를 용인하여야 할 의무를 부담하며, 가맹본부의 임직원이나 대리인이 통제 또는 자료의 확인과 기록을 위해 사업장에 출입하고자 할 경우 이를 수락하여야 할 의무를 부담한다.

자. 가맹본부의 동의를 얻지 아니한 경우 사업자의 위치변경 또는 가맹점 운영권의 양도 금지

가맹점사업자는 자기가 취득한 프랜차이즈 가맹점 운영권을 프랜차이즈 제공자인 가맹본부의 사전 동의 없이 타인에게 양도하거나 사업장의 위치를 변경하여서는 안 될 의무를 부담한다. 왜냐하면 가맹점사업자에게 가맹점 운영권을 지역별로 분할하여 부여하는 가맹사업의 특성상 가맹점사업자가 사업장의 위치를 임의로 변경할 경우 가맹사업전체의 혼란을 가져올 수 있기 때문이다. 또한 가맹본부의 사전 동의가 없는 경우에 가맹점의 운영권양도를 금지하는 이유는 당사자 간의 신뢰를 기반으로 하는 프랜차이즈 계약의 특수성에서 기인하는 것으로서 프랜차이즈계약관계는 프랜차이즈 본부가 가맹점에게 교육·훈련, 노하우의 전수 등을 통하여 형성되는 관계로서 일반계약관계보다 당사자의 신뢰가 더 특별한 의미를 가지기 때문이다. 그러므로 가맹계약에 따라서는 가맹점사업자의 임의적인 사업장 위치변경이나 가맹점운영권 양도는 가맹계약의 위반이 될 수도 있고,

가맹계약 해지 및 손해배상책임의 원인이 될 수 있다.

차. 가맹계약기간 중 가맹본부와 동일한 업종을 영위하는 행위의 금지

가맹계약기간 중에 가맹점사업자가 가맹본부와 동일한 업종의 영위가 금지되는 것은 가맹계약의 성격상 당연한 의무에 속한다. 왜냐하면 가맹점사업자가 가맹본부의 영업비밀이나 노하우를 다른 사업에 전용할 소지가 크기 때문이다. 이에 미국의 판례에서도 가맹계약기간 중 가맹본부와 경쟁이 되는 다른 영업에 종사하는 것을 금지하는 것은 적법하다고 하고 있다(McDonald's Sys, Inc v. Sandy's Inc 사건 등 다수 판결).

문제는 가맹계약기간이 종료한 이후에도 여전히 경업금지의무를 부담하느냐이다.

원칙적으로 가맹계약기간 종료 후에는 가맹점사업자는 경업금지의무를 부담하지 않는다. 그럼에도 불구하고 가맹계약서에 가맹계약 종료 후 경업금지의무를 규정한 경우에는 문제가 발생한다. 이 경우 이러한 계약서의 조항이 유효인지, 무효인지가 불공정행위성과 관련하여 논의가 된 바 있는데, 현재 공정거래위원회의 심결에 따르면 다음과 같다.

(1) 가맹계약기간 중이라면 '동종업종'을 금지하는 것은 허용되나, 그 의미가 불명확한 '유사업종'까지 금지하는 것은 가맹점사업자의 영업의 자유를 심히 침해하는 것이므로 금지된다.

☞ 가맹계약 기간 중 경업이 금지되는 업종은 동종업종에 한정한다는 의미이다.

(2) 가맹계약기간 종료 후까지 경업금지의무를 부과하는 것은 금지된다.

☞ 실무상으로는 계약기간 종료 후의 경업금지의무를 부과하는 대신 영업비밀준수의무를 규정함으로써 그 기능을 대체하고 있는 것이 일반적이다.

수정 전 약관조항	수정 후 약관조항
〈가맹본부의 가맹계약서〉 을은 계약기간 중 갑과 경합하는 다른 유사한 동종(피자) 또는 유사한 업종(외식업)영업을 새로이 시작하거나 함께 하여서는 아니 된다.	〈가맹본부의 가맹계약서〉 을은 계약기간 중 갑과 경합하는 동종업종의 영업을 새로이 시작하거나 함께 하여서는 아니 된다.
〈가맹본부의 가맹계약서〉 을의 귀책사유에 따라 제36에 의한 계약해지로 계약이 종료되는 경우 을은 계약해지일로부터 1년간 갑의 영업과 동종의 영업을 하지 않는다.	〈가맹본부의 가맹계약서〉 1. 을은 가맹계약기간 중 습득, 개발, 발명하거나 취득하게 되는 갑의 영업비밀을 회사의 서면동의 없이 유출, 발설, 공포하거나 을의 매장영업 이외의 다른 목적으로 사용하지 않는다. 2. 을은 가맹계약 해지 및 종료 시에 영업비밀이 수록된 서면, 디스켓, 전산자료, 홍보, 각종 매뉴얼, 업무일지 등을 즉시 갑에게 반납하여야 한다. 3. 영업비밀 보호의무는 본 계약의 유지기간 동안은 물론 해지 및 종료 후에도 유지된다.

(3) 결국 가맹점사업자는 가맹계약기간 중 가맹본부와 동일한 업종을 영위할 수는 없는바, 그 위반 시 효과는 어떠한가? 가맹계약 위반이 될 수 있고, 구체적 사실관계에 따라 영업비밀 침해 및 업무상 배임죄가 될 수도 있다.

카. 가맹본부의 영업기술이나 영업비밀의 누설금지

가맹계약기간 중이나 기간종료 후를 막론하고 가맹점사업자는 가맹본부의 영업기술이나 영업비밀을 누설하여서는 아니 된다. 가맹점사업자가 가맹본부의 영업비밀을 누설하는 경우 가맹계약의 위반은 물론이고 부정경쟁행위방지법위반, 업무상배임죄 등의 형사책임도 문제될 수 있다.

☞ 영업비밀: '공연히 알려져 있지 아니하고 독립된 경제적 가치를 가지는 것으로서 상당한 노력에 의하여 비밀로 유지된 생산방법, 판매방법 기타 영업활동에 유용한 기술상 또는 경영상의 정보를 말한다(부정경쟁방지 및 영업비밀보호에 관한 법률 제2조 제2호).'

☞ 영업비밀침해행위: '절취 · 기망 · 협박 등 부정한 수단으로 영업비밀을 취득하는 행위, 이러한 사정을 알거나 중대한 과실로 알지 못하고 영업비밀을 사용하는 행

위, 계약상 영업비밀을 비밀로 유지하여야 할 의무가 있는 자가 부정한 이익을 얻거나 영업비밀 보유자에게 손해를 입힐 목적으로 영업비밀을 사용하거나 공개하는 행위를 말한다(부정경쟁방지 및 영업비밀보호에 관한 법률 제2조 제3호).'

타. 영업표지에 대한 제3자의 침해사실을 인지하는 경우 가맹본부에 대한 영업표지 침해사실의 통보와 금지조치에 필요한 적절한 협력

가맹점사업자는 가맹본부의 영업표지에 대한 제3자의 침해사실을 인지한 경우에는 가맹본부에 대해 영업표지 침해사실의 통보와 금지조치에 필요한 적절한 협력을 하여야 할 의무가 있다. 원래 영업표지는 가맹본부의 소유이기 때문에 가맹점사업자가 그 침해에 대하여 가맹본부에게 알리거나 금지조치를 하여야 할 의무가 당연히 있다고 볼 수는 없다. 하지만 가맹사업의 특성상 가맹사업 영업표지는 가맹본부와 가맹점사업자의 공동의 자산으로서의 성격을 띠고 있으므로 이러한 의무를 지게 되는 것이다.

대법원도 가맹사업에 있어서 영업표지가 공동의 자산으로서의 성격이 있다고 보고, 이러한 공동자산으로서의 성격 때문에 가맹점사업자는 제3자의 영업표지에 대한 침해가 있을 경우 그 사실의 통보와 적절한 협력을 하여야 할 의무가 있는 것으로 보고 있다.

4. 가맹본부와 가맹점사업자의 준수사항위반의 효력

가맹본부와 가맹점사업자의 준수사항 위반 시 제재에 대해서는 가맹사업법상으로는 따로 규정한 바가 없다. 그러나 이러한 준수사항의 성격은 가맹계약서를 작성할 때 가맹본부와 가맹점사업자의 의무사항으로서 반드시 계약서의 내용으로서 들어갈 필요가 있는 내용들이므로 이러한 내용이 계약서의 내용으로 들어가 있는 경우라면 어느 일방이 이러한 가맹계약서 규정에 위반할 경우에는 이는 가맹계약위반이 된다.

나아가서 위 준수사항들은 기타 법률규정이나 가맹계약서의 다른 조항들을 해석함에 있어 해석의 기준이 된다. 따라서 가맹계약서에 명시적으로 위 준수사항의 기재가 없다 하더라도 가맹계약의 본질상 그 위반자는 가맹계약의 위반이 될 수 있고 이를 이유로 하는 상대방의 계약해지는 정당한 해지사유가 될 수 있다.

제3장 가맹사업거래의 공정화를 위한 제도

원칙적으로 가맹본부와 가맹점사업자는 법률상 독립한 사업자이다. 그러나 가맹사업이 갖고 있는 본질적인 특성상 가맹본부가 갖는 우월적 지위를 악용하는 등 가맹사업을 둘러싼 분쟁이 끊이질 않고 있다. 이에 가맹사업법은 가맹본부에 비해 상대적으로 약자라고 볼 수 있는 가맹희망자와 가맹점사업자를 보호하기 위하여 가맹사업법 제3장에서는 여러 가지 제도적 장치를 마련하여 가맹사업당사자 간의 힘의 균형을 맞추고 이를 통하여 보다 공정한 거래질서를 확립하고 있다.

아래에서는 크게 1) 가맹금제도, 2) 정보공개제도, 3) 가맹계약, 4) 불공정거래행위금지, 5) 자율규약으로 나누어 살펴보고자 한다.[31)]

Ⅰ. 가맹금 제도

1. 가맹금

가. 서론

(1) 가맹금의 정의

가맹사업법상 가맹금이란, 명칭이나 지급형태에 상관없이 제2조 제6호 각 목의 어느 하나에 해당하는 대가를 말한다. 다만 가맹본부에 귀속되지 아니하는 것으로서 대통령령이 정하는 대가를 제외한다고 정의하고 있다. 결국 가맹금은 그 명칭 여하를 불문하고 가맹본부가 가맹점사업자로부터 가맹사업과 관련하여 수령하는 일체의 '수익'이라고 할 수 있다.

31) 가맹사업법을 다룬 대부분의 서적을 보면 책의 편제를 법조문의 순서대로 서술한 결과, 각각의 정의규정과 제도 등을 서로 장(障)을 달리하여 설명하는 경우가 많은데, 그렇게 하는 것보다 각각의 주제에 대하여는 한 곳에서 한꺼번에 제도별로 설명하는 것이 독자로서는 이해하기가 훨씬 수월할 것으로 판단되어 그런 방식으로 서술하였다.

☞ 가맹금의 범위

가맹금에 해당되는 대가(법 제2조 제6호)	가맹금에서 제외되는 대가(시행령 제3조 제1항)
가. 가입비 · 입회비 · 가맹비 · 교육비 또는 계약금 등 가맹점사업자가 영업표지의 사용허락 등 가맹점운영권이나 영업활동에 대한 지원 · 교육 등을 받기 위하여 가맹본부에 지급하는 대가 나. 가맹점사업자가 가맹본부로부터 공급받는 상품의 대금 등에 관한 채무액이나 손해배상액의 지급을 담보하기 위하여 가맹본부에 지급하는 대가 다. 가맹점사업자가 가맹점운영권을 부여받을 당시에 가맹사업을 착수하기 위하여 가맹본부로부터 공급받는 정착물 · 설비 · 상품의 가격 또는 부동산의 임차료 명목으로 가맹본부에 지급하는 대가 라. 가맹점사업자가 가맹본부와의 계약에 의하여 허락받은 영업표지의 사용과 영업활동 등에 관한 지원 · 교육, 그 밖의 사항에 대하여 가맹본부에 정기적으로 또는 비정기적으로 지급하는 대가로서 대통령령으로 정하는 것 마. 그 밖에 가맹희망자나 가맹점사업자가 가맹점운영권을 취득하거나 유지하기 위하여 가맹본부에 지급하는 모든 대가	1. 소비자가 신용카드를 사용하여 가맹점사업자의 상품이나 용역을 구매한 경우에 가맹점사업자가 신용카드사에 지불하는 수수료 2. 소비자가 상품권을 사용하여 가맹점사업자의 상품이나 용역을 구매한 경우에 가맹점사업자가 상품권 발행회사에 지급하는 수수료나 할인금 3. 소비자가 전자금융거래법 제2조 제11호에 따른 직불전자지급수단 · 선불전자지급수단 또는 전자화폐를 사용하거나 전자금융거래법 제2조 제19호에 따른 전자지급결제대행 서비스를 이용하여 가맹점사업자의 상품이나 용역을 구매한 경우에 가맹점사업자가 지급수단 발행회사나 지급결제대행회사에 지급하는 수수료나 할인금 4. 법 제2조 제6호 다목에 따라 가맹본부에 지급하는 대가 중 적정한 도매가격(도매가격이 형성되지 아니하는 경우에는 가맹점사업자가 정상적인 거래관계를 통하여 해당 물품이나 용역을 구입 · 임차 또는 교환할 수 있는 가격을 말하며 가맹본부가 해당 물품이나 용역을 다른 사업자로부터 구입하여 공급하는 경우에는 그 구입가격을 말한다. 이하 같다) 5. 그 밖에 가맹본부에 귀속되지 아니하는 금전으로서 소비자가 제3의 기관에 지불하는 것을 가맹본부가 대행하는 것

(2) 가맹금의 종류

구 분		형 태	예 시
유형 ①	사업개시단계	가맹점운영권이나 영업활동에 대한 지원, 교육 등을 받기 위하여 가맹본부에 지급하는 대가(운영권획득: 개시지급금)	가입비, 교육비 등
유형 ②		가맹본부로부터 지급받은 상품에 대한 대금 등에 관한 채무액이나 손해배상액의 지급을 담보하기 위하여 가맹본부에 지급하는 대가(계약이행보증금)	보증금, 담보제공, 계약이행보증금, 물품이행보증금 등
유형 ③		가맹사업을 착수하기 위하여 가맹본부로부터 공급받는 정착물, 설비, 상품의 가격 또는 부동산의 임차료명목으로 가맹본부에 지급하는 대가 중 적정한 도매가격을 넘는 대가(정착물, 설비, 초도상품공급에 따른 초과이윤)	인테리어비용, 최초공급상품비용(초도물품비) 등

<table>
<tr><td>유형 ④</td><td rowspan="2">사업운영단계 (정기, 비정기 대가)</td><td>영업표지의 사용과 영업활동 등에 관한 지원, 교육, 그 밖의 사항에 대하여 가맹본부에 정기적 또는 비정기적으로 지급하는 대가(로열티)
- 정액 또는 매출액, 영업이익 등의 일정비율로 지급하는 대가
- 가맹본부로부터 공급받는 상품, 원재료, 부재료, 정착물, 설비 및 원자재의 가격 또는 부동산의 임차료에 대하여 가맹본부에 지급하는 대가 중 적정한 도매가격을 넘는 대가(특허권에 대한 대가는 제외)(물류공급에 따른 초과이윤)</td><td>상품사용료, 광고분담금, 물품대금의 유통이익, 정기지급금 등 (가맹사업법 시행령 제3조 참조)</td></tr>
<tr><td>유형 ⑤</td><td>그 밖에 가맹점운영권을 취득하거나 유지하기위하여 가맹본부에 지급하는 모든 대가</td><td>특허권에 대한 대가는 제외</td></tr>
</table>

☞ (용어설명)

1) 개시지급금: 가맹희망자 또는 가맹점사업자가 가맹사업을 시작하기 위하여 가맹본부에 지급하는 일체의 대가를 의미한다. 따라서 가맹점사업자가 가맹점운영권을 부여받기 위하여 영업표지 또는 영업활동에 대한 지원 · 교육에 대한 대가로 지급하는 금전은 가입비, 입회비, 가맹비, 교육비 또는 계약금 등의 명칭 여하를 불문하고 모두 개시지급금 성격의 가맹금에 해당된다.

2) 계약이행보증금: 이행보증금은 가맹점사업자가 가맹본부에 지급하는 보증금 성격의 금전으로서 상품의 판매대금 등에 관한 채무액 또는 손해배상액의 지급을 담보하기 위하여 지급하는 보증금성격의 가맹금을 말한다.

3) 초도물품비: 초도물품비는 가맹점사업자가 가맹점운영권을 부여받을 당시 가맹사업을 시작하기 위하여 가맹본부로부터 공급받는 정착물, 설비, 상품의 가격 또는 부동산의 임차료명목으로 가맹본부에 지급하는 대가를 말한다. 초도물품은 가맹점을 개설할 때 가맹본부에 지급하는 대가라는 점에서 가맹점 운영 중 가맹본부에 지급하는 정기/부정기 대가와는 구별된다.

4) 정기지급금: 정기지급금은 가맹점사업자가 상표사용료, 리스료, 광고분담금 및 지도훈련비 등 영업표지의 사용과 영업활동에 대한 지원 · 교육의 대가로 정기적 · 비정기적으로 지급하는 금전을 의미한다. 정기지급금은 가맹점사업자가 가맹사업을 영위하기 위하여 정기적 또는 비정기적으로 지급하는 대가라는 점에서 가맹사업의 개시 시에 지급하는 개시지급금과는 구별된다.

나. 가맹금의 공시

(1) 의의

가맹사업법은 정보공개서(법 제7조) 및 가맹계약서(법 제11조)에 가맹금에 관한 사항을 명시하도록 규정하고 있다. 또한 가맹금에 관한 사항은 정보공개서의 '중요사항'이기 때문에 만약 가맹금에 관한 정보가 허위로 제공되거나 누락되는 경우에는 제재가 따른다.

(2) 공시방법

1) 정보공개서

① 모든 종류의 가맹금내역과 ② 그 반환조건 그리고 만약 반환될 수 없는 경우에는 그 사유를 기재하여야 한다.

2) 가맹계약서

① 가맹금 등 지급에 관한 사항, ②가맹금 등 반환조건에 관한 사항을 기재하여야 한다.

(3) 공시위반의 효과

1) 정보공개서에 가맹금정보가 누락되거나 허위 · 과장되게 기재한 경우: 5년 이하의 징역 또는 1억 5천만 원 이하의 벌금에 처해질 수 있다.

2) 가맹계약서에 공시되지 않은 경우: 시정조치 또는 과징금이 부과될 수 있다.

2. 가맹금 예치제도

제6조의5(가맹금 예치 등) ① 가맹본부는 가맹점사업자(가맹희망자를 포함한다. 이하 이 조, 제15조의2 및 제41조 제3항 제1호에서 같다)로 하여금 가맹금(제2조 제6호 가목 및 나목에 해당하는 대가로서 금전으로 지급하는 경우에 한하며, 계약체결 전에 가맹금을 지급한 경우에는 당해 가맹금을 포함한다. 이하 "예치가맹금"이라 한다)을 대통령령으로 정하는 기관(이하 "예치기관"이라 한다)에 예치하도록 하여야 한다. 다만, 가맹본부가 제15조의2에 따른 가맹점사업자피해보상보험계약 등을 체결한 경우에는 그러하지 아니하다.

② 예치기관의 장은 가맹점사업자가 예치가맹금을 예치한 경우에는 예치일로부터 7일 이내에 그 사실을 가맹본부에 통지하여야 한다.

③ 가맹본부는 다음 각 호의 어느 하나에 해당하는 경우에는 예치기관의 장에게 대통령령으로 정하는 바에 따라 예치가맹금의 지급을 요청할 수 있다. 이 경우 예치기관의 장은 10일 이내에 예치가맹금을 가맹본부에 지급하여야 한다.

1. 가맹점사업자가 영업을 개시한 경우
2. 가맹계약 체결일부터 2개월이 경과한 경우. 다만, 2개월이 경과하기 전에 가맹점사업자가 제5항 제1호부터 제3호까지의 규정 중 어느 하나에 해당하는 조치를 취한 사실을 예치기관의 장에게 서면으로 통보한 경우에는 그러하지 아니하다.

④ 가맹본부는 거짓이나 그 밖의 부정한 방법으로 예치가맹금의 지급을 요청하여서는 아니 된다.

⑤ 예치기관의 장은 제1호부터 제3호까지의 규정 중 어느 하나에 해당하는 경우에는 제24조에 따른 가맹사업거래분쟁조정협의회의 조정이나 그 밖의 분쟁해결의 결과(이하 "분쟁조정 등의 결과"라 한다) 또는 제33조에 따른 공정거래위원회의 시정조치가 확정될 때(공정거래위원회의 시정조치에 대하여 이의신청이 제기된 경우에는 재결이, 시정조치나 재결에 대하여 소가 제기된 경우에는 확정판결이 각각 확정된 때를 말한다. 이하 이 조에서 같다)까지 예치가맹금의 지급을 보류하여야 하고, 제4호에 해당하는 경우에는 예치가맹금의 지급요청을 거부하거나 가맹본부에 그 내용의 변경을 요구하여야 한다.

1. 가맹점사업자가 예치가맹금을 반환받기 위하여 소를 제기한 경우
2. 가맹점사업자가 예치가맹금을 반환받기 위하여 알선, 조정, 중재 등을 신청한 경우
3. 가맹점사업자가 제10조의 위반을 이유로 가맹본부를 공정거래위원회에 신고한 경우
4. 가맹본부가 제4항을 위반하여 거짓이나 그 밖의 부정한 방법으로 예치가맹금의 지급을 요청한 경우

⑥ 예치기관의 장은 가맹본부 또는 가맹점사업자가 분쟁조정 등의 결과나 시정조치 결과를 첨부하여 예치가맹금의 지급 또는 반환을 요청하는 경우 요청일로부터 30일 이내에 그 결과에 따라 예치가맹금을 가맹본부에 지급하거나 가맹점사업자에게 반환하여야 한다.

⑦ 예치기관의 장은 가맹점사업자가 가맹본부의 동의를 받아 예치가맹금의 반환을 요청하는 경우에는 제5항 및 제6항에도 불구하고 요청일부터 10일 이내에 예치가맹금을 가맹점사업자에게 반환하여야 한다.

⑧ 그 밖에 가맹금의 예치 등에 관하여 필요한 사항은 대통령령으로 정한다.

[본조신설 2007. 8. 3.]

가. 의의

가맹본부와 가맹점사업자(가맹희망자 포함)가 가맹계약 체결 시 일정범위의 가맹금을 가맹본부가 아닌, 독립적인 제3의 기관에 일정기간동안 예치를 의무화함으로써 가맹본부가 직접 가맹금을 수령하는 행위를 금지하는 제도(2008. 8. 4.부터 시행)를 말한다. 다만, 가맹본부가 "가맹점사업자피해보상보험계약 등"을 체결한 경우에는 그러하지 아니하다.

☞ 가맹금예치제가 적용되지 않는 경우

1) 6개월간 가맹금합계가 100만 원 이하, 또는 연간 매출액이 5,000만 원 미만의 영세한 경우
2) 가맹점사업자피해보상보험계약을 체결해둔 경우
3) 공제조합과의 공제계약을 체결한 경우

나. 제도의 취지

가맹금 예치제도는 그동안 가맹사업거래에서 빈번하게 발생하였던 가맹본부의 사기적인 가맹점모집 등으로 가맹본부가 가맹금만 받고 영업을 시작하기도 전에 가맹점개설에 필요한 지원을 하지 않는 등 가맹본부와 분쟁이 발생한 경우, 가맹점사업자는 가맹금을 반환받을 수 있는 정당한 사유가 있음에도 불구하고, 이미 지급한 가맹금을 반환받기가 쉽지 않아서 어쩔 수 없이 피해를 입을 수밖에 없었던 폐해를 방지하고자 마련한 제도이다.

☞ 예를 들면, 가맹본부(A)와 가맹점사업자(B) 간에 가맹계약을 체결하고 B는 가맹금을 지급하였다. 그러나 본부 A가 애초 가맹계약에서 합의했던 내용을 이행하지 않은 채 사업을 그만둔 경우, B는 당연히 A의 채무불이행 등을 이유로 가맹금을 반환받을 수 있는 정당한 법적 권리가 있지만 법적 제도를 통해 구제를 받는 데에는 상당한 시간과 비용이 들어갈 것이다. 이러한 점을 감안해볼 때 만약에 예치가맹금을 제3의 독립된 기관에 예치해 놓을 수만 있다면 위 사안의 경우, 보다 신속하고 안전하게 가맹금을 돌려받을 수 있을 것이다. 바로 이 점에 예치기관의 존재필요성이 있는 것이다.

다. 예치대상 가맹금

모든 가맹금을 예치하여야 하는 것이 아니라, 개시지급금(유형 ①) 또는 계약이행보증금성격(유형 ②)의 가맹금이 예치대상가맹금이다.

구 분	형 태	예 시
유형 ①	가맹점운영권이나 영업활동에 대한 지원, 교육 등을 받기 위하여 가맹본부에 지급하는 대가(운영권획득: 개시지급금)	가입비, 교육비 등
유형 ②	가맹본부로부터 지급받은 상품에 대한 대금 등에 관한 채무액이나 손해배상액의 지급을 담보하기 위하여 가맹본부에 지급하는 대가(계약이행보증금)	보증금, 계약이행보증금, 물품이행보증금 등
유형 ③	가맹사업을 착수하기 위하여 가맹본부로부터 공급받는 정착물, 설비, 상품의 가격 또는 부동산의 임차료명목으로 가맹본부에 지급하는 대가 중 적정한 도매가격을 넘는 대가(정착물, 설비, 초도상품공급에 따른 초과이윤)	인테리어비용, 최초공급상품비용(초도물품비) 등
유형 ④	영업표지의 사용과 영업활동 등에 관한 지원, 교육, 그 밖의 사항에 대하여 가맹본부에 정기적 또는 비정기적으로 지급하는 대가(로열티) - 정액 또는 매출액, 영업이익 등의 일정비율로 지급하는 대가 - 가맹본부로부터 공급받는 상품, 원재료, 부재료, 정착물, 설비 및 원자재의 가격 또는 부동산의 임차료에 대하여 가맹본부에 지급하는 대가 중 적정한 도매가격을 넘는 대가(특허권에 대한 대가는 제외, 물류공급에 따른 초과이윤)	상품사용료, 광고분담금, 물품대금의 유통이익, 정기지급금 등
유형 ⑤	그 밖에 가맹점운영권을 취득하거나 유지하기 위하여 가맹본부에 지급하는 모든 대가	

☞ 예치하여야 하는 가맹금은 금전으로 지급하는 경우에 한하며, ① 가입비 · 입회비 · 가맹비 · 교육비 또는 계약금 등 가맹점사업자가 영업표지의 사용허락 등 가맹점운영권이나 영업활동에 대한 지원 · 교육 등을 받기 위하여 가맹본부에 지급하는 대가(개시지급금), ② 가맹점사업자가 가맹본부로부터 공급받는 상품의 대금 등에 관한 채무액이나 손해배상액의 지급을 담보하기 위하여 가맹본부에 지급하는 대가(계약이행보증금)에 한한다(법 제6조의5 제1항).
주의할 점은 <u>예치대상 가맹금은 금전으로 지급할 경우만 해당된 점이다</u>(예를 들어, 보증금을 현금이 아니라 담보 설정 형태로 지급하는 경우 예치할 필요가 없음).

라. 예치기관

가맹금을 예치할 수 있는 기관은 다음과 같다(법 시행령 제5조의6).

(1) 은행법 제2조 제1항 제2호 및 같은 법 제5조에 따른 금융회사

(2) 우체국 예금 · 보험에 관한 법률에 따른 체신관서

(3) 보험업법에 따른 보험회사

(4) 자본시장과 금융투자업에 관한 법률에 따른 신탁업자

☞ 2008년 8월 4일부터 시행한 가맹금 예치제는 5개 시중은행(국민, 기업, 신한, 우리, 하나) 및 우체국에서 취급하고 있으며, 예치제에 갈음하여 가맹점사업자피해 보상보험 계약은 서울보증보험에서 취급(2010년 7월 현재)

마. 가맹금 예치 및 지급절차

(1) 가맹금 예치계약의 체결

가맹본부는 예치기관을 지정하여 가맹금예치에 관한 계약을 체결하여야 한다(법 시행령 제5조의7 제1항).[32)]

(2) 가맹금 예치신청

1) 가맹본부는 가맹점사업자에게 가맹금 예치신청서(별지서식[33)] 제5호)를 교부하여야 하고, 가맹점사업자는 교부받은 예치신청서를 작성한 후, 가맹금을 예치하여 줄 것을 지정된 예치기관에 신청하여야 한다.

2) 가맹본부가 가맹점사업자에게 가맹금 예치신청서를 교부할 때에는 가맹점사업자가

32) 가맹본부와 예치기관 간에 예치계약을 체결하는 것이지, 가맹점사업자가 예치계약을 체결하는 것이 아니다.

33) 별지 서식의 종류: 정보공개서 신규등록신청서(서식 1), 정보공개서 등록증(서식 2), 정보공개서 변경등록 신청서(서식 4), 가맹금예치신청서(서식 5), 가맹금 예치증서(서식 6), 예치가맹금 지급요청서(서식 7), 예치가맹금 지급보류신청서(서식 8)

① 영업을 개시한 경우 또는 ② 계약체결일로부터 2개월이 경과한 경우에는 예치가맹금은 가맹본부에게 귀속된다는 사실을 가맹점사업자에게 알려야 한다.

☞ 가맹본부는 가맹점사업자에게 예치대상가맹금을 예치계좌에 정확히 입금할 수 있도록 자세한 안내가 필요하다.

(3) 가맹본부의 예치가맹금 지급요청

가맹본부는 ① 가맹사업자가 영업을 개시한 경우 또는 ② 가맹계약체결일로부터 2개월이 지난 경우에는 예치기관의 장에게 예치가맹금 지급요청서(별지서식 제7호)를 제출하여 예치된 가맹금의 지급을 요청할 수 있다.

☞ 위 ①번 사유에 해당하는 경우에는 가맹점사업자가 영업을 시작하였다는 사실을 증명하는 서류 또는 가맹점사업자의 확인서를 첨부하여 예치가맹금의 지급을 요청하여야 한다.

(4) 가맹점사업자의 예치가맹금 지급보류요청

가맹점사업자는 ① 예치가맹금반환을 위한 소를 제기한 경우, ② 예치가맹금을 돌려받기 위하여 알선 · 조정 · 중재 등을 신청한 경우, ③ 가맹본부를 법 제10조(가맹금반환규정) 위반을 이유로 공정위에 신고한 경우에는 이 중 어느 하나의 사유가 발생하면 그 사실을 증명하는 서류를 첨부하여 예치가맹금 지급보류요청서(별지서식 제8호)를 예치기관 장에게 제출하여야 한다.

☞ 가맹점사업자가 가맹본부와 가맹사업거래와 관련하여 분쟁 중인 경우에 이러한 조치를 하지 않는 경우 가맹금예치일로부터 2개월만 경과하면 법적으로 가맹본부가 예치가맹금을 수령하는 데 아무런 법적 하자가 없기 때문에 이를 방지하기 위함이다.

바. 예치기관의 예치가맹금관리

(1) 예치가맹금의 관리(법 시행령 제5조의7 제4항)

예치기관의 장은 예치가맹금을 예치기관의 명의로 예치하여야 하고, 이를 다른 금융자산과 분리하여 관리하여야 한다.

(2) 예치통지 및 예치증서 교부(법 제6조의5 제2항, 법 시행령 제5조의7 제5항)

예치기관의 장은 예치가맹금을 예치한 경우에는 ① 예치일로부터 7일 이내 예치사실을 가맹본부에 통지하여야 하며 ② 가맹본부와 가맹점사업자에게 각각 가맹금예치증서(별지 제6호)를 교부하여야 한다.

(3) 예치가맹금의 지급(법 제6조의5 제3항)

예치기관의 장은 ① 가맹점사업자가 영업을 개시한 경우 또는 ② 가맹계약체결일부터 2개월이 경과한 경우로서 가맹본부가 예치가맹금지급을 요청한 경우에는 예치기관의 장은 10일 내에 예치가맹금을 가맹본부에 지급하여야 한다.

(4) 예치가맹금의 지급보류 및 거부(법 제6조의5 제5항)

1) 예치가맹금의 지급보류

예치기관의 장은 가맹점사업자가 ① 예치가맹금을 반환받기 위한 소를 제기한 경우, ② 예치가맹금을 반환받기 위하여 알선 · 조정 · 중재 등을 신청한 경우, ③ 법 제10조(가맹금반환규정) 위반을 이유로 가맹본부를 공정거래위원회에 신고한 경우 중 어느 하나에 해당하는 경우에는 가맹사업거래분쟁조정협의회의 조정이나 그 밖의 분쟁해결의 결과(이하 "분쟁조정 등의 결과"라 한다) 또는 공정거래위원회의 시정조치가 확정될 때까지는 예치가맹금의 지급을 보류하여야 한다.

☞ “공정거래위원회의 시정조치가 확정될 때”의 범위: 공정위의 시정조치에 대하여 이의신청이 제기된 경우에는 재결이, 시정조치나 재결에 대하여 소가 제기된 경우에는 확정판결이 각각 확정된 때를 말한다.

2) 예치가맹금 지급거부

예치기관장은 “가맹본부가 거짓이나 그 밖의 부정한 방법으로 예치가맹금의 지급을 요청한 경우”에는 예치가맹금에 대한 지급요청을 거부하거나, 가맹본부에 그 내용의 변경을 요구하여야 한다.

사. 예치된 가맹금의 반환(법 제6조의5 제6항, 제7항)

(1) 의의

가맹금을 예치한 가맹점사업자가 일정한 사유발생 시 예치가맹금을 반환받아 가는 것을 말한다.

(2) 반환사유 및 절차

1) 분쟁조정 등의 결과나 시정조치의 결과를 첨부하여 지급 또는 반환을 요청하는 경우

예치기관의 장은 요청일로부터 30일 이내 그 결과에 따라 예치가맹금을 가맹본부에 지급하거나 또는 가맹점사업자에게 반환하여야 한다(법 제6조의5 제6항).

☞ 이 경우 가맹본부 또는 가맹점사업자는 그 사실을 증명하는 서류를 첨부하여 가맹금지급요청서를 예치기관의 장에게 제출하여야 한다.

2) 가맹점사업자가 가맹본부의 동의를 얻어 반환을 요청하는 경우

예치기관의 장은 요청일로부터 10일 이내 예치가맹금을 반환하여야 한다(법 제6조의5 제7항).

☞ 이 경우 가맹점사업자는 가맹본부의 동의서를 첨부하여 가맹금지급요청서를 예치기관의 장에게 제출하여야 한다.

☞ 가맹금을 예치한 당사자인 가맹점사업자라 하더라도 임의로 가맹금을 반환받아 갈 수는 없으며, 반드시 가맹본부의 동의를 얻거나 또는 확정판결, 분재조정위원회의 분쟁조정결과, 공정위의 시정조치 등이 있어야 반환받아 갈 수 있다는 것이다.

아. 정보통신망의 이용(법 시행령 제5조의8 제5항)

예치기관의 장은 정보통신망(예: 인터넷 홈페이지 등)을 이용하여 가맹금의 예치신청 · 지급 및 반환 등에 필요한 절차를 수행할 수 있다. 이 경우 예치기관의 장은 가맹본부와 가맹점사업자로 하여금 그 신원을 파악하기 위하여 공인인증서(전자서명법 제2조 제8항)를 사용하도록 요구할 수 있다.

자. 서류보관(법 시행령 제5조의8 제6항)

예치기관의 장은 가맹본부 또는 가맹점사업자가 제출한 가맹금예치에 관한 증명서류 등을 해당예치가맹금을 지급 또는 반환한 날부터 3개월간 보관하여야 한다.

☞ 비교) 가맹계약서: 3년간 보관(법 제11조 제3항)

차. 가맹금예치제 위반 시 제재

(1) 행정적 제재

시정조치 또는 시정권고, 과징금의 부과가 가능하다.

☞ 과징금의 부과범위: 해당 가맹본부의 위반행위 직전 3개 사업연도평균매출액에 100분의 2(2%)를 곱한 금액을 초과하지 않는 범위 안에서 과징금을 부과할 수 있다(3개 사업연도평균매출액×2%).

(2) 형사적 제재

1) 가맹본부가 예치대상 가맹금을 직접 수령한 경우: 2년 이하의 징역 또는 5천만 원 이하의 벌금

2) 가맹본부가 예치기관의 장에게 거짓이나 그 밖의 부정한 방법으로 예치가맹금의 지급을 요청한 경우: 예치가맹금의 2배에 상당하는 금액 이하의 벌금에 처한다.

조치유형	세부내용
시정조치	- 위반행위의 중지 및 공표 - 가맹점사업자에 대한 법위반사실 통지 - 가맹사업법 내용 등 교육이수 - 그 밖에 위반내용의 시정을 위하여 필요한 조치
과징금	- 가맹본부의 3년간 평균매출액의 2% 범위 내에서 부과
형벌	- 징역형(2년 이하) - 벌금형(5천만 원 이하)

카. 가맹금 예치규정의 적용이 배제되는 경우

(1) 법 제3조(적용배제)규정에 해당하는 경우

1) 가맹점사업자가 가맹금을 최초로 지급한 날부터 6개월의 기간 동안 가맹본부에게 지급한 가맹금 총액이 100만 원을 초과하지 않은 경우

2) 가맹본부의 연간 매출액이 5천만 원 미만인 경우(단, 1년 이상 운영되고 직영점이 있는 경우 2억 원 미만)

☞ 영세한 가맹본부에 대한 정책적 배려차원에서 가맹금예치제 적용의 예외를 인정한 것이다.

(2) **가맹본부가** 1) 가맹사업자피해보상보험계약, 2) 공제조합과의 공제계약을 체결한 경우, 가맹본부가 직접 가맹금을 수령할 수 있는 예외를 인정하고 있다.

☞ 예치가맹금에 대한 별도의 안전장치가 있다는 점에서 적용의 예외를 인정한 것이다.

타. 가맹점사업자 피해보상보험계약

제15조의2(가맹점사업자피해보상보험계약 등) ① 가맹본부는 가맹점사업자의 피해를 보상하기 위하여 다음 각 호의 어느 하나에 해당하는 계약(이하 "가맹점사업자피해보상보험계약 등"이라 한다)을 체결할 수 있다.
1. 보험업법에 따른 보험계약
2. 가맹점사업자 피해보상금의 지급을 확보하기 위한 금융감독기구의 설치 등에 관한 법률 제38조에 따른 기관의 채무지급보증계약
3. 제15조의3에 따라 설립된 공제조합과의 공제계약
② 가맹점사업자피해보상보험계약 등에 의하여 가맹점사업자 피해보상금을 지급할 의무가 있는 자는 그 지급사유가 발생한 경우 지체 없이 이를 지급하여야 한다. 이를 지연한 경우에는 지연배상금을 지급하여야 한다.
③ 가맹점사업자피해보상보험계약 등을 체결하고자 하는 가맹본부는 가맹점사업자피해보상보험계약 등을 체결하기 위하여 매출액 등의 자료를 제출함에 있어서 거짓 자료를 제출하여서는 아니 된다.
④ 가맹본부는 가맹점사업자피해보상보험계약 등을 체결함에 있어서 가맹점사업자의 피해보상에 적절한 수준이 되도록 하여야 한다.
⑤ 가맹점사업자피해보상보험계약 등을 체결한 가맹본부는 그 사실을 나타내는 표지를 사용할 수 있다.
⑥ 가맹점사업자피해보상보험계약 등을 체결하지 아니한 가맹본부는 제5항에 따른 표지를 사용하거나 이와 유사한 표지를 제작 또는 사용하여서는 아니 된다.
⑦ 그 밖에 가맹점사업자피해보상보험계약 등에 대하여 필요한 사항은 대통령령으로 정한다.
[본조신설 2007. 8. 3.]

(1) 의의

가맹사업법(제6조의5)에 의하면 가맹본부는 가맹점사업자로 하여금 금전으로 지급하는 경우에 한하여 계약체결 전에 "예치가맹금"을 대통령령으로 정하는 기관(이하 "예치기관"이라 한다)에 예치하도록 하여야 한다. 다만, 가맹본부가 법 제15조의2에 따른 가맹점사업자피해보상보험계약 등을 체결한 경우에는 그러하지 아니하다고 규정하여 가맹본

부가 보상보험에 가입한 경우 가맹금예치제 적용을 배제시키고 있다.

(2) 취지

피해보상보험제도의 도입취지는 가맹본부로 하여금 가맹금예치제를 선택할 것인가 아니면 피해보상보험제도를 선택할 것인가에 대한 재량권을 부여함으로써 가맹본부를 배려한 것이다. 왜냐하면 각각의 제도는 제각기 장점과 단점을 가지고 있으므로 가맹본부는 자기의 상황에 맞는 제도를 선택하여야 할 것이다.

(3) 피해보상보험의 내용

1) 대상계약의 종류

가맹본부는 가맹점사업자의 피해를 보상하기 위하여 체결하는 '가맹점사업자피해보상보험계약 등'이라 함은 다음과 같다.

① 보험업법에 따른 보험계약

② 가맹점사업자 피해보상금의 지급을 확보하기 위한 금융감독기구의 설치 등에 관한 법률 제38조에 따른 기관의 채무지급보증계약

③ 제15조의3에 따라 설립된 공제조합과의 공제계약

2) 피해보상보증보험의 내용요건

가맹본부가 체결하는 '가맹점사업자피해보상보험계약 등'은 다음의 사항을 충족하여야 한다.

① 가맹본부의 가맹금반환의무의 불이행 등으로 인한 가맹점사업자의 피해를 보상하는 내용일 것

② 피보험자 · 채권자 또는 수익자는 해당 가맹본부와 가맹계약을 체결하거나 체결할 예정인 가맹점사업자 또는 가맹점사업자가 지정한 자로 할 것

③ 계약금액은 예치가맹금 이상으로 할 것

④ 정당한 사유 없이 가맹점사업자의 의사표시 방법을 제한하거나 가맹점사업자에게

지나친 입증책임을 지우지 아니할 것

⑤ 정당한 사유 없이 피해보상의 범위나 보험자 · 보증인 · 공제조합 또는 가맹본부의 책임을 한정하지 아니할 것

⑥ 계약기간은 2개월 이상으로 하고, 정당한 사유 없이 쉽게 계약을 해지할 수 있도록 하여 가맹점사업자에게 불이익을 주지 아니할 것

⑦ 그 밖에 가맹점사업자에게 예상하기 어려운 위험이나 손해를 줄 염려가 있거나 부당하게 불리한 약정을 두지 아니할 것

⑧ 보험금 · 보증금 또는 공제금은 해당 가맹본부와 가맹계약을 체결하거나 체결할 예정인 가맹점사업자 또는 가맹점사업자가 지정한 자가 직접 수령할 수 있도록 할 것

(4) 자료의 허위제출금지

피해보상보험계약 등을 체결하고자 하는 가맹본부는 피해보상보험계약 등을 체결하기 위하여 매출액 등의 자료를 제출함에 있어서 거짓자료를 제출하여서는 아니 된다(법 제15조의2 제3항). 또한 가맹본부는 피해보상보험계약 등을 체결함에 있어서 가맹점사업자의 피해보상에 적절한 수준이 되도록 하여야 한다(법 제15조의2 제4항).

(5) 피해보상금의 지급 및 보험계약체결사실의 표시

1) 피해보상금의 지급

가맹점사업자피해보상보험계약 등에 의하여 가맹점사업자 피해보상금을 지급할 의무가 있는 자는 그 지급사유가 발생한 경우 지체 없이 이를 지급하여야 한다. 이를 지연한 경우에는 지연배상금을 지급하여야 한다(법 제15조의2 제2항).

2) 보험계약체결사실의 표시

가맹점사업자피해보상보험계약 등을 체결한 가맹본부는 그 사실을 나타내는 표지를 사용할 수 있다(법 제15조의2 제5항).

가맹점사업자피해보상보험계약 등을 체결하지 아니한 가맹본부는 제5항에 따른 표지를

사용하거나 이와 유사한 표지를 제작 또는 사용하여서는 아니 된다(법 제15조의2 제6항).

(6) 예치제와 보증보험의 비교

구 분	내 용
가맹금예치제	- 가맹점사업자가 예치금융기관에 예치 - 일부 금융기관을 제외하고 아직 수수료 없음. - 가맹점사업자가 예치계좌를 구분하지 못해 가맹본부의 계좌로 직접 입금할 수 있는 문제가 있으므로 정확한 안내가 필요 - 가맹본부는 2개월 또는 영업개시 이후 가맹금을 수령하게 되어 가맹금 확보에 기일이 소요
보증보험	- 가맹본부는 보증보험 계약 이후 가맹본부 계좌로 직접 수령하므로 신속한 가맹금 확보가 가능 - 가맹금 수령 이후 보증보험 가입 시 법위반에 해당되므로 수령 시점 이전까지 가입이 필요 - 보증보험 체결 과정에서 보증금액에 따라 수수료가 발생한다. *수수료: 가입금액(예치금)×보험요율 *보험요율: 건당 0.098%~1.12%

(7) 법 위반 시 제재

1) 행정적 제재

거짓자료를 제출한 경우: 시정조치 또는 시정권고, 과징금의 부과가 가능하다.

☞ 과징금의 부과범위: 해당 가맹본부의 위반행위 직전 3개 사업연도평균매출액에 100분의2(2%)를 곱한 금액을 초과하지 않는 범위 안에서 과징금을 부과할 수 있다(3개 사업연도평균매출액×2%).

2) 형사적 제재

피해보상보험계약 등을 체결하지 않았음에도 표지를 사용하거나, 유사한 표지를 사용한 경우: 시정조치 또는 시정권고, 과징금 외에 벌칙(2년 이하의 징역 또는 5천만 원 이하의 벌금)부과가 가능하다.

파. 공제조합의 설립

제15조의3(공제조합의 설립) ① 가맹본부는 제15조의2 제1항 제3호에 따른 공제사업을 영위하기 위하여 공정거래위원회의 인가를 받아 공제조합(이하 "공제조합"이라 한다)을 설립할 수 있다.
② 공제조합은 법인으로 하며, 주된 사무소의 소재지에 설립등기를 함으로써 성립한다.
③ 공제조합에 가입한 가맹본부는 공제사업의 수행에 필요한 출자금 등을 조합에 납부하여야 한다.
④ 공제조합의 기본재산은 조합원의 출자금 등으로 조성한다.
⑤ 공제조합의 조합원의 자격, 임원에 관한 사항 및 출자금의 부담기준에 관한 사항은 정관으로 정한다.
⑥ 공제조합의 설립인가 기준 및 절차, 정관기재사항, 운영 및 감독 등에 관하여 필요한 사항은 대통령령으로 정한다.
⑦ 공제조합이 제1항에 따른 공제사업을 하고자 하는 때에는 공제규정을 정하여 공정거래위원회의 인가를 받아야 한다. 공제규정을 변경하고자 하는 때에도 또한 같다.
⑧ 제7항의 공제규정에는 공제사업의 범위, 공제료, 공제사업에 충당하기 위한 책임준비금 등 공제사업의 운영에 관하여 필요한 사항을 포함하여야 한다.
⑨ 공제조합에 관하여 이 법에 규정된 것을 제외하고는 민법 중 사단법인에 관한 규정을 준용한다.
⑩ 이 법에 따른 공제조합의 사업에 대하여는 보험업법을 적용하지 아니한다.
[본조신설 2007. 8. 3.]

(1) 의의

가맹본부는 가맹사업법(제15조의2 제1항 제3호)에 따른 공제사업을 영위하기 위하여 공정거래위원회의 인가를 받아 공제조합을 설립할 수 있다. 공제조합의 법적 성질은 '법인'으로 하며, 주된 사무소에 설립등기를 함으로써 성립한다.

☞ 공제조합: 조합원이 상부상조하기 위하여 자주적으로 만든 상호부조단체를 말하는 것으로서 주로 노동자 등이 생활상의 사고, 이를테면 질병, 실업, 부상, 사망 등에 대비하여 조합에 가입하고, 미리 일정액의 부금을 갹출(醵出)해 적립하였다가 사고가 발생한 경우 적립금에서 일정액의 금액을 급여하여 사고로 인한 생활의 곤란을 덜어 주는 조직이다.

(2) 공제조합의 성립

1) 공제조합의 설립

공제조합을 설립하려는 때에는 10명 이상의 발기인이 되어 정관을 작성하고 창립총회의 의결을 거쳐 공정거래위원회에 인가를 신청하여야 한다. 만약 특정 업종에 속하는 가맹본부만을 조합원으로 하는 공제조합을 설립하려는 때에는 발기인이 10명 미만이라도 해당 업종에 속하는 가맹본부 총수의 1/10 이상의 발기인이 있으면 설립절차를 진행할 수 있다.

2) 공제조합의 인가 등

① 공제조합이 공제사업을 하고자 하는 때에는 공제규정을 정하여 공정거래위원회의 인가를 받아야 한다. 공제규정을 변경하고자 하는 때에도 또한 같다(법 제15조의3 제7항).

② 공제규정에는 공제사업의 범위, 공제료, 공제사업에 충당하기 위한 책임준비금 등 공제사업의 운영에 관하여 필요한 사항을 포함하여야 한다(법 제15조의3 제8항).

③ 공정거래위원회는 공제조합의 인가를 한 때에는 이를 공고하여야 한다(법 시행령 제16조의3 제3항).

3) 공제조합의 성립시기

공제조합은 법인으로 하며, 주된 사무소의 소재지에 설립등기를 함으로써 성립한다(법 제15조의3 제2항).

(3) 공제조합의 운영

1) 공제조합의 정관

① 정관의 기재사항
가맹사업법 제15조의3 제6항에 따른 정관기재사항은 다음 각 호와 같다.

1. 목적 2. 명칭 3. 사무소의 소재지 4. 출자금과 그 납부방법 및 그 지분계산에 관한 사항 5. 조합원의 자격과 가입 · 탈퇴에 관한 사항 6. 조합원의 권리 · 의무에 관한 사항 7. 자산 및 회계에 관한 사항 8. 총회에 관한 사항 9. 운영위원회에 관한 사항 10. 임원 및 직원에 관한 사항 11. 융자에 관한 사항 12. 업무와 그 집행에 관한 사항 13. 정관의 변경에 관한 사항 14. 해산과 남은 재산의 처리에 관한 사항 15. 공고의 방법에 관한 사항

② 정관의 변경방법

정관의 변경이란 법인이 동일성을 유지하면서 조직을 변경하는 것으로서 공제조합이 정관을 변경하려는 때에는 민법 제42조 제2항에 따른다. 따라서 정관의 변경은 주무관청의 허가를 얻지 아니하면 그 효력이 없는 것이고, 등기하여야 제3자에게 대항할 수 있다.

☞ 사단법인의 정관변경

공제조합에 관하여 이 법에 규정된 것을 제외하고는 민법 중 사단법인에 관한 규정을 준용한다(법 제15조의3 제9항)고 규정하고 있고, 한편 가맹사업법령에서는 정관변경에 관해 따로 규정한 바가 없으므로 민법의 규정을 준용하게 되는데 민법상 사단법인의 정관변경은 다음과 같다. <u>민법상 사단법인의 정관변경</u> 1) 의의 정관변경이란 법인이 동일성을 유지하면서 그 조직을 변경하는 것을 말하는 것으로서 자율적 단체인 사단법인은 재단법인과는 달리 원칙적으로 정관변경이 자유롭다. 2) 요건 사단법인이 정관을 변경하려면 ① 사원총회의 결의(총 사원 2/3 이상의 동의)와 ② 주무관청의 허가가 필요하다.

> 3) 한계
> ① 정관변경이 금지된 경우에도 총사원 전원의 동의를 얻어서 정관을 변경할 수 있다.
> ② 비영리법인을 영리법인으로 변경하는 등의 사단법인의 본질에 반하는 정관변경은 허용되지 않는다.

③ 공제조합의 기본재산

공제조합에 가입한 가맹본부는 공제사업의 수행에 필요한 출자금 등을 조합에 납부하여야 하며(법 제15조의3 제3항), 공제조합의 기본재산은 조합원의 출자금으로 조성한다(법 제15조의3 제4항).

④ 조합원의 자격 등

㉠ 공제조합의 조합원의 자격, 인원에 관한 사항 및 출자금의 부담기준에 관한 사항은 정관으로 정한다(법 제15조의3 제5항).

㉡ 공제조합의 설립인가 기준 및 절차, 정관기재사항, 운영 및 감독 등에 관하여 필요한 사항은 대통령령으로 정한다(법 제15조의3 제6항).

(4) 결산보고서 제출 등

1) 공제조합은 매 사업연도가 지난 후 2개월 이내에 결산을 마치고 해당 사업연도의 공제실적 등을 포함한 사업실적보고서 및 대차대조표 · 손익계산서를 포함한 결산보고서를 3월 31일까지 공정거래위원회에 제출하여야 한다(법 시행령 제16조의5 제1항).

2) 공제조합은 제1항에 따라 공정거래위원회에 제출한 대차대조표와 손익계산서를 주사무소(지부가 있으면 포함한다)에 갖추어 두고, 대차대조표는 공고하여야 한다(법 시행령 제16조의5 제2항).

(5) 준용 및 적용제외규정

1) 공제조합에 관하여 이 법에 규정된 것을 제외하고는 민법 중 사단법인에 관한 규정을 준용한다(법 제15조의3 제9항).

2) 이 법에 따른 공제조합의 사업에 대하여는 보험업법을 적용하지 아니한다(법 제15조의3 제10항).

3. 가맹금의 반환(법 제10조 제1항)

> 제10조(가맹금의 반환) ① 가맹본부는 다음 각 호의 어느 하나에 해당하는 경우에는 가맹희망자나 가맹점사업자가 대통령령으로 정하는 사항이 적힌 서면으로 요구하는 날부터 1개월 이내에 가맹금을 반환하여야 한다.〈개정 2007. 8. 3.〉
> 1. 가맹본부가 제7조 제2항을 위반한 경우로서 가맹희망자 또는 가맹점사업자가 가맹계약 체결 전 또는 가맹계약의 체결일부터 2개월 이내에 가맹금의 반환을 요구하는 경우
> 2. 가맹본부가 제9조 제1항을 위반한 경우로서 가맹희망자가 가맹계약 체결 전에 가맹금의 반환을 요구하는 경우
> 3. 가맹본부가 제9조 제1항을 위반한 경우로서 허위 또는 과장된 정보나 중요사항의 누락된 내용이 계약 체결에 중대한 영향을 준 것으로 인정되어 가맹점사업자가 가맹계약의 체결일부터 2개월 이내에 가맹금의 반환을 요구하는 경우
> 4. 가맹본부가 정당한 사유 없이 가맹사업을 일방적으로 중단하고 가맹점사업자가 대통령령으로 정하는 가맹사업의 중단일로부터 2개월 이내에 가맹금의 반환을 요구하는 경우
>
> ② 제1항의 규정에 의하여 반환하는 가맹금의 금액을 정함에 있어서는 가맹계약의 체결경위, 금전이나 그 밖에 지급된 대가의 성격, 가맹계약기간, 계약이행기간, 가맹사업당사자의 귀책정도 등을 고려하여야 한다. 〈개정 2007. 8. 3.〉

가. 의의

가맹사업법 제10조 제1항에서는 일정한 사유가 발생한 경우 가맹본부는 가맹희망자 또는 가맹점사업자에게 가맹금을 반환하여야 한다고 규정하고 있다. 이는 가맹사업법 제10조에서 정한 사유에 해당하는 경우에는 더 이상 가맹사업을 유지하는 것이 어렵다고 보아 가맹희망자 또는 가맹점사업자로 하여금 신속하게 가맹금을 반환받을 수 있도록 제도적 장치를 마련 한 것이다.

나. 제도의 취지

가맹본부의 기만적인 가맹점모집행위로 인해 가맹금을 사취당한 경우 등 가맹본부가 가맹희망자나 가맹본부로부터 가맹금을 수령함에 있어 사기나 강박의 수단을 사용하여 가맹금을 수령한 경우에는 가맹사업법은 별론으로 하더라도 민법상 당연히 민법 제109조 또는 제110조[34] 등을 통하여 구제를 받을 수 있는 길이 있었다. 그러나 이는 상당한 시간과 비용이 요구되었던바, 영세한 가맹점사업자를 보호하기에 미흡한 것이 사실이었다. 따라서 가맹사업법에서는 아예 가맹금의 반환사유를 법정화시켜 놓음으로써 민사소송 등을 통한 구제절차보다 신속하고 실질적으로 구제받을 수 있도록 하기 위하여 도입하게 된 것이다.

다. 가맹금의 반환요건

(1) 가맹금반환 청구권자

가맹금의 반환을 요구하는 가맹희망자 또는 가맹점사업자가 청구권자가 될 수 있다. 즉 ① 가맹계약 체결 전이라면 가맹희망자가 가맹금의 반환청구권자가 될 것이고, ② 가맹계약 체결 후라면 가맹점 사업자가 가맹금의 반환청구권자가 된다.

(2) 가맹금 반환사유(법 제10조)

1) 정보공개서 제공의무위반(법 제7조 제2항 위반)

가맹본부가 정보공개서를 제공하지 않았거나, 정보공개서를 제공한 날로부터 14일(가맹거래사 또는 변호사의 자문을 얻은 경우는 7일, 이른바 "숙고기간")이 지나지 않았음

---

34) 민법 제109조(착오로 인한 의사표시) ① 의사표시는 법률행위의 내용의 중요부분에 착오가 있는 때에는 취소할 수 있다. 그러나 그 착오가 표의자의 중대한 과실로 인한 때에는 취소하지 못한다.
② 전항의 의사표시의 취소는 선의의 제삼자에게 대항하지 못한다.
제110조(사기, 강박에 의한 의사표시) ① 사기나 강박에 의한 의사표시는 취소할 수 있다.
② 상대방 있는 의사표시에 관하여 제삼자가 사기나 강박을 행한 경우에는 상대방이 그 사실을 알았거나 알 수 있었을 경우에 한하여 그 의사표시를 취소할 수 있다.
③ 전2항의 의사표시의 취소는 선의의 제삼자에게 대항하지 못한다.

에도 가맹금을 수령하거나, 가맹계약을 체결한 경우로 가맹계약 체결 전에 가맹금의 반환을 요구하거나 또는 가맹계약체결일로부터 2개월 내에 가맹금 반환을 요구하는 경우

2) 허위·과장정보의 제공 또는 중요사항의 누락(법 제9조 제1항 위반)

① 가맹본부가 허위 또는 과장된 정보를 제공하거나, 중요사항을 누락한 경우로서 가맹희망자가 가맹계약체결 전에 가맹금의 반환을 요구하는 경우
② 허위·과장된 정보나 중요사항의 누락된 내용이 계약 체결에 중대한 영향을 미친 것으로 인정되어 가맹점사업자가 가맹계약체결일로부터 2개월 이내에 가맹금의 반환을 요구하는 경우

3) 가맹사업의 일방적 중단

가맹본부가 정당한 사유 없이 가맹사업을 일방적으로 중단한 경우로서 가맹점사업자가 가맹사업 중단일로부터 2개월 이내에 가맹금의 반환을 요구하는 경우

☞ 만약 가맹본부가 정당한 사유 없이 사업을 일방적으로 중단한 경우: 이는 가맹계약 위반에 해당: 가맹점사업자에게 손해가 있다면 그 손해를 배상해야 한다. 그러나 이러한 손해배상의무와는 별도로 가맹금도 가맹점사업자에게 반환하여야 하는가의 문제가 생긴다. 원칙적으로 규정이 없다면 가맹금반환의무가 당연히 발생한다고는 볼 수 없고, 또한 일반적으로 가맹계약서에는 "가맹금은 가맹점영업이 시작된 이후에는 반환하지 않는다."라고 기재하는 경우가 많기 때문에 이러한 경우까지 민법상의 일반원칙에 의한다면 불합리한 경우가 발생할 소지가 많기 때문에 가맹점사업자에게 가맹사업 중단일로부터 2개월 이내에는 가맹금반환을 청구할 권리를 부여한 것이다.

(3) 반환요구의 방법

가맹사업법 제10조에서 정한 가맹금 반환사유에 해당함을 이유로 가맹금의 반환을 요구하는 가맹희망자 또는 가맹점사업자는 다음의 사항이 기재된 서면으로 반환을 요구하

여야 한다(법 제10조 제1항, 법 시행령 제10조).

1) 가맹금의 반환을 요구하는 가맹점사업자 또는 가맹희망자의 주소 · 성명
2) 가맹본부가 허위 또는 과장된 정보를 제공하거나 중요사항을 누락한 사실
3) 가맹본부가 허위 또는 과장된 정보를 제공하거나 중요사항을 누락하여 계약체결에 중 영향을 준 것으로 인정되는 사실
4) 가맹본부가 정당한 이유 없이 가맹사업을 일방적으로 중단한 사실과 그 일자
5) 반환대상이 되는 가맹금의 금액
6) 가맹본부가 정보공개서를 제공하지 아니한 사실 또는 정보공개서를 제공한 날부터 14일(가맹희망자가 정보공개서에 대하여 변호사 또는 법 제27조에 따른 가맹거래사의 자문을 받은 경우에는 7일)이 지나지 아니한 상태에서 가맹희망자로부터 가맹금을 수령하거나 가맹희망자와 가맹계약을 체결한 사실과 그 날짜

(4) 가맹금의 반환기간(법 제10조 제1항)

가맹금의 반환 요구날로부터 1개월 이내에 가맹금을 반환하여야 한다.

라. 가맹금반환의 대상과 반환금액의 범위(법 제10조 제2항)

> 제10조(가맹금의 반환) ② 반환하는 가맹금의 금액을 정함에 있어서는 가맹계약의 체결경위, 금전이나 그 밖에 지급된 대가의 성격, 가맹계약기간, 계약이행기간, 가맹사업당사자의 귀책정도 등을 고려하여야 한다.

가맹사업법은 제10조 제2항에서 “반환하는 가맹금의 금액을 정함에 있어서는 가맹계약의 체결경위, 금전이나 그 밖에 지급된 대가의 성격, 가맹계약기간, 계약이행기간, 가맹사업당사자의 귀책정도 등을 고려하여야 한다”라고 규정하고 있을 뿐, 정작 구체적인 반환범위에 대해서는 정해 놓은 바가 없다.

☞ 따라서 실무상으로 가맹본부입장에서는 가맹점사업자와의 가맹계약체결 시 가맹금의 반환범위에 대하여 미리 합의하여 두는 것이 분쟁을 사전에 예방하는 데 도움이 될 것이다.

(1) 가맹금의 반환범위 결정 시 고려사항

1) 가맹계약의 체결경위

가맹금의 반환범위를 결정함에 있어서는 먼저 가맹계약의 체결경위를 먼저 살펴보아야 할 것이다. 이는 곧 각 당사자의 귀책사유의 유무, 당사자 간의 귀책비율의 정도 등을 검토하여서 가맹희망자나 가맹점사업자에게 전액을 반환할 것인가 아니면 일부만 반환할 것인가의 구체적인 범위를 결정하여야 하기 때문이다.

2) 금전이나 그 밖에 지급된 대가의 성격

지급된 가맹금의 성격을 고려하여야 한다. 가맹금에는 다양한 성격의 금원이 포함되어 있기 때문이다. 즉 넓은 의미의 가맹금에는 ① 개시지급금(가입비, 교육비, 계약금 등), ② 이행보증금 성격의 금원(계약이행보증금, 물품이행보증금 등), ③ 정착물, 설비, 초도물품공급 등에 따른 초과이윤, ④ 가맹본부에 지급하는 정기적 · 비정기적으로 지급하는 대가 등이 모두 포함될 수 있기 때문인 것이다. 따라서 지급받은 가맹금의 성격을 따져서 반환하여야 하는 금액은 서로 다를 수가 있기 때문에 가맹금의 성격을 따져 봐야 한다는 것이다.

가맹금 중, ① 가맹계약 체결 시에 가맹본부가 받은 가입비, 교육비, 가맹비 등 이른바 "개시지급금" 성격의 가맹금의 경우, 이에 대한 판례의 태도를 보면 이는 가맹계약기간 중 기간에 비례하여 존속하는 성격의 금원으로서, 만약 가맹계약이 계약기간의 중도에 해지되었을 경우, 가맹본부가 받은 가맹금 중 가맹계약의 해지 후 잔여기간에 해당하는 부분은 가맹점사업자에게 반환하여야 한다고 판시한 바 있다.

> 가맹계약의 중도해지 시 가맹금의 반환범위
> 가맹계약이 계약기간의 중간에 해지되었을 경우에 계약체결 시에 가맹본부가 받은 금전 중에 일부를 가맹점사업자에게 반환하여야 하는 문제는 가맹점이 가맹본부에게 지급한 금전이 어떤 이름으로 지급하였는가를 가지고만 볼 것이 아니라 무엇에 대한 대가로 지급한 것이고, 가맹계약의 해지경위와 그에 있어서 당사자의 귀책사유 유무 등을 종합적으로 고려하여 판단하여야 한다.

M 햄버거의 영업표지를 사용한 것에 대한 대가로 지급한 프랜차이즈 수수료는 가맹금의 성격을 가지는 금전으로 봄이 상당하고, 영업표지의 사용에 대한 이익은 기간에 따라 균등의 비율로 귀속되는 것이 원칙이므로, 가맹본부가 가맹점사업자로부터 점포를 인수(또는 우선매수)하여 직영하는 방법으로 가맹점사업자의 투하자본을 회수하기로 가맹계약이 합의 해지된 경우라면, 가맹본부가 지급받은 가맹금 중 가맹계약의 합의해지 후 잔여기간에 해당하는 부분은 가맹점사업자에게 반환함이 상당하다고 판시하였다(수원지법 2002가단13668).

② 계약이행보증금, 물품이행보증금 등 이행보증금성격의 가맹금의 경우, 이는 민법상 보증금에 해당하므로 이 금원은 가맹계약 종료 시 손해를 담보하고 남은 금액은 이를 가맹점사업자에게 반환하여야 한다.

③ 가맹사업을 착수하기 위하여 가맹본부로부터 공급받는 정착물, 설비, 상품의 가격 또는 부동산의 임차료명목으로 가맹본부에 지급하는 대가의 경우, 이 중 적정한 도매가격을 넘는 대가(정착물, 설비, 초도상품공급에 따른 초과이윤)만이 가맹금에 해당하며, 정당한 물품에 대한 대가는 가맹금이 아니므로 순수한 물품의 대가부분은 가맹금의 반환을 고려할 필요가 없다. 따라서 가맹금으로서 반환대상이 될 수 있는 것은 순수한 물품공급대가를 초과한 이윤부분이라 할 것이다.

☞ 이에 대하여 반환을 긍정하는 견해와 반환을 부정하는 견해로 나뉘는데, ㉠ 반환을 긍정하는 견해에 의하면 개점초기에 공급받은 시설물이나 상품 등의 대금 중에서 적정한 도매가격을 초과하는 금전의 경우 실질적으로는 개시지급금과 같은 성격을 갖게 되므로 반환대상이 될 수 있다고 하며, 이에 대하여 ㉡ 반환을 부정하는 견해에 따르면 대부분의 가맹본부는 가맹계약 시 가맹금을 수령함에 있어 순수한 물품공급대가와 초과이윤을 구분하여 수수하지 않고 한꺼번에 일괄하여 수수하고 있다. 따라서 가맹본부가 받은 금원 중 얼마가 진정한 가맹금인지 구분하기가 어려운 문제가 발생한다. 나아가서 이 금원은 가맹본부가 정착물이나 설비 등을 제공하는 데 대한 대가로 수령하는 성격의 금원이기 때문에 물품과 분리하여 생각할 수는 없는 것이고, 따라서 일단 대가를 받고 그 물품 등을 공급한 이상은 이를 반환할 필요가 없다고 본다고 하였다. [35]

---

35) 이한무, 가맹사업법 해설(실무 및 소송의 쟁점)(법률정보센터, 2009년), 제176면 이하.

④ 영업표지의 사용과 영업활동 등에 관한 지원, 교육, 그 밖의 사항에 대하여 가맹본부에 정기적 또는 비정기적으로 지급하는 대가(로열티)에 대하여는, 이 역시 만약 가맹계약이 중도에 해지되는 경우 ㉠ 이미 경과한 기간에 대한 로열티지급부분은 이는 기간의 경과로 소멸되는 성격의 금원이므로 가맹본부로서는 이를 반환할 필요가 없는 것이라 할 수 있고, ㉡ 장래의 로열티부분에 대해서는 가맹계약이 해지된 이상 가맹사업자는 이를 가맹본부에게 지급할 의무는 없는 것이다. 따라서 만약 가맹계약이 중도해지되었음에도 불구하고 가맹점사업자가 로열티를 지급하였다면 이는 민법상 '부당이득'으로서 가맹본부는 이를 반환하여야 할 것이다.

3) 가맹계약기간과 계약이행기간

가맹계약체결 시에 가맹본부가 받은 가입비, 교육비, 가맹비 등 이른바 "개시지급금" 성격의 가맹금의 경우, 이에 대한 판례의 태도를 보면 이는 가맹계약기간 중 기간에 비례하여 존속하는 성격의 금원으로서, 만약 가맹계약이 계약기간의 중도에 해지되었을 경우, 가맹본부가 받은 가맹금 중 가맹계약의 해지 후 잔여기간에 해당하는 부분은 가맹점사업자에게 반환하여야 한다고 판시한 바 있다. 이처럼 가맹계약체결 시에 일괄로 가맹금을 지급받은 경우 남아 있는 잔여계약기간의 장단에 따라 반환하여야 하는 가맹금의 금액도 달라질 것이기 때문이다.

4) 가맹점사업당사자의 귀책정도

먼저 가맹점사업당사자의 귀책 유무를 먼저 따지고, 당사자 간의 귀책비율의 정도 등을 검토하여야 할 것이다. 왜냐하면 가맹본부로서는 가맹희망자나 가맹점사업자에게 전액을 반환할 것인가 아니면 일부만 반환할 것인가의 구체적인 범위를 결정하여야 하기 때문이다. 즉 예를 들어, 가맹계약이 가맹점사업자의 고의 또는 중대한 과실로 중도에 해지되었다면, 이러한 경우에도 가맹본부에게 가맹금전액반환을 하도록 한다면 이는 가맹본부에게 너무 과중한 부담을 지우는 것이기 때문이다.[36]

---

36) 가맹금 반환의 대상을 요약하면 다음과 같다.
① 개시지급금: O: 협의의 가맹금: 가맹계약기간 중 기간에 비례하여 존속하는 금원: 따라서 중도해지 시 남은 기간에 비례하여 반환하는 것이 타당한 성격의 금원이다.
② 계약이행보증금: O: 이 금원은 가맹계약 종료 시 손해를 담보하고 남는 금액이 있으면 당연히 반환

(2) 가맹금반환의 범위(법 제10조 제2항)

반환하는 가맹금의 금액을 정함에 있어서는 다음을 고려하여야 한다.

① 가맹계약체결경위

② 금전이나 기타 지급된 대가의 성격

③ 가맹계약기간

④ 계약이행기간

⑤ 가맹사업당사자의 귀책정도 등

마. 본조의 적용범위

> 가맹사업법 제3조(적용배제) 이 법은 다음 각 호의 1에 해당하는 경우에는 적용하지 아니한다. 다만, 제9조 및 제10조의 규정(가맹금 반환규정)의 경우에는 그러하지 아니하다.
> 1. 가맹점사업자가 가맹금의 최초 지급일부터 6월까지의 기간 동안 가맹본부에게 지급한 가맹금의 총액이 대통령령이 정하는 금액을 초과하지 아니하는 경우
> 2. 가맹본부의 연간 매출액이 대통령령이 정하는 일정규모(5천만 원) 미만인 경우

가맹본부의 규모와 관계없이 영세한 가맹본부에도 예외 없이 가맹금반환규정(법 제10조)은 적용된다. 따라서 법 제10조에 해당하는 반환사유가 있다면, 아무리 영세한 가맹본부라 할지라도 그 지급받은 가맹금은 반환되어져야 할 것이다. 이는 가맹본부의 기만적인 가맹점모집행위로 인해 가맹금을 사취당하는 등 악덕 가맹본부로부터 가맹희망자나 가맹점사업자를 보호하기 위하여 만들어 놓은 입법취지에 비추어 볼 때, 가맹본부의 규모와는 아무런 관련성이 없기 때문에 영세한 가맹본부에도 당연히 적용될 수 있도록 한 것이다.

하여야 할 성격의 금원이다.

③ 개점초기에 공급받은 시설물이나 원부자재 등의 대금 중 적정한 도매가격을 초과하는 금전 등: △

④ 정기지급금: ×: 예) 로열티 등

⑤ 소모성 투자경비: ×: 예) 개업준비수수료, 교육훈련비, 광고선전비, 보험료 등

바. 법 위반의 효과

(1) 행정적 제재

공정거래위원회는 가맹금의 반환규정을 위반한 가맹본부에 대하여 가맹금의 반환을 명하거나 그 시정을 권고할 수 있으며, 해당 가맹본부의 위반행위 직전 3개 사업연도의 평균매출액에 100분의 2를 곱한 금액을 초과하지 아니하는 범위 안에서 과징금을 부과할 수 있다(법 제33조 내지 제35조).

(2) 형사적 제재

가맹금 반환규정위반에 대해 직접적인 벌칙규정은 없다. 다만, 공정거래위원회의 시정조치명령에 따르지 아니한 자는 3년 이하의 징역 또는 1억 원 이하의 벌금에 처하며(법 제41조 제2항 제1호), 또한 이는 공정거래위원회의 고발이 있어야 공소를 제기할 수 있다(법 제44조).

(3) 기타 민사상 손해배상청구

가맹본부의 가맹금 반환규정위반으로 인하여 가맹점사업자에게 손해가 발생한 경우, 가맹점사업자는 민사상 손해배상청구의 요건을 만족한다면 가맹본부에 대하여 손해배상을 청구할 수 있을 것이다.

☞ 가맹금 반환의무에 관한 규정은 강행규정이므로 이에 위반한 내용(예: "가맹금반환의무가 없다" 등등의 내용)은 계약서에 기재한다 하더라도 이는 무효이다. 가맹본부가 가맹금을 반환하지 않을 경우 가맹점사업자는 법원의 판결을 받아 강제집행이 가능하다.[37)]

37) 이한무, 가맹사업법 해설(실무 및 소송의 쟁점, 법률정보센터, 2009년), 제186면.

Ⅱ. 정보공개제도

1. 서론

우리나라의 가맹사업(프랜차이즈사업)은 현재 빠르게 발전하고 있지만 그에 못지않게 갖가지 문제점을 많이 드러내고 있다. 그중에서도 특히 가맹본부와 가맹점사업자 간의 가맹본부에 대한 정보력 부재로 인하여 사실상 양 당사자가 동등한 지위에서 공정한 계약을 체결하기가 매우 어려운 본질적인 문제를 안고 있었다. 예를 들면 가맹본부에 대한 일반현황, 매출액규모 등 가맹희망자가 가맹사업을 실질적으로 개시하기 위해서 절대적으로 필요한 정보 등을 알 수 없기 때문에 선량한 가맹희망자나 가맹점사업자들이 피해를 입는 경우가 많이 발생하였다.

이에 2002년 가맹사업법을 제정하여 정보공개서의 제공의무를 도입하는 한편, 더 나아가 2007. 8. 3. 개정을 통하여 1) 정보공개서 등록제도를 도입함과 동시에 2) 가맹희망자의 범위를 확대하여 가맹희망자가 서면으로 정보공개를 요구하지 않은 경우에도 가맹본부로 하여금 정보공개서를 제공토록 하여 가맹희망자 및 가맹점사업자 보호에 만반을 기하게 하였다. 정보공개제도는 크게 정보등록제도와 정보공개서의 제공의무로 대별할 수 있는바, 이하에서는 정보등록제도와 등록된 정보공개서의 제공의무로 큰 틀을 잡고 서술하였다.

가. 정보공개의 개관

(1) 정보공개의 의의 및 그 중요성

정보공개란 계약당사자가 계약의 체결에 있어 계약상 중요한 부분에 대한 정보를 상대방에게 제공하는 것으로서 이는 신의성실의 원칙이 구현된 제도라고 할 수 있다. 특히 가맹사업거래에 있어서는 그 정보공개의 중요성은 더욱 두드러지는데, 왜냐하면 가맹사업거래는 양 당사자가 비록 법적으로는 각각 동등한 법적 지위에 있다고는 하지만, 가맹사업거래가 어쩔 수 없이 가지게 되는 본질적인 속성상 가맹사업당사자 간의 정보력의 불균형이 항시 존재할 수밖에 없기 때문이다. 가맹사업을 시작하고자 하는 가맹희망자로서는 그 가맹사업의 개념적 속성상 자신의 영업활동을 가맹본부의 브랜드 하에서 그들이 제공하는 각종의 영업지원에 의존할 수밖에 없는바, 가맹본부에 대한 정보는 필수적이라고 할 수 있음에 반해, 현실에서는 그러한 정보를 얻기란 사실상 쉽지 않을 뿐더러 설사 가맹본부가 제공한다 하더라도 그러한 정보는 객관성이 떨어지는 정보일 가능성이 크기 때문이다. 따라서 정보공개는 가맹사업을 막 시작하려는 가맹희망자가 투자 여부를 결정짓는 첫 번째 기준이 되는 것으로서 궁극적으로 그 가맹사업의 성공 여부를 결정짓는 첫 번째 관문이라고 할 수 있을 것이다.

(2) 가맹사업법상의 정보공개제도

위에서 밝힌 바와 같이 가맹사업거래상 정보공개제도가 갖는 중요성 때문에 가맹사업법에서는 제도적 장치를 마련하게 되었는데 먼저 1) 제6조의2를 두어 '가맹본부는 가맹희망자에게 제공할 정보공개서를 공정거래위원회에 등록하여야 한다'고 하여 정보공개서 등록제도를 마련하였고, 2) 제7조 제1항을 두어 '가맹본부(가맹지역본부 또는 가맹중개인이 가맹점사업자를 모집하는 경우를 포함한다)는 가맹희망자에게 제6조의2 제1항에 따라 등록한 정보공개서를 대통령령으로 정하는 바에 따라 제공하여야 한다'고 규정하여 등록된 정보공개서의 제공의무조항을 마련하였다. 이렇게 함으로써 당사자 간 정보력의 불균형을 최소화하여 가맹사업을 시작하려는 가맹희망자로 하여금 안심하고 가맹사업을 시작할 수 있는 제도적 안전장치를 마련한 것이다.

(3) 정보공개제도의 기능[38)]

가맹본부로 하여금 계약체결 전에 중요한 사항에 대한 정보를 공개하게 한 후 가맹희망자로 하여금 신중하게 계약을 체결할 수 있도록 하는 정보공개제도는 다음과 같은 기능을 수행한다.

1) 가맹본부가 제공한 정보를 통해 가맹본부의 실체를 알 수 있게 하여 이에 따라 가맹희망자로 하여금 보다 합리적인 판단을 할 수 있게 함으로써 가맹희망자의 무경험으로 인한 경솔한 판단으로부터 그를 보호할 수 있다.

---

38) 주아라, 加盟契約에 관한 硏究(한남대학교 대학원 석사학위논문, 2009년), 제66면.

2) 피해의 사후적 구제기능을 수행한다. 즉 가맹본부가 스스로 공개한 내용과 다른 행동을 한 경우에는 가맹사업법상 허위 · 과장정보 제공금지규정(법 제9조)에 저촉될 수 있으며, 또한 가맹희망자 또는 가맹점사업자가 가맹본부에 대하여 채무불이행, 불법행위, 계약체결상의 과실 등의 책임을 추궁할 수 있는 길이 보다 크게 열리게 된다. 따라서 간접적이나마 피해의 사후적 구제기능을 수행할 수 있다.

3) 가맹희망자는 각 가맹본부가 공개한 내용을 비교 · 검토할 수 있기 때문에 가맹본부 간의 자유경쟁을 유도하게 되며, 이로써 가맹본부의 질적인 향상을 가져오게 된다. 거시적으로는 정보공개제도를 통하여 사기목적으로 설립되었거나 부실한 내용의 가맹본부를 축출할 수 있게 되어 건강한 가맹사업시장을 육성하는 데에도 기여할 수 있다.

4) 가맹본부의 정보공개는 가맹희망자는 물론 가맹본부를 보호하는 측면도 있다. 즉 가맹본부가 일단 공개를 한 사항에 대하여는 상대방에게 통지한 격이 되어, 특정 사항에 대한 지(知) · 부지(不知)나 존(存) · 부(否)가 쟁점이 되는 분쟁이 발생한 경우 오히려 가맹본부가 보호를 받을 수도 있다.

나. 연혁

가맹사업법은 2002년 5월 13일 제정되었는바, 그 제정당시부터 정보공개서제공의무를 도입하여 운영하여 왔으나, 가맹본부가 정보를 제공해야 하는 가맹희망자의 범위를 "가맹본부로 하여금 정보공개서의 내용을 제공하도록 서면으로 신청한 자"로 국한하였기 때문에 실제로 이러한 제도를 이용하는 예가 드물 정도로 매우 적었다. 이처럼 유명무실한 제도를 보완하여 보다 실효성 있는 제도로 만들기 위하여 가맹사업법은 2007. 8. 3. 제4차 개정을 통해 가맹희망자의 범위를 확대함과 동시에 정보공개서 등록제도를 도입하게 된 것이다.

내 용	2002. 5. 13. 제정(개정 전)	2007. 8. 3. 제4차 개정(현행)
1) 정보공개서의 정의(법 제2조)	정보공개서라 함은 가맹본부의 사업현황, 임원의 경력, 가맹점사업자의 부담, 영업활동의 조건, 가맹점사업자에 대한 지원 · 교육 · 훈련 · 지도 · 통제, 가맹계약의 해제 · 해지 · 갱신, 그 밖에 해당 가맹사업에 관하여 대통령령이 정하는 사항을 수록하여 책자로 편철한 문서를 말한다.	"정보공개서"란 다음 각 목에 관하여 대통령령으로 정하는 사항을 수록한 문서를 말한다. 가. 가맹본부의 일반 현황 나. 가맹본부의 가맹사업 현황(가맹점사업자의 매출에 관한 사항을 포함한다) 다. 가맹본부와 그 임원(독점규제 및 공정거래에 관한 법률 제2조 제5호에 따른 임원을 말한다. 이하 같다)이 이 법 또는 독점규제 및 공정거래에 관한 법률을 위반한 사실, 사기 · 횡령 · 배임 등 타인의 재산을 영득 또는 편취하는 죄에 관련된 민사소송에서 패소의 확정판결을 받았거나 민사상 화해를 한 사실, 사기 · 횡령 · 배임 등 타인의 재산을 영득 또는 편취하는 죄를 범하여 형을 선고받은 사실 라. 가맹점사업자의 부담 마. 영업활동에 관한 조건과 제한 바. 가맹사업의 영업 개시에 관한 상세한 절차와 소요기간 사. 교육 · 훈련에 대한 설명(교육 · 훈련 계획이 있는 경우에 한한다)
2) 가맹희망자의 정의(법 제2조)	가맹희망자라 함은 장래 가맹점을 운영할 목적으로 특정 가맹본부로 하여금 가맹점사업자의 부담, 영업활동의 조건 등 정보공개서의 내용을 제공하도록 서면으로 신청하는 자를 말한다.	"가맹희망자"란 가맹계약을 체결하기 위하여 가맹본부나 가맹지역본부와 상담하거나 협의하는 자를 말한다. ☞ 즉 상담만 받아도 정보공개서를 요구할 수 있다는 점을 유의하여야 한다.
3) 정보공개서 등록(법 제6의2)	–	가맹본부는 가맹희망자에게 제공할 정보공개서를 공정거래위원회에 등록하여야 한다.
4) 정보공개서의 제공의무(법 제7조)	가맹본부는 가맹희망자에게 다음 각 호의 1에 해당하는 시점 중 빠른 시점에 대통령령이 정하는 바에 따라 정보공개서를 제공하여야 한다. 1. 가맹희망자가 가맹금을 최초로 지급하는 날부터 5일 전 2. 가맹희망자가 가맹계약을 체결하는 날부터 5일 전	가맹본부(가맹지역본부 또는 가맹중개인이 가맹점사업자를 모집하는 경우를 포함한다. 이하 같다)는 가맹희망자에게 제6조의2 제1항에 따라 등록한 정보공개서를 대통령령으로 정하는 바에 따라 제공하여야 한다.

다. 정보공개서의 의의 및 필요성

(1) 정보공개서의 의의

가맹사업법상 정보공개서란 가맹본부의 일반현황, 가맹본부의 가맹사업현황, 가맹본부와 그 임원의 법 위반 사실 등 대통령령이 정하는 사항을 수록한 문서를 말한다(법 제2조 제10항).

(2) 정보공개서의 필요성

1) 가맹본부는 가맹희망자에 비하여 가맹사업에 필요한 정보를 많이 가지고 있으나, 계약체결과정에서 가맹본부로서는 이러한 정보를 스스로 제공하지 않을 가능성이 높기 때문이다.

2) 일단 가맹계약이 체결된 후에는 잘못된 정보로 인한 피해를 입더라도 구제받기가 어렵다는 점을 감안하여 사전에 충분한 정보를 제공함으로써 피해를 사전에 방지할 수 있다.

3) 정보의 공정성과 신뢰성을 높이기 위해서는 국가기관에 등록하게 하고, 이렇게 국가에 등록된 정보공개서만을 이용하도록 할 필요가 있다.

라. 정보공개사항

(1) 의의

가맹사업법에서는 제7조에서 "공정거래위원회는 대통령령이 정하는 바에 따라 정보공개서의 표준양식을 정하여 가맹본부 또는 가맹본부로 구성된 사업자단체에게 그 사용을 권장할 수 있다"고 규정함으로써 정보공개서에 기재가 되어야 할 구체적인 정보공개사항은 대통령령에 위임하고 있다. 한편 동법 시행령에서는 "대통령령으로 정하는 사항"이란 [별표 1]의 기재사항을 말한다고 하고 있다.

(2) 정보공개서 기재사항(법 시행령 제4조 제1항 [별표 1] 〈개정 2010. 10. 13.〉)

정보공개서 기재사항

1. 정보공개서의 표지

가. 정보공개서라는 한글 표시

나. 다음의 문장

이 정보공개서는 귀하께서 체결하려는 가맹계약 및 해당 가맹사업에 대한 전반적인 정보를 담고 있으므로 그 내용을 정확하게 파악한 후에 계약체결 여부를 결정하시기 바랍니다.

가맹사업거래의 공정화에 관한 법률에 따라 가맹희망자에게는 정보공개서의 내용을 충분히 검토하고 판단할 수 있도록 일정한 기간이 주어집니다. 따라서 이 정보공개서를 제공받은 날부터 14일(변호사나 가맹거래사의 자문을 받은 경우에는 7일)이 지날 때까지는 가맹본부가 귀하로부터 가맹금을 받거나 귀하와 가맹계약을 체결할 수 없습니다.

이 정보공개서는 법령에서 정한 기재사항을 담고 있는 것에 불과하며 그 내용의 사실 여부를 정부에서 모두 확인한 것은 아닙니다. 또한, 귀하께서는 어디까지나 가맹계약서의 내용에 따라 가맹사업을 운영하게 되므로 정보공개서의 내용에만 의존하여서는 아니 됩니다.

다. 가맹본부의 상호, 영업표지, 주된 사무소의 소재지, 가맹사업과 관련하여 가맹본부가 운영하는 인터넷 홈페이지 주소, 가맹사업 담당부서, 가맹사업 안내 전화번호

라. 정보공개서의 등록번호 및 최초 등록일

마. 정보공개서의 최종 등록일

2. 가맹본부의 일반 현황

가. 가맹본부의 설립일(법인인 경우 법인설립등기일, 개인인 경우 최초 사업자등록일을 말한다), 법인등록번호(법인인 경우만 해당한다) 및 사업자등록번호

나. 가맹본부 및 가맹본부의 특수 관계인[독점규제 및 공정거래에 관한 법률 시행령 제3조 제1호에 따른 동일인관련자(가맹본부가 아닌 자의 사용인은 제외한다) 및 독점규제 및 공정거래에 관한 법률 시행령 제11조 제1호에 따른 특수 관계인으로서 정보공개일 현재 최근 3년 동안 가맹사업을 경영한 적이 있거나 경영하고 있는 경우만 해당한다. 이하 같다]의 명칭, 상호, 영업표지, 주된 사무소의 소재지, 대표자의 이름, 대표전화번호(회사인 경우에는 회사의 대표번호를, 개인인 경우에는 주된 사무소의 대표번호를 기재한다. 이하 같다)

다. 가맹본부가 외국기업인 경우에는 가맹본부 및 국내에서 영업 중인 특수 관계인의 명칭, 상호, 영업표지, 국내의 주된 사무소의 소재지, 대표자의 이름, 대표전화번호, 국내에서 영업을 허락받은 기간(가맹본부가 다른 사업자에게 국내에서 가맹사업운영권을 부여한 경우에만 기재한다)

라. 가맹본부가 정보공개 바로 전 3년간 다른 기업(정보공개일 현재 최근 3년 동안 가맹사업을 경영한 적이 있거나 경영하고 있는 경우만 해당한다)을 인수 · 합병(다른 기업의 가맹사업 관련 사업을 양수 또는 양도한 경우도 포함한다. 이하 같다)하거나 다른 기업에 인수 · 합병된 경우 해당 기업의 명칭, 상호, 주된 사무소의 소재지, 대표자의 이름

마. 가맹희망자가 앞으로 경영할 가맹사업(이하 "해당 가맹사업"이라 한다)의 명칭, 상호, 서비스표, 광고, 그 밖의 영업표지

바. 가맹본부의 정보공개 바로 전 3개 사업연도의 재무상황에 관한 다음의 정보

1) 연도별 대차대조표 및 손익계산서. 다만, 가맹본부가 재무제표를 작성하지 아니하는 경우에는 매출액을 확인할 수 있는 부가가치세법에 따른 부가가치세신고서 등의 증명서류로 대신할 수 있다.

2) 연도별 가맹사업 관련 매출액(영업표지별로 나누어 기재하되, 분류가 어려운 경우에는 그 합계를 기재할 수 있다. 또한 관련 매출액 산정이 곤란한 경우 추정된 매출액임을 밝히고 상한과 하한을 표시한다)과 구체적인 산정기준

3) 개인사업자가 법인사업자로 전환한 경우 종전 개인사업자의 1)의 정보(정보공개 바로 전 3개 사업연도 정보만 해당한다)

사. 가맹본부의 현 임원(독점규제 및 공정거래에 관한 법률 제2조 제5호에 따른 임원을 말한다. 이하 같다)의 명단(가맹사업 관련 임원과 관련되지 아니하는 임원을 나누어 기재한다) 및 정보공개일 현재 최근 3년 동안의 개인별 사업경력(재직했던 직위 및 사업기간을 포함한다)

아. 가맹본부의 정보공개 바로 전 사업연도 말 현재 임직원 수(상근 · 비상근 임원과 직원을 나누어 기재한다)

자. 가맹본부 및 가맹본부의 특수관계인이 정보공개일 현재 최근 3년 동안 가맹사업을 경영하였거나 경영하고 있는 경우 그러한 사실(영업표지별로 나누어 기재한다)

차. 가맹본부가 가맹점사업자에게 사용을 허용하는 지식재산권에 관한 다음의 정보

1) 등록 및 등록신청 여부(산업재산권의 경우 특허청 등록 · 등록신청 여부, 등록이 거부된 경우 그 사실, 등록 · 출원번호 및 등록일 · 출원일을 포함한다)

2) 지식재산권 소유자 및 등록신청자의 이름

3) 사용이 허용되는 지식재산권의 등록 만료일

4) 가맹본부가 지식재산권의 사용을 허용 받은 기간 및 사용 범위

3. 가맹본부의 가맹사업 현황

가. 해당 가맹사업을 시작한 날

나. 해당 가맹사업의 연혁(해당 가맹사업을 시작한 날 이후 해당 가맹사업을 경영한 가맹본부의 상호, 주된 사무소의 소재지, 대표자의 이름, 가맹사업 경영 기간)

다. 정보공개 바로 전 3개 사업연도 말 현재 영업 중인 해당 가맹사업의 전국 및 광역지방자치단체별 가맹점 및 직영점 총 수(가맹점과 직영점을 나누어 기재한다)

라. 해당 가맹사업과 관련하여 정보공개 바로 전 3년간 신규 개점, 계약 종료, 계약 해지, 명의 변경의 사정이 있는 가맹점의 수(연도별로 나누어 기재한다)

마. 해당 가맹사업 외에 가맹본부 및 가맹본부의 특수관계인이 경영하는 가맹사업의 업종, 영업표지 및 사업 시작일과 정보공개 바로 전 3개 사업연도 말 현재 영업 중인 가맹점 및 직영점의 총 수

바. 직전 사업연도에 영업한 가맹점사업자(전국 및 광역지방자치단체별로 나누어 기재하되, 바로 전 사업연도 말 현재 5명 미만의 가맹점사업자가 영업 중인 지역은 기재를 생략할 수 있다)당 지역별 연간 평균 매출액(정확한 매출액이 산정되지 아니하는 경우에는 추정된 매출액임을 밝히고, 상한과 하한을 표시한다)과 구체적인 산정기준

사. 해당 가맹사업을 경영하는 가맹지역본부(가맹본부가 직접 운영하는 지역사무소 등을 포함한다. 이하 이 목에서 같다)에 관한 다음의 정보
1) 가맹지역본부의 상호, 주된 사무소의 소재지, 대표자의 이름, 대표전화번호, 관리지역, 가맹본부와 맺은 계약기간
2) 가맹지역본부가 가맹계약 체결의 상대방인지 여부
3) 가맹지역본부가 관리하는 바로 전 사업연도 말 현재 영업 중인 가맹점 수)
아. 해당 가맹사업과 관련하여 가맹본부가 정보공개 바로 전 사업연도에 지출한 광고비 및 판촉비(광고 및 판촉 수단별로 나누어 기재하되, 분류가 어려운 경우에는 총액만 기재한다)
자. 가맹금 예치에 관한 사항
1) 해당 업무를 수행하는 기관의 상호, 담당 지점이나 부서의 이름과 소재지, 안내 전화번호
2) 가맹금 예치절차
3) 가맹희망자 또는 가맹점사업자의 소재지에 따라 예치기관이 달라지는 경우 관련된 정보
차. 피해보상보험계약 등의 체결 내역(해당 사실이 있는 경우만 기재한다)
1) 보험금액
2) 보장범위 및 지급조건
3) 보험금의 수령절차
4) 그 밖에 필요한 사항

4. 가맹본부와 그 임원의 법 위반 사실 등
가. 정보공개일 현재 최근 3년 동안 가맹사업거래와 관련하여 가맹사업거래의 공정화에 관한 법률 또는 독점규제 및 공정거래에 관한 법률을 위반하여 공정거래위원회로부터 시정권고 이상의 조치를 받은 사실
나. 정보공개일 현재 최근 3년 동안 가맹사업거래와 관련하여 가맹사업거래의 공정화에 관한 법률 또는 독점규제 및 공정거래에 관한 법률을 위반하거나, 사기 · 횡령 · 배임 등 타인의 재물이나 재산상 이익을 영득 또는 이득하는 죄와 관련된 민사소송에서 패소의 확정판결을 받았거나, 민사상 화해를 한 사실
다. 정보공개일 현재 최근 3년 동안 사기 · 횡령 · 배임 등 타인의 재물이나 재산상 이익을 영득 또는 이득하는 죄를 범하여 형의 선고를 받은 사실

5. 가맹점사업자의 부담
가. 영업개시 이전의 부담
1) 가맹점사업자가 해당 가맹사업을 시작하기 위하여 가맹본부에게 지급하여야 하는 대가의 내역과 그 반환조건 및 반환할 수 없는 경우에는 그 사유(계약금, 가입비, 할부금의 첫 지불액, 선급임차료, 교육비, 개점행사비 등 대가에 포함되는 구체적인 내용을 나누어 기재한다)
2) 보증금 · 담보목적물 등 계약 종료 시 가맹점사업자에게 반환되는 대가(가맹점사업자의 귀책사유 등으로 반환되지 아니하는 경우에는 그 사유를 기재한다)
3) 예치가맹금의 범위와 그 금액(가맹본부가 피해보상보험계약 등에 가입한 경우에도 법 제6조의5 제1항에 따라 예치대상이 되는 가맹금의 액수를 기재한다)

4) 1)과 2) 외에 가맹점사업자 사업을 시작하는 데에 필요한 다른 대가(위치나 점포 크기 등에 따른 비용의 차이를 예시하되, 정확한 금액이 산정되지 않는 경우에는 추정된 금액임을 밝히고 상한과 하한을 표시한다)의 내역, 지급대상과 그 반환조건 및 반환될 수 없는 경우에는 그 사유
가) 필수설비 · 정착물 · 인테리어 비용(가맹사업의 통일성을 위하여 가맹본부가 요구 또는 권장하는 경우만 해당한다)
나) 최초로 공급되는 상품의 비용 또는 용역의 비용
다) 설계 및 감리 비용
라) 그 밖의 필요 비용
5) 가맹점 입지 선정 주체 및 선정 기준
6) 가맹점사업자와 그 종업원의 채용 및 교육에 대한 기준
7) 가맹점 운영에 필요한 설비, 장비, 정착물 등의 물품 내역 및 공급 방법 · 공급 업체(가맹본부 또는 가맹본부가 지정한 자가 공급하는 경우만 해당한다)
나. 영업 중의 부담
1) 상표 사용료, 리스료, 광고 · 판촉료, 교육훈련비, 간판류 임차료, 영업표지 변경에 따른 비용, 리모델링(remodeling) 비용, 재고관리 및 회계처리 비용, 판매시점 관리 시스템(POS)을 포함한 운영 시스템 유지 비용 등 가맹점사업자가 해당 가맹사업을 경영하기 위하여 가맹본부 또는 그 관계자에게 정기적으로 또는 비정기적으로 지급하여야 하는 모든 대가의 내역과 그 반환조건 및 반환될 수 없는 경우에는 그 사유(각각의 내역을 나누어 기재한다)
2) 가맹본부가 재고관리 · 회계처리 등에 관하여 가맹점사업자를 감독하는 내역
다. 계약 종료 후의 부담(부담이 없는 경우에는 그 사실을 기재한다)
1) 계약 연장이나 재계약 과정에서 가맹점사업자가 추가로 부담하여야 할 비용(점포 이전이 필요할 경우 그 비용도 포함한다)
2) 가맹본부의 사정에 의한 계약 등의 종료 시 조치사항
가) 가맹본부가 가맹사업을 다른 사업자에게 양도하는 경우 기존 가맹점사업자와의 계약승계 여부
나) 가맹본부가 사용을 허락한 지식재산권의 유효기간이 만료되는 경우 조치사항
다) 가맹본부가 해당 가맹사업을 중단하는 경우 조치사항
3) 가맹점사업자가 다른 사업자에게 가맹점운영권을 이전하려는 경우, 가맹점사업자 또는 다른 사업자가 가맹본부에 부담하여야 할 대가
4) 계약종료 후 조치사항(가맹본부 또는 가맹본부가 지정한 자가 공급한 물품의 반품조건 등 재고물품 처리 방안을 포함한다)

6. 영업활동에 대한 조건 및 제한
가. 가맹점사업자가 해당 가맹사업을 시작하거나 경영하기 위하여 필요한 모든 부동산 · 용역 · 설비 · 상품 · 원재료 또는 부재료의 구입 또는 임차와 관련하여, 가맹본부가 가맹점사업자에게 특정한 거래상대방(가맹본부를 포함한다)과 거래할 것을 요구 또는 권장할 경우 그 특정한 거래상대방과 거래하는 거래대상물의 품목(가맹본부가 직접 공급하는 품목과 그 외의 특정한 거래상대방이 공급하는 품목을 구분하되, 가맹사업이 소매업에 해당하는 경우는 구체적인 품목명은 생략할 수 있다)

나. 가맹본부가 가맹점사업자에게 특정한 거래상대방과 거래하도록 요구 또는 권장하고 이와 관련하여 그 특정한 거래상대방이나 가맹점사업자로부터 대가를 받는 경우에는 그 대가의 산정기준(품목명을 포함한다) 및 금액(정확한 금액이 산정되지 않는 경우에는 추정된 금액임을 밝히고 상한과 하한을 표시하되, 가맹사업이 소매업에 해당하는 경우는 구체적인 품목명은 생략할 수 있다)

다. 가맹본부가 가맹희망자 또는 가맹점사업자에게 직접 신용을 제공하거나 각종 금융기관의 신용 제공을 주선하는 경우에는 신용 제공에 대한 구체적인 조건 및 신용 제공 금액

라. 상품 또는 용역, 거래상대방 및 가맹점사업자의 가격 결정을 제한하는 경우 이에 관한 상세한 내용

1) 가맹점사업자에게 지정된 상품 또는 용역만을 판매하도록 제한할 필요가 있는 경우에는 그 제한내용

2) 가맹점사업자의 거래상대방에 따라 상품 또는 용역의 판매를 제한할 필요가 있는 경우에는 그 제한내용

3) 가맹점사업자가 판매하는 상품 또는 용역의 가격을 정하여 이에 따르도록 권장하거나, 가맹점사업자가 판매가격을 결정 · 변경하기 전에 가맹본부와 협의할 필요가 있는 경우에는 그 제한내용

마. 가맹점사업자의 영업지역을 보호하기 위한 제도를 실시하고 있는지와 그 구체적인 내용

1) 가맹본부가 영업지역을 보호하는 제도를 채택하는지와 가맹점사업자의 영업지역 안에서 해당 가맹사업의 영업표지 또는 해당 가맹사업과 같은 업종의 다른 영업표지를 사용하는 가맹본부 또는 그 계열회사(독점규제 및 공정거래에 관한 법률 제2조 제3호에 따른 계열회사를 말한다)가 직영점이나 다른 가맹점을 설치하지 아니하도록 가맹계약으로 보장하고 있는지 여부(보장하는 경우 해당 가맹사업과 같은 업종의 범위 및 가맹본부 또는 그 계열회사가 직영점이나 다른 가맹점을 설치하지 아니하는 영업표지의 종류)

2) 영업지역의 설정 기준과 변경 가능성 및 그 사유

3) 가맹본부가 영업지역을 재조정하는 경우에 가맹점사업자에게 미리 알리는 절차와 동의를 받는 방법

4) 가맹점사업자가 가맹본부로부터 보장받은 영업지역 밖의 고객에게 상품 및 용역을 판매하는 데에 따르는 제한

5) 그 밖에 영업지역에 관한 내용

바. 계약기간, 계약의 갱신 · 연장 · 종료 · 해지 및 수정에 관한 상세한 내용

1) 가맹계약의 기간(계약 갱신 기간을 포함하며, 여러 가지의 기간이 있으면 모두 기재한다)

2) 계약 갱신 거절 사유

3) 계약 연장이나 재계약에 필요한 절차

4) 계약 종료, 해지 사유 및 그 절차(가맹본부 및 가맹점사업자의 권리를 각각 기재한다)

5) 계약 수정의 사유, 사전 통보 여부 및 동의 절차

사. 가맹점운영권의 환매 · 양도 · 상속 및 대리행사, 경업금지, 영업시간 제한, 가맹본부의 관리 · 감독 등에 관한 상세한 내용

1) 가맹점운영권의 환매 및 양도에 필요한 절차

2) 가맹점운영을 대행하거나 위탁할 수 있는지와 그에 필요한 요

3) 가맹점사업자의 경업금지 범위(경업금지 기간, 업종, 지역을 기재한다)

4) 영업시간 및 영업일수 등의 제한에 대한 내용

5) 가맹점사업자가 고용하도록 권장되는 종업원 수 및 가맹점사업자가 직접 영업장에서 근무해야 하는지 여부

6) 가맹본부가 가맹점사업자의 영업장을 관리 · 감독하는지와 관리 · 감독하는 항목

아. 광고 및 판촉 활동
1) 광고의 목적(상품광고인지 가맹점 모집광고인지 등)에 따른 가맹본부와 가맹점사업자의 비용분담기준
2) 가맹점사업자가 가맹본부와 별개로 광고 및 판촉을 하려는 경우에 필요한 조건 및 절차
자. 해당 가맹사업의 영업비밀 보호 등에 관한 내용(가맹점사업자가 누설하지 아니하여야 할 영업비밀의 범위 및 그 기간을 포함한다)

7. 가맹사업의 영업 개시에 관한 상세한 절차와 소요기간
가. 가맹계약 체결을 위한 상담 · 협의 과정에서부터 가맹점 영업 개시까지 필요한 절차(시간 순서대로 기재하되 변호사나 가맹거래사의 자문을 받는 방법을 포함한다)
나. 각 절차에 걸리는 기간(기간이 늘어날 수 있다는 점과 그 사유를 기재하되, 정확한 기간이 산정되지 아니하는 경우에는 추정된 기간임을 밝히고 상한과 하한을 포함한 구간으로 표시한다)
다. 각 절차에 드는 비용(절차별로 구체적으로 기재하되, 정확한 비용이 산정되지 아니하는 경우에는 추정된 비용임을 밝히고 상한과 하한을 포함한 구간으로 표시한다)
라. 가맹계약 체결 이후 일어날 수 있는 분쟁의 해결 절차

8. 교육 · 훈련에 대한 설명(교육 · 훈련 계획이 없는 경우에는 그 사실을 기재한다)
가. 교육 · 훈련의 주요내용(집단 강의 및 실습 교육을 구분한다) 및 필수적 사항인지 여부
나. 가맹점사업자에게 제공되는 교육 · 훈련의 최소시간
다. 가맹점사업자가 부담하는 교육 · 훈련비용
라. 교육 · 훈련을 받아야 하는 주체(가맹점사업자가 자기 대신에 지정한 자도 교육 · 훈련을 받을 수 있는 경우에는 이를 기재한다)
마. 정기적이고 의무적으로 실시되는 교육 · 훈련에 가맹점사업자가 불참할 경우에 가맹본부로부터 받을 수 있는 불이익

(3) 정보공개사항의 위헌성 여부[39)]

1) 문제점

정보공개서의 기재사항과 관련하여서는 가맹본부와 그 임원의 법 위반사실 등을 공개하도록 되어 있는 규정이 가맹본부나 그 임원의 양심의 자유, 사생활의 비밀, 명예권 등을 침해하여 위헌이 아닌지가 문제된다. 왜냐하면 정보공개서의 기재사항의 공개(등록과 제공)는 의무적이기 때문이다.

공개 시 문제가 되는 조항은 다음과 같다.

39) 이한무, 가맹사업법 해설(실무 및 소송의 쟁점)(법률정보센터, 2009년), 제138면.

4. 가맹본부와 그 임원의 법 위반 사실 등
가. 정보공개일 현재 최근 3년 동안 가맹사업거래와 관련하여 가맹사업거래의 공정화에 관한 법률 또는 독점규제 및 공정거래에 관한 법률을 위반하여 공정거래위원회로부터 시정권고 이상의 조치를 받은 사실
나. 정보공개일 현재 최근 3년 동안 가맹사업거래와 관련하여 가맹사업거래의 공정화에 관한 법률 또는 독점규제 및 공정거래에 관한 법률을 위반하거나, 사기 · 횡령 · 배임 등 타인의 재물이나 재산상 이익을 영득 또는 이득하는 죄와 관련된 민사소송에서 패소의 확정판결을 받았거나, 민사상 회해를 한 사실
다. 정보공개일 현재 최근 3년 동안 사기 · 횡령 · 배임 등 타인의 재물이나 재산상 이익을 영득 또는 이득하는 죄를 범하여 형의 선고를 받은 사실등이다.

2) 양심의 자유 침해 여부

헌법 제19조는 모든 국민은 양심의 자유를 가진다고 규정하여 양심의 자유를 기본권의 하나로 규정하여 양심의 자유를 기본권의 하나로 보장하고 있는바, 여기서 양심이란 세계관 · 인생관 · 주의 · 신조 등은 물론 이에 이르지 아니하여도 보다 널리 개인의 인격형성에 관계되는 내심에 있어서의 가치적 · 윤리적 판단도 포함된다. 이러한 내심의 자유는 물론 이와 같은 윤리적 판단을 국가권력에 의하여 외부에 표명하도록 강제 받지 아니할 자유까지를 포함하는 것이다. 이와 관련하여 위 정보공개사항의 양심의 자유침해 여부에 대해 살펴보면, 누구라도 자신이 비행을 저질렀다고 믿지 않는 자에게 본심에 반하여 사죄 내지 사과를 강요한다면 양심의 자유를 침해하는 행위에 해당한다고 할 여지가 있으나, 사죄 내지 사과하라는 의미가 없이 단지 시정조치나 형의 선고를 받은 사실을 공개하는 것은 양심의 자유의 침해문제는 발생하지 않는다고 하겠다(헌법재판소 2002. 1. 31. 선고 2001헌바43 판결참조).

3) 인격권 · 사생활비밀의 침해 여부

전과사실의 공개 등의 신상공개제도는 사회적 인격상에 관한 자기결정권을 현저하게 제한함으로써 범죄인 인격권이나 명예권, 사생활의 비밀의 자유에 중대한 훼손을 초래할 수 있기 때문에 인격권이나 사생활비밀의 침해 여부가 문제되는 것이다.

시정조치를 받은 사실이나 법위반사실 등을 공개하도록 하는 정보공개제도가 정당한 목적을 가진 것으로 인정될 수 있느냐와 관련하여서는 헌법재판소는 공정거래법 위반사실의 공표를 명하도록 되어 있는 공정거래법 규정에 대한 헌법소원사건에서 아래와 같이

판시하여 공표제도의 정당성을 인정하고 있다.

> 공정거래법 위반행위의 내용 및 형태에 따라서는 일반 공중이나 관련 사업자들이 그 위반 여부에 대한 정보의 인식의 부족으로 말미암아 공정거래위원회의 시정조치에도 불구하고 위법사실의 효과가 지속되고 피해가 계속되는 사례가 발생할 수 있다. 이러한 경우 조속히 법위반에 관한 중요 정보를 공개하는 등의 방법으로 일반 공중이나 관련 사업자들에게 널리 경고함으로써 계속되는 공공의 손해를 종식시키고 위법행위가 재발하는 것을 방지하는 조치를 할 필요가 있다. 그러기 위해서는 일반 공중이나 관련 사업자들의 의사결정에 중요하거나, 그 권리를 보호하기 위하여 실질적으로 필요하고 적절하다고 인정될 수 있는 구체적 정보내용을 알려 주는 것이 보다 효과적일 것이다(헌법재판소 2002. 1. 31. 선고 2001헌바43 판결).

가맹사업에 있어서도 가맹본부의 법 위반 사실을 공개하는 것은 가맹희망자나 가맹점사업자들이 가맹본부의 법 위반 여부에 대한 정보와 인식부족으로 말미암아 민 · 형사 판결의 확정에도 불구하고 피해가 계속되는 사례가 발생할 수 있기 때문에 공공의 손해를 종식시키고 위법행위가 재발하는 것을 방지하기 위하여 이와 같은 정보공개조치를 할 필요가 있다고 할 것이므로, 동 제도의 목적의 정당성이 인정되고 인격권이나 사생활비밀의 침해는 아니라고 할 것이다.

4) 무죄추정의 원칙위반 여부

무죄추정의 원칙이란 공소제기가 된 피고인이라도 확정판결이 있기까지는 원칙적으로 죄가 없는 자에 준하여 취급하여야 하고 불이익을 입혀서는 안 된다고 할 것으로, 가사 그 불이익을 입힌다 하여도 필요한 최소제한에 그치도록 비례의 원칙이 존중되어야 한다는 것이 헌법 제27조 제4항의 무죄추정의 원칙이며, 여기의 불이익에는 형사절차상의 처분에 의한 불이익뿐만 아니라 그 밖의 기본권제한과 같은 처분에 의한 불이익도 포함된다고 할 것이다.

이에 따라 "형의 선고를 받은 사실의 공개"가 헌법의 무죄추정의 원칙에 위반되는지를 살펴본다.

만약 가맹사업법에서 이미 확정된 형을 받은 사실을 공개하도록 하고 있다면 이는 가맹사업을 경영함에 있어 가맹점사업자에게 반드시 알려야 할 가맹사업과 직접 관련이 있는 범죄나 비리에 관한 정보로서 그의 사회적 활동에 대한 비판 내지 평가의 한 자료가 되어 가맹본부로서의 자질과 적격성을 판단하는 데 중요한 자료가 될 뿐만 아니라 법원의 최종적 사법적 판단까지 받은 것이므로 공적 이익에 관한 사실이라고 보아야 하고(헌재 2005. 7. 21. 2003헌마282 판결 참조), 헌법위반은 아니라고 할 것이다.

하지만 문제는 가맹사업법에서는 아직 확정되지 아니한 범죄사실도 공개하도록 규정하고 있다는 점이다. 즉 가맹사업법에서는 정보공개의 대상으로서 "최근 3년 동안 사기, 횡령, 배임 등 타인의 재물이나 재산상 이익을 영득 또는 이득하는 죄를 범하여 형의 선고를 받은 사실"을 공개하도록 하고 있고, 동법 시행령에서는 "동 조의 사실에는 '최종심 이전의 하급심에서 선고를 받은 경우에도 기재한다.'"고 하고 있어, 아직 확정 전이라고 하더라도 형의 선고를 받은 사실이 있으면 모두 공개하도록 규정하고 있다(정보공개서표준양식에 관한 고시)는 것이다.

무죄추정원칙에 대한 헌법재판소의 태도를 살펴보면, ① 재판을 통한 유죄판결을 받기 이전에 공정거래위원회가 법위반사실의 공표를 명령하는 것은, 만약 그 행위가 재판에서 무죄가 선고되어 확정된다면 이는 결국 행위자에게 죄가 되지 아니하는 사실에 대하여 죄가 되는 것으로 일반에 공표하도록 강제하는 것이 되어 행위자에게 회복할 수 없는 권리침해를 가져오기 때문에 위헌이라고 하였고(헌법재판소 2002. 1. 31. 선고 2001헌바43 판결), ② 형사사건으로 공소제기가 되었다는 사실만으로 변호사에 대하여 업무정지명령을 내리거나, 교원 혹은 공무원에 대하여 무조건적인 직위해제처분을 하도록 한 것은 아직 유무죄가 가려지지 아니한 상태에서 유죄로 추정하는 것이 되며 이를 전제로 한 불이익한 처분이어서 위헌이라고 판시한 바 있다(헌법재판소 2002. 1. 31. 선고 2001헌바43 판결).

이러한 사정을 감안하여 보면, 가맹사업법에서 아직 형이 확정되기 이전의 범죄사실을 정보공개서에 기재하여 등록하고 공개하도록 한 규정은 ① 만약 항소심에서 무죄가 선고되어 확정된다면 이는 결국 가맹본부나 그 임원에게 죄가 되지 아니하는 사실에 대하여 죄가 되는 것으로 일반에 공표하도록 강제하는 것이 되어 행위자에게 회복할 수 없는 권리침해를 가져온다는 점, ② 특히 전과기록은 내밀한 사적 영역에 근접하는 민감한 개인정보에 해당한다고 볼 수 있으므로 그 제한의 허용성은 중대한 공적 이익을 달성하기 위한 불가피한 수단이라고 인정될 때에 한하여 최소한의 제한만이 허용되어야 한다는 점(헌법재판소 2005. 7. 21. 2003헌마282 판결) 등에 비추어 위헌의 소지가 있다고 본다.

2. 정보공개서 등록제도(법 제6조의2)

가. 서론

(1) 정보공개서의 등록의무(법 제6조의2 제1항)

가맹본부는 가맹희망자에게 제공할 정보공개서를 공정거래위원회에 등록하여야 한다. 등록한 정보공개서를 변경하려는 경우에도 또한 같다. 다만, 대통령령으로 정하는 경미한 사항을 변경하려는 경우에는 신고하여야 한다.

(2) 도입취지

종래에는 가맹본부가 스스로 정보공개사항을 기재한 후 가맹희망자에게 제공하도록 하고 있어서 가맹본부가 제공하는 정보에 대한 신뢰성에 문제가 많았다. 즉, 가맹본부가 스스로 허위정보를 제공하거나, 중요한 정보를 누락시키는 등의 경우 가맹희망자 입장에서는 그러한 정보에 대한 진위를 판가름하기가 어려울 뿐더러, 국가가 나서서 일정한 규제를 가하는 것도 쉽지 않았기 때문에 정보공개서제도에 대한 실효성에 대해 의문을 갖지 않을 수가 없었다. 이에 가맹사업법은 2007. 8. 3. 제4차 개정을 통해 정보공개서등록제도를 신설함으로써 가맹본부로 하여금 스스로 자신이 제공하는 정보에 대한 진실성을 고취시키고, 허위정보를 제공하거나 중요사항을 누락시키는 등 일정한 사유에 해당하는 경우에는 등록을 거부하는 등의 규제를 가함으로써 정보공개제도의 실효성을 확보함으로써 궁극적으로 가맹사업의 건전한 거래질서확립에 기여하고자 한 것이다.

(3) 등록제도의 문제점

정보공개서 등록제도는 부실한 가맹본부의 난립으로 인한 가맹점사업자의 피해를 방지하는 순기능적 역할을 한다. 반면, 다음과 같은 문제점도 내포하고 있다.

1) 가맹사업을 시작하려는 가맹본부에 일종의 규제로 작용할 수 있다. 왜냐하면 정보공개서등록제도는 창업 중에 있는 가맹본부로 하여금 자신의 사업시스템을 완벽하게 구축하여 놓았을 것이 요구되며, 그로 인하여 소자본으로 가맹사업을 전개하려는 가맹본부들의 창업의욕을 저해하거나 궁극적으로는 가맹사업의 활성화를 가로막는 결과를 초래할 수도 있다. 이와 같은 이유로 정보공개서 등록제도를 과도한 규제라고 보는 견해도 있다.[40)]

2) 공정거래위원회가 등록된 '내용'의 진실성까지도 담보하는지의 문제

공정거래위원회의 정보공개서 심사는 형식심사이기 때문에 가맹본부가 정보공개사항을 모두 기재한 경우에는 원칙적으로 등록이 이루어져야 한다.[41)] 즉, 공정거래위원회의 심사는 형식적 심사에 불과할 뿐, 공정거래위원회로 하여금 그 등록된 내용의 진실성까지 담보하는 것은 아니라 할 것이므로, 등록된 정보공개서의 내용을 전적으로 믿고 계약을 체결한 가맹희망자의 피해가능성은 여전히 상존한다 할 것이다.[42)] 따라서 위와 같은 부작용을 방지하기 위해서는 정보공개사항의 진실성을 확보할 수 있는 제도적 장치가 마련되어야 할 것이다.

나. 정보공개서 등록절차

(1) 신규등록

1) 신규등록의 신청: 신규등록신청서(별지 제1호 서식)+α(각종 서류들)를 공정거래위원회에 제출하여야 한다(법 시행령 제5조의2 제1항).

㉠ 정보공개서(문서형태의 정보공개서와 함께 정보통신망 이용촉진 및 정보보호 등에 관한 법률 제2조 제1항 제1호에 따른 정보통신망을 이용하여 전자적 파일을 제출하여야 한다) ㉡ 바로 전 3개 사업연도의 대차대조표 및 손익계산서(가맹본부가 재무제표를 작성하지 아니하는 경우에는 바로 전 3개 사업연도의 매출액을 확인할 수 있는 서류)

40) 주아라, 加盟契約에 관한 硏究(한남대학교 대학원 석사학위논문, 2009년), 제98면.

41) 주아라, 같은 논문, 제99면.

42) 김후중, 가맹사업법 이해와 실무(무역경영사, 2008년), 제69면.

ⓒ 바로 전 사업연도 말 현재 운영 중인 직영점 및 가맹점 목록(대표자, 소재지, 가맹계약체결일, 전화번호를 기재)
ⓡ 가맹계약서 양식 사본
ⓜ 바로 전 사업연도 말 현재 근무 중인 임직원 수를 확인할 수 있는 서류
ⓗ 그 밖에 정보공개서 내용과 관련 있는 서류로서 공정위가 요구하는 서류

2) 신청서를 제출받은 공정거래위원회는 전자정부법 제36조 제1항에 따른 행정정보의 공동이용을 통하여 다음의 서류를 확인하여야 한다. 다만, 신청인이 제2호(발기인의 주민등록표 등본) 및 제3호(사업자등록증)의 확인에 동의하지 아니한 경우에는 그 서류를 제출하도록 하여야 한다(법 시행령 제5조의2 제2항).

3) 등록증의 교부

① 공정거래위원회는 정보공개서의 등록신청이 있으면 "등록신청일부터 30일 이내에" 가맹본부에 정보공개서등록증(별지 제2호 서식)을 내 주어야 한다(법 시행령 제5조의2 제3항).

☞ 정보공개서의 등록취소 후 다시 등록을 신청한 경우: 등록신청일부터 30일 이내 → 등록신청일부터 2개월 이내로 연장

☞ 변경등록 및 거부절차의 경우에는 등록신청일부터 30일이 아니라, 등록신청일로부터 20일임을 주의하여야 한다(법 시행령 제5조의3 제2항).

② 또한 공정위는 가맹사업정보제공시스템(법 제6조의2 제4항)에 등록에 관한 사항을 관리하여야 한다(법 시행령 제5조의2 제3항).

4) 정보공개서 보완요구

공정거래위원회는 다음의 어느 하나에 해당하면 1회에 한하여 상당한 기간을 정하여 가맹본부에 필요한 내용의 변경 또는 보완을 요구하거나 정보공개서의 등록을 거부할 수

있다(법 시행령 제5조의2 제4항).

① 정보공개서 기재사항이 사실과 다르거나 일부 내용이 빠진 경우

② 첨부서류(법 시행령 제5조의2 제1항 제2호 내지 제6호)를 제출하지 않은 경우

제2호: 바로 전 3개 사업연도의 대차대조표 및 손익계산서(가맹본부가 재무제표를 작성하지 아니하는 경우에는 바로 전 3개 사업연도의 매출액을 확인할 수 있는 서류) 제3호: 바로 전 사업연도 말 현재 운영 중인 직영점 및 가맹점 목록(대표자, 소재지, 가맹계약체결일, 전화번호를 기재) 제4호: 가맹계약서 양식 사본 제5호: 바로 전 사업연도 말 현재 근무 중인 임직원 수를 확인할 수 있는 서류 제6호: 그 밖에 정보공개서 내용과 관련 있는 서류로서 공정위가 요구하는 서류

5) 정보공개서의 등록거부

다음의 어느 하나에 해당하면 공정거래위원회는 정보공개서의 등록을 거부하여야 하고, 그 사실을 가맹본부에 통지하여야 한다(법 시행령 제5조의2 제5항).

① 정보공개서 기재사항이나 첨부서류에 거짓이 있는 경우

② 공정위의 변경 또는 보완요구에 따르지 않은 경우

(2) 변경등록 및 변경신고

가맹본부에 대한 일반현황, 가맹사업현황 등 정보공개서에 기재된 사항은 해당 가맹사업을 운영함에 따라 그 내용은 계속적으로 변경될 수밖에 없는 것이며, 만약 그 기재내용이 변경됐음에도 변경된 내용을 정보공개서에 반영시키지 않는다면 결국 이러한 정보공개서는 허위사실을 담은 결국 가맹사업법에서 금지하고 있는 허위사실을 제공하는 것과 마찬가지라고 할 것이다. 이에 따라 가맹사업법에서는 변경내용에 대한 등록과 신고에 대해 규정하고 있다.

1) 변경등록

가맹본부는 변경등록사항이 변경된 경우에는 일정한 기한 내에 변경등록신청서(별지

제4호 서식)+α[각종 서류: 1. 변경된 정보공개서 2. 변경된 내용을 증명하는 서류 3. 등록증(☞ 등록증 기재사항을 변경하는 경우만 해당)]를 공정거래위원회에 제출하여야 한다. 다만 전자정부법 제36조 제1항에 따른 행정정보의 공동이용을 통하여 제출서류에 대한 정보를 확인할 수 있는 경우에는 그러한 확인으로서 제출서류를 갈음할 수 있다(법 시행령 제5조의3 제1항).

☞ 전자정부법 제36조 제1항

제36조(행정정보의 효율적 관리 및 이용) ① 행정기관 등의 장은 수집 · 보유하고 있는 행정정보를 필요로 하는 다른 행정기관 등과 공동으로 이용하여야 하며, 다른 행정기관 등으로부터 신뢰할 수 있는 행정정보를 제공받을 수 있는 경우에는 같은 내용의 정보를 따로 수집하여서는 아니 된다.

2) 변경신고

정보공개서 기재사항 중 "대통령령으로 정하는 경미한 사항"이 변경된 경우에는 변경사유가 발생한 분기가 끝난 후 30일 이내에 변경신고서(별지 제4호)+α(첨부서류: 변경내용을 증명하는 서류)를 공정거래위원회에 제출하여야 한다. 다만 전자정부법 제36조 제1항에 따른 행정정부의 공동이용을 통하여 제출서류에 대한 정보를 확인할 수 있는 경우에는 그러한 확인으로서 제출서류를 갈음할 수 있다(법 시행령 제5조의3 제4항).

☞ '대통령령으로 정하는 경미한 사항'이란 변경신고사항을 말한다(법 시행령 제5조의 3 제3항).

<table>
<tr><th>구분</th><th>정보공개서 기재사항(별표 1 제1호~제8호)</th><th>변경 기한</th></tr>
<tr><td rowspan="2">변경등록
사항</td><td>(1) 제1호 전체
1) 정보공개서의 표지(제1호)

(2) 제2호 가목, 나목(가맹본부정보만), 다목~마목, 사목(대표자 정보만), 자목
1) 가맹본부 설립일(법인: 법인설립등기일/개인: 최초사업자등록일), 법인등록번호(법인인 경우에 한함), 사업자등록번호(제2호 가목)
2) 가맹본부의 명칭, 상호, 영업표지, 주된 사무소소재지, 대표자 이름, 대표전화번호(제2호 나목)
3) 가맹본부가 외국기업인 경우: 가맹본부 및 국내에서 영업 중인 특수 관계인 명칭, 상호, 영업표지, 국내 주된 사무소 소재지, 대표자이름, 대표전화번호, 국내에서 영업을 허락받은 기간(가맹본부가 다른 사업자에게 국내에서 가맹사업운영권을 부여한 경우만 기재)(2호 다목), 정보공개 직전 3년간의 기업인수 · 합병현황(2호 라목), 해당가맹사업 영업표지현황(2호 마목)
4) 가맹본부 대표자명단, 대표자의 사업경력(정보공개일 현재 최근 3년간)(2호 사목)
5) 가맹본부 및 특수 관계인의 정보공개일 현재 최근 3년간 해당가맹사업을 경영한 사실(2호 자목)

(3) 제3호 나목
1) 해당 가맹사업의 연혁

(4) 제4호 전체
가맹본부와 그 임원의 법 위반 사실 등(제4호)</td><td>변경사유 발생 후 30일</td></tr>
<tr><td>(1) 제2호 차목
지식재산권 관련 정보(① 등록 및 신청 여부, ② 지식재산권 소유자 및 등록신청자 이름, ③ 지식재산권 등록만료일, ④ 지식재산권 사용을 허용 받은 기간 및 사용범위)(차목)

(2) 제3호 사목 1) 및 2)
1) 가맹지역본부의 상호, 주된 사무소재지, 대표자이름, 대표전화번호, 관리지역, 가맹본부와 맺은 계약기간(사목1)
2) 가맹지역본부가 가맹계약 체결의 상대방인지 여부(사목2)

(3) 제5호 및 제6호 전체
1) 가맹점사업자의 부담(영업개시 전, 영업 중, 계약 종료 후)(제5호)
2) 영업활동에 대한 조건 및 제한(제6호)

(4) 제8호 전체
교육 · 훈련에 대한 설명(제8호)</td><td>변경사유발생분기
종료 후 30일</td></tr>
</table>

	(1) 제2호 바목, 아목 1) 정보공개 직전 3개 사업연도의 재무상황(바목) 2) 정보공개 직전 사업연도 말 현재 임직원수(상근 · 비상근임원/직원)(아목) **(2) 제3호 다목~바목, 사목 3), 아목** 1) 정보공개 직전 3개 사업연도의 직영점 · 가맹점 총수(전국/광역지자체별)(다목) 2) 정보공개 직전 3년간의 신규 · 종료 · 해지 · 명의변경 가맹점현황(연도별)(라목) 3) 해당가맹사업 외 가맹본부 및 가맹본부의 특수 관계인이 경영하는 가맹사업현황(마목) 4) 전국 및 광역지자체별 가맹점사업자당 연간 평균매출액과 산정기준(추정치의 경우 상한, 하한을 표시)(바목) 5) 가맹지역본부가 관리하는 가맹점수(사목 3) 6) 정보공개 직전사업연도 가맹본부의 연간광고비 및 판촉비(아목)	매 사업연도가 끝난 후 120일(대략 4월 말 또는 5월 초). 다만, 재무제표를 작성하는 개인사업자인 가맹본부의 경우 변경등록사항 중 제2호 바목, 제3호 바목 및 아목의 기재사항을 변경하려는 때에는 매사업연도 종료 후 180일(약 6월) 이내에 변경등록신청을 할 수 있다.
변경신고 사항	**(1) 제2호 나목(가맹본부 특수 관계인만), 사목(대표자 이외 임원관련 정보만)** 1) 가맹본부 특수 관계인의 명칭, 상호, 영업표지, 주된 사무소소재지, 대표자 이름, 대표전화번호(제2호 나목) 2) 가맹본부 임원명단, 임원의 사업경력(정보공개일 현재 최근 3년간)(2호 사목) **(2) 제3호 가목, 자목, 차목** 1) 해당 가맹사업시작일(가목) 2) 가맹금예치에 관한 사항(자목) 3) 피해보상보험체결내역(차목) **(3) 제7호 전체** 가맹사업의 영업개시에 관한 상세절차와 소요시간(7호)	변경사유발생분기 종료 후 30일

3) 전자적 파일형태의 정보공개서 제출의무

가맹본부는 변경등록, 변경신고를 하는 경우에는 정보통신망을 이용하여 전자적 파일형태의 정보공개서를 함께 제출하여야 한다(법 시행령 제5조의3 제6항).

4) 변경된 정보의 통지 및 게시의무

① 변경등록한 경우(법 시행령 제5조의3 제7항)

가맹본부는 변경등록한 날 현재 가맹계약을 체결하고 있는 가맹점사업자에게 변경등록한 날부터 15일 이내에 제6조 제1항의 방법으로 그 사실을 알려야 한다.

시행령 제6조 제1항(정보공개서의 제공 등)
1. 가맹희망자에게 정보공개서를 직접 또는 우편으로 전달하는 방법 2. 정보공개서를 자기디스크(자기테이프, 그 밖에 이와 비슷한 방법에 의하여 정보공개서의 내용을 확실하게 기록 · 보관 · 출력할 수 있는 것을 포함한다)에 전자적 파일 형태로 제공하는 방법 3. 정보통신망을 이용하여 정보공개서의 내용을 게시한 후 게시사실을 가맹희망자에게 알리는 방법. 이 경우 가맹본부는 특정 가맹희망자가 정보공개서의 내용을 읽어 본 시간을 확인할 수 있는 시스템을 마련하여야 한다. 4. 가맹희망자의 전자우편 주소로 정보공개서의 내용이 포함된 전자적 파일을 보내는 방법. 이 경우 가맹본부는 전자우편의 발송 · 도달시간의 확인이 가능한 자동수신사실통보장치를 갖춘 컴퓨터 등을 이용하여야 한다.

② 가맹본부는 변경등록사항 중 '변경사유발생 후 30일 이내 등록사항'에 대한 변경등록 통지를 받은 가맹점사업자가 변경등록된 정보공개서를 요구하면 그 요구를 받은 날부터 15일 이내에 시행령 제6조 제1항에 기재된 방법으로 이를 제공하여야 한다(법 시행령 제5조의3 제8항).

다. 정보공개서의 공개

(1) 의의

공정거래위원회는 등록하거나 신고한 정보공개서를 공개할 수 있다(법 제6조의2 제2항). 이 경우 가맹본부에게 공개하는 내용과 방법을 미리 통지하여야 하고, 사실과 다른 내용은 이를 정정할 기회를 주어야 한다.

(2) 정보공개의 제외사항

공정거래위원회는 정보공개서의 내용을 공개하는 경우에는 공공기관의 개인정보보호에 관한 법률 제2조 제2호에 따른 개인정보와 부정경쟁방지 및 영업비밀보호에 관한 법률

제2조 제2항에 따른 영업비밀에 관한 사항은 제외하고 공개하게 된다(법 시행령 제5조의 4 제1항).

☞ 공공기관의 개인정보보호에 관한 법률 제2조 제2호 및 부정경쟁방지 및 영업비밀보호에 관한 법률 제2조 제2항

공공기관의 개인정보보호에 관한 법률 제2조 제2호	부정경쟁방지 및 영업비밀보호에 관한 법률 제2조 제2항
"개인정보"라 함은 생존하는 개인에 관한 정보로서 당해 정보에 포함되어 있는 성명 · 주민등록번호 및 화상 등의 사항에 의하여 당해 개인을 식별할 수 있는 정보(당해 정보만으로는 특정개인을 식별할 수 없더라도 다른 정보와 용이하게 결합하여 식별할 수 있는 것을 포함한다)를 말한다.	"영업비밀"이란 공공연히 알려져 있지 아니하고 독립된 경제적 가치를 가지는 것으로서, 상당한 노력에 의하여 비밀로 유지된 생산방법, 판매방법, 그 밖에 영업활동에 유용한 기술상 또는 경영상의 정보를 말한다.

(3) 정보공개의 통지

공정거래위원회는 정보공개서를 공개하는 경우에는 1) 공개의 목적과 공개기간, 2) 공개내용, 3) 공개방법, 4) 가맹본부의 정정 또는 비공개요구방법을 적은 서면으로 공개일 10일 전까지 가맹본부에 이를 미리 알려야 한다(법 제6조의2 제3항, 법 시행령 제5조의4 제2항).

(4) 정보의 정정 또는 비공개요구

공정거래위원회의 통지를 받은 가맹본부는 공개하는 내용 중 사실과 다른 내용이 있거나 정보공개제외사항(① 개인정보, ② 영업비밀)에 해당하는 내용이 있으면 통지를 받은 날부터 7일 이내에 그 사실을 증명하는 서류를 첨부한 서면으로 공정거래위원회에 그 내용의 정정 또는 비공개를 요구할 수 있다. 이 경우 공정거래위원회는 가맹본부의 요구가 정당하다고 인정되면 정보공개서의 공개내용을 변경하거나 공개하지 아니하여야 한다(법 시행령 제5조의4 제3항).

(5) 가맹정보시스템의 구축 및 운용

공정거래위원회는 정보공개서를 공개하기 위하여 예산의 범위 안에서 가맹사업정보제공시스템(이하 "가맹정보시스템")을 구축 · 운용할 수 있다(법 제6조의2 제4항). 가맹정보시스템의 구축 및 운용업무를 하기 위한 법인이나 단체의 시설 · 인력 등 위탁의 기준과 절차 등에 필요한 사항은 공정거래위원회가 정하여 고시한다(법 시행령 제5조의4 제4항).

라. 정보공개서의 등록취소 등

> 제6조의3(정보공개서 등록의 거부 등) ① 공정거래위원회는 제6조의2에 따라 등록을 신청한 정보공개서나 그 밖의 신청서류에 거짓이 있거나 필요한 내용을 적지 아니한 경우에는 정보공개서의 등록을 거부하거나 그 내용의 변경을 요구할 수 있다.
> ② 공정거래위원회는 정보공개서의 등록을 하였을 때에는 신청인에게 등록증을 내 주어야 한다.
> [본조신설 2007.8.3]
> 제6조의4(정보공개서 등록의 취소) 공정거래위원회는 정보공개서가 제1호에 해당하는 경우에는 그 등록을 취소하여야 하며, 제2호에 해당하는 경우에는 등록을 취소할 수 있다.
> 1. 거짓이나 그 밖의 부정한 방법으로 정보공개서가 등록된 경우
> 2. 제2조 제10호 각 목의 기재사항 중 대통령령으로 정하는 중요한 사항(이하 "중요사항"이라 한다)이 누락된 경우
> [본조신설 2007.8.3]

(1) 의의

공정거래위원회는 가맹본부가 등록을 신청한 정보공개서나 그 밖의 신청서류에 거짓이 있거나 필요한 내용을 적지 아니한 경우에는 정보공개서의 등록을 거부하거나, 그 내용의 변경을 요구할 수 있다. 나아가 공정거래위원회는 거짓이나 그 밖의 부정한 방법으로 정보공개서가 등록된 경우나 중요한 사항이 누락된 경우에는 등록을 취소할 수도 있다.

(2) 정보공개서의 등록거부(법 제6조의3 제1항, 법 시행령 제5조의2 제5항)

공정거래위원회는 가맹본부가 등록을 신청한 정보공개서나 그 밖의 신청서류에 거짓이 있거나 필요한 내용을 적지 아니한 경우에는 정보공개서의 등록을 거부하거나 그 내용의

변경을 요구할 수 있다고 규정(법 제6조의3 제1항)하고 있으며, 시행령에서 다음의 어느 하나에 해당하는 경우에는 정보공개서의 등록을 거부하여야 하고, 그 사실을 가맹본부에 통지하여야 한다(법 시행령 제5조의2 제5항).

1) 정보공개서의 기재사항이나 첨부서류에 거짓이 있는 경우

2) 공정거래위원회의 변경 또는 보완요구에 가맹본부가 따르지 아니한 경우

(3) 정보공개서의 등록취소(법 제6조의4)

1) 등록취소사유

① 필요적 취소사유

"거짓이나 그 밖의 부정한 방법으로 등록"된 경우

② 임의적 취소사유

정보공개서의 기재사항 중 "대통령령으로 정하는 중요한 사항"이 누락된 경우

☞ 정보공개서상의 중요한 사항 및 경미한 사항

구 분	내 용
중요한 사항	▶ **정보공개서의 표지**(법 시행령 별표 1 제1호) 가. 정보공개서라는 한글 표시 나. 다음의 문장 다. 가맹본부의 상호, 영업표지, 주된 사무소의 소재지 등 라. 정보공개서의 등록번호 및 최초 등록일 마. 정보공개서의 최종 등록일 ▶ **가맹본부의 일반현황 中 가목~차목**(법 시행령 별표 1 제2호 가목~차목) 가. 가맹본부 설립일(법인: 법인설립등기일, 개인: 최초사업자등록일), 법인등록번호(법인은 경우에 한함), 사업자등록번호 나. 가맹본부의 명칭, 상호, 영업표지, 주된 사무소의 소재지, 대표자의 이름, 대표전화번호 (☞ 나목의 경우는 가맹본부 관련 사항만 해당) 다. 가맹본부가 외국기업인 경우에는 가맹본부 및 국내에서 영업 중인 특수관계인의 명칭, 상호, 영업표지, 국내의 주된 사무소의 소재지, 대표자의 이름, 대표전화번호 등 라. 정보공개 직전 3년간의 기업인수 · 합병현황 마. 가맹희망자가 앞으로 경영할 가맹사업의 명칭, 상호, 서비스표, 광고, 그 밖의 영업표지

중요한 사항	바. 가맹본부의 정보공개 바로 전 3개 사업연도의 재무상황정보 사. 가맹본부 대표자명단, 대표자의 사업경력(정보공개일현재 최근 3년간)(☞사목의 경우는 대표자 관련 사항만 해당) 아. 정보공개 직전 사업연도 말 현재 임직원수(상근 · 비상근임원/직원) 자. 가맹본부 및 가맹본부의 특수 관계인이 정보공개일 현재 최근 3년 동안 가맹사업을 경영하였거나 경영하고 있는 경우 그러한 사실 차. 가맹본부가 가맹점사업자에게 사용을 허용하는 지식재산권에 관한 정보 ▶**가맹본부의 가맹사업현황 중 나목~차목**(법 시행령 별표 1 제3호 나목~차목) 나. 해당 가맹사업의 연혁 다. 정보공개 직전 3개 사업연도의 직영점 · 가맹점 총수(전국/광역지자체별) 라. 정보공개 직전 3년간의 신규 · 종료 · 해지 · 명의변경 가맹점현황 마. 해당가맹사업 외 가맹본부 및 가맹본부의 특수 관계인이 경영하는 가맹사업현황 바. 전국 및 광역지자체별 가맹점사업자당 연간 평균매출액과 산정기준(추정치의 경우 상한, 하한을 표시) 사. 가맹지역본부에 관한 정보 아. 정보공개 직전사업연도 가맹본부의 연간광고비 및 판촉비 자. 가맹금예치에 관한 사항 차. 피해보상보험체결내역 ▶ **가맹본부와 그 임원의 법위반사실**(별표 1 제4호) ▶ **가맹점사업자의 부담**(별표 1 제5호) ▶ **영업활동에 대한 조건 및 제한**(별표 1 제6호)
경미한 사항	▶**제2호 나목(가맹본부 특수 관계인만), 사목(대표자 이외 임원관련 정보만)** 1) 가맹본부 특수 관계인의 명칭, 상호, 영업표지, 주된 사무소소재지, 대표자 이름, 대표전화번호(제2호 나목) 2) 가맹본부 임원명단, 임원의 사업경력(정보공개일현재 최근 3년간)(2호 사목) ▶**제3호 가목, 자목, 차목** 1) 해당 가맹사업시작일(가목) 2) 가맹금예치에 관한 사항(자목) 3) 피해보상보험체결내역(차목)

2) 등록취소 시 공정거래위원회의 처리

① 취소사유의 서면통지(법 시행령 제5조의5 제1항)

공정거래위원회는 거짓이나 그 밖의 부정한 방법으로 정보공개서가 등록되어 정보공개서의 등록을 취소한 경우에는 취소한 날부터 7일 이내에 해당 가맹본부에 서면으로 그 사실과 취소 사유를 알려야 한다.

② 누락사항에 대한 보완요구(법 시행령 제5조의5 제3항)

공정거래위원회는 정보공개서 기재사항 중 중요사항이 누락된 경우에는 상당한 기간을 정하여 누락된 중요사항의 보완을 가맹본부에 요구하여야 한다. 다만, 다음 각 호의 어느 하나에 해당하는 경우에는 가맹본부의 귀책정도, 회생가능성, 가맹희망자가 입을 피해가능성, 기존 가맹점사업자에게 미치는 영향 등을 모두 고려하여 보완 요구 없이 정보공개서의 등록을 취소할 수 있다.

㉠ 가맹본부가 휴업 또는 폐업 신고를 한 경우
㉡ 가맹본부가 파산을 신청한 경우
㉢ 가맹본부에 대하여 강제집행절차 또는 회생절차가 개시된 경우
㉣ 가맹본부가 발행한 어음 · 수표가 부도 등으로 지급거절된 경우
㉤ 가맹본부가 대표자의 사망 · 소재불명 등의 사유로 영업을 중단한 경우
㉥ 그 밖에 제1호부터 제5호까지의 규정에 준하는 경우로서 가맹본부가 가맹사업을 정상적으로 경영하기 어렵다고 공정거래위원회가 판단하는 경우

3) 가맹본부의 처리

가맹본부는 중요사항을 누락하여 공정거래위원회로부터 보완 요구를 받은 경우에는 그 누락된 중요사항을 보안하여 정보공개서의 변경등록을 신청하여야 한다(법 시행령 제5조의5 제4항).

☞ 필요적 취소사유 vs 임의적 취소사유

구 분	취소사유	공정위의 처리	가맹본부의 처리
필요적 취소	거짓이나 그 밖의 부정한 방법으로 등록된 경우	공정위는 취소사유를 취소일로부터 7일 이내 서면으로 그 사실과 취소사유를 통지하여야 한다(법 시행령 제5조의5 제1항).	n/a
임의적 취소	정보공개서의 기재사항 중 "대통령령으로 정하는 중요한 사항"이 누락된 경우	상당한 기간을 정하여 가맹본부에게 보완을 요구하여야 한다(법 시행령 제5조의5 제3항).	공정위로부터 보완 요구를 받은 경우에는 누락된 중요사항을 보완하여 정보공개서의 변경등록을 신청하여야 한다(법 시행령 제5조의5 제4항).

(4) 공정위가 행하는 정보공개서의 등록거부 및 등록취소행위의 법적 성격[43)44)]

1) 등록거부행위

① 이른바 "처분성"의 문제

이를테면 가맹본부가 정보공개서를 작성하여 공정거래위원회에 등록신청을 하였는데 공정거래위원회에서 등록을 거부한 경우, 이러한 공정위의 등록거부행위를 '처분성'이 있는 것으로 보아 행정소송을 제기할 수 있는 것인가가 문제된다.

행정소송법상 처분이라 함은 "행정청이 행하는 구체적 사실에 관한 법집행으로서의 공권력의 행사 또는 그 거부와 그 밖에 이에 준하는 행정작용"을 말한다(법 제2조 제1항 제1호). 또한 행정쟁송의 대상이 되는 '처분'에 대한 판례의 태도를 살펴보면 판례는 "항고소송의 대상이 되는 행정처분이라 함은 행정청의 공법상의 행위로서 특정 사항에 대하여 법규에 의한 권리의 설정 또는 의무의 부담을 명하거나 기타 법률상 효과를 발생하게 하는 등 국민의 권리의무에 직접 관계가 있는 행위를 가리키는 것"이라고 판시하고 있다(대판 1996. 3. 22. 96누433). 따라서 공정위의 정보공개서 등록거부나 취소행위가 과연 행정쟁송의 대상이 되는 '처분성'이 있는지는, 정보공개서의 등록을 취소하거나 거부함으로 인하여 정보공개서 등록신청인에 대하여 직접 권리제한이나 의무부과 등의 법적 효과를 발생시키느냐의 여부에 달려 있는 문제라고 할 수 있다.

그렇다면 과연 정보공개서의 등록이 권리의무의 변동을 가져오는 법적 효과가 있는지를 살펴보면, ㉠ 가맹사업법 제7조 제1항에 따르면 가맹본부는 가맹희망자에게 등록된 정보공개서를 제공하여야 한다고 규정하고 있으며 ㉡ 동법 제7조 제2항에서는 가맹본부가 만약 등록한 정보공개서를 제공하지 않거나, 정보공개서를 제공한 날로부터 14일이 지나지 아니한 경우에는 가맹금을 수령하거나, 가맹계약을 체결할 수 없도록 하고 있고, 이를 위반할 경우 시정조치나 과징금, 형사적 제재까지도 부과할 수 있는 점에 비추어 볼 때, 정보공개서의 등록여부에 따라 가맹본부로서는 가맹계약을 체결할 수 있는 권리가 생기기도 하고 등록하지 아니하면 가맹금을 반환하여야 할 의무가 생기기도 한다는 점에서 이를 거부한 공정위의 행위는 처분성이 있는 행정행위로서 행정소송을 통해 그러한 거부처분의 취소를 구할 수 있는 것이다. 그러나, 아직 이에 대해서는 공정거래위원회

43) 박균성, 행정법 강의(제3판)(박영사), 제723면 이하.

44) 이한무, 가맹사업법 해설(실무 및 소송의 쟁점)(법률정보센터), 제116면~제119면.

의 정보공개서등록거부나 등록취소처분이 행정소송화된 예는 없으므로 구체적 사안에 따른 법원의 판단에 달린 문제라고 할 수 있을 것이다.

② 기속행위와 재량행위

가맹본부의 정보공개서 등록신청에 대한 공정거래위원회의 등록이 기속행위인지 아니면 재량행위인지가 문제된다. 즉, 가맹본부가 정보공개서 등록에 필요한 요건을 갖추어 등록신청을 한 경우 공정거래위원회는 반드시 등록을 해주어야 하는가, 아니면 재량행위로서 등록을 거부할 수도 있는지가 문제된다는 것이다.

정보공개서 등록의 성격에 대한 대법원의 명시적인 판결은 아직 없으나, 행정청의 재량권 존재 여부와 관련하여 대법원의 그동안의 입장에 비추어 보면, 먼저 관련법규정의 문언을 우선 고려하여 판단한 후, 만약 법문상 표현이 불분명한 경우에는 행정의 실질을 고려하여 판단해야 한다는 것이 대법원의 입장인바, 이러한 입장에서 가맹사업법 규정을 살펴보면 ㉠ 공정거래위원회는 가맹본부의 정보공개서 등록신청이 있으면 그 등록신청일로부터 14일 이내에 정보공개서 등록부에 기재하고 등록증을 내 주어야 하고(법 시행령 제5조의2 제2항) ㉡ 다만, 정보공개서의 기재사항이나 첨부서류에 거짓이 있거나, 공정거래위원회가 기재 사항 중 사실과 다른 부분을 발견하고 내용의 변경이나 보완을 요구하였음에도 가맹본부가 따르지 않는 경우에는 등록을 거부하여야 한다(법 시행령 제5조의2 제4항)고 규정하고 있다.

위 법문의 기재형식에 비추어 공정거래위원회는 정보공개서의 기재사항이나 첨부서류에 거짓이 없는 한 반드시 14일 이내에는 등록하여야 하는 것이지, 등록을 거부할 수는 없는 것으로 보인다. 그렇다면 결국 공정위의 정보공개서등록행위는 재량행위로 볼 수는 없는 것이고, 기속행위라고 해야 할 것이다.

2) 등록취소행위

가맹사업법에서는 정보공개서의 등록취소를 ① 거짓이나 그 밖의 부정한 방법으로 정보공개서가 등록된 경우와 ② 정보공개서의 기재사항 중 중요한 사항이 누락된 경우를 구분하여 전자의 경우는 "등록을 취소하여야 한다"고 규정한 반면, 후자의 경우는 "취소할 수 있다"고 규정하여 취소하여야 하는 경우와 취소할 수 있는 경우를 구분하여 서로 다르게 규정하고 있다. 이렇게 서로 다르게 규정하고 법문의 형식상 ① 거짓이나 그 밖의 부정한 방법으로 정보공개서를 등록한 경우에는 공정위가 반드시 등록을 취소하여야 하는 기속행위이지만, ② 중요사항이 누락된 경우에는 등록을 취소할 수도 있고 취소를 하지 않을 수도 있는 재량행위라고 볼 것이다.[45)]

☞ 기속행위 vs 재량행위

1) 기속행위: 기속행위는 행정권 행사의 요건과 효과가 법에 일의적으로 규정되어 있어서 행정청에 판단의 여지가 전혀 인정되지 않고 행정청은 법에 정해진 행위를 하여야 하는 의무를 지는 행위를 말한다.
2) 재량행위: 재량행위는 행위의 요건이나 효과에 선택에 관하여 법이 행정권에게 판단의 여지 내지 재량권을 인정한 경우에 행해지는 행정청의 행정행위를 재량행위라고 한다.

마. 위반 시 효과

(1) 정보공개서 등록의무 위반: 직접적인 법적 제재규정은 없다.

(2) 등록거부 또는 등록이 취소된 경우: ① 정보공개서의 등록이 거부된 경우에는 1개월 이내, ② 정보공개서의 등록이 취소된 경우에는 2개월 이내로 등록심사기간(원칙적으로는 14일 이내)이 연장되는 결과, 이 기간 동안에는 가맹점모집이 금지되므로 신규가맹점모집에 타격을 줄 수 있다.

(3) 가맹본부가 정보공개서의 변경신고를 하지 않거나, 거짓으로 신고한 경우: 300만원 이하 과태료

45) 이한무, 가맹사업법 해설(실무 및 소송의 쟁점, 2009년), 제120면.

3. 정보공개서 제공의무(법 제7조)[46]

가. 서론

(1) 실정법적 근거

제4조(신의성실의 원칙) 가맹사업당사자는 가맹사업을 영위함에 있어서 각자의 업무를 신의에 따라 성실하게 수행하여야 한다.

제7조(정보공개서의 제공의무 등) ① 가맹본부(가맹지역본부 또는 가맹중개인이 가맹점사업자를 모집하는 경우를 포함한다. 이하 같다)는 가맹희망자에게 제6조의2 제1항에 따라 등록한 정보공개서를 대통령령으로 정하는 바에 따라 제공하여야 한다. 〈개정 2007. 8. 3.〉

(2) 이론적 근거

"계약체결상의 과실이론": 계약의 교섭단계에서 귀책사유로 상대방에게 손해를 입혔다면 그 손해에 대해 배상책임을 진다는 이론으로서 정보제공의무의 근거도 계약체결상 과실의 한 유형으로 보는 것이다.[47]

---

46) 가맹본부는 정보공개서 제공의무 이외에 일반적인 정보제공의무를 부담하는가가 문제된다. 부담하는 경우 그 근거는 무엇인가? 가맹계약(프랜차이즈계약)에 있어서 정보제공의무가 발생하는 실질적인 근거는 가맹계약 당사자 간에 발생하는 '정보량의 격차' 때문이다. 즉 계약의 내용이나 효력에 관하여 가맹희망자나 가맹점사업자는 가맹본부에 비해 계약체결의 교섭과정에서 불리한 위치에 있기 때문에 가맹계약의 내용이나 효력 등에 관한 정보를 가맹본부가 가맹희망자나 가맹점사업자에게 알려야 할 의무를 부과하여야만 양 당사자 사이에 힘의 균형이 회복되어 계약체결을 위한 교섭이 원만하게 이루어질 수 있기 때문이다. 한편 법적 근거는 '신의칙'에 그 근거를 둘 수 있다(구제군, 프랜차이즈 契約에 관한 硏究, 2000년, 제48면).

47) 이한무, 가맹사업법 해설(법률정보센터, 2009년), 제107면.

프랜차이즈 계약에 있어서는 영업지식과 경험이 부족한 가맹점주로서는 가맹점운영에 관한 축적된 경험을 가진 본부가 제공하는 정보를 신뢰하고 그에 기초하여 점포를 선정하고 영업활동을 전개할 수밖에 없어 가맹점주의 영업상의 성패는 계약체결과정에 있어서의 입지선정과 그 이후의 교육훈련, 경영비법의 전수 등 프랜차이즈 본부가 제공하는 정보에 크게 의존한다고 할 것이므로, 프랜차이즈 본부는 계약체결 이후에는 물론이고 계약체결과정에 있어서도 계약체결 여부에 대한 객관적인 판단자료가 되는 정확한 정보를 제공할 신의칙상 의무를 진다고 할 것이다(대전지방법원 2002. 8. 14. 선고 2001가합9179판결).

☞(심화학습) 계약체결상의 과실책임[48]

1. 의의 및 성질

(1) 의의

계약체결을 위한 준비과정이나 계약의 성립과정에서 당사자 일방이 유책적으로 상대방에게 손해를 발생시킨 경우에 그 손해를 배상해야 하는 책임을 말한다.

(2) 법적 성질

신의칙상 인정되는 부수적 주의의무위반에 대한 책임이라는 계약책임설이 다수설(곽윤직)이다. 이 외에 일반적인 주의의무위반으로 상대방에게 위법한 손해를 준 데 대한 책임이라는 불법행위책임설(양창수), 독자적인 법정책임이라는 견해(김형배, 이은영) 등이 있다.

2. 민법상의 계약상 과실책임－원시적 불능의 경우(제535조)

> 제535조(계약체결상의 과실) ① 목적이 불능한 계약을 체결할 때에 그 불능을 알았거나 알 수 있었을 자는 상대방이 그 계약의 유효를 믿었음으로 인하여 받은 손해를 배상하여야 한다. 그러나 그 배상액은 계약이 유효함으로 인하여 생길 이익액을 넘지 못한다.
> ② 전항의 규정은 상대방이 그 불능을 알았거나 알 수 있었을 경우에는 적용하지 아니한다.

(1) 요건

1) 목적이 원시적 · 객관적 불능인 계약체결로 인해 계약이 무효일 것

2) 배상의무자에게 악의 또는 과실이 있을 것

3) 상대방은 선의 · 무과실이고, 불능으로 인하여 손해를 입었을 것

(2) 효과

신뢰이익의 배상－즉 배상의무자는 상대방이 그 계약의 유효함을 믿었음으로 인하여 받은 손해(☞ 신뢰이익의 예: 부동산에 대한 조사비용, 대금지급을 위해 은행에서 돈을 빌린 경우의 이자, 타인의 유리한 청약을 거절한 경우의 그 손해 등)를 배상하여야 한다. 그러나 그 배상액은 계약이 유효함으로 인하여 생길 이익액(=이행이익)을 넘지 못한다.

48) 곽낙규, 채권법(탁월출판사, 2005년), 제420면.

3. 제535조 이외에 계약체결상의 과실책임을 인정할 수 있는지의 문제
① 계약체결의 준비단계, ② 계약이 무효 · 취소된 경우 등의 경우에 계약체결상의 과실문제가 문제될 수 있으나, 판례는 원시적 불능으로 인해 계약이 무효로 된 때에 한하여만 계약체결상의 과실책임을 인정하고, 그 외에는 '불법행위'의 문제로 다루고 있다.

계약교섭의 부당파기
어느 일방이 교섭단계에서 계약이 확실하게 체결되리라는 정당한 기대 내지 신뢰를 부여하여 상대방이 그 신뢰에 따라 행동하였음에도 상당한 이유 없이 계약의 체결을 거부하여 손해를 입혔다면 이는 신의성실의 원칙에 비추어 볼 때 계약자유의 원칙의 한계를 넘는 위법한 행위로서 불법행위를 구성한다(대판 2004. 5. 28. 2002다32301).

(3) 입법취지

가맹본부로 하여금 정보공개서를 가맹희망자에게 사전에 제공토록 한 것은 가맹사업을 하기위해서 가맹희망자가 반드시 알아야 할 가맹본부에 대한 정보를 미리 충분히 숙지한 상태에서 가맹계약을 체결할 수 있도록 하여 가맹점사업자의 피해를 사전에 방지하고자 한 것이다. 동 규정은 강행규정으로서 이에 반하여 가맹본부와 가맹희망자 간에 서로 정보공개서의 제공면제를 합의하였다 하더라도 그 합의는 효력이 없으며 위반 시 시정조치 등 일정한 제재를 받는다.

(4) 정보공개서 제공제도의 문제점

정보공개서 제공제도는 가맹본부와 가맹희망자 간의 정보 불균형을 해소함으로써, 양자 간에 존재하는 힘의 격차를 보완할 수 있게 한다. 따라서 가맹희망자가 정보공개서를 가맹본부에게 제공받고, 이를 면밀하게 검토하도록 하기 위해서 법률적으로 숙고기간이 보장되어야 함에는 이론의 여지가 없다.

그러나 가맹사업법에서 정하고 있는 숙고기간 14일의 기간이 과연 적정한 것인가에 대해서는 의문이 있을 수 있다.

1) 제4차 개정을 통해 정보공개서 등록제도를 신설하였고, 등록된 정보공개서를 공개

하기 위하여 '가맹사업정보제공시스템'[49]을 구축하였다. 이에 따라 가맹희망자는 시간이나 장소에 구애됨이 없이 공정거래위원회의 홈페이지를 통해 정보공개서를 열람할 수 있으므로 숙고기간 14일의 기간은 너무 장기이지 않을까라는 의문점이 있다.

2) 가맹본부가 판매지역권을 부여하는 경우에는 일정지역에서 일정수의 가맹점사업자만을 모집하는 경우가 있을 수 있다. 이러한 경우 가맹희망자로서는 좋은 상권의 가맹점을 먼저 확보하기 위하여 좀 더 빠른 시간에 가맹계약을 체결하기를 원하는 경우도 있을 것이다.

3) 계약체결 이후에도 가맹점사업자의 점포가 개점할 때까지는 상당한 시간이 소요되는바, 따라서 숙고기간이 지나치게 장기인 경우 가맹점사업자의 수익 기회를 오히려 단축시킬 수 있는 결과를 초래할 수도 있다.

이와 같은 이유로 숙고기간 14일의 적정성 여부에 대해서는 논쟁여지가 있으므로 이에 대한 논의가 있어야 할 것이다.

☞ 물론 변호사나 가맹거래사의 자문을 받은 경우에는 숙고기간이 14일에서 7일로 단축된다고는 하나 이 또한 너무 길다는 의견이 있다. 즉, 미국의 경우 보통 정보공개서는 가맹계약서와 함께 제공되는데 이는 보통 약 120쪽에 이르므로 숙고기간 14일은 적당하다고 할 것이나, 우리나라의 표준정보공개서의 표준양식은 약 41쪽에 불과하므로 14일보다는 7일 정도로 규정하는 것이 타당하다는 견해가 있다.

(5) 적용범위의 문제(법 제3조, 법 시행령 제5조)

1) 가맹금 최초지급일부터 6월까지 가맹본부에 지급한 가맹금 총액이 100만 원을 초과하지 않은 경우 또는 가맹본부의 연간 매출액이 5,000만 원 미만인 경우에는 정

---

49) 공정거래위원회의 '가맹사업정보제공시스템'의 기능은 다음과 같다,
① 가맹본부가 정보공개서의 등록을 신청하고, 신청 후 심사과정을 확인할 수 있게 하며, 등록이 완료되었거나 보완요구 등이 발생한 경우 이의 통지를 받을 수 있게 한다.
② 가맹희망자 및 가맹점사업자가 등록된 정보공개서를 열람할 수 있게 하고, 허위정보공개서를 신고하거나 불공정가맹본부에 대한 제보를 할 수 있게 한다.
③ 가맹사업법의 내용, 주요 피해사례, 통계 및 법령정보 등 가맹점사업자에게 필요한 정보를 제공한다.

보공개서의 제공의무를 부담하지 않는다.

2) 만약 해당 가맹본부가 가맹사업을 시작하기 전에 해당 가맹사업과 같은 품질기준이나 영업방식에 따라 상품이나 용역을 판매하는 직영점을 개설하여 1년 이상 운영하고 있는 경우에는 2억 원(직영점의 매출액 포함) 미만의 경우에 정보공개서의 제공의무를 부담하지 않는다.

☞ 영세가맹본부에 대한 정책적 배려로서 정보공개서 제공의무를 면제한 것이다.

나. 정보공개서의 제공주체 및 상대방

(1) 정보공개서 제공주체

가맹사업법상 가맹희망자에게 정보공개서를 제공하여야 하는 자는 '가맹본부'이다(법 제7조 제1항). 여기서 '가맹본부'라 함은 가맹사업과 관련하여 가맹점사업자에게 가맹점 운영권을 부여하는 사업자를 말하는 것으로서 정보공개서제공의무를 부담하는 가맹본부의 개념에는 가맹지역본부와 가맹중개인이 모두 포함된다.

☞ 가맹지역본부: 가맹본부와의 계약에 의하여 일정한 지역 안에서 가맹점의 사업자의 모집, 상품 또는 용역의 품질유지, 가맹점사업자에 대한 경영 및 영업활동의 지원 · 교육 · 통제 등 가맹본부의 업무의 전부 또는 일부를 대행하는 사업자를 말한다.

☞ 가맹중개인: 가맹본부 또는 가맹지역본부로부터 가맹점사업자를 모집하거나 가맹계약을 준비 또는 체결하는 업무를 위탁받은 자를 말한다.

(2) 정보공개서 제공의 상대방

개정 전 가맹사업법에서는 가맹희망자의 정의를 "장래 가맹점을 운영할 목적으로 특정 가맹본부로 하여금 가맹점사업자의 부담, 영업활동의 조건 등 정보공개서의 내용을 제공하도록 서면으로 신청하는 자"로 정의하여 서면으로 정보공개서를 신청한 가맹희망자에게만 제공하도록 하여 상담을 받거나 협의하는 경우는 물론 구술로 정보공개서를 신청하는 경우에도 가맹본부에게는 정보공개서제공의무가 없기 때문에 사실상 정보공개제도의 실효성에 많은 문제를 안고 있었다.

이에 개정 가맹사업법에서는 가맹희망자의 범위를 확대하여 정보공개서의 신청 여부와 상관없이 "장차 가맹계약을 체결하기 위하여 가맹본부나 가맹지역본부와 상담하거나 협의하는 자"로 개정함으로써 모든 가맹희망자에게 정보공개서를 제공하도록 하였다.

다. 정보공개서 제공시기

> 제7조(정보공개서의 제공의무 등) ② 가맹본부는 등록된 정보공개서를 제공하지 아니하였거나 정보공개서를 제공한 날부터 14일(가맹희망자가 정보공개서에 대하여 변호사 또는 제27조에 따른 가맹거래사의 자문을 받은 경우에는 7일로 한다)이 지나지 아니한 경우에는 다음 각 호의 어느 하나에 해당하는 행위를 하여서는 아니 된다. 〈신설 2007. 8. 3.〉
> 1. 가맹희망자로부터 가맹금을 수령하는 행위. 이 경우 가맹희망자가 예치기관에 예치가맹금을 예치하는 때에는 최초로 예치한 날(가맹본부가 가맹희망자와 최초로 가맹금을 예치하기로 합의한 때에는 그날)에 가맹금을 수령한 것으로 본다.
> 2. 가맹희망자와 가맹계약을 체결하는 행위

가맹본부는 정보공개서를 ① 가맹금을 최초로 수령한 날 또는 ② 가맹계약체결일기준으로 14일(변호사 또는 가맹거래사의 자문을 받은 경우에는 7일) 전에 제공하여야 한다. 즉 정보공개서를 미리 제공하도록 함으로써 가맹희망자로 하여금 충분히 숙지하고 가맹계약을 체결할 수 있도록 하기 위하여 이른바 "숙고기간제도"를 도입한 것이라 할 수 있다.

숙고기간이란 가맹희망자로 하여금 정보공개서를 충분히 검토한 후에 가맹계약체결 여부를 결정할 수 있도록 하기 위해 가맹희망자가 충분히 숙고할 수 있는 기간을 부여하는 제도이다.[50)]

☞ 결국, 정보공개서를 먼저 제공하고 가맹금을 받든가, 계약을 체결하든가 하여야 한다는 것이다.

50) 이한무, 가맹사업법 해설(실무 및 소송의 쟁점)(법률정보센터, 2009년), 제123면.

☞ i) 가맹본부에 소속된 변호사나 가맹거래사의 경우도 숙고기간단축이 가능하다

ii) 구두자문도 가능. 그러나 이 경우 확인서를 첨부해야 한다.

☞ 외국의 숙고기간제도[51)]

1) 미국: 미국연방거래위원회(FTC)의 프랜차이즈정보규칙(FTC: Franchise Disclosure Rule)에서는 10 영업일로 규정하고 있다.
2) 중국: 30일 전에 등록된 정보공개서를 제공하도록 하고 있다.
3) 일본: 구체적인 기간명시가 없다.

라. 정보공개서 제공방법 등

(1) 정보공개서 제공방법

제6조(정보공개서의 제공 등) ① 가맹본부(가맹지역본부 또는 가맹중개인이 가맹점사업자를 모집하는 경우를 포함한다. 이하 같다)는 법 제7조 제1항에 따라 가맹희망자에게 정보공개서를 제공할 경우에는 다음 각 호의 어느 하나에 해당하는 방법에 따라야 한다. 다만, 제2호부터 제4호까지의 경우에는 문서의 형태로 인쇄 또는 출력이 가능하도록 하는 조치를 취하여야 한다. 〈개정 2008. 1. 31.〉

1. 가맹희망자에게 정보공개서를 직접 또는 우편으로 전달하는 방법
2. 정보공개서를 자기디스크(자기테이프, 그 밖에 이와 비슷한 방법에 의하여 정보공개서의 내용을 확실하게 기록 · 보관 · 출력할 수 있는 것을 포함한다)에 전자적 파일 형태로 제공하는 방법
3. 정보통신망을 이용하여 정보공개서의 내용을 게시한 후 게시사실을 가맹희망자에게 알리는 방법. 이 경우 가맹본부는 특정 가맹희망자가 정보공개서의 내용을 읽어 본 시간을 확인할 수 있는 시스템을 마련하여야 한다.
4. 가맹희망자의 전자우편 주소로 정보공개서의 내용이 포함된 전자적 파일을 보내는 방법. 이 경우 가맹본부는 전자우편의 발송 · 도달시간의 확인이 가능한 자동수신사실통보장치를 갖춘 컴퓨터 등을 이용하여야 한다.

☞ 가맹사업법은 정보공개의 한 방법으로 전통적인 종이문서에 의한 방법과 정보통신망에 의한 방법인 전자문서에 의한 방법을 모두 사용할 수 있도록 하고 있다. 전자문서에 의한 방법의 경우 자료의 일방적인 수정이나 갱신이 용이할 뿐만 아니라 그 시기도 명확하지 않다는 점 때문에 미국이나 일본에서는 이를 공개방법으로 하

51) 이한무, 가맹사업법 해설(실무 및 소송의 쟁점, 2009년), 제124면.

고 있지 않으나, 우리나라 정보기술산업의 발전수준을 반영하고 있고, 시간과 비용 그리고 자원의 낭비를 막을 수 있다는 이점(利點) 때문에 향후에도 주된 정보공개 방법으로 자리 잡을 수 있을 것으로 보인다. 다만, 전자문서의 원본성과 진정성을 담보할 수 있는 제도적 장치 등을 확보할 필요가 있다[52]

<table>
<tr><th>제공방법</th><th colspan="2">내 용</th></tr>
<tr><td>1) 직접 또는 우편으로 전달</td><td>-</td><td rowspan="4">정보공개서 제공방법으로 종전에는 열람방식이 허용되었으나, 개정된 현행법에서는 더 이상 열람방식에 의한 제공은 인정되지 않으며, 1) 직접 또는 우편에 의한 전달, 2) 전자적 파일(CD 또는 전자우편), 3) 정보통신망을 이용한 제공방법만이 허용된다.</td></tr>
<tr><td>2) 자기디스크에 전자적 파일형태로 제공</td><td rowspan="3">2), 3), 4)의 경우에는 가맹희망자가 문서의 형태로 인쇄 또는 출력이 가능하도록 조치를 취하여야 한다는 제한이 있음을 유의해야 한다.</td></tr>
<tr><td>3) 정보통신망을 이용하여 정보공개서 내용을 게시한 후에 이러한 게시사실을 가맹희망자에게 알리는 방법</td></tr>
<tr><td>4) 가맹희망자의 전자우편주소로 전자적 파일을 보내는 방법</td></tr>
</table>

(2) 설명서 제공

가맹본부는 가맹희망자의 편의를 위하여 필요하다고 인정하는 때에는 정보공개사항의 일부에 관하여 별도의 문서(이하 "설명서"라 한다)를 작성하여 이를 제공할 수 있다(법 시행령 제6조 제2항). 이 경우 설명서에 수록되는 정보공개사항의 목차는 정보공개서에 수록하여야 한다. 즉, 이처럼 별도의 문서로 작성하여 제공하는 설명서도 정보공개서의 일부로 볼 수 있으므로 당연히 허위 · 과장된 정보를 담고 있거나, 중요사항을 누락하여서는 안 된다.

(3) 변경사항의 통보

가맹본부는 정보공개서를 제공한 후 가맹계약 체결 전에 중요사항이 변경된 경우에는 변경된 내용을 정보공개서 제공방법 중 어느 하나의 방법으로 가맹희망자에게 지체 없이 알려야 한다(법 시행령 제6조 제3항).

---

52) 김후중, 가맹사업법 이해와 실무(무역경영사, 2008년), 제65면.

(4) 가맹점 정보의 제공

가맹본부는 가맹희망자에게 정보공개서를 제공할 경우에는 가맹희망자의 장래 점포 예정지에서 가장 가까운 가맹점(직영점을 포함한다. 이하 이 항에서 같다) 10개(정보공개서 제공시점에 가맹희망자의 장래 점포 예정지가 속한 광역지방자치단체에서 영업 중인 가맹점의 수가 10개 미만인 경우에는 해당 광역지방자치단체 내의 가맹점 전체)의 상호, 대표자의 이름, 소재지 및 전화번호가 적힌 문서를 함께 제공하여야 한다. 다만, 정보공개서를 제공할 때 장래 점포예정지가 확정되지 아니한 경우에는 확정되는 즉시 제공하여야 한다(법 시행령 제6조 제4항).

(5) 정보공개서 제공확인서의 작성

가맹본부와 가맹희망자는 정보공개서를 ① 직접 또는 우편으로 제공하거나 또는 ② 자기디스크에 전자적 파일형태로 제공하는 경우에는 정보공개서를 제공한 날을 명확히 하기 위하여 다음 각 호의 사항을 적은 서면을 작성하여 1부씩 보관할 수 있다(법 시행령 제6조 제5항).

1) 정보공개서를 제공한 날
2) 정보공개서를 마지막으로 등록한 날
3) 제공한 정보공개서의 주요 목차
4) 정보공개서를 제공받았다는 사실
5) 가맹희망자의 성명 · 주소 및 전화번호
6) 가맹본부 및 가맹희망자의 서명 또는 기명날인

☞ 이렇게 함으로써 정보공개서제공과 관련하여 분쟁이 발생할 경우 가맹본부가 정보공개서제공의무를 이행하였는지에 대한 중요한 증거자료가 되므로 가맹본부로서는 반드시 확인서를 받아 보관하고 있어야 할 것이다.

마. 허위 · 과장된 정보제공 등의 금지

(1) 의의

가맹본부는 가맹희망자에게 정보를 제공함에 있어서 허위 또는 과장된 정보를 제공하거나 중요사항을 누락하여서는 아니 된다(법 제9조 제1항).

(2) 취지

가맹본부가 가맹희망자에게 허위 · 과장된 내용을 제공하거나, 중요사항을 누락한 경우 이로 인하여 가맹희망자로 하여금 판단을 그르치게 하여 불측의 손해를 입게 될 수가 있다. 이러한 문제를 방지하기 위하여 가맹사업법은 가맹본부로 하여금 허위 · 과장된 정보를 제공하거나 중요사항을 누락한 채 가맹희망자에게 제공하는 것을 금지하고 있다.

(3) 본조의 적용범위의 문제[53)]

가맹본부의 허위과장정보제공의 금지의무는 변경등록(변경신고 포함) 시에도 적용되며 또한 이러한 금지의무는 이미 작성된 정보공개서를 갱신 또는 수정하는 경우에도 동 금지규정은 적용된다. 아울러 가맹본부가 가맹희망자를 모집하기 위하여 행하는 광고 및 표시 또는 설명회 등에서도 허위 · 과장된 정보가 제공되어서는 아니 된다. 다만, 설명회 등에서 제공된 허위 · 과장된 정보가 정보공개서에 포함되지 않은 경우에도 동 규정이 적용되는지가 문제된다. 그러나 허위 · 과장된 정보제공금지규정제도의 취지에 비추어 볼 때 정보공개서뿐만 아니라 가맹희망자에 제공되는 모든 정보에 대하여 가맹사업법상의 허위 · 과장된 정보 등의 제공금지규정이 적용된다고 보아야 한다.

---

53) 김후중, 가맹사업법 이해와 실무(무역경영사, 2008년), 제80면.

(4) 수익상황에 대한 서면제공의무과 근거자료의 비치의무

1) 수익상황에 대한 서면제공의무

가맹본부는 가맹희망자나 가맹점사업자에게 ① 가맹희망자의 예상매출액 · 수익 · 매출총이익 · 순이익 등 장래의 예상수익상황에 관한 정보, ② 가맹점사업자의 매출액 · 수익 · 매출총이익 · 순이익 등 과거의 수익상황이나 장래의 예상수익상황에 관한 정보를 제공하는 경우에는 서면으로 하여야 한다(법 제9조 제2항). 이처럼 매출액 등에 관한 정보를 제공할 때에 굳이 서면으로 제공하도록 요구하는 이유는 가맹본부가 구두약속 등으로 허위정보를 제공하여 가맹희망자로 하여금 계약을 체결을 유인하고, 계약을 체결한 경우에는 훗날 분쟁이 발생하더라도 가맹본부가 허위정보를 제공했다는 근거가 남지 않고 또한 가맹점사업자가 이를 입증하기가 매우 어렵기 때문에 앞으로 발생할 가맹점사업자의 피해를 방지하기 위한 것이라 할 수 있다.

2) 근거자료의 비치의무

가맹본부는 매출액 등 수익상황에 대한 정보를 서면으로 제공하는 경우에는 그 정보의 산출근거가 되는 자료로서 '대통령령으로 정하는 자료'를 가맹본부의 사무소에 비치하여야 하며, 영업시간 중에 언제든지 가맹희망자나 가맹점사업자의 요구가 있는 경우 그 자료를 열람할 수 있도록 하여야 한다(법 제9조 제3항).

☞ 여기서 '대통령령이 정하는 자료'란 다음과 같다

1. 현재수익 또는 예상수익의 산출에 사용된 사실적인 근거와 예측에 관한 자료
2. 현재수익 또는 예상수익의 산출근거가 되는 가맹사업의 점포(직영점과 가맹점을 포함한다)의 수와 그 비율
3. 최근의 일정기간 동안에 가맹본부나 가맹중개인이 표시 또는 설명하는 현재수익 또는 예상수익과 같은 수준의 수익을 올리는 가맹점사업자의 수와 그 비율(이 경우 최근의 일정기간에 대하여 시작하는 날짜와 끝나는 날짜를 표시하여야 한다)

바. 위반 시 제재

(1) 가맹본부가 가맹사업법 제7조 제2항을 위반한 경우

1) 가맹금반환(법 제10조)

가맹본부가 제7조 제2항을 위반한 경우로서 가맹희망자 또는 가맹점사업자가 가맹계약 체결 전 또는 가맹계약의 체결일부터 2개월 이내에 가맹금의 반환을 요구하는 경우에는 가맹본부는 가맹금을 반환하여야 한다.

2) 시정조치 및 시정권고

① 공정거래위원회는 제7조 제2항(숙고기간)을 위반한 가맹본부에 대하여 위반행위의 중지, 위반내용의 시정을 위한 필요한 계획 또는 행위의 보고 그 밖에 당해 위반행위의 시정에 필요한 조치를 명할 수 있다(법 제33조 제1항).

② 공정거래위원회는 시정조치를 명할 시간적 여유가 없는 경우에는 대통령령이 정하는 바에 따라 시정방안을 마련하여 이에 따를 것을 권고할 수 있다. 이 경우 당해 권고를 수락한 때에는 시정조치를 한 것으로 본다는 뜻을 함께 통지하여야 한다(법 제34조 제1항).

시정권고를 받은 가맹본부는 당해 권고를 통지받은 날부터 10일 이내에 이를 수락하는지의 여부에 관하여 공정거래위원회에 통지하여야 하며(법 제34조 제2항), 시정권고를 받은 가맹본부가 당해 권고를 수락한 때에는 시정조치를 받은 것으로 본다(법 제34조 제3항).

3) 과징금

공정거래위원회는 제7조 제2항(숙고기간)을 위반한 가맹본부에 대하여 해당 가맹본부의 위반행위 직전 3개 사업연도의 평균 매출액에 100분의 2를 곱한 금액을 초과하지 아니하는 범위 안에서 과징금을 부과할 수 있다(법 제35조).

☞ 직전 3개 사업연도의 평균 매출액. 다만, 해당 사업연도 초일 현재 사업을 시작한 지 3년이 되지 아니한 경우에는 사업을 시작한 날부터 위반행위 바로 전 사업연도 말일까지의 매출액을, 해당 사업연도에 사업을 시작한 경우에는 사업을 시작한 날부터 위반행위일까지의 매출액을 연간 매출액으로 환산한 금액으로 한다(법 시행령 제34조 제1항但).

4) 벌칙

① 형벌

㉠ 가맹사업법 제7조 제2항을 위반하여 가맹금을 수령하거나 가맹계약을 체결한 자는 2년 이하의 징역 또는 5천만 원 이하의 벌금에 처한다(법 제41조 제3항).

㉡ 제33조 제1항에 따른 시정조치명령에 따르지 아니한 자는 3년 이하의 징역 또는 1억 원 이하의 벌금에 처한다(법 제41조 제2항).

② 양벌규정

법인의 대표자나 법인 또는 개인의 대리인, 사용인, 그 밖의 종업원이 그 법인 또는 개인의 업무에 관하여 제41조의 위반행위를 하면 그 행위자를 벌하는 외에 그 법인 또는 개인에게도 해당 조문의 벌금형을 과한다. 다만, 법인 또는 개인이 그 위반행위를 방지하기 위하여 해당 업무에 관하여 상당한 주의와 감독을 게을리 하지 아니한 경우에는 그러하지 아니하다(법 제42조).

☞ 제41조의 위반행위

1) 제9조 제1항 위반, 2) 제33조 제1항 위반, 3) 독점규제 및 공정거래에 관한 법률 제62조 위반, 4) 제6조의5 제1항 위반, 5) 제7조 제2항 위반, 6) 제15조의2 제6항 위반, 7) 제6조의5 제4항 위반

③ 전속고발

제7조 제2항을 위반하여 가맹금을 수령하거나 가맹계약을 체결한 경우는 공정거래위원회의 고발이 있어야 공소를 제기할 수 있다(법 제44조 제1항).

5) 손해배상청구

가맹사업법 제37조 제3항에 의하여 독점규제 및 공정거래에 관한 법률 제56조(손해배상책임)가 준용되는 결과, 가맹본부는 자신에게 고의 또는 과실이 없음을 입증하지 못하는 한 가맹사업법 제7조 제2항 위반으로 인하여 손해를 입은 가맹희망자에 대하여 손해배상의 책임을 진다(법 제37조 제3항). 다만, 사업자가 행한 법률위반의 정도가 경미하거나 가맹본부가 가맹금을 반환하는 등 스스로 위반행위를 시정한 결과 시정조치의 실익이 없는 경우에는 준용하지 않는다(법 제37조 제3항, 법 시행령 제35조).

(2) 가맹사업법 제9조 제1항을 위반하여 허위 · 과장된 정보를 제공하거나, 중요사항을 누락한 경우

1) 가맹금반환(법 제10조)

가맹본부가 제9조 제1항(허위 · 과장된 정보제공 등 금지)을 위반한 경우로서 가맹희망자 또는 가맹점사업자가 가맹계약 체결 전 또는 가맹계약의 체결일부터 2개월 이내에 가맹금의 반환을 요구하는 경우에는 가맹본부는 가맹금을 반환하여야 한다.

2) 시정조치 및 시정권고

① 공정거래위원회는 제9조 제1항(허위 · 과장된 정보제공 등 금지)을 위반한 가맹본부에 대하여 위반행위의 중지, 위반내용의 시정을 위한 필요한 계획 또는 행위의 보고 그 밖에 당해 위반행위의 시정에 필요한 조치를 명할 수 있다(법 제33조 제1항).

② 공정거래위원회는 시정조치를 명할 시간적 여유가 없는 경우에는 대통령령이 정하는 바에 따라 시정방안을 마련하여 이에 따를 것을 권고할 수 있다. 이 경우 당해 권고를 수락한 때에는 시정조치를 한 것으로 본다는 뜻을 함께 통지하여야 한다(법 제34조 제1항).
시정권고를 받은 가맹본부는 당해 권고를 통지받은 날부터 10일 이내에 이를 수락하는지의 여부에 관하여 공정거래위원회에 통지하여야 하며(법 제34조 제2항), 시

정권고를 받은 가맹본부가 당해 권고를 수락한 때에는 시정조치를 받은 것으로 본다(법 제34조 제3항).

3) 과징금

공정거래위원회는 제9조 제1항(허위 · 과장된 정보제공금지)을 위반한 가맹본부에 대하여 해당 가맹본부의 위반행위 직전 3개 사업연도의 평균 매출액에 100분의 2를 곱한 금액을 초과하지 아니하는 범위 안에서 과징금을 부과할 수 있다(법 제35조).

☞ 직전 3개 사업연도의 평균 매출액 다만, 해당 사업연도 초일 현재 사업을 시작한 지 3년이 되지 아니한 경우에는 사업을 시작한 날부터 위반행위 바로 전 사업연도 말일까지의 매출액을, 해당 사업연도에 사업을 시작한 경우에는 사업을 시작한 날부터 위반행위일까지의 매출액을 연간 매출액으로 환산한 금액으로 한다(법 시행령 제34조 제1항但).

4) 벌칙

① 형벌

㉠ 가맹사업법 제9조 제1항을 위반하여 허위 · 과장된 정보를 제공하거나 중요사항을 누락한 자는 5년 이하의 징역 또는 1억 5천만 원 이하의 벌금에 처한다(법 제41조 제1항).

㉡ 제33조 제1항에 따른 시정조치명령에 따르지 아니한 자는 3년 이하의 징역 또는 1억 원 이하의 벌금에 처한다(법 제41조 제2항).

② 양벌규정

법인의 대표자나 법인 또는 개인의 대리인, 사용인, 그 밖의 종업원이 그 법인 또는 개인의 업무에 관하여 제41조의 위반행위를 하면 그 행위자를 벌하는 외에 그 법인 또는 개인에게도 해당 조문의 벌금형을 과한다. 다만, 법인 또는 개인이 그 위반행위를 방지하기 위하여 해당 업무에 관하여 상당한 주의와 감독을 게을리 하지 아니한 경우에는 그러하지 아니하다(법 제42조).

☞ 제41조의 위반행위

1) 제9조 제1항 위반, 2) 제33조 제1항 위반, 3) 독점규제 및 공정거래에 관한 법률 제62조 위반, 4) 제6조의5 제1항 위반, 5) 제7조 제2항 위반, 6) 제15조의2 제6항 위반, 7) 제6조의5 제4항 위반

③ 전속고발

제41조 제1항, 제2항 제1호 및 제3항의 죄는 공정거래위원회의 고발이 있어야 공소를 제기할 수 있다(법 제44조 제1항).

☞ 제41조 제1항: 제9조 제1항 위반

제2항 제1호: 제33조 제1항에 따른 시정조치명령에 따르지 아니한 경우

제3항: ① 제6조의5조 위반 ② 제7조 제2항 위반 ③ 제15조의2 제6항

5) 손해배상청구

가맹사업법 제37조 제3항에 의하여 독점규제 및 공정거래에 관한 법률 제56조(손해배상책임)가 준용되는 결과, 가맹본부는 자신에게 고의 또는 과실이 없음을 입증하지 못하는 한 가맹사업법 제9조 제1항 위반으로 인하여 손해를 입은 가맹희망자에 대하여 손해배상의 책임을 진다(법 제37조 제3항). 다만, 사업자가 행한 법률위반의 정도가 경미하거나 가맹본부가 가맹금을 반환하는 등 스스로 위반행위를 시정한 결과 시정조치의 실익이 없는 경우에는 준용하지 않는다(법 제37조 제3항, 법 시행령 제35조).

6) 민법상 취소권의 행사(민법 제109조, 제110조)

가맹계약의 체결이 가맹본부의 허위나 과장된 정보제공을 원인으로 한 경우 민법 제109조(착오로 인한 의사표시)나 제110조(사기, 강박에 의한 의사표시)의 요건에 해당한다면 이를 이유로 가맹계약을 취소하고 이미 지급한 가맹금이 있다면 가맹금의 반환을 청구할 수 있을 것이다. 다만 주의하여야 할 점은 가맹본부의 허위 · 과장된 정보의 제공이 있었다 하여 바로 계약이 무효가 되는 것은 아니라는 점이다. 즉 가맹점사업자의 취소권행사가 있기 전에는 가맹계약은 여전히 유효한 계약이다.

4. 허위 · 과장된 정보제공 등의 금지(법 제9조)

> 제9조(허위 · 과장된 정보제공 등의 금지) ① 가맹본부는 가맹희망자에게 정보를 제공함에 있어서 허위 또는 과장된 정보를 제공하거나 중요사항을 누락하여서는 아니 된다. 〈개정 2007. 8. 3.〉
> ② 가맹본부는 가맹희망자나 가맹점사업자에게 다음 각 호의 어느 하나에 해당하는 정보를 제공하는 경우에는 서면으로 하여야 한다. 〈개정 2007. 8. 3.〉
> 1. 가맹희망자의 예상매출액 · 수익 · 매출총이익 · 순이익 등 장래의 예상수익상황에 관한 정보
> 2. 가맹점사업자의 매출액 · 수익 · 매출총이익 · 순이익 등 과거의 수익상황이나 장래의 예상수익상황에 관한 정보
>
> ③ 가맹본부는 제2항에 따라 정보를 제공하는 경우에는 그 정보의 산출근거가 되는 자료로서 대통령령으로 정하는 자료를 가맹본부의 사무소에 비치하여야 하며, 영업시간 중에 언제든지 가맹희망자나 가맹점사업자의 요구가 있는 경우 그 자료를 열람할 수 있도록 하여야 한다. 〈개정 2007. 8. 3.〉

가. 의의

가맹본부는 가맹희망자에게 정보를 제공함에 있어서 허위 또는 과장된 정보를 제공하거나 중요사항을 누락하여서는 아니 된다(법 제9조 제1항).

나. 취지

가맹본부가 가맹희망자에게 허위 · 과장된 내용을 제공하거나, 중요사항을 누락한 경우 이로 인하여 가맹희망자로 하여금 판단을 그르치게 하여 불측의 손해를 입게 될 수가 있다. 이러한 문제를 방지하기 위하여 가맹사업법은 가맹본부로 하여금 허위 · 과장된 정보를 제공하거나 중요사항을 누락한 채 가맹희망자에게 제공하는 것을 금지하고 있다.

다. 본조의 적용범위의 문제[54)]

가맹본부의 허위과장정보제공의 금지의무는 변경등록(변경신고 포함) 시에도 적용되며, 또한 이러한 금지의무는 이미 작성된 정보공개서를 갱신 또는 수정하는 경우에도 동 금지규정은 적용된다. 아울러 가맹본부가 가맹희망자를 모집하기 위하여 행하는 광고 및

54) 김후중, 가맹사업법 이해와 실무(무역경영사, 2008년), 제80면.

표시 또는 설명회 등에서도 허위 · 과장된 정보가 제공되어서는 아니 된다. 다만, 설명회 등에서 제공된 허위 · 과장된 정보가 정보공개서에 포함되지 않은 경우에도 동 규정이 적용되는지가 문제된다. 그러나 허위 · 과장된 정보제공금지규정제도의 취지에 비추어 볼 때 정보공개서뿐만 아니라 가맹희망자에 제공되는 모든 정보에 대하여 가맹사업법상의 허위 · 과장된 정보 등의 제공금지규정이 적용된다고 보아야 한다.

라. 허위 · 과장된 정보 여부에 대한 판단기준[55)]

(1) 객관적 기준

가맹본부의 허위 · 과장된 정보의 제공은 가맹사업법상 금지되는 위법행위이나, 가맹본부가 자신이 벌이고자 하는 사업에 대한 장점을 부각시키고자 하는 행위는 당연하다 할 것이다. 판례도 "상품의 선전 또는 광고에 있어서 다소의 과장이나 허위가 수반되는 것은 그것이 일반 상거래의 관행과 신의칙에 비추어 시인되는 한 기망성이 결여된다"고 하여 과장된 내용이 포함되어 있다고 하여 무조건 허위과장정보에 해당하여 위법하다고 볼 것이 아니고, 그 기망행위가 거래상 요구되는 신의성실의 원칙에 비추어 이에 반하는 경우에만 위법한 기망행위가 된다고 할 수 있다. 이와 관련하여 판례는 대형백화점의 이른바 변칙세일과 관련하여 "거래에 있어서 중요한 사항에 관하여 구체적 사실을 신의성실의 의무에 비추어 비난받을 정도의 방법으로 허위로 고지한 경우에는 기망행위에 해당한다(대판 1993. 8. 13. 92다52665)"고 판시하고 있다. 이러한 대법원판례의 입장은 무릇 가맹사업거래에 있어 허위 또는 과장된 정보인지에 대한 판단기준이 될 수 있다. 따라서 가맹본부의 허위나 과장정보인지 여부는 '가맹거래에 있어 중요한 사항에 관하여 구체적 사실을 신의성실의 의무에 비추어 비난받을 정도의 방법으로 허위로 고지하였는가'가 그 판단기준이 될 것이다.

(2) 주관적 기준

허위과장정보에 대한 주관적 판단기준은 보통의 주의력을 가진 가맹점사업자를 그 기준으로 하여야 할 것이다. 대법원은 학원 가맹점모집광고가 표시 · 광고의 공정화에 관한

55) 이한무, 가맹사업법 해설(실무와 소송의 쟁점, 2009년), 제147면.

법률상 소비자를 오인시킬 우려가 있는 행위인지 여부가 문제된 사건에서 "보통의 주의력을 가진 가맹점사업자"가 기준이라고 밝히고 있다.

> 어느 광고가 특정소비자를 대상으로 하는 경우에는 그 오인성 여부는 보통의 주의력을 가진 특정 소비자가 그 광고를 받아들이는 전체적인 인상을 기준으로 판단하여야 하는 것이므로, 학원 가맹점사업자의 모집을 목적으로 한 학원 가맹점모집광고의 오인성 여부는 보통의 주의력을 가진 학원 가맹희망자들을, 외국어학원 유치부 신입생의 모집을 목적으로 한 학원유치부모집광고의 오인성 여부는 보통의 주의력을 가진 4~7세 아동의 학부모들을 각각 기준으로 하여 그들이 광고를 받아들이는 전체적인 인상을 기준으로 판단하여야 한다(대판 2003. 4. 11. 2002두806).

마. 수익상황에 대한 서면제공의무와 근거자료의 비치의무

(1) 수익상황에 대한 서면제공의무

가맹본부는 가맹희망자나 가맹점사업자에게 ① 가맹희망자의 예상매출액 · 수익 · 매출총이익 · 순이익 등 장래의 예상수익상황에 관한 정보, ② 가맹점사업자의 매출액 · 수익 · 매출총이익 · 순이익 등 과거의 수익상황이나 장래의 예상수익상황에 관한 정보를 제공하는 경우에는 서면으로 하여야 한다(법 제9조 제2항). 이처럼 매출액 등에 관한 정보를 제공할 때에 굳이 서면으로 제공하도록 요구하는 이유는 가맹본부가 구두약속 등으로 허위정보를 제공하여 가맹희망자로 하여금 계약을 체결을 유인하고, 계약을 체결한 경우에는 훗날 분쟁이 발생하더라도 가맹본부가 허위정보를 제공했다는 근거가 남지 않고 또한 가맹점사업자가 이를 입증하기란 매우 어렵기 때문에 앞으로 발생할 가맹점사업자의 피해를 방지하기 위한 것이라 할 수 있다.

(2) 근거자료의 비치의무

가맹본부는 매출액 등 수익상황에 대한 정보를 서면으로 제공하는 경우에는 그 정보의 산출근거가 되는 자료로서 대통령령으로 정하는 자료를 가맹본부의 사무소에 비치하여야 하며, 영업시간 중에 언제든지 가맹희망자나 가맹점사업자의 요구가 있는 경우 그 자료를 열람할 수 있도록 하여야 한다(법 제9조 제3항).

☞ 여기서 '대통령령이 정하는 자료'란 다음과 같다

1. 현재수익 또는 예상수익의 산출에 사용된 사실적인 근거와 예측에 관한 자료
2. 현재수익 또는 예상수익의 산출근거가 되는 가맹사업의 점포(직영점과 가맹점을 포함한다)의 수와 그 비율
3. 최근의 일정기간 동안에 가맹본부나 가맹중개인이 표시 또는 설명하는 현재수익 또는 예상수익과 같은 수준의 수익을 올리는 가맹점사업자의 수와 그 비율(이 경우 최근의 일정기간에 대하여 시작하는 날짜와 끝나는 날짜를 표시하여야 한다)

바. 표시 · 광고법과의 경합문제[56)]

과거에는 가맹사업거래의 불공정거래행위와 부당한 표시 · 광고행위는 모두 공정거래법상의 불공정거래행위로 규제를 받아왔다. 그러나 1999년 2월 5일 표시 · 광고의 공정화에 관한 법률이 제정되고, 2002년 5월 13일 가맹사업공정화에 관한 법률이 제정됨에 따라 각각 따로 규율하게 되었다.

표시 · 광고의 공정화에 관한 법률은 상품 또는 용역에 관한 표시나 광고에 있어서 소비자를 속이거나 소비자로 하여금 오인하게 하는 부당한 표시 · 광고를 방지하고, 소비자에게 바르고 유용한 정보의 제공을 촉진함으로써 공정한 거래질서를 확립하고 소비자를 보호할 목적으로 탄생된 법률로서 가맹사업법 제9조 제1항에 규정된 허위 · 과장정보제공금지규정과의 충돌이 문제가 된다. 즉, 가맹본부는 가맹점사업자를 모집하기 위하여 광고나 설명회 등을 함에 있어서 가맹희망자들을 오인시킬 수 있는 허위 · 과장된 광고를 하거나 설명을 하게 되는 경우가 많다. 이러한 경우에 가맹사업법을 적용할 것인가 아니면 표시 · 광고법을 적용할 것인가의 문제가 발생하는데 가맹사업법이 특별법적 지위에 있으므로 가맹사업법이 우선적으로 적용될 것이다.

56) 김후중, 가맹사업법 이해와 실무(무역경영사, 2008년), 제81면.

사. 위반 시 효과

(1) 제9조 제1항 위반

1) 가맹금반환

가맹본부가 제9조 제1항(허위·과장된 정보제공 등 금지)을 위반한 경우로서 가맹희망자 또는 가맹점사업자가 가맹계약 체결 전 또는 가맹계약의 체결일로부터 2개월 이내에 가맹금의 반환을 요구하는 경우에는 가맹본부는 가맹금을 반환하여야 한다(법 제10조).

2) 시정조치 및 시정권고

① 공정거래위원회는 제9조 제1항(허위·과장된 정보제공 등 금지)을 위반한 가맹본부에 대하여 위반행위의 중지, 위반내용의 시정을 위한 필요한 계획 또는 행위의 보고, 그밖에 당해 위반행위의 시정에 필요한 조치를 명할 수 있다(법 제33조 제1항).

② 공정거래위원회는 시정조치를 명할 시간적 여유가 없는 경우에는 대통령령이 정하는 바에 따라 시정방안을 마련하여 이에 따를 것을 권고할 수 있다. 이 경우 당해 권고를 수락한 때에는 시정조치를 한 것으로 본다는 뜻을 함께 통지하여야 한다(법 제34조 제1항).
시정권고를 받은 가맹본부는 당해 권고를 통지받은 날부터 10일 이내에 이를 수락하는지의 여부에 관하여 공정거래위원회에 통지하여야 하며(법 제34조 제2항), 시정권고를 받은 가맹본부가 당해 권고를 수락한 때에는 시정조치를 받은 것으로 본다(법 제34조 제3항).

3) 과징금

공정거래위원회는 제9조 제1항(허위·과장된 정보제공 등의 금지)을 위반한 가맹본부에 대하여 해당 가맹본부의 위반행위 직전 3개 사업연도의 평균 매출액에 100분의 2를 곱한 금액을 초과하지 아니하는 범위 안에서 과징금을 부과할 수 있다(법 제35조).

☞ 직전 3개 사업연도의 평균 매출액 다만, 해당 사업연도 초일 현재 사업을 시작한 지 3년이 되지 아니한 경우에는 사업을 시작한 날부터 위반행위 바로 전 사업연도 말일까지의 매출액을, 해당 사업연도에 사업을 시작한 경우에는 사업을 시작한 날부터 위반행위일까지의 매출액을 연간 매출액으로 환산한 금액으로 한다(법 시행령 제34조 제1항但).

4) 벌칙

① 형벌

㉠ 가맹사업법 제9조 제1항을 위반하여 허위 · 과장된 정보를 제공하거나 중요사항을 누락한 자는 5년 이하의 징역 또는 1억 5천만 원 이하의 벌금에 처한다(법 제41조 제1항).

㉡ 제33조 제1항에 따른 시정조치명령에 따르지 아니한 자는 3년 이하의 징역 또는 1억 원 이하의 벌금에 처한다(법 제41조 제2항).

② 양벌규정

법인의 대표자나 법인 또는 개인의 대리인, 사용인, 그 밖의 종업원이 그 법인 또는 개인의 업무에 관하여 제41조의 위반행위를 하면 그 행위자를 벌하는 외에 그 법인 또는 개인에게도 해당 조문의 벌금형을 과한다. 다만, 법인 또는 개인이 그 위반행위를 방지하기 위하여 해당 업무에 관하여 상당한 주의와 감독을 게을리 하지 아니한 경우에는 그러하지 아니하다(법 제42조).

☞ 제41조의 위반행위

1) 제9조 제1항 위반, 2) 제33조 제1항 위반, 3) 독점규제 및 공정거래에 관한 법률 제62조 위반, 4) 제6조의5 제1항 위반, 5) 제7조 제2항 위반, 6) 제15조의2 제6항 위반, 7) 제6조의5 제4항 위반

③ 전속고발

제41조 제1항, 제2항 제1호 및 제3항의 죄는 공정거래위원회의 고발이 있어야 공소를 제기할 수 있다(법 제44조 제1항).

☞ 제41조 제1항: 제9조 제1항 위반

제2항 제1호: 제33조 제1항에 따른 시정조치명령에 따르지 아니한 경우

제3항: ① 제6조의5조 위반, ② 제7조 제2항 위반, ③ 제15조의2 제6항

5) 손해배상청구

가맹사업법 제37조 제3항에 의하여 독점규제 및 공정거래에 관한 법률 제56조(손해배상책임)가 준용되는 결과, 가맹본부는 자신에게 고의 또는 과실이 없음을 입증하지 못하는 한 가맹사업법 제9조 제1항 위반으로 인하여 손해를 입은 가맹희망자에 대하여 손해배상의 책임을 진다(법 제37조 제3항). 다만, 사업자가 행한 법률위반의 정도가 경미(법률위반사업자의 연간매출액이 10억 원 미만으로 위반행위의 파급효과가 1개의 시 · 군 · 구에 한정되는 경우)하거나 가맹본부가 가맹금을 반환하는 등 스스로 위반행위를 시정한 결과 시정조치의 실익이 없는 경우에는 준용하지 않는다(법 제37조 제3항, 법 시행령 제35조).

6) 민법상 취소권의 행사(민법 제109조, 제110조)

가맹계약의 체결이 가맹본부의 허위나 과장된 정보제공을 원인으로 한 경우 민법 제109조(착오로 인한 의사표시)나 제110조(사기, 강박에 의한 의사표시)[57]의 요건에 해당한다면 이를 이유로 가맹계약을 취소하고 이미 지급한 가맹금이 있다면 부당이득반환을 이유로 가맹금의 반환을 청구할 수 있을 것이다. 다만 주의하여야 할 점은 가맹본부의 허위 · 과장된 정보의 제공이 있었다 하여 가맹계약이 당연 무효가 되는 것은 아니라는 점이다. 즉 가맹점사업자의 취소권행사가 있기 전에는 가맹계약은 여전히 유효하다.

57) 민법 제110조의 사기(詐欺)에 의한 의사표시가 성립하기 위해서는 사기자(가맹본부)에게 2단의 고의, 즉 표의자(가맹희망자)를 기망하여 착오에 빠지게 하려는 고의와 그 착오에 기해 의사표시를 하게 하려는 고의가 필요하다. 이 경우 가맹본부의 침묵(沈默)도 기망행위가 될 수 있느냐가 문제된다. 생각건대 가맹본부에는 신의칙상 또는 거래관념상 정보제공의무가 있기 때문에 어떤 상황을 설명해야 할 고지의무가 있음에도 불구하고 고지하지 않은 경우에는 침묵도 부작위에 의한 기망행위가 될 수 있다고 본다.

☞ 민법 제109조, 제110조 및 민법상 취소권행사의 효과

(1) 민법 제109조 및 민법 제110조

민법 제109조(착오(錯誤)로 인한 의사표시) ① 의사표시는 '법률행위의 내용의 중요한 부분에 착오'가 있는 때에는 취소할 수 있다. 그러나 그 '착오가 표의자의 중대한 과실로 인한 때'에는 취소하지 못한다.
② 전항의 의사표시의 취소는 선의의 제3자에게 대항하지 못한다.

민법 제110조(사기, 강박에 의한 의사표시) ① 사기나 강박에 의한 의사표시는 취소할 수 있다.
② 상대방 있는 의사표시에 관하여 제삼자가 사기나 강박을 행한 경우에는 상대방이 그 사실을 알았거나 알 수 있었을 경우에 한하여 그 의사표시를 취소할 수 있다.
③ 전2항의 의사표시의 취소는 선의의 제삼자에게 대항하지 못한다.

(2) 취소권행사의 효과

- "소급적으로 무효"가 된다. 즉, 취소를 하면 그 법률행위는 처음부터 무효인 것으로 된다. 따라서 이행 전에는 이행할 필요가 없으나, 이행 후에는 부당이득반환의무가 생긴다.

(2) 제9조 제2항 위반

가맹본부가 수익상황에 관한 정보를 서면으로 제공하지 아니한 경우에는 1천만 원 이하의 과태료를 부과한다.

(3) 제9조 제3항 위반

가맹본부가 제9조 제2항에 따라 정보를 제공하는 경우에 그 정보의 산출근거가 되는 자료를 사무소에 비치하지 아니하거나, 가맹희망자나 가맹점사업자의 자료요구에 응하지 아니한 경우에는 1천만 원 이하의 과태료를 부과한다.

5. 상권조사(상권분석)

가. 서론

가맹본부가 보유하고 있는 프랜차이즈시스템이 잘 갖추어져 있다고 하더라도 각각의 가맹점들이 입점하는 곳의 상권[58]이 제대로 형성되어 있지 않다면 애초에 기대하였던 것 만큼의 매출수익을 올리기란 사실상 어려울 것이다. 더군다나 입지선정을 잘못한 가맹점 사업자가 사업에 실패할 경우 이는 가맹점사업자 개인의 실패일 뿐만 아니라, 당해 프랜차이즈 시스템 전체에 미치는 악영향도 매우 크기 때문에 자칫하면 프랜차이즈시스템 전체의 붕괴로까지 이어질 수도 있는 것이다. 이러한 점에서 가맹본부의 정확한 상권조사와 이를 기반으로 한 입지선정은 가맹사업의 성공 여부를 좌우하는 매우 중요한 요소이다.

나. 문제의 소재

일반적으로 대부분의 가맹희망자의 경우 가맹본부가 제시하는 상권조사의 내용을 보고 창업 여부를 결정하게 된다. 가맹본부는 가맹희망자에 비해 상권분석에 있어 전문가적 식견과 경험을 가지고 있는 반면, 가맹희망자는 그렇지 않은 경우가 많아 가맹본부가 제시하는 상권분석에 전적으로 의존하는 경향이 있기 때문이다. 그런데 가맹점의 매출이 부진한 원인이 가맹본부의 부정확한 상권조사에 따른 입지선정의 실패라고 한다면 가맹본부가 이에 대한 책임을 져야 하는가가 문제된다. 더욱이 현행 가맹사업법에는 이에 대한 규정이 없어 논란이 더욱 가중되고 있다.

---

58) 상권

(1) 넓은 의미

여러 업종들의 점포들이 상가 등을 형성하여 밀집되어 지역이나 교통중심지, 업무중심지 등 "유동인구를 집중시킬 수 있는 흡입력 있는 특정지역"을 말한다(예: 강남역상권, 종로상권, 압구정상권 등).

(2) 좁은 의미

"내 점포의 상품이 판매 가능한 범위." 예를 들어 거주지역 인근에 편의점을 냈을 때 내 편의점을 이용하기 위해 방문하는 사람들이 어디에서 올 것인가. 그 최대한의 범위가 상권이 되는 셈이다.

다. 가맹본부의 상권조사의무 인정 유무

(1) 긍정설

가맹본부의 상권조사의무를 긍정하는 견해는 주로 신의칙상의 주의의무 내지 충실의무를 그 이유로 들고 있다. 이 견해에 따르면, 가맹점사업자는 가맹본부의 상권조사에 거의 전적으로 의존할 뿐 이를 스스로 분석하는 것이 용이하지 않는 반면에, 가맹본부는 입지의 적격 여부를 스스로 판단할 수 있는 전문가적 식견을 가지고 있고, 가맹본부가 작성한 시장조사보고서는 가맹점사업자가 계약체결 여부를 결정하는 중요한 자료가 되고 있기 때문에 가맹본부에게는 가맹점사업자가 부적당한 입지선정으로 경영상의 위험에 빠지지 아니하게 할 신의칙상의 주의의무가 있다는 견해이다.[59]

(2) 부정설

가맹본부의 상권조사의무를 부정하는 견해는 전문적 지식이나 축적된 노하우를 가진 가맹본부가 상권조사에 관여하거나 상권조사를 주도하고, 이 상권조사결과를 가맹희망자가 신뢰하는 경향이 가맹사업의 실무관행상 존재하는 것은 사실이나, 가맹계약의 속성 내지 신의칙에 기하여 곧바로 가맹본부에게 상권조사의무가 인정된다고 보기는 어려울 것이라고 한다. 이는 잘못된 상권조사로 인한 피해는 가맹점사업자뿐만 아니라 가맹본부 자신도 입게 되는 것이며, 상권조사의 결과는 기본적으로 하나의 예측일 뿐 그것에 절대적 효력을 부여할 수는 없다는 것이다.[60]

---

59) 구재군, 프랜차이즈 契約에 관한 硏究(서울대학교 대학원 박사학위논문, 2000년), 제57면.

60) 최영홍, 가맹계약론(프랜차이즈시스템연구소, 2003년), 제115면.

(3) 판례의 태도

> 원고회사는 위와 같이 입지조사 및 사업계획서 작성을 주된 내용으로 하는 1차 계약상의 의무인 위 복현오거리점의 입지 및 상권을 정확하게 조사하고 그 결과를 이 사건 계약체결 전에 피고에게 보고서로 제출하여 피고가 이를 참조하여 의사결정을 할 수 있도록 하여야 할 의무를 위반하였고, 피고는 위와 같은 원고회사의 의무불이행으로 인하여 정확한 판단을 하지 못한 채 앞서 본 바와 같이 편의점 사업을 시작하였다가 그 사업의 실패로 인하여 손해를 입었으므로 원고 회사는 위 의무불이행으로 인한 피고의 손해를 배상할 책임이 있다고 할 것이다. 다만 위 '1차계약'은 이 사건 계약과는 별도의 계약으로서 비록 이 사건 계약의 준비절차로서의 성격을 지닌다고 하더라도 피고가 그 계약상의 의무위반을 들어 원고 회사에게 이 사건 계약의 불이행으로 인한 손해의 배상을 구할 수는 없다고 할 것이다.[61]

> 이 사건 가맹점 운영의 실패는 상당 부분 원고의 점포 입지선정에서의 오류 및 부정확한 상권조사와 그에 근거한 부정확한 정보의 제공에 그 원인이 있다고 보여지므로 원고는 위 1차 계약상의 정확한 상권조사의무를 위반하였다고 할 것이나, 이러한 상권조사의무는 계약체결의 교섭단계에서 발생하는 신의칙상의 의무이거나 위 가맹점계약(2차 계약)과 별개의 위 1차 계약상의 의무에 불과(따라서 피고로서는 상권조사 결과 혹은 이와 관계없이 위 2차 계약의 체결을 거부할 수 있다)하여 이의 위반을 이유로 손해배상책임을 묻는 것은 별론으로 하고 이 사건 가맹점계약상 발생하는 자신의 의무의 이행을 거부할 수는 없다.[62]

판례는 가맹본부의 신의칙 또는 1차 계약상의 상권조사의무를 인정하고 있으며, 이러한 상권조사의무를 위반한 경우 가맹계약과는 별도의 '제1차 계약'상의 의무위반이라는 이론구성하에 가맹계약상의 의무위반으로 평가하지 않고 있다.[63]

라. 상권조사서의 서면제공 및 근거자료 비치의무

(1) 의의

가맹사업법에 따르면 가맹본부가 제시하는 예상매출액이나 수익 등에 관한 정보는 반드시 서면으로 제공하여야 한다고 규정하고 있다. 이는 가맹본부의 허위 · 과장된 정보제

---

61) 서울지방법원 1996. 12. 19. 선고 94가합74046판결

62) 서울지방법원 1997. 2. 25. 선고 94가합79058판결(써클케이가맹점사건); 1997. 7. 2. 선고 94가합79065 판결 등

63) 구재군, 프랜차이즈 契約에 관한 硏究(서울대학교 대학원 박사학위논문, 2000년), 제59면.

공으로 인한 분쟁에 대비하기 위한 것으로서 1) 가맹희망자의 예상매출액 · 수익 · 매출총이익 · 순이익 등 장래의 예상수익상황에 관한 정보나 2) 가맹점사업자의 매출액 · 수익 · 매출총이익 · 순이익 등 과거의 수익상황이나 장래의 예상수익상황에 관한 정보를 제공하는 경우에는 반드시 서면으로 제공하도록 규정하고 있다(법 제9조 제2항).

그리고 이러한 정보의 산출근거가 되는 자료[64]는 가맹본부의 사무소에 비치하여야 하며, 영업시간 중에는 언제든지 가맹희망자나 가맹점사업자가 요구하는 경우 그 자료를 열람할 수 있도록 하여야 한다(법 제9조 제3항).

(2) 위반 시 제재

가맹본부가 서면제공 및 근거자료 비치의무를 위반한 경우에는 1천만 원 이하의 과태료를 부과한다(법 제43조 제6항).

(3) 공정위 심결례((주) ○○리테일의 가맹사업법 위반행위에 대한 건 중 일부)

1) 행위 사실 및 위법성 판단

① 상권조사서를 제공하지 아니한 행위

㈀ 행위사실

피심인(가맹본부)(○○리테일)(이하 'A')은 2005. 7. 14. ○○○(가맹희망자)(이하 'B')와 가맹약정을 체결함과 동시에 ○○25 1종 가맹계약을 체결하였으며, 이러한 계약에 따라 B는 2005. 8. 20.부터 ○○25 안산주희점 영업을 시작하였다.

이 과정에서 A는 2005. 7. 28. ○○25 안산주희점에 대한 상권분석을 실시하였고, 예상매출을 일(日) 1,500천 원으로 분석한 후 2005년 7월 말경 B에게 이를 구두로 제기한

---

64) 산출근거가 되는 자료(법 시행령 제9조 제1항)란, ① 현재수익 또는 예상수익의 산출에 사용된 사실적인 근거와 예측에 관한 자료, ② 현재수익 또는 예상수익의 산출근거가 되는 가맹사업의 점포(직영점과 가맹점을 포함)의 수와 그 비율, ③ 최근의 일정기간 동안에 가맹본부나 가맹중개인이 표시 또는 설명하는 현재수익 또는 예상수익과 같은 수준의 수익을 올리는 가맹점사업자의 수와 그 비율(이 경우 최근의 일정기간에 대하여 시작하는 날짜와 끝나는 날짜를 표시하여야 한다)

사실이 있다.

이후 상당기간이 경과된 2007. 5. 9. B는 A에게 상기 상권조사(분석)서의 제공을 서면으로 요청하였으나, A는 2007. 5. 23. 상기 상권조사(분석)서는 회사의 영업기밀로서 대외적으로 제공하기 어려움을 통보한 사실이 있다.

㈏ 적용법조

가맹사업거래의 공정화에 관한 법률

법 제9조(허위 · 과장된 정보제공 등의 금지)

② 가맹본부는 가맹희망자나 가맹점사업자에게 다음 각 호의 어느 하나에 해당하는 정보를 제공하는 경우에는 서면으로 하여야 한다.

1. 가맹희망자의 예상매출액 · 수익 · 매출총이익 · 순이익 등 장래의 예상수익상황에 관한 정보
2. 가맹점사업자의 매출액 · 수익 · 매출총이익 · 순이익 등 과거의 수익상황이나 장래의 예상수익상황에 관한 정보

③ 가맹본부는 제2항에 따라 정보를 제공하는 경우에는 그 정보의 산출근거가 되는 자료로서 대통령령으로 정하는 자료를 가맹본부의 사무소에 비치하여야 하며, 영업시간 중에 언제든지 가맹희망자나 가맹점사업자의 요구가 있는 경우 그 자료를 열람할 수 있도록 하여야 한다.

법 시행령 제9조(수익률의 표시 · 광고 또는 설명에 대한 자료)

① 법 제9조 제3항에서 "대통령령으로 정하는 자료"란 다음 각 호의 자료를 말한다.

1. 현재수익 또는 예상수익의 산출에 사용된 사실적인 근거와 예측에 관한 자료
2. 현재수익 또는 예상수익의 산출근거가 되는 가맹사업의 점포(직영점과 가맹점을 포함한다. 이하 같다)의 수와 그 비율
3. 최근의 일정기간 동안에 가맹본부나 가맹중개인이 표시 또는 설명하는 현재수익 또는 예상수익과 같은 수준의 수익을 올리는 가맹점사업자의 수와 그 비율(이 경우 최근의 일정기간에 대하여 시작하는 날짜와 끝나는 날짜를 표시하여야 한다)

㈂ 위법성 판단

㉠ 위법성 성립요건

가맹사업법 제9조 제2항, 제3항 및 동법 시행령 제9조 제1항에 따르면, 가맹본부는 자기와 거래하는 가맹점사업자에게 당해 가맹점사업자의 장래 예상 수익상황에 관한 정보를 제공한 경우에, 예상수익의 산출에 사용된 사실적인 근거와 예측에 관한 자료를 가맹본부의 사무소에 비치하여야 하며, 이후 가맹점사업자가 이에 대한 자료의 제시를 요구하는 경우에는 이에 응하여야 한다고 규정하고 있다.

따라서, 가맹본부가 당해 가맹점사업자의 장래 예상 수익상황에 관한 정보를 제공한 후 가맹점사업자가 이에 대한 자료의 제시를 요구하였으나 이에 응하지 아니하는 경우에는 위법한 행위에 해당한다.

㉡ 가맹본부 A는 위 행위사실에서 보듯이 가맹점사업자 B로부터 ○○25 안산주희점에 대하여 A가 실시한 상권조사서를 제출해 달라는 요청을 서면으로 받았으나, 상권조사서는 회사의 영업기밀로서 대외적으로 제공하기 어렵다는 이유로 B의 자료제시 요구에 응하지 아니하였다.

그러나, B는 2005. 7. 14. A와 가맹계약을 체결함으로써 “A와 거래하는 가맹점사업자”의 지위에 있게 되었고 이런 상태에서 2005년 7월 말경 A가 B에게 상권조사서를 통해 B가 운영할 예정인 ○○25 안산주희점에 대한 장래 예상 일매출액에 관한 정보를 제공하였으므로 A는 가맹사업법 제9조 제2항 및 같은 법 시행령 제9조 제1항 제1호에 의하여 ○○25 안산주희점에 대한 상권조사서를 비롯 상기 예상 일매출액 산출에 사용된 사실적인 근거와 예측에 관한 자료를 가맹본부의 사무소에 비치하여야 하는 한편, B가 이들 자료를 요구하면 가맹사업법 제9조 제3항에 의거 B의 요구에 응하여야 하는 것이다. 따라서 피심인 A가 회사의 영업기밀이라는 이유로 B의 ○○25 안산주희점에 대한 상권조사서의 자료 제시요구에 응하지 아니한 행위는 가맹사업법 제9조 제3항을 위반한 부당한 행위로 인정된다.

2) 결론

공정위는 다음의 주문과 같이 의결한다.

주 문

피심인 A는 자신의 가맹희망자나 가맹점사업자에게 장래의 예상수익 상황에 관한 정보를 제공하는 경우에 당해 가맹희망자나 가맹점사업자가 관련 자료의 제시를 요구할 경우 이에 응하지 아니하는 행위를 다시 하여서는 아니 된다.

마. 상권분석이 잘못된 경우

(1) 허위 · 과장된 정보에 의한 경우

가맹본부가 상권분석을 통해 산출한 예상매출액 등의 수치를 고의로 조작함으로써 가맹희망자나 가맹점사업자로 하여금 그릇된 판단을 하게 할 정도라면 가맹사업법 제9조 제1항에서 규정한 허위 · 과장정보에 해당되어 가맹희망자나 가맹점사업자는 지급한 가맹금의 반환을 요구할 수 있으며, 공정위는 가맹본부에 대하여 시정조치 또는 과징금을 할 수 있으며, 5년 이하의 징역 또는 1억 5천만 원 이하의 벌금을 부과할 수 있다(법 제10조, 제33조 제1항, 제35조, 제41조).

(2) 일반적인 매출액을 제시한 경우

정작 문제가 되는 것은 가맹본부가 성실한 상권조사를 하여 나름대로 합리적인 예상매출액 등을 제시하였으나 예상이 빗나가는 등 결과적으로 허위 또는 과장된 정보가 되어 가맹점사업자들이 손해를 본 경우 이에 대한 가맹본부의 법적인 책임이 있느냐의 문제이다.

1) 정확한 정보를 제공할 신의칙상의 의무의 존재 여부

대부분의 가맹희망자나 가맹점사업자의 경우 가맹본부에 비해 상대적으로 경험이나 전문가적인 식견이 부족하기 때문에 가맹본부가 제공하는 정보를 전적으로 신뢰하는 경향이 있다는 점 등을 들어 가맹본부는 가맹계약 체결 이후는 물론이고 계약체결과정에 있어서도 정확한 정보를 제공할 의무가 있다. 판례도 같은 취지이다.

프랜차이즈 계약에 있어서는 영업지식과 경험이 부족한 가맹점주(프랜차이지)로서는 가맹점 운영에 관한 축적된 경험을 가진 본부(프랜차이저)가 제공하는 정보를 신뢰하고 그에 기초하여 점포를 선정하고 영업활동을 전개할 수밖에 없어 가맹점주의 영업상의 성패는 계약체결과정에 있어서의 입지선정과 그 이후의 교육훈련, 경영비법 등의 전수 등 프랜차이즈 본부가 제공하는 정보에 크게 의존한다고 할 것이므로, 프랜차이즈 본부는 계약체결 이후에는 물론이고 계약체결과정에 있어서도 계약체결 여부에 대한 객관적인 판단자료가 되는 정확한 정보를 제공할 신의칙상 의무를 진다고 할 것이다(대전지방법원 2002. 8. 14. 선고 2001가합9179판결 등).

2) 정확한 정보제공의무 위반의 판단기준

가맹본부에게 '정확한 정보제공을 할 신의칙상 주의의무'가 있다고 한다면 그러한 의무의 범위는 어디까지인가가 문제될 것이다. 왜냐하면 예상매출액 등을 산출한다는 것 자체가 미래에 대한 예측이고 또한 그 예측행위 자체가 갖는 본질적인 한계가 있을 뿐만 아니라 가맹점 고유의 지역적 특색에 따른 매출액의 변동가능성, 가맹점사업자 개개인의 영업상 능력, 지역경제, 나아가 국가경제가 처한 국내외 경기상황 등 오차가 발생할 수 있는 가능성이 상존하고 있기 때문에 예측한 결과가 빗나갔다고 하여 언제나 가맹본부에게 책임을 물을 수 있다고 한다면 이는 가맹본부에게 너무 가혹한 처사이기 때문이다.

이러한 점을 감안하여 "가맹본부의 시장조사가 객관성이나 정확성을 잃었다고 바로 본부에게 동 의무의 위반이 있다고 볼 수는 없을 것이다. 정확성이 없는 시장조사의 결과를 전문성만을 내세워 지나치게 강조하거나 수요예측의 한계나 경영의 리스크를 의도적으로 묵비함으로써 가맹점의 계약체결의 가부에 대한 판단을 그르치게 할 정도까지 나아가야 동 의무의 위반이 있다고 할 것이다"는 견해[65]도 있다.

그러나 이 또한 가맹본부의 시장조사가 객관성을 잃은 경우에까지 의무위반에 대한 면죄부를 주는 것은 타당하지 않다고 생각한다. 의도적인 묵비나 판단을 그르치게 할 정도에까지는 이르지 않았다 하더라도 조사방법과 분석결과를 기준으로 합리성과 적정성 그리고 정확성을 갖추었는지를 기준으로 객관적으로 적절하지 않다면 본 의무의 위반이라고 해야 할 것이다.[66]

결국 정확한 정보제공의무위반이 되는지 여부는 가맹본부가 예상매출액 등을 제시함에 있어 합리적인 기법을 사용하여 성실하게 예상매출액을 산출하였느냐에 달려 있다고 할

---

65) 임재호, 프랜차이즈 계약의 締結, 履行, 終了, 제24면.

66) 이한무, 가맹사업법 해설(실무 및 소송의 쟁점)(법률정보센터, 2009년), 제160면.

수 있다.[67] 판례도 같은 취지이다.

> 가맹희망자가 프랜차이즈 계약을 체결할 것인지 여부를 판단함에 있어 중요한 판단요소가 되는 시장조사나 수익예측 정보가 실제 가맹점 운영결과와 다르더라도 가맹본부의 조사방법과 그 분석결과가 통상적인 사업자가 스스로 새로운 점포를 개설하려고 하는 때의 조사방법과 분석결과를 기준으로 할 때 매상수익예측의 합리성과 적정성, 그 설명내용의 정확성 등 여러 가지 면에서 객관적으로 적절하지 않다고 인정되는 경우에는 가맹본부에 대하여 잘못된 정보제공에 대한 책임을 물을 수 있다고 할 것이나, 제공된 정보가 객관적으로 합리성을 갖추지 못했다고 단정할만한 특별한 사정이 없는 한 가맹본부에 대해 정보제공에 대한 책임을 물을 수 없다(서울고등법원 2007. 6. 21. 선고 2006나94873(본소); 2006나94880(반소) 판결).

3) 상권조사의무위반의 효과

위에서 제시한 판단기준에 비추어 가맹본부가 상권조사의무를 위반하였다고 인정되는 경우 가맹계약당사자의 책임관계는 어떻게 되는가. 먼저 상권조사의무를 위반한 가맹본부의 책임이 문제되며, 한편 가맹점사업자의 경우 가맹본부의 그러한 의무위반을 이유로 가맹계약상의 자신의 의무이행을 거부할 수 있는지가 문제된다.

① 가맹본부의 법적 책임

㉠ 손해배상책임[68] 및 과실상계[69]

상권조사의무를 위반한 가맹본부는 원칙적으로 손해배상의 책임을 지게 된다. 이 경우 가맹점의 사업실패로 인한 모든 손해를 배상하여야 하는 것이 아니라, 가맹본부의 상권조사의무위반과 상당인과관계가 있는 손해에 대해서 배상할 책임이 있다.

> 인테리어 및 전기공사비용 및 정신적 손해는 피고가 이 사건 계약을 체결하고 편의점 사업을 시작하기 위하여 투자한 비용으로 그 상환이 불가능한 금원 내지는 피고가 이 사건 편의점 사업을 실패함으로써 입은 손해이므로 원고 회사의 위 의무불이행과 직접적인 인과관계가 있는 손해라고 할 것이다.[70]

---

67) 이한무, 가맹사업법 해설(실무 및 소송의 쟁점)(법률정보센터, 2009년), 제160면.

68) 불법행위에 기한 손해배상책임을 의미한다. 참고로 판례는 신의칙상 보호의무위반의 경우 계약책임이 아닌, 불법행위책임을 묻고 있다(대판 2006. 9. 8. 2004다18859; 대판 2004. 5. 28. 2002다32301 판결 참조).

69) 과실상계(過失相計)란 채무불이행(또는 불법행위)로 인한 손해배상책임에서 채권자(또는 피해자)에게 손해의 발생 및 확대에 기여한 과실이 있는 경우에 법원이 손해배상의 책임 및 그 금액을 정함에 이를 참작하여 채무자(또는 가해자)의 손해배상책임을 감면하는 제도이다(민법 제396, 제763조).

개점준비공사비 및 등록비 등은 원고가 이 사건 편의점이 위치한 상권에 대한 정확한 조사와 사업타당성에 대한 객관적인 판단을 하였음을 신뢰하고 피고가 위 가맹점을 개점하기로 결심하고 개점을 위하여 들인 비용이므로 원고의 위 상권조사의무위반과 상당인과관계에 있는 손해이다.[71]

한편 손해배상의 범위를 정함에 있어서 가맹점사업자 자신의 과실도 고려하여야 할 것이다. 왜냐하면 가맹점사업자가 가맹본부의 정보제공을 믿었다하더라도 가맹점사업자 자신도 엄연히 독립한 사업자로서 가맹본부의 조사결과에 무조건적으로 의존할 것이 아니라 스스로도 입지조건, 영업전망 등을 조사하여 이를 토대로 계약체결 여부를 신중히 결정하여야 할 주의의무가 있음에도 이를 게을리 하였다면 가맹점사업자 본인의 과실도 포함되어 있기 때문이다(서울지방법원 1997. 7. 2. 선고 94가합79065 판결 참조).[72]

원고(가맹본부)는 위 합계액 36,906,000원을 피고(가맹점사업자)에게 배상할 의무가 있다고 할 것이나, 피고로서도 예비상인 또는 상인으로서 이 사건 편의점을 개점함에 있어 원고의 조사결과에 무조건적으로 의존할 것이 아니라 스스로도 입지조건 · 영업전망 등을 조사하여 이를 토대로 계약체결 여부를 신중히 결정해야 할 주의의무가 있다고 할 것이고, 피고의 이러한 잘못도 위 손해를 발생 및 확대의 한 원인이 되었다고 할 것이므로 원고가 피고에게 배상할 손해액의 산정에 있어서 이를 참작하기로 하여 그 비율은 40%로 봄이 상당하므로 원고의 책임을 60%로 제한하기로 한다(서울지방법원 1997. 2. 25. 선고 94가합79058 판결).

참고로 법원은 이에 더 나아가 ○○망고 아이스크림 가맹점사업자(원고)가 가맹본부(주)○○○ 인터내셔널(피고)을 상대로 낸 손해배상청구소송에서 "프랜차이저인 피고회사는 점포입지의 선정 및 상권분석 등에 있어 정확한 정보를 제공할 가맹사업법 및 신의칙상 보호의무가 있는데도 시장조사와 매출예상분석을 잘못하고 그릇된 상권분석정보를 제공해 결국 적자운영을 하게 함으로써 손해를 입혔다"는 원고 측 주장에 대해 재판부는 "피고(가맹본부)는 원고(가맹점사업자)에게 '인텔리지 벤처타운에서 가맹점을 운영할 경우 일일 최저 60만 원에서 최고 100만 원까지 매출이 가능하다'는 수익구조분석표를 교부한 점은 인정되나, 이 예상수치는 여러 가지 변수에 의해 오류 내지 변동가능성이 있어 결국 '예측'에 불과한 것이므로, 예상 매출액과 실제 매출액이 다르다고 하여 매출액 예상이 잘못됐다고

70) 서울지방법원 1996. 12. 19. 선고 94가합74046 판결
71) 서울지방법원 1997. 2. 25. 선고 94가합79058 판결
72) 이한무, 가맹사업법 해설(실무 및 소송의 쟁점)(법률정보센터, 2009년), 제163면.

단정할 수는 없으며, 더군다나 수익구조 분석표를 조작했다거나 허위사실을 토대로 수익구조 분석표를 작성한 것이 아니라면 피고인 가맹본부는 계약체결의 교섭과정에서 가맹사업법을 위반해 허위 · 과장된 정보를 제시했다거나 신의칙상 보호의무를 위반했다고 보기는 어려우며, 한편 원고는 가맹점주로서 영업상의 정보나 노하우를 프랜차이저인 피고에게 의존하고 있다고 하더라도 어디까지나 원고는 독립적인 사업체로서 영업상의 손익에 관하여서는 스스로 책임을 져야 한다."며 가맹본부의 손해배상책임을 부정한 바 있다.[73)]

㈏ 계약해지권의 인정 여부

가맹본부가 상권조사의무를 위반한 경우 계약에 따라서 계약해제나 해지의 사유가 된다는 견해[74)]도 있고, 반면 대다수의 가맹점사업자가 가맹본부의 시장조사를 전적으로 의존하고 있다 할지라도, 가맹본부의 상권조사의무는 가맹점사업자가 영업을 하는 경우 성공을 보증해야 할 의무가 아니며, 또한 가맹점사업자는 독립적인 영업활동을 하고, 그에 따른 경영위험도 자신이 부담해야 한다는 점을 들어 가맹점사업자의 계약해지권을 인정할 수 없다는 견해[75)]도 있다.

② 가맹점사업자의 가맹계약상 의무이행

한편 가맹점사업자의 경우 가맹본부의 상권조사의 의무위반을 이유로 가맹계약상의 자신의 의무이행을 거부할 수 있는지가 문제된다.

이에 대한 판례의 태도는 가맹본부의 상권조사의무위반은 가맹계약(2차 계약)과는 별개의 신의칙상의 의무위반 또는 제1차 계약상의 의무위반일 뿐, 가맹계약상의 의무위반은 아니기 때문에 가맹점사업자는 가맹본부의 상권조사의무위반을 들어 가맹계약상의 자기의무를 거부할 수는 없다고 하였다.

〈사건개요〉
원고인 주식회사 써클케이 코리아는 1993.11.16 피고 A와 편의점 가맹계약을 체결하고, 피고는 인천북구 산곡동에서 '써클케이 산곡민음점'이라는 상호의 편의점을 개점하고 그 영업을 개시하였다. 피고가 1994. 2. 5. 금8,040원, 동월 6일에 금840원, 동월 7일 4,830원 등 계속하여 매출액의 일부만을 송금하자, 원고 B가 편의점 프랜차이즈계약의 해지를 통고한 사안이다.

73) 서울고등법원 2007나74968 판결
74) 이한무, 가맹사업법 해설(실무 및 소송의 쟁점)(법률정보센터, 2009년), 제162면.
75) 주아라, 加盟契約(franchise)에 관한 硏究(한남대학교 대학원 석사학위논문, 2009년), 제32면.

〈판례요지〉
이 사건 가맹점 운영의 실패는 상당 부분 원고의 점포 입지선정에서의 오류 및 부정확한 상권조사와 그에 근거한 부정확한 정보의 제공에 그 원인이 있다고 보여지므로 원고는 위 1차 계약상의 정확한 상권조사의무를 위반하였다고 할 것이나, 이러한 상권조사의무는 계약체결의 교섭단계에서 발생하는 신의칙상의 의무이거나 위 가맹점계약(2차 계약)과 별개의 위 1차 계약상의 의무에 불과(따라서 피고로서는 상권조사 결과 혹은 이와 관계없이 위 2차 계약의 체결을 거부할 수 있다)하여 이의 위반을 이유로 손해배상책임을 묻는 것은 별론으로 하고 이 사건 가맹점계약상 발생하는 자신의 의무의 이행을 거부할 수는 없다.[76]

③ 검토

가맹본부가 상권조사의무를 위반한 경우 가맹본부의 손해배상책임이 인정될 수 있다는 점에 대해서는 이견이 없다. 그러나 위 의무위반의 경우 가맹점사업자에게 계약해지권의 인정여부에 대해서는 견해가 대립된다는 점은 위에서 살펴본 바와 같다.

채무불이행의 경우에는 손해배상청구권과 해제권이 발생하지만, 부수적 의무의 불이행으로는 채권자가 '계약목적을 달성할 수 없거나 특별한 약정이 있는 경우'를 제외하고는 계약을 해제할 수 없고, 손해배상만 청구할 수 있을 뿐이라(대판 96다14364)는 것이 판례의 태도이다. 그렇다면 어떠한 경우가 부수적 의무에 해당되는지가 문제된다. 이는 개별 약정이 계약에서 가지는 의미 또는 비중의 문제라고 할 수 있다. 예를 들면, 영상물제작공급계약(일종의 도급)에서 수급인의 부수의무위반(시사회 개최)을 이유로 계약을 해제할 수는 없다(대판 96다14364)고 하였다. 또한 배출시설설치계약에서 '그 시설의 가동을 위하여 필요한 대기환경보전법상의 배출시설설치신고'에 들어가는 사양서 등 서류교부의무를 불이행한 경우에도 계약을 해제할 수는 없다(대판 2005다53705)고 하였다.[77]

이러한 판례의 태도에 비추어 생각건대, 가맹본부의 상권조사의무위반의 경우를 유추해 보면 판례는 가맹본부의 상권조사의무는 신의칙상 부수의무로 보고 있으며,[78] 이러한 부수의무를 위반한 경우 원칙적으로 가맹점사업자의 계약해지권을 인정할 수는 없다. 다만 예외적으로 그 위반 시 가맹점이 가맹계약의 목적을 달성할 수 없을 정도의 불이익을 입은 경우에 한하여 가맹점사업자의 계약해지권을 인정하는 것이 타당하다고 생각한다.

76) 서울지방법원 1997. 2. 25. 선고 94가합79058 판결

77) 김형배외 2인공저(민법학강의, 제10판), 제511면.

78) 서울지방법원 1997. 7. 2. 선고 94가합79065 판결

Ⅲ. 가맹계약(가맹사업법 제11조)

1. 서론

가. 가맹계약의 의의

가맹계약이란 가맹본부가 가맹점사업자로 하여금 자기의 상표 · 서비스표 · 상호 · 간판 그 밖의 영업표지를 사용하여 상품 또는 용역을 판매하도록 함과 아울러 이에 따른 경영 및 영업활동에 대한 지원 · 교육 · 통제를 하는 대신 가맹점사업자는 영업표지사용과 지원, 교육에 대한 대가로 가맹본부에 가맹금을 지급하는 것을 골자로 하는 쌍무 · 유상의 계약이다.

☞ 우리나라 현행법상 가맹계약의 정의

법 률	규정내용
가맹사업법 제2조 제1호	가맹사업을 가맹본부가 가맹점사업자로 하여금 자기의 상표 · 서비스표 · 상호 · 간판 그 밖의 영업표지를 사용하여 일정한 품질기준이나 영업방식에 따라 상품 또는 용역을 판매하도록 함과 아울러 이에 따른 경영 및 영업활동 등에 대한 지원 · 교육에 대한 대가로 가맹본부에 가맹금을 지급하는 계속적인 거래관계라고 정의하고 있다.
유통산업발전법 제2조 제5호	프랜차이즈형 체인사업을 독자적인 상품 또는 판매 · 경영기법을 개발한 체인본부가 상호 · 판매방법 · 매장운영 및 광고방법 등을 결정하고 가맹점으로 하여금 그 결정과 지도에 따라 운영하도록 하는 형태의 체인사업이라고 정의하고 있다.
상법 제46조 제20호	가맹계약을 상호 · 상표 등의 사용허락에 의한 영업에 관한 행위로 정의하고 있다.

나. 가맹계약서의 의의

"가맹계약서"라 함은 가맹사업의 구체적 내용과 조건 등에 있어 가맹본부 또는 가맹점사업자(이하 "가맹사업당사자"라 한다)의 권리와 의무에 관한 사항(특수한 거래조건이나 유의사항이 있는 경우에는 이를 포함한다)을 기재한 문서를 말한다(법 제2조 제9항).

다. 가맹계약에 대한 실정법상 규율체계

조 문	규율사항
(1) 법 제2조 제9항	가맹계약서의 정의
(2) 법 제11조 제1항 제2항 제3항 제4항	가맹계약서의 제공의무 가맹계약서의 법정기재사항 가맹계약서의 보관의무 표준가맹계약서
(3) 법 제13조	가맹계약의 갱신
(4) 법 제14조	가맹계약해지의 제한

라. 가맹계약의 기본요건

(1) 영업표지 등의 사용허가

가맹사업을 영위함에 있어서 가장 두드러진 특징은 가맹본부가 각각의 가맹점들로 하여금 자신의 영업표지를 사용하게 한다는 것이다. 이렇게 함으로써 가맹점사업자들은 동일한 영업표지 아래 가맹사업을 할 수 있게 된다. 한편 이처럼 가맹본부와 가맹점사업자가 공통의 영업표지 아래 영업활동을 하고 있기 때문에 일반소비자에게는 양자의 영업이 하나의 동일한 영업이라는 외관을 형성하게 된다. 가맹본부가 가맹점사업자에 대하여 설정하는 영업표지의 사용권은 그의 특허권, 상표권, 기타 무체재산권 등을 권리 그 자체의 전부양도에는 이르지 않을 정도로만 이전하는 것을 의미한다.

(2) 가맹본부의 지원 · 교육 · 통제

가맹사업은 가맹본부가 자신의 사업전략에 따라 가맹점사업자를 지원, 교육, 통제하는 거래형태이다.

1) 가맹본부는 가맹점사업자를 위하여 '지원'하여야 한다.

가맹본부는 가맹점사업자에게 창업준비부터 창업진행과정, 창업 후의 영업활동, 영업종료에 이르기까지 전 영업활동에 걸쳐 다양한 형태의 지원을 해야 한다. 여기서 가맹본부의 지원이란 가맹점사업자의 영업에 대하여 계속적인 지도 또는 조력을 제공하는 것을 말한다.[79] 예를 들어 음식업 가맹사업의 경우 가맹본부는 물품을 제공하고, 영업에 필요한 교육을 시행하며, 음식조리법, 종업원의 고객 응대요령 등을 기재한 매뉴얼을 만들어 제공하는 등 가맹점사업자로 하여금 보다 손쉽게 영업활동이 가능하도록 필요한 지원을 해야 한다.

2) 가맹본부는 가맹점사업자를 '교육'하여야 한다.

가맹본부는 자신만이 갖고 있는 노하우(Know-How)나 영업비밀, 영업방식 등을 가맹사업자로 하여금 습득할 수 있도록 교육을 시켜야 한다.

3) 가맹본부는 가맹사업을 위해 필요한 범위 내에서 가맹점사업자를 '통제'한다. 가맹본부의 통제란 그의 영업표지와 경영상의 노하우, 영업비밀, 더 나아가 고객에 대한 가맹본부의 신뢰 등을 보호하기 위하여 가맹점사업자의 영업에 일정한 제한을 가하는 것이라 할 수 있다.[80]

ㄴ 예를 들어 음식업 가맹사업의 경우, 생산기법, 입지선정이나 고객에 대한 제한, 특정한 메뉴만 판매하도록 하는 등 메뉴통제를 하거나, 자점매입을 금지하거나, 종업원의 복장을 통제하거나, 영업일수를 통제하는 등의 통제를 한다. 왜냐하면 상품이나 용역의 균질성 유지를 위해서는 지시나 통제가 필수적인 것이기 때문이다. 다만 이러한 가맹본부의 통제로 말미암아 불공정행위 여부와 관련하여 종종 가맹점사업자 간에 분쟁이 발생하고 있으며, 이에 대하여는 불공정거래행위 편에서 구체적으로 다루고자 한다.

이에 대하여 가맹점사업자는 가맹본부가 정해준 일정한 '품질기준과 영업방식'에 따라야 할 것이다.

여기서 1) 품질기준을 정하여 준다는 의미는 제품이나 서비스를 일정한 표준에 적합하

---

79) 주아라, 加盟契約에 관한 硏究(한남대학교 대학원 석사학위논문, 2009년), 제13면.

80) 주아라, 加盟契約에 관한 硏究(한남대학교 대학원 석사학위논문, 2009년), 제14면.

도록 기준(재료, 외형, 제품의 특성 등)을 설정하여 준다는 의미이다. 또한 2) 영업방식을 정하여 준다는 의미는 영업방식의 스타일(영업시간, 판매방식, 고객응대요령, A/S방식 등)을 정하여 준다는 의미이다. 이러한 품질기준이나 영업방식을 정하여야 하는 이유는 가맹사업은 고객으로 하여금 어느 가맹점에서나 동일한 제품이나 서비스를 동일한 방식으로 제공받을 수 있다는 신뢰를 바탕으로 하는 사업이기 때문이다.

(3) 가맹점사업자의 가맹금 지급

1) 가맹금이란 명칭이나 지급형태를 불문하고 가맹점사업자가 가맹점운영권이나 영업활동에 대한 지원, 교육에 대한 대가로 가맹본부에 지급하는 대가를 말한다(법 제2조 제6호).
   이처럼 가맹금은 대가적 의미가 있는 것으로서 가맹점사업자는 가맹금 지급의무를 짐으로써 가맹계약은 유상 · 쌍무계약이 되는 것이다.

2) 즉 가맹계약은 유상계약이므로 가맹희망자나 가맹점사업자가 가맹본부에 대가를 지급하는 구조여야 하며, 가맹금의 지급이 없는 경우에는 대가성이 없기 때문에 가맹사업이라고 할 수 없다.

(4) 가맹점사업자의 독립성

1) 가맹점사업자는 가맹본부와 독립하여 자기의 명의와 계산으로 영업을 하는 별개의 독립된 사업자이다. 따라서 만약 계약당사자의 일방이 타방에게 사업이윤에 참여할 권리만을 부여한 채 독자적인 사업운영권이나 운영참여권을 주지 않은 경우에는 이는 단순한 이윤참가나 투자계약에 불과할 뿐, 가맹사업법에서 정의하는 가맹계약이라고는 할 수 없다.[81)]

☞ 가맹점사업자에게 독립적 지위가 있다는 의미는 그 영업의 결과가 직접 자기에게 귀속된다는 것을 의미한다. 따라서 가맹점사업자가 본부의 대리인이나 피용자이어서는 안 되며, 이 경우에는 가맹점사업자의 독립성이 없기 때문에 가맹계약으로 인

---

81) 주아라, 加盟契約에 관한 硏究(한남대학교 대학원 석사학위논문, 2009년), 제17면.

정되지 않는다.

☞ 가맹점사업자는 가맹본부의 상호, 상표, 서비스표 등을 사용하기 때문에 외관상 가맹본부와 동일한 기업의 지점 혹은 분점으로 보일 수 있으나, 법률상 독립한 사업주체(영업주체)임을 주의하여야 한다.

2) 가맹사업거래는 가맹본부와 가맹점사업자가 각각 독립한 자본으로 운영하는 독립사업자 간의 거래이다.
대법원도 가맹본부와 가맹점사업자는 각각 독립적 지위를 갖는다고 판시한 바 있다 (대법원 1996. 2. 23. 95도2608 판결)

마. 가맹계약의 법적 성질

가맹계약은 민법상의 전형계약 중 어느 한가지의 계약으로는 설명할 수 없는, 이른바 비전형계약의 일종이기 때문에 가맹계약의 법적 성질을 규명하기 위해서는 1) 그 연혁적 측면에서 나오는 가맹계약의 특질, 2) 가맹계약당사자 간의 계약내용 등을 종합적으로 검토하여 판단하여야 한다.

먼저 가맹계약은 가맹본부가 자신의 영업표시의 사용권을 설정하고 가맹점사업자의 영업에 대하여 지도와 통제를 함으로써, 사업경험이나 영업에 별다른 재능이 없는 자라도 독자적으로 사업경영을 할 수 있는 형태로 발전해 왔는바, 이 때문에 가맹계약이 기존의 계약과는 구별되는 여러 가지 특질을 가지게 되는 것이다. 또한 가맹사업당사자 간에 합의한 가맹계약의 내용이 무엇이냐에 따라 그 가맹계약이 가지는 법적 성질이 달라질 수 있다. 예를 들면 ① 상품가맹사업의 경우 매매계약의 요소가 있다고 하겠으나, ② 사업형 가맹사업의 경우에는 노무제공계약의 요소를 포함하고 있다.

따라서 가맹계약은 결국 기존의 계약들 중 어느 하나에 귀속시킬 수 있는 성질의 것이 아니라, 여러 가지 다양한 계약적 성질들이 혼합적으로 결합되어 있는 특수한 계약으로 이해하여야 할 것이다.[82)]

---

82) 주아라, 加盟契約에 관한 研究(한남대학교 대학원 석사학위논문, 2009년), 제18면.

(1) 추상성

가맹계약상의 권리 · 의무는 비교적 추상적인 성질을 가지는 것이 많다. 예를 들면, 가맹본부만의 영업노하우 등 비밀에 붙여두고 싶은 사항은 이를 문서상에 구체적으로 표기하는 일은 되도록 피하려고 하는 것이고, 또한 시장상황에 따라 대응해야 하는 판매촉진 방법 등도 구체적으로 일일이 열거하는 것도 불가능하다. 즉 계속적 계약이라 할 수 있는 가맹계약은 간단한 내용의 일시적 계약처럼 완전한 계약을 만들기란 매우 어려운 것이다. 따라서 프랜차이즈 계약관계는 추상성이 불가피하며, 이러한 추상성 때문에 가맹사업법은 계약내용을 가능한 한 정확히 하고자 그 기재사항을 정하여 둔 것이다. 계약내용의 추상성으로 인하여 가맹계약에 있어서 계약내용의 해석문제가 중요해지는 것이다.[83)]

(2) 불평등계약으로서의 성격

가맹점사업자는 가맹본부의 우월적인 경험과 지식에 의존하고 가맹본부의 지시에 따를 의무를 부담한다. 즉 가맹점사업자는 가맹본부에 의존적일 수밖에 없고, 결과적으로 가맹계약은 당사자 간의 불평등한 계약으로 귀결될 수밖에 없다.

가맹계약은 이러한 당사자 간의 불평등성을 전제로 하고 있기 때문에 가맹사업법을 통하여 계약내용을 법정화하는 등 계약자유의 원칙을 수정하여 일정한 규제를 통해 제한을 하고 있는 것이다.[84)] 즉 가맹계약을 체결함에 있어 가맹계약의 내용으로 반드시 삽입되어야 할 요소를 미리 법정시킴으로써 불공정거래로 비화될 가능성을 사전에 제거시키기 위한 것이다.

(3) 약관에 의한 계약체결의 성격

약관이란 계약의 일방 당사자가 다수의 상대방과 계약을 체결하기 위하여 일정한 형식에 의하여 미리 마련한 계약내용을 말한다(약관의 규제에 관한 법률 제2조 제1항). 가맹계약이 반드시 약관으로 이루어지는 것은 아니지만, 판매망의 합리화 및 통일화와 가맹점사업자 간의 동등한 취급을 위하여 일반적으로 가맹계약의 체결에 있어 '약관'에 의한

---

83) 이한무, 가맹사업법 해설(실무 및 소송의 쟁점)(법률정보샌터, 2009년), 제81면.

84) 이한무, 같은 책, 제81면.

경우가 많다.[85] 약관에 의한 계약체결의 경우는 우선적으로 약관의 규제에 관한 법률이 적용된다.

☞ 약관의 개념

약관이란 계약의 일방당사자가 다수의 상대방과 계약을 체결하기 위해 계약의 내용으로 포함시킬 목적으로 미리 일방적으로 마련한 정형적 계약내용 내지 계약조건을 말한다. 약관에 의해 다수의 고객과의 계약내용을 정형화함으로써 거래의 신속과 획일성을 유지할 수 있다는 장점이 있다.

(4) 비전형 혼합계약

가맹계약은 민법전에 규정되어 있지 않은 새로운 유형의 계약으로, 비전형계약이면서 다양한 요소가 결합된 혼합계약이라 할 수 있다.

우선 가맹계약에는 가맹본부의 상호 · 상표 등 기타 영업표지 등을 가맹점사업자가 이용한다는 점에서 라이선스계약의 성격을 가지고 있으며, 또한 가맹점사업자의 경영에 가맹본부가 협력을 한다는 점에서 노무공급계약의 성격을 그밖에도 기술지도계약, 도급계약 등의 내용이 가맹계약의 내용에 포함될 수 있으므로 혼합계약으로 볼 수 있는 것이다.

(5) 쌍무 · 유상계약

가맹계약에서 가맹본부는 가맹점사업자에게 영업표지의 사용, 영업상의 노하우 등의 사용을 허락하고 이에 대하여 가맹점사업자로부터 가맹금을 지급받으므로 유상계약이라 할 수 있으며, 이와 같은 가맹본부의 영업표지의 사용허락, 노하우의 제공 및 각종 조력과 가맹점사업자의 가맹금지급 사이에는 대가적 의미가 있다는 점에서 쌍무계약의 성질이 있다고 할 수 있다.

(6) 계속적 계약

가맹계약 당사자의 권리의무관계는 일회적 이행으로 종료되는 것이 아니라, 그 가맹계

85) 주아라, 같은 논문, 제27면.

약이 존속하는 한 계속적인 이행이 이루어져야 하는 계속적 계약이다. 즉, 가맹본부는 상호 · 상표 등의 사용허락과 노하우를 제공할 의무를 부담하고, 또한 가맹점사업자로 하여금 고객에게 판매하는 상품 및 서비스가 일정한 품질 및 수준을 유지할 수 있도록 계속적으로 지도와 통제를 하여야 한다. 이에 대하여 가맹점사업자는 가맹본부에 대하여 가맹금을 지급할 의무를 계속적으로 부담한다. 따라서 가맹계약은 존속기간의 만료나 계약의 해지로 인하여 그 법률관계가 종료되지 않는 한 지속하게 되는 것이다.

(7) 상사계약

가맹본부는 상호 · 상표 등의 영업표지를 보유하고 있는 상인이고, 계약체결단계에 있는 가맹희망자는 상행위를 영위하기 위한 개업준비단계에 있다고 할 수 있다. 따라서 가맹계약은 상사계약이며, 쌍방적 상행위에 해당한다고 할 수 있다.

2. 가맹계약서의 사전제공의무(교부의무)(법 제11조 제1항)

제11조(가맹계약서의 기재사항 등) ① 가맹본부는 가맹희망자가 가맹계약의 내용을 미리 이해할 수 있도록 제2항 각 호의 사항이 적힌 문서를 다음 각 호의 날 중 빠른 날 전에 가맹희망자에게 제공하여야 한다. 〈개정 2007. 8. 3.〉
1. 가맹계약의 체결일
2. 가맹금의 최초 수령일(가맹희망자가 예치기관에 예치가맹금을 예치하는 경우에는 최초로 예치한 날로 한다. 다만, 가맹희망자가 최초로 가맹금을 예치하기로 가맹본부와 합의한 날이 있는 경우에는 그날로 한다)

가. 의의

가맹본부는 계약서를 가맹계약체결일 또는 가맹금의 최초수령일 중 빠른 날 전에 가맹희망자에게 제공하여야 한다(법 제11조). 이때 가맹희망자가 예치기관에 예치가맹금을 예치하거나 예치하기로 가맹본부와 합의한 날이 있는 경우에는 최초로 예치하거나 그 합의한 날을 가맹금의 최초수령일로 한다.

☞ 즉, 계약서와 특약사항을 담은 문서는 가맹금을 지급하거나 계약을 체결하기 최소 하루 전까지는 제공하여야 한다는 것이다.

나. 취지

가맹계약서의 제공시기를 가맹계약의 체결일 또는 가맹금의 최초수령일 이전으로 규정한 이유는 가맹희망자로 하여금 가맹계약서를 미리 충분히 검토하고 계약을 체결할 수 있는 기회를 마련하기 위함이다.

다. 문제점

가맹본부는 계약서를 가맹계약 체결일 또는 가맹금의 최초수령일 중 빠른 날 전에 가맹희망자에게 제공하여야 한다(법 제11조)고 규정하고 있어 가맹계약체결일 또는 가맹금의 최초 수령일의 하루 전까지만 가맹계약서를 가맹희망자에게 제공하면 되도록 하고 있어 가맹점주를 보호한다는 입법취지에 비추어 볼 때 시간적으로 너무 부족하지 않은가 하는 문제점이 있다.

라. 약관규제법상 명시설명의무와의 관계[86)]

약관규제법에 따르면 명시의무와 설명의무(약관법 제3조)가 있다. 그러나 가맹계약서의 경우, 거의 대부분이 약관규제법상의 약관에 해당되므로 가맹본부는 이러한 약관규제법상의 명시 · 설명의무를 부담하게 된다.

문제는 그럼에도 불구하고 가맹사업법에서 계약서제공의무를 별도로 규제한 것은 어떤 의미인가?

약관규제법상	가맹사업법상
1. 교부의무는 고객이 요구할 때에만 교부하면 된다. 2. 교부시기에 제한이 無	1. 가맹희망자의 요구가 없더라도 교부하여야 한다. 2. 가맹계약 체결 전 또는 가맹금 수령 전에 교부하여야 한다.

86) 이한무, 가맹사업법 해설(실무 및 소송의 쟁점)(법률정보센터, 2009년), 제84면.

결국, 가맹사업법상의 교부의무는 약관규제법상의 교부의무에 대한 특별법으로서의 기능을 가진다.

☞ 약관법 제3조

제3조(약관의 작성 및 설명의무 등) ① 사업자는 고객이 약관의 내용을 쉽게 알 수 있도록 한글로 작성하고, 표준화 · 체계화된 용어를 사용하며, 약관의 중요한 내용을 부호 · 문자 · 색채 등으로 명확하게 표시하여 알아보기 쉽게 약관을 작성하여야 한다.
② 사업자는 계약을 체결할 때에는 고객에게 약관의 내용을 계약의 종류에 따라 일반적으로 예상되는 방법으로 분명하게 밝히고, 고객이 요구할 경우 그 약관의 사본을 고객에게 내주어 고객이 약관의 내용을 알 수 있게 하여야 한다. 다만, 다른 법률에 따라 행정관청의 인가를 받은 약관으로서 신속한 거래를 위하여 필요하다고 인정되어 대통령령으로 정하는 약관에 대하여는 그러하지 아니하다.
③ 사업자는 약관에 정하여져 있는 중요한 내용을 고객이 이해할 수 있도록 설명하여야 한다. 다만, 계약의 성질상 설명하는 것이 현저하게 곤란한 경우에는 그러하지 아니하다.
④ 사업자가 제2항 및 제3항을 위반하여 계약을 체결한 경우에는 해당 약관을 계약의 내용으로 주장할 수 없다.

마. 사전제공의무위반 시 제재

가맹본부가 가맹계약서의 사전제공의무를 위반한 경우에는 위반행위의 시정에 필요한 시정조치를 명하거나 그 시정을 권고할 수 있으며, 해당 가맹본부의 위반행위 직전 3개 사업연도의 평균매출액에 100분의 2를 곱한 금액을 초과하지 아니하는 범위 안에서 과징금을 부과할 수 있다(법 제33조 내지 제35조).

한편, 가맹본부가 계약서를 교부하지 아니하고 그 내용을 설명하지 아니하여 약관의 규제에 관한 법률을 위반한 경우에는 계약서의 내용을 계약의 내용으로 주장할 수 없다(약관규제법 제3조 제4항) 또한 약관규제법 위반에 대하여는 500만 원 이하의 과태료에 처하는 제재를 받을 수 있다(약관규제법 제34조 제1항).[87]

87) 1) 가맹사업법상 제재
① 행정적 제재: 시정조치+과징금
② 형사적 제재: 직접적인 벌칙규정 無. 그러나 시정조치명령에 따르지 않는 자는: 3년 이하의 징역 또는 1억 원 이하의 벌금
2) 약관규제법상 제재
① 계약서의 내용대로 주장할 수 없다(약관규제법 제3조 제4항)
② 500만 원 이하 과태료처분(약관규제법 제34조 제1항)

3. 가맹계약서의 기재사항(법 제11조 제2항)

제11조 ②가맹계약서는 다음 각 호의 사항을 포함하여야 한다. 〈개정 2007. 8. 3.〉
1. 영업표지의 사용권 부여에 관한 사항
2. 가맹점사업자의 영업활동 조건에 관한 사항
3. 가맹점사업자에 대한 교육 · 훈련, 경영지도에 관한 사항
4. 가맹금 등의 지급에 관한 사항
5. 영업지역의 설정에 관한 사항
6. 계약기간에 관한 사항
7. 영업의 양도에 관한 사항
8. 계약해지의 사유에 관한 사항
9. 가맹희망자 또는 가맹점사업자가 가맹계약을 체결한 날부터 2개월(가맹점사업자가 2개월 이전에 가맹사업을 개시하는 경우에는 가맹사업개시일)까지의 기간 동안 예치가맹금을 예치기관에 예치하여야 한다는 사항. 다만, 가맹본부가 제15조의2에 따른 가맹점사업자피해보상보험계약 등을 체결한 경우에는 그에 관한 사항으로 한다.
10. 가맹희망자가 정보공개서에 대하여 변호사 또는 제27조에 따른 가맹거래사의 자문을 받은 경우 이에 관한 사항
11. 그 밖에 가맹사업당사자의 권리 · 의무에 관한 사항으로서 대통령령이 정하는 사항

가. 의의

가맹사업법에 따르면, 가맹계약은 일반상사계약과는 달리, 가맹계약에 필수적으로 기재하여야 할 사항을 규정하고 있다.

나. 필요적 기재사항(19가지)

(1) 가맹사업법 제11조 제2항[88]

① 영업표지의 사용권부여
② 가맹점사업자의 영업활동조건
③ 가맹점사업자에 대한 교육, 훈련, 경영지도

88) 두문자를 따서 사/영/교/가/영/계/양/해/예/변으로 외우시길 바랍니다.

④ 가맹금 등의 지급
⑤ 영업지역설정
⑥ 계약기간
⑦ 영업의 양도
⑧ 계약의 해지사유
⑨ 가맹계약체결일부터 2개월 동안 예치가맹금을 예치기관에 예치하여야 한다는 사항
⑩ 정보공개서에 대하여 변호사 또는 가맹거래사의 자문을 받은 경우 그 사항
⑪ 그 밖의 대통령령이 정하는 사항

(2) 그 밖의 대통령령이 정하는 사항(법 시행령 제12조)[89]

① 가맹금 등 금전의 반환조건
② 가맹점사업자의 영업설비, 집기 등의 설치와 유지, 보수 및 그 비용의 부담
③ 가맹계약의 종료 및 해지에 따른 조치사항
④ 가맹본부의 가맹계약갱신거절의 정당한 사유
⑤ 가맹본부의 영업비밀
⑥ 손해배상
⑦ 분쟁해결절차
⑧ 가맹본부가 다른 사업자에게 가맹사업 양도 시 종전 가맹점사업자와의 계약에 관한 사항
⑨ 가맹본부의 지식재산권 유효기간 만료 시 조치사항

다. 임의적 기재사항[90]

우리나라의 계약관행은 구체적 법률관계에 대한 고려 없이 합의에 이르는 경우가 많았다. 이런 결과 당사자 간의 분쟁 발생 시 책임소재파악에 있어 어려움이 많았다. 따라서 필수적 기재사항 이외에도 사적 자치의 원칙상 가맹사업당사자 간의 권리의무에 대한 개별조항을 설정하여 분쟁의 경우를 대비하여야 할 것이다.

89) 두문자를 따서 금/영/종/갱/영/손/분/양/지로 외우시길 바랍니다. 필수기재사항은 외우는 것이 바람직합니다. 특히 가맹거래사 2차 시험을 준비하시는 수험생의 경우 더욱 그러합니다. 나름대로 두문자를 붙였으니 활용하시기 바랍니다.

90) 정용직, 가맹사업법(에듀랩, 2008년), 제99면.

라. 필요적 기재사항의 내용[91)]

(1) 의의

계약은 일반적으로 계약당사자 간의 구체적인 합의내용에 따라 그 계약의 내용이 결정된다. 그러나 가맹계약서의 경우는 특징적으로 약관의 성격을 갖고 있기 때문에 가맹본부에서 미리 만들어서 가맹점사업자나 가맹희망자에게 교부되는 경우가 일반적이다.

가맹계약서는 가맹사업법과 약관규제법 등의 적용을 받으므로 가맹계약서에는 가맹사업법이 규정하고 있는 필수기재사항을 반드시 담고 있어야 하며, 또한 약관규제법의 적용을 받으므로 가맹본부가 가맹계약서의 규율내용을 지나치게 일방적으로 자신에게 유리하게 작성되어 있는 등 약관규제법의 규제대상이 되는 경우에는 해당 조항이 무효가 될 수 있으므로 주의하여야 한다.

(2) 영업표지의 사용권 부여에 관한 사항

영업표지의 사용권 부여란, 가맹본부가 가맹점사업자에게 자기의 점포와 동일한 이미지 아래 동일한 영업방법을 이용해서 가맹점을 운영할 권리를 부여하는 것을 말하는 것으로서 이 조항에서는 영업표지의 사용 · 훼손 · 변경 · 양도 등에 관해서 기재한다.

(3) 가맹점사업자의 영업활동조건에 관한 사항

가맹본부는 가맹점사업자와 가맹계약을 체결함에 있어 프랜차이즈시스템에 대한 이미지제고와 품질유지를 위하여 가맹점사업자에 대하여 일정한 영업활동 조건을 부여한다. 예를 들면, 가맹점사업자의 자격조건, 점포규모의 제한, 지정된 영업시간의 준수, 직원의 유니폼착용 등의 규제가 있을 경우 이를 반드시 계약서에 기재하여야 한다는 것이다.

---

91) 이종헌, 가맹계약서 작성업무의 이해(2010년 가맹거래사 실무연수), 곽상언, 가맹계약의 이해 및 관련 판례(2010년 가맹거래사 실무연수).

(4) 가맹점사업자에 대한 교육 · 훈련, 경영지도에 관한 사항

가맹본부는 가맹점사업자에 대하여 교육, 경영지원 등의 의무가 있으므로 이에 대하여 계약서에 반드시 기재토록 한 것이다. 가맹본부의 이러한 의무에는 개점 전 지원사항, 점포운영 중의 지원사항, 교육 · 훈련 등이 있다.

경영지도에 관한 사항은 가맹본부가 가맹점의 영업활성화를 위하여 담당 직원(슈퍼바이저[92])을 파견하여 경영 지도를 할 수 있음을 기재한다. 경영지도의 내용은 가맹사업의 종류에 따라 다를 것이다. 한편 가맹점사업자의 경영지도요청도 가능할 것이며, 이에 대한 규정도 기재하면 된다.

교육 · 훈련사항은 가맹본부가 실시하는 교육 · 훈련의 과정을 구분하고 이에 대한 상세한 내용을 기재한다. 한편 교육불참 등 교육에 따른 불이익에 관하여는 여기에 함께 기술하기도 하나, 다른 규정을 두어 기술하기도 한다.

(5) 가맹금 등 지급에 관한 사항

가맹점사업자는 영업표지의 사용과 경영 및 영업활동 등에 대한 지원 · 교육의 대가로 가맹본부에 가맹금을 지급하는 것이 가맹사업의 필수적인 구성요소라는 것이다. 이에 따라 가맹계약서에도 필수적으로 기재되어야 하는데, 일반적으로 가맹계약서에는 가맹점사업자가 지불해야 할 금액의 성질과 그러한 금액의 계산방법, 이의 지불방법, 기간, 시기 등이 기재되어야 한다. 가맹본부의 입장에서는 가맹점사업자의 분쟁이 발생할 경우를 대비하여 가능하면 가맹금을 세분화[가입비, 정기납입경비(로얄티), 계약이행보증금, 광고 및 판촉비 등]하여 기재하는 것이 바람직하다.

☞ 가맹점사업자가 가맹금 등의 지급에 관한 약정에도 불구하고 이를 지급하지 아니하고 이를 임의로 소비한 경우, 가맹점사업자의 업무상 횡령죄의 성립 여부가 문제된 바 있다.

---

92) 슈퍼바이저(Superviser)란 본부와 가맹점 간의 정보를 상호전달해 주고 가맹점이 원활한 영업활동을 할 수 있도록 관리, 지도해 주는 사람을 말한다. 실제 현장에서는 슈퍼바이저의 역할을 담당 영업사원이 하고 있으며, 슈퍼바이저의 역할이 방대한 만큼 그 역할을 모두 영업사원이 맡는 것이 아니라, 역할분담을 하고 있는 것이 일반적이다(예: 머천다이징의 경우 MD 매니저, 교육훈련의 경우 교육주임 등).

"이른바 '프랜차이즈 계약'의 기본적인 성격은 각각 독립된 상인으로서의 본사 및 가맹점주 간의 계약기간 동안의 계속적인 물품공급계약이고, 본사의 경우 실제로는 가맹점의 영업활동에 관여함이 없이 경영기술지도, 상품대여의 대가로 결과적으로 매출액의 일정비율을 보장받는 것에 지나지 아니하여 본사와 가맹점이 독립하여 공동경영하고 그 사이에서 손익분배가 공동으로 이루어진다고 할 수 없으므로 가맹점 계약을 동업계약 관계로는 볼 수 없고, 따라서 가맹점주들이 판매하여 보관 중인 물품판매 대금은 그들의 소유라 할 것이어서 이를 임의 소비한 행위는 프랜차이즈 계약상의 채무불이행에 지나지 아니하므로, 결국 횡령죄는 성립하지 아니한다."[93]

(6) 영업지역설정에 관한 사항

영업지역의 설정에 관한 규정은 가맹계약서의 필수 기재사항이다. 그러나 필수기재사항이라고 하여 반드시 가맹점사업자의 영업지역권을 반드시 보장해야 함을 의미하는 것은 아니다. 가맹점사업자의 영업지역을 보장한다면 그러한 내용을 기재하며, 독점적 · 배타적으로 영업지역권을 보장하지 않는 경우에도 그러한 내용을 기재하면 되는 것이다. 또한 가맹점의 표시도 기재하는데 일반적으로 가맹점명을 비롯하여 점포의 소재지, 점포의 규모 등을 대략적으로 기재한다.

(7) 계약기간에 관한 사항

가맹계약기간을 얼마로 정해야 하는지에 대하여 가맹사업법상 규정은 없다. 따라서 계약기간은 당사자 간의 약정으로 자유롭게 정할 수 있는 것이다. 다만 가맹본부는 가맹계약 종료 후에라도 일정한 갱신의무를 지고 있을 뿐인 것이다.

결국 가맹계약기간은 가맹점사업자가 투자한 자본의 회수에 걸리는 기간을 합리적으로 산정하여 결정하면 될 것이다. 일반적으로 우리나라에서는 계약체결일로부터 1년에서 3년 사이가 가장 많다고 한다.

93) 업무상 횡령죄는 1) 타인의 재산을 보관하는 자가 그 재물을 횡령하거나 그 반환을 거부하거나, 2) 타인의 사무를 처리하는 자가 그 임무에 위배하는 행위로써 재산상의 이익을 취득하거나 제삼자로 하여금 이를 취득하게 하여 본인에게 손해를 가한 경우에 성립한다(형법 제355조). 사건의 경우, 물품판매대금은 타인의 재산이 아니라, 피고인인 가맹점사업자(가맹점주)의 소유이므로 이를 임의 소비한 행위는 업무상 횡령죄를 구성요건에 해당하지 않는다. 다만, 프랜차이즈 계약에 따른 채무불이행에는 해당된다고 판시하였다.

☞ 실무에서 보면 통상적으로 계약서상 개점 시한에 관한 사항이 누락되어 있는 경우가 많은데 사후 문제발생의 소지를 없애기 위해서라도 개점시한을 명시해 놓는 것이 바람직할 것이다(예를 들면, "을은 ○○년 ○월 ○일까지 개점하여야 한다"라는 규정).

(8) 영업의 양도에 관한 사항

가맹계약의 양도문제는 비단 가맹계약당사자뿐만 아니라 프랜차이즈시스템 전체에 직접적으로 영향을 미치는 중요한 문제이기 때문에 가맹사업법은 가맹계약서에 반드시 기재하여야 할 필수기재사항으로 규정하고 있다.

영업의 양도는 가맹본부가 영업권을 양도하는 경우와 가맹점사업자가 영업권을 양도하는 경우를 상정해 볼 수 있다.

우선 가맹본부의 양도에 대하여는 첫째, 가맹본부가 권리를 양도함에 있어 계약상대방인 가맹점사업자 모두의 동의를 얻도록 하는 것은 절차적으로 너무 어려운 것을 요구하는 것으로서 이는 결국 가맹본부의 영업양도를 원천적으로 봉쇄하는 것이라는 점. 둘째, 만일 가맹본부가 가맹사업을 양도하는 것을 규제한다면 가맹본부 자신의 가치는 물론이고 가맹시스템에 대한 시장성(marketability)까지도 심하게 훼손되어 결국에는 가맹점사업자까지 악영향을 미칠 수 있다는 점을 들어 가맹본부의 자유로운 영업권양도를 인정하는 견해가 있을 수 있으나, 가맹본부의 무분별한 영업권 양도를 방치할 경우 가맹점사업자에게 미치는 악영향은 매우 클 뿐만 아니라 공정한 가맹사업거래질서를 해치는 결과 자칫하면 전체 프랜차이즈산업발전을 저해할 수 있다. 따라서 가맹점사업자입장에서는 가맹계약을 체결한 당사자인 가맹본부가 누구인가는 계약체결상 매우 중요한 요소로서, 가맹본부의 권리양도 시 가맹점사업자가 동의하는 경우로 제한하거나, 별도의 가맹계약을 체결하도록 하는 것이 타당하다. 한편 가맹점사업자가 영업권을 양도하는 경우에 대하여는 가맹점사업자는 해당 가맹사업에 대한 매력을 잃거나, 자신의 영업권을 제3자에게 처분하고 투하자본을 회수한 뒤 다른 사업이나 경제적 기회를 노린다거나 또는 가맹점사업자가 가맹계약 기간 중 사망하거나 무능력자가 될 경우에는 가맹계약에 대한 권리를 양도할 필요성이 발생할 수 있다. 그러나 이는 상호신뢰를 바탕으로 하는 가맹사업의 본질에 비추어 볼 때 양도로 인해 가맹계약의 당사자가 바뀐다는 것은 가맹본부입장에서는 재정상태나 능력 또는 평판이 좋지 못한 자에게 권리가 양도되는 경우 등 일견 불측의 손해를 가져올 개연성도 있는 것이 사실이다. 따라서 이러한 양자의 입장을 모두 고려하여 가맹사업의 양도는 원칙적으로 허용하되 가맹본부의 일정한 통제를 허용하여야 할 것이다. 가맹사업법도 이러한 점을 고려하여 가맹점사업자는 가맹계약기간 중에는 가맹본부의 동의를 얻지 아니하고는 가맹점 운영권을 양도하지 못하도록 규정하고 있다(법 제6조 제9호). 그러나 가맹사업법 제6조가 강행법규는 아니기 때문에 가맹본부에 따라서는 가맹점사업자의 영업양도를 아무런 제한 없이 허용할 수도 있는 것이다. 따라서 가맹계약서에 영업양도의 허용여부, 허용이 된다면 어떠한 조건하에 영업양도가 되는지를 명확하게 기재함으로써 양 당사자 간의 분쟁의 소지를 사전에 방지할 필요가 있다. 특히 영업양도에 대한 가맹본부의 승인 혹은 거절 등의 절차적 규정이 필요할 것이다. 예를 들어, 가맹본부의 승인을 얻기 위해서는 가맹점사업자는 언제까지 가맹본부에 청구하여야 하는지 그리고 가맹본부는 승인청구를 받은 날부터 언제까지 승인 또는 거절을 하여야 하는지 등을 구체적으로 기재하여야 한다는 것이다. 한편 가맹점사업자의 영업권양도 시 양수인은 전체 가맹금을 다시 납부하여야 하는가가 문제된다. 이 문제는 가맹금의 금원의 성격에 따라 달리 판단할 문제이다. 가맹본부는 가맹점양수로 인하여 새롭게 발생되는 비용(교육비, 노하우 전수비, 계약이행보증금 등)에 대해서만 부과할 것이지, 가입비, 입회비, 계약금 등 최초가맹금성격의 가맹금은 부과하여서는 안 될 것이다. 가맹본부가 사전 동의하여 적법한 영업양도가 이루어지면 양수인은 양도인의 권리 · 의무를 포괄적으로 이전받는 것이 당연함에도 양수인에게 가입비 등을 다시 부담시키는 것은 가맹본부입장에서는 이중으로 이익을 얻는 것이고 또한 양수가맹점은 영업지역이 이미 선정되어 있고 점포 및 각종 시설 등이 모두 갖추어져 있으며, 고객들도 어느 정도 확보된 상태이기 때문에 신규가맹점에 비해 가맹본부의 역할이 줄어들 수밖에 없다는 점을 감안한 것이다. 따라서 가맹본부가 영업양도를 사전 승인하였음에도 영업양도의 효과를 부인하고 무조건 양수인도 신규계약자로 보아 가입비를 전부 지급토록 하는 것은 가맹점에게 지나치게 불리한 조항으로 무효이다.

(9) 계약해지에 관한 사항

계약의 해지는 양 당사자의 권리 · 의무에 커다란 영향을 미치는 중요한 사항이므로 가맹본부는 가맹계약서에 해지사유와 그 해지절차에 대해서 상세하고 정확하게 기재하는 것이 필요하다. 기재사항이 불분명하거나 규정하지 않은 경우에는 가맹점사업자에게 유리하게 해석되기 때문이기도 하며, 또한 가맹점사업자입장에서도 계약의 해지는 치명적이기 때문이다.

한편 가맹사업법에서는 제14조에서 해지절차에 관한 규정을 상세하게 두고 있는바, 만약 이러한 절차상 규정이 지켜지지 않을 경우, 그 해지의 효력은 부정된다는 점을 주의하여야 한다.

(10) 가맹금 예치제도에 관한 사항

가맹사업법 제6조의5에 의하면 가맹금 중 개시지급금과 계약이행보증금성격의 가맹금에 대해서는 예치기관에 예치하도록 규정하고 있다. 이러한 내용을 계약서에 기재하며, 만약 가맹본부가 가맹사업법 제15조의2에 따른 가맹점사업자피해보상보험계약 등을 체결한 경우에는 그러한 내용도 기재하여야 한다.

(11) 가맹희망자가 정보공개서에 대하여 변호사 또는 법 제27조에 따른 가맹거래사의 자문을 받은 경우 이에 관한 사항

가맹사업법에서는 가맹본부로 하여금 가맹희망자에게 등록한 정보공개서를 제공하도록 하고 있으며, 등록한 정보공개서를 제공하지 아니하였거나 정보공개서를 제공한 날로부터 14일이 지나지 아니한 경우에는 가맹금을 수령하거나 가맹계약을 체결하지 못하도록 하고 있다. 그러나 만약 가맹희망자가 정보공개서에 대하여 변호사나 가맹거래사의 자문을 받은 경우에는 7일이 지나면 가맹금 수령이나 가맹계약을 체결할 수 있다. 따라서 가맹계약서에 이러한 자문을 받았는지 여부와 자문을 받아 계약을 체결한다는 내용을 기재하여야 한다.

(12) 그 밖에 가맹사업당사자의 권리 · 의무에 관한 사항으로서 대통령령이 정하는 사항

대통령령으로 정하는 사항이란 ① 가맹금 등 금전의 반환조건에 관한 사항으로서 가맹본부와 가맹점사업자의 귀책사유를 나누어 기재한다. ② 가맹점사업자의 영업설비, 집기 등의 설치와 유지 및 그 비용의 부담에 관한 사항으로서 이는 쾌적한 가맹점환경을 조성하고 유지하기 위하여 규정한다. 이러한 의무의 이행을 위하여 가맹본부는 의무이행

여부나 실태를 점검할 수 있으며, 점검결과에 따라 가맹점의 내 · 외장 및 설비 등에 관한 조치에 대해 기재한다. ③ 가맹계약의 종료 및 해지에 따른 조치사항으로서 이는 가맹계약의 해지, 기간만료, 갱신의 거절 등으로 인하여 계약이 종료된 경우 그 후속조치에 대하여 기재한다. 예를 들면, 영업표지의 사용금지 및 철거, 반품, 반환, 영업비밀 등의 누설금지 등이 있다. ④ 가맹본부가 가맹계약의 갱신을 거절할 수 있는 정당한 사유에 관한 사항 ⑤ 가맹본부의 영업비밀에 관한 사항으로서 매뉴얼 등 가맹본부가 제공하는 영업비밀에 대하여 비밀유지를 요구하도록 한다. 일반적으로 가맹본부의 허가 없이는 인쇄, 복사, 대여, 공개나 기타 일체의 누설행위를 하여서는 아니 됨을 규정하고 이에 대한 상세한 내용을 기재한다. ⑥ 가맹계약위반으로 인한 손해배상에 관한 사항을 기재한다. 어느 일방의 책임으로 인하여 본 계약상의 이행에 있어서 혹은 계약이 해지되는 경우 등으로서 상대방에게 손해가 발생한 경우에는 그 손해를 배상하여야 한다. 이와 같이 손해배상의 원인을 기재하고 그 입증책임에 대해서도 기재한다. ⑦ 가맹본부와 가맹점사업자 사이의 분쟁해결절차에 관한 사항으로서 계약과 관련한 분쟁 시의 해결방법에 관하여 기재한다. 또한 관할법원을 규정하는 데 가맹본부에 유리하게 기재하여서는 아니 되며, 또한 분쟁의 해결에 관하여 소송 전에 조정을 거칠 수 있도록 규정하는 경우가 실무상으로 많다. ⑧ 가맹본부가 다른 사업자에게 가맹사업 양도 시 종전 가맹점사업자와의 계약에 관한 사항, ⑨ 가맹본부의 지식재산권 유효기간 만료 시 조치사항에 대해서 기재한다.

마. 필요적 기재사항 위반의 효과

(1) 행정적 제재

공정거래위원회는 가맹계약서의 필요적 기재사항을 누락한 가맹본부에 대하여 위반행위의 시정에 필요한 조치를 명하거나 그 시정을 권고할 수 있으며, 해당 가맹본부의 위반행위 직전 3개 사업연도의 평균매출액에 100분의 2를 곱한 금액을 초과하지 아니하는 범위 안에서 과징금을 부과할 수 있다(법 제33조 내지 제35조).

(2) 형사적 제재

가맹계약서 필요적 기재사항 규정위반에 대한 직접적인 벌칙은 없다. 다만 공정거래위원회의 시정조치명령에 따르지 아니한 자는 3년 이하의 징역 또는 1억 원 이하의 벌금에 처하며(법 제41조 제2항 제1호), 이는 공정거래위원회의 고발이 있어야 공소를 제기할 수 있다("전속고발")(법 제44조).

4. 가맹계약서의 구조

(1) 전문
가맹계약서 본문 앞에 위치. 모든 계약서에 존재하지는 않음. 그러나, 본문과 더불어 중요한 해석기준

(2) 총칙
1) 계약의 목적
2) 용어의 정의
3) 가맹점의 표시
4) 계약당사자의 확정
5) 영업지역
6) 계약기간과 갱신
7) 계약당사자의 독립

(3) 개점준비
1) 입지선정
2) 점포의 인테리어 설비
3) 주방기기의 설치(즉, 필수장비의 설치)
4) 개점 전 교육 · 훈련
5) 인 · 허가
6) 개점홍보 및 판촉
7) 초도물품의 주문
8) 개점승인

(4) "갑"과 "을"의 권리와 의무
1) 가맹비
2) 예치가맹금
3) 계약이행보증금
4) 교육 및 훈련

5) 비밀유지의무
6) 경업금지의무
7) 경영지도
8) 감독 및 시정요구권

(5) "을"의 영업활동조건
1) 영업의 표준화 및 취급품목, 판매가격
2) 상품 등의 조달과 관리 및 결제
3) 자점매입
4) 상품의 하자와 검사
5) 상품공급의 중단(즉, 각종 가맹점운영권의 제한사항)
6) 영업시간
7) 복장
8) 운영매뉴얼(각종 점포매뉴얼)
9) 시설 및 기기의 유지관리
10) POS시스템의 설치, 운영 및 통지의무
11) 회계자료 및 통지의무
12) 점포운영상의 주요 지침
13) 광고 및 판촉

(6) 계약의 해지 및 종료
1) 계약의 해지
2) 계약의 종료와 그 조치
3) 가맹금 반환
4) 손해의 배상 및 위약벌

(7) 기타
1) 영업의 양도
2) 영업의 상속
3) 가맹점의 추가개설 등
4) 보험의 가입
5) 지연이자
6) 통지방법
7) 계약의 효력 및 변경
8) 분쟁해결 및 관할법원
9) 변호사나 가맹거래사 등의 자문
10) 특약사항: 중재합의 등

5. 가맹계약서 보관의무(법 제11조 제3항)

가. 의의

가맹본부는 가맹계약서를 가맹사업의 거래가 종료된 날로부터 3년간 보관하여야 한다(법 제11조 제3항). 즉 가맹본부는 가맹계약서를 가맹계약기간 중은 물론이고 가맹사업의 거래가 종료된 날로부터 3년간 보관하여야 한다는 것이다.[94)]

☞ 이는 법 제32조에서 공정거래위원회의 조사개시대상이 되는 가맹사업거래는 그 거래가 종료된 날로부터 3년을 경과하지 아니한 것에 한한다고 규정한 것과 관련하여 가맹계약서의 보관도 3년으로 정한 것으로 보인다.

> 제32조(조사개시대상행위의 제한) 이 법의 규정에 의하여 공정거래위원회의 조사개시대상이 되는 가맹사업거래는 그 거래가 종료된 날부터 3년을 경과하지 아니한 것에 한한다. 다만, 그 거래가 종료된 날부터 3년 이내에 신고된 가맹사업거래의 경우에는 그러하지 아니하다.

나. 취지

이는 가맹계약관계로 인한 분쟁발생 시 중요한 증거서류가 되는 가맹계약서를 가맹본부로 하여금 일정기간 보관하도록 의무화함으로써 가맹점사업자의 권리구제에 필요한 증거서류를 확보하고자 한 것이다.[95)]

다. 보관의무위반 시 효과

보관의무위반 시 1천만 원 이하의 과태료를 부과한다(법 제43조 제6항 제3호).

---

94) 이한무, 가맹사업법 해설(실무 및 소송의 쟁점)(법률정보센터, 2009년), 제86면.

95) 정용직, 가맹사업법(에듀랩, 2008년) 제100면.

6. 표준 가맹계약서의 사용권장(법 제11조 제4항)

공정거래위원회는 가맹본부에게 건전한 가맹사업거래질서를 확립하고 불공정한 내용의 가맹계약이 통용되는 것을 방지하기 위하여 일정한 가맹사업거래에서 표준이 되는 가맹계약서의 작성 및 사용을 권장할 수 있다.

7. 가맹계약의 종료

가. 서론

가맹계약은 해제나 해지, 기간의 만료 기타 당사자의 사망이나 회사의 해산 등의 사유에 의하여 종료된다.

가맹계약관계는 그 본질상 거래의 계속성이 특별히 요청되고, 또한 당사자 간에 상호 의존성이 강한 계약관계라는 특성으로 인하여 특히 계약갱신의 문제와 계약기간 중 계약해지와 관련하여 많은 분쟁이 발생하고 있으며,[96] 특히 가맹점사업자는 초기가맹점 운영권을 취득하기 위해서 거의 전 재산을 투자하는 경우가 많기 때문에 가맹본부의 자의에 의하여 계약이 종료된다면 너무나 큰 경제적 타격을 입게 되는 경우가 많기 때문에 가맹계약종료에 대한 일정한 규제가 필요한 것이다.[97]

☞ 이에 가맹사업법에서는 가맹계약갱신제도(제13조)를 두고 있으며, 해지와 관련하여 일정한 제한규정(제14조)을 두고 있다.

나. 가맹계약의 종료원인

(1) 계약기간의 만료

기간의 정함이 있는 가맹계약은 기간의 만료로 계약관계가 종료된다.

96) 이한무, 가맹사업법 해설(실무 및 소송의 쟁점)(법률정보센터, 2009년), 제259면.

97) 최경진, 프랜차이즈사업에 대한 법적 연구(고려대학교 법무대학원 석사학위논문, 2009년), 제40면.

☞ 당사자의 의사표시를 요하지 않는다.

(2) 가맹계약의 해지

계속적 계약에서 급부가 이미 행해진 경우를 전제로 해서 당사자의 일방적인 해지의 의사표시에 의해 그 법률관계를 "장래에 향해" 소멸시키는 것을 말한다.

☞ 원칙적으로 해지의 의사표시가 필요하다.

(3) 당사자의 소멸[98]

1) 당사자가 사망한 경우

당사자가 사망하는 경우 가맹계약서에 이에 관한 규정이 있으면 그에 따르면 되나, 만약 가맹계약서에 규정이 없는 경우 해석상 문제가 된다. 당사자가 법인인 경우에는 사망이 개념적으로 성립할 수 없기 때문에 당사자의 사망이 문제되는 것은 자연인(개인사업체)의 경우이다. 당사자 일방이 사망하면 상속이 개시되어 재산이 포괄적으로 승계되므로 원칙적으로 당사자의 사망은 가맹계약의 종료사유가 아니라고 할 것이다. 다만, 가맹계약의 성격이 일신전속적인 경우에는 당사자의 사망으로 가맹계약은 종료된다고 할 것이다.

☞ 민법 제1005조

> 제1005조(상속과 포괄적 권리의무의 승계) 상속인은 상속개시된 때로부터 피상속인의 재산에 관한 포괄적 권리의무를 승계한다. 그러나 피상속인의 일신에 전속한 것은 그러하지 아니하다. 〈개정 1990. 1. 13.〉

2) 법인이 소멸한 경우

법인인 사업체가 해산하여 청산이 종결한 경우에는 가맹계약은 종료된다. 주의할 점은 법인이 소멸하는 것은 청산종결등기가 된 때가 아니라, 청산사무가 사실상 종결된 때이

98) 정용직, 가맹사업법(에듀랩, 2008년), 제136면.

다(대판 1980. 4. 8. 79다2036).

☞ 법인의 소멸

법인의 소멸이란 법인이 권리능력을 상실하는 것을 의미하며, 자연인의 사망에 해당한다. 법인은 우선 "해산"으로 활동을 정지하고 재산을 정리하는 단계인 "청산"을 거쳐 소멸한다. 해산 후 청산종결 시까지 법인은 제한된 범위 내에서 권리능력을 가지게 되는데, 이를 청산법인이라 하며, 법인이 소멸하는 시점은 이 청산이 종결된 때이다.

다. 가맹계약의 해지

(1) 의의

가맹계약의 해지란 계속적 계약인 가맹계약에서 가맹사업당사자의 일방적 의사표시만으로 그 법률관계를 장래에 향해 소멸시키는 것을 말한다. 당사자가 가맹계약을 해지하는 경우 가맹계약관계는 장래에 대하여 그 효력을 잃는다.

(2) 계약해지의 발생유형

1) 법정해지

법정해지란, 해지권의 발생을 법률로 정해 놓은 것으로서, 가맹사업법에서는 정작 규정을 두지 않아 문제가 되고 있다. 따라서 민법상 법정해제사유인 제554조 내지 제546조를 가맹사업법상의 법정해지사유로 볼 수 있느냐가 문제되는 것이다.[99)]

이에 대해서는 견해가 대립한다.

① 긍정설: 민법의 해지권발생규정이 망라적인 것은 아니므로 유추적용하는 것이 타당하다는 견해이다. 따라서 이 경우 채무불이행에 의한 계약해지권이 발생하게 된다.[100)]

② 부정설: 해지의 사유는 계속적 계약의 특성에 맞게 개별적으로 규정하는 것이 타당하므로 부정하는 견해이다. 이 경우에는 채무불이행이 있다고 하여도 다른 법률규

99) 이한무, 가맹사업법 해설(실무 및 소송의 쟁점)(법률정보센터, 2009년), 제270면.

100) 주아라, 加盟契約에 관한 硏究(한남대학교 대학원 석사학위논문, 2009년), 제48면.

정이나 계약서에 따로 규정이 없으면 해지권이 발생하지 않게 된다.[101)]

2) 약정해지

해지권의 발생을 당사자 간 약정으로 정해 놓은 것으로서, 보통 가맹계약서에 규정된 사유가 발생하는 경우 해지권이 발생한다(즉, 당사자의 특약으로 해지권이 발생하는 경우이다). 그러나 가맹계약에 있어서는 계약서가 가맹본부에 의하여 미리 작성되는 것이 대부분이기 때문에, 그가 우월한 지위를 남용하여 약정해지원인을 정하고 이를 가맹점사업자에 대한 통제의 수단으로 이용할 수 있다는 문제점이 있다. 따라서 해지사유를 특약하는 경우에는 그 사유가 구체적으로 열거되어야 하고, 정당한 이유가 있어야 하며, 공서양속에 위반되거나 단속법규(특히 공정거래법, 약관규제법)에 위반되어서는 아니 된다고 할 것이다.

3) 합의해지(계약해지)

계약당사자가 당해 가맹계약을 장래를 향하여 해소하는 취지의 계약을 체결하면 계약법상의 원칙상 그 계약대로 효력은 발생하는 것이다. 이러한 계약에 의해 즉시해지의 효력을 발생시킬 수도 있는 것이고, 일정기간 시간을 두고 효력을 발생시키는 것도 가능한 것이다.[102)]

계약의 합의해지를 인정하기 위해서는 기존 계약의 효력을 장래에 향하여 소멸시키기로 하는 내용의 '청약과 승낙'이라는 서로 대립하는 의사표시가 합치될 것을 그 요건으로 하고, 이러한 합의가 성립하기 위해서는 쌍방 당사자의 표시행위에 나타난 의사의 내용이 서로 객관적으로 일치하여야 한다.

계약의 합의해지는 계속적 채권채무관계에 있어서 당사자가 이미 체결한 계약의 효력을 장래에 향하여 소멸시킬 것을 내용으로 하는 '새로운 계약'으로서, 계약이 성립하는 경우와 마찬가지로 기존 계약의 효력을 장래에 향하여 소멸시키기로 하는 내용의 '청약과 승낙'이라는 서로 대립하는 의사표시가 합치될 것을 그 요건으로 하고, 이러한 합의가 성립하기 위해서는 쌍방 당사자의 표시행위에 나타난 의사의 내용이 서로 객관적으로 일치하여야 한다(대판 2000. 3. 10. 99다70884).

101) 이한무, 가맹사업법 해설(실무 및 소송의 쟁점, 2009년), 제270면.

102) 구재군, 프랜차이즈 契約에 관한 硏究(서울대학교 대학원 법학박사논문, 2002년), 제161면.

4) 실권약관(해제조건부 계약)

가맹계약서에 일방이 일정한 의무이행을 게을리 하면 계약은 자동으로 효력을 잃는다는 취지의 조항을 두는 경우가 있다. 이를 '실권약관(失權約款)'이라고 하는데, 이는 최고나 해지의 의사표시 없이 즉시해지의 효과가 발생하도록 한 것이다. 이러한 실권약관은 경제적 약자인 상대방에 대단히 불리한 결과를 강요할 수 있으므로, 이에 대한 법적 규제의 필요성이 있는 것이다.103)

이러한 실권약관에 대해 공정거래위원회는 "프랜차이즈 가맹점이 연중무휴 하루 18시간 이상 영업을 하지 않을 경우 사전 최고 없이 즉시 본 계약을 해지할 수 있다."고 규정하고 있는 써클케이코리아 프랜차이즈 계약서상의 조항(실권약관조항)에 대하여, 고객에 대한 해제권 · 해지권을 완화하여 고객에게 부당하게 불이익을 줄 우려가 있으므로 무효라고 심결을 내린 바 있다.104)

5) 즉시해지

① 의의

가맹사업법에서는 가맹사업을 더 이상 유지시키기 어려운 일정한 사유가 발생한 경우 가맹계약해지규정(법 제14조)의 적용 없이, 즉시 가맹계약을 해지시킬 수 있는 규정(법 시행령 제15조)을 두고 있다.

② 취지

가맹점사업자에게 일정한 사유가 발생한 경우 이는 가맹사업당사자 간의 거래관계가 원만하게 회복될 가능성이 없다고 보아 신속하게 가맹계약관계를 종료하는 것이 바람직하다는 취지에서 인정한 것이다.105)

---

103) 정용직, 가맹사업법(에듀랩, 2008년), 제135면.

104) 구재군, 같은 논문, 제163면.

105) 김후중, 가맹사업법 이해와 실무(무역경영사, 2008년), 제110면.

③ 즉시해지사유 10가지(법 시행령 제15조)

1. 가맹점사업자에게 파산 신청이 있거나 강제집행절차 또는 회생절차가 개시된 경우
2. 가맹점사업자가 발행한 어음 · 수표가 부도 등으로 지불정지된 경우
3. 천재지변, 중대한 일신상의 사유 등으로 가맹점사업자가 더 이상 가맹사업을 경영할 수 없게 된 경우
4. 가맹점사업자가 공연히 허위사실을 유포함으로써 가맹본부의 명성이나 신용을 뚜렷이 훼손하거나 가맹본부의 영업비밀 또는 중요정보를 유출하여 가맹사업에 중대한 장애를 초래한 경우
5. 가맹점사업자가 가맹점 운영과 관련되는 법령을 위반하여 이를 시정하라는 내용의 행정처분(과징금 · 과태료 등의 부과처분을 포함)을 통보받고도 행정청이 정한 시정기한(시정기한을 정하지 아니한 경우에는 통보받은 날부터 10일) 내에 시정하지 않은 경우
6. 가맹점사업자가 가맹점 운영과 관련되는 법령을 위반하여 자격 · 면허 · 허가 취소 또는 영업정지 명령(15일 이내의 영업정지명령의 경우는 제외한다) 등 그 시정이 불가능한 성격의 행정처분을 받은 경우. 다만, 법령에 근거하여 행정처분을 갈음하는 과징금 등의 부과 처분을 받은 경우는 즉시해지사유가 아니다.
7. 가맹점사업자가 법 제14조 제1항 본문에 따른 가맹본부의 시정요구에 따라 위반사항을 시정한 날부터 1년(계약갱신이나 재계약된 경우에는 종전 계약기간에 속한 기간을 합산한다) 이내에 다시 같은 사항을 위반하는 경우. 다만, 가맹본부가 시정을 요구하는 서면에 다시 같은 사항을 1년 이내에 위반하는 경우에는 법 제14조 제1항의 절차를 거치지 아니하고 가맹계약이 해지될 수 있다는 사실(즉, 즉시 해지될 수 있다는 사실)을 누락한 경우는 제외한다.
8. 가맹점사업자가 가맹점 운영과 관련된 행위로 형사처벌을 받은 경우
9. 가맹점사업자가 공중의 건강이나 안전에 급박한 위해를 일으킬 염려가 있는 방법이나 형태로 가맹점을 운영하는 경우
10. 가맹점사업자가 정당한 사유 없이 연속하여 7일 이상 영업을 중단한 경우

(3) 해지권의 행사 및 제한

1) 해지권의 행사

① 행사방법

㈀ 행사의 자유

해지권의 행사 여부는 해지권자의 자유이다. 따라서 해지권자는 계약을 해지하지 않고 자신의 의무를 계속해서 부담하면서 상대방에게 채무의 이행을 청구할 수도 있는 것이다.

㈏ 행사방법

㉠ 해지권의 행사는 상대방에 대한 의사표시로써 한다. 따라서 그 의사표시가 상대방에게 도달한 때부터 그 효력이 발생한다.

㉡ 해지의 의사표시에는 조건 또는 기한을 붙이지 못한다.

㈐ 철회의 제한

해지의 의사표시는 철회하지 못한다. 계약이 해지된 것으로 믿는 상대방을 보호하기 위함이다. 따라서 상대방이 승낙하면 철회가 가능하다.

② 해지권의 불가분성

㈎ 해지권행사의 불가분성

당사자의 일방 또는 쌍방이 수인인 경우에는 계약의 해지는 그 전원으로부터 또는 전원에 대하여 하여야 한다(민법 제547조 제1항).

㈏ 해지권소멸의 불가분성

해지의 권리가 당사자 1인에 대하여 소멸한 때에는 다른 당사자에 대하여도 소멸한다(민법 제547조 제2항).

2) 해지권행사에 대한 가맹사업법상의 제한

가맹사업은 그 사업 초기에 많은 인적 · 물적 투자가 이루어지며, 한편 해지권의 일방적 행사는 가맹본부의 부당한 통제수단으로 악용될 우려가 있다. 이에 가맹사업법은 가맹점사업자의 보호를 위하여 계약해지의 사유를 가맹계약서의 필요적 기재사항으로 규정하고 있을 뿐만 아니라(법 제11조 제2항), 그 행사에 대하여도 일정한 제한을 가하고 있다(법 제14조).

① 가맹사업법 제12조 제1항 제3호

가맹사업법 제12조(불공정 거래행위의 금지) 제1항 제3호에 의하면 "가맹본부가 거래상 지위를 이용하여 부당하게 가맹점사업자에게 불이익을 주는 행위를 할 수 없다."라고 규정하고 있다.

② 가맹사업법 제14조

가맹사업법 제14조에서는 가맹계약해지의 절차적 제한규정을 두었으며, ① 가맹본부는 가맹계약을 해지하려는 경우에는 가맹점사업자에게 2개월 이상의 유예기간을 두고 계약의 위반사실을 구체적으로 밝히고 이를 시정하지 아니하면 그 계약을 해지한다는 사실을 서면으로 2회 이상 통지하여야 한다. 다만, 가맹사업의 거래를 지속하기 어려운 경우로서 대통령령이 정하는 경우에는 그러하지 아니하다. ② 제1항의 규정에 의한 절차를 거치지 아니한 가맹계약의 해지는 그 효력이 없다고 하여, 절차를 위반한 가맹계약의 해지는 무효임을 강조하고 있다.

(4) 해지의 효과

민법 제550조(해지의 효과) 당사자일방이 계약을 해지한 때에는 계약은 장래에 대하여 그 효력을 잃는다.

1) 비소급효(민법 제550조)

계약이 해지되면 해제와는 달리 장래에 향하여 그 효력을 잃는다. 따라서 해지 이전의 계약관계에는 영향을 미치지 않으므로 해지 전에 이미 발생한 채무가 이행되지 않은 경우에는 해지 후에도 그대로 존속하여 이행의무를 부담한다. 따라서 가맹점사업자가 가맹본부에게 미지급한 가맹금이나 물품대금 등이 있는 경우에는 여전히 지급할 의무가 있는 것이다.

2) 원상회복의무(반환의무)

해지가 되면 당사자는 해지 시까지 계속되었던 계약관계를 종료시키고 청산의무를 부담하는 경우가 있다. 즉, 가맹계약에서는 가맹점사업자가 사업초기에 많은 인적 · 물적 투자를 하게 된다. 또한 가맹본부도 계약의 종료로 인하여 물류수익이나 로열티 등이 중단되므로 손해를 보게 되는 경우가 있다. 따라서 당사자는 가맹계약의 종료과정에서 상호 간에 상대방의 이익을 최대한 배려하고 대화와 타협의 기조에서 관계의 청산이 이루어지는 것이 바람직하다.

① 영업표지 등의 사용중지

가맹점사업자는 가맹계약의 종료 시에는 영업표지 등의 사용을 즉시 중지하여야 하고 가맹본부의 노하우나 영업비밀에 해당하는 문서 등을 반환하여야 한다. 이러한 조치 등은 가맹사업의 시스템(프랜차이즈시스템)의 이미지보전을 위해서는 대단히 중요한 것으로서, 이는 적절한 크기의 위약금의 부과 등을 통하여 확보될 수 있다.[106)]

② 비품 및 재고품 등의 반환

(ㄱ) 가맹점이 비품 및 재고품 등의 소유권을 취득한 경우

가맹점이 가맹본부 또는 본부가 지정한 업체로부터 구입한 주방기구 · 집기비품 등으로서 가맹점이 그 소유권을 취득한 경우, 가맹점은 가맹계약 종료 시에 본부의 상표 · 상호 등 영업표지를 제거한 후 자신이 임의로 처분할 수 있다.[107)]

(ㄴ) 비품 등이 임차하거나, 사용대차인 경우

비품 등을 가맹본부로부터 사용대차 혹은 임차한 경우에는 그 반환은 당사자 간에 협의된 절차에 따르거나, 차용물의 반환 · 원상회복 등에 관한 민법 제613조 내지 제615조 및 제654조 등에 의하여 규율된다.[108)]

☞ 사용대차 vs 임대차

사용대차	임대차
의의: 사용대차는 당사자일방이 상대방에게 무상으로 사용, 수익하게 하기 위하여 목적물을 인도할 것을 약정하고 상대방은 이를 사용, 수익한 후 그 물건을 반환할 것을 약정함으로써 그 효력이 생긴다(민법 제609조).	의의: 임대차는 당사자일방이 상대방에게 목적물을 사용, 수익하게 할 것을 약정하고 상대방이 이에 대하여 차임을 지급할 것을 약정함으로써 그 효력이 생긴다(민법 제618조).
민법 제613조(차용물의 반환시기) ① 차주는 약정시기에 차용물을 반환하여야 한다. ② 시기의 약정이 없는 경우에는 차주는 계약 또는 목적물의 성질에 의한 사용, 수익이 종료한 때에 반환하여야 한다. 그러나 사용, 수익에 족한 기간이 경과한 때에는 대주는 언제든지 계약을 해지할 수 있다. 제614조(차주의 사망, 파산과 해지) 차주가 사망하거나 파산선고를 받은 때에는 대주는 계약을 해지할 수 있다. 제615조(차주의 원상회복의무와 철거권) 차주가 차용물을 반환하는 때에는 이를 원상에 회복하여야 한다. 이에 부속시킨 물건은 철거할 수 있다.	제654조(준용규정) 제610조 제1항, 제615조 내지 제617조의 규정은 임대차에 이를 준용

106) 구재군, 프랜차이즈 契約에 관한 硏究(서울대학교 대학원 법학박사논문, 2002년), 제167면.

107) 구재군, 같은 논문, 제167면.

108) 구재군, 같은 논문, 제170면.

③ 가맹금 등의 반환

가맹금의 반환문제는 가맹계약의 체결 시에 가맹점사업자가 가맹본부에게 지급한 금전이 무엇에 대한 대가(對價)로 지급한 것이냐에 달려 있다.

㈀ 가맹금 등의 이름으로 지급한 금전이 가맹점 개설에 앞서 교육 및 훈련에 대한 대가인 경우

이는 이미 사용하여 없어진 것이 되므로 반환대상이 될 수 없다. 즉 가맹계약 해지의 경우 가맹본부는 이를 반환할 의무를 부담하지 아니한다.

㈁ 영업시간에 있어서 이것에 상응하는 이익을 대가로서 취득했다고 인정되는 경우

영업시간 동안 이것에 상응하는 이익을 대가로서 취득했다고 인정되어야 하는 가맹권리금 및 현수막 사용권리금 등에 대해서는 반환대상이 될 수 없다.

㈂ 가맹점이 가맹본부의 영업표지를 사용하는 것에 대한 대가

영업표지의 사용에 대한 이익은 기간에 따라 균등한 비율로 상대방에게 귀속하는 것이 원칙이므로 가맹계약 해지 시에 잔여기간에 해당하는 부분은 반환하여야 할 것이다.

따라서 우리나라 가맹계약 약관 중에는 "계약 종료 시 가맹금을 어떠한 경우에도 반환하지 않는다."라는 규정을 두고 있는 경우가 종종 있는데, 이러한 조항은 가맹계약 해지로 인한 가맹점의 원상회복의무를 상당한 이유 없이 과중하게 부담시키거나 원상회복청구권을 부당하게 포기하도록 하는 조항으로 약관규제법 제9조 제3호에 해당되어 무효가 될 수 있다.

☞ 약관규제법 제9조 제3호

제9조(계약의 해제 · 해지) 계약의 해제 · 해지에 관하여 정하고 있는 약관의 내용 중 다음 각 호의 어느 하나에 해당되는 내용을 정하고 있는 조항은 무효로 한다. 3. 법률에 따른 사업자의 해제권 또는 해지권의 행사 요건을 완화하여 고객에게 부당하게 불이익을 줄 우려가 있는 조항

맥도날드 햄버거의 영업표지를 사용하는 것에 대한 대가로 지급한 프랜차이즈 수수료는 가맹금의 성격을 가지는 금전으로 봄이 상당하고, 영업표지의 사용에 대한 이익은 기간에 따라 균등의 비율로 귀속되는 것이 원칙이므로, 가맹본부가 가맹점으로부터 점포를 인수하여 직영하는 방법으로 가맹점이 투하자본을 회수하기로 프랜차이즈 계약이 합의 해지된 경우라면, 가맹본부가 지급받은 가맹금 중 프랜차이즈 계약의 합의 해지 후 잔여기간에 해당하는 부분은 가맹점에게 반환하여야 한다(수원지방법원 2002. 12. 24. 선고 2002가단13688).

④ 비용의 부담

(ㄱ) 원상회복에 소요되는 비용의 부담

원상회복에 소요되는 비용을 누구에게 부담시킬 것인가가 문제되는바, 이는 변제비용 부담에 관한 민법 제473조를 유추적용하여야 할 것이다.[109] 즉, 다른 의사표시가 없으면 원상회복 채무자의 부담으로 하여야 한다는 것이다. 원상회복채무자가 누구이냐는 원상회복의무의 내용에 따라 달라지는 것이지만 가맹계약관계에 있어 대개의 경우는 가맹점사업자가 원상회복의 채무자가 될 것이다.

☞ 민법 제473조

제473조(변제비용의 부담) 변제비용은 다른 의사표시가 없으면 채무자의 부담으로 한다. 그러나 채권자의 주소이전 기타의 행위로 인하여 변제비용이 증가된 때에는 그 증가액은 채권자의 부담으로 한다.

(ㄴ) 반환대상이 되는 목적물에 대하여 가맹점이 비용을 지출한 경우

가맹본부로부터 사용대차한 경우에는 민법 제611조 및 제617조에 의하여, 임대차한 경우에는 민법 제626조에 의하여 가맹본부는 가맹점사업자에게 상환하여야 할 것이다.

109) 구재군, 프랜차이즈 契約에 관한 硏究(서울대학교 대학원 법학박사논문, 2002년), 제174면.

☞ 민법 제611조, 제617조, 제626조

민법 제611조	민법 제617조	민법 제626조
사용대차 제611조(비용의 부담) ① 차주는 차용물의 통상의 필요비를 부담한다. ② 기타의 비용에 대하여는 제594조 제2항의 규정을 준용한다.	사용대차 제617조(손해배상, 비용상환청구의 기간) 계약 또는 목적물의 성질에 위반한 사용, 수익으로 인하여 생긴 손해배상의 청구와 차주가 지출한 비용의 상환청구는 대주가 물건의 반환을 받은 날로부터 6월 내에 하여야 한다.	임대차 제626조(임차인의 상환청구권) ① 임차인이 임차물의 보존에 관한 필요비를 지출한 때에는 임대인에 대하여 그 상환을 청구할 수 있다. ② 임차인이 유익비를 지출한 경우에는 임대인은 임대차종료 시에 그 가액의 증가가 현존한 때에 한하여 임차인의 지출한 금액이나 그 증가액을 상환하여야 한다. 이 경우에 법원은 임대인의 청구에 의하여 상당한 상환기간을 허여할 수 있다.

3) 손해배상책임(민법 제551조)

채무불이행을 이유로 계약이 해지된 경우에는 손해배상청구권이 발생한다.

(5) 해지절차위반의 효과(법 제14조 위반)

가맹사업법 제14조 제1항 본문에서 정한 절차를 거치지 아니한 경우에는 그 가맹계약의 해지는 효력이 없다(법 제14조 제2항).

이에 대한 가맹사업법상의 직접적인 벌칙규정은 없으나, 이는 '부당한 계약해지'로서 불공정거래행위에 해당할 수 있으므로(법 시행령 [별표 2] 참조), 공정거래위원회에 의하여 시정조치나 과징금이 부과될 수 있다. 공정거래위원회의 시정조치명령에 따르지 않은 경우 3년 이하의 징역 또는 1억 원 이하의 벌금에 처해진다(법 제41조 제2항 제1호).

8. 가맹계약의 갱신제도(법 제13조 제1항)

제13조(가맹계약의 갱신 등) ① 가맹본부는 가맹점사업자가 가맹계약기간 만료 전 180일부터 90일까지 사이에 가맹계약의 갱신을 요구하는 경우 정당한 사유 없이 이를 거절하지 못한다. 다만, 다음 각 호의 어느 하나에 해당하는 경우에는 그러하지 아니하다. 1. 가맹점사업자가 가맹계약상의 가맹금 등의 지급의무를 지키지 아니한 경우 2. 다른 가맹점사업자에게 통상적으로 적용되는 계약조건이나 영업방침을 가맹점사업자가 수락하지 아니한 경우 3. 가맹사업의 유지를 위하여 필요하다고 인정되는 것으로서 다음 각 목의 어느 하나에 해당하는 가맹본부의 중요한 영업방침을 가맹점사업자가 지키지 아니한 경우 가. 가맹점의 운영에 필요한 점포 · 설비의 확보나 법령상 필요한 자격 · 면허 · 허가의 취득에 관한 사항 나. 판매하는 상품이나 용역의 품질을 유지하기 위하여 필요한 제조공법 또는 서비스기법의 준수에 관한 사항 다. 그 밖에 가맹점사업자가 가맹사업을 정상적으로 유지하기 위하여 필요하다고 인정되는 것으로서 대통령령으로 정하는 사항 ② 가맹점사업자의 계약갱신요구권은 최초 가맹계약기간을 포함한 전체 가맹계약기간이 10년을 초과하지 아니하는 범위 내에서만 행사할 수 있다. ③ 가맹본부가 제1항에 따른 갱신 요구를 거절하는 경우에는 그 요구를 받은 날부터 15일 이내에 가맹점사업자에게 거절 사유를 적어 서면으로 통지하여야 한다. ④ 가맹본부가 제3항의 거절 통지를 하지 아니하거나 가맹계약기간 만료 전 180일부터 90일까지 사이에 가맹점사업자에게 조건의 변경에 대한 통지나 가맹계약을 갱신하지 아니한다는 사실의 통지를 서면으로 하지 아니하는 경우에는 계약 만료 전의 가맹계약과 같은 조건으로 다시 가맹계약을 체결한 것으로 본다. 다만, 가맹점사업자가 계약이 만료되는 날부터 60일 전까지 이의를 제기하거나 가맹본부나 가맹점사업자에게 천재지변이나 그 밖에 대통령령으로 정하는 부득이한 사유가 있는 경우에는 그러하지 아니하다. [전문개정 2007. 8. 3.]

가. 의의

가맹계약의 갱신요구제도란, 가맹점사업자가 가맹본부에 대하여 가맹계약기간 만료 전 180일부터 90일까지 사이에 계약의 갱신을 요구하는 경우에는 가맹본부는 정당한 사유가 없는 한 갱신을 거절할 수 없도록 하는 제도이다.

나. 취지

개정 전 가맹사업법에서는 가맹본부가 계약을 갱신 또는 연장하지 아니하는 경우에는 계약이 만료되는 날부터 90일 전에 가맹점사업자에게 그 사실을 서면으로 통지하여야 한다고만 규정하여 가맹본부의 임의적 갱신거절을 어느 정도 허용함으로써 가맹본부로 하여금 가맹계약의 갱신거절을 가맹맹점사업자에 대한 부당한 통제수단으로 악용할 가능성이 있었다.

이에 개정된 가맹사업법에서는 가맹본부는 가맹점사업자가 가맹계약기간 만료 전 180일부터 90일까지 사이에 가맹계약의 갱신을 요구하는 경우에는 정당한 사유 없이는 이를 거절할 수 없다는 내용의 가맹계약의 갱신요구제도를 신설함으로써 가맹본부의 임의적 계약갱신거절이 가맹점사업자에 대한 부당한 통제목적으로 남용되는 것을 막음으로써 가맹점사업자의 권리가 침해되는 것을 방지하게 되었다.

☞ 가맹사업법 제13조 제1항의 연혁

개정 전 제13조	개정 후 제13조(현행)
제13조(가맹계약 종료사실의 통지 등) ① 가맹본부가 가맹계약을 갱신 또는 연장하지 아니하는 경우에는 계약이 만료되는 날부터 90일 전에 가맹점사업자에게 그 사실을 서면으로 통지하여야 한다.	제13조(가맹계약의 갱신 등) ① 가맹본부는 가맹점사업자가 가맹계약기간 만료 전 180일부터 90일까지 사이에 가맹계약의 갱신을 요구하는 경우 정당한 사유 없이 이를 거절하지 못한다.

다. 가맹점사업자의 갱신요구권(법 제13조 제1항 본문)

(1) 의의 및 성질

1) 의의

가맹점사업자는 가맹계약기간 만료 전 180일부터 90일까지 사이에(6개월~3개월 전) 가맹본부에 대하여 가맹계약의 갱신을 요구할 수 있다.

2) 성질[110]

가맹점사업자의 갱신요구권은 일종의 형성권이다. 따라서 가맹본부의 승낙 또는 이에 갈음하는 확정판결을 필요로 하지 않으며 가맹점사업자의 단독의 의사표시로 효력이 생기는 것이다.

☞ 형성권의 행사방법에는 어떠한 제한이 없다. 따라서 가맹점사업자는 가맹본부에 대한 갱신요구권의 행사를 내용증명 등의 서면으로 할 수도 있고, 구두로 할 수도 있으며, 전화로 할 수도 있다. 다만, 갱신요구권을 행사하였음을 입증하기 위해서는 내용증명 등의 서류로 요구하는 것이 필요할 것이다.

☞ 형성권: 권리자의 일방적인 의사표시만으로 권리의 변동(=발생 · 변경 · 소멸)을 가져오는 권리이다.

(2) 본조의 적용시기

가맹사업법 제13조 가맹계약갱신요구권은 개정사업법 시행(2008. 2. 4.) 이후 체결 또는 갱신된 가맹계약부터 적용(부칙 제4조)되므로 2008년 2월 4일 이전에 체결된 가맹계약은 가맹점사업자의 가맹계약의 갱신요구권은 인정되지 않는다.

(3) 갱신요구권의 성립요건[111]

1) 가맹계약이 존속기간의 만료로 종료하였을 것

가맹점사업자의 갱신요구권은 가맹계약기간이 존속기간의 만료로 종료된 경우에만 발생한다. 따라서 가맹계약이 존속기간중도에 가맹점사업자의 채무불이행을 이유로 해지된 경우에는 가맹점사업자의 갱신요구권은 인정되지 않는다.

---

110) 이한무, 가맹사업법 해설(실무 및 소송의 쟁점)(법률정보센터, 2009년), 제262면.

111) 이한무, 가맹사업법 해설(실무 및 소송의 쟁점)(법률정보센터, 2009년), 제263면.

2) 가맹본부에게 갱신거절을 할 수 있는 정당한 사유가 없을 것

가맹본부는 다음 중 어느 하나의 사유가 있을 때에는 정당한 사유가 있다고 보아 가맹계약의 갱신을 거절할 수 있다.

1) 가맹사업법 제13조 제1항
① 가맹점사업자가 가맹계약상의 가맹금 등의 지급의무를 지키지 아니한 경우
② 다른 가맹점사업자에게 통상적으로 적용되는 계약조건이나 영업방침을 가맹점사업자가 수락하지 아니한 경우
③ 가맹사업의 유지를 위하여 필요하다고 인정되는 것으로서 다음 각 목의 어느 하나에 해당하는 가맹본부의 중요한 영업방침을 가맹점사업자가 지키지 아니한 경우
㉠ 가맹점의 운영에 필요한 점포 · 설비의 확보나 법령상 필요한 자격 · 면허 · 허가의 취득에 관한 사항
㉡ 판매하는 상품이나 용역의 품질을 유지하기 위하여 필요한 제조공법 또는 서비스기법의 준수에 관한 사항
㉢ 그 밖에 가맹점사업자가 가맹사업을 정상적으로 유지하기 위하여 필요하다고 인정되는 것으로서 대통령령으로 정하는 사항
2) 그 밖에 대통령령으로 정하는 사항(가맹사업법 시행령 제14조 제1항)
㉣ 가맹본부의 가맹사업 경영에 필수적인 지식재산권의 보호에 관한 사항
㉤ 가맹본부가 가맹점사업자에게 정기적으로 실시하는 교육 · 훈련의 준수에 관한 사항. 다만, 가맹점사업자가 부담하는 교육 · 훈련비용이 같은 업종의 다른 가맹본부가 통상적으로 요구하는 비용보다 뚜렷하게 높은 경우

3) 가맹계약을 체결한 지 10년이 경과하지 않았을 것

가맹점사업자의 갱신요구권은 최초 가맹계약기간을 포함한 전체 가맹계약기간이 10년을 초과하지 아니하는 범위 내에서만 행사할 수 있다(법 제13조 제2항)

(4) 효과

위의 요건을 갖춘 경우 가맹점사업자는 가맹본부에 대하여 갱신요구를 할 수 있다.

(5) 갱신요구권의 행사시기

가맹점사업자가 가맹본부에 대하여 가맹계약기간 만료 전 180일부터 90일까지 사이에 가맹계약의 갱신을 요구할 수 있다(법 제13조 제1항).

(6) 갱신가능기간

최초가맹계약기간을 포함하여 전체 계약기간이 10년을 초과하지 않는 범위 내에서만 행사할 수 있다(법 제13조 제2항).

☞ 이는 10년의 가맹계약기간이면 초기 투자자본의 회수가 가능하다는 점과 새로운 가맹사업환경에 탄력적으로 적응할 수 있는 기간을 고려한 것으로 보인다.[112] 다시 말하면 안정적으로 사업을 진행할 수 있도록 계약을 처음 체결한 시점부터 10년간 계약갱신을 요구할 수 있도록 한 것이다. 즉, 개정법에서는 계약기간만료 전 180일~90일 사이에 계약갱신을 가맹본부에 요구할 경우 정당한 사유 없이 거절하지 못하도록 하였다 다만, 여러분이 가맹금을 지급하지 않거나 통상적인 영업방침을 따르지 않는 등 정당한 사유가 있는 경우에는 갱신요구가 거절될 수 있음을 주의하여야 한다.

라. 가맹본부의 갱신거절권(법 제13조 단서)

(1) 의의

가맹점사업자의 갱신요구가 있더라도 가맹본부에게 일정한 갱신거절사유가 인정되는 경우에는 가맹본부의 갱신거절권이 인정된다(법 제13조 제1항 단서).

(2) 갱신거절사유

1) 가맹사업법 제13조 제1항
① 가맹점사업자가 가맹계약상의 가맹금 등의 지급의무를 지키지 아니한 경우 ② 다른 가맹점사업자에게 통상적으로 적용되는 계약조건이나 영업방침을 가맹점사업자가 수락하지 아니한 경우 ③ 가맹사업의 유지를 위하여 필요하다고 인정되는 것으로서 다음 각 목의 어느 하나에 해당하는 가맹본부의 중요한 영업방침을 가맹점사업자가 지키지 아니한 경우 ㉠ 가맹점의 운영에 필요한 점포 · 설비의 확보나 법령상 필요한 자격 · 면허 · 허가의 취득에 관한 사항

112) 김후중, 가맹사업법 이해와 실무(무역경영사 ,2008년), 제103면.

㉡ 판매하는 상품이나 용역의 품질을 유지하기 위하여 필요한 제조공법 또는 서비스기법의 준수에 관한 사항
㉢ 그 밖에 가맹점사업자가 가맹사업을 정상적으로 유지하기 위하여 필요하다고 인정되는 것으로서 대통령령으로 정하는 사항
2) 그 밖에 대통령령으로 정하는 사항(가맹사업법 시행령 제14조 제1항)
㉣ 가맹본부의 가맹사업 경영에 필수적인 지식재산권의 보호에 관한 사항
㉤ 가맹본부가 가맹점사업자에게 정기적으로 실시하는 교육 · 훈련의 준수에 관한 사항. 다만, 가맹점사업자가 부담하는 교육 · 훈련 비용이 같은 업종의 다른 가맹본부가 통상적으로 요구하는 비용보다 뚜렷하게 높은 경우

(3) 갱신거절의 통지

가맹점사업자가 갱신요구를 하였으나 가맹본부에게 갱신거절의 정당한 사유가 있다고 인정되는 경우에는 가맹본부는 갱신거절을 할 수 있다. 이 경우 가맹본부는 갱신요구를 받은 날부터 15일 이내에 가맹점사업자에게 거절사유를 적어 서면으로 통지하여야 한다(법 제13조 제3항).

(4) 기간도과의 효과

위 기간 내 갱신거절통지를 하지 않은 경우에는 계약만료 전의 가맹계약과 동일한 조건으로 다시 가맹계약을 체결한 것으로 본다(법 제13조 제4항).

☞ 결론적으로 주의할 점은 1) 가맹본부가 15일의 기간 안에 갱신거절통지를 하였다 하더라도 갱신거절사유가 없으면 그 갱신거절통지는 아무런 효력이 없는 것이며 따라서 가맹계약은 갱신될 것이다. 또한 2) 비록 갱신거절사유가 존재한다하더라도 위 15일의 기간 내에 거절통지를 못한 경우에는 이 또한 역시 그 갱신거절통지는 효력이 없으며 계약은 갱신됨을 주의해야 할 것이다.

마. 가맹계약의 자동갱신(묵시의 갱신)(법 제13조 제4항)

(1) 의의

가맹본부가 갱신거절사유가 있음에도 갱신거절 통지를 하지 아니하거나 가맹계약기간 만료 전 180일부터 90일까지 사이에 가맹점사업자에게 조건의 변경에 대한 통지나 가맹계약을 갱신하지 아니한다는 사실의 통지를 서면으로 하지 아니하는 경우에는 계약 만료 전의 가맹계약과 같은 조건으로 다시 가맹계약을 체결한 것으로 본다. 다만, 가맹점사업자가 계약이 만료되는 날부터 60일 전까지 이의를 제기하거나 가맹본부나 가맹점사업자에게 천재지변이나 그 밖에 대통령령으로 정하는 부득이한 사유가 있는 경우에는 그러하지 아니하다.[113)]

(2) 요건[114)]

1) 가맹계약기간이 만료되었을 것

묵시의 갱신은 가맹계약기간이 만료되었을 때 이루어진다. 따라서 가맹계약이 중도에 어느 일방의 채무불이행을 이유로 해지된 경우에는 묵시의 갱신은 일어나지 않는다.

2) 서면에 의한 가맹본부의 조건변경통지 또는 갱신거절통지가 없었을 것

가맹본부는 갱신거절이나 계약내용의 변경을 원할 경우 가맹계약기간 만료 전 180일부터 90일까지 사이에 갱신거절의 통지나 조건변경의 통지를 할 수 있다. 따라서 가맹계약이 자동갱신되기 위해서는 서면에 의한 가맹본부의 조건변경통지 또는 갱신거절통지가 없어야 한다.

---

113) ① 가맹본부
㉠ 갱신거절통지를 하지 않거나 ㉡ 계약기간만료 전 180일~90일 사이에 조건변경통지 또는 갱신거절통지를 서면으로 X은 경우⇒만료 전 가맹계약과 같은 조건으로 다시 가맹계약을 체결한 것으로 본다.
② 가맹점사업자
㉠ 계약만료일 60일 전까지 가맹본부에 이의를 제기하지 않은 경우
⇒ 만료 전 가맹계약과 같은 조건으로 다시 가맹계약을 체결한 것으로 본다.
㉡ 계약만료일 60일 전까지 가맹본부에 이의를 제기한 경우
⇒가맹계약의 자동 갱신(묵시갱신)은 일어나지 않는다.
☞ 따라서 만약 당신이 계약연장을 원하지 않거나, 계약조건을 바꾸고 싶은 경우 계약 만료일 60일 전까지는 가맹본부에 이의를 제기하여야 한다. 이 기한을 놓치는 경우 계약이 자동연장되므로 반드시 그 기간을 준수하여야 한다.

114) 이한무, 가맹사업법 해설(실무 및 소송의 쟁점)(법률정보센터, 2009년), 제266면, 제267면.

3) 계약만료일부터 60일 이전까지 가맹점사업자의 이의제기가 없었을 것

가맹점사업자는 계약이 만료되는 날로부터 60일 이전까지는 가맹계약갱신에 대하여 이의를 제기할 수 있다. 즉, 가맹점사업자의 보호를 위한 자동갱신제도의 취지상, 가맹본부가 갱신거절통지를 하지 않아 자동갱신이 된 이후라도 가맹사업자에게 이의를 제기할 수 있는 기회를 한 번 더 부여한 것이다.

따라서 계약이 자동갱신이 되기 위해서는 가맹계약만료일부터 60일 이전까지 가맹점사업자의 이의제기가 없어야 할 것이다.

4) 천재지변 등 부득이한 사유가 없을 것

가맹계약이 자동갱신되기 위해서는 천재지변 등의 부득이한 사유가 없어야 한다.

"대통령령으로 정하는 부득이한 사유"(가맹사업법 시행령 제14조 제2항)
㉠ 가맹본부나 가맹점사업자에게 파산 신청이 있거나 강제집행절차 또는 회생절차가 개시된 경우
㉡ 가맹본부나 가맹점사업자가 발행한 어음 · 수표가 부도 등으로 지급거절된 경우
㉢ 가맹점사업자에게 중대한 일신상의 사유 등이 발생하여 더 이상 가맹사업을 경영할 수 없게 된 경우

(3) 효과

가맹계약이 자동 갱신되면 계약 만료 전의 가맹계약과 같은 조건으로 다시 가맹계약을 체결한 것으로 본다. 따라서 기존의 계약내용이 그대로 적용된다.

Ⅳ. 불공정거래행위의 금지(법 제12조)

가맹사업법 제12조(불공정거래행위의 금지) ① 가맹본부는 다음 각 호의 1에 해당하는 행위로서 가맹사업의 공정한 거래를 저해할 우려가 있는 행위를 하거나 다른 사업자로 하여금 이를 행하도록 하여서는 아니 된다. 〈개정 2007. 8. 3.〉

1. 가맹점사업자에 대하여 상품이나 용역의 공급 또는 영업의 지원 등을 부당하게 중단 또는 거절하거나 그 내용을 현저히 제한하는 행위
2. 가맹점사업자가 취급하는 상품 또는 용역의 가격, 거래상대방, 거래지역이나 가맹점사업자의 사업활동을 부당하게 구속하거나 제한하는 행위
3. 거래상의 지위를 이용하여 부당하게 가맹점사업자에게 불이익을 주는 행위
4. 가맹계약을 위반하여 가맹계약기간 중 가맹점사업자의 영업지역 안에서 가맹점사업자와 동일한 업종의 자기 또는 계열회사(독점규제 및 공정거래에 관한 법률 제2조 제3호에 따른 계열회사를 말한다)의 직영점이나 가맹점을 설치하는 행위
5. 제1호 내지 제4호외의 행위로서 부당하게 경쟁가맹본부의 가맹점사업자를 자기와 거래하도록 유인하는 행위 등 가맹사업의 공정한 거래를 저해할 우려가 있는 행위
② 제1항 각호의 규정에 의한 행위의 유형 또는 기준은 대통령령으로 정한다.

1. 서론

가. 의의

가맹사업의 "공정한 거래를 저해할 우려성이 있는 행위"로서 가맹사업법 제12조 제1항 각 호에 해당하는 행위를 말한다.

나. 불공정거래행위금지의 목적

불공정거래행위를 금지하는 목적은 '공정한 거래'를 유지하기 위함이다.

☞ 여기서 '공정한 거래'라 함은 '공정한 경쟁'보다 넓은 개념으로서 경쟁의 수단이나 방법의 공정성뿐만 아니라 거래조건의 공정성까지 포함하는 개념이다. 따라서 불공정거래행위의 금지는 경쟁 그 자체의 공정성뿐만 아니라, 거래상대방과 소비자의 이익도 함께 보호하는 포괄적인 제도라고 할 수 있다.

다. 규제형식

종래 한정적 열거주의에서 탈피, 예시적 열거주의로 전환하여 다양한 불공정거래행위

에 탄력적 대응이 가능해졌다.

라. 적용범위

공정거래법상의 불공정거래행위의 금지규정은 모든 사업자 간의 관계에서 적용되는 것임에 반하여, 가맹사업법상의 불공정거래행위 금지규정은 가맹본부와 가맹점사업자간에만 적용된다.[115] 가맹본부의 불공정거래행위에 관해서는 가맹사업법의 규정이 우선 적용되므로 그 범위 내에서는 공정거래법의 적용이 제한된다(법 제38조). 즉 가맹사업거래에서는 가맹사업법이 우선 적용되고 공정거래법이 보충적으로 적용된다는 것이다.

☞ 가맹사업법 제38조

제38조(독점규제 및 공정거래에 관한 법률과의 관계) 가맹사업거래에 관하여 이 법의 적용을 받는 사항에 대하여는 독점규제 및 공정거래에 관한 법률 제23조 제1항 제1호(부당하게 거래를 거절하는 행위에 한한다) · 제3호(부당하게 경쟁자의 고객을 자기와 거래하도록 유인하는 행위에 한한다) · 제4호 · 제5호(거래의 상대방의 사업활동을 부당하게 구속하는 조건으로 거래하는 행위에 한한다) 및 동법 제29조 제1항의 규정을 적용하지 아니한다. 〈개정 2007. 8. 3.〉

마. 불공정거래행위의 의미

(1) 공정한 거래를 저해하는 행위("공정거래저해성")

불공정거래행위에서 공정한 거래를 저해할 행위라는 말은 일반적인 거래관계에서 상품이나 용역의 가격이나 품질을 중심으로 하는 능률경쟁이 이루어지지 않아서 일반소비자의 이익을 침해할 우려가 있는 행위도 포함되며, 행위자의 경쟁수단의 공정성만을 문제 삼는 것이 아니라 보다 넓은 의미에서 사업활동을 위한 수단 일반의 공정성을 문제 삼는 것이다.[116]

'공정거래저해성'이란 경쟁제한성과 불공정성을 포함하는 개념으로서 그 의미는 다음

115) 김후중, 가맹사업법 이해와 실무(무역경영사, 2008년), 제113면.

116) 박승룡, 정병덕 공저, 공정거래법(한국방송통신대학교, 2011년), 제143면.

과 같다.

1) '경쟁제한성'이란 당해 행위로 인해 시장경쟁의 정도 또는 경쟁사업자(잠재적 경쟁사업자 포함)의 수가 유의미한 수준으로 줄어들거나 줄어들 우려가 있음을 의미한다.

2) '불공정성'이란 경쟁수단 또는 거래내용이 정당하지 않음을 의미한다. 경쟁수단의 불공정성은 상품 또는 용역의 가격과 질 이외에 바람직하지 않은 경쟁수단을 사용함으로써 정당한 경쟁을 저해하거나 저해할 우려가 있음을 의미한다. 거래내용의 불공정성이라 함은 거래상대방의 자유로운 의사결정을 저해하거나 불이익을 강요함으로써 공정거래의 기반이 침해되거나 침해될 우려가 있음을 의미한다.

(2) 추상적 위험성

불공정거래행위는 실제로 공정한 거래를 저해한 사실이 있어야 할 필요는 없고 그러한 추상적인 위험성이 있는 것만으로 충분하다.

(3) 행위의 주체

사업자가 직접 불공정거래행위를 하는 경우뿐만 아니라, 다른 사업자나 계열회사로 하여금 이를 행하도록 하는 것도 불공정거래행위에 포함된다.

바. 불공정거래행위의 위법성심사기준

가맹사업법 시행령 제13조 제1항 관련 [별표 2]에 의하면 불공정거래행위는 그 행위유형에 따라 ① "부당하게"를 요건으로 하는 행위유형과 ② "정당한 이유 없이"를 요건으로 하는 행위유형으로 분류할 수 있으며 각각의 유형에 따라 위법성판단기준이 다르다.

(1) "부당하게"를 요건으로 하는 행위유형(조리위법행위)

1) 의미

"부당하게"라는 문언이 삽입되어 있는 행위로서 당해 행위의 외형이 있다고 하여도 그 사실만으로 공정거래저해성이 인정되는 것은 아니며, 원칙적으로 경쟁제한성 · 불공정성과 효율성증대효과 · 소비자후생 증대효과 등을 비교 형량하여 경쟁제한성 · 불공정성의 효과가 보다 큰 경우에 위법한 것으로 본다.

2) "부당하게"의 입증책임

이러한 조리위법행위에 대한 입증책임은 공정거래위원회가 입증하여야 한다.

(2) "정당한 이유 없이"를 요건으로 하는 행위유형(당연위법행위)

1) 의미

"정당한 이유 없이"라는 문언이 삽입되어 있는 행위로서 원칙적으로 공정거래저해성이 인정된다. 따라서 그러한 요건에 해당하는 행위가 존재하기만 하면 일단 위법한 행위로 추정되고, 정당한 이유가 있는 경우에 한하여 그 위법성이 조각된다.

2) 정당한 이유의 입증책임

당연위법행위의 경우에는 불공정거래를 한 사업자에게 입증책임이 전가된다. 따라서 위반행위를 한 가맹본부에게 정당한 이유가 있는지에 대한 입증책임이 있는 것이다.

3) 정당한 이유의 판단기준

'정당한 이유'란 개별적으로 구체적 사안마다 판단할 수밖에 없는 것으로서, 판례에 의하면 "정당한 이유"라 함은 전적으로 공정한 경쟁질서 유지라는 관점에서 평가되어야 하는 것이며 사업경영상의 필요 또는 거래상의 합리성 내지 필요성만으로는 "정당한 이유"는 인정되지 않는다(대판 1990. 4. 10. 89다카29075)고 하였다.

2. 가맹사업법상 불공정거래행위

가. 서론

(1) 의의

1) 가맹사업법은 제12조에서 “가맹본부는 가맹사업의 공정한 거래를 저해할 우려가 있는 행위를 하거나 다른 사업자로 하여금 이를 행하도록 하여서는 아니 된다.”고 규정하고 있다(법 제12조).

2) 구체적인 불공정거래행위의 유형 또는 기준에 관하여는 가맹사업법 시행령 제13조 제1항 [별표 2]에 세부적으로 규정하고 있으며, 한편 공정거래위원회는 필요하다고 인정하는 경우에 [별표 2]의 유형 또는 기준의 범위 내에서 특정업종 또는 특정행위에 적용되는 세부적인 불공정거래행위의 유형 또는 기준을 정하여 고시할 수 있다(법 시행령 제13조).

(2) 가맹사업법 제12조의 취지[117)]

가맹사업은 가맹본부와 가맹점이 하나의 통일된 시스템으로 소비자에게 상품과 서비스를 공급하는 사업방식이므로, 가맹본부가 통일된 이미지유지를 위해 가맹점의 판매상품 및 서비스에 대한 품질기준을 제시하여 일정한 통제와 제한을 하는 것이 예정되어 있다.

그러나 가맹사업법 제12조의 규정취지는 가맹본부의 가맹점에 대한 통제는 가맹사업의 본질을 훼손하지 않는 범위 내에서 이루어져야 하며, 가맹본부의 행위가 가맹사업의 본질을 훼손하는 정도에 이른 경우에는 불공정한 행위로 보아 이를 허용하지 않으려는 것이다.

---

117) 정용직, 가맹사업법(에듀랩, 2008년), 제107면.

(3) 가맹사업법상 불공정거래행위의 유형

1) 가맹사업법은 불공정거래행위를 5가지로 나누어 규정하고 있다(법 제12조 제1항).

① 가맹점사업자에 대하여 상품이나 용역의 공급 또는 영업의 지원 등을 부당하게 중단 또는 거절하거나 그 내용을 현저히 제한하는 행위(거래거절)

② 가맹점사업자가 취급하는 상품 또는 용역의 가격, 거래상대방, 거래지역이나 가맹점사업자의 사업활동을 부당하게 구속하거나 제한하는 행위(구속조건부 거래)

③ 거래상의 지위를 이용하여 부당하게 가맹점사업자에게 불이익을 주는 행위(거래상 지위남용)

④ 가맹계약을 위반하여 가맹계약 기간 중 가맹점사업자의 영업지역 안에서 가맹점사업자와 동일한 업종의 자기 또는 계열회사(공정거래법 제2조 제3호에 따른 계열회사를 말한다)의 직영점이나 가맹점을 설치하는 행위(영업지역의 침해)

☞ 공정거래법 제2조 제3호 "계열회사"

"계열회사"라 함은 2이상의 회사가 동일한 기업집단에 속하는 경우에 이들 회사는 서로 상대방의 계열회사라 한다.

⑤ 제1호 내지 제4호외의 행위로서 부당하게 경쟁가맹본부의 가맹점사업자를 자기와 거래하도록 유인하는 행위 등 가맹사업의 공정한 거래를 저해할 우려가 있는 행위(그 밖의 불공정거래행위)

2) 또한 동조 제2항에 의하면 가맹사업법 제12조 제1항 각호의 규정에 의한 행위의 유형 또는 기준은 대통령령으로 정한다고 규정하고 있다. 이에 따라 가맹사업법은 그 시행령 제13조 제1항 [별표 2]에서 다음과 같이 가맹사업관련 불공정거래행위의 유형 또는 기준을 정하고 있는 것이다.

법 제12조 제1항	[별표 2])(법 시행령 제13조 제1항 관련)
1) 거래거절	① 영업지원 등의 거절
	② 부당한 계약갱신거절
	③ 부당한 계약해지
2) 구속조건부 거래	① 가격의 구속
	② 거래상대방의 구속
	③ 가맹점사업자의 상품 또는 용역의 판매제한
	④ 영업지역의 준수강제
	⑤ 그 밖에 가맹점사업자의 영업활동의 제한
3) 거래상 지위남용	① 구입강제
	② 부당한 강요
	③ 부당한 계약조항의 설정 또는 변경
	④ 경영의 간섭
	⑤ 판매목표강제
	⑥ 불이익제공
4) 영업지역의 침해	
5) 그 밖의 불공정거래행위	

나. 가맹사업법상 불공정거래행위의 유형 또는 기준

(1) 거래거절

1) 의의

거래거절이란, 가맹본부가 가맹점사업자에 대하여 상품 또는 용역의 공급 또는 영업의 지원 등을 "부당하게" 중단 또는 거절하거나 그 내용을 현저히 제한하는 행위를 말한다(조리위법)(법 제12조 제1항 제1호). 다만, 가맹점사업자의 계약위반 등 가맹점사업자의 귀책사유로 가맹사업의 거래관계를 지속하기 어려운 사정이 발생하는 경우에는 그러하지 아니하다(법 시행령 제13조 제1항 관련 [별표 2]).

2) 특징

사적 자치를 기본으로 하는 법질서에서는 원칙적으로 각 거래주체가 누구와, 어떠한 내용의 계약을, 어떠한 방법으로, 체결할 수 있는 것인지의 여부를 자유롭게 결정할 수 있다. 따라서 거래를 거절하는 행위는 원칙적으로 위법한 것이 아니다. 그러나 이러한 거래거절이 구체적인 경우에 있어서 가맹점사업자의 귀책사유로 인하여 가맹사업의 거래관계를 지속하기 어려운 사정이 없음에도 불구하고 가맹점사업자의 계속적인 거래기회를 박탈하는 경우에는 불공정거래행위로서 금지하려는 취지이다.[118)]

한편 가맹사업법상 거래거절의 구체적인 내용은 영업지원 등의 거절, 부당한 계약갱신 거절, 부당한 계약해지가 있으며, 유의할 점은 가맹본부의 거래거절행위만 규제되고, 거래기간 중의 거래거절만이 문제된다는 점이다. 또한 가맹사업법상 거래거절에 있어서는 가맹사업희망자모집과 관련한 위법한 거래거절행위 및 (가맹본부가 아닌) 가맹사업자의 거래거절 등은 가맹사업법의 적용을 받지 않는바, 이와 같이 가맹사업법의 적용을 받지 않는 동 거래거절행위에 대하여는 공정거래법 제23조 제1항 제1호의 거래거절이 적용된다는 점을 주의하여야 한다.[119)]

☞ 공정거래법 제23조 제1항 제1호

제23조(불공정거래행위의 금지) ①사업자는 다음 각 호의 어느 하나에 해당하는 행위로서 공정한 거래를 저해할 우려가 있는 행위(이하 "불공정거래행위"라 한다)를 하거나, 계열회사 또는 다른 사업자로 하여금 이를 행하도록 하여서는 아니 된다. 〈개정 1996. 12. 30, 1999. 2. 5, 2007. 4. 13.〉 1. 부당하게 거래를 거절하거나 거래의 상대방을 차별하여 취급하는 행위

3) 유형

① 영업지원 등의 거절(법 시행령 제13조 제1항 관련 [별표 2])

(ㄱ) 의의

영업지원 등의 거절이란, "정당한 이유 없이" 거래기간 중에 가맹사업을 영위하는 데 필요한 부동산, 용역, 설비, 상품, 원재료 또는 부재료의 공급과 이와 관련된 영업지원, 정보공개서 또는 가맹계약서에서 제공하기로 되어 있는 경영 및 영업활동에 관한 지원 등을 중단 또는 거절하거나 그 지원하는 물량 또는 내용을 현저히 제한하는 행위를 말한다.

---

118) 정용직, 가맹사업법(에듀랩, 2008년), 제109면.

119) 최경진, 프랜차이즈 사업에 대한 법적 연구(고려대학교 법무대학원 석사학위논문, 2009년), 제49면.

여기서 거절이란 거래자체를 거절하는 경우뿐만 아니라 가맹점사업자가 필요한 양의 상품을 공급하지 않는 등, 그 수량이나 내용을 제한하는 경우에도 규제대상이 된다. 또한 거래거절의 대상은 부동산 · 용역 · 설비 · 상품 · 원재료 또는 부재료로서 주요한 공급대상뿐만 아니라 부수적으로 제공되는 것도 주 거래와 관련성이 있다면 부수적으로 제공되는 것도 주 거래와 관련성이 있다면 부수적인 부재료의 거래거절도 포함될 수 있다.[120)]

(ㄴ) 취지

가맹사업은 그 계약의 본질적인 속성상 가맹본부의 가맹사업자에 대한 지속적인 지원과 공급을 전제로 한다. 가맹사업자는 이에 대한 대가로 가맹금을 지급하고 있기 때문이다. 그런데 만약 가맹본부가 정당한 이유 없이 거래기간 중에 가맹사업에 필요한 영업지원, 재료공급 등을 하지 않는다면 가맹점사업자는 가맹점운영상 큰 타격을 입게 되고, 가맹사업의 공정한 거래를 저해할 우려가 있기 때문에 가맹사업법에서는 이를 금지하고 있는 것이다.[121)]

(ㄷ) 특징

영업지원 등의 거절행위는 당연위법행위로서 가맹사업의 본질적인 내용을 침해하는 것으로 거래거절로 인하여 가맹점사업자는 심각한 손해를 입을 수 있기 때문에 위법성이 강한 행위유형이다. 당연위법행위로서 정당한 이유가 있는지에 대한 입증책임은 가맹본부가 진다.

☞ 정당한 이유에 대한 판례의 태도

불공정거래행위의 해당성을 조각하기 위한 "정당한 이유"라 함은 전적으로 '공정한 경쟁질서유지'라는 관점에서 평가되어야 하고 단순한 사업경영상 필요 또는 거래상의 합리성 내지 필요성만으로는 '정당한 이유'가 인정되지 아니한다.

☞ '정당한 이유 없는 거절'인지의 여부판단

'정당한 이유 없는 거절'인지의 여부는 거래거절의 대상이 되는 물품이나 용역이 거래상대방의 사업영위에 필수적인지 여부, 거래거절을 당한 특정 사업자가 큰 거래비용 없이 대체거래선을 용이하게 찾을 수 있는지 여부, 거래거절로 인해 특정사업자의 사업활동을 곤란하게 되고 그 결과 당해 시장에서 경쟁의 정도를 실질적으로 감소시키게 되는지 여부, 거래거절로

---

120) 최경진, 프랜차이즈 사업에 대한 법적 연구(고려대학교 법무대학원 석사학위논문, 2009년), 제50면.
121) 이한무, 가맹사업법 해설(실무 및 소송의 쟁점)(법률정보센터, 2009년), 제220면.

인하여 경쟁사업자(잠재적 경쟁사업자 포함)의 시장진입이 곤란하게 되는지 여부, 거래거절이 공정거래법에 금지된 행위를 강요하기 위한 수단으로 활용되었는지 여부 등을 고려한다.

[주식회사 제너시스의 불공정거래행위에 대한 대법원판결(대법원 2006. 3. 10.)
가맹사업거래의 특성에 비추어 가맹본부가 가맹점사업자에 대하여 상품이나 용역의 공급 또는 영업의 지원 등을 중단 또는 거절하는 행위가 불공정거래행위로서의 거래거절에 해당하기 위해서는 가맹점사업자의 계약위반 등 가맹점사업자의 귀책사유로 인하여 가맹사업의 거래관계를 지속하기 어려운 중대한 사정이 없음에도 불구하고 가맹점사업자의 계속적인 거래기회를 박탈하여 그 사업활동을 곤란하게 하거나 가맹점사업자에 대한 부당한 통제 등의 목적달성을 위하여 그 실효성을 확보하기 위한 수단 등으로 부당하게 행하여진 경우라야 한다. 다만 가맹점사업자의 계약위반 등 가맹점사업자의 귀책사유로 가맹사업관계를 지속하기 어려운 사정이 발생하는 경우에는 영업지원 등의 거절행위가 정당화될 수 있다.

[‘아싸 피씨방(가명)’대금 지급의무와 영업지원 거절행위에 대한 공정위 2006 서경0160 사례]
필수불가결한 상품 및 용역 등의 거래거절 행위는 가맹본부와 가맹점사업자의 관계를 더 이상 지속하기 어려운 사정이 발생한 경우가 아니라면 불공정거래행위에 해당하여 금지된다는 것이다.
가맹본부의 영업지원 등의 거절행위는 그 행위자체로서 원칙적으로 공정거래 저해성이 있는 것으로 판단된다. 하지만 가맹본부 입장에서 가맹점사업자의 미지급채무에 대한 지급을 요청할 수 있는 대체수단이 없다면 가맹본부 입장에서도 너무나도 불합리하다고 판단될 것이다.
위법성을 조각할 수 있는 정당한 이유가 있는 경우, 즉 가맹점사업자의 계약위반 등 중대한 귀책사유로 인한 영업지원 등의 거절행위는 정당화될 수도 있다. 따라서 가맹본부 입장에서 정보공개서 및 가맹계약상에 가맹점사업자의 의무사항과 이에 대한 위반에 대한 구체적인 조치사항을 적법하게 명시시킨 후 그 방법과 절차에 따라 그 이행을 최고한 후 이에 대한 이행이 없을 경우에 가맹점의 통제수단인 영업지원 거절행위를 한다면 불공정거래행위로서 규제받지 않도록 그 정당성을 입증하는 수단으로 작용할 수 있을 것이다.

② 부당한 계약갱신거절(법 시행령 제13조 제1항 관련 [별표 2])

㈀ 의의

‘부당한 계약갱신 거절’이란, 가맹본부가 부당하게 가맹점사업자와의 계약갱신을 거절하는 행위를 말한다.

㈁ 취지

가맹본부가 가맹점사업자에 대하여 갖는 우월적 지위, 즉 자산, 인력, 정보 등의 우월성에서 기인하는 교섭력의 차이를 남용할 가능성이 크기 때문에 가맹본부의 계약갱신거절행위에 대한 통제가 필요한 것이다. 이는 가맹점사업자가 가맹점 운영권을 획득하기 위하여 거의 전 재산을 투자하는 경우가 대부분이기 때문에, 가맹본부 임의대로 계약갱신에 대한 요구를 거절한다면 가맹점사업자가 입는 경제적 손해가 막대하기 때문이다. 또한 가맹점의 투하자본 보호라는 요청 때문에 거래의 계속성이 특별히 강하게 요청되는 영역이며 또한 당사자의 상호의존성이 강한 계약관계라는 특성 때문에 가맹본부의 임의적인 계약갱신거절행위는 가맹점의 기대이익보호 내지 형평의 원칙에 의하여 일정한 제한을 받을 필요성이 있기 때문이다.[122]

☞ 이처럼 계약갱신거절로 인한 피해를 막기 위해 가맹사업법에서는 가맹점사업자의 가맹본부에 대한 가맹계약갱신요구권을 인정하고 가맹점사업자의 귀책사유가 없으면 가맹본부가 10년간은 이 갱신요구에 거절할 수 없도록 하고 있다(법 제13조).

㈐ 특징

부당한 계약갱신에 대한 거절행위는 조리위법행위로서 일반적으로 영업지원 등의 거절의 경우에 비하면 상대적으로 공정거래저해성의 가능성이 낮으므로 조리위법행위로 규정한 것이다.[123] 따라서 '부당하게'의 입증책임은 공정거래위원회가 부담한다.

③ 부당한 계약해지(법 시행령 제13조 제1항 관련 [별표 2])

㈎ 의의

부당한 계약해지란 "부당하게" 계약기간 중에 가맹점사업자와의 계약을 해지하는 행위를 말한다. 즉, 부당하게 거래기간 중에 가맹계약서에 정하여진 계약해지사유 외의 사유로서 계약을 해지하거나 가맹사업법에서 정한 해지절차에 의하지 아니하고 계약을 해지하는 행위는 불공정거래행위에 해당된다. 다만, 가맹점사업자의 계약위반 등 가맹점사업자의 귀책사유로 가맹사업의 거래관계를 지속하기 어려운 사정이 발생하는 경우에는 부당한 계약해지로 보지 않는다.

㈏ 취지

가맹본부가 가맹계약서에 있지 않은 사유를 근거로 계약을 해지한다거나 계약서에 존

122) 최경진, 프랜차이즈 사업에 대한 법적 연구(고려대학교 법무대학원 석사학위논문, 2009년), 제52면.
123) 정용직, 가맹사업법(에듀랩, 2008년), 제52면.

재하는 사유라 하더라도 그 사유가 가맹점사업자에게 일방적으로 불리하여 무효인 경우 등에는 가맹점사업자는 부당한 가맹계약해지로 인해 불의의 손해를 입게 된다. 따라서 가맹사업법에서는 이러한 행위를 불공정거래행위로 보고 금지하고 있는 것이다.

㈐ 특징

부당한 계약해지는 일반적으로 영업지원 등의 거절의 경우에 비하면 상대적으로 공정거래저해성의 가능성 정도가 낮으므로 조리위법행위로 규정한 것이다. 따라서 '부당하게'의 입증책임은 공정거래위원회가 부담한다.

(주)N세상의 가맹사업법 위반행위

피심인 (주)N세상은 신고인들인 가맹점사업자들의 자점매입(사입)을 이유로 사전에 가맹계약의 해지절차를 거치지 않고, 6개의 가맹점사업자에 대하여 일방적으로 계약을 해지하고 상품공급을 중단한 사실이 있는바, 향후 가맹점사업자와 가맹계약을 체결하고 거래하면서 계약기간 내에 일방적으로 계약을 해지하고 상품공급을 중단하는 행위를 다시 하여서는 아니 된다(공정거래위원회 의결(약) 제2006-177호).

더 드림골프의 가맹사업법 위반행위

가맹사업자들이 물품대금을 입금하지 아니하였다는 이유로 4일간의 시정기간을 주고 시정을 요구하는 내용증명을 1회만 발송한 후 가맹계약을 해지한 행위는 가맹계약서에서 정한 가맹계약해지의 사유를 충족하지 아니할 뿐만 아니라, 가맹사업법 제14조 제1항에서 정하는 가맹계약해지의 절차를 거치지 아니하였으므로 같은 법 제12조 제1항 제1호에 위반된다(공정거래위원회 의결(약) 제2007-279호).

(2) 구속조건부 거래

1) 의의

구속조건부 거래란 가맹점사업자가 취급하는 상품 또는 용역의 가격, 거래상대방, 거래지역이나 가맹점사업자의 사업 활동을 부당하게 구속하거나 제한하는 행위를 말한다(법 제12조 제1항 제2호).

2) 취지

가맹본부는 가맹점사업자에 대한 통제의 수단으로서 가맹점사업자의 판매가격, 거래지역, 사업 활동 등에 대한 구속활동을 하게 된다. 이와 같은 사항들은 기본적으로 가맹점사업자의 자유에 속하는 부분이기 때문에 가맹본부의 그 같은 통제는 가맹점사업자의 자유를 인위적으로 제한하는 결과를 초래한다는 점에서 금지되는 것이다.[124)]

3) 위법성 판단기준

구속조건부 거래행위가 부당한지의 여부는 문제된 행위의 의도와 목적, 효과와 영향 등 구체적 태양과 거래 상품의 특성, 유통 거래의 상황, 해당 사업자의 시장에서의 지위 등에 비추어 경쟁 제한적 효과가 인정되는지를 판단하여 결정한다(대법원 2000. 10. 6. 선고 99다30817, 30824 판결).

4) 유형

① 가격의 구속(법 시행령 제13조 제1항 관련 [별표 2])

㈀ 의의

"정당한 이유 없이" 가맹점사업자가 판매하는 상품 또는 용역의 가격을 "정하여" 그 가격을 유지하도록 하거나, 가맹점사업자가 상품 또는 용역의 가격을 결정하는 행위를 부당하게 구속하는 행위를 말한다.

㈁ 허용요건[125)]

가맹점사업자는 독립적인 지위를 갖는 사업자로서 자신이 판매하는 상품이나 용역의 가격은 어디까지나 자신이 결정하는 것이 원칙이기 때문에 가맹본부에 의한 가격구속은 원칙적으로 금지되는 것이다. 그러나 한편으로는 가맹사업의 통일성에 비추어 볼 때, 가맹본부로서는 전국적으로 동일한 가격정책이 적용되도록 하여야 할 필요성이 있기 때문에 가맹사업법에서는 일정한 요건 하에 가격의 통일성을 유지할 수 있도록 허용요건을 정하고 있다.

---

124) 최경진, 프랜차이즈 사업에 대한 법적 연구(고려대학교 법무대학원 석사학위논문, 2009년), 제54면.
125) 이한무, 가맹사업법 해설(실무 및 소송의 쟁점)(법률정보센터, 2009년), 제224면.

㉠ 판매가격을 정하여 가맹점사업자에게 이를 따르도록 권장하는 행위('가격권장')

㉡ 가맹점사업자에게 판매가격을 결정하거나, 변경하는 경우 그 내용에 관하여 가맹점사업자로 하여금 사전에 협의하도록 하는 행위

㈐ 특징

가맹사업거래상 가맹본부는 자신이 취급하는 상품 또는 용역의 가격을 일정하게 유지시키려는 경향이 있음을 고려해야 할 것이다. 가맹본부는 일정한 기준에 따라 상품 또는 용역을 규격화시키고 그 동일성과 균일성을 유지하도록 하고 있기 때문에 상품 또는 용역의 품질이 가맹점사업자별로 차이가 있지 않으며, 이런 경우 재판매가격을 유지하여도 일반소비자에게 크게 불리하지도 않고, 또한 소비자 입장에서도 가맹점사업자마다 판매가격을 달리하는 것이 오히려 비정상적인 것으로 이해하는 경향[126]이 있는 반면, 한편으로는 가맹본부의 재판매가격유지행위는 개별사업자의 사업 활동상 기본결정사항인 판매가격의 자유로운 결정을 구속할 뿐만 아니라 시장을 통해 형성되어야 할 판매가격에 인위적으로 개입함으로써 가격경쟁을 제한하는 문제점이 있다. 따라서 공정거래법은 재판매가격유지행위를 당연위법행위로서 원칙적으로 금지하고 있으며(공정거래법 제29조 제1항), 가맹사업법에서도 당연위법행위로 규정하고 있다(☞ 결국 가맹본부입장에서는 관련 법령의 저촉을 피하면서 가맹점들의 판매가격에 일정한 통일성을 도모하기 위해서는 현재 미국 판례가 허용하는 '권장가격표시방법'을 취할 수밖에 없다: Susser vs Cavel Case).[127] 따라서 정당한 이유에 대한 입증책임을 가맹본부가 진다.

(주)P샘물의 가맹사업법위반

가맹사업법상 가맹본부는 제품의 판매가격을 정하여 가맹점사업자에게 이에 따르도록 권장하거나 가맹점사업자가 판매가격을 결정하거나 변경하는 경우 그 내용에 관하여 가맹본부와 협의하도록 하는 행위는 인정된다고 규정하고 있으므로, 가맹본부의 가맹점사업자에 대한 제품 판매가격과 관련된 지원, 교육, 통제는 위와 같은 한도 내에서만 허용된다고 할 것임에도 불구하고, 가맹점사업자에게 자신이 정한 제품판매가격 준수를 강요하고 이를 거부하고 할인 판매한 가맹점사업자에 대하여 가맹점계약을 해지한 행위는, 가맹사업법이 정한 가맹본부의 통제권한을 일탈하여 가맹점사업자가 취급하는 제품의 판매가격을 구속하거나 제한하는 행위에 해당한다(공정거래위원회 의결제 2004-040호).

126) 최경진, 프랜차이즈 사업에 대한 법적 연구(고려대학교 법무대학원 석사학위논문, 2009년), 제54면.
127) 정용직, 가맹사업법(에듀랩, 2008년), 제112면 각주.

② 거래상대방의 구속(법 시행령 제13조 제1항 관련 [별표 2])

㈀ 의의

가맹사업영위에 필요한 부동산 · 용역 · 상품 · 원재료 또는 부재료의 구입 · 판매 또는 임대차 등과 관련하여 부당하게 가맹점사업자에게 특정한 거래상대방(가맹본부를 포함한다)과 거래할 것을 강제하는 행위를 말한다.

대개의 가맹사업에 있어서 가맹본부는 가맹점사업자에게 상표 등의 사용권과 더불어 영업장비와 재고품, 서비스 등을 제공하고, 가맹점사업자는 통상 가맹본부로부터 공급받은 상품이나 부품, 원료 등을 재판매하거나 가공, 조립하여 판매하기 때문에, 가맹점사업자에게 상품 등을 공급하는 상품의 공급원이 제한될 가능성이 매우 크다. 그런데 가맹점사업자에 대한 상품공급원의 제한은 결과적으로 자유로운 시장기능을 저해하여 공정거래질서에 위반될 소지가 있기 때문에 이를 금지하는 것이다. 그러나 한편 가맹본부는 일정한 기준에 따라 상품 또는 용역을 규격화시키고 그 동일성과 균일성을 유지하여야 하는 의무를 지고 있기 때문에 그러한 가맹사업의 성격에 비추어 일정한 품질관리를 위해 가맹본부는 상품이나 그 원재료의 공급처를 제한해야 할 필요성이 인정된다. 이러한 점을 고려하여 가맹사업법에서는 일정한 요건 하에서는 가맹본부의 거래상대방구속행위를 허용하고 있다.

㈁ 허용요건[128)]

가맹본부가 가맹점사업자에게 특정한 거래상대방(가맹본부를 포함한다)과 거래하도록 하기위해서는 다음의 요건을 충족하여야 한다.

㉠ 부동산 · 용역 · 설비 · 상품 · 원재료 또는 부재료가 가맹사업을 경영하는 데에 필수적이라고 객관적으로 인정될 것

가맹본부가 가맹점사업자에게 특정한 거래상대방으로부터 구입할 수 있으려면 그 품목이 가맹사업을 경영하는 데에 필수적이라고 객관적으로 인정되어야 한다. 따라서 가맹사업과 아무런 관련이 없는 상품이나 원재료 등에 대하여는 가맹사업자로 하여금 특정상대방으로부터 구입하도록 강제할 수 없다.

128) 이한무, 가맹사업법 해설(실무 및 소송의 쟁점)(법률정보센터, 2009년), 제228면.

가맹본부가 가맹점사업자의 판매상품 또는 용역을 자기 또는 자기가 지정한 자로부터 공급받도록 하거나 그 공급상대방의 변경을 제한하는 행위가 가맹사업의 목적달성을 위한 필요한 범위 내인지 여부는, 가맹사업의 목적과 가맹점계약의 내용, 가맹금의 지급방식, 가맹사업의 대상인 상품과 공급상대방이 제한된 상품과의 관계, 상품의 이미지와 품질을 관리하기 위한 기술관리 · 표준관리 · 유통관리 · 위생관리의 필요성 등에 비추어 가맹점사업자에게 품질기준만을 제시하고 임의로 구입하도록 하여서는 가맹사업의 통일적 이미지와 상품의 동일한 품질을 유지하는 데 지장이 있는지 여부를 판단하여 결정하여야 한다(대법원 2006. 3. 10. 선고 2002두332 판결).

가맹본부가 가맹점에 설치할 점포의 실내외장식 등의 설비의 구입 및 설치를 자기 또는 자기가 지정한 자로부터 하도록 하는 행위가 가맹사업의 목적달성을 위한 필요한 범위 내인지 여부는 가맹사업의 목적과 가맹점계약의 내용, 가맹금의 지급방식, 가맹사업의 대상인 상품 또는 용역과 설비와의 관계, 가맹사업의 통일적 이미지 확보와 상품의 동일한 품질유지를 위한 기술관리 · 표준관리 · 유통관리 · 위생관리의 필요성 등에 비추어 가맹점사업자에게 품질기준만을 제시하고 임의로 구입하도록 하여서는 가맹사업의 통일적 이미지와 상품의 동일한 품질을 유지하는 데 지장이 있는지 여부를 판단하여 결정하여야 한다.

㉡ 특정한 거래상대방과 거래하지 아니하는 경우에는 가맹본부의 상표권을 보호하고 상품 또는 용역의 동일성을 유지하기 어렵다는 사실이 객관적으로 인정될 것

가맹본부가 가맹점사업자로 하여금 특정한 거래상대방으로부터 구입하도록 강제할 수 있으려면 가맹점사업자가 특정한 거래상대방과 거래하지 아니하는 경우에는 가맹본부의 상표권을 보호하고 상품 또는 용역의 동일성을 유지하기 어렵다는 사실이 객관적으로 인정되어야 한다. 즉 가맹점사업자가 상품이나 원재료 등을 다른 사업자에게 구입한다 하더라도 상품의 동일성이나 품질에 있어 균일성이 유지된다고 하면 가맹점사업자로 하여금 특정상대방으로부터 구입하도록 강제할 수는 없는 것이다.

㉢ 가맹본부가 미리 정보공개서를 통하여 가맹점사업자에게 해당 사실을 알리고 가맹점사업자와 계약을 체결할 것(☞ 구법에서는 허용요건으로 '가맹점사업자의 동의를 얻는 경우'를 포함하였으나, 개정법에서는 이를 삭제하였다)

가맹본부가 가맹점사업자로 하여금 특정한 거래상대방으로부터 구입하도록 강제할 수 있으려면 가맹본부는 미리 정보공개서를 통하여 가맹점사업자에게 해당 사실을 알리고 가맹점사업자와 계약을 체결하여야 한다. 즉 정보공개서나 계약서에 이런 사항을 명시하고 정보공개서에도 사유를 구체적으로 미리 기재한다면 위반사항이라고 할 수 없는 것이다.

(ㄷ) 특징

가맹본부의 가맹점사업자에 대한 거래상대방의 구속행위는 이른바 '조리위법행위'로서 부당하게의 입증책임은 공정거래위원회가 부담한다.

(주)P가맹본부의 거래상대방 구속 P가맹본부가 자신의 가맹사업자들에게 주류를 공급하는 조건으로 신고인에게 협찬금을 요구하였고, 신고인이 이에 응하지 않자 가맹점계약서 제11조에 근거하여 가맹점사업자들로 하여금 신고인과의 거래를 중단하고 다른 도매상과 거래토록 강요함으로써 신고인의 사업활동을 방해한 행위는 가맹사업법의 불공정거래행위로서 거래상대방을 구속하는 행위에 해당된다.

③ 가맹점사업자의 상품 · 용역의 판매제한(법 시행령 제13조 제1항 관련 [별표 2])

(ㄱ) 의의

가맹점사업자로 하여금 부당하게 지정된 상품 또는 용역만을 판매하도록 하거나 거래상대방에 따라 상품 또는 용역의 판매를 제한하는 행위를 말한다. 즉 가맹점사업자가 취급하는 상품 또는 용역의 가격, 거래상대방, 거래지역이나 가맹점사업자의 사업 활동을 부당하게 구속하거나 제한하는 행위를 하거나 다른 사업자로 하여금 이를 행하도록 하여서는 아니 된다.

가맹점사업자는 가맹본부와는 엄연한 독립된 사업자이기 때문에 어떤 상품을 판매할 것이냐는 전적으로 가맹점사업자 자신이 결정하여야 할 문제라고 할 수 있다. 또한 가맹본부가 부당하게 통제를 가하고 시장의 경쟁에 영향을 미친다면 그 정도에 따라 가맹점사업자의 독자적 판매 및 구매전략에 압력수단으로 작용하게 되어 결국 공정거래법에 위반되는 거래관행이 될 여지도 있다. 따라서 가맹본부가 가맹점사업자에게 부당하게 일정한 품목만 판매하도록 하는 등의 행위는 원칙적으로 금지된다. 반면에 가맹사업의 통일성이라는 측면에서는 가맹본부는 가맹점사업자에게 상표법상의 요구나 시장전략차원에서 상품의 품질뿐 아니라 품목이나 유형에 대하여도 통제를 가할 필요가 있다. 이러한 점을 감안하여 가맹사업법에서는 일정한 요건 하에서는 가맹본부가 가맹점사업자에게 지정된 상품 또는 용역만을 판매하도록 하거나 거래상대방에 따라 상품 또는 용역의 판매를 제한하는 행위를 할 수 있도록 규정하고 있다.[129]

---

129) 이한무, 가맹사업법 해설(실무 및 소송의 쟁점)(법률정보센터, 2009년), 제231면.

(ㄴ) 허용요건

가맹본부가 가맹점사업자에게 지정된 상품 또는 용역만을 판매하도록 하거나 거래상대방에 따라 상품 또는 용역의 판매를 제한하는 행위를 하기 위해서는 다음의 요건을 모두 충족하여야 한다.

㉠ 가맹점사업자의 상품 또는 용역의 판매를 제한하지 아니하는 경우에는 가맹본부의 상표권을 보호하고 상품 또는 용역의 동일성을 유지하기 어렵다는 사실이 객관적으로 인정될 것

㉡ 가맹본부가 미리 정보공개서를 통하여 가맹점사업자에게 해당 사실을 알리고 가맹점사업자와 계약을 체결할 것

(ㄷ) 특징

가맹본부의 가맹점사업자에 대한 상품 또는 용역의 판매제한행위는 이른바 '조리위법행위'로서 '부당하게'의 입증책임은 공정거래위원회가 부담한다.

> (주)다사랑의 가맹사업법 위반
> 가맹점사업자가 가맹사업을 영위하는 데 필요한 설비 상품의 구입을 자신 또는 특정한 거래상대방과 거래하도록 강제하기 위해서는 가맹본부가 가맹본부의 상표권을 보호하고 상품 또는 용역의 동일성을 유지하기 어렵다는 사실이 객관적으로 인정되는 경우에 한해 미리 정보공개서를 통하여 가맹점사업자에게 알리고 가맹점사업자와 계약을 체결하거나 가맹점사업자의 동의를 얻는 경우로 규정하고 있다.
> 가맹점사업자에게 가맹본부의 품질동일성을 추구하기 위해 제작된 물품이 아닌 가맹사업자가 시장에서 동일기능을 가진 제품을 구할 수 있는 냉장고, 튀김기, 오븐기, 그릇류, 주류 등 자신의 가맹사업과 관련이 없는 물품까지 자신이 지정한 사업자에게 구입하도록 한 행위는 가맹본부가 상표권을 보호하고 상품 또는 용역의 동일성을 유지하는 정도를 벗어나는 것으로서, 불공정거래행위의 유형에 해당된다(공정거래위원회 의결(약) 제2008-229호 2008. 5. 22.).

④ 영업지역의 준수강제(법 시행령 제13조 제1항 관련 [별표 2])

(ㄱ) 의의

가맹본부가 "부당하게" 가맹점사업자에게 영업지역을 준수하도록 조건을 붙이거나 이를 강제하는 행위를 말한다(법 제12조 제1항 제2호, 법 시행령 제13조 제1항 관련 [별표 2]의2 라. 영업지역의 준수강제).

가맹점사업자는 엄연한 독립된 사업자이기 때문에 어느 장소에서 영업을 할 것인지는

원칙적으로 가맹점사업자가 독자적으로 결정하여야 할 문제이다. 또한 가맹본부가 가맹점의 영업지역을 지정하고 그 지역에서만 영업할 것을 강제한다면 이는 자유로워야 할 가맹점사업자의 영업활동을 제한하는 결과를 초래할 뿐만 아니라 가맹점사업자 사이의 경쟁, 즉 상표 내 경쟁(intra-brand competiton)을 회피하는 수단으로 작용함으로써, 경쟁제한적인 효과를 가지게 되기 때문에 금지하는 것이다.[130)]

㈁ 허용요건(법 시행령 제13조 제1항 관련 [별표 2]의2 라. 영업지역의 준수강제)

다만, 다음의 어느 하나에 해당하는 행위는 영업지역의 준수강제로 보지 않아 허용된다.

㉠ 가맹본부가 가맹점사업자의 영업거점지역[131)]을 정하는 행위

㉡ 가맹점사업자가 자기의 영업지역에서의 판매책임을 다한 경우에 영업지역 외의 다른 지역에서 판매할 수 있도록 하는 행위

㉢ 가맹점사업자가 자기의 영업지역 외의 다른 지역에서 판매하고자 하는 경우 그 지역의 가맹점사업자에게 광고선전비 등 판촉비용에 상당하는 일정한 보상금을 지불하도록 하는 행위

㈂ 특징

가맹본부의 가맹점사업자에 대한 영업지역의 준수강제행위는 이른바 '조리위법행위'로서 '부당하게'의 입증책임은 공정거래위원회가 부담한다.

> 도미노피자 판매업체인 디피케이인터내셔날(주)건
> 가맹계약자로 하여금 자신이 정한 배달구역 이외에서는 배달판매 및 판촉행위를 금지하도록 함으로써 가맹계약자의 자유로운 고객확보경쟁 및 고유한 영업활동의 자유를 제한한 행위에 대해 공정위는 거래상대방의 거래지역을 부당하게 구속하는 조건으로 거래하는 행위로서 판매지역제한이 다른 상표와 브랜드 간 경쟁을 촉진하는 효과는 별로 없는 반면 소비자이익을 침해하는 요소가 있다(공정거래위원회 의결(약) 제2000-163호 2000. 11. 15.).

130) 그러나 이에 대하여 다른 한편으로는 잠재적인 가맹점에게 어느 정도 이익을 보장함으로써 특히 중소판매업자의 시장진입을 유도함으로써, 그 결과 상표 간 경쟁(inter-brand competition)은 촉진될 수 있지 않느냐는 반문이 있을 수 있습니다. 그러나 경쟁의 촉진을 진정으로 보장하기 위해서는 상표 간 경쟁(inter-brand competition)뿐만 아니라, 상표 내 경쟁(intra-brand competition)까지도 촉진되어야 하기 때문입니다.

131) 영업거점제의 개념을 정확히 해설한 참고자료는 찾지 못하였으나, 이와 동일 또는 유사한 개념인 판매거점제에 대한 정의로부터 유추해 보건대, 영업거점제란 가맹점사업자의 영업장소를 일정한 지역으로 지정해 주는 형태로서 이는 공정거래에 관한 경쟁저해성이 없는 것으로 보아 허용하는 것 같습니다. 참고로 유사한 개념으로 판매거점제가 있는데 이는 점포 등 판매거점의 설치 장소를 일정지역으로 지정해 주는 거래형태로서 이 또한 경쟁저해성이 없는 것으로 보아 공정거래법상 위법이 아닙니다.

㈃ 문제의 소재

가맹본부의 영업지역의 준수강제금지규정(법 제12조 제1항 제2호, 법 시행령 제13조 제1항 관련 [별표 2]의2 라.)은 가맹본부가 가맹점사업자에 대하여 영업지역을 보장하도록 되어 있는 영업지역의 침해금지규정(영업지역의 보장규정)(법 제5조 제6호, 제12조 제1항 제4호)과 관련하여 해석상 어려운 문제를 낳고 있다. 즉 현재 가맹사업법 규정에 의하면 가맹본부는 법 제5조 제6호 및 제12조 제1항 제4호에 따라 가맹점사업자의 영업지역을 보장해 주어야 하는 반면, 한편으로는 제12조 제1항 제2호 및 법 시행령 제13조 제1항 관련 [별표 2]에 따라 그 영업지역을 준수하도록 구속하거나 제한할 수가 없기 때문에 그 해석상 충돌의 문제가 발생한다는 것이다.

예를 들면 가맹본부 甲의 가맹점인 A가맹점과 B가맹점이 있다고 했을 때, 가맹본부 甲은 B의 영업지역을 보장해 주어야 하는 의무가 있음에도 불구하고, 동시에 가맹본부인 甲은 A에게 B의 영업지역을 침범하지 말라고 구속하거나 제한할 수가 없기 때문에 문제가 된다는 것이다.

㈄ 견해의 대립

㉠ 양자를 충돌의 문제로 보는 견해[132)]

영업지역침해금지규정(법 제5조 제6호, 제12조 제1항 제4호)과 영업지역의 준수강제금지규정(영업지역의 보장규정)(법 제12조 1항 2호, 법 시행령 제13조 제1항 관련 [별표 2]의2 라.)은 '경쟁의 제한'이라는 관점에서 볼 때 상호충돌하는 규정으로써 영업지역침해금지규정(영업지역의 보장규정)(법 제5조 제6호, 제12조 제1항 제4호)을 하나의 입법체계 내에 포섭시키는 것은 경쟁법의 입법취지상 무리라는 견해이다.

㉡ 양자를 조화롭게 해석하자는 견해[133)]

가맹사업법의 의미와 입법취지를 살려 양자를 조화롭게 해석하는 노력을 기울여야 한다는 견해이다. 이 견해에 따르면, "영업지역의 준수강제금지(법 제12조 제1항 제2호, 법 시행령 제13조 제1항 관련 [별표 2]의2 라.)" 규정과 "영업지역침해금지조항(영업지역의 보장규정)(법 제5조 제6호, 제12조 제1항 제4호)"은 다음과 같이 해석한다.

---

132) 최병길, 프랜차이즈 분쟁예방을 위한 법적 개선방안(충북대 석사학위논문, 2007년), 제85면.

133) 이한무, 가맹사업법 해설(실무 및 소송의 쟁점)(법률정보센터, 2009년), 제234면.

먼저 가맹본부가 직접 또는 계열회사를 통해 가맹점사업자의 영업지역을 침해하는 행위를 하는 것은 금지된다. 다음으로 다른 가맹점사업자의 영업지역 침범행위에 대하여는 미리 가맹계약체결 시에 ⓐ 영업거점지역을 정하거나, ⓑ 각 가맹점사업자가 자기의 영업지역에서의 판매책임을 다한 경우에 다른 지역에서 판매할 수 있도록 하거나, ⓒ 가맹점사업자가 자기의 영업지역 외의 다른 지역에서 판매하고자 하는 경우 그 지역의 가맹점사업자에게 광고선전비 등 판촉비용에 상당하는 일정한 보상금을 지불하도록 하는 등의 방법으로 통제할 수밖에는 없다고 본다.

이렇게 본다면 위 사례에서 가맹본부 甲은 A에게 B의 영업지역에서 판매하지 말라고 강요하거나 계약해지할 수는 없지만, A에게 B에 대해 일정한 보상을 하도록 하는 방안은 가능하다고 본다.

㉢ 양자는 충돌의 문제가 아니라는 견해[134)]

한편 이에 대하여 영업지역의 준수강제금지(법 제12조 제1항 제2호, 법 시행령 제13조 제1항 관련 [별표 2]의2 라.) 규정과 영업지역침해금지조항(영업지역의 보장규정)(법 제5조 제6호, 제12조 제1항 제4호)은 충돌의 문제가 아니라는 견해가 있다. 즉 영업지역의 준수강제금지규정은 가맹점 간의 브랜드 내부경쟁이 제한되는 것을 막기 위한 규정으로서 가맹점 간에 있어서의 영업지역이란 상대적 영업지역의 성격이 있는 것으로서 가맹본부는 가맹점에게 특정 영업지역 만을 준수하도록 강요하지 못하며 이는 가맹점 간의 브랜드 내 경쟁이 제한되는 것을 막기 위해서 규정된 것이다. 그리고 영업지역침해금지규정(영업지역의 보장규정)은 가맹점의 영업지역은 가맹본부로부터는 독점적 영업지역의 성격을 갖는 것으로서 가맹본부로 하여금 가맹점사업자 영업지역 내에서의 동일업종의 직영점이나 가맹점을 설치하는 행위를 금지하는 것이다. 결국 영업지역의 준수강제금지규정은 가맹점 간의 관계를 규정한 것이고, 영업지역침해금지조항(영업지역의 보장규정)은 가맹본부와 가맹점 간의 관계를 규정한 조항으로서 양자는 서로 모순되는 규정이 아니라는 것이다.

134) 이성훈, 한규철, 프랜차이즈계약과 창업(두남출판사, 2010년), 제201면 .

(바) 공정거래위원회 심결례

사 건 번 호　　2009서제0498(의결: 제2009-241호, 2009. 11. 03.)

사　건　명　　(주)파파○○코리아의 가맹사업법 위반행위에 대한 건

피　심　인　　주식회사 파파○○코리아
서울 서초구 서초동 1451-30 동서빌딩 1층
대표이사 최○영

(1) 행위사실

(가) 피심인(가맹본부)은 가맹점사업자와 가맹계약을 체결하면서, 가맹점사업자의 영업활동을 약정된 영업지역으로 제한하고, 다른 가맹점사업자의 영업지역 내에서 전단지 배포, 홍보 및 기타 영업을 위한 행위를 하여 피심인으로부터 시정권고를 받고서도 시정되지 않을 시 최고 없이 즉시 가맹계약이 해지될 수 있다는 내용이 기재된 영업지역 구분도를 첨부하여 가맹계약서를 작성하였다.

이러한 사실은 피심인과 가맹점사업자들 사이에 작성된 '프랜차이즈 가맹계약서'에 첨부된 '영업지역 구분도'의 기재에 의하여 인정할 수 있다.

<표 7> 영업지역 구분도(발췌)

1. (생략)

2. 을(가맹희망자)은 약정된 해당 영업지역 안에서만 영업활동이 이루어져야 하며, 만약 고의성 여부를 떠나 인근 다른 영업지역 내에서의 전단지 배포, 홍보 및 영업을 위한 기타 행위로 인하여 파파○○ 가맹사업 본부로부터 시정 권고로도 시정이 되지 않을 시 본부와의 가맹계약은 을의 책임사유로 인하여 최고 없이 즉각 해지될 수 있다.

3. (생략)

(나) 피심인은 2008. 2월경 가맹점사업자 ○○○가 전단지 광고를 하기 위해 그 시안을 작성하여 피심인에게 승인을 요청하자, 가맹점사업자 ○○○의 영업지역인 부산시 금정구 구서동 지역에서만 광고하도록 하고 다른 가맹점사업자의 영업지역에서는 광고하지 못하도록 하였다.

이러한 사실은 피심인이 제출한 2009. 5. 26.자 '자료제출요구에 의한 답변', 2009. 8. 24.자 '불수락 이유서'의 각 기재에 의하여 인정할 수 있다.

(2) 관련 법규정

가맹사업거래의 공정화에 관한 법률 제12조(불공정거래행위의 금지) ① 가맹본부는 다음 각 호의 1에 해당하는 행위로서 가맹사업의 공정한 거래를 저해할 우려가 있는 행위를 하거나 다른 사업자로 하여금 이를 행하도록 하여서는 아니 된다.

1. (생략)
2. 가맹점사업자가 취급하는 상품 또는 용역의 가격, 거래상대방, 거래지역이나 가맹점사업자의 사업활동을 부당하게 구속하거나 제한하는 행위
3. ~ 5. (생략)
② 제1항 각 호의 규정에 의한 행위의 유형 또는 기준은 대통령령으로 정한다.

가맹사업거래의 공정화에 관한 법률 시행령 제13조(불공정거래행위의 유형 또는 기준) ①법 제12조 제2항의 규정에 의한 불공정거래행위의 유형 및 기준은 [별표 2]와 같다.
② (생략)

[별표 2] 불공정거래행위의 유형 또는 기준(법 시행령 제13조 제1항 관련)
1. (생략)
2. 구속조건부 거래
법 제12조 제1항 제2호에 해당하는 행위의 유형 및 기준은 다음 각 목의 어느 하나와 같다.
가. ~ 다. (생략)
라. 영업지역의 준수강제
부당하게 가맹점사업자에게 영업지역을 준수하도록 조건을 붙이거나 이를 강제하는 행위. 다만, 다음 각 호의 어느 하나에 해당하는 행위는 그러하지 아니하다.
(1) 가맹본부가 가맹점사업자의 영업거점지역을 정하는 행위
(2) 가맹점사업자가 자기의 영업지역에서의 판매책임을 다한 경우에 영업지역 외의 다른 지역에서 판매할 수 있도록 하는 행위
(3) 가맹점사업자가 자기의 영업지역 외의 다른 지역에서 판매하고자 하는 경우 그 지역의 가맹점사업자에게 광고선전비 등 판촉비용에 상당하는 일정한 보상금을 지불하도록 하는 행위
마. (생략)
3. ~ 5. (생략)

(3) 위법성 판단

(가) 위법성 성립요건

법 제12조 제1항 제2호, 같은 법 시행령 제13조 제1항 및 [별표 2] 2. 라.에 의한 영업지역 준수강제 행위가 성립하기 위해서는 가맹본부가 부당하게 가맹점사업자에게 영업지역을 준수하도록 조건을 붙이거나 이를 강제하여야 한다.

(나) 위법요건에 해당되는지 여부

1) 피심인이 가맹점사업자에게 영업지역을 준수하도록 조건을 붙이거나 이를 강제하였는지 여부
피심인은 가맹희망자와 가맹계약을 체결하면서 가맹점사업자가 영업지역을 넘어 전단지 배포 등의 영업활동을 하는 경우 이에 대해 시정권고를 할 수 있고, 이 시정권고를 받고서도 가맹점사업자가 시정하지 않는 경우 최고 없이 즉시 가맹계약을 해지할 수 있도록 하였고, 가맹점사업자가 전단지 광고시안을 작성하여 승인 요청하자 영업지역 안에서만 광고하도록 하였으므로, 이는 피심인이 가맹점사업자에게 영업지역을 준수하도록 조건을 붙이거나 이를 강제한 행위에 해당한다.

2) 부당성 여부
피심인이 가맹점사업자에게 영업지역을 준수하도록 조건을 붙이거나 이를 강제한 행위는 다음과 같은 점들을 종합하여 볼 때 부당성이 인정된다.
첫째, 피심인이 가맹점사업자의 영업거점을 정해주는 정도를 넘어서서 가맹계약 체결 시 약정한 영업지역 내에서만 영업활동을 하도록 엄격히 제한하고, 다른 가맹점사업자의 영업지역에서 일체의 판촉활동을 금지하고, 이를 위반하는 경우 최종적으로 최고 없이 일방적으로 계약해지까지 할 수 있도록 한 것은 가맹사업의 특성을 고려하더라도 지나친 약정으로 부당하다.
둘째, 법 시행령 제13조 제1항 관련 [별표 2] 2. 라. 단서에서는 예외적으로 자기의 영업지역에서의 판매책임을 다하고 난 뒤에 다른 지역에서 판매하도록 하거나, 타 지역 가맹점사업자에게 판촉비용에 상당하는 보상금을 지불하고 다른 지역에서 판매하도록 하는 등 보다 완화된 영업지역 제한의 방법을 허용함에도 불구하고, 타 지역에서 일체의 영업활동을 하지 못하도록 한 것은 영업활동의 자유를 과도하게 제한하는 행위이다.
셋째, 피심인이 영업지역 준수를 강제하려는 의도가 가맹점사업자 사이의 경쟁을 제거하고자 하는 것 외에 달리 합리적인 이유를 찾기 어렵다.

(4) 결론
따라서 피심인의 위 2. 나. (1)의 행위는 부당하게 가맹점사업자에게 영업지역을 준수하도록 조건을 붙이거나 이를 강제하는 행위를 금지한 법 제12조 제1항 제2호, 같은 법 시행령 제13조 제1항, [별표 2] 제2호 라목에 위반된다.

피심인의 위 2. 가. (1) 및 나. (1)의 행위는 각 법 제7조 제2항 및 제12조 제1항 제1호의 규정에 위반되므로, 법 제33조 제1항의 규정을 적용하여 주문과 같이 의결한다.

피심인은 가맹점사업자의 영업활동을 약정된 영업지역으로 제한하고 가맹점사업자가 다른 가맹점사업자의 영업지역에서 전단지 배포 등의 영업행위를 하여 피심인으로부터 시정권고를 받고서도 시정되지 않을 시 최고 없이 즉시 가맹계약이 해지될 수 있다는 내용이 기재된 영업지역 구분도를 첨부하여 가맹계약서를 작성하거나, 가맹점사업자에게 약정된 영업지역 안에서만 광고하도록 함으로써 부당하게 가맹점사업자에게 영업지역을 준수하도록 조건을 붙이거나 이를 강제하는 행위를 다시 하여서는 아니 된다.
피심인은 이 시정명령을 받은 날로부터 30일 이내에, 가맹계약서에 첨부된 영업지역 구분도를 수정 또는 삭제하고, 수정하는 경우에는 그 내용과 관련하여 사전에 공정거래위원회와 협의를 거쳐야 한다.

(ㅅ) 검토

생각건대 영업지역침해금지조항(법 제12조 제1항 제4호)에 따라 원칙적으로 독점적인 영업지역권을 인정하되 보상금을 지불하는 경우에는 예외적으로 다른 가맹점사업자의 영업지역에서의 판매활동을 허용하자는 전자의 견해는 실제에 있어 보상금지급의 실현가능성과 관련하여 그 가능성이 희박하다고 본다. 따라서 후자의 견해인 영업지역의 준수강제금지규정(법 제12조 제1항 제2호)은 가맹점 간의 관계를 규정한 것이고, 영업지역침해금지규정(영업지역의 보장규정)(법 제5조 제6호, 제12조 제1항 제4호)은 가맹본부와 가맹점 간의 관계를 규정한 조항으로서 양자는 서로 모순되는 규정이 아니라는 견해가 타당하다고 생각한다.

영업지역침해금지규정(영업지역의 보장규정)을 가맹점 간의 관계가 아닌, 가맹본부와 관계로 본다면 상표 내 경쟁(intra-brand competition)의 제한이라는 문제를 회피할 수 있으면서 동시에 가맹본부의 무분별한 가맹점확장행위도 방지할 수 있기 때문이다.

⑤ 그 밖의 가맹점사업자의 영업활동제한(법 시행령 제13조 제1항 관련 [별표 2])

위 ① 내지 ④ 이외의 행위로서 부당하게 경쟁가맹본부의 가맹점사업자를 자기와 거래하도록 유인하는 행위 등 가맹사업의 공정한 거래를 저해할 우려가 있는 행위는 금지된다.

다만, 다음의 요건을 모두 충족한 경우에는 그러하지 아니하다.

(ㄱ) 가맹점사업자의 영업활동을 제한하지 아니하는 경우에는 가맹본부의 상표권을 보호하고 상품 또는 용역의 동일성을 유지하기 어렵다는 사실이 객관적으로 인정될 것

(ㄴ) 가맹본부가 미리 정보공개서를 통하여 가맹점사업자에게 해당 사실을 알리고 가맹점사업자와 계약을 체결할 것

(3) 거래상 지위남용

1) 의의

거래상 지위의 남용이란 가맹본부가 거래상 지위를 이용하여 "부당하게" 가맹점사업자에게 불이익을 주는 행위를 말한다(법 제12조 제1항 제3호).

2) 취지

가맹본부는 가맹점사업자에 비해 거래관계 및 정보에 있어 우월적 지위에 있기 마련이다. 왜냐하면 가맹본부는 가맹점사업자보다 더 많은 자본, 체계, 인력, 정보, 지적재산권, 상표, 특허, 의장, 저작권 등을 갖고 있기 때문이다.

가맹본부는 자신들의 우월적 지위를 이용하여 가맹점사업자에 대해 통제 및 제한을 가하기 쉽고, 이로 인해 시장에 있어 실질적인 경쟁제한 효과가 발생하기도 한다. 동시에 가맹점사업자는 가맹본부에 의해 이용 또는 착취당하기도 한다. 정보의 부족은 가맹본부의 허위 또는 기만적 광고나 거래를 야기하기도 한다. 그러므로 가맹점사업자를 위한 안전장치가 필요하며, 이에 따라 가맹사업거래의 공정화에 관한 법률, 독점규제 및 공정거래에 관한 법률 등에 의해 규제할 필요성이 있는 것이다.[135)]

3) 위법성 판단기준[136)]

① 거래상 우월한 지위에 있을 것

"거래상 우월한 지위"에 대해서는 견해가 대립한다.

(ㄱ) 제1설: '거래상 지위'는 거래당사자 간에 지배, 종속관계가 가능할 정도로 지위에 현격히 격차가 있어야 하는 것으로 엄격히 해석하여야 한다는 견해

(ㄴ) 제2설: '거래상 지위'는 상거래에 있어 최소한 상대방의 거래활동에 상당한 영향력을 미칠 수 있는 상대적으로 우월한 지위에 있으면 된다는 견해

(ㄷ) 판례(判例): 제2설과 동일한 입장이다.

> 이 규정은 현실의 거래 관계에서 경제력에 차이가 있는 거래주체 간에도 상호 대등한 지위에서 같은 법이 보장하고자 하는 공정한 거래를 할 수 있게 하기 위하여 상대적으로 우월한 지위 또는 적어도 상대방의 거래활동에 상당한 영향을 미칠 수 있는 지위에 있는 사업자에 대하여 그 지위를 남용하여 상대방에게 거래상 불이익을 주는 행위를 금지하고자 하는데 그 취지가 있는 것이다(대법원 2002. 9. 27. 선고 2000두3801판결 등).

그런데 가맹사업에 있어 가맹본부는 일반적으로 거래상 우월한 지위에 있는 것으로 인

135) 최경진, 프랜차이즈 사업에 대한 법적 연구(고려대학교 법무대학원, 2009년), 제58면.

136) 이한무, 가맹사업법 해설(실무 및 소송의 쟁점)(법률정보센터, 2009년), 제237면.

정된다. 왜냐하면 가맹점사업자들은 가맹본부의 영업표지 등을 사용하는 대가로 일정 금액의 가맹금을 지급하는 대가로 가맹본부로부터 상호, 상표, 디자인뿐만 아니라 제품의 생산에 대한 노하우 등 영업행위 일체에 대하여 지원을 받고 있는 등 가맹본부에 전적으로 의존하는 거래관계에 있기 때문이다. 또한 가맹점사업자들이 가맹본부의 가맹사업에 참여하기 위해서는 가맹본부가 제시하는 조건과 기준 등에 따라 점포 및 내부시설장비 등을 준비하여야 하고 또 상당한 비용의 투자가 이루어져야 하는바, 만약 가맹본부가 가맹계약을 해지하는 경우 가맹점사업자는 투자비용을 회수할 수 있는 방법이 없어 상당한 경제적 손실을 입게 되므로 가맹본부의 요구에 응할 수밖에 없는 사정이 있기 때문이다(공정거래위원회 2008. 4. 16. 2008-124호 결정).

② 거래상 지위의 부당한 이용이 있을 것

가맹본부는 자신의 거래상 지위를 부당하게 이용하였어야 한다. 거래상 지위의 부당이용의 여부는 당사자가 처하고 있는 시장 및 거래의 상황, 당사자 간의 전체적 사업능력의 격차, 거래의 대상인 상품 또는 용역의 특성, 그리고 당해 행위의 의도, 목적, 효과, 영향 및 구체적인 태양, 해당 사업자의 시장에서의 우월한 지위의 정도 및 상대방이 받게 되는 불이익의 내용과 정도 등에 비추어 볼 때 정상적인 거래관행을 벗어난 것으로서의 공정한 거래를 저해할 우려가 있는지 여부를 판단하여 결정한다(대법원 2002. 1. 25. 선고 2000두9359판결; 대법원 2002. 9. 27 선고 2000두3801 판결 등).

4) 허용요건

가맹본부가 거래상의 지위남용행위를 하지 않는 경우에는 가맹본부의 상표권 보호나 상품 또는 용역의 동일성확보가 어렵다는 사실이 객관적으로 인정되는 경우로서 가맹본부가 미리 정보공개서를 통하여 알리고 계약을 체결한 경우에는 허용이 된다.

5) 유형

① 구입강제(법 시행령 제13조 제1항 관련 [별표 2])

(ㄱ) 의의

구입강제란 가맹점사업자에게 가맹사업의 경영과 무관하거나 그 경영에 필요한 양을 넘는 시설 · 장비 · 상품 · 용역 · 원재료 또는 부재료 등을 구입 또는 임차하도록 강제하는 행위를 말한다.

(ㄴ) 내용

㉠ 가맹사업의 경영에 필요한 범위 내인지 여부에 관한 판단기준에 대하여 판례는 가맹본부가 가맹점사업자의 판매상품 또는 용역을 자기 또는 자기가 지정한 자로부터 공급받도록 하거나 그 공급상대방의 변경을 제한하는 행위가 가맹사업의 목적달성을 위한 필요한 범위 내인지 여부는 가맹사업의 목적과 가맹점계약의 내용, 가맹금의 지급방식, 가맹사업의 대상인 상품과 공급상대방이 제한된 상품과의 관계, 상품의 이미지와 품질을 관리하기 위한 기술관리 · 표준관리 · 유통관리 · 위생관리의 필요성 등에 비추어 가맹점사업자에게 품질기준만을 제시하고 임의로 구입하도록 하여서는 가맹사업의 통일적 이미지와 상품의 동일한 품질을 유지하는 데 지장이 있는지 여부를 판단하여 결정하여야 한다고 판시한 바 있다(대법원2006. 3. 10. 선고 2002두332 판결).

㉡ 구입강제는 거래상대방이 구입할 의사가 없는 상품 또는 용역을 구입하도록 강제하는 행위(일명 '밀어내기')를 말하는 것으로서, 구입이 강제되는 것은 행위자의 것이든, 행위자와 관계가 있는 다른 사업자의 것이든 불문한다.[137)]

㉢ "구입하도록 강제하는 행위"라 함은 상대방이 구입하지 않을 수 없는 객관적인 상황을 만들어 내는 것을 포함한다. 즉, 거래상대방에 대하여 구입을 거절하면 거래거절 등의 제재를 가할 뜻을 밝히는 등 구입을 강요하는 것이 그 전형적인 예이다.[138)] 또한 구입을 강요하는 행위 자체가 위법한 것이므로, 실제로 상대방이 구입했는가의 여부는 문제되지 않는다.

☞ 여기에 대하여는 가맹본부가 가맹점사업자에게 구입 또는 임차를 강요하는 행위 자체가 문제되는 것이 아니라, 당해 가맹사업을 영위하는 데 필요한 양을 초과하여 구입 또는 임차하도록 강제하는 행위가 문제된다는 견해도 있다.[139)]

137) 정용직, 가맹사업법(에듀랩, 2008년), 제115면.

138) 이한무, 가맹사업법 해설(실무 및 소송의 쟁점)(법률정보센터, 2009년), 제239면.

㉣ '강제성'은 거래상대방에게 당해 상품 등을 구입하지 않을 경우 제재가 있다고 명시하여 구입시키는 것뿐만 아니라, 객관적 사정으로 보아 구입하지 않을 경우 불이익을 받을 가능성이 크다고 거래상대방이 인식할 수 있을 정도면 족하다.[140]

② 부당한 강요(법 시행령 제13조 제1항 관련 [별표 2])

(ㄱ) 의의

부당한 강요란 부당하게 경제적 이익을 제공하도록 강요하거나, 가맹점사업자에게 비용을 부담하도록 강요하는 행위를 말한다.

(ㄴ) 내용[141]

㉠ 이익제공강요는 가맹점사업자에게 가맹본부를 위하여 금전, 물품, 용역 기타의 경제상의 이익을 제공하도록 강요하는 행위로서, '경제상 이익'에는 반드시 금전에 한하는 것이 아니라 경제적 가치가 있는 모든 것이 포함된다.

㉡ 가맹본부 자신뿐만 아니라 계열회사의 거래상 지위를 이용하여 이익제공을 강요하는 행위도 포함되고, 가맹본부가 지정하는 제3자에게 이익을 제공하도록 강요하는 경우도 포함된다.

㉢ 적극적으로 이익제공을 요구하는 행위뿐만 아니라, 자신이 부담하여야 할 비용을 거래상대방에게 전가하여 소극적으로 경제적 이익을 누리는 행위도 포함된다.

> (주)미스터피자의 가맹사업법 위반
> 가맹본부가 거래상의 지위를 이용하여 부당하게 가맹점사업자에게 불이익을 주는 행위 여부를 판단하기 위해서는 가맹본부가 당해 행위를 한 의도 및 목적, 이익제공강요 또는 불이익제공의 내용과 성격 등을 종합적으로 고려하여야 한다.
> 가맹본부가 가맹점사업자와 함께 할인행사를 진행하면서 가맹점사업자에게만 할인비용을 부담하도록 한 행위를 정당하다고 볼 수는 없다. 로열티(광고료 포함)는 가맹본부의 상표, 서비스표의

---

139) 최경진, 프랜차이즈 사업에 대한 법적 연구(고려대학교 법무대학원 석사학위논문, 2009년), 제59면.

140) 정용직, 같은 책, 제116면.

141) 이한무, 가맹사업법 해설(실무 및 소송의 쟁점)(법률정보센터, 2009년), 제240면.

사용과 영업활동의 지속적이고 정기적인 지원의 대가로 가맹점사업자에게 부과하는 금액이며, 가맹본부가 지출한 마케팅 비용은 가맹본부와 가맹점사업자의 이미지 제고 및 상품안내 등에 따른 비용으로 제휴카드 할인행사와 관련하여 부과하거나 지출한 비용이 아니므로 로열티를 경쟁사업자들에 비하여 낮게 부과하고, 마케팅비용을 가맹본부가 지불하는 행위가 제휴할인에 따른 비용부담을 하지 않은 이유가 될 수 없다(공정거래위원회 의결 제2008－004호).

③ 부당한 계약조항의 설정 또는 변경(법 시행령 제13조 제1항 관련 [별표 2])

부당한 계약조항의 설정 또는 변경이란, 가맹점사업자가 이행하기 곤란하거나 가맹점사업자에게 불리한 계약조건을 설정 또는 변경하거나 계약갱신과정에서 종전의 거래조건 또는 다른 가맹점사업자의 거래조건보다 뚜렷하게 불리한 조건으로 계약조건을 설정 또는 변경하는 행위를 말한다.

(주)컴닥터119의 가맹사업법 위반
자기의 가맹점사업자와 거래함에 있어 계약기간 중에 있는 가맹점사업자들에게 가맹점사업자들이 거래개시 당시 납부한 가맹금 외에 일방적으로 정한 추가적인 가맹금을 부담시키는 내용으로 계약을 변경하도록 통보하고, 이에 응하지 아니하는 가맹점사업자에 대하여는 A/S게시판에 대한 접근을 금지하는 등 부당하게 계약조항을 설정 또는 변경하는 방식으로 거래상의 지위를 남용하는 행위를 다시 하여서는 아니 된다.

④ 경영의 간섭(법 시행령 제13조 제1항 관련 [별표 2])

경영의 간섭이란 정당한 이유 없이 특정인과 가맹점을 같이 운영하도록 강요하는 행위를 말한다. 이는 공정거래법상 경영간섭에 해당하는 내용으로, 여기서 말하는 '특정인'에는 가맹본부도 포함된다고 할 것이므로 가맹본부가 통제수준을 넘어 경영 간섭 시 위법성이 인정된다고 볼 것이다.[142] 경영의 간섭은 자유의사를 강제하여 상대방선택의 자유를 침해하는 행위이므로 가맹사업법은 이를 당연위법행위로서 금지하고 있다. 따라서 정당한 이유에 대한 입증책임은 가맹본부 자신에게 있다.

⑤ 판매목표강제[143](법 시행령 제13조 제1항 관련 [별표 2])

판매목표의 강제란 부당하게 판매목표를 설정하고 가맹점사업자로 하여금 이를 달성하도록 강제하는 행위를 말한다. 위법성 기준은 판매목표달성에 '강제성'이 있는지 여부에

142) 최경진, 프랜차이즈사업에 대한 법적 이해(고려대학교 법무대학원 석사학위논문, 2009년), 제61면.
143) 이한무, 가맹사업법 해설(실무 및 소송의 쟁점)(법률정보센터, 2009년), 제241면.

달려 있다. 따라서 단순하게 판매목표를 가맹점사업자를 제시하였다는 것만으로는 판매목표 강제행위가 되지 않고 제시한 목표를 강제하였다는 '강제성'이 인정되어야 한다. 실무상으로는 판매목표 달성에 대해 장려금 등 인센티브를 제공하는 경우가 문제될 수 있는데, 이러한 경우에는 원칙적으로는 강제성이 인정되지 않지만 판매장려금 등의 인센티브가 정상적인 유통마진을 대체하는 효과가 있어서 사실상 판매목표를 강제하는 효과를 갖는 경우에는 예외적으로 강제성이 인정될 수 있다.

⑥ 불이익제공(법 시행령 제13조 제1항 관련 [별표 2])

불이익제공이란 위에서 언급한 ㉠ 구입강제, ㉡ 부당한 강요, ㉢ 부당한 계약조항의 설정 또는 변경, ㉣ 경영의 간섭, ㉤ 판매목표 강제의 행위에 준하는 경우로서 가맹점사업자에게 부당하게 불이익을 주는 행위를 말한다.

불이익제공에 해당하기 위해서는 그 행위의 내용이 상대방에게 다소 불이익하다는 점만으로는 부족하고, 구입강제, 부당한 강요, 판매목표 강제 등과 동일시할 수 있을 정도로 일방 당사자가 자기의 거래상의 지위를 부당하게 이용하여 거래조건을 설정, 변경하거나 그 이행과정에서 불이익을 준 것으로 인정되고 그로써 정상적인 거래관행에 비추어 상대방에게 부당하게 불이익을 주어 공정한 거래를 저해할 우려가 있어야 한다. 또한 상대방에게 부당하게 불이익을 주는 행위인지 여부는, 당해 행위가 행하여진 당시를 기준으로 당해 행위의 의도와 목적, 당해 행위에 이른 경위, 당해 행위에 의하여 상대방에게 생길 수 있는 불이익의 내용과 정도, 당해 행위가 당사자 사이의 거래과정에 미치는 경쟁제약의 정도, 관련업계의 거래관행, 일반경쟁질서에 미치는 영향 및 관계 법령의 규정 등 여러 요소를 종합하여 전체적인 관점에서 판단하여야 한다(대법원 2002. 5. 31. 선고 2000두6213).

☞ 기타 불이익제공의 예[144)]

1) 거래상 우월적 지위에 있는 가맹본부가 가맹점사업자가 구입한 상품의 반품을 할 수 없도록 하는 조건을 붙여 부당하게 상대방에게 불이익을 주는 경우

2) 계약상대방에게 귀책사유가 없음에도 불구하고 원가계산 등의 착오 등을 이유로 계약금액을 감액, 환수하는 경우 등을 들 수 있다.

---

144) 이한무,가맹사업법 해설(실무 및 소송의 쟁점)(법률정보센터, 2009년), 제242면.

불이익 제공이라 함은 사업자가 거래상 지위를 이용하여 거래를 함에 있어 거래상대방에 대한 거래조건의 설정 또는 변경이나 그 이행과정에서 거래상대방에게 불이익을 주는 행위를 의미하는 것이므로, 그 사업자가 제3자에 대한 거래조건의 설정 또는 변경이나 이행과정에서 제3자에게 이익을 제공함으로써 거래상대방이 제3자에 비하여 상대적으로 불이익한 취급을 받게 되었다고 하여 사업자가 거래상대방에게 불이익을 제공한 것으로 볼 수는 없다(2003두5327).

(4) 영업지역의 침해

1) 의의

영업지역의 침해란 부당하게 가맹계약을 위반하여 가맹계약기간 중 가맹점사업자의 영업지역 안에서 가맹점사업자와 같은 업종(☞ 수요층의 지역적 · 인적 범위, 취급품목, 영업형태 및 방식 등에 비추어 같다고 인식될 수 있을 정도의 업종을 말한다)의 자기 또는 계열회사(☞ 독점규제 및 공정거래에 관한 법률 제2조 제3호에 따른 계열회사를 말한다) 직영점이나 가맹점을 설치하는 행위를 말한다.

2) 허용요건(법 시행령 제13조 제1항 관련 [별표 2])

가맹본부가 가맹점사업자에게 배타적인 영업지역을 설정하지 아니한다는 사실을 미리 정보공개서를 통하여 해당 가맹점사업자에게 알리고 계약을 체결한 경우에는 영업지역의 침해로 보지 아니한다.

모든 가맹점계약에 있어서 가맹본부에 가맹점에 대한 판매지역권 보장의무가 당연히 인정되는 것은 아니라고 할 것이므로 이를 전제로 한 피고의 주장은 이유 없으나, 그렇다고 하더라도 가맹본부로서는 소속 가맹점의 판매지역권을 부당하게 침해하는 것은 허용되지 않는다고 할 것이므로, 가맹본부가 아무런 제약 없이 언제라도 가맹점의 점포와 동일 지역 내에 직영점을 개설하거나 가맹점을 둘 수 있도록 하는 조항을 두었다면 이는 가맹점에 대하여 부당하게 불리한 조항으로 무효라고 보아야 할 것이다.
그러나 원심이 확정한 사실관계에 의하면, 원 · 피고 사이의 이 사건 계약은 일정지역에서의 배타적 · 독점적 영업을 보장하는 것이 아님을 분명히 밝히고 있고, "갑(원고)은 을(피고)의 점포영업이익이 부당하게 침해되지 아니하는 한 을의 점포 주변에서 새로운 점포를 개설하거나 신규 가맹점 운영권을 제3자에게 부여할 수 있다"라고 규정함으로써 스스로 '을의 점포영업이익이 부당하게 침해되지 아니하는 한'이라는 제약을 두고 있으므로 당해 계약조항을 불공정 약관으로서 무효라고 단정할 수 없을 뿐만 아니라, 원심이 확정한 사실관계에 의하면, 원고는 피고로부터 가맹점 개설 제의를 받기 이전에 이미 직영점을 개설하기 위하여 점포를 임차하는 등의 준비를 하여 피고와 이 사건 제2차 계약을 체결하기 전에 직영점을 개설하였고 피고로서도 그러한 사정을 알면서도 계약을 체결하였다고 볼 것이므로, 위법이 있다고 할 수 없다(대법원 2000. 6. 9. 선고 98다45553 판결 참조).

3) 내용[145]

가맹사업법 제5조 (가맹본부의 준수사항) 제6호	가맹사업법 제12조 (불공정거래행위의 금지) 제1항 제4호
6. 가맹계약기간중 가맹점사업자의 영업지역 안에서 자기의 직영점을 설치하거나 가맹점사업자와 유사한 업종의 가맹점을 설치하는 행위의 금지	4. 가맹계약을 위반하여 가맹계약기간 중 가맹점사업자의 영업지역 안에서 가맹점사업자와 동일한 업종의 자기 또는 계열회사(독점규제 및 공정거래에 관한 법률 제2조 제3호에 따른 계열회사를 말한다)의 직영점이나 가맹점을 설치하는 행위

개정 전 가맹사업법에서는 이를 단순히 가맹본부의 준수사항으로만 규정(법 제5조 제6호)하였으나, 개정법에서는 더 나아가 이를 불공정거래행위의 하나로 추가하여 규정(법 제12조 제1항 제4호)하고 있다. 개정법에서는 불공정거래행위 유형에 가맹계약을 위반하여 가맹계약 기간 중 가맹점사업자의 영업지역 안에서 가맹점사업자와 동일한 업종의 자기 또는 계열회사의 직영점이나 가맹점을 설치하는 행위를 신설, 가맹본부가 이를 위반 시 제재할 수 있도록 했다.

① 설치금지대상으로서 준수사항규정에서 규정하고 있는 '유사한 업종'에서 개정법은 제12조에서 '동일한 업종'으로 축소하고 이 경우에 한하여 제재를 가한다는 점을 유의하여야 할 것이다. 이 경우 동일업종의 여부는 원재료의 동일, 유사 여부, 가격수준, 영업이익의 침해정도, 사회통념 등을 종합적으로 고려하여 구체적으로 결정하여야 한다.

② "가맹점사업자의 영업지역 안에서"라고 규정하고 있으므로 가맹계약에 가맹점사업

145) 최경진, 프랜차이즈 사업에 대한 법적 연구(고려대학교 법무대학원 석사학위논문, 2009년), 제62면, 제63면.

자의 영업지역이 구체적으로 표시되어 있어야 할 것이고 만약 영업지역의 표시가 없는 경우에는 동일 가맹점을 설치할 수 있다고 볼 수 있을 것이나 이 또한 상관습, 사회통념상의 한계가 존재함을 유의하여야 할 것이다. 따라서 가맹본부가 아무런 제약 없이 언제라도 가맹점사업자의 영업지역 안에서 직영점을 개설하거나 다른 가맹점을 둘 수 있도록 하는 조항을 계약서에 규정하였다면 이러한 조항은 약관규제법에 위반하여 무효라고 보아야 할 것이다. 왜냐하면 가맹점에 대해 부당하게 불리한 조항이기 때문이다.

판매지역권 보장의무가 당연히 인정되는 것은 아니라 하더라도 가맹본부로서는 소속 가맹점의 판매지역권을 부당하게 침해하는 것은 허용되지 않는다고 할 것이므로, 가맹본부가 아무런 제약 없이 언제라도 가맹점의 점포와 동일 지역 내에 직영점을 개설하거나 가맹점을 둘 수 있도록 하는 조항을 두었다면 이는 가맹점에 대하여 부당하게 불리한 조항으로 약관의 규제에 관한 법률 제6조 제1항, 제2항 제1호[146]에 의하여 무효라고 보아야 할 것이다(대법원 2000. 6. 9. 선고 98다45553, 45560, 45577 판결).

프랜차이즈계약에서 가맹점에게 반드시 일정지역에 대한 독점권리를 부여하여야 한다는 것이 법적으로 규정된 바가 없으므로 배타적이고 독립적인 권리를 부여하지 않는다고 해서 부당하다고 볼 수는 없다. 동 조항은 가맹점주에게 배타적인 영업권을 부여하지 않되 단서에서 '甲은 乙의 영업노력이 손상되지 않도록 배려한다.'는 제약을 두고 있으므로 약관법 위반이라 할 수 없음(공정위 심결례 심결9508경촉707).

4) 기타 논의점

본 조에 대하여는 경제적으로 열등한 지위에 있는 가맹점사업자의 상권을 보장하기 위한 것으로서 실제로 가맹점사업자의 영업지역을 보호하는 것이 어느 정도 필요하다는 것은 인정되나, 경쟁의 촉진을 진정으로 보장하기 위해서는 상표 간 경쟁(inter-brand competition)뿐만 아니라, 상표 내 경쟁(intra-brand competition)까지도 촉진되어야 한다는 점을 고려할 때 상권이 겹치는 지역 내에서 직영점이나 유사 가맹점의 설치를 당사자의 자율적인 계약이 아닌, 법률로까지 금지하는 것은 아무래도 과잉금지의 원칙의 측면이 있다는 지

146) 약관규제법 제6조(일반원칙) ① 신의성실에 원칙에 반하여 공정을 잃은 약관조항은 무효이다.
② 약관에 다음 각호의 1에 해당되는 내용을 정하고 있는 경우에는 당해 약관조항은 공정을 잃은 것으로 추정된다.
1. 고객에 대하여 부당하게 불리한 조항

적이 있다.[147)]

그러나 그러한 지적은 가맹사업거래에 있어 공정한 질서유지를 위해 가맹본부의 횡포로부터 가맹점사업자를 보호하기 위하여 가맹사업법이 제정되었다는 입법취지를 고려하고, 법 제12조 제1항 제4호는 가맹계약을 위반한 가맹본부의 동일한 업종의 직영점이나 가맹점의 설치를 금지하는 내용으로서 설치금지대상으로서 준수사항규정(법 제5조 제6호)에서 규정하고 있는 '유사한 업종'에서 개정법은 제12조에서 '동일한 업종'으로 그 제한의 범위를 축소하고 이 경우에 한하여 제재를 가한다는 점, 동법 시행령 제13조 제1항 관련 [별표 2]에서 가맹본부로 하여금 설치할 수 있는 허용요건을 마련하고 있다는 점, 그리고 가맹본부가 이를 어기고 가맹점사업자의 영업지역 내에 동일업종의 직영점이나 가맹점을 설치한 경우에도 가맹사업법은 형벌이라는 최후수단을 우선적으로 동원하기 보다는 시정명령을 통하여 가맹본부를 제재한다는 점 등을 종합적으로 고려했을 때 과잉금지의 제 원칙[148)]에 반하는 요소를 찾기가 힘들다. 더군다나 위의 지적은 가맹점사업자의 영업지역을 보장하는 경우 상표 내 경쟁이 제한될 것이라는 점을 강조하고 있는데, 가맹점사업자의 영업지역을 보장해 주는 경우 오히려 잠재적인 가맹점에게 어느 정도 이익을 보장함으로써 특히 중소판매업자의 시장진입을 유도함으로써, 그 결과 상표 간 경쟁(inter-brand competition)은 촉진될 수 있다는 점을 간과한 것으로 보이며, 자칫하면 가맹본부의 무분별한 가맹점 확장행위를 부추기는 결과가 되지 않을까 우려되므로 가맹점사업자의 영업지역의 침해금지규정은 타당하다고 생각한다.

(5) 그 밖의 불공정거래행위: "경쟁가맹점사업자 유인행위"

1) 의의

이는 가맹사업법 제12조 제1항 제1호 내지 제4호 외의 행위로서 가맹본부가 부당하게 다른 경쟁가맹본부의 가맹점사업자를 자기와 거래하도록 하여 자기의 가맹점사업자의 영

147) 최병길, 프랜차이즈 분쟁예방을 위한 법적 개선방안(충북대 석사학위논문, 2007년), 제85면.

148) 과잉금지의 원칙이라 함은 기본권제한의 방법상 한계로서 기본권제한의 정도 내지 수단은 그 제한이나 수단을 통하여 달성하려 하는 목적에 비해 과잉되어서는 안 된다는 원칙을 말하는 것으로서, 원래 행정법상 '경찰비례의 원칙'에서 출발하여 행정법상의 일반원칙으로 발전되었다가 헌법상의 일반원칙으로까지 인정되기에 이르렀다. 그 내용은 ① 목적의 합당성, ② 방법의 적합성 내지 보충성, ③ 최소침해의 원칙, ④ 비례의 원칙을 들 수 있다.

업에 불이익을 주거나 다른 경쟁가맹본부의 가맹사업에 불이익을 주는 행위를 말한다.

2) 취지

가맹점사업자의 만족도를 극대화하기 위해서는 가맹점사업자는 가맹본부에 대한 정확한 정보를 바탕으로 가맹본부의 영업표지가 지니고 있는 가치, 가맹본부의 영업지원의 품질과 상품이나 서비스의 품질을 기준으로 가맹본부를 선택할 수 있어야 한다. 그리고 이를 위해 가맹본부는 자기가 제공하는 영업표지의 가치향상, 상품 또는 용역의 가격과 품질을 경쟁수단으로 삼아야 함에도 불구하고, 부당한 이익제공이나 위계, 거래방해 등의 방법으로 경쟁가맹본부의 가맹점을 유인한다면, 이는 불공정한 행위로서 가맹사업 시장에서의 바람직한 경쟁질서를 저해하고 가맹점사업자나 최종소비자가 양질의 상품 또는 용역을 선택하는 것을 방해하므로 금지되는 것이다.[149]

3) 내용

본조에서 금지하고 있는 '경쟁가맹사업자유인행위'는 공정거래법에서의 '부당한 고객유인(공정거래법 제23조 제1항 제3호)'의 경우처럼 크게 3가지 유형으로 나누어 볼 수 있다.

① 부당한 이익에 의한 고객유인

정상적인 거래관행에 비추어 부당하거나 과대한 이익을 제공 또는 제공할 제의를 하여 경쟁사업자의 고객을 자기와 거래하도록 유인하는 행위를 말한다. '부당하게 과다한 이익'인지의 여부는 제공되는 경제적 이익이 당해업계의 정상적인 거래 관행에 비추어 허용될 수 있는 수준인지 또는 고객의 합리적인 상품선택을 방해할 정도의 것인지 등에 의하여 판단하게 된다.

② 위계에 의한 유인

부당한 표시 · 광고 외의 방법으로 자기가 공급하는 상품 또는 용역의 내용이나 거래조건 기타거래에 관한 사항에 관하여 실제보다 또는 경쟁사업자의 것보다 현저히 우량 또는 유리한 것으로 고객을 오인시키거나 경쟁사업자의 것이 실제보다 또는 자기의 것보

149) 이한무, 가맹사업법 해설(실무 및 소송의 쟁점)(법률정보센터, 2009년), 제249면.

다 현저히 불량 또는 불리한 것으로 고객을 오인시켜 경쟁사업자의 고객을 자기와 거래하도록 유인하는 행위를 말한다.

③ 기타의 부당한 고객유인

경쟁사업자와 그 고객의 거래에 대하여 계약성립의 저지, 계약불이행의 유인 등의 방법으로 거래를 부당하게 방해함으로써 경쟁사업자의 고객을 자기와 거래하도록 유인하는 행위를 말한다.

4) 위법성 판단기준

경쟁가맹점사업자의 유인행위가 부당한지여부에 대한 위법성 판단기준은 다음과 같다.

① 부당한 이익에 의한 고객유인

유인행위자가 정상적인 거래 관행에 비추어 부당하거나 과다한 이익을 제공하였는지 여부를 판단

② 위계에 의한 고객유인

기망이나 위계 수단을 사용하여 경쟁가맹본부의 가맹점사업자가 오인할 우려가 있는지 여부를 판단하며, 이 경우 고객을 오인시키는지 여부의 판단은 객관적으로 오인시키는 것이라면 충분하며, 반드시 주관적으로 오인시킬 의도가 있어야 하는 것은 아니다.

③ 기타의 부당한 고객유인

부당하게 경쟁가맹본부와 가맹점사업자의 계약 성립을 저지하거나 거래를 방해하였는지 등을 종합적으로 고려하여 판단한다.

다. 위반 시 제재

(1) 시정조치

1) 공정거래위원회는 불공정거래행위규정(법 제12조)을 위반한 가맹본부에 대하여 위

반행위의 중지, 위반내용의 시정을 위한 필요한 계획 또는 행위의 보고 그 밖에 당해 위반행위의 시정에 필요한 조치를 명할 수 있다(법 제33조).

2) 공정거래위원회는 시정명령을 하는 경우에는 가맹본부에게 시정명령을 받았다는 사실을 공표하거나 거래상대방에 대하여 통지할 것을 명할 수 있다(법 제33조 제3항)

(2) 시정권고

1) 공정거래위원회는 불공정거래행위금지규정(법 제12조)을 위반한 가맹본부에 대하여 시정조치를 명할 시간적 여유가 없는 경우에는 대통령령이 정하는 바에 따라 시정방안을 마련하여 이에 따를 것을 권고할 수 있다. 이 경우 당해 권고를 수락한 때에는 시정조치를 한 것으로 본다는 뜻을 함께 통지하여야 한다(법 제34조 제1항).

2) 권고를 받은 가맹본부는 당해 권고를 통지받은 날부터 10일 이내에 이를 수락하는지의 여부에 관하여 공정거래위원회에 통지하여야 하며(법 제34조 제2항), 권고를 받은 가맹본부가 당해 권고를 수락한 때에는 시정조치를 받은 것으로 본다(법 제34조 제3항).

(3) 과징금 부과

공정거래위원회는 가맹사업법상 불공정거래행위금지규정(법 제12조)을 위반한 가맹본부에 대하여 대통령령이 정하는 매출액에 100분의 2를 곱한 금액을 초과하지 아니하는 범위 안에서 과징금을 부과할 수 있다(법 제35조).

☞ 법 제35조의 "대통령령이 정하는 매출액"이란 해당 가맹본부의 위반행위 바로 전 3개 사업연도의 평균매출액을 말한다. 다만, 해당 사업연도 초일 현재 사업을 시작한지 3년이 되지 아니한 경우에는 사업을 시작한 날부터 위반행위 바로 전 사업연도 말일까지 매출액을, 해당 사업연도에 사업을 시작한 경우에는 사업을 시작한 날부터 위반행위일까지의 매출액을 연간 매출액으로 환산한 금액으로 한다(법 시행령 제34조).

(4) 벌칙

1) 공정거래법상의 불공정거래행위금지규정(법 제23조)을 위반한 경우와는 달리, 가맹사업법상 불공정거래행위금지규정(법 제12조)위반의 경우에는 직접적인 벌칙은 없다. 다만 공정거래위원회의 시정조치명령에 따르지 아니한 자는 3년 이하의 징역 또는 1억 원 이하의 벌금에 처한다(법 제41조 제2항 제1호).

2) 양벌규정

법인의 대표자나 법인 또는 개인의 대리인, 사용인, 그 밖의 종업원이 그 법인 또는 개인의 업무에 관하여 시정조치명령에 따르지 아니한 경우에는 그 행위자를 벌하는 외에 그 법인 또는 개인에게도 해당 조문의 벌금형을 과(科)한다. 다만, 법인 또는 개인이 그 위반행위를 방지하기 위하여 해당 업무에 관하여 상당한 주의와 감독을 게을리 하지 아니한 경우에는 그러하지 아니하다(법 제42조).

3) 전속고발

공정거래위원회의 시정조치명령에 따르지 아니한 경우에는 3년 이하의 징역 또는 1억 원 이하의 벌금에 처하는데, 이 경우 공정거래위원회의 고발이 있어야 공소를 제기할 수 있으며 그 위반의 정도가 객관적으로 명백하고 중대하다고 인정하는 경우에는 공정거래위원회는 검찰총장에게 고발하여야 한다(법 제44조).

(5) 손해배상

민사상 손해배상에 관하여는 가맹사업법은 공정거래법상의 손해배상규정(법 제56조, 제56조의2, 제57조)을 준용하고 있다(법 제37조). 따라서 가맹본부가 가맹사업법상 금지되어 있는 불공정거래행위를 함으로써 가맹점사업자가 손해를 입은 경우에는 가맹점사업자는 가맹본부에 대하여 손해배상청구를 할 수 있다(공정거래법 제56조 제1항).

☞ 가맹사업법 제37조에 의해 준용되는 공정거래법상 손해배상규정

가맹사업법 제37조 제3항	공정거래법상 손해배상규정 (제56조, 제56조의2, 제57조)
③ 이 법에 의한 이의신청, 소의 제기 및 불복의 소의 전속관할, **손해배상에 관하여는 독점규제 및 공정거래에 관한 법률** 제53조, 제53조의2, 제54조, 제55조, **제56조, 제56조의2, 제57조의 규정을 준용한다.** 다만, 독점규제 및 공정거래에 관한 법률 제56조, 제56조의2 및 제57조의 규정은 사업자가 행한 법률위반의 정도가 경미하거나 이미 스스로 위반행위를 시정한 결과 시정조치의 실익이 없는 경우 등 대통령령이 정하는 경우에는 준용하지 아니한다. 〈개정 2007. 8. 3〉	**제56조(손해배상책임)** ① 사업자 또는 사업자단체는 이 법의 규정을 위반함으로써 피해를 입은 자가 있는 경우에는 당해피해자에 대하여 손해배상의 책임을 진다. 다만, 사업자 또는 사업자단체가 고의 또는 과실이 없음을 입증한 경우에는 그러하지 아니하다. 〈개정 2004. 12. 31.〉 ② 삭제 〈2004. 12. 31.〉 **제56조의2(기록의 송부 등)** 제56조(손해배상책임)의 규정에 의한 손해배상청구의 소가 제기된 때에는 법원은 필요한 경우 공정거래위원회에 대하여 당해사건의 기록(사건관계인, 참고인 또는 감정인에 대한 심문조서 및 속기록 기타 재판상 증거가 되는 일체의 것을 포함한다)의 송부를 요구할 수 있다. [본조신설 1999. 2. 5.] **제57조(손해액의 인정)** 이 법의 규정을 위반한 행위로 인하여 손해가 발생된 것은 인정되나, 그 손해액을 입증하기 위하여 필요한 사실을 입증하는 것이 해당 사실의 성질상 극히 곤란한 경우에는, 법원은 변론 전체의 취지와 증거조사의 결과에 기초하여 상당한 손해액을 인정할 수 있다. [전문개정 2004. 12. 31.]

3. 공정거래법상 불공정거래행위[150)]

제23조(불공정거래행위의 금지) ① 사업자는 다음 각 호의 어느 하나에 해당하는 행위로서 공정한 거래를 저해할 우려가 있는 행위(이하 "불공정거래행위"라 한다)를 하거나, 계열회사 또는 다른 사업자로 하여금 이를 행하도록 하여서는 아니 된다. 〈개정 1996. 12. 30, 1999. 2. 5, 2007. 4. 13.〉

1. 부당하게 거래를 거절하거나 거래의 상대방을 차별하여 취급하는 행위
2. 부당하게 경쟁자를 배제하는 행위
3. 부당하게 경쟁자의 고객을 자기와 거래하도록 유인하거나 강제하는 행위

150) 이 부분은 수험목적보다는 가맹사업법이라는 것이 공정거래법과는 특별법과 일반법의 관계가 있기 때문에 언제든지 공정거래법이 보충적으로 적용될 수 있는 것이므로 공정거래법에 대한 내용을 숙지하는 것은 당연한 일입니다.

4. 자기의 거래상의 지위를 부당하게 이용하여 상대방과 거래하는 행위
5. 거래의 상대방의 사업활동을 부당하게 구속하는 조건으로 거래하거나 다른 사업자의 사업활동을 방해하는 행위
6. 삭제 〈1999. 2. 5.〉
7. 부당하게 특수 관계인 또는 다른 회사에 대하여 가지급금 · 대여금 · 인력 · 부동산 · 유가증권 · 상품 · 용역 · 무체재산권 등을 제공하거나 현저히 유리한 조건으로 거래하여 특수 관계인 또는 다른 회사를 지원하는 행위
8. 제1호 내지 제7호 이외의 행위로서 공정한 거래를 저해할 우려가 있는 행위
② 불공정거래행위의 유형 또는 기준은 대통령령으로 정한다. 〈개정 1996. 12. 30.〉
③ 공정거래위원회는 제1항의 규정에 위반하는 행위를 예방하기 위하여 필요한 경우 사업자가 준수하여야 할 지침을 제정 · 고시할 수 있다.
④ 사업자 또는 사업자단체는 부당한 고객유인을 방지하기 위하여 자율적으로 규약(이하 "공정경쟁규약"이라 한다)을 정할 수 있다. 〈개정 1999. 2. 5.〉
⑤ 사업자 또는 사업자단체는 공정거래위원회에 제4항의 공정경쟁규약이 제1항 제3호 또는 제6호의 규정에 위반하는지 여부에 대한 심사를 요청할 수 있다.
제24조(시정조치) 공정거래위원회는 제23조(불공정거래행위의 금지) 제1항의 규정에 위반하는 행위가 있을 때에는 당해사업자에 대하여 당해불공정거래행위의 중지, 계약조항의 삭제, 시정명령을 받은 사실의 공표 기타 시정을 위한 필요한 조치를 명할 수 있다. 〈개정 1996. 12. 30, 1999. 2. 5, 2004. 12. 31.〉
제24조의2(과징금) 공정거래위원회는 제23조(불공정거래행위의 금지) 제1항의 규정을 위반하는 행위가 있을 때에는 당해사업자에 대하여 대통령령이 정하는 매출액에 100분의 2(제7호의 규정에 위반한 경우에는 100분의 5)를 곱한 금액을 초과하지 아니하는 범위 안에서 과징금을 부과할 수 있다. 다만, 매출액이 없는 경우 등에는 5억 원을 초과하지 아니하는 범위 안에서 과징금을 부과할 수 있다. 〈개정 1999. 12. 28, 2004. 12. 31.〉
[전문개정 1996. 12. 30.]

가. 서론

(1) 의의

공정거래법은 사업자의 시장지배적 지위의 남용과 과도한 경제력의 집중을 방지하고, 부당한 공동행위 및 불공정거래행위를 규제하여 공정하고 자유로운 경쟁을 촉진함으로써 창의적인 기업활동을 조장하고 소비자를 보호함과 아울러 국민경제의 균형 있는 발전을 도모함을 목적으로 제정된 법률이다.

공정거래법은 자본주의의 고도화로 초래되는 독과점의 폐해를 방지하고 공정한 경쟁을 보장함으로써 자유시장경제를 유지 · 촉진하기 위한 목적으로 제정 · 운용되고 있다. 가맹

사업법과 공정거래법은 특별법과 일반법의 관계에 있으며, 양법은 모두 공정한 거래질서의 확립과 소비자의 권익보호 및 국민경제의 균형 있고 건전한 발전을 도모한다는 점에서 그 목적을 같이하고 있다.

(2) 공정거래법상 불공정거래행위의 금지

공정거래법 제23조 제1항은 부당하게 거래를 거절하거나 거래의 상대방을 차별하여 취급하는 등 공정한 거래를 저해할 우려가 있는 행위를 금지하고 있다.

1) 공정거래법 제23조 제1항에 의하면, 사업자는 다음 각 호의 어느 하나에 해당하는 행위로서 공정한 거래를 저해할 우려가 있는 행위(이하 "불공정거래행위"라 한다)를 하거나, 계열회사 또는 다른 사업자로 하여금 이를 행하도록 하여서는 아니 된다.

① 부당하게 거래를 거절하거나 거래의 상대방을 차별하여 취급하는 행위
② 부당하게 경쟁자를 배제하는 행위
③ 부당하게 경쟁자의 고객을 자기와 거래하도록 유인하거나 강제하는 행위
④ 자기의 거래상의 지위를 부당하게 이용하여 상대방과 거래하는 행위
⑤ 거래의 상대방의 사업활동을 부당하게 구속하는 조건으로 거래하거나 다른 사업자의 사업활동을 방해하는 행위
⑥ 부당하게 특수 관계인 또는 다른 회사에 대하여 가지급금 · 대여금 · 인력 · 부동산 · 유가증권 · 상품 · 용역 · 무체재산권 등을 제공하거나 현저히 유리한 조건으로 거래하여 특수 관계인 또는 다른 회사를 지원하는 행위
⑦ 제1호 내지 제7호 이외의 행위로서 공정한 거래를 저해할 우려가 있는 행위

2) 불공정거래행위의 유형 또는 기준은 대통령령으로 정한다(공정거래법 제23조 제2항). 이에 따라 공정거래법 시행령 제36조 제1항에 따라 불공정거래행위의 유형 또는 기준을 [별표 1]에서 규정하고 있다.

나. 불공정거래행위금지의 내용[151)]

(1) 불공정거래행위의 개념

1) 공정거래법 제23조 제1항

"사업자는 법 제23조 제1항 각 호의 1에 해당하는 행위로서 공정한 거래를 저해할 우려가 있는 행위(이하 '불공정거래행위'라 한다)를 하거나, 계열회사 또는 다른 사업자로 하여금 이를 행하도록 하여서는 아니 된다."

2) 의미

① 공정한 거래를 저해하는 행위

불공정거래행위에서 공정한 거래를 저해할 행위라는 말은 일반적인 거래관계에서 상품이나 용역의 가격이나 품질을 중심으로 하는 능률경쟁이 이루어지지 않아서 일반소비자의 이익을 침해할 우려가 있는 행위도 포함되며, 행위자의 경쟁수단의 공정성만을 문제 삼는 것이 아니라 보다 넓은 의미에서 사업활동을 위한 수단 일반의 공정성을 문제 삼는 것이다.[152)]

'공정거래저해성'이란 경쟁제한성과 불공정성을 포함하는 개념으로서 그 의미는 다음과 같다.

㈀ 경쟁제한성이란 당해 행위로 인해 시장경쟁의 정도 또는 경쟁사업자(잠재적 경쟁사업자 포함)의 수가 유의미한 수준으로 줄어들거나 줄어들 우려가 있음을 의미한다.

㈁ '불공정성'이란 경쟁수단 또는 거래내용이 정당하지 않음을 의미한다. 경쟁수단의 불공정성은 상품 또는 용역의 가격과 질 이외에 바람직하지 않은 경쟁수단을 사용함으로써 정당한 경쟁을 저해하거나 저해할 우려가 있음을 의미한다. 거래내용의 불공정성이라 함은 거래상대방의 자유로운 의사결정을 저해하거나 불이익을 강요함으로써 공정거래의 기반이 침해되거나 침해될 우려가 있음을 의미한다.

---

151) 박도하, 수험경제법(해마출판사, 2009년), 제96면 이하.

152) 박승룡 · 정병덕 공저, 공정거래법(한국방송통신대학교, 2011년), 제143면.

② 추상적 위험성

불공정거래행위는 실제로 공정한 거래를 저해한 사실이 있어야 할 필요는 없고 그러한 추상적인 위험성이 있는 것만으로 충분하다.

③ 행위의 주체

다른 사업자나 계열회사로 하여금 이를 행하도록 하는 것도 불공정거래행위에 포함된다.

3) 위법성 판단

원칙적으로 공정거래저해성은 당해 행위의 효과를 기준으로 판단한다. 사업자의 의도나 거래상대방의 주관적 예측은 공정거래저해성을 입증하기 위한 정황증거로서의 의미만 갖는다.

(2) 일반불공정거래행위의 규정체계

공정거래법 제23조 제1항에 열거된 불공정거래행위의 유형을 근거로 하여 동법 시행령 제36조 제1항 [별표 1]에 열거된 9가지 유형에 따른 28가지 행위를 말한다.[153)]

<table>
<tr><th>공정거래법상 유형
(공정거래법 제23조 제1항)</th><th colspan="2">일반불공정거래행위
(공정거래법 시행령 제36조 제1항 별표)</th></tr>
<tr><td rowspan="2">1. 부당하게 거래를 거절하거나 거래의 상대방을 차별하여 취급하는 행위</td><td>(1) 거래거절</td><td>① 공동의 거래거절
② 기타의 거래거절</td></tr>
<tr><td>(2) 차별취급</td><td>③ 가격차별
④ 거래조건 차별
⑤ 계열회사를 위한 차별
⑥ 집단적 차별</td></tr>
<tr><td>2. 부당하게 경쟁자를 배제하는 행위</td><td>(3) 경쟁사업자 배제</td><td>⑦ 부당염매
⑧ 부당고가 매입</td></tr>
<tr><td rowspan="2">3. 부당하게 경쟁자의 고객을 자기와 거래하도록 유인하거나 강제하는 행위</td><td>(4) 부당한 고객유인</td><td>⑨ 부당한 이익에 의한 고객유인
⑩ 위계에 의한 고객유인
⑪ 기타의 부당한 고객유인</td></tr>
<tr><td>(5) 거래강제</td><td>⑫ 끼워 팔기
⑬ 사원판매
⑭ 기타의 거래강제</td></tr>
</table>

153) 불공정거래행위의 유형에 해당하고 객관적으로 공정거래질서를 침해할 우려만 존재하면 구체적 위험성은 묻지 않고 금지되는 것이다.

4. 자기와 거래상의 지위를 부당하게 이용하여 상대방과 거래하는 행위	(6) 거래상 지위남용	⑮ 구입강제 ⑯ 이익제공강요 ⑰ 판매목표 강제 ⑱ 불이익제공 ⑲ 경영간섭
5. 거래상대방의 사업활동을 부당하게 구속하는 조건으로 거래하거나 다른 사업자의 사업활동을 방해하는 행위	(7) 구속조건부 거래	⑳ 배타조건부거래 ㉑ 거래지역 또는 거래상대방의 제한
	(8) 사업활동 방해	㉒ 기술의 부당이용 ㉓ 인력의 부당이용 • 채용 ㉔ 거래처이전방해 ㉕ 기타의 사업활동방해
6. 삭제	–	–
7. 부당하게 특수 관계인 또는 다른 회사에 대하여 가지급금 · 대여금 · 인력 · 부동산 · 유가증권 · 상품 · 용역 · 무체재산권 등을 제공하거나 현저히 유리한 조건으로 거래하여 특수 관계인 또는 다른 회사를 지원하는 행위	(9) 부당한 자금 · 자산 · 인력의 지원	㉖ 부당한 자금지원 ㉗ 부당한 자산 · 상품 등 지원 ㉘ 부당한 인력지원
8. 제1호 내지 제7호 이외의 행위로서 공정한 거래를 저해할 우려가 있는 행위	세부유형 없음.	–

다. 일반불공정거래행위의 유형 및 기준

(1) 거래거절

1) 개념

사업자가 "부당하게 거래를 거절하는 행위"로서 공정한 거래를 저해할 우려가 있는 행위를 말한다(공정거래법 제23조 제1항 제1호 전단).

2) 특징

사적 자치의 원칙상 각 사업자는 원칙적으로 자유롭게 가격 등 거래조건 등에 대해 거래거절을 할 수 있다(거래처선택의 자유). 다만 그러한 거래거절행위가 부당한 경우, 즉 공정거래를 저해할 우려가 있는 경우에 한하여 금지된다.

3) 종류

① 공동의 거래거절행위

정당한 이유 없이 자기와 경쟁관계에 있는 다른 사업자와 공동으로 특정 사업자에 대하여 거래의 개시를 거절하거나 계속적인 거래관계에 있는 특정사업자에 대하여 거래를 중단하거나 거래하는 상품 또는 용역의 수량이나 내용을 현저히 제한하는 행위를 말한다.

② 기타의 거래거절행위

부당하게 특정사업자에 대하여 거래의 개시를 거절하거나 계속적인 거래관계에 있는 특정사업자에 대하여 거래를 중단하거나 거래하는 상품 또는 용역의 수량이나 내용을 현저히 제한하는 행위를 말한다.

공정거래법이 불공정거래행위의 한 유형으로 규정하고 있는 '기타의 거래거절'이란 개별사업자가 그 거래상대방에 대하여 하는 이른바 개별적 거래거절을 가리키는 것이나, 이러한 개별적 거래거절행위는 그 거래상대방이 종래 계속적 거래관계에 있은 경우에도 자유시장경제체제 하에서 일반적으로 인정되는 거래처선택의 자유라는 원칙에서 볼 때, 또 다른 거래거절의 유형인 '공동의 거래거절'과는 달리 거래거절이라는 행위 자체로 바로 불공정거래행위에 해당하는 것이 아니고, 그 거래거절이 특정 사업자의 거래기회를 배제하여 그 사업활동을 곤란하게 할 우려가 있거나 오로지 특정 사업자의 사업활동을 곤란하게 할 의도를 가진 유력 사업자에 의하여 그 지위 남용행위로써 행하여지거나 혹은 공정거래법이 금지하고 있는 거래강제 등의 목적달성을 위하여 그 실효성을 확보하기 위한 수단으로 부당하게 행하여진 경우라야 공정한 거래를 저해할 우려가 있는 거래거절행위로서 공정거래법이 금지하는 불공정거래행위에 해당한다(대법원 2008. 2. 14. 선고 2004다39238 판결).

(2) 차별적 취급

1) 개념

사업자가 부당하게 거래의 상대방을 차별하여 취급하는 행위로서 공정한 거래를 저해할 우려가 있는 행위를 말한다(공정거래법 제23조 제1항 제1호 후단). 사적 자치의 원칙상 사업자는 자신이 공급하거나 구입하는 상품이나 용역에 대한 거래조건을 자유롭게 결정할 수 있다. 따라서 사업자는 거래상대방이나 거래지역에 따라 가격이나 거래조건에 차별을 둘 수 있다. 다만 이러한 차별행위가 공정한 거래를 저해할 우려가 있는 경우에 한하여 금지되는 것이다.

2) 특징

합리적 차별은 아무런 문제가 되지 않으나, 부당한 차별에 대해서는 불공정거래행위의 문제가 발생한다. 이를테면 거래의 성립자체를 차별하는 경우 부당한 거래거절의 문제가 발생한다.

3) 종류

① 가격차별

가격차별이란 부당하게 거래지역 또는 거래상대방에 따라 현저하게 유리하거나 불리한 가격으로 거래하는 행위를 말한다.

> 신용카드업자가 백화점 업종에 대한 수수료율을 할인점 업종에 비하여 1% 정도 높게 책정하여 차이를 둔 것이 공정한 경쟁을 저해하는 부당한 가격차별로서 불공정거래행위에 해당한다고 볼 수 없다(대법원 2006. 12. 7. 선고 2004두4703).

② 거래조건 차별

거래조건차별이란 부당하게 특정사업자에 대해 수량, 품질 등의 거래조건이나 거래내용에 관하여 현저하게 유리하거나 불리한 취급을 하는 행위를 말한다. 거래조건이란 가격을 제외한 나머지 거래에 관한 제반조건으로서 거래대상이 되는 상품 등의 품질, 규격, 거래수량, 결제조건, 지불조건, 거래시기, 운송조건, 리베이트 등을 가리킨다.

> 공정거래법상의 '거래조건 차별'에 해당하기 위해서는 특정 사업자에 대한 거래조건이나 거래내용이 다른 사업자에 대한 것보다 유리 또는 불리하여야 할 뿐만 아니라 그 유리 또는 불리한 정도가 현저하여야 하고, 또 그렇게 차별취급하는 것이 부당한 것이어야 한다(대법원 2006. 5. 26. 선고 2004두3014 판결).

③ 계열회사를 위한 차별적 취급

계열회사를 위한 차별이란 정당한 이유 없이 자기의 계열회사를 유리하게 하기 위하여 가격, 수량, 품질 등의 거래조건이나 거래내용에 관하여 현저하게 유리하거나 불리하게 하는 행위를 말한다. 여기에서 계열회사라 함은 상호출자제한기업집단[154] 소속회사에 한

154) 상호출자제한이란 기업집단 소속계열회사가 서로 주식을 취득 또는 소유하는 것을 금지하는 제도이다.

정되는 것은 아니고, 다른 사업자의 실제이익 침해 여부는 위법행위의 성립요건이 아니다.

비계열사에 비해 계열회사에 대하여 어음결제기간을 짧게 하거나 비계열사에 대해서는 하자이행보증을 받으면서 계열사에 대해서는 이를 면제하여 준 행위(1994. 11. 23.)

비계열사에 비해 계열사로부터 택배운송용역을 고가로 구입한 행위(1997. 2. 21.)

④ 집단적 차별취급

집단적 차별이란 집단으로 특정사업자를 부당하게 차별적으로 취급하여 그 사업자의 사업활동을 현저하게 유리하거나 불리하게 하는 행위를 말한다. 집단적 차별취급은 사업자들의 행위에 의해 특정 사업자가 불이익을 받고 그 결과 경쟁이 침해되는 것을 규제하기 위한 것이다.

(3) 경쟁사업자의 배제행위

1) 개념

경쟁사업자배제행위란 사업자가 부당하게 경쟁자를 배제하는 행위로서 공정한 거래를 저해할 우려가 있는 행위를 말한다(공정거래법 제23조 제1항 제2호). 자유시장경제체제 하에서 사업자들은 각자의 이윤을 극대화하기 위하여 서로 경쟁을 하고 있으며 경쟁에서 뒤처지는 사업자는 도태되기 마련이며 당연한 현상이다. 다만 사업자들이 합리적인 경쟁수단이 아닌 부당한 방법으로 경쟁사업자를 배제하는 것이 금지되는 것이다.

2) 특징

경쟁사업자는 현실적으로 경쟁관계에 있는 사업자뿐만 아니라 시장진입이 예상되는 잠

상호출자란 회사 간 주식을 서로 투자하고 상대회사의 주식을 상호 보유하는 것을 말하며, 상호출자제한기업집단은 특정 기업집단에 속하는 국내회사들의 자산총액의 합계액이 5조 원 이상인 기업집단을 뜻한다. 상호출자는 자본충실의 원칙을 저해하고 가공의결권을 형성하여 지배권을 왜곡하는 등 기업의 건전성과 책임성을 해치는 출자형태이다. 그러므로 이 제도는 건전한 자본주의 시장경제의 전제가 되는 준칙의 성격을 지닌다. 상법은 상호출자를 통한 회사 자산의 가공적 증대를 막기 위해 모자관계회사 간(출자지분 50%)에 상호 주식 보유를 금지하고 있다. 위반 시 시정조치, 위반금액의 10% 이내의 과징금 부과, 3년 이하의 징역 또는 2억 원 이하의 벌금 등의 제재를 받게 된다.

재적 사업자도 포함되며, 합리적인 경쟁자배제행위는 허용되지만 부당한 경쟁자 배제효과가 있는 행위는 공정거래법상 문제가 된다.

3) 종류

① 부당염매

부당염매란 자기의 상품 또는 용역을 공급함에 있어서 정당한 이유 없이 그 공급에 소요되는 비용보다 현저히 낮은 대가로 계속하여 공급하거나 기타 부당하게 상품 또는 용역을 낮은 대가로 공급함으로써 자기 또는 계열회사의 경쟁사업자를 배제시킬 우려가 있는 행위를 말한다. 부당염매를 약탈적 가격설정행위라고도 하는데, 그 규제근거는 약탈적 가격설정으로 경쟁자를 배제시켜 독점적 지위를 확보한 후 가격을 인상하여 초과독점이윤을 얻을 수 있다고 보기 때문이다.

> 홈플러스 안산점이 2000년 8월 30일부터 같은 해 11월 2일까지 약 2개월간 코카콜라를 정당한 이유가 없거나 부당하게 구입원가 984.5원/1.5L보다 현저히 낮은 가격인 390원/1.5에서 890원/1.5에 판매하였다. 이러한 행위는 코카콜라가 소비자에게 인지도가 높은 상품이라는 점과 소비자들은 홈플러스 안산점의 매장에서 여러 가지 상품을 한 번에 구입한다는 점을 감안하여 보면, 인지도가 높은 코카콜라를 미끼상품으로 내세워 장기간 동안 고객을 유인함으로써 경쟁관계에 있는 다른 유통업자들의 사업활동을 곤란하게 하여 이들을 시장에서 배제하게 할 우려가 있는 부당염매행위로 판단하고 시정명령을 내렸다(공정위 2001유거0037 제1소회의 의결).

② 부당고가매입

부당고가매입이란 부당하게 상품 또는 용역을 통상거래가격에 비하여 높은 대가로 구입하여 자기 또는 계열회사의 경쟁사업자를 배제시킬 우려가 있는 행위를 말한다.

(4) 부당한 고객유인행위

1) 개념

부당한 고객유인이란 사업자가 부당하게 경쟁자의 고객을 자기와 거래하도록 유인하는 행위를 말한다(공정거래법 제23조 제1항 제3호).

2) 특징

시장경제에서 사업자들이 경쟁에서 살아남기 위해서는 지속적인 신상품개발, 유통과정의 합리화, 마케팅 등 광고 · 선전 등을 통하여 보다 많은 고객을 확보하기 위한 노력을 하여야 한다. 그러나 사업자들이 이러한 선의의 자유경쟁대신에 부당한 이익을 제공하거나 위계에 의해서 고객을 유인하는 행위를 금지하는 것이다.

3) 종류

① 부당한 이익에 의한 고객유인

정상적인 거래관행에 비추어 부당하거나 과대한 이익을 제공 또는 제공할 제의를 하여 경쟁사업자의 고객을 자기와 거래하도록 유인하는 행위를 말한다.

부당하게 과다한 이익인지의 여부는 제공되는 경제적 이익이 당해업계의 정상적인 거래관행에 비추어 허용될 수 있는 수준인지 또는 고객의 합리적인 상품선택을 방해할 정도의 것인지 등에 의하여 판단하게 된다.

> 해태제과주식회사는 1999년 12월경에 자기의 소속대리점인 부산진대리점의 12개 거래처가 (주)롯데삼강의 거래처로 전환하자 이들 거래처에 대해 50만 원~250만 원의 지원금을 제공함으로써 자기의 거래처로 재전환시켰다. 이러한 행위는 정상적인 거래관행에 비추어 부당하거나 과대한 이익을 제공 또는 제공할 제의를 하여 경쟁사업자의 고객을 자기와 거래하도록 유인하는 불공정거래행위(부당한 고객유인)에 해당한다고 판단하여 시정명령을 내렸다(공정위 2000부사0161 제2소회의 의결).

② 위계에 의한 고객유인

부당한 표시 · 광고 외의 방법으로 자기가 공급하는 상품 또는 용역의 내용이나 거래조건 기타거래에 관한 사항에 관하여 실제보다 또는 경쟁사업자의 것보다 현저히 우량 또는 유리한 것으로 고객을 오인시키거나 경쟁사업자의 것이 실제보다 또는 자기의 것보다 현저히 불량 또는 불리한 것으로 고객을 오인시켜 경쟁사업자의 고객을 자기와 거래하도록 유인하는 행위를 말한다.

> 자기의 중학영어 · 수학 학습교재를 판매함에 있어 학습교재에 대해 EBS교육방송교재가 아님에도 불구하고 EBS교육방송교재라고 구두홍보함으로써 고객을 오인시켜 자기와 거래하도록 유인하는 행위(의결 제2000-41)

③ 기타의 부당한 고객유인

경쟁사업자와 그 고객의 거래에 대하여 계약성립의 저지, 계약불이행의 유인 등의 방법으로 거래를 부당하게 방해함으로써 경쟁사업자의 고객을 자기와 거래하도록 유인하는 행위를 말한다.

(5) 거래강제행위

1) 개념

사업자가 부당하게 경쟁자의 고객을 자기와 거래하도록 강제하는 행위로서 공정한 거래를 저해할 우려가 있는 행위를 말한다(공정거래법 제23조 제1항 제3호). 거래의 강제는 거래상대방의 자유로운 의사결정과 상대방선택의 자유를 침해하는 것이므로 허용되지 않는 것이다.

2) 특징

이는 사업자가 인기상품에 비인기상품을 끼워 팔거나, 회사의 임직원으로 하여금 구입 · 판매토록 하는 등 그 경쟁수단이 불공정하기 때문에 규제되는 것이다.

3) 종류

① 끼워 팔기

끼워 팔기란 거래상대방에 대하여 자기의 상품 또는 용역을 공급하면서 정상적인 거래관행에 비추어 부당하게 다른 상품 또는 용역을 자기 또는 자기가 지정하는 사업자로부터 구입하도록 하는 행위를 말한다. 이는 통상 어떤 사업자가 거래상대방에 대하여 주된 물품을 판매하면서 거래상대방의 의사에 반하여 부수적인 물품을 구입하지 않으면 주된 물품을 판매하지 않는다는 조건으로 부수적인 물품의 구입을 강제하거나 통상 시장에서 인기 있는 인기제품을 공급하면서 비인기제품을 일정비율로 끼워서 공급하는 경우 등이 이에 해당한다. 그렇다면 이러한 끼워 팔기의 부당 여부는 어떻게 판단하는지가 문제된다. 판례에 따르면 끼워 팔기가 정상적인 거래관행에 비추어 부당한지 여부는 '종된 상품'을 구입하도록 한 결과가 상대방의 자유로운 선택의 자유를 제한하는 등 가격과 품질을 중심으로 한 공정한 거래질서를 저해할 우려가 있는지 여부에 따라 판단하여야 한다고 판시한 바 있다(대판 2006. 5. 26. 선고 2004두3014 판결).

서울시내 7개 예식장이 고객에게 자신이 소유하거나 지정하는 웨딩드레스, 식당, 사진서비스 등을 이용하지 않으면 예식실을 사용할 수 없다고 함으로써 부대시설이용을 강제한 행위(1997. 5. 29.)

장례식장을 영위하면서 장례를 치르려는 유족에 대하여 외부장의사로부터 장의용품을 제공받는 경우에는 자기의 장례식장을 이용할 수 없도록 한 행위(1999. 11. 30. 의결 제99-246호)

② 사원판매

사원판매란 부당하게 자기 또는 계열회사의 임직원으로 하여금 자기 또는 계열회사의 상품이나 용역을 구입 또는 판매하도록 강제하는 행위를 말한다. 이 경우 강제성이 입증되어야 하는데 단순히 판매목표를 부과하거나 권유, 캠페인을 하는 것만으로는 위법한 사원판매가 되지 않는다. 한편 사실상 강제성이 인정되는 경우로는 사원들에게 판매목표량을 부과하고 그것을 달성하기 위하여 목표 미달 시 그 차액을 월급에서 공제하거나, 판매실적을 계속 평가하고 인사고과 및 승진에 반영하거나, 목표달성을 독촉함으로써 심리적 압박감을 줄 경우에는 사실상 강제성이 인정되어 부당한 사원판매에 해당할 수 있다. 그리고 통상 불이익은 인사상 불이익, 사용인이 피사용인에게 줄 수 있는 모든 불이익이 포함된다.[155)]

자기 계열사의 에어컨 사업정리에 따른 재고처리를 위해 에어컨 24대를 대리 이상 관리직 사원 24명에게 소비자가격(2,519천 원) 대비 37% 할인된 가격(1,452천 원)으로 강제로 할당하고 1998년 11월 말 체불임금에서 상계처리한 행위(1999. 5. 13. 의결, 제99-113호)

사원판매행위가 불공정거래행위에 해당하기 위해서는 사업자가 그 임직원에 대하여 직접 자기회사 상품을 구입하도록 강제하거나 적어도 이와 동일시할 수 있을 정도의 강제성을 가지고 자기회사 상품의 판매량을 할당하고 이를 판매하지 못한 경우에는 임직원에게 그 상품의 구입부담을 지우는 등의 행위가 있어야만 하는 것이고, 단지 임직원들을 상대로 자기회사 상품의 구매자 확대를 위하여 노력할 것을 촉구하고 독려하는 것만으로는 부족하다(대법원 1998. 3. 27. 선고 96누18489 판결).

155) 김후중, 가맹사업법 이해와 실무(무역경영사, 2008년), 제127면.

③ 기타의 거래강제

정상적인 거래관행에 비추어 부당한 조건 등 불이익을 거래상대방에게 제시하여 자기 또는 자기가 지정하는 사업자와 거래하도록 강제하는 행위를 말한다. 이는 주된 거래관계에서 발생한 '거래상의 지위'를 이용하여 부수적 거래를 강제하는 행위로서 주된 거래관계에 있는 상품 · 용역과 부수적 거래관계의 상품 · 용역을 연계시키지 않는다는 점에서 '끼워 팔기'와 차이가 있다.

계열회사가 생산한 차량을 이용하지 않는 임직원은 회사주차장을 이용하지 못하도록 하고, 납품업체 등 협력업체에 대하여도 계열회사가 생산한 차량을 구입토록 하고 계열신문사의 신문을 구독토록 한 행위 (1993. 9. 9. 의결 제93-174)

(6) 거래상 지위남용행위

1) 개념

거래상 지위의 남용이란 사업자가 "자기의 거래상의 지위를 부당하게 이용하여 상대방과 거래하는 행위"로서 공정한 거래를 저해할 우려가 있는 행위를 말한다.

2) 특징

'거래상 지위'는 시장지배적 지위와 같은 정도의 강한 지위를 의미하는 것은 아니지만, 최소한 상대방의 거래활동에 상당한 영향을 미칠 수 있는 지위를 가리킨다. 계속적 거래관계에 있다는 사실만으로는 거래상 지위가 있다고 보기는 곤란하다.

3) 종류

① 구입강제

구입강제란 거래상대방이 구입할 의사가 없는 상품 또는 용역을 구입하도록 강제하는 행위를 말한다. 이는 주된 거래관계에 있는 상품 또는 용역을 구입하도록 강제하는 행위로서 '밀어내기'라고도 한다. 또한 강제성이 입증되어야 하는데, '강제성'은 객관적 사정으로 보아 구입하지 않을 경우 불이익을 받을 가능성이 크다고 거래상대방이 인식할 수 있을 정도면 충분하다.

신상품이 출시될 때 회사에 남아있는 재고상품을 대리점에게 강제로 할당하고 이를 소진한 경우에만 신상품을 공급하고, 강제 할당된 재고상품의 구입완료 전에는 신상품의 출고를 중단한 행위(1998. 2. 18. 의결 제98-38호)

② 이익제공 강요

이익제공강요란 거래상대방에게 자기를 위하여 금전, 물품, 용역 기타의 경제상 이익을 제공하도록 강요하는 행위를 말한다. 이익제공강요는 이익제공을 거래조건에 명시하거나 이익제공이 실제로 이루어진 경우 등 거래상대방의 의사에 반하여 경제적 이익이 제공되는 경우를 포함한다.[156)]

자기가 운영하고 있는 영남대학교부속의료원의 의약품 거래도매상들로부터 보험의약품을 구입함에 있어 대학발전기금, 천마의학재단연구기금 등을 지급받은 행위(2000. 3. 20. 의결 제2000-52호)

③ 판매목표 강제

판매목표 강제란 자기가 공급하는 상품 또는 용역과 관련하여 거래상대방의 거래에 관한 목표를 제시하고 이를 달성하도록 강제하는 행위를 말한다. 이는 판매목표달성을 강요받은 거래상대방이 목표달성을 위해 끼워 팔기, 구입강제, 부당염매 등 다른 불공정거래행위를 함으로써 유통시장을 교란시키고 브랜드 간의 건전한 경쟁을 저해할 가능성이 크기 때문에 규제하는 것이다. 단순하게 판매목표를 거래상대방에게 제시하는 것 자체만으로는 판매목표 강제행위는 되지 않고 제시한 목표를 강제하였다고 인정되어야만 한다.

보급소별로 판매목표를 부여한 후 목표미달 하위 5%의 보급소에 대해서는 계약해지 등의 제재조치를 취하기로 하고 실제로 목표미달 하위 5%에 해당하는 보급소 중 11개 보급소에 대해서는 계약을 해지하고 5개 보급소에 대해서는 영업구역 분할이라는 제재조치를 한 행위(1999. 3. 17. 의결 제99-25호)

④ 불이익제공

불이익제공이란 ① 내지 ③의 행위 외의 방법으로 거래상대방에게 불이익이 되도록

156) 정용직, 가맹사업법(에듀랩, 2008년), 제126면.

거래조건을 설정 또는 변경하거나 그 이행과정에서 불이익을 주는 행위를 말한다. '불이익제공'에 해당하기 위해서는 그 행위의 내용이 상대방에게 다소 불이익하다는 점만으로는 부족하고, 구입강제, 이익제공 강요, 판매목표 강제 등과 동일시할 수 있을 정도로 일방 당사자가 자기의 거래상의 지위를 부당하게 이용하여 불이익을 준 것으로 인정되어야 한다(대판 2002. 5. 31. 2000두6213). 또한 불이익이 되는 거래조건에는 각종의 구속조건, 저가매입 또는 고가매입, 가격조건, 대금지급방법 및 시기, 반품, 제품검사방법 등이 거래상대방에게 불리하게 되어 있는 경우를 말하며, 불이익제공행위에는 이러한 불이익한 거래조건을 당초부터 설정 또는 변경하는 행위, 거래조건을 불이행하는 행위, 계속적인 거래관계에 있어 어떤 사실행위를 강요함으로써 거래상대방에게 불이익이 되는 행위 등 거래상대방의 의사에 반한 제반 불이익을 주는 행위 등을 포함한다.

⑤ 경영간섭

경영간섭이란 거래상대방의 임직원을 선임 또는 해임함에 있어 자기의 지시 또는 승인을 얻게 하거나 거래상대방의 생산품목, 시설규모, 생산량, 거래내용을 제한함으로써 경영활동을 간섭하는 행위를 말한다.

4) 거래상 지위남용행위와 거래강제와의 차이[157)]

'거래상 지위남용행위'는 주로 거래상대방의 자유의사를 억압하여 자유경쟁의 기반을 침해한다는 점에서 공정거래저해성을 인정한다. 반면에 '거래강제'는 주로 경쟁수단 그자체가 불공정하기 때문에 공정거래저해성을 인정하는 것이다.

행위유형		내용	예시
거래강제	끼워 팔기	인기(주된)상품에 연계하여 **비인기(종된)상품을 구입강제**	대우전자가 대리점에 대해 세탁기(인기상품)에 연계하여 TV(비인기상품) 구입을 강제
	기타의 거래강제	주된 상품과 연계하지 않고 **종된 상품을 구입강제**	대우전자가 대리점에 대해 대우차 구입을 강제
거래상 지위 남용	구입강제	**주된 상품의 구입강제**	대우전자가 대리점에 대해 세탁기 구입을 강제

157) 박도하, 수험경제법(해마출판사, 2009년), 제157면.

(7) 구속조건부거래행위

1) 개념

구속조건부거래란 거래상대방의 사업활동을 부당하게 구속하는 조건으로 거래하거나 그 사업활동을 방해하는 행위를 말한다.

2) 특징

구속조건부 거래행위를 금지하는 것은 그것이 사업자 간 자유경쟁을 침해하기 때문이다. 한편 거래상대방에 대해 가격을 구속하는 행위는 법 제29조에서 별도로 규제하고 있다.

3) 종류

① 배타조건부거래[158)]

배타조건부거래란 부당하게 거래상대방이 자기 또는 계열회사의 경쟁사업자와 거래하지 아니하는 조건으로 그 거래상대방과 거래하는 행위를 말한다. 배타조건부계약 그 자체가 위법한 것은 아니다. 다만 유력한 사업자가 거래상대방과 배타조건부계약을 체결하여 그 경쟁업체가 거래상대방을 찾을 수 없어 경쟁에서 불리하게 되거나 경쟁에서 배제될 우려가 있는 경우에는 위법의 가능성이 높다. 경쟁제품의 취급을 금지 또는 제한시키는 것도 포함된다.

선양주조(주)가 24개 주류도매상에 대하여 자기가 공급하는 제품만을 판매할 것을 요청하고 이를 지키지 않을 경우에는 대금결제기간 등에 있어 불이익을 주겠다고 한 행위(1993. 9. 15.)

---

158) 배타조건부거래의 유형(박승룡 · 정병덕, 공정거래법)(한국방송통신대학출판부), 제160면.

(1) 배타적 인수계약
- 거래상대방이 자기 또는 계열회사의 경쟁자에게는 상품이나 용역을 공급하지 않을 것을 조건으로 구입하는 거래
- 주로 생산자와 도매업자 간의 독점판매계약이 대표적이다.

(2) 배타적 공급계약
- 거래상대방이 자기 또는 계열회사의 경쟁자로부터 상품이나 용역을 공급받지 않을 것을 조건으로 공급하는 거래
- 생산자와 소매업자 간의 배타적 특약점계약이 대표적이다

(3) 상호적 배타조건부 거래
- 배타적 인수계약+배타적 공급계약

② 거래지역 또는 거래상대방의 제한

상품 또는 용역을 거래함에 있어서 그 거래상대방의 거래지역 또는 거래상대방을 부당하게 구속하는 조건으로 거래하는 행위를 말한다. 이 같은 행위는 판매책임지역제, 판매거점제, 엄격한 지역제한제, 지역 외 고객에의 판매제한제 등이 있다.

㈀ 판매책임지역제란, 일정지역을 주요한 책임지역으로 정하여 주고 그 지역 내에서 적극적인 판매활동을 행할 것을 의무화하는 거래형태이며, ㈁ 판매거점제란, 점포 등 판매거점의 설치 장소를 일정지역으로 지정해 주는 거래형태이고 ㈂ 엄격한 지역제한제는 일정한 지역을 할당해 주고 지역 외 판매를 제한하는 거래형태를 의미하며 ㈃ 지역 외 고객에의 판매제한제란, 일정한 지역을 할당해 주고 지역 외의 고객으로부터의 요구에 응하여 판매하는 것도 제한하는 거래형태를 말한다. 한편 판매지역 설정행위 자체는 허용되는 것이므로 ㈀ 판매지역책임제, ㈁ 판매거점제는 경쟁저해성이 없는 것으로 인정되나, ㈂ 엄격한 지역제한제, ㈃ 지역 외 고객에의 판매제한제는 경쟁을 저해할 우려가 있어 불공정거래행위에 해당될 소지가 크다고 할 것이다.

(주)미원이 대리점별로 판매지역을 설정하고 정해진 판매지역을 벗어나 판매하였을 경우 벌칙을 부과한 행위(1993. 8. 25.)

(8) 사업활동방해

1) 개념

사업활동의 방해행위란, 사업자가 다른 사업자의 사업활동을 부당하게 방해하는 행위로서 공정한 거래를 저해할 우려가 있는 행위를 말한다(공정거래법 제23조 제1항 제5호).

2) 특징

여기서 '다른 사업자'란 자신의 거래상대방뿐만 아니라 자신 또는 계열회사의 경쟁사업자 등을 포함하는 자신 이외의 사업자를 의미한다.

3) 종류

① 기술의 부당이용

기술의 부당이용이란 다른 사업자의 기술을 부당하게 이용하여 다른 사업자의 사업활동을 심히 곤란하게 할 정도로 방해하는 행위를 말한다.

② 인력의 부당유인 · 채용

인력의 부당유인 · 채용이란 다른 사업자의 인력을 부당하게 유인, 채용하여 다른 사업자의 사업활동을 심히 곤란하게 할 정도로 방해하는 행위를 말한다.

현대자동차(주)가 자동차설계업체인 리빙인력개발에 소속된 인력의 대부분을 신설회사인 현대오토엔지니어링으로 유인하여 흡수 · 채용하게 하였고, 현대오토엔지니어링도 현대자동차의 지시에 따라 리빙인력개발을 유인 · 채용한 행위(1997. 12. 8.)

③ 거래처 이전방해

거래처 이전방해란 다른 사업자의 거래처 이전을 부당하게 방해하여 다른 사업자의 사업활동을 심히 곤란하게 할 정도로 방해하는 행위를 말한다.

④ 기타의 사업활동방해

위에서 언급한 ① 내지 ③ 외의 부당한 방법으로 다른 사업자의 사업활동을 심히 곤란하게 할 정도로 방해하는 행위를 말한다.

자신이 입찰에서 떨어지자 경쟁업체를 복사실 운영경험이 없는 부적격업체라고 비방하면서 낙찰자를 재고해 줄 것을 요청한 행위(1999. 6. 16. 의결 제99-99호)

자신의 매장에 납품하거나 입점해 있는 업체들로 하여금 경쟁사업자의 매장에 납품하거나 입점하지 못하게 한 행위(1998. 5. 28. 의결 제98-100호)

(9) 부당한 지원행위

1) 개념

부당한 지원이란 사업자가 부당하게 특수 관계인 또는 다른 회사에 대하여 가지급금 · 대여금 · 인력 · 부동산 · 유가증권 · 상품 · 용역 · 무체재산권 등을 제공하거나 현저히 유리한 조건으로 거래하여 특수 관계인 또는 다른 회사를 지원하는 행위로서 공정한 거래를 저해할 우려가 있는 행위를 말한다(공정거래법 제23조 제1항 제7호).

2) 특징

부당한 지원행위를 불공정거래행위의 한 유형으로 규정하여 이를 금지하는 취지는 공정한 거래질서의 확립과 아울러 경제력 집중의 방지에 있다.

부당지원행위의 주체는 사업자이며, 객체는 '특수관계인' 또는 '다른 회사'이다. 여기서 '특수관계인'이란 동법 시행령 제11조에서 규정하고 있으며, 여기에는 동일인, 동일인 관련자, 동업자가 포함되므로 법령상 사업을 영위하지 않는 비사업자도 지원객체가 될 수 있다. 또한 지원행위의 객체로 '다른 회사'가 규정되어 있으므로 계열회사뿐만 아니라 비계열회사도 부당한 지원행위의 객체가 될 수 있다.

☞ 공정거래법 시행령 제11조(특수 관계인의 범위)

> 제11조(특수관계인의 범위) 법 제7조(기업결합의 제한) 제1항 본문에서 "대통령령이 정하는 특수한 관계에 있는 자"라 함은 회사 또는 회사 외의 자와 다음 각 호의 1에 해당하는 자를 말한다.
> 1. 당해 회사를 사실상 지배하고 있는 자
> 2. 동일인관련자. 다만, 제3조의2(기업집단으로부터의 제외) 제1항의 규정에 의하여 동일인관련자로부터 분리된 자를 제외한다.
> 3. 경영을 지배하려는 공동의 목적을 가지고 당해 기업결합에 참여하는 자

3) 종류

① 부당한 자금지원

부당한 자금지원이란 부당하게 특수 관계인 또는 다른 회사에 대하여 가지급금 · 대여금 등

자금을 현저히 낮거나 높은 대가로 제공 또는 거래하거나 현저한 규모로 제공 또는 거래하여 과다한 경제상 이익을 제공함으로써 특수 관계인 또는 다른 회사를 지원하는 행위를 말한다.

② 부당한 자산·상품 등 지원

부당한 자산·상품 등 지원이란 부당하게 특수 관계인 또는 다른 회사에 대하여 부동산·유가증권·상품·용역·무체재산권 등 자산을 현저히 낮거나 높은 대가로 제공 또는 거래하거나 현저한 규모로 제공 또는 거래하여 과다한 경제상의 이익을 제공함으로써 특수 관계인 또는 다른 회사를 지원하는 행위를 말한다.

③ 부당한 인력지원

부당한 인력지원이란 부당하게 특수 관계인 또는 다른 회사에 대하여 인력을 현저히 낮거나 높은 대가로 제공하거나 현저한 규모로 제공하여 과다한 경제상 이익을 제공함으로써 특수 관계인 또는 다른 회사를 지원하는 행위를 말한다.

(10) 기타 불공정거래행위

1) 개념

사업자가 제1호 내지 제7호 이외의 행위로서 공정한 거래를 저해할 우려가 있는 행위로서 공정한 거래를 저해할 우려가 있는 행위를 말한다(공정거래법 제23조 제1항 제8호).

2) 특징

제7차 개정 시 새롭게 추가된 규정으로서 포괄조항으로서의 성격을 가지고 있음으로써 공정거래법 제23조 제1항에 열거되지 않은 새로운 유형의 불공정거래행위에 대하여 탄력적으로 대응하기 위하여 신설된 조항이다. 그러나 시행령에 세부유형 및 기준이 아직 마련되어 있지 않아 새로운 유형의 불공정거래행위에 동 규정을 직접 적용할 수는 없다.

제8호에서는 제1호 내지 제7호와는 달리 기본적 행위유형이나 이를 가늠할 대강의 기준조차 전혀 제시되어 있지 않아서 수범자인 사업자의 입장에서는 구체적으로 통상의 사업활동 중에 행하여지는 어떤 행위가 위 제8호에서 규정한 '공정한 거래를 저해할 우려가 있는 행위'에 해당하는 것으로서 금지되는지 여부를 예측하기가 매우 어렵다. 따라서 같은 법 시행령에 위 제8호와 관련된 불공정거래행위의 유형 또는 기준이 정하여져 있지 않은 이상, 문제된 행위가 공정한 거래를 저해할 우려가 있는 행위라고 하여 이를 위 제8호의 불공정거래행위로 의율하여 제재를 가할 수는 없다(대법원 2008. 2. 14. 선고 2005두1879).

라. 위반행위에 대한 제재

(1) 시정조치 및 시정권고

1) 시정조치(공정거래법 제24조)

공정거래위원회는 불공정거래행위금지규정에 위반하는 행위가 있을 때에는 당해 사업자에 대하여 당해불공정거래행위의 중지, 계약조항의 삭제, 시정명령을 받은 사실의 공표, 기타 시정을 위한 필요한 조치를 명할 수 있다.

① 시정조치의 상대방

공정거래법 제23조 제1항의 규정에 위반한 행위를 한 당해 사업자이다.

② 시정조치의 내용

당해불공정거래행위의 중지, 계약조항의 삭제, 시정명령을 받은 사실의 공표, 기타 시정을 위한 필요한 조치 등이 있다.

2) 시정권고(공정거래법 제51조)

공정거래위원회는 이 법의 규정에 위반하는 행위가 있는 경우에 당해 사업자 또는 사업자단체에 대하여 시정방안을 정하여 이에 따를 것을 권고할 수 있다.

(2) 과징금(공정거래법 제24조의2)

공정거래위원회는 불공정거래행위의 금지규정(공정거래법 제23조 제1항)을 위반하는 행위가 있을 때에는 당해 사업자에 대하여 대통령령이 정하는 매출액[159]에 100분의 2(부당한 지원행위의 경우에는 100분의 5)를 곱한 금액을 초과하지 아니하는 범위 안에서 과징금을 부과할 수 있다. 다만, 매출액이 없는 경우 등에는 5억 원을 초과하지 아니하는 범위 안에서 과징금을 부과할 수 있다.

---

159) '대통령령이 정하는 매출액'이란 위반사업자가 위반기간 동안 일정한 거래분야에서 판매한 관련 상품이나 용역의 매출액 또는 이에 준하는 금액(관련매출액)을 말한다. 다만 위반행위가 상품이나 용역의 구매와 관련하여 이루어진 경우에는 관련 상품이나 용역의 매입액을 말하고, 입찰담합 및 이와 유사한 행위인 경우에는 계약금액을 말한다(공정거래법 시행령 제9조 제1항).

1) 부과대상

공정거래법 제23조 제1항 각 호의 규정에 위반하여 불공정거래행위를 한 당해 사업자이다

2) 부과한도

① 일반적인 경우: 관련 매출액의 2% 이내

② '부당지원행위(공정거래법 제23조 제1항 제7호)' 규정을 위반한 경우: 직전 3개 사업연도 평균매출액의 5% 이내

③ 매출액이 없는 경우 등: 5억 원 이내

(3) 벌칙

불공정거래행위금지규정(공정거래법 제23조 제1항)에 위반하여 불공정거래행위를 하거나, 공정거래위원회의 시정조치명령에 따르지 아니한 경우에는 2년 이하의 징역 또는 1억 5천만 원 이하의 벌금에 처한다(공정거래법 제67조 제2호, 제6호).

(4) 양벌규정

법인의 대표자나 법인 또는 개인의 대리인, 사용인, 그 밖의 종업원이 그 법인 또는 개인의 업무에 관하여 불공정거래행위금지규정을 위반한 경우에는 행위자를 벌하는 외에 그 법인 또는 개인에 대하여도 벌금형을 과한다(공정거래법 제70조).

(5) 전속고발

불공정거래행위금지규정을 위반한 죄는 공정거래위원회의 고발이 있어야 공소를 제기할 수 있다(공정거래법 제71조 제1항). 그 위반의 정도가 객관적으로 명백하고 중대하여 경쟁질서를 현저히 저해한다고 인정하는 경우에는 검찰총장에게 고발하여야 한다(동법 제2항). 검찰총장은 공정거래법 제71조 제2항의 규정에 의한 고발요건에 해당하는 사실이 있음을 공정거래위원회에 통보하여 고발을 요청할 수 있다(동법 제3항). 공정거래위원회는 공소가 제기된 후에는 고발을 취소하지 못한다(동법 제4항).

4. 공정거래법과의 관계

가맹사업법과 공정거래법은 모두 공정한 거래질서의 확립과 소비자의 권익보호 및 국민경제의 발전을 도모함을 목적으로 한다는 점에서 입법취지가 동일하다. 그러나 공정거래법상의 불공정거래행위금지규정은 모든 사업자 간의 관계에서 적용되는 것이지만, 가맹사업법상의 불공정거래행위금지규정은 가맹본부와 가맹점사업자 간에만 적용된다는 점에서 차이가 난다.

가. 공정거래법상 및 가맹사업법상 불공정거래행위유형의 비교

가맹사업법 제12조	공정거래법 시행령(제36조 제1항 별표)
1. 거래거절: 1) 영업지원 등 거절, 2)부당한 계약갱신거절, 3) 부당한 계약해지	1. 거래거절: 1) 공동의 거래거절, 2) 기타의 거래거절
	2. 차별적 취급: 3) 가격차별, 4) 거래조건차별, 5) 계열회사를 위한 차별, 6) 집단적 차별
	3. 경쟁사업배제: 7) 부당염매, 8) 부당고가매입
	4. 부당한 고객유인: 9) 부당한 이익에 의한 고객유인, 10) 위계에 의한 고객유인, 11) 기타의 부당한 고객유인
	5. 거래강제: 12) 끼워 팔기, 13) 사원판매, 14) 기타의 거래강제
2. 거래상 지위남용: 1) 구입강제, 2) 부당한 강요, 3) 부당한 계약조항의 설정 또는 변경, 4) 경영의 간섭, 5) 판매목표강제, 6) 불이익제공	6. 거래상 지위남용: 15) 구입강제, 16) 이익제공강요, 17) 판매목표강제, 18) 불이익제공, 19) 경영간섭
3. 구속조건부거래: 1) 가격의 구속, 2) 거래상대방의 구속, 3) 가맹점사업자의 상품/용역의 판매제한, 4) 영업지역의 준수강제, 5) 그 밖의 가맹점사업자의 영업활동제한	7. 구속조건부거래: 20) 배타조건부거래, 21) 거래지역 또는 거래상대방의 제한
	8. 사업활동방해: 22) 기술의 부당이용, 23) 인력의 부당유인/채용, 24) 거래처이전방해, 25) 기타사업활동방해
	9. 부당한 자금/자산/인력의 지원: 26) 부당한 자금지원, 27)부당한 상품 · 자산 등 지원, 27) 부당한 인력지원
4. 영업지역의 침해	
5. 그 밖의 불공정거래행위	

나. 공정거래법과의 적용순서

가맹본부와 가맹점사업자 간의 관계에 있어서는 가맹사업법이 우선적으로 적용되고 공정거래법이 보충적으로 적용된다. 즉, 공정거래법상 불공정거래행위 중에서 ① 부당한 거래거절(공정거래법 제23조 제1항 제1호), ② 부당한 고객유인(동조 제3호), ③ 거래상 지위남용(동조 제4호), ④ 부당한 구속조건부거래(동조 제5호), ⑤ 재판매가격유지행위(공정거래법 제29조)에 대해서는 가맹사업법이 우선 적용된다(가맹사업법 제38조).

다. 가맹사업법상 및 공정거래법상의 법위반시 제재비교

구 분	가맹사업법상 제재	공정거래법상 제재
(1) 시정조치	1) 공정거래위원회는 불공정거래행위규정(제12조)을 위반한 가맹본부에 대하여 위반행위의 중지, 위반내용의 시정을 위한 필요한 계획 또는 행위의 보고 그 밖에 당해 위반행위의 시정에 필요한 조치를 명할 수 있다(가맹사업법 제33조 제1항). 2) 공정거래위원회는 시정명령을 하는 경우에는 가맹본부에게 시정명령을 받았다는 사실을 공표하거나 거래상대방에 대하여 통지할 것을 명할 수 있다(가맹사업법 제33조 제3항).	공정거래위원회는 불공정거래행위금지규정에 위반하는 행위가 있을 때에는 당해 사업자에 대하여 당해불공정거래행위의 중지, 계약조항의 삭제, 시정명령을 받은 사실의 공표, 기타 시정을 위한 필요한 조치를 명할 수 있다(공정거래법 제24조).
(2) 시정권고	1) 공정거래위원회는 불공정거래행위금지규정(제12조)을 위반한 가맹본부에 대하여 시정조치를 명할 시간적 여유가 없는 경우에는 대통령령이 정하는 바에 따라 시정방안을 마련하여 이에 따를 것을 권고할 수 있다. 이 경우 당해 권고를 수락한 때에는 시정조치를 한 것으로 본다는 뜻을 함께 통지하여야 한다(가맹사업법 제34조 제1항). 2) 권고를 받은 가맹본부는 당해 권고를 통지받은 날부터 10일 이내에 이를 수락하는 지의 여부에 관하여 공정거래위원회에 통지하여야 한다(동법 제34조 제2항).	1) 공정거래위원회는 이 법의 규정에 위반하는 행위가 있는 경우에 당해 사업자 또는 사업자단체에 대하여 시정방안을 정하여 이에 따를 것을 권고할 수 있다(공정거래법 제51조 제1항). 2) 권고를 받은 자는 시정권고를 통지받은 날부터 10일 이내에 당해 권고를 수락하는지의 여부에 관하여 공정거래위원회에 통지하여야 한다(동법 동조 제2항).

구 분	가맹사업법상 제재	공정거래법상 제재
(2) 시정권고	3) 권고를 받은 가맹본부가 당해 권고를 수락한 때에는 시정조치를 받은 것으로 본다(동법 제34조 제3항).	3) 시정권고를 받은 자는 당해 권고를 수락한 때에는 이 법의 규정에 의한 시정조치가 명하여진 것으로 본다(동법 동조 제3항).
(3) 과징금	공정거래위원회는 가맹사업법상 불공정거래행위금지규정(제12조)을 위반한 가맹본부에 대하여 대통령령이 정하는 매출액에 100분의 2를 곱한 금액을 초과하지 아니하는 범위 안에서 과징금을 부과할 수 있다(가맹사업법 제35조).	공정거래위원회는 불공정거래행위의 금지규정을 위반하는 행위가 있을 때에는 당해 사업자에 대하여 대통령령이 정하는 매출액에 100분의 2(부당한 지원행위의 경우에는 100분의 5)를 곱한 금액을 초과하지 아니하는 범위 안에서 과징금을 부과할 수 있다. 다만, 매출액이 없는 경우 등에는 5억 원을 초과하지 아니하는 범위 안에서 과징금을 부과할 수 있다(공정거래법 제24조의2).
(4) 벌칙	1) 공정거래법상의 불공정거래행위금지규정(공정거래법 제23조)을 위반한 경우와는 달리, 가맹사업법상 불공정거래행위금지규정(가맹사업법 제12조) 위반의 경우에는 직접적인 벌칙은 없다. 다만 공정거래위원회의 시정조치명령에 따르지 아니한 자는 3년 이하의 징역 또는 1억 원 이하의 벌금에 처한다(가맹사업법 제41조 제2항 제1호). 2) 양벌규정 법인의 대표자나 법인 또는 개인의 대리인, 사용인, 그 밖의 종업원이 그 법인 또는 개인의 업무에 관하여 시정조치명령에 따르지 아니한 경우에는 그 행위자를 벌하는 외에 그 법인 또는 개인에게도 해당 조문의 벌금형을 과(科)한다. 다만, 법인 또는 개인이 그 위반행위를 방지하기 위하여 해당 업무에 관하여 상당한 주의와 감독을 게을리 하지 아니한 경우에는 그러하지 아니하다(가맹사업법 제42조). 3) 전속고발 공정거래위원회의 시정조치명령에 따르지 아니한 경우에는 3년 이하의 징역 또는 1억 원 이하의 벌금에 처하는데, 이 경우 공정거래위원회의 고발이 있어야 공소를 제기할 수 있으며(가맹사업법 제44조 제1항), 그 위반의 정도가 객관적으로 명백하고 중대하다고 인정하는 경우에는 공정거래위원회는 검찰총장에게 고발하여야 한다(동조 제2항). 검찰총장은 제2항의 규정에 의한 고발요건에 해당하는	불공정거래행위금지규정(공정거래법 제23조 제1항)에 위반하여 불공정거래행위를 하거나, 공정거래위원회의 시정조치명령에 따르지 아니한 경우에는 2년 이하의 징역 또는 1억 5천만 원 이하의 벌금에 처한다(공정거래법 제67조 제2호, 제6호). 2) 양벌규정 법인의 대표자나 법인 또는 개인의 대리인, 사용인, 그 밖의 종업원이 그 법인 또는 개인의 업무에 관하여 불공정거래행위금지규정을 위반한 경우에는 행위자를 벌하는 외에 그 법인 또는 개인에 대하여도 벌금형을 과한다(법 제70조). 3) 전속고발 불공정거래행위금지규정을 위반한 죄는 공정거래위원회의 고발이 있어야 공소를 제기할 수 있다(공정거래법 제71조 제1항). 그 위반의 정도가 객관적으로 명백하고 중대하여 경쟁질서를 현저히 저해한다고 인정하는 경우에는 검찰총장에게 고발하여야 한다(동법 제2항). 검찰총장은 법 제71조 제2항의 규정에 의한 고발요건에 해당하는 사실이 있음을 공정거래위원회에 통보하여 고발을 요청할 수 있다(동법 제3항). 공정거래위원회는 공소가 제기된 후에는 고발을 취소하지 못한다(동법 제4항).

구 분	가맹사업법상 제재	공정거래법상 제재
(4) 벌칙	사실이 있음을 공정거래위원회에 통보하여 고발을 요청할 수 있다. 공정거래위원회는 검찰총장의 고발요청이 있을 경우 이에 응하여야 한다(동조 제3항). 공정거래위원회는 공소가 제기된 후에는 고발을 취소하지 못한다(동조 제4항).	

Ⅴ. 자율규약(법 제15조)

> 제15조(자율규약) ① 가맹본부 또는 가맹본부를 구성원으로 하는 사업자단체는 가맹사업의 공정한 거래질서를 유지하기 위하여 자율적으로 규약을 정할 수 있다.
> ② 가맹본부 또는 가맹본부를 구성원으로 하는 사업자단체는 제1항의 규정에 의하여 자율규약을 정하고자 하는 경우 그 규약이 제12조 제1항의 규정에 위반하는지에 대한 심사를 공정거래위원회에 요청할 수 있다.
> ③ 공정거래위원회는 제2항의 규정에 의하여 자율규약의 심사를 요청받은 때에는 그 요청을 받은 날부터 60일 이내에 심사결과를 신청인에게 통보하여야 한다.

1. 자율규약의 의의

가. 자율규약의 제정

가맹본부 또는 가맹본부를 구성원으로 하는 사업자단체는 가맹사업의 공정한 거래질서를 유지하기 위하여 자율적으로 규약을 정할 수 있다(법 제15조 제1항).

나. 제도의 취지

공정한 거래질서를 확립하는 데 있어 정부에 의한 규제보다는 관련 당사자들의 자율적인 법준수 노력이 바람직하다는 차원에서 가맹사업법은 이와 관련하여 자율규약의 법적 근거를 마련한 것이다.

2. 자율규약 심사

가. 심사의 요청

(1) 가맹본부 또는 가맹본부를 구성원으로 하는 사업자단체는 자율규약을 정하고자 하는 경우 그 규약이 제12조 제1항(불공정거래행위금지) 규정에 위반하는지에 대한 심사를 공정거래위원회에 요청할 수 있다(법 제15조 제2항).

(2) 가맹본부 또는 가맹본부를 구성원으로 하는 사업자단체는 자율규약의 심사를 요청하고자 하는 때에는 공정거래위원회에 ① 심사요청인의 주소와 성명, ② 자율규약의 제정배경, ③ 자율규약의 주요 골자와 그 취지를 기재한 서면과 심사요청의 대상이 되는 자율규약의 사본을 제출하여야 한다(법 시행령 제16조).

나. 심사결과의 통보

공정거래위원회는 자율규약의 심사를 요청받은 때에는 그 요청을 받은 날부터 60일 이내에 심사결과를 신청인에게 통보하여야 한다(법 제15조 제3항).

3. 자율준수프로그램

공정거래위원회는 공정한 가맹사업거래질서를 확립하기 위하여 가맹본부가 가맹사업법을 자율적으로 준수하도록 유도하기 위한 자율준수프로그램을 보급 및 확산을 위한 업무를 수행할 수 있다(법 제31조의2 제1항 제4호).

제4장 분쟁의 해결

Ⅰ. 서론

1. 가맹사업거래 분쟁조정실적

가. 가맹사업거래분쟁조정협의회의 연도별접수현황(단위: 건)

연 도	2003	2004	2005	2006	2007	2008	2009	합계
사건 수	243	218	285	212	172	291	357	1,778

나. 연도별 분쟁조정내역(단위: 건)

연 도	처리사건					총 계
	조정완료			기 각	조정절차 중단	
	조정성립	불성립	소계			
2003	110(65%)	59	169	17	0	186
2004	132(67%)	64	196	26	0	222
2005	62(36%)	111	173	94	2	269
2006	74(51%)	72	146	40	1	187
2007	68(47%)	77	145	42	1	188
2008	154(65%)	81	235	26	41	302
2009	201(80%)	51	252	34	81	367
합계	801(61%)	515	1,316	279	126	1,721

☞ ※ 조정성립률: 조정성립(801)/조정완료(1,316)
※ 기각: 분쟁조정신청 이유 없음
※ 조정절차중단: 소제기, 신고취하, 가맹본부의 소재불명 및 폐업 등

다. 피해발생의 원인[160)]

발생 단계	원 인
계약체결 전	- 허위 · 과장 또는 불충분한 정보의 제공 - 점포 입지선정이나 개점의 지연 - 부실하게 제공되는 교육 · 훈련 내용
계약기간 중	- 물류 공급중단 및 가맹본부의 사업중단 - 가맹금(물품공급대금, 로열티 등) 인상 - 불충분한 경영 지원 - 가맹점사업자의 영업지역 내 추가출점
계약종료 이후	- 가맹사업법상 계약해지 절차 미준수 - 재계약 시 부당한 조건을 제시하여 불응하는 경우 계약종료 - 계약기간종료 후 경업금지 의무부과

라. 분쟁조정의 유형(단위: 건)

유형별	조정절차완료		기 각	조정절차 중단	계	비율(%)
	조정성립	조정불성립				
가맹계약해지 및 가맹금반환	431	320	104	65	920	53.46
일방적 계약변경의 철회	39	32	63	6	140	8.13
부당한 갱신거절의 철회	83	45	38	11	177	10.29
계약이행의 청구	33	38	18	3	92	5.35
부당이득반환	38	23	15	1	77	4.48
영업지역의 보장	31	8	8	3	50	2.90
상표 및 의장권 침해	3	1	0	0	4	0.23
기타	143	48	33	37	261	15.16
총계	801	515	279	126	1,721	100

2. 가맹분쟁의 특징

가. 대등성의 상실

가맹본부와 가맹점사업자 간에는 '경제력격차'와 '정보력 격차'가 존재하는바, 이러한

160) 염규석, 가맹사업거래분쟁의 유형과 분쟁조정사례(2010년), 제12면

가맹사업의 특성 때문에 가맹점사업자는 가맹본부가 제공하는 영업노하우나 경영지원 등에 전적으로 의존할 수밖에 없는 구조이다. 이로 말미암아 가맹사업당사자 간의 분쟁발생시 가맹점사업자의 지위적 열위로 인하여 분쟁의 대등성이 상실되는 경우가 많다.[161]

나. 적당한 타협에 의한 분쟁의 해결

분쟁이 발생한다 하여도 가맹본부와 적당한 선에서 타협하거나 다른 가맹점사업자들과 함께 대응하는 경향이 있다. 즉 가맹점사업자가 가맹본부로부터 피해를 당하더라도 자신이 이러한 분쟁에 대한 전문적 지식이 없거니와, 적절한 전문가로부터 전문적인 도움을 받기가 어려워 아예 권리를 포기하거나 적당한 선에서 마무리하는 경우가 많다는 것이다.

☞ 한국법제연구원이 발표한 '프랜차이즈관행에 관한 연구'에서는 가맹점사업자의 60%는 피해액의 적당한 선에서 타협하는 것으로 나타났고, 약 19.5%만이 다른 가맹점사업자와 공동으로 대응하는 것으로 나타난다.

다. 영업 전반에 걸친 광범위한 분쟁의 발생

가맹사업거래는 그 본질상 가맹본부가 가맹점사업자의 판매 및 영업방식 등을 통제하는 성질을 가지고 있기 때문에 필요 이상으로 가맹점사업자의 사업 활동을 구속하는 경우가 많다. 이 때문에 가맹사업거래의 분쟁은 가맹계약의 체결 시부터 계약의 이행 그리고 종료에 이르기까지 영업 전반에 걸쳐 분쟁발생의 가능성이 상존한다.

라. 분쟁의 도미노현상

일반적으로 하나의 가맹본부는 적게는 수십 개에서 많게는 수백 개의 가맹점사업자들과 가맹계약을 맺고 사업을 영위하기 때문에 어느 한곳의 가맹점에 분쟁이 발생되면 그 여파가 다른 수많은 가맹점에게도 그 영향이 미치는 이른바 '분쟁의 도미노현상'이 발생하는 경향이 있다("분쟁의 집단성").[162] 이에 따라 가맹본부는 가맹점사업자와의 분쟁이

161) 김후중, 가맹사업법 이해와 실무(무역경영사, 2008년), 제307면.

발생하게 되면 이러한 여파를 의식해서 불필요할 정도로 강하게 대응하거나 가맹점사업자가 지칠 때까지 소모전으로 끌고 가는 전략을 구사하는 경향이 많다. 즉 가맹본부로서는 분쟁해결을 위한 융통성을 발휘하지 못하게 되는 경우가 많다.[163)]

3. 분쟁의 해결방법

가. ADR(Alternative Dispute Resolution: 소송의 대체적 분쟁해결제도)을 통한 해결

(1) 의의

ADR이란 '재판 외 대체적 분쟁해결제도'로서 이는 소송에 의하지 않고 다른 방법으로 해결하는 제도의 총칭을 말한다.

(2) ADR의 효용[164)]

1) 시간과 비용의 절감

소송과 달리 ADR에서는 변호사를 반드시 대리할 필요도 없으며, 또한 단심으로 해결되는 경우가 많기 때문에 시간과 비용을 절약할 수 있다.

2) 개인의 비밀이 보장

ADR에서는 절차가 공개되지 않기 때문에 개인의 비밀, 영업상의 비밀 등이 유지된다.

---

162) 염규석, 가맹사업거래분쟁의 유형과 분쟁조정사례(2010년), 제6면.

163) 김후중, 가맹사업법 이해와 실무(무역경영사, 2008년), 제308면.

164) 구종순, 무역실무(박영사, 2005년), 제504면.

3) 분쟁당사자 간의 합의를 존중

ADR은 재판권을 인정하지 않고 당사자 간의 합의에 의해 절차를 개시하고 분쟁해결을 유도한다.

4) 전문성의 보장

법관에 의한 일률적인 판단이 아닌, 분쟁의 내용에 따른 해당분야의 경험과 지식이 풍부한 전문가에 의한 판단이 내려지기 때문에 분쟁해결의 전문성이 보장된다.

(3) 종류

알선, 조정, 중재, 온라인 ADR 등이 있다.

(4) 알선

1) 개요

국내외 상거래에서 발생하는 분쟁을 경험과 지식이 풍부한 대한상사중재원의 직원이 개입하여 양 당사자의 의견을 듣고 조언과 타협권유를 통하여 합의를 유도한 제도이다.

알선단계에서는 특히 분쟁당사자의 협력을 필요로 하며 당사자 간의 비밀이 보장되고 거래를 지속시킬 수 있는 장점이 있다. 대개 중재합의가 없는 경우에 많이 이용된다. 성공률은 거의 50%에 육박하며, 모든 경비는 무료이다.

알선의 효력은 당사자 간의 자발적인 합의를 통한 해결이기 때문에 법적인 구속력은 없다 당사자 간의 합의가 불가능할 경우 중재합의(중재계약)를 통하여 중재로 해결하거나, 아니면 소송으로 해결하여야 한다.

2) 알선의 절차

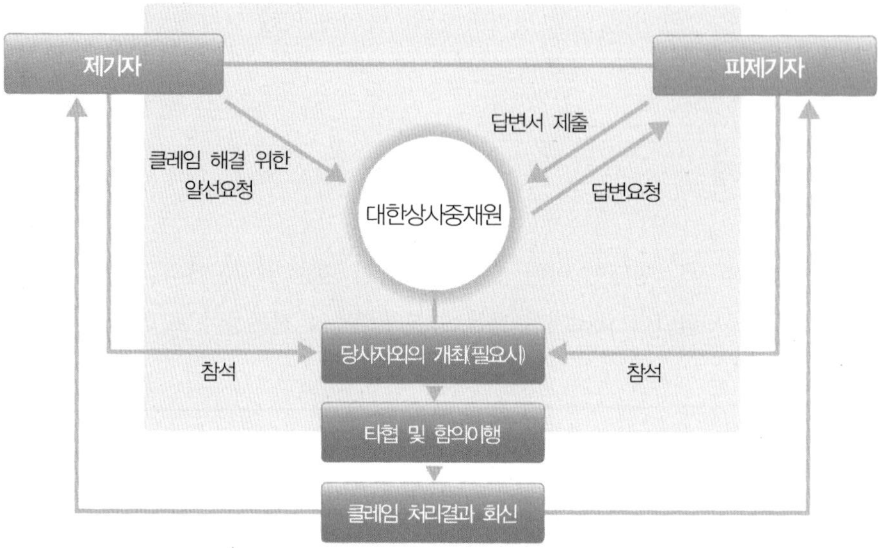

(5) 조정(Mediation)

조정은 당사자 일방 또는 쌍방의 요청에 의해 공정하고 중립적인 제3자를 조정인으로 선정하고 조정인이 제시하는 조정안을 양 당사자가 합의함으로써 클레임을 해결하는 방법이다. 조정인은 해당 분야에 대해 경험이 풍부하고 전문적 지식을 갖춘 전문가로 구성되는 것이 보통이다. 조정인은 전문적 지식을 바탕으로 거래관행, 상관습을 반영하여 상호 만족할 만한 조정안을 제시하여 당사자들 스스로 분쟁을 해결하도록 한다. 조정인이 제시한 조정안은 반드시 양 당사자가 합의해야만 효력이 있으며 어떠한 구속력도 가지고 있지 않다. 그러나 조정안은 대체로 당사자의 입장을 수용한 것이기 때문에 이에 따른 자발적 이행률은 상당히 높은 편이다. 가맹사업법은 가맹사업거래에서 발생하는 분쟁을 처리하기 위하여 분쟁조정기구인 가맹사업거래분쟁조정협의회를 한국공정거래조정원에 설치하도록 하고 있다. 이러한 협의회의 조정절차는 상사계약 분야에서 발생하는 분쟁에 대하여 당사자들이 자율적으로 조정할 수 있는 기회를 부여하고, 국가기관의 개입이나 소송에 의한 해결을 최소화하기 위한 것으로 의미가 있다. 한편, 민사조정법상의 법원 민사조정제도(서울고등법원과 부산고등법원에 설치)가 있는데, 이러한 민사조정절차는 조정 담당판사 또는 법원에 설치된 조정위원회가 분쟁당사자로부터 주장을 듣고 여러 사정을 참작하여 조정안을 제시하고 서로 양보와 타협을 통하여 합의에 이르게 함으로써 분쟁을 평화적이고, 간이 신속하게 해결하는 제도이다.

(6) 중재(Arbitration)

1) 의의

중재란, 분쟁당사자 간의 합의(중재계약)에 따라 법원의 판결에 의하지 아니하고 사인인 제3자를 중재인으로 선정하여 중재인의 판정에 맡기는 동시에 그 판정에 복종함으로써 분쟁을 해결하는 자주법정제도로서 국가공권력을 발동하여 강제집행할 수 있는 권리가 법적으로 보장된다.

2) 중재제도의 장점과 단점

① 장점

㈀ 단심제

중재판정은 분쟁당사자 간에 있어서는 법원의 확정판결과 동일한 효력이 있다. 다시 말하면 판정에 불만이 있어도 재판처럼 2심 또는 3심 등 항소절차가 없다는 것이다

㈁ 신속한 분쟁해결

소송은 평균 대법원까지 2～3년이 걸리지만, 중재는 국내중재가 약 5개월, 국제중재가 약 7개월 정도 걸린다.

신속성을 극대화하기 위해서 집중심리로 심리횟수를 줄이고, 예비회의제도를 활성화하여 심리자체의 소요시간도 단축하여 진행한다. 또한 당사자가 신속절차에 의하여 중재를 진행하기로 합의하는 경우 2～3개월 내에도 분쟁해결이 가능하다.

㈂ 저렴한 중재비용

중재제도는 단심제이고 신속성에 중점을 두었기 때문에 신속한 분쟁해결은 그만큼 비용을 절약할 수 있다. 또한 상사에 관한 전문적인 지식과 경험을 가진 중재인에 의한 심

문은 새로운 설명이나 관련 지식의 보완을 요하지 않으므로 분쟁해결을 위한 증인심문들의 진술서 작성 등 시간이나 경비가 절약된다.

㈃ 국제적인 인정

뉴욕협약에 가입한 체약국 간에는 외국의 중재판정을 상호 간 승인하고 강제집행도 보장된다. 우리나라의 경우 1973년도에 가입함으로써 외국에서도 그 집행을 보장받을 수 있어 국제적으로는 소송보다도 더 큰 효력이 있다.

㈄ 전문가에 의한 판단

실체적 진실을 정확하게 찾아내기 위하여 분쟁분야에 대한 해박한 지식과 경험이 있는 전문가로 하여금 사건을 검토하고 판정하도록 함으로써 획일적인 법률에 따라 재판하는 소송의 경우보다 상거래와 상관습에 정통한 중재인의 판정이 보다 현실적이고 타당할 수 있다.

㈅ 분쟁당사자가 중재인을 직접 선임 또는 배척

분쟁당사자들은 자신들의 실정에 맞는 중재인을 선정할 수 있다. 대한상사중재원이 유지하고 있는 중재인단은 각 분야의 전문가들로 구성되어 있으며 당사자들이 중재인 명부에서 직접 선정한다.

㈆ 충분한 변론기회의 부여

준재는 단심제로 운영되기 때문에 일단 내려진 중재판정은 변경될 수 없다. 따라서 분쟁당사자는 중재인에게 충분한 변론기회와 변론시간, 그리고 증인 또는 증거물제출기회를 요구할 수 있다.

㈇ 심리의 비공개

중재는 비공개로 진행될 수 있어 사업상의 비밀이나 회사의 명성을 그대로 유지할 수 있다

㈈ 민주적인 절차진행

중재인은 당사자와 평등한 위치에서 상하 격식 없이 심리를 진행한다. 증인선서를 요구하지 아니하며 관계당사자의 인격을 최대한 존중한다. 따라서 이처럼 민주적인 분위기에서 당사자가 충분한 변론기회를 가지므로 상호 간 발생한 오해를 푸는 경우가 많아 계속적인 거래관계를 유지하는 데 도움이 된다.

② 단점

㈀ 법률문제에 취약

중재인은 사실문제에 대하여는 전문가로서의 역량이 충분히 발휘되어 분쟁의 신속하고 정확한 판정이 가능하나, 중요한 법률문제가 게재되어 있는 경우에는 법률전문가가 아닌 이상 일반적으로 그 판단능력이 미흡하다.

㈁ 절차적 공정성의 부족

중재에서는 신속한 처리를 위해 정당하게 중재절차에 대한 통지가 완료되었으면 당사자가 결석하더라도 심리를 진행시킬 수 있다. 따라서 결석한 당사자의 입장이 무시될 수 있다.

㈂ 예측가능성의 감소

중재인의 자의나 주관에 휘둘릴 수 있는 가능성이 있다는 것이다.

㈃ 진실발견의 어려움

중재인은 사인(私人)이므로 국가공권력의 도움 없이 진실의 실체에 접근하기가 현실적으로 어렵다는 문제점이 있다.

㈄ 중재인의 대리인 의식

중재는 당사자가 각각 1명씩 중재인을 선임하는 것이 보통이다. 이 경우 당사자에 의해 선임된 중재인은 자기를 중재인으로 선임해 준 당사자에 대한 일종의 의리 때문에 그의 이익을 대변할 가능성이 있다.

㈅ 상소제도의 결여

재판의 경우 3심제도이기 때문에 패소한 당사자는 상소를 통해 구제를 받을 가능성이 있으나, 중재는 단심제로서 판단이 잘못 내려진 경우 구제의 방법이 없다. 이는 이른바 '남소(濫訴)'를 방지함으로써 사건을 신속하게 해결하려는 중재제도의 큰 장점이 되지만 중재제도를 이용하려는 당사자에게는 불안을 안겨 주어 중재제도의 이용을 꺼리게 되는 원인이 될 수 있다.

3) 적용대상

당사자가 자유로이 처분할 수 있는 사법상의 분쟁으로서 현재 또는 장래에 발생할 분쟁이 그 대상이 될 수 있다.

4) 분쟁원인

① 채무불이행에 의한 손해배상청구권
② 불법행위에 의한 손해배상청구권
③ 부당이득에 의한 반환청구권
④ 사무관리에 의한 배상청구권
⑤ 채무부존재확인

5) 요건

① 분쟁당사자 간의 중재합의가 있어야 한다.

사법상의 법률관계에 관하여 당사자 간에 발생하고 있거나 또는 장래에 발생 가능한 분쟁을 중재에 의하여 해결하기로 합의한 경우에만 중재의 관할권이 생긴다. 중재법 제8조에 의하면 "중재계약은 당사자들이 서명한 문서에 중재합의가 포함되어 있거나 교환된 서신 또는 전보 등에 중재합의가 포함되어야 한다."고 규정하여 중재합의의 서면주의를 명문화하고 있다. 가맹계약의 경우 분쟁조정협의회에 의한 분쟁이 성립되지 않은 경우 다음과 같은 표준중재조항을 삽입함으로써 분쟁을 중재에 의해 신속히 해결할 수 있다.

국내중재조항
이 계약으로부터 발생되는 모든 분쟁은 대한상사중재원에서 상사중재규칙에 따라 중재로써 최종 해결한다.

② 중재당사자는 행위능력상의 결격사유가 없어야 한다.

일반적으로 자연인과 상법상 법인이 당사자가 된다. 그런데 만약 국가기관/지자체(시·도·군·구)도 상행위주체로서 상거래를 하는 경우에는 중재의 당사자가 될 수 있다.

③ 분쟁자체가 현실적으로 존재하여야 하며, 중재대상이 특정되어야 한다.

④ 중재계약 범위내의 분쟁이어야 한다.
즉, 분쟁당사자 간의 합의된 범위 내의 분쟁이어야 한다는 것이다.

6) 중재절차

중재절차는 중재계약으로 정할 수 있으나 당사자 간의 합의가 없거나 당사자의 의사가 분명하지 아니한 경우에는 상사중재규칙에 의한다.

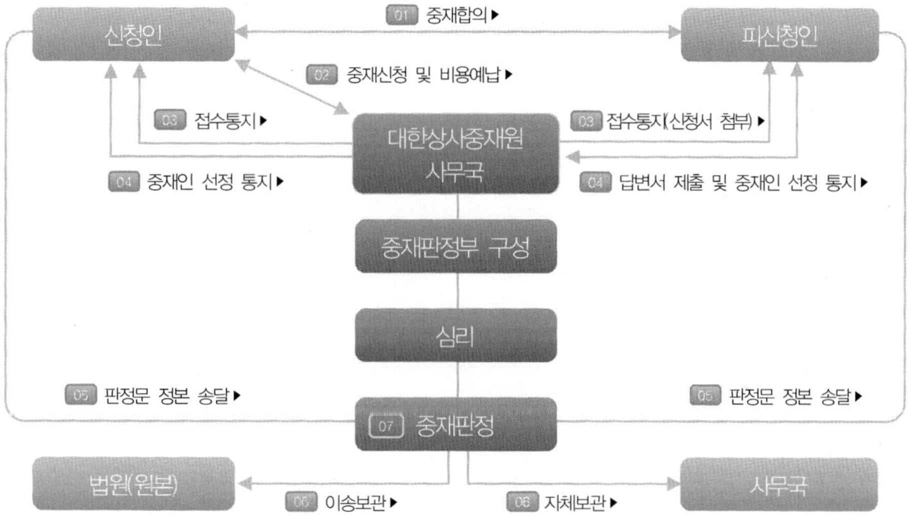

☞ 중재법 제12조 제2항 및 제20조 제1항: '중재절차는 중재사건이 접수되어 판정이 내려질 때까지의 모든 절차를 의미하며, 당사자 간의 중재합의로 정할 수 있다.'

① 중재합의

분쟁을 중재에 의하여 해결하기로 하는 중재합의가 있어야만 중재신청이 가능하다.

② 중재신청 및 비용예납

중재를 신청하고자 할 때에는 대한상사중재원의 본부(서울)나 지역본부(부산)의 사무국에 중재비용과 함께 다음의 서류를 작성 · 제출해야 한다.

(ㄱ) 중재합의서(원본 또는 사본)
(ㄴ) 중재신청서
(ㄷ) 신청의 원인사실을 입증하는 서증(원본 또는 사본)
(ㄹ) 대리인신청 시 그 위임장
(ㅁ) 신청인 및 피신청인 법인 등기부등본(개인은 주민등록등본)

일방 당사자가 분쟁의 최종 해결을 위해 중재를 신청한 후 판정이 내려질 때까지 소요되는 비용을 중재비용이라 하며 중재비용은 요금, 경비, 수당으로 구분된다. 중재비용은 중재신청서를 접수할 때 신청인으로부터 미리 예납받으나, 중재판정부에 의하여 부담비율이 판정에서 정해진다.

③ 중재신청의 접수 및 통지

중재신청서가 제출되면 중재합의서, 중재신청서, 중재신청의 취지를 입증하는 서류의 유무, 대리인이 선임된 경우 위임장 등 적합여부를 확인하고, 사무국에서 적합하다고 판단하는 경우에는 소정의 중재비용을 예납받고 접수한다. 중재신청서가 접수되고 중재비용이 예납되면 중재사무의 처리를 위하여 사무국 직원 중에서 중재서기가 지명되며, 사무국은 양 당사자에게 중재신청이 접수되었음을 통지하고 동시에 중재인선정을 의뢰함으로써 중재절차는 개시된다.

④ 답변서 제출

피 신청인은 신청인의 중재신청서를 검토한 후 중재신청 접수통지의 수령일(기준일)로부터 국내중재의 경우 15일(국제중재의 경우 30일) 이내에 답변서를 사무국에 제출하여 답변할 수 있다. 특히 답변서에는 다음 사항을 기재하여야 한다.

(ㄱ) 양 당사자의 성명 및 주소(당사자가 법인인 경우 법인의 명칭 및 주소, 대표자의 성명 및 주소를 병기한다)
(ㄴ) 대리인이 있는 경우 그 성명과 주소
(ㄷ) 답변의 취지와 이유 및 입증방법

사무국은 답변서를 제출받음과 동시에 그 답변이 적합한 것인지의 여부를 확인하고 적합한 경우에는 이를 접수하고 양당사자에게 접수사실을 통지한다. 이 경우 신청인에게도 답변서 1부를 보낸다.

만일 피신청인이 위의 기간 내에 답변서의 제출이 없는 경우에는 신청인이 주장하는 청구의 기각을 구하는 것으로 본다.

☞ 반대신청: 동일사안에 대해 피신청인이 반대의 중재신청을 하는 것을 반대신청이라 하는데, 피신청인이 스스로 판단하여 직접 하는 방법과 답변의 취지나 이유가 반대신청의 내용을 포함하고 있다고 판단할 경우 그 부분에 대하여 중재판정부의 요구에 의해 행하는 방법 등 두 가지가 있다. 절차는 당초의 중재신청 절차와 동일하다. 피신청인의 반대신청은 신청인의 중재신청과 병합심리한다.

⑤ 중재 판정부 구성

중재사건을 판정할 중재인은 분쟁당사자가 직접 선정하거나 중재원에서 추천한 중재인 후보 중에서 선임하게 된다.

☞ 중재인은 법조계, 학계, 업계 등 각계권위자로서 최소한 20년 이상 해당분야에 경험 있고 전문지식, 신뢰성, 성실성, 신망, 판단력 등이 갖추어진 인사라야 한다.

⑥ 중재심리

㈀ 심리일시 및 장소의 결정과 통지

중재판정부는 심리의 일시, 장소와 방식을 결정하는데 심리의 일시와 장소가 결정되면 사무국은 당사자에게 심리개시 10일 전(국제중재: 20일)까지 통지한다.

㈁ 심리준비

중재판정부는 양당사자에게 심리를 시작하기 전에 주장, 증거방법, 상대방 주장에 대한 의견을 기재한 준비서면을 제출하게 할 수 있다.

㈂ 심리절차

㉠ 심리는 사건번호와 당사자의 호명으로 개시된다.

㉡ 심리절차는 비공개를 원칙으로 한다.

㉢ 당사자의 일방이 증거물을 제출하는 경우 판정부는 이를 증거로 접수할 수 있다.

㉣ 판정부는 필요하다고 인정할 경우 절차를 변경할 수 있다.

㉤ 당사자는 사무국이나 판정부가 요구하는 서면, 증거 또는 기타 문서의 번역문을 제출해야 한다.

㉥ 판정부는 당사자를 직접 심리한다.

㉦ 심리 시에 판정부에 제출치 못하고 심리 당시의 합의나 그 이후의 합의 및 판정부의 요구에 의해 제출하는 모든 서류는 사무국이 접수하여 판정부 및 타방당사자에게 송달하여야 한다.

㉧ 판정부가 판정에 필요하다고 인정하는 증거의 조사를 직접 할 수 없는 것은 직권 또는 당사자의 요구에 의해 관할법원에 이를 신청할 수 있다.

㉨ 당사자의 일방이 정당하게 통지 또는 고지되었음에도 불구하고 출석치 아니하거나 출석하여도 심리에 응하지 아니하는 경우에도 중재는 그대로 진행시킬 수 있다.

㉩ 중재판정부는 상당한 이유가 있으면 직권이나 당사자의 요구에 의하여 심리를 연기하거나 속행할 수 있는데, 다만 심리기일 연기신청은 심리기일 3일 전까지 하여야 하며, 계속하여 2회 이상 연기하지 않도록 해야 한다.

㈑ 심리의 종결

판정부는 당사자가 주장 및 입증을 다하였다고 인정할 때 심리의 종결을 선언하여야 한다.

⑦ 중재판정

㈀ 판정의 범위 및 기간

㉠ 중재판정부는 중재계약의 범위 내에서 계약의 현실이행뿐만 아니라 공정하고 정당한 배상이나 기타의 구제를 명할 수 있다. 따라서 중재계약의 범위를 벗어난 판정은 효력이 인정되지 아니하고 중재판정부는 책임 있는 당사자에게 중재비용의 부담비율을 명하여야 한다.

㉡ 중재판정부는 당사자 간의 합의 또는 법률의 규정에 다른 정함이 없는 한 중재심리가 종결된 날로부터 30일 이내에 중재인 과반수 찬성으로 판정을 내리고, 당사자가 합의하면 판정이유의 기재를 생략할 수 있다.

㉢ 중재 절차 시 주장되었으나 중재판정에 포함되지 아니한 청구에 대한 추가판정은 당사자의 신청을 받은 날로부터 60일 이내에 추가판정을 한다.

㈏ 판정의 형식

㉠ 중재판정은 서면으로 작성하고 다음 사항을 기재하여 중재인이 서명하여야 한다.

ⅰ. 당사자의 성명 또는 명칭과 주소

ⅱ. 대리인이 있는 경우 그 대리인의 성명과 주소

ⅲ. 판정주문 및 판정이유

ⅳ. 판정문 작성일자 및 중재지

㉡ 중재판정은 한국어로 작성한다. 다만 당사자의 요구가 있거나 중재인 중에 외국의 국적을 가진 자가 있을 때는 한국어와 영어를 공용할 수 있으며, 이때 국문과 영문으로 작성되는 판정문은 모두 이를 정본으로 한다.

그러나 국 · 영문 간에 해석상의 차이가 있을 때는 한국어에 의하여 해석한다.

㈐ 판정의 송달

㉠ 사무국은 판정의 정본을 당사자 또는 대리인에게 최후로 알려진 주소에 등기우편(배달증명)으로 발송하거나 직접 교부한다.

㉡ 판정의 정본을 당사자에게 송달한 후 이의 수령을 확인하는 우편물 배달증명서가 도착하판정문원본과 송달의 증서를 첨부하여 관할법원에 이송보관한다.

㈑ 판정의 효력

재판정은 당사자 간에 있어서는 법원의 확정판결과 동일한 효력이 있다. 또한 뉴욕협약(외국중재판정의 승인 및 집행에 관한 UN협약)에 따라 외국에서도 중재판정의 승인 및 집행이 보장된다.

☞ ※ 신속절차란 무엇인가?

1) 의의

신속절차는 중재제도의 강점을 최대로 살려 국내외 상사분쟁을 보다 더 신속 · 저렴하게 해결함으로써 중재 이용자들에게 편익을 제공하는 제도이다.

2) 적용범위

당사자 간에 신속절차에 따르기로 하는 별도의 합의가 있는 중재사건 또는 신청금액이 1억 원 이하인 국내중재의 경우 신속절차를 적용한다.

3) 절차의 간소화
① 중재인의 선정에 대해 당사자 간에 별도의 합의가 없는 경우에는 사무국이 중재인명부 중에서 1인의 중재인을 선정한다.
② 중재판정부는 심리일시와 장소를 결정하며, 사무국은 이를 심리개시 3일전까지 구술, 인편, 전화 또는 서면 등 적합한 방법으로 당사자에게 통지한다.
③ 심리는 1회로 종결함을 원칙으로 하나 중재판정부는 상당한 이유가 있다고 인정하는 경우에는 심리를 재개할 수 있다.
④ 피신청인은 심리종결 전까지 반대신청을 할 수 있다.
⑤ 중재판정부는 심리종결일로부터 10일 이내에 판정하여야 하며, 당사자가 합의하면 판정이유의 기재를 생략할 수 있다.

(7) 온라인 ADR[165)]

온라인 ADR은 분쟁의 신청, 절차진행 등 모든 과정에서 인터넷, EDI와 같은 정보통신기술을 이용하여 신속히 분쟁을 해결하는 제도이다. ADR 그 자체로서도 소송에 비해 시간과 비용을 절약할 수 있지만 이를 온라인으로 처리함으로써 더욱더 신속히 분쟁을 해결할 수 있게 된다.

기존의 ADR 업무처리는 분쟁당사자들이 서면으로 신청서를 작성하여 이를 관련기관에 우송하면 관련 기관은 그 내용에 따라 적합한 대응조치를 취하게 됨으로써 다소 시간이 소요되는 경향이 있다. 그러나 온라인으로 업무를 처리하게 되면 분쟁당사자들은 인터넷을 이용해 분쟁을 신청하고 답변서를 제출함으로써 분쟁해결이 신속히 진행될 수 있다.

따라서 대한상사중재원에서는 기존의 업무를 온라인으로 처리할 수 있도록 사이버분쟁서비스체제를 구축하여 활용하고 있다. 현재 사이버알선, 사이버조정, 사이버중재 등 온라인 ADR 서비스가 실시되고 있다.

나. 행정권에 의한 분쟁해결[166)]

가맹사업거래에서 발생하는 분쟁에 대하여 관계 행정청의 법집행을 통한 해결방법이다. 법을 위반한 일방당사자의 행위로 야기된 분쟁에 대하여 법 집행권을 가진 해당 행

165) 구종순, 무역실무(박영사, 2005년), 제504면.
166) 김후중, 가맹사업법 이해와 실무(무영경영사, 2008년), 제310면.

정기관이 관련 법률을 해석 · 집행하여 그 법위반상태를 해소 또는 교정함으로써 당사자 간의 분쟁을 해결하는 방식이 이에 해당된다. 가맹사업거래에서 발생하는 가맹본부와 가맹점사업자 간의 분쟁에 대하여 '공정거래위원회'가 가맹사업법 등의 해석 · 집행이나 조사를 통하여 시정조치나 과징금 부과 등의 제재수단을 통하여 가맹사업법 등 법 위반으로 비롯된 분쟁을 간접적으로 해결할 수 있게 된다.

다. 소송에 의한 분쟁해결[167)]

분쟁당사자 쌍방이 권리를 주장하고 다툼 있는 사실관계에 대한 증거를 제출하면 법원이 판단하여 판결로서 분쟁을 강제적으로 해결하는 제도이다. 가맹사업법 위반으로 공정거래위원회의 처분을 받은 가맹본부가 불복하고자 하는 경우 처분청인 공정거래위원회에 우선적으로 이의신청을 한 후 공정거래위원회의 재심결과를 기다린 후 소를 제기하거나 공정거래위원회의 처분을 대상으로 바로 소송을 제기하는 방법이 있다. 공정거래위원회의 원처분이나 재심에 불복하여 소를 제기하는 경우에는 전속관할인 서울고등법원에 제기하여야 한다. 또한 분쟁당사자는 가맹사업거래분쟁에 대하여 법원에 소를 제기하여 분쟁을 해결할 수 있다. 이는 분쟁조정협의회에 분쟁조정의 신청을 한 후 또는 조정 중이라도 가능하다. 가맹사업법 시행령에서는 분쟁당사자가 분쟁조정의 신청 후 당해 사건에 관하여 소를 제기한 때에는 지체 없이 이를 분쟁조정협의회에 통지하도록 규정하고 있다 (법 시행령 제27조).

라. 각 제도 간 비교

(1) 중재와 소송의 비교

구 분	중 재	소 송
① 대상	개인 간의 상사분쟁	민사, 형사 등 모든 분쟁
② 요건	반드시 당사자의 '합의'가 필요	당사자의 행위능력이 필요
③ 구속력	법적 구속력 有: 법원의 판결과 동일한 효력이 있다.	법적 구속력 有

167) 김후중, 같은 책, 제310면.

④ 공개 여부	비공개	공개가 원칙(헌법 제27조 제3항)
⑤ 경제성	저렴한 비용	고가의 비용
⑥ 신속성	㉠ 단심제에 의한 신속한 판정이 가능, ㉡ 별도의 신속절차가 있다.	㉠ 3심제, ㉡ 소액사건심판제도
⑦ 심판자의 자격	제한 無	반드시 법관이어야 한다.
⑧ 변론기회	충분한 변론기회가 보장된다.	사실 및 증거에 따른 판결
⑨ 당사자 간의 관계	우호적 관계지속이 가능하다.	적대적 관계가 되기 쉽다.
⑩ 임의이행률	높다: 불이행 시 강제집행이 가능	낮다: 법원판결에 의한 강제집행
⑪ 국제성	뉴욕협약에 가입이 돼 있는 경우에는 국제적 집행이 가능하다.	국제적 집행에 많은 어려움이 있다.

(2) 중재와 조정의 비교

구 분	중 재	조 정
① 요건	반드시 당사자 간 합의가 필요	분쟁당사자 중 일방이 신청해도 가능
② 구속력	법적 구속력 有	조정안을 수락할 법적 의무 無

Ⅱ. 가맹사업법상 분쟁의 조정

1. 서론

가. 조정제도의 도입

조정이란 당사자 일방 또는 쌍방의 요청에 의해 공정하고 중립적인 제3자를 조정인으로 선정하고 조정인이 제시하는 조정안을 양 당사자가 합의함으로써 분쟁을 해결하는 방법으로서 가맹사업 당사자 간에 분쟁발생 시 만약 법원의 재판을 통해 분쟁을 해결하고자 하는 경우에는 비용부담이 크고 그 소송에 소요되는 기간이 길 뿐만 아니라 그 절차도 매우 복잡하여 대부분이 영세상인인 가맹사업당사자들이 쉽게 이용하기에는 한계가 있다. 또한 가맹본부의 허위 · 과장된 정보제공이나 부당한 계약해지 기타 가맹본부의 불공정거래행위로 인한 피해가 발생하여도 실질적인 피해구제에 어려움이 있어 조정을 통한 자율적 해결을 유도함으로써 가맹점사업자의 피해를 신속하게 구제하고자 조정제도를 마련된 것이다. 이에 가맹사업법은 당사자들이 자율적으로 분쟁을 해결할 수 있도록 하기 위하여 한국공정거래조정원 내에 가맹사업거래 분쟁조정협의회를 설치 · 운영하고 있다.

나. 조정을 통한 분쟁해결의 장점[168)]

(1) 조정은 절차가 간편하다.

조정의 신청 및 절차진행이 간편하여 분쟁당사자들이 쉽게 이용할 수 있다.

(2) 조정은 신속한 구제가 가능하다.

대략 6개월 이상이 걸리는 재판에 비해서 분쟁조정의 경우에는 2 내지 3개월의 비교적 짧은 기간 이내의 분쟁해결이 가능하다. 간단한 경우 1개월 이내의 분쟁조정사례도 많다.[169)]

(3) 비용이 저렴하다.

당사자가 조정신청을 함에 있어서 반드시 변호사의 조력을 받아야 하거나, 신청비용을 따로 부담할 필요가 없기 때문에 이로 인한 경제적 비용을 절감할 수 있다. 또한 신속한 분쟁해결이 가능하기 때문에 정신적, 금전적 비용 및 추가손해를 방지하는 효과가 있다.

(4) 비공개이다.

조정은 비공개로 진행되기 때문에 분쟁당사자의 영업비밀이라든가, 사생활보호가 가능하다.

---

168) 구종순, 무역실무(박영사, 2005년), 제507면.

169) 염규석, 가맹사업분쟁의 유형과 분쟁조정사례(2010년), 제7면.

(5) 전문가에 의한 합리적인 분쟁해결이 가능하다.

가맹사업거래와 같은 특수한 거래분야에서 발생하는 분쟁 등에 대해서 해당 분야의 전문가들이 분쟁을 조정함으로써 그들이 가진 지식과 경험을 바탕으로 보다 합리적인 분쟁해결이 가능하다.[170)]

(6) 거래관계를 유지할 수 있다.

조정은 당사자가 조정인의 조력을 받아 우호적으로 분쟁을 해결하는 제도이므로 분쟁해결 후에도 계속적인 거래관계를 유지할 수 있다.

(7) 불공정거래행위로 인한 피해에 대한 실질적 구제

불공정거래행위를 당한 사업자들이 공정거래위원회에 신고를 한다고 하더라도 공정거래위원회의 조치는 법위반행위시정명령 · 과징금부과 등에 한정되어 있어, 사적 분쟁성격인 가맹사업거래에 있어서의 가맹점사업자의 피해에 대한 구제를 받기가 곤란하였다. 이에 대하여 분쟁조정협의회에 의한 조정은 공정거래위원회에 신고한 효과와 민사적 권리구제의 양 효과를 모두 가진다고 볼 수 있다. 즉, 협의회에서 조정이 불성립된 경우에는 공정거래위원회의 정식사건으로 이첩 · 처리되지만, 조정이 성립되면 분쟁과 관련한 피신고인의 행위에 대해 공정거래위원회의 각종 행정조치가 면제되는 효과가 있다.[171)]

(8) 분쟁조정의 중립성과 객관성의 확보

조정에 의한 분쟁해결은 분쟁당사자들로부터 독립한 공신력 있고 중립적인 기구에 의해서 공정하게 운영되어야 함에도 가맹사업거래분쟁조정협의회가 가맹본부들의 단체인 사단법인 한국프랜차이즈협회에 설치되어 있었다. 이로 인하여 공정성과 객관성에 대한

---

170) 가맹사업거래와 관련한 법학교수와 변호사, 가맹사업을 실제 운영하고 있는 전문경영인들로 구성되어 있으나, 바라건대 가맹사업법의 전문가인 가맹거래사의 적극적인 참여를 위한 법적 장치마련이 필요하다 할 것입니다.

171) 염규석, 가맹사업분쟁의 유형과 분쟁조정사례(2010년), 제8면.

문제점이 계속 제기되었고 이러한 문제점을 해결하기 위하여 분쟁당사자들로부터 독립된 기관인 한국공정거래조정원을 별도로 설치하고, 이 기관으로 하여금 가맹사업거래관련 분쟁의 조정을 담당하도록 하여 분쟁조정에 대한 중립성 및 공정성 확보가 가능하게 되었다.

2. 가맹사업거래분쟁조정협의회

가. 개념

(1) 의의

가맹사업거래분쟁조정협의회란 가맹사업과 관련하여 가맹본부와 가맹점사업자 간에 발생하는 분쟁을 조정하기 위하여 마련된 자율조정기관을 말하는 것으로서 한국공정거래조정원에 설치하고 있다(법 제16조).

(2) 도입취지

협의회에 의한 조정을 통해 국가기관의 개입이나 소송을 통한 해결을 최소화함으로써 가맹사업에 관한 분쟁을 분쟁당사자들이 자율적으로 조정할 수 있는 기회를 최대한 보장함으로써 보다 신속하고 합리적인 분쟁해결을 도모하기 위해서 마련된 것이다.

(3) 협의회의 성격

분쟁조정협의회는 가맹사업분쟁에 대하여 단순히 조정하는 기능을 갖는 것에 불과하며, 가맹사업당사자를 구속하지 아니하는 점 등을 고려할 때 자율조정기관일 뿐, 의결기관으로 볼 것은 아니다.[172]

172) 정용직, 가맹사업법(에듀랩, 2008년), 제145면.

(4) 협의회의 설치 및 구성

제16조(가맹사업거래분쟁조정협의회의 설치) 가맹사업에 관한 분쟁을 조정하기 위하여 독점규제 및 공정거래에 관한 법률 제48조의2 제1항에 따른 한국공정거래조정원(이하 "조정원"이라 한다)에 가맹사업거래분쟁조정협의회(이하 "협의회"라 한다)를 둔다.
[전문개정 2007. 8. 3.]
제17조(협의회의 구성) ① 협의회는 위원장 1인을 포함한 9인의 위원으로 구성한다.
② 위원은 공익을 대표하는 위원, 가맹본부의 이익을 대표하는 위원, 가맹점사업자의 이익을 대표하는 위원으로 구분하되 각각 동수로 한다.
③ 위원은 조정원의 장이 추천한 자와 다음 각 호의 어느 하나에 해당하는 자중 공정거래위원회 위원장이 임명 또는 위촉하는 자가 된다. 〈개정 2005. 12. 29, 2007. 8. 3.〉
1. 대학에서 법률학 · 경제학 · 경영학을 전공한 자로서 고등교육법 제2조 제1호 · 제2호 또는 제5호에 따른 학교나 공인된 연구기관에서 부교수 이상의 직 또는 이에 상당하는 직에 있거나 있었던 자
2. 판사 · 검사직에 있거나 있었던 자 또는 변호사의 자격이 있는 자
3. 독점금지 및 공정거래업무에 관한 경험이 있는 4급 이상 공무원(고위공무원단에 속하는 일반직공무원을 포함한다)의 직에 있거나 있었던 자
④ 위원장은 공익을 대표하는 위원 중에서 공정거래위원회 위원장이 위촉한다. 〈개정 2007. 8. 3.〉
⑤ 위원의 임기는 3년으로 하고 연임할 수 있다.
⑥ 위원 중 결원이 생긴 때에는 제3항의 규정에 의하여 보궐위원을 위촉하여야 하며, 그 보궐위원의 임기는 전임자의 잔임기간으로 한다.

1) 분쟁조정협의회의 설치

① 의의

가맹사업에 관한 분쟁을 조정하기 위하여 독점규제 및 공정거래에 관한 법률 제48조의2 제1항에 따른 한국공정거래조정원(이하 "조정원"이라 한다)에 가맹사업거래분쟁조정협의회(이하 "협의회"라 한다)를 둔다(법 제16조).

② 연혁

개정 전 법에서는 분쟁조정협의회를 대통령령이 정하는 사업자단체에 설치하도록 규정함에 따라 사단법인 한국프랜차이즈협회에 분쟁협의회가 설치되어 있었으나, 가맹본부의 사업자단체인 한국프랜차이즈협회에 분쟁협의회를 두는 것에 중립성 및 공정성문제가 제기되자 개정 가맹사업법(2007. 8. 3. 개정)은 분쟁조정협의회를 한국공정거래조정원에 설

치하도록 하였다.

☞ 가맹사업법 제16조(가맹사업거래분쟁조정협의회의 설치)의 연혁

제16조(2002. 5. 13. 제정)	제16조(2007. 8. 3 개정)(현행)
① 가맹사업당사자이 분쟁을 자율적으로 조정하기 위하여 **대통령령이 정하는 사업자단체**에 가맹사업거래분쟁조정협의회를 둔다. ② 제1항의 사업자단체는 사단법인으로서 이 법의 규정에 관한 업무와의 관련성, 사업자단체의 활동에 직접 참여하는 사업자수, 분쟁조정업무를 수행하는 데 필요한 능력 등을 갖춘 자에 한한다.	가맹사업에 관한 분쟁을 조정하기 위하여 독점규제 및 공정거래에 관한 법률 제48조의2 제1항에 따른 **한국공정거래조정원**(이하 "조정원"이라 한다)에 가맹사업거래분쟁조정협의회(이하 "협의회"라 한다)를 둔다.

2) 협의회의 조정사항

협의회는 공정거래위원회 또는 분쟁당사자가 요청하는 가맹사업거래의 분쟁에 관한 사항을 조정한다(법 제21조).

3) 분쟁조정협의회의 구성

① 협의회의 구성

협의회는 위원장 1인을 포함한 9인의 위원[173)]으로 구성한다(법 제17조 제1항). 위원은 공익위원(3인), 가맹본부이익을 대표하는 위원(3인), 가맹점사업자의 이익을 대표하는 위원(3인)으로 구분하되 각각 동수로 한다(법 제17조 제2항). 왜냐하면 분쟁조정협의회는 가맹사업에 관한 분쟁의 공정하고 합리적인 조정활동을 그 본질로 하므로, 이를 위하여 각각 동수의 3자 구성을 그 조직원리로 하는 것이다.[174)]

② 위원장

위원장은 공익을 대표하는 위원 중에서 공정거래위원회 위원장이 위촉한다(법 제17조 제4항).

173) 비상근이다.

174) 정용직, 가맹사업법(에듀랩, 2008년), 제146면.

③ 위원

(ㄱ) 위원의 자격

가맹사업거래분쟁조정협의회의 위원은 조정원의 장이 추천한 자와 다음 각 호의 어느 하나에 해당하는 자 중 공정거래위원회 위원장이 임명 또는 위촉하는 자가 된다(법 제17조 제3항). 다만 공익을 대표하는 위원은 위촉일 현재 가맹본부 또는 가맹점사업자의 임원 · 직원으로 있는 자 중에서 위촉될 수 없으며, 공정거래위원회 위원장은 공익을 대표하는 위원으로 위촉받은 자가 가맹본부 또는 가맹점사업자의 임원 · 직원으로 된 때에는 즉시 해촉하여야 한다(법 제18조).

㉠ 대학에서 법률학 · 경제학 · 경영학을 전공한 자로서 고등교육법 제2조 제1호 · 제2호 또는 제5호에 따른 학교나 공인된 연구기관에서 부교수 이상의 직 또는 이에 상당하는 직에 있거나 있었던 자

㉡ 판사 · 검사직에 있거나 있었던 자 또는 변호사의 자격이 있는 자

㉢ 독점금지 및 공정거래업무에 관한 경험이 있는 4급 이상 공무원(고위공무원단에 속하는 일반직공무원을 포함한다)의 직에 있거나 있었던 자

(ㄴ) 위원의 임기 등

위원의 임기는 3년으로 하고 연임할 수 있다(법 제17조 제5항). 위원 중 결원이 생긴 때에는 위원의 자격규정(법 제17조 제3항)에 의하여 보궐의원을 위촉하여야 하며, 그 보궐의원의 임기는 전임자의 잔임기간으로 한다(법 제17조 제6항).

(ㄷ) 위원의 제척 · 기피 · 회피

㉠ 위원의 제척

위원은 다음 각 호의 1에 해당하는 경우에는 당해 조정사항의 조정에서 제척된다(법 제20조 제1항).

i. 위원 또는 그 배우자나 배우자이었던 자가 당해 조정사항의 분쟁당사자가 되거나 공동권리자 또는 의무자의 관계에 있는 경우

ii. 위원이 당해 조정사항의 분쟁당사자와 친족관계에 있거나 있었던 경우

iii. 위원 또는 위원이 속한 법인이 분쟁당사자의 법률 · 경영 등에 대하여 자문이나

고문의 역할을 하고 있는 경우

iv. 위원 또는 위원이 속한 법인이 당해 조정사항에 대하여 분쟁당사자의 대리인으로 관여하거나 관여하였던 경우 및 증언 또는 감정을 한 경우

㉡ 위원의 기피

분쟁당사자는 위원에게 협의회의 조정에 공정을 기하기 어려운 사정이 있는 때에 협의회에 당해 위원에 대한 기피신청을 할 수 있다(법 제20조 제2항).

㉢ 위원의 회피

위원이 제척 또는 기피의 사유에 해당하는 경우에는 스스로 당해 조정사항의 조정에서 회피할 수 있다(법 제20조 제3항).

4) 협의회의 회의

> 제19조(협의회의 회의) ① 협의회의 회의는 위원 전원으로 구성되는 회의(이하 "전체회의"라 한다)와 공익을 대표하는 위원, 가맹본부의 이익을 대표하는 위원, 가맹점사업자의 이익을 대표하는 위원 각 1인으로 구성되는 회의(이하 "소회의"라 한다)로 구분한다. 〈개정 2007. 8. 3.〉
> ② 협의회의 소회의는 전체회의로부터 위임받은 사항에 관하여 심의 · 의결한다. 〈신설 2007. 8. 3.〉
> ③ 협의회의 전체회의는 위원장이 주재하며, 재적위원 과반수의 출석으로 개의하고, 출석위원 과반수의 찬성으로 의결한다. 〈개정 2007. 8. 3.〉
> ④ 협의회의 소회의는 공익을 대표하는 위원이 주재하며, 구성위원 전원의 출석과 출석위원 전원의 찬성으로 의결한다. 이 경우 소회의의 의결은 협의회의 의결로 보되, 회의의 결과를 전체회의에 보고하여야 한다. 〈신설 2007. 8. 3.〉
> ⑤ 위원장이 사고로 직무를 수행할 수 없을 때에는 공익을 대표하는 위원 중에서 공정거래위원회 위원장이 지명하는 위원이 그 직무를 대행한다. 〈개정 2007. 8. 3.〉
> ⑥ 조정의 대상이 된 분쟁의 당사자인 가맹사업당사자(이하 "분쟁당사자"라 한다)는 협의회의 회의에 출석하여 의견을 진술하거나 관계자료를 제출할 수 있다. 〈개정 2007. 8. 3.〉

① 회의의 종류

분쟁조정협의회의 회의는 위원전원으로 구성되는 전체회의와 공익을 대표하는 위원, 가맹본부의 이익을 대표하는 위원, 가맹점사업자의 이익을 대표하는 위원의 각 1인으로 구성되는 소회의로 구분한다(법 제19조 제1항). 소회의는 전체회의로부터 위임받은 사항

에 관하여 심의 · 의결한다(법 제19조 제2항).

② 회의의 소집

분쟁조정협의회의 위원장이 전체회의를 소집하거나 공익을 대표하는 위원이 소회의를 소집하려는 때에는 관계 위원들에게 회의 개최 7일 전까지 회의의 일시 · 장소 · 안건을 서면으로 통지하여야 한다. 다만, 긴급을 요하는 경우에는 그러하지 아니하다(법 시행령 제18조 제1항).

③ 의결방법

전체회의	소회의
위원장이 주재하며, 재적위원 과반수의 출석으로 개의하고, 출석위원 과반수의 찬성으로 의결한다(법 제19조 제3항).	공익을 대표하는 위원이 주재하며, 구성위원 전원의 출석과 전원의 찬성으로 의결한다. 이 경우 소회의의 의결은 협의회의 의결로 보되, 회의의 결과를 전체회의에 보고하여야 한다(법 제19조 제4항).

④ 위원장의 직무대행

위원장이 사고로 직무를 수행할 수 없을 때에는 공익을 대표하는 위원 중에서 공정거래위원회 위원장이 지명하는 위원이 그 직무를 대행한다(법 제19조 제5항).

⑤ 분쟁당사자의 의견진술권

조정의 대상이 된 분쟁당사자인 가맹사업당사자(분쟁당사자)는 협의회의 회의에 출석하여 의견을 진술하거나 관계자료를 제출할 수 있다(법 제18조 제6항).

⑥ 회의의 공개 여부

협의회의 회의는 공개하지 아니한다. 다만, 위원장이 필요하다고 인정하는 때에는 분쟁당사자 그 밖의 이해관계인에게 방청하게 할 수 있다(법 시행령 제18조 제2항).

3. 분쟁조정협의회의 조정절차

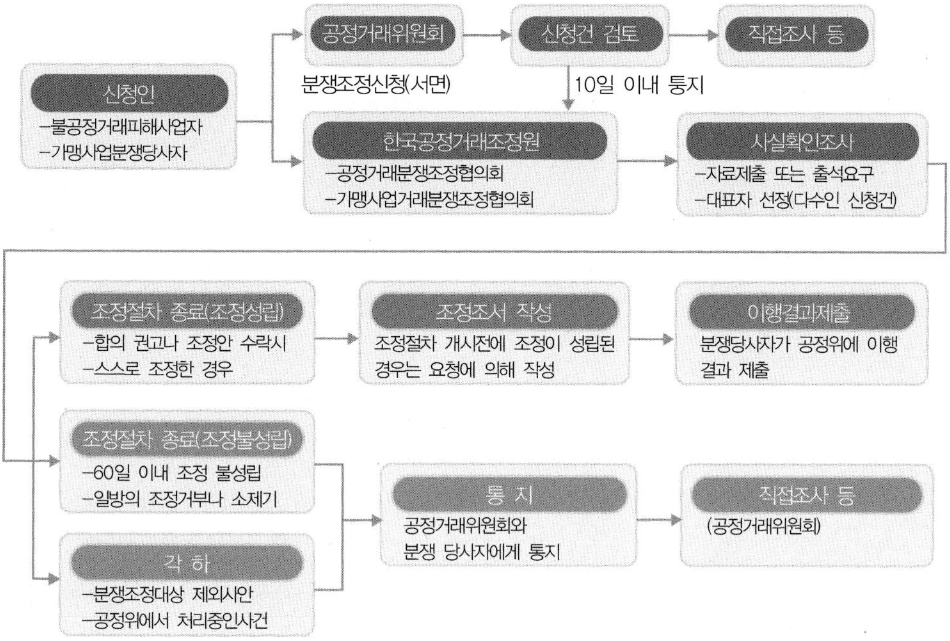

가. 개요

분쟁을 신청하려면 신청인과 피신청인의 성명과 주소(대리인이 있는 경우에는 그 성명과 주소), 신청의 이유 등이 기재된 분쟁조정신청서와 분쟁조정에 필요한 증거서류 및 자료를 첨부하여 공정거래위원회 또는 협의회에 제출하여야 하고, 신청서 접수 후 협의회는 사실확인을 위해 분쟁당사자에게 자료제출 및 출석을 요청할 수 있고 조정이 성립된 경우에는 조정절차를 종료하며 조정이 불성립된 경우에는 공정거래위원회로 사건을 이첩하고 조정 시 부담하는 비용은 없다.

나. 분쟁조정의 신청

> 제22조(조정의 신청 등) ① 분쟁당사자는 제21조의 규정에 의하여 협의회에 대통령령이 정하는 사항이 기재된 서면으로 그 조정을 신청할 수 있다.
> ② 공정거래위원회는 가맹사업거래의 분쟁에 관한 사건에 대하여 협의회에 그 조정을 의뢰할 수 있다.
> ③ 협의회는 제1항의 규정에 의하여 조정을 신청받은 때에는 즉시 그 조정사항을 분쟁당사자에게 통지하여야 한다. 〈개정 2007. 8. 3.〉

가맹사업거래분쟁조정협의회의 분쟁조정절차는 분쟁당사자 또는 공정위의 신청에 의하여 그 절차가 개시된다.

☞ 주의할 점은 분쟁당사자가 조정신청을 할 수 있다고 했으므로 가맹본부이냐 가맹점사업자이냐를 불문하고 양자 모두 분쟁협의회에 조정신청이 가능하다. 분쟁조정신청은 양당사자가 분쟁조정을 받기로 하는 합의를 하여 그 합의에 의해 신청을 할 수도 있으나, 가맹본부나 가맹점사업자 중 일방은 상대방의 동의가 없어도 조정을 신청할 수 있다.

(1) 분쟁당사자의 신청

1) 서면신청

분쟁당사자는 분재조정협의회에 "㉠ 신청인과 피신청인의 성명, 주소(분쟁당사자가 법인인 경우에는 법인의 명칭, 주된 사무소의 소재지, 그 대표자의 성명 및 주소), ㉡ 대리인이 있는 경우 그 성명 및 주소, ㉢ 신청의 이유"가 기재된 서면('분쟁조정신청서')으로 그 조정을 신청할 수 있다(법 제22조 제1항, 법 시행령 제19조 제1항).

☞ 반드시 서면으로 하여야 하며, 구두나 전화로 신청할 수는 없다

2) 첨부서류

'분쟁조정신청서'에는 "㉠ 분쟁조정신청의 원인 및 사실을 증명하는 서류, ㉡ 대리인이 신청하는 경우 그 위임장, ㉢ 그 밖의 분쟁조정에 필요한 증거서류 또는 자료"를 첨

부하여야 한다(법 시행령 제19조 제2항).

분쟁조정신청서	첨부서류
㉠ 신청인과 피신청인의 성명, 주소(분쟁당사자가 법인인 경우에는 법인의 명칭, 주된 사무소의 소재지, 그 대표자의 성명 및 주소) ㉡ 대리인이 있는 경우 그 성명 및 주소 ㉢ 신청의 이유	㉠ 분쟁조정신청의 원인 및 사실을 증명하는 서류 ㉡ 대리인이 신청하는 경우 그 위임장 ㉢ 그 밖의 분쟁조정에 필요한 증거서류 또는 자료

3) 선정대표자

다수인이 공동으로 분쟁의 조정을 신청한 때에는 신청인 중 3인 이내의 대표자를 선정할 수 있으며, 신청인이 대표자를 선정하지 아니한 경우 위원장은 신청인에게 대표자를 선정할 것을 권고할 수 있다. 신청인은 대표자를 변경하는 때에는 그 사실을 지체 없이 위원장에게 통지하여야 한다(법 시행령 제20조).

4) 분쟁조정신청의 보완

위원장은 분쟁조정의 신청에 대하여 보완이 필요하다고 인정될 때에는 상당한 기간을 정하여 그 보완을 요구하여야 한다. 이 경우 보완에 소요된 기간은 가맹사업법 제23조 제3항 제2호의 규정(조정을 신청 또는 의뢰 받은 날부터 60일이 경과하여도 조정이 성립되지 아니하면 조정절차가 종료된다는 규정)에 의한 기간에 이를 산입하지 아니한다(법 시행령 제21조).

☞ 가맹사업법 제23조 제3항

> ③ 협의회는 다음 각 호의 1에 해당되는 경우에는 조정절차를 종료하여야 한다. 〈개정 2007. 8. 3.〉
> 1. 분쟁당사자가 협의회의 권고 또는 조정안을 수락하거나 스스로 조정하는 등 조정이 성립된 경우
> 2. 조정을 신청 또는 의뢰받은 날부터 60일(분쟁당사자 쌍방이 기간연장에 동의한 경우에는 90일로 한다)이 경과하여도 조정이 성립하지 아니한 경우
> 3. 제2항의 규정에 의하여 조정이 중지된 경우로서 조정절차를 진행할 실익이 없는 경우

5) 소제기의 통지

분쟁당사자는 분쟁조정신청 후 당해 사건에 대하여 ㉠ 소를 제기하거나 ㉡ 중재법 제

8조에 따른 중재합의를 한 때에는 지체 없이 이를 분쟁조정협의회에 통지하여야 한다(법 시행령 제27조).

6) 조정사항의 통지

분쟁조정협의회는 가맹사업거래의 분쟁에 관한 사건에 대하여 분쟁조정협의회에 그 조정을 의뢰할 수 있다(법 제22조 제3항).

(2) 공정거래위원회의 조정의뢰

공정거래위원회는 가맹사업거래의 분쟁에 관한 사건에 대하여 분쟁조정협의회에 그 조정을 의뢰할 수 있다(법 제22조 제2항). 이는 공익적 기능을 담당하는 공정거래위원회로 하여금 분쟁당사자를 위하여 분쟁의 조정의뢰를 할 수 있도록 권한을 부여한 것이다.

다. 분쟁의 조정

제23조(조정 등) ① 협의회는 분쟁당사자에게 조정사항에 대하여 스스로 조정하도록 권고하거나 조정안을 작성하여 이를 제시할 수 있다.
② 협의회는 다음 각 호의 1에 해당되는 경우에는 그 조정을 거부하거나 중지할 수 있다. 〈개정 2007. 8. 3.〉
1. 분쟁당사자의 일방이 조정을 거부한 경우
2. 이미 법원에 소를 제기하였거나 조정의 신청이 있은 후 법원에 소를 제기한 경우 또는 조정의 신청이 있은 후 분쟁당사자가 중재법에 따른 중재합의를 한 경우
3. 신청의 내용이 관계법령 또는 객관적인 자료에 의하여 명백하게 인정되는 등 조정을 할 실익이 없는 것으로서 대통령령이 정하는 사항이 발생하는 경우
③ 협의회는 다음 각 호의 1에 해당되는 경우에는 조정절차를 종료하여야 한다. 〈개정 2007. 8. 3.〉
1. 분쟁당사자가 협의회의 권고 또는 조정안을 수락하거나 스스로 조정하는 등 조정이 성립된 경우
2. 조정을 신청 또는 의뢰받은 날부터 60일(분쟁당사자 쌍방이 기간연장에 동의한 경우에는 90일로 한다)이 경과하여도 조정이 성립하지 아니한 경우
3. 제2항의 규정에 의하여 조정이 중지된 경우로서 조정절차를 진행할 실익이 없는 경우
④ 협의회는 제2항의 규정에 의하여 조정을 거부 또는 중지하거나 제3항의 규정에 의하여 조정절차를 종료한 경우에는 대통령령이 정하는 바에 따라 공정거래위원회에 조정의 경위, 조정거부 · 중지 또는 종료의 사유 등과 관계서류를 서면으로 지체 없이 보고하여야 하고 분쟁당사자에게 그 사실을 통보하여야 한다.
⑤ 협의회는 당해 조정사항에 관한 사실을 확인하기 위하여 필요한 경우 조사를 하거나 분쟁당사자에 대하여 관련자료의 제출이나 출석을 요구할 수 있다.

⑥ 공정거래위원회는 조정사항에 관하여 조정절차가 종료될 때까지 당해 분쟁당사자에게 시정조치를 권고하거나 명하여서는 아니 된다. 다만, 공정거래위원회가 이미 제32조의 규정에 의하여 조사 중인 사건에 대하여는 그러하지 아니하다.

(1) 조정안의 제시

분쟁조정협의회는 분쟁당사자에게 조정사항에 대하여 ㉠ 스스로 조정하도록 권고하거나 ㉡ 조정안을 작성하여 이를 제시할 수 있다(법 제23조 제1항).

(2) 조정의 거부 및 중지

분쟁조정협의회는 다음 각 호의 1에 해당하는 경우에는 그 조정을 거부하거나 중지할 수 있다(법 제23조 제2항).

① 분쟁당사자 일방이 조정을 거부한 경우
② 이미 법원에 소를 제기하였거나 조정의 신청이 있은 후 법원에 소를 제기한 경우 또는 조정의 신청이 있은 후 분쟁당사자가 중재법에 따른 중재합의를 한 경우
③ 신청의 내용이 관계법령 또는 객관적인 자료에 의하여 명백하게 인정되는 등 조정을 할 실익이 없는 것으로서 대통령령이 정하는 사항이 발생한 경우

☞ 조정을 할 실익이 없는 경우로서 "대통령령이 정하는 사항"이란 ㉠ 신청인이 정당한 사유 없이 기한 내에 분쟁조정신청을 보완하지 아니한 경우, ㉡ 신청의 내용과 직접적인 이해관계가 없는 자가 조정신청을 한 경우, ㉢ 신청인이 부당한 이익을 얻을 목적으로 조정신청을 한 것으로 인정되는 경우, ㉣ 분쟁의 성격상 조정을 하는 것이 적당하지 아니하다고 인정되는 경우, ㉤ 신청인이 같은 사안에 대하여 같은 취지로 2회 이상 조정신청을 한 경우, ㉥ 신청인이 협의회에서 이미 끝난 분쟁조정과 같은 사안을 공정거래위원회에 신고하여 다시 협의회에 넘겨진 경우 등을 말한다(법 시행령 제22조).

(3) 조정절차의 종료

협의회는 다음 각 호의 1에 해당하는 경우에는 조정절차를 종료하여야 한다(법 제23조 제3항).

① 분쟁당사자가 협의회의 권고 또는 조정안을 수락하거나 스스로 조정하는 등 조정이 성립된 경우

② 조정을 신청 또는 의뢰받은 날부터 60일(분쟁당사자 쌍방이 기간연장에 동의한 경우에는 90일로 한다)이 경과하여도 조정이 성립하지 않는 경우

③ 조정중지사유가 있어 조정이 중지된 경우로서 조정절차를 진행할 실익이 없는 경우

☞ 조정의 거부, 중지사유 vs 조정의 종료사유

조정의 거부, 중지사유(법 제23조 제2항)	조정의 종료사유(법 제23조 제3항)
① 분쟁당사자 일방이 조정을 거부한 경우 ② 이미 법원에 소를 제기하였거나 조정의 신청이 있은 후 법원에 소를 제기한 경우 또는 조정의 신청이 있은 후 분쟁당사자가 중재법에 따른 중재합의를 한 경우 ③ 신청의 내용이 관계법령 또는 객관적인 자료에 의하여 명백하게 인정되는 등 조정을 할 실익이 없는 것으로서 대통령령이 정하는 사항이 발생한 경우	① 분쟁당사자가조정이 성립된 경우(분쟁당사자가 협의회의 권고 또는 조정안을 수락/스스로 조정) ② 조정신청일부터 60일(분쟁당사자 쌍방동의 시 90일)이 지나도 조정이 성립되지 않는 경우 ③ 조정절차를 진행할 실익이 없는 경우

(4) 조정의 거부사유, 중지사유 및 종료사유에 의한 조정종료 시 공정위 보고

1) 분쟁조정협의회는 위에서 살핀 바와 같이 일정한 사유가 발생한 경우에는 조정을 거부 또는 중지하거나 조정절차를 종료하도록 되어 있는데, 이처럼 조정을 거부, 중지, 종료한 경우에는 공정거래위원회에 조정의 경위, 조정거부 · 중지 또는 종료의 사유 등과 관계서류를 서면으로 지체 없이 보고하여야 하고 분쟁당사자에게 그 사실을 통보하여야 한다(법 제23조 제4항).

2) 협의회는 다음의 사항이 기재된 분쟁조정종료서를 작성한 후 그 사본을 첨부하여 공정거래위원회에 보고하여야 한다(법 시행령 제23조).

① 조정신청인의 주소 · 성명

② 조정대상 분쟁의 개요

㉠ 가맹사업거래 당사자의 일반현황

㉡ 가맹사업거래의 개요

㉢ 분쟁의 경위

㉣ 조정의 쟁점(가맹사업거래 당사자의 의견을 기술한다)

③ 조정의 거부 · 중지 또는 종료사유(법 제23조 제2항 및 제3항 각호에 규정된 사유별로 상세하게 기술한다)

(5) 사실확인조사

1) 분쟁조정협의회는 당해 조정사항에 관한 사실을 확인하기 위하여 필요한 경우 ㉠ 조사를 하거나 ㉡ 분쟁당사자에 대하여 관련 자료의 제출이나 출석을 요구할 수 있다(법 제23조 제5항).

2) 분쟁조정협의회는 분쟁당사자에 대하여 출석을 요구하고자 하는 때에는 시기 및 장소를 정하여 출석요구일 7일 전까지 분쟁당사자에게 통지하여야 한다. 다만, ㉠ 긴급을 요하거나 ㉡ 출석의 통지를 받은 자가 동의하는 경우에는 그러하지 아니하다(법 시행령 제24조 제1항). 한편 통지를 받은 분쟁당사자는 분쟁조정협의회에 출석할 수 없는 부득이한 사유가 있는 경우에는 미리 서면으로 의견을 제출할 수 있다(법 시행령 제24조 제2항).

(6) 분쟁당사자의 지위승계

1) 분쟁조정협의회는 조정절차가 종료되기 전에 분쟁당사자가 사망하거나, 능력의 상실, 그 밖의 사유로 절차를 계속할 수 없는 경우에는 "법령에 의하여 그 지위를 승계한 자"가 분쟁당사자의 지위를 승계할 수 있다(법 시행령 제26조 제1항).

2) 분쟁당사자의 지위를 승계하고자 하는 자는 ㉠ 서면으로 협의회에 신청하여야 하며(법 시행령 제26조 제2항), ㉡ 신청을 받은 협의회는 지체 없이 승계 여부를 심사하여 승계 여부를 결정하고, 그 내용을 통지하여야 한다(법 시행령 제26조 제3항).

☞ 조정신청서의 작성방법

1) 신청인

① 신청인이 개인인 경우, 성명, 주민등록번호, 개인사업자인 경우 사업자등록번호, 연락 가능한 주소, 유선 및 무선 연락처, 우편번호를 기재한다.

② 신청인이 법인인 경우, 기관명, 사업자등록번호, 대표자의 성명, 송달 가능한 주소, 유선 및 무선 연락처, 우편번호를 기재한다.

2) 신청인의 대리인

분쟁조정절차상의 신청인에 대한 모든 통지는 신청인의 대리인이 있는 경우, 대리인의 연락처로만 이루어지므로 정확한 정보를 기재하여야 한다.

① 대리인이 변호사인 경우는 성명이나 법무법인명, 주소, 연락처, 우편번호를 기재하여야 한다.

② 대리인이 변호사가 아닌 경우는 대리인의 성명, 주민등록번호, 주소, 연락처, 우편번호를 기재한다. 그리고 위임장을 첨부하여야 한다.

3) 피신청인

① 피신청인이 개인인 경우, 성명, 주민등록번호, 개인사업자인 경우 사업자등록번호, 연락 가능한 주소, 유선 및 무선 연락처, 우편번호를 기재한다.

② 피신청인이 법인인 경우, 기관명, 사업자등록번호, 대표자의 성명, 송달 가능한 주소, 유선 및 무선 연락처, 우편번호를 기재하여야 한다.

③ 피신청인란을 기재할 때는 피신청인이 개인사업자인지, 법인사업자(주식회사)인지를 명확히 구분하여야 한다.

4) 신청취지

① 신청취지는 간략하게 조정신청의 요지를 기재한다. 만일 금전의 지급을 구하는 경우의 취지는 그 액을 명시하여야 한다.

② 기재례

– 피신청인은 신청인에게 금 ( )원을 지급하는 조정을 구한다.

– 피신청인은 신청인에게 ( )년 ( )월 ( )자 계약 해지는 무효임을 확인하는 조정을 구한다.

5) 신청이유

① 신청이유 별지에 작성한다.

② 별지는 매 페이지마다 간인(間印)하여 제출한다.

③ 조정은 원칙적으로 당사자가 신청한 사항과 답변한 사항의 범위 내에서 이루어진다.

④ 기재 사항

– 분쟁당사자의 지위

– 분쟁대상 계약관계 사실

– 신청인이 주장하는 취지를 이유 있게 하는 사실의 주장

– 기타

6) 첨부
① 신청이유(분쟁조정신청의 원인 및 사실을 증명하는 서류)
② 대리인이 신청하는 경우 위임장
③ 기타 분쟁조정에 필요한 증거서류 또는 자료

※ 위 신청서 및 첨부자료를 각 3부씩 제출한다(위원회상정, 송달용).

4. 조정의 성립과 불성립

가. 조정이 성립한 경우

(1) 조정조서의 작성과 그 효력

제24조(조정조서의 작성과 그 효력) ① 협의회는 조정사항에 대하여 조정이 성립된 경우 조정에 참가한 위원과 분쟁당사자가 기명날인한 조정조서를 작성한다. 이 경우 분쟁당사자간에 조정조서와 동일한 내용의 합의가 성립된 것으로 본다.
② 협의회는 분쟁당사자가 조정절차를 개시하기 전에 조정사항을 스스로 조정하고 조정조서의 작성을 요구하는 경우에는 그 조정조서를 작성할 수 있다

1) 조정조서의 작성

분쟁조정협의회는 조정사항에 대하여 조정이 성립된 경우 조정에 참가한 위원과 분쟁당사자가 기명날인한 조정조서를 작성한다. 협의회는 분쟁당사자가 조정절차를 개시하기 전에 조정사항을 스스로 조정하고 조정조서의 작성을 요구하는 경우에도 그 조정조서를 작성할 수 있다.

☞ 분쟁조정협의회는 조정이 성립된 경우 다음의 사항이 기재된 조정조서를 작성한 후 그 사본을 첨부하여 조정결과를 공정거래위원회에 보고하여야 한다(법 시행령 제25조).

① 조정신청인의 주소 · 성명 ② 조정대상분쟁의 개요 ㉠ 가맹사업거래 당사자의 일반현황 ㉡ 가맹사업거래의 개요 ㉢ 분쟁의 경위 ㉣ 조정의 쟁점(가맹사업거래 당사자의 의견을 기술한다) ③ 조정의 결과(조정의 쟁점별로 기술한다)

2) 조정조서작성의 효력

조정이 성립되고 조정조서가 작성된 경우에는 분쟁당사자간에 조정조서와 동일한 내용의 합의가 성립된 것으로 본다. 즉, 조정이 성립되면, 재판상 화해까지는 아니더라도 민법상 화해계약과 같은 내용의 효력이 발생하고, 가맹본부가 가맹사업법을 위반하였다하더라도 특별한 사정이 없는 한 시정조치 등이 면제된다는 것이다.

민법상 화해(민법 제731조)	재판상 화해(민소법 제220조)
당사자의 상호 양보에 의해 분쟁을 해결하는 제도	소송 전에 하는 제소 전 화해와 소송계속 중에 하는 소송상 화해의 2가지가 있다. 재판상 화해가 성립해서 조서에 기재되면 그 조서는 확정판결과 동일한 효력이 있다.

▶ 문제점: 조정조서의 효력을 합의가 성립된 것으로만 볼 뿐, '재판상 화해'와 같은 강제력을 부여하지는 않기 때문에 가맹본부로 하여금 조정을 일단 수락해 놓고 시간을 버는 등 악용할 여지가 있다는 문제점이 있다. 왜냐하면 조정이 성립한 후에 의무자가 임의로 합의사항을 이행하지 않는 경우에도 이를 강제할 수 있는 방법이 없기 때문이다. 강제집행을 하기 위해서는 다시 법원에 소를 제기하여야 하는데 이는 분쟁의 간이 · 신속한 해결이라는 측면에서 문제점을 드러내므로 조정의 효력에 재판상 화해의 효력을 인정하여야 한다는 견해가 있다. 그러나 이에 대하여 부정하는 견해는 권력분립의 원칙상 불가피한 한계라고 생각된다는 견해[175]가 있다. 부연하면, 재판상 화해조서는 확정판결과 같은 효력이 있어 당사자 사이에 기판력이 생기므로 재심의 소에 의하여 취소 또는 변경이 없는 한 그 효력을 다툴 수 없다는 것이 대법원판례의 일관된 입장이고, 헌법재판소도 동일한 입장을 취하고 있다.

175) 이한무, 가맹사업법 해설(실무 및 소송의 쟁점)(법률정보센터, 2009년), 제319면.

따라서 단순한 조정기구에 불과한 분쟁조정협의회의 제3자성, 독립성이 희박한 점, 심의절차의 공정성 · 신중성이 결여되어 있는 점을 고려할 때 재판상 화해의 효력을 부여할 수는 없다는 것이다.

나. 조정이 불성립한 경우

(1) 공정거래위원회에 보고

조정의 거부, 중지 또는 종료사유가 발생하여 조정이 성립되지 않은 경우에는 위에서 살핀바와 같이 분쟁조정협의회는 공정거래위원회에 조정의 경위, 조정거부 · 중지 또는 종료의 사유 등과 관계서류를 서면으로 지체 없이 보고하여야 하고 분쟁당사자에게 그 사실을 통보하여야 한다.

(2) 공정거래위원회의 조사개시

조정이 성립되지 않은 경우에는 공정거래위원회에 이첩되어 정식사건처리절차에 따라 처리하게 된다. 즉, 보고를 받은 공정거래위원회는 조사를 개시하게 된다. 조사결과 가맹사업법이나 공정거래법의 위반사항이 있는 경우에는 그에 따라 시정조치, 시정권고, 고발조치 등의 조치를 취하게 된다.

Ⅲ. 공정거래위원회에 의한 분쟁해결

1. 개요

가맹사업거래에서 발생하는 가맹본부와 가맹점사업자 간의 분쟁에 대하여 '공정거래위원회'가 가맹사업법 등의 해석 · 집행이나 조사를 통하여 시정조치나 과징금 부과 등의 제재수단을 통하여 가맹사업법 등 법위반으로 비롯된 분쟁을 해결할 수 있다. 다시 말하면 공정거래위원회는 가맹사업법에 위반하는 행위가 있는 경우 당해 가맹본부에 대하여 당해 위반행위의 시정에 필요한 조치를 명하거나 시정방안을 마련하여 이에 따를 것을 권고할 수 있다. 이를 위하여 가맹사업법 제5장 및 공정거래법에서 이에 대한 법적 근거를 마련해 놓고 있다.

공정거래위원회의 사건처리절차는 직권 또는 신고에 의하여 사건이 인지되면 심사→심리 · 의결→처분의 행정절차에 따라 진행되며, 처분에 대한 불복절차가 마련되어 있다. 한편 가맹사업법에 의한 공정거래위원회의 조사 · 심의 · 의결 및 시정권고라든가 이의신청, 소의 제기 및 불복의 소의 전속관할, 손해배상에 관하여는 공정거래법의 규정이 일부 준용된다(법 제37조 제1항).

2. 심사절차

심사란 구체적 사실의 단서를 접한 공정거래위원회가 심의절차를 거쳐 의결할 필요가 있는지 여부를 판단하기까지의 일련의 조사과정을 말한다. 이 절차는 심사관(심사공무원)이 담당한다.

가. 사건의 인지[176]

(1) 인지방법

1) 직권인지(공정거래법 제49조 제1항)

① 내용

공정거래위원회는 가맹사업법에 위반하는 혐의가 있다고 인정할 때에는 직권으로 필요한 조사를 할 수 있다.

176) 박도하, 수험경제법(해마출판사, 2009년), 제209면 이하.

② 특징

공정거래위원회는 직권조사에 따른 조사를 원칙으로 하고, 신고에 따른 조사를 보충적으로 채택하고 있지만 신고에 의한 조사가 일반적이다.

2) 신고(공정거래법 제49조 제2항)

① 내용

누구든지 가맹사업법의 규정에 위반되는 사실이 있다고 인정할 때에는 그 사실을 공정거래위원회에 신고할 수 있다.

② 특징

㉠ 신고인의 범위에는 제한이 없다. 따라서 이해관계가 없는 자도 신고할 수 있고, 외국인도 신고할 수 있는 것이다.

㉡ 신고는 공정위의 조사를 촉구하는 단서제공에 불과할 뿐 공정위로 하여금 반드시 조사를 착수해야 할 법적인 의무를 부과하는 것이 아니다. 따라서 신고에 따른 법적 처리의무기간이나 통지의무기간이 없다.

㉢ 신고가 취하되더라도 조사 진행에는 아무런 영향이 없다.

③ 신고방법

서면신고를 원칙으로 하며 다만 신고사항이 긴급을 요하거나 부득이한 경우에는 전화 또는 구두 등으로 신고할 수 있다.

④ 신고인의 법적 지위

공정거래법상 신고인의 법적 지위를 보장해 주는 규정은 없다. 따라서 공정거래위원회가 신고인에게 신고내용에 따른 조치를 취하지 아니하기로 하는 내용의 통지를 하였다고 하더라도 이는 항고소송의 대상이 되는 행정처분에 해당하지 아니한다(대법 2000. 4. 11. 99두4228). 또한 신고에 대해 공정위가 무혐의 처리를 하였다하더라도 신고인은 재신고를 하는 것 외에 이의신청, 행정소송을 제기할 수 없다고 본다. 다만 신고사항에 대한 무혐의조치에 대한 헌법소원은 가능하다고 본다.

불공정거래혐의에 대한 공정거래위원회의 무혐의조치는 혐의가 인정될 경우에 행하여지는 중지명령 등 시정조치에 대응되는 조치로서 공정거래위원회의 공권력행사의 한 태양에 속하여 헌법재판소법 제68조 제1항 소정의 '공권력의 행사'에 해당하고, 따라서 공정거래위원회의 자의적인 조사 또는 판단에 의하여 결과된 무혐의 조치는 헌법 제11조의 법 앞에서의 평등권을 침해하게 되므로 헌법소원의 대상이 된다(헌재 2002. 6. 27. 2001헌마381).

(2) 인지에 따른 처리방법

1) 공정거래법 적용대상이 아닌 경우: 각하

2) 공정거래법 적용대상인 경우: 사건착수심사보고 및 심사관의 조사착수

3) 조사결과의 서면통지의무(공정거래법 제49조 제3항)

공정거래위원회는 신고 또는 직권으로 조사를 한 경우 그 결과(조사결과 시정조치명령 등의 처분을 하고자 하는 경우에는 그 처분의 내용을 포함한다)를 서면으로 당해 사건의 당사자에게 반드시 통지하여야 한다.

이 경우 통지의 상대방은 사건의 당사자의 일방인 피신고인이므로, 신고인에 대한 법적인 통지의무는 없다.

(3) 가맹사업거래사건의 시효(법 제32조)

가맹사업법규정에 의하여 공정거래위원회의 조사개시대상이 되는 가맹사업거래는 그 거래가 종료되는 날부터 3년을 경과하지 아니한 것에 한한다. 다만 그 거래가 종료된 날부터 3년 이내에 신고된 가맹사업거래의 경우에는 그러하지 아니하다.

☞ 시효소멸을 인정하는 취지

① 사회질서의 안정, ② 입증곤란의 구제, ③ 권리위에 잠자는 자에 대한 제재

☞ 가맹사업사건의 시효(가맹사업법 제32조) vs 공정거래사건의 시효(공정거래법 제49조 제3항)

가맹사업거래사건의 시효(가맹사업법 제32조)	공정거래사건의 시효(공정거래법 제49조 제3항)
가맹사업법규정에 의하여 공정거래위원회의 조사개시대상이 되는 가맹사업거래는 그 거래가 종료되는 날부터 **3년**을 경과하지 아니한 것에 한한다. 다만 그 거래가 종료된 날부터 3년 이내에 신고된 가맹사업거래의 경우에는 그러하지 아니하다.	공정거래법에 위반하는 행위가 종료한 날로부터 **5년**이 경과한 경우에는 당해 위반행위에 대하여 공정거래법에 의한 시정조치를 명하지 아니하거나 과징금 등을 부과하지 아니한다.

나. 사건의 조사 및 조사권한(공정거래법 제50조 제1항~제4항까지 준용)

(1) 조사과정에서 내릴 수 있는 처분의 종류(제1항)

공정거래위원회는 가맹사업법의 시행을 위하여 필요하다고 인정할 때에는 대통령령이 정하는 바에 의하여 다음 각 호의 처분을 할 수 있다.

① 당사자, 이해관계인 또는 참고인의 출석 및 의견청취

② 감정인의 지정 및 감정위촉

③ 사업자, 사업자단체 또는 이들의 임직원에 대하여 원가 및 경영상황에 대한 보고, 기타 필요한 자료나 물건의 제출을 명하거나 제출된 자료나 물건의 영치

(2) 현장출입권(제2항) 등

1) 현장출입권: 공정거래위원회는 가맹사업법의 시행을 위하여 필요하다고 인정할 때에는 소속공무원으로 하여금 사업자 또는 사업자단체의 사무소 또는 사업장에 출입하여 업무 및 경영상황, 서류·장부, 전산자료·음성녹음자료·화상자료 그 밖에 대통령령이 정하는 자료나 물건을 조사하게 할 수 있으며, 대통령령이 정하는 바에 의하여 지정된 장소에서 당사자, 이해관계인 또는 참고인의 진술을 듣게 할 수 있다.

☞ 조사대상자가 출입을 거부할 경우 상대방의 의사에 반하는 강제적인 출입이 가능하냐에 대해서 의문이 있으나 통상 강제조사는 할 수 없다고 본다. 단지 과태료만 부과할 수 있을 뿐이다.

2) 자료제출명령 및 영치권(제3항): 현장조사를 하는 공무원은 사업자, 사업자단체 또

는 이들의 임직원에 대하여 조사에 필요한 자료나 물건의 제출을 명하거나 제출된 자료나 물건의 영치를 할 수 있다. 단, 자료나 물건의 제출명령 또는 제출된 자료나 물건의 영치는 증거인멸의 우려가 있는 경우에 한한다.

3) 증표의 제시(제4항): 현장조사를 하는 공무원은 그 권한을 표시하는 증표를 관계인에게 제시하여야 한다.

다. 조사결과의 처리

(1) 위원회 안건불상정

조사결과 법위반 사실이 없거나 위반내용이 경미한 경우 등에는 사건을 위원회에 상정하지 않고 심사관이 독자적으로 각하, 무혐의 경고 등의 조치를 취한다.

☞ 심사관의 조치내용(절차규칙 제44조~제49조)

① 심의절차종료 (절차규칙 제44조)	심사관이 공정거래법대상이 아닌 경우 등에 내리는 조치로서 이는 통상 각하를 의미한다.
② 무혐의 (절차규칙 제45조)	심사관이 피조사인의 행위가 공정거래법 위반행위로 인정되지 아니하거나 위반행위에 대한 증거가 없는 경우에 내리는 조치이다.
③ 종결처리 (절차규칙 제46조)	피조사인의 사망, 파산 등으로 시정조치 등의 이행을 확보하기가 사실상 불가능하다고 인정될 때 내리는 조치이다.
④ 조사 등의 중지 (절차규칙 제47조)	피조사인에게 부도, 도피 등의 사유가 발생하여 조사 등을 계속하기가 곤란한 경우에 그 사유가 해소될 때까지 내리는 조치이다.
⑤ 주의촉구 (절차규칙 제48조)	피조사인의 행위가 공정거래법에 위반되지 아니하더라도 장래의 법위반 예방 등을 위해 필요한 경우에 내리는 조치이다.
⑥ 경고 (절차규칙 제49조)	공정거래법 위반의 정도가 경미하거나 피조사인이 사건의 심사과정에서 당해 위반행위를 스스로 시정하여 시정조치의 실익이 없다고 인정하는 경우에 내리는 조치이다.

(2) 위원회 안건상정

조사결과 법위반 혐의가 중하다고 판단되면(☞ 그에 대한 심사관의 의결이 경고이상인 시정명령, 과징금납부명령, 고발 등의 경우) 사건을 위원회에 안건으로 상정하여 위원회에서 처리하게 한다.

3. 심리절차

가. 의의

심리절차라 함은 심사관이 공정거래사건을 안건으로 상정하면 법 위반 여부에 대해 심리하는 절차를 말한다.

나. 심리절차의 진행과정

(1) 심리의 사전절차

① 피심인에 대한 심사보고서 사전송부
② 심사보고서 위원회 제출
③ 주심위원의 지정 및 심의부의
④ 회의개최 통지

(2) 심리절차

1) 참가주체

피심인, 심사관 외에 이해관계가 있는 자 등을 신청 또는 직권으로 심의에 참가시킬 수 있다.

2) 대리인

변호사, 임원 기타 각 회의의 허가를 얻은 자 등이 대리인의 자격이 있다.

다. 심리절차상의 권리와 의무

(1) 의견진술기회의 부여

공정거래위원회는 가맹사업법의 규정에 위반되는 사항에 대하여 시정조치 또는 과징금 납부명령을 하기 전에 당사자 또는 이해관계인에게 의견을 진술할 기회를 주어야 한다(공정거래법 제52조 제1항). 위반 시에는 절차하자로 무효가 된다.

> 공정거래법 제49조 제3항(조사결과의 서면통지), 제52조 제1항이 정하고 있는 절차적 요건을 갖추지 못한 공정거래위원회의 시정조치 또는 과징금납부명령은 설령 실체법적 사유를 갖추고 있다고 하더라도 위법하여 취소를 면할 수 없다(대법 2001. 5. 8. 2000두10212).

(2) 당사자 등의 출석 · 의견진술 및 자료제출권 등

1) 출석 · 의견진술 및 자료제출권

당사자 또는 이해관계인은 공정거래위원회의 회의에 출석하여 그 의견을 진술하거나 필요한 자료를 제출할 수 있다(공정거래법 제52조 제2항).

2) 자료열람요구권

당사자 또는 이해관계인은 공정거래위원회에 대하여 가맹사업법의 규정에 의한 처분과 관련된 자료의 열람 또는 복사를 요구할 수 있다. 이 경우 공정거래위원회는 자료를 제출한 자의 동의가 있거나 공익상 필요하다고 인정할 때에는 이에 응하여야 한다(공정거래법 제52조의2).

4. 의결절차

가. 의의

공정거래위원회의 의결은 상정된 안건에 대한 심리절차를 종료하고 법 위반 여부를 결정하는 행위를 말한다. 의결은 법 위반 여부에 대한 공정거래위원회의 내부적 의사결정에 불과한 것으로서 그 자체로는 대외적 법적 효력은 없는 것이고 의결의 내용을 문서로 시행한 경우에 비로서 처분이 되고 행정행위로서 대내외적 효력이 발생하는 것이다.

나. 의결의 방법

(1) 의결서의 작성

공정거래위원회는 가맹사업법의 규정에 위반되는 사항에 대하여 의결하는 경우에는 그 이유를 명시한 의결서로 하여야 한다(공정거래법 제45조). 즉 시정조치, 과징금납부명령, 고발, 과태료 등을 의결할 때에는 반드시 의결서를 작성하여야 한다.

☞ 시정권고는 시정권고서에 의하고, 경고 이하에 대해서는 별도의 의결서를 작성하지 않는다.

(2) 위원의 서명 · 날인

의결서에는 의결에 참여한 위원이 그 의결서에 서명 · 날인하여야 한다(공정거래법 제45조 후단). 서명 · 날인이 생략된 의결서는 무효이다.

다. 의결의 내용

(1) 시정권고(법 제34조)

1) 내용

공정거래위원회는 가맹사업법 규정을 위반한 가맹본부에 대하여 대통령령이 정하는 바에 따라 시정방안을 마련하여 이에 따를 것을 권고할 수 있다.

2) 요건

가맹사업법 규정을 위반한 가맹본부에 대하여 가맹사업법 제33조에 의한 시정조치를 명할 시간적 여유가 없는 경우에 한다.

3) 시정권고의 주체 및 성질

시정권고는 심사관이 단독으로 할 수도 있고, 각 회의(전원회의 · 소회의)에서 할 수도 있으며 시정권고의 성질은 행정지도의 성격을 가지므로 법적 구속력은 없다고 할 것이다.

4) 시정권고의 방법

시정권고는 다음의 사항을 명시한 서면으로 하여야 한다(법 시행령 제33조).

① 법 위반 내용

② 권고사항

③ 시정기한

④ 수락 여부 통지기한

⑤ 수락거부 시의 조치

5) 시정권고수락 여부에 대한 통지의무

시정권고를 받은 가맹본부는 당해 권고를 통지받은 날부터 10일 이내에 시정권고의 수락 여부를 공정거래위원회에 통지하여야 한다(제2항).

6) 시정권고의 효과

① 시정권고 수락 시 효과

시정권고를 받은 가맹본부가 당해 권고를 수락한 때에는 시정조치를 받은 것으로 본다(제3항). 이는 시정조치가 확정된 것을 의미하는 것은 아니므로 시정권고 수락 후에도 이의신청 등 불복절차가 인정된다고 보는 것이 타당하다.

② 시정권고 불수락시 효과

시정권고를 불수락한 경우에는 안건을 공정거래위원회에 상정하여 정식 심결절차를 진행한다.

③ 수락 여부 미통지시 효과

불수락으로 간주하고 시정권고 불수락한 경우의 효과와 동일하다.

(2) 시정조치(법 제33조)

1) 내용

① 공정거래위원회는 가맹사업법상의 일정한 규정을 위반한 가맹본부에 대하여 가맹금의 예치, 정보공개서의 제공, 가맹금 반환, 위반행위의 중지, 위반행위의 시정을 위한 필요한 계획 또는 행위의 보고 그밖에 위반행위의 시정에 필요한 조치를 명할 수 있다(제1항).

<u>시정조치대상 법 위반</u>[177)]

㉠ 제6조의5 제1항 위반: 가맹본부가 예치기관에 예치하지 않고 직접 수령한 경우

㉡ 제6조의5 제4항 위반: 가맹본부가 거짓이나 그 밖의 부정한 방법으로 예치가맹금의 지급을 요청한 경우

㉢ 제7조 제2항 위반: 가맹본부가 등록된 정보공개서를 제공하지 않았거나, 정보공개서를 제공한 날부터 14일이 지나지 않았음에도 불구하고 가맹금을 수령하거나, 가맹계약을 체결한 경우

㉣ 제9조 제1항 위반: 정보를 제공함에 있어 허위·과장된 정보를 제공하거나, 중요사항을 누락한 경우

---

177) 가맹거래사 수험생의 경우 철저한 암기가 필요합니다. 또한 시정조치의 대상이 법위반행위는 그대로 과징금의 부과사유된다는 것도 알아둡시다.

㉤ 제10조 제1항 위반: 가맹금반환사유가 있는 경우 가맹본부가 가맹금반환을 요구받은 날로부터 1개월 이내에 반환하지 않은 경우

㉥ 제11조 제1항 위반: 가맹계약서 교부의무를 위반한 경우

㉦ 제11조 제2항 위반: 가맹계약서 필수기재사항을 누락한 경우

㉧ 제12조 제1항 위반: 불공정거래행위 금지규정을 위반한 경우(즉, 불공정거래행위를 한 경우)

㉨ 제15조의2 제3항 위반: 거짓자료를 제출하여 피해보상보험을 체결한 경우

㉩ 제15조의2 제6항 위반: 피해보상보험계약을 체결하지 아니하였음에도 체결하였다는 거짓표지를 사용한 경우

② 공정거래위원회는 분쟁조정협의회의 조정이 이루어진 경우에는 특별한 사유가 없는 한 시정조치 및 시정권고를 하지 아니한다(제2항).

2) 시정조치의 성질

시정조치는 행정처분으로서 공정거래위원회의 재량사항이다. 즉, 시정조치 등을 할 것인가의 여부, 어느 정도의 조치를 취할 것인지의 여부 등은 공정거래위원회의 재량사항이다.

3) 시정조치의 절차

시정권고 이하는 심사관이 단독으로 결정 · 시행할 수 있지만, 시정조치 등의 경우에는 반드시 위원회의 심의절차를 거쳐야만 가능하다.

☞ 법 위반 상태가 이미 소멸한 경우에도 시정조치 등을 의결할 수 있는가?

재발방지 등을 위해 필요한 경우에는 시정조치를 할 수 있다는 것이 판례의 태도이다.

원고가 스스로 불공정광고를 중단하였더라도 그 광고가 불공정거래행위임에 틀림없고 그로 인하여 경쟁업자들이 불리한 위치에 놓이게 될 우려가 현실적으로 존재한다면 공정거래위원회가 그 시정을 위하여 법 위반 사실을 공표하도록 명한 것이 위 조항(공정법 제24조: 시정조치)의 취지에 반하는 것이라고 할 수 없다(대판 1990. 10. 10. 89누8200).

(3) 과징금납부명령(법 제35조, 제37조)

1) 과징금의 의의

행정법상의 의무를 위반한 자에게 경제적 이익이 발생한 경우 그 이익을 박탈함으로써 경제적 불이익을 과하기 위한 금전적 제재수단이다.

한편, 가맹사업법에 의한 과징금의 부과 및 징수에 대해서는 독점규제 및 공정거래에 관한 법률 제55조의3 내지 제55조의8을 준용하도록 하고 있다(법 제37조).

2) 과징금의 법적 성질

① 학설

㉠ 부당이득환수설: 사업자의 부당이득을 환수하기 위한 것

㉡ 행정제재설: 행정법상의 의무이행확보를 위한 일종의 제재수단

② 성질

현행 공정거래법은 두 가지의 성질을 모두 갖고 있는 것으로 본다.

㉠ 부당이득환수적 요소: 관련 매출액, 과징금 부과 시 위반행위로 취득한 이익의 규모를 고려

㉡ 행정제재적 요소: 과징금법정한도, 과징금 부과 시 위반행위의 내용, 정도, 기간, 횟수 등을 고려

3) 과징금의 부과

① 부과사유

공정거래위원회는 가맹사업법 제35조에서 정하는 일정한 경우를 위반한 가맹본부에 대하여 대통령령이 정하는 매출액에 100분의2를 곱한 금액을 초과하지 아니하는 범위 안에서 과징금을 부과할 수 있다(법 제35조).

<u>과징금 부과사유</u>

㉠ 제6조의5 제1항 위반: 가맹본부가 예치기관에 예치하지 않고 직접 수령한 경우

㉡ 제6조의5 제4항 위반: 가맹본부가 거짓이나 그 밖의 부정한 방법으로 예치가맹금

의 지급을 요청한 경우

㉢ 제7조 제2항 위반: 가맹본부가 등록된 정보공개서를 제공하지 않았거나, 정보공개서를 제공한 날부터 14일이 지나지 않았음에도 불구하고 가맹금을 수령하거나, 가맹계약을 체결한 경우

㉣ 제9조 제1항 위반: 정보를 제공함에 있어 허위 · 과장된 정보를 제공하거나, 중요사항을 누락한 경우

㉤ 제10조 제1항 위반: 가맹금반환사유가 있는 경우 가맹본부가 가맹금 반환을 요구받은 날로부터 1개월 이내에 반환하지 않은 경우

㉥ 제11조 제1항 위반: 가맹계약서 교부의무를 위반한 경우

㉦ 제11조 제2항 위반: 가맹계약서 필수기재사항을 누락한 경우

㉧ 제12조 제1항 위반: 불공정거래행위 금지규정을 위반한 경우(즉, 불공정거래행위를 한 경우)

㉨ 제15조의2 제3항 위반: 거짓자료를 제출하여 피해보상보험을 체결한 경우

㉩ 제15조의2 제6항 위반: 피해보상보험계약을 체결하지 아니하였음에도 체결하였다는 거짓표지를 사용한 경우

☞ "대통령령이 정하는 매출액"이란 해당 가맹본부의 위반행위 바로 전 3개 사업연도의 평균매출액을 말한다. 다만 해당사업연도 초일 현재 사업을 시작한 지 3년이 되지 아니하는 경우에는 사업을 시작한 날부터 위반행위 바로 전 사업연도 말일까지의 매출액을, 해당 사업연도에 사업을 시작한 경우에는 사업을 시작한 날부터 위반행위일까지의 매출액을 연간 매출액으로 환산한 금액으로 한다(법 시행령 제34조: 과징금의 산정방법).

② 과징금 부과 시 의무적 참작사항(공정거래법 제55조의3 제1항 준용)

㉠ 위반행위의 내용 및 정도

㉡ 위반행위의 기간 및 횟수

㉢ 위반행위로 인해 취득한 이익의 규모 등

③ 합병회사에 대한 과징금부과(공정거래법 제55조의3 제2항 준용)

가맹사업법을 위반한 회사의 합병이 있는 경우에는 당해 회사가 행한 위반행위는 합병

후 존속하거나 합병에 의해 설립된 회사가 행한 행위로 보아 과징금을 부과 · 징수할 수 있다.

④ 과징금의 연대납부(공정거래법 제55조의5 준용)

(ㄱ) 분할 · 합병되는 경우

과징금을 부과 받은 회사인 사업자가 분할 · 합병되는 경우(부과일에 분할 또는 분할합병되는 경우를 포함한다) 그 과징금은 다음의 회사가 연대하여 납부할 책임이 있다.

㉠ 분할되는 회사

㉡ 분할 또는 분할합병으로 인하여 설립되는 회사

㉢ 분할되는 회사의 일부가 다른 회사와 합병하여 그 다른 회사가 존속하는 경우 그 다른 회사

(ㄴ) 해산되는 경우

과징금을 부과받은 회사인 사업자가 분할 또는 분할합병으로 인하여 해산되는 경우(부과일에 해산되는 경우를 포함한다) 그 과징금은 다음의 회사가 연대하여 납부할 책임을 진다.

㉠ 분할 또는 분할합병으로 인하여 설립되는 회사

㉡ 분할되는 회사의 일부가 다른 회사와 합병하여 그 다른 회사가 존속하는 경우 그 다른 회사

4) 과징금의 징수 및 납부기한

① 과징금징수(공정거래법 시행령 제61조의2 제1항 준용)

공정거래위원회는 과징금을 부과하고자 하는 때에는 그 위반행위의 종별과 당해 과징금의 금액을 명시하여 이를 납부할 것을 서면으로 통지하여야 한다.

② 납부기한(공정거래법 시행령 제61조의2 제2항)

과징금 납부통지를 받은 자는 통지가 있은 날로부터 60일 이내에 공정거래위원회가 정하는 수납기관에 납부하여야 한다. 다만, 천재지변 기타 부득이한 사유로 인하여 그 기

간 내에 과징금을 납부할 수 없을 때에는 그 사유가 없어진 날로부터 30일 이내에 납부하여야 한다.

5) 과징금의 납부기한연장 및 분할납부

① 요건(공정거래법 제55조의4 제1항)

과징금이 매출액의 1% 또는 10억 원을 초과하는 경우로서 다음의 사유로 인하여 과징금의 전액을 일시에 납부하기가 어렵다고 인정하는 경우이다.

㉠ 재해 또는 도난 등으로 재산에 현저한 손실을 받는 경우

㉡ 사업여건의 악화로 사업이 중대한 위기에 처한 경우

㉢ 과징금의 일시납입에 따라 자금사정에 현저한 어려움이 예상되는 경우

㉣ 기타 이에 준하는 사유가 있는 경우

② 신청기한(공정거래법 제55조의4 제2항)

과징금 납부의무자는 과징금 납부통지를 받은 날부터 30일 이내에 연장 또는 분할납부신청을 하여야 한다.

③ 납부기한의 연장 및 분할납부의 한도

㈀ 납부기한의 연장(공정거래법 시행령 제62조 제2항)

납부기한의 연장은 납부기한의 다음 날부터 1년을 초과할 수 없다.

㈁ 분할납부(공정거래법 시행령 제62조 제3항)

각 분할된 납부기한 간의 간격은 6월을 초과할 수 없으며, 분할횟수는 3회를 초과할 수 없다.

④ 담보의 제공(공정거래법 제55조의4 제1항 단서)

납부기한의 연장 및 분할납부의 결정시 필요하다고 인정하는 때에는 담보제공을 명할 수 있다(재량사항).

⑤ 납부기한의 연장 및 분할납부결정의 취소

㈀ 취소사유

다음의 사유가 있는 경우에는 납부기한의 연장 및 분할납부결정을 취소할 수 있다.

㉠ 분할납부 결정된 과징금을 그 납부기한 내에 납부하지 아니한 때

㉡ 담보의 변경 기타 담보보전에 필요한 공정거래위원회의 명령을 이행하지 아니한 때

㉢ 강제집행, 경매의 개시, 파산선고, 법인의 해산, 국세 또는 지방세의 체납처분을 받은 때 등 과징금의 전부 또는 잔여분을 징수할 수 없다고 인정되는 때

㈁ 취소결정의 효과

과징금을 일시에 징수할 수 있다.

6) 가산금의 징수 및 체납처분(공정거래법 제55조의6)

① 가산금의 징수(동법 제1항)

㈀ 요건

과징금납부의무자가 납부기한 내에 과징금을 납부하지 않은 경우

㈁ 가산금산정기간

납부기한의 다음 날~납부한 날까지의 기간

㈂ 가산요율

연 100분의 40의 범위 안에서 금융기관의 연체이자율을 참작하여 공정거래위원회가 정하여 고시한 이율을 적용한다.

② 국세체납처분에 따른 징수(동법 제2항)

과징금납부를 독촉한 기간 안에 과징금 및 가산금을 납부하지 아니한 때에는 국세체납처분의 예에 따라 이를 징수할 수 있다.

7) 환급가산금(공정거래법 제55조의7)

공정거래위원회가 이의신청의 재결 또는 법원의 판결 등의 사유로 과징금을 환급하는 경우에는 과징금을 납부한 날부터 환급한 날까지의 기간에 대하여 대통령령이 정하는 바에 따라 환급가산금을 지급하여야 한다.

☞ 환급가산요율: 금융기관의 정기예금이자율을 참작하여 공정거래위원회가 고시로 정하는 율을 적용하여 계산한 금액으로 한다.

5. 불복절차

가. 서론

공정거래위원회의 처분에 대하여는 이의신청이나 행정쟁송 등을 통하여 불복할 수 있는 구제수단이 있다. 이와 관련하여 가맹사업법에 의한 이의신청, 소의 제기 및 불복의 소의 전속관할에 관하여는 공정거래법 제53조(이의신청), 제53조의2(시정조치명령의 집행정지), 제54조(소의제기), 제55조(불복의 소의 전속관할)의 규정을 준용한다(법 제37조 제3항).

나. 이의신청(공정거래법 제53조)

(1) 의의

공정거래위원회의 처분에 대하여 불복이 있는 자는 그 처분의 통지를 받은 날부터 30일 이내에 그 사유를 갖추어 공정거래위원회에 이의를 신청할 수 있다.

(2) 이의신청의 대상

1) 대상적격

당사자의 법률관계에 종국적인 영향을 미칠 수 있는 공정거래위원회의 '처분'이다. 따라서 처분에 속하는 시정권고, 시정조치, 과징금납부명령에 대하여는 이의신청을 할 수 있다.

☞ ① 고발, 경고, 주의촉구, 무혐의 등에 대하여는 이의신청을 할 수 없고, ② 과징금납부명령에 대하여는 별도의 불복절차(공정거래법 제69조)가 마련되어 있으므로 그에 따른다.

2) 이의신청기간

그 처분의 통지를 받은 날로부터 30일 이내에 이의신청하여야 한다.

(3) 이의신청의 절차

1) 절차

① 서면에 의한 이의신청(서면주의)

이의신청을 하고자 하는 자는 신청서에 필요한 서류를 첨부하여 공정거래위원회에 제출하여야 한다. 따라서 구두나 전화에 의한 이의신청은 허용되지 않는다.

② 심사관의 지정 및 심사보고서의 제출

이의신청사건의 처리에 있어서 심사관은 심판관리관이 된다. 심판관리관은 이의신청이 이의신청기간경과 후에 제기된 경우에는 이의신청을 각하할 수 있다. 심사관은 이의신청의 경위, 이의신청의 취지 및 이유, 이의신청에 대한 심사관의 의견 등을 기재한 심사보고서를 제출한다.

③ 심의 및 재결

이의신청에 대한 심의 및 재결은 공정거래위원회의 전원회의에서 한다(공정거래법 제

37조의3). 재결은 공정거래법 제53조 제1항에 위반하여 제기된 이의신청에 대하여 내리는 '각하', 이의신청이 이유 없다고 인정되는 경우의 '기각', 이유 있는 경우의 '인용(처분의 취소 또는 변경 등)' 등으로 구분된다.

④ 재결에 따른 조치

이의신청에 대한 재결 이후 당해 사건에 대한 이행점검 등 시정조치의 이행 또는 불이행과 관련된 절차의 수행은 당초 당해 사건을 심사한 심사관이 행한다.

2) 처리기간(공정거래법 제53조 제2항)

공정거래위원회는 이의신청에 대하여 60일 이내에 재결하여야 한다. 다만, 부득이한 사정으로 그 기간 내에 재결을 할 수 없을 경우에는 30일의 범위 안에서 결정으로 그 기간을 연장할 수 있다.

다. 시정조치명령의 집행정지(공정거래법 제53조의2)

(1) 의의

공정거래위원회는 시정조치명령을 받은 자가 이의신청을 제기한 경우에 당사자의 신청이나 직권에 의하여 그 명령의 이행 또는 절차의 속행에 대한 정지를 결정할 수 있다.

행정법상의 처분에 대하여는 이에 대한 쟁송이 제기된다 하더라도 집행이 정지되지 않는 것이 원칙(집행부정지의 원칙)이며, 일정한 경우에 한하여 집행정지를 허용하고 있다. 그런데 공정거래법은 시정조치명령에 한하여 집행정지를 인정하고 있다

(2) 요건

① 시정조치명령을 받은 자가 이의신청을 제기할 것

② 그 명령 또는 절차의 속행으로 인하여 발생할 수 있는 회복하기 어려운 손해를 예방하기 위하여 필요하다고 인정될 것

(3) 절차

당사자의 신청이나 직권에 의해서 집행정지 결정을 할 수 있다.

(4) 집행정지결정의 효과

시정조치명령의 이행이나 절차의 속행을 일시적으로 정지하는 것으로서, 시정조치의 효력자체를 무효화하는 것은 아니다.

(5) 집행정지결정의 취소

공정거래위원회는 집행정지의 결정을 한 후에 집행정지의 사유가 없어진 경우에는 당사자의 신청이나 직권에 의하여 집행정지의 결정을 취소할 수 있다.

라. 소의 제기(공정거래법 제54조)

(1) 의의

공정거래위원회의 처분에 대해 불복의 소를 제기하고자 할 때에는 처분의 통지를 받은 날 또는 이의신청에 대한 재결서 정본을 송달받은 날부터 30일 이내에 소를 제기하여야 한다.

☞ 이의신청절차는 임의적 전치절차에 불과한 것으로서 처분의 당사자는 이의신청절차를 경유해도 되고 안 해도 소의 제기가 가능하다. 즉 당사자의 선택인 것이다.

(2) 소제기 대상

공정위의 처분이다. 따라서 시정권고, 시정조치, 과징금납부명령이다. 그 외 조치에 대해서는 소제기를 할 수 없다.

(3) 소의 전속관할

공정거래위원회의 소재지를 관할하는 서울고등법원을 전속관할로 한다(공정거래법 제55조). 따라서 공정거래위원회의 처분에 불복하는 자는 서울고등법원에 소를 제기하여야 하며 다른 법원에 제소하면 관할위반이 된다.

☞ 일반적인 행정절차법과는 달리 2심제를 채택하고 있다. 따라서 공정거래위원회의 재결이 1심이나 마찬가지이다.

마. 자료열람요구권(공정거래법 제52조의2)

(1) 의의

당사자 또는 이해관계인은 공정거래위원회에 대하여 이 법의 규정에 의한 처분과 관련된 자료의 열람 또는 복사를 요구할 수 있다.

(2) 요구할 수 있는 자료의 범위

1) 시정권고, 시정조치, 과징금납부명령, 과태료납부명령 등 처분과 관련된 자료이다.
2) 고발, 경고 이하 등 처분이 아닌 조치와 관련된 자료는 요구할 수 없다.

(3) 공정거래위원회의 의무

당사자 또는 이해관계인의 자료열람요구가 있는 경우 공정거래위원회는 자료를 제출한 자의 동의가 있거나, 공익상 필요하다고 인정할 때에는 이에 응하여야 한다(공정거래법 제52조의2 단서).

6. 손해배상

가. 서론

(1) 의의

사업자 또는 사업자단체는 가맹사업법의 규정을 위반함으로써 피해를 입은 자가 있는 경우에는 당해 피해자에 대하여 손해배상의 책임을 진다.

가맹사업법상 손해배상제도는 공정거래법의 규정(제56조, 제56조의2, 제57조)을 준용하고 있다(법 제37조 본문). 다만, 사업자가 행한 법률위반의 정도가 경미하거나 이미 스스로 위반행위를 시정한 결과 시정조치의 실익이 없는 경우 등 대통령령이 정하는 경우에는 준용하지 아니한다(법 제37조 단서).

(2) 법적 성질

가해자인 사업자 또는 사업자단체가 고의 또는 과실이 없음을 입증한 경우에는 책임을 지지 않는다. 즉 무과실손해배상책임도 아니며, 고의 · 과실책임도 아닌, 고의 · 과실에 입증책임이 사업자 또는 사업자단체에 있는 일종의 '중간책임'으로서 통상 불법행위책임으로 본다.

나. 손해배상책임의 성립요건

법적 성격을 불법행위책임으로 보는 한 행위자의 고의 · 과실과 책임능력 그리고 위법성과 인과관계가 인정되는 범위에서 손해의 발생을 요구한다. 그런데 공정거래법은 고의 · 과실에 대한 입증책임과 손해액의 인정에서 특칙을 규정하고 있다.

(1) 주관적 요건

가해자(사업자 또는 사업자단체)가 자신의 고의 또는 과실이 없음을 입증한 경우에는 손해배상책임을 면한다(공정거래법 제56조 제1항 단서). 구법에서는 행위자의 고의 · 과실을 요구하지 않는 무과실책임으로 규정되어 있었으나, 2004. 12. 31. 개정에서 과실책임으로 바꾸면서 고의 · 과실에 대한 입증책임을 가해자에게로 전환하였다(이른바 '중간책임'). 즉 피해자는 손해발생의 사실만으로 손해배상을 청구할 수 있고 이에 대해 가해자 측이 면책을 받기 위해서는 자신에게 고의 · 과실이 없었음을 입증하여야 한다. 이러한 책임은 기본적으로 과실책임주의를 토대로 하고 있으므로 원래 의미의 무과실책임과는 그 본질이 다르지만 무과실책임에 근접하는 것으로서 이를 '중간책임'이라 부르는 것이다.[178]

(2) 객관적 요건

1) 가해행위의 위법성

위법성이란 어떤 행위가 법체계 전체의 입장에서 허용되지 않는 부정적인 가치판단을 의미한다. 이러한 위법성은 문제가 되는 행위마다 개별적 · 상대적으로 판단하여야 하는데, 이 경우 그 판단은 사회통념에 의한다.

2) 손해의 발생[179]

공정거래법상 손해배상의 청구에 있어서도 법 위반의 존재, 손해액의 발생 및 손해액, 법 위반행위와 손해발생 사이의 인과관계가 존재함을 주장 · 입증하여야 한다.

그런데 공정거래사건의 경우에는 손해액의 입증이 곤란하여 피해구제를 받는 경우가 많지 않았다. 이에 2004년 개정으로 법원에 의한 손해액의 직권 인정제를 도입하여 피해자의 구제가 보다 용이하게 되었다. 즉 '공정거래법의 규정을 위반한 행위로 인하여 손해가 발생된 것은 인정되나, 그 손해액을 입증하기 위하여 필요한 사실을 입증하는 것이 해당 사실의 성질상 극히 곤란한 경우에는, 법원은 변론 전체의 취지와 증거조사의 결과에 기초하여 상당한 손해액을 인정할 수 있다(공정거래법 제57조).

178) 그렇다면 입증책임을 피해자에서 가해자로 전환한 이유는 무엇인가? 불법행위의 경우 가해자의 과실은 피해자가 증명해야 하는 것이 일반적인 실체법적인 규정이다. 그러나 피해자의 구제를 위하여 정책적으로 증명책임의 부담을 일반원칙과는 달리 가해자에게로 전가시킨 것으로 이러한 경우를 '증명책임의 전환'이라고 한다.

179) 정용직, 가맹사업법(에듀랩, 2008년), 제181면.

다. 손해배상청구권의 행사

(1) 손해배상청구권자

사업자 또는 사업자단체의 법위반행위로 인하여 피해를 입은 자이다.

(2) 시정조치 전치주의제도의 삭제

1) 시정조치 전치주의의 의미

이 법에 의한 손해배상청구권은 이 법의 규정에 의한 시정조치가 확정된 후가 아니면 이를 재판상 주장할 수 없는 제도를 말한다. 이러한 시정조치전치주의는 2004. 12. 31. 개정으로 삭제되었다.

2) 시정조치 전치주의제도의 삭제효과

시정조치 전치주의가 삭제됨에 따라 이 법에 의해 손해를 입은 자는 공정거래위원회의 시정조치의 확정 유무와는 상관없이 언제든지 피해를 입힌 사업자를 상대로 법원에 손해배상청구소송을 제기할 수 있게 되었다. 즉, 피해자는 공정거래위원회에의 신고와는 별개로 언제든지 손해배상청구소송을 제기할 수 있게 된 것이다.

(3) 손해배상청구권의 시효

민법상의 일반적인 손해배상청구권의 시효와 동일하게 피해자나 그 법정대리인이 그 손해 및 가해자를 안 날부터 3년간 이를 행사하지 않거나 불법행위를 한 날부터 10년을 경과하는 때에 시효로 소멸한다(민법 제766조).

라. 기록의 송부

손해배상청구의 소가 제기된 때에는 법원은 필요한 경우 공정거래위원회에 대하여 당해사건의 기록(사건관계인, 참고인 또는 감정인에 대한 심문조서 및 속기록 기타 재판상 증거가 되는 일체의 것을 포함한다)의 송부를 요구할 수 있다(공정거래법 제56조의2).

이는 손해배상청구소송에서 청구인의 지위를 보완하기 위하여 도입된 제도이다.

7. 기타 보칙

가. 관계행정기관의 장의 협조

공정거래위원회는 가맹사업법의 시행을 위하여 필요하다고 인정하는 때에는 관계행정기관의 장의 의견을 듣거나 관계행정기관의 장에 대하여 조사를 위한 인원의 지원 그 밖의 필요한 협조를 요청할 수 있다(법 제36조).

나. 권한의 위임과 위탁

(1) 가맹사업법에 의한 공정거래위원회의 권한은 그 일부를 대통령령이 정하는 바에 따라 소속기관의 장이나 특별시장 · 광역시장 · 도지사 또는 특별자치도지사에게 위임하거나 다른 행정기관의 장에게 위탁할 수 있다(법 제39조 제1항).

(2) 공정거래위원회는 다음 각 호의 어느 하나에 해당하는 업무를 대통령령으로 정하는 바에 따라 관련법인 또는 단체에 위탁할 수 있다. 이 경우 제1호의 위탁관리에 소요되는 경비의 전부 또는 일부를 지원할 수 있다(동법 제2항)

① 법 제6조의2 제4항에 따른 가맹사업정보제공시스템의 구축 · 운영업무

② 법 제27조 제1항에 따른 가맹거래사 자격시험의 시행 및 관리업무

(3) 공정거래위원회는 위임 또는 위탁한 사무에 대하여 위임 또는 위탁받은 자에게 필요한 보고를 하게 할 수 있다(동법 제40조).

제5장 벌칙

Ⅰ. 서론

가맹사업법 위반에 대한 벌칙의 유형으로는 행정형벌로서의 징역과 벌금이 있고, 행정질서벌로 과태료가 있다.

Ⅱ. 행정벌

1. 종류

가. 5년 이하의 징역 또는 1억 5천만 원 이하의 벌금

제9조 제1항 규정을 위반하여 허위·과장된 정보를 제공하거나 중요사항을 누락한 자는 5년 이하의 징역 또는 1억 5천만 원 이하의 벌금에 처한다(법 제41조 제1항).

나. 3년 이하의 징역 또는 1억 원 이하의 벌금

(1) 제33조 제1항에 따른 시정조치명령에 따르지 아니한 자

(2) 공정거래법 제62조(비밀엄수의무)(법 제37조 제4항에 의해 준용) 규정에 위반한 자는 3년 이하의 징역 또는 1억 원 이하의 벌금에 처한다(법 제41조 제2항).

다. 2년 이하의 징역 또는 5천만 원 이하의 벌금

(1) 제6조의5 제1항을 위반하여 가맹점사업자로부터 예치가맹금을 직접 수령한 자

(2) 제7조 제2항을 위반하여 가맹금을 수령하거나 가맹계약을 체결한 자

(3) 제15조의2 제6항을 위반하여 가맹점사업자피해보상보험계약 등을 체결하였다는 사실을 나타내는 표지 또는 이와 유사한 표지를 제작하거나 사용한 자는 2년 이하의 징역 또는 5천만 원 이하의 벌금에 처한다(법 제41조 제3항).

라. 예치가맹금의 2배에 상당하는 벌금

제6조의5 제4항을 위반하여 거짓이나 그 밖의 부정한 방법으로 예치가맹금의 지급을 요청한 자는 예치가맹금의 2배에 상당하는 금액 이하의 벌금에 처한다(법 제41조 제4항).

2. 양벌규정(법 제42조)

법인의 대표자나 법인 또는 개인의 대리인, 사용인, 그 밖의 종업원이 그 법인 또는 개인의 업무에 관하여 제41조의 위반행위를 하면 그 행위자를 벌하는 외에 그 법인 또는 개인에게도 해당 조문의 벌금형을 과(科)한다. 다만, 법인 또는 개인이 그 위반행위를 방지하기 위하여 해당 업무에 관하여 상당한 주의와 감독을 게을리 하지 아니한 경우에는 그러하지 아니하다.

☞ 벌금형만 규정한 취지: 법인인 사업자는 그 자연적 실체가 존재하지 않으므로 결국 징역형이 아닌 벌금형만이 가능할 것이다. 이러한 이유로 법정형의 형평성을 유지하기 위하여 자연인인 사업자에게도 벌금형만을 규정하였다.

☞ 양벌규정의 개정

개정 전	개정 후(2010. 3. 22. 개정)(현행)
제42조(양벌규정) 법인의 대표자나 법인 또는 개인의 대리인·사용인 그 밖의 종업원이 그 법인 또는 개인의 업무에 관하여 제41조의 규정에 해당하는 위반행위를 한 때에는 행위자를 벌하는 외에 그 법인 또는 개인에 대하여도 동조 각항의 벌금형을 과한다.	법인의 대표자나 법인 또는 개인의 대리인, 사용인, 그 밖의 종업원이 그 법인 또는 개인의 업무에 관하여 제41조의 위반행위를 하면 그 행위자를 벌하는 외에 그 법인 또는 개인에게도 해당 조문의 벌금형을 과(科)한다. 다만, 법인 또는 개인이 그 위반행위를 방지하기 위하여 해당 업무에 관하여 상당한 주의와 감독을 게을리 하지 아니한 경우에는 그러하지 아니하다.

개정취지: 양벌(兩罰) 규정에서 법인 또는 영업주가 종업원 등에 대한 관리·감독상 주의의무를 다한 경우에는 처벌을 면하게 함을 명확하게 함으로써 양벌규정에 책임주의 원칙이 관철되도록 하였다.

Ⅲ. 행정질서벌

과태료란 벌금이나 과료와는 달리 형벌의 성질을 가지지 않는 법령 위반에 대하여 과해지는 행정질서벌(금전벌)을 의미한다.

1. 종류

가. 공정거래법 위반의 경우(가맹사업법 제37조 제1항에 의해 준용)

(1) 위반행위

㉠ 독점규제 및 공정거래에 관한 법률 제50조 제1항 제1호의 규정에 위반하여 정당한 사유 없이 2회 이상 출석하지 아니한 자

㉡ 독점규제 및 공정거래에 관한 법률 제50조 제1항 제3호 또는 동조 제3항의 규정에 의한 보고 또는 필요한 자료나 물건의 제출을 정당한 사유 없이 하지 아니하거나, 허위의 보고 또는 자료나 물건을 제출한 자

㉢ 독점규제 및 공정거래에 관한 법률 제50조 제2항의 규정에 의한 조사를 정당한 사유 없이 거부·방해 또는 기피한 자

☞ 공정거래법 제43조의2 및 제50조 제1항, 제2항, 제3항

제43조의2(심판정의 질서유지) 전원회의 및 소회의의 의장은 심판정에 출석하는 당사자 · 이해관계인 · 참고인 및 참관인 등에 대하여 심판정의 질서유지를 위하여 필요한 조치를 명할 수 있다.
제50조(위반행위의 조사 등) ① 공정거래위원회는 이 법의 시행을 위하여 필요하다고 인정할 때에는 대통령령이 정하는 바에 의하여 다음 각 호의 처분을 할 수 있다.
1. 당사자, 이해관계인 또는 참고인의 출석 및 의견의 청취
2. 감정인의 지정 및 감정의 위촉
3. 사업자, 사업자단체 또는 이들의 임직원에 대하여 원가 및 경영상황에 관한 보고, 기타 필요한 자료나 물건의 제출을 명하거나 제출된 자료나 물건의 영치
② 공정거래위원회는 이 법의 시행을 위하여 필요하다고 인정할 때에는 그 소속공무원[제65조(권한의 위임 · 위탁)의 규정에 의한 위임을 받은 기관의 소속공무원을 포함한다]으로 하여금 사업자 또는 사업자단체의 사무소 또는 사업장에 출입하여 업무 및 경영상황, 장부 · 서류, 전산자료 · 음성녹음자료 · 화상자료 그 밖에 대통령령이 정하는 자료나 물건을 조사하게 할 수 있으며, 대통령령이 정하는 바에 의하여 지정된 장소에서 당사자, 이해관계인 또는 참고인의 진술을 듣게 할 수 있다. 〈개정 1996. 12. 30, 1999. 2. 5, 2001. 1. 16.〉
③ 제2항의 규정에 의하여 조사를 하는 공무원은 대통령령이 정하는 바에 따라 사업자, 사업자단체 또는 이들의 임직원에 대하여 조사에 필요한 자료나 물건의 제출을 명하거나 제출된 자료나 물건의 영치를 할 수 있다.

(2) 과태료부과의 내용

① 가맹본부가 위반행위 ㉡와 ㉢에 해당하는 경우에는 1억 원 이하, ㉠에 해당하는 경우에는 5천만 원 이하의 과태료에 처한다.
② 가맹점사업자가 위반행위 ㉡ 또는 ㉢에 해당하는 경우에는 1억 원 이하, ㉠에 해당하는 경우에는 1천만 원 이하의 과태료에 처한다.
③ 가맹본부 또는 가맹점사업자의 임원이 각각 ㉢에 해당하는 경우에는 5천만 원 이하, ㉠ 또는 ㉡에 해당하는 경우에는 1천만 원 이하의 과태료에 처한다.
④ 가맹본부 또는 가맹점사업자의 종업원 또는 이에 준하는 법률상 이해관계에 있는 자가 각각 ㉢에 해당하는 경우에는 5천만 원 이하, ㉡에 해당하는 경우에는 1천만 원 이하, ㉠에 해당하는 경우에는 5백만 원 이하의 과태료에 처한다.
⑤ 제37조 제1항의 규정에 의하여 준용되는 독점규제 및 공정거래에 관한 법률 제43조의2의 규정에 의한 질서유지명령에 응하지 아니한 자는 100만 원 이하의 과태료에 처한다.

☞ 공정거래법 위반의 경우

<table>
<tr><th>위반주체</th><th>위반행위</th><th>과태료</th></tr>
<tr><td rowspan="3">가맹본부</td><td>㉡ 공정거래법 제50조 제1항 제3호 또는 동조 제3항의 규정에 의한 보고 또는 필요한 자료나 물건의 제출을 정당한 사유 없이 하지 아니하거나, 허위의 보고 또는 자료나 물건을 제출한 자</td><td rowspan="2">1억 원 이하</td></tr>
<tr><td>㉢ 공정거래법 제50조 제2항의 규정에 의한 조사를 정당한 사유 없이 거부 · 방해 또는 기피한 자</td></tr>
<tr><td>㉠ 공정거래법 제50조 제1항 제1호의 규정에 위반하여 정당한 사유 없이 2회 이상 출석하지 아니한 자</td><td>5천만 원 이하</td></tr>
<tr><td rowspan="3">가맹점사업자</td><td>㉡ 공정거래법 제50조 제1항 제3호 또는 동조 제3항의 규정에 의한 보고 또는 필요한 자료나 물건의 제출을 정당한 사유 없이 하지 아니하거나, 허위의 보고 또는 자료나 물건을 제출한 자</td><td rowspan="2">1억 원 이하</td></tr>
<tr><td>㉢ 공정거래법 제50조 제2항의 규정에 의한 조사를 정당한 사유 없이 거부 · 방해 또는 기피한 자</td></tr>
<tr><td>㉠ 공정거래법 제50조 제1항 제1호의 규정에 위반하여 정당한 사유 없이 2회 이상 출석하지 아니한 자</td><td>5천만 원 이하</td></tr>
<tr><td rowspan="3">가맹본부 or 가맹전사업자의 임원</td><td>㉢ 공정거래법 제50조 제2항의 규정에 의한 조사를 정당한 사유 없이 거부 · 방해 또는 기피한 자</td><td>5천만 원 이하</td></tr>
<tr><td>㉠ 공정거래법 제50조 제1항 제1호의 규정에 위반하여 정당한 사유 없이 2회 이상 출석하지 아니한 자</td><td rowspan="2">1천만 원 이하</td></tr>
<tr><td>㉡ 공정거래법 제50조 제1항 제3호 또는 동조 제3항의 규정에 의한 보고 또는 필요한 자료나 물건의 제출을 정당한 사유 없이 하지 아니하거나, 허위의 보고 또는 지료니 물건을 제출한 지</td></tr>
<tr><td rowspan="3">종업원 또는 법률상 이해관계자</td><td>㉢ 공정거래법 제50조 제2항의 규정에 의한 조사를 정당한 사유 없이 거부 · 방해 또는 기피한 자</td><td>5천만 원 이하</td></tr>
<tr><td>㉡ 공정거래법 제50조 제1항 제3호 또는 동조 제3항의 규정에 의한 보고 또는 필요한 자료나 물건의 제출을 정당한 사유 없이 하지 아니하거나, 허위의 보고 또는 자료나 물건을 제출한 자</td><td>1천만 원 이하</td></tr>
<tr><td>㉠ 공정거래법 제50조 제1항 제1호의 규정에 위반하여 정당한 사유 없이 2회 이상 출석하지 아니한 자</td><td>500만 원 이하</td></tr>
<tr><td>제한 없음.</td><td>공정거래법 제43조의2의 규정에 의한 질서유지명령에 응하지 아니한 자</td><td>100만 원 이하</td></tr>
</table>

나. 가맹사업법 위반의 경우

(1) 1천만 원 이하 과태료

① 제9조 제2항을 위반하여 같은 항 각 호의 어느 하나에 해당하는 정보를 서면으로 제공하지 아니한 자
② 제9조 제3항을 위반하여 근거자료를 비치하지 아니하거나 자료요구에 응하지 아니한 자
③ 제11조 제3항을 위반하여 가맹계약서를 보관하지 아니한 자

(2) 300만 원 이하 과태료

① 제6조의2 제1항을 위반하여 신고를 하지 아니하거나 거짓으로 신고한 자
② 제29조 제3항을 위반하여 가맹거래사임을 표시하거나 유사한 용어를 사용한 자

2. 과태료의 부과·징수

가. 부과 · 징수주체

과태료의 부과 · 징수기관은 공정거래위원회이다(법 제43조 제8항)

나. 과태료 부과기준 및 과태료금액의 결정

(1) 과태료 부과기준(법 시행령 제37조 제1항)

공정거래위원회는 법 제43조 제6항 및 제7항에 따른 과태료를 부과할 때에는 [별표 5] 과태료 부과기준에 따른다.

(단위: 만 원)

근거조문	위반행위	과태료 금액 기준		
		1차	2차	3차 이상
법 제43조 제6항 1천만 원 이하 과태료	1. 법 제9조 제2항을 위반하여 같은 항 각호의 어느 하나에 해당하는 정보를 서면으로 제공하지 아니한 경우	200	500	1,000
	2. 법 제9조 제3항을 위반하여 근거자료를 비치하지 아니하거나, 자료요구에 응하지 아니한 경우	200	500	1,000
	3. 법 제11조 제3항을 위반하여 가맹계약서를 보관하지 아니한 경우	140	350	700
법 제43조 제7항 300만 원 이하 과태료	4. 법 제6조의2 제1항을 위반하여 신고를 하지 아니하거나 거짓으로 신고한 경우	60	150	300
	5. 법 제29조 제3항을 위반하여 가맹거래사임을 표시하거나 유사한 용어를 사용한 경우	60	150	300

비고: 위반행위의 횟수에 따른 과태료의 부과기준은 최근 1년간 같은 위반 행위를 한 경우에 적용한다. 이 경우 위반행위에 대하여 과태료 부과처분을 한 날과 다시 동일한 위반행위를 한 날을 각각 기준으로 하여 위반횟수를 계산한다.

(2) 과태료금액의 결정(법 시행령 제37조 제2항)

공정거래위원회는 과태료 부과기준([별표 5])에 따라 산정된 과태료를 그 위반행위의 정도, 위반횟수, 위반행위의 동기와 결과 등을 고려하여 그 해당 금액의 2분의 1의 범위에서 경감하거나 가중할 수 있다. 다만, 가중할 때에는 법 제43조 제6항(1천만 원) 및 제7항(300만 원)에 따른 과태료 금액의 상한을 초과할 수 없다.

Ⅳ. 전속고발제도(법 제44조)

1. 서론

가. 의의

공정거래위원회는 일정한 가맹사업법 위반행위에 대하여 전속고발권이 있다. 즉 일정한 가맹사업법 위반행위에 대해 검찰은 공정거래위원회의 고발이 없으면 공소를 제기할 수 없다. 그러나 이 의미는 가맹사업법위반행위에 대해 공정거래위원회만 고발권을 가지고 있다거나, 시민단체 등의 고발권을 박탈한다는 의미가 아니라는 점을 주의하여야 한다. 따라서 고발은 누구든지 언제든지 검찰에 할 수 있는 것이다. 다만, 검찰이 공소를 제기하기 위해서는 공정거래위원회의 고발이 필요하다는 것을 의미한다.

나. 비판

가맹사업법 위반사건에 대해 검찰의 기소권을 제약하는 것은 위헌의 소지가 있다.

다. 전속고발권의 존치에 관한 문제

처음부터 형사법적 시각으로 가맹사업법 위반행위에 접근하여서는 자칫 기업인의 경제활동을 오히려 위축시킬 우려가 있으므로 일단 전문기관의 판단을 거쳐 경쟁질서의 저해 정도가 중대하고 명백한 경우를 가려내어 형사처벌의 필요성 여부를 판단하는 것이 바람직하다고 보고 있다.

2. 가맹사업법상 전속고발권

제44조(고발) ① 제41조 제1항 · 제2항 제1호 및 제3항의 죄는 공정거래위원회의 고발이 있어야 공소를 제기할 수 있다.
② 공정거래위원회는 제41조 제1항 · 제2항 제1호 및 제3항의 죄 중 그 위반의 정도가 객관적으로 명백하고 중대하다고 인정하는 경우에는 검찰총장에게 고발하여야 한다.
③ 검찰총장은 제2항의 규정에 의한 고발요건에 해당하는 사실이 있음을 공정거래위원회에 통보하여 고발을 요청할 수 있다. 공정거래위원회는 검찰총장의 고발요청이 있을 경우 이에 응하여야 한다.
④ 공정거래위원회는 공소가 제기된 후에는 고발을 취소하지 못한다.

가. 대상

(1) 가맹사업법 제41조 제1항: 제9조 제1항의 규정에 위반하여 허위·과장된 정보를 제공하거나 중요사항을 누락한 자

(2) 동법 제41조 제2항 제1호: 제33조 제1항에 따른 시정조치의 명령에 따르지 아니한 자

(3) 동법 제41조 제3항: 2년 이하의 징역 또는 5천만 원 이하의 벌금에 해당하는 죄

① 제6조의5 제1항을 위반하여 가맹점사업자로부터 예치가맹금을 직접 수령한 자

② 제7조 제2항을 위반하여 가맹금을 수령하거나 가맹계약을 체결한 자

③ 제15조의2 제6항을 위반하여 가맹점사업자피해보상보험계약 등을 체결하였다는 사실을 나타내는 표지 또는 이와 유사한 표지를 제작하거나 사용한 자

나. 전속고발권에 대한 통제

(1) 의무적 고발사항

1) 의의

가맹사업법 위반행위에 대한 고발 여부는 공정거래위원회의 재량사항이지만 일정한 위반행위에 대해서는 고발의무를 부과함으로써 전속고발권의 남용을 방지하고 있다.

2) 내용

가맹사업법은 제41조 제1항, 제41조 제2항 제1호, 제41조 제3항의 죄 중 그 위반의 정도가 객관적으로 명백하고 중대하다고 인정되는 경우에는 검찰총장에게 고발하여야 한다(법 제44조 제2항)고 하여 고발의무를 부과하고 있다.

(2) 검찰총장의 고발요청

검찰총장은 의무적 고발사항에 해당하는 사실이 있음을 공정거래위원회에 통보하여 고

발을 요청할 수 있다. 공정거래위원회는 검찰총장의 고발요청이 있을 경우 이에 응하여야 한다(법 제44조 제3항).

(3) 공소제기 후 고발취소금지

공정거래위원회는 공소가 제기된 후에는 고발을 취소하지 못한다(법 제44조 제4항). 이는 공정거래위원회가 고발권 행사를 남용하는 것을 견제하기 위한 장치이다. 즉 공정거래위원회가 고발하였다가 임의적으로 취소하여 검찰의 기소를 막는 폐단을 방지하기 위한 것이다.

제6장 가맹거래사 제도

Ⅰ. 서론

1. 가맹거래사의 의의

가맹거래사란 가맹사업거래와 관련하여 가맹사업법령이 정하는 일정한 자격요건을 갖춘 자를 말한다(법 제27조 제1항).

종래 가맹사업당사자에 대한 전문적인 서비스제공을 위하여 가맹사업거래상담사제도가 도입되었으나, 그 업무범위가 지나치게 제한되어 있어 동 제도를 활성화하는 데 어려움이 있다는 비판이 제기되었다. 이에 개정법은 가맹사업거래에 대한 신뢰성을 높이고 가맹사업의 공정한 거래질서의 확립에 기여하도록 하기 위하여 가맹사업거래상담사의 명칭을 가맹거래사로 변경하고, 그 업무범위에 정보공개서 등록신청의 대행과 가맹사업거래분쟁조정신청의 대행업무를 추가하였다.

2. 제도의 취지180)

가맹사업법 제정 전에는 가맹사업거래의 공정한 거래질서가 확립되지 않아 가맹본부가 허위·과장광고 등을 통해 가맹점을 모집한 후 가맹금을 갖고 도주하거나 부실한 가맹본부의 행위 등으로 인하여 피해를 보게 되는 가맹희망자나 가맹점사업자가 점점 늘어나 사회적 문제가 되고 있었다. 반면에 이러한 피해를 예방하거나 구제하기 위하여 필요한 전문가의 조력을 받기에는 문턱이 너무 높은 것이 현실이었다.

2001년 Korea Research의 조사결과에 따르면 조사대상 가맹점사업자의 86.3%가 프랜차이즈시장의 법률과 경영전문가인 가맹거래사제도의 도입을 원하는 것으로 조사되었다. 소자본창업자들이 저렴한 비용으로 필요한 법률 및 사업에 대한 컨설팅을 받을 수 있도록 할 필요성이 커지고 있었던 것이다. 이에 따라 가맹사업법의 제정과 동시에 가맹거래사가 공정거래위원회 소관의 국가자격시험으로 배출되기 시작하였다. 가맹거래사제도는 위와 같이 우리나라의 특수한 사정에 근거한 제도로 가맹희망자나 가맹점사업자 그

180) 김후중, 가맹사업법 이해와 실무(무역경영사, 2008년), 제131면.

리고 가맹본부 등은 자신들이 필요로 하는 가맹사업에 대한 경영 및 법률지식이나 정보를 일정한 자격을 갖춘 전문가인 가맹거래사로부터 비교적 저렴한 비용으로 받을 수 있게 되었다.

Ⅱ. 가맹거래사의 자격

1. 자격요건

가맹거래사의 자격을 취득하기 위하여는 공정거래위원회가 실시하는 가맹거래사 자격시험에 합격한 후 대통령령이 정하는 바에 따라 실무수습을 마쳐야 한다(법 제27조 제1항). 공정거래위원회는 가맹거래사의 자격을 갖춘 자에게 자격증을 교부한다(법 시행령 제31조 제1항).

2. 결격사유

다음의 어느 하나에 해당하는 자는 가맹거래사가 될 수 없다(법 제27조 제2항).

(1) 미성년자 · 금치산자 또는 한정치산자

(2) 파산선고를 받고 복권되지 아니한 자

(3) 금고 이상의 실형의 선고를 받고 그 집행이 종료(종료된 것으로 보는 경우를 포함한다)되거나 집행을 받지 아니하기로 확정된 후 2년이 경과되지 아니한 자

(4) 금고 이상의 형의 집행유예를 받고 그 집행유예기간 중에 있는 자

(5) 가맹거래사의 등록이 취소된 날부터 2년이 경과되지 아니한 자

Ⅲ. 가맹거래사 자격시험

1. 시험의 실시

공정거래위원회는 가맹거래사 자격시험(이하 "시험"이라 한다)을 제1차 시험과 제2차 시험으로 구분하여 매년 1회 이상 실시한다(법 시행령 제28조 제1항).

2. 시험의 공고

공정거래위원회는 시험을 시행하고자 할 때에 시험의 일시 · 장소 · 방법 · 과목 · 응시자격 및 응시절차 등 필요한 사항을 시험시행일 30일 전에 신문 등의 자유와 기능보장에 관한 법률 제12조 제1항에 따라 전국을 보급지역으로 등록한 일반일간신문 등에 공고하여야 한다(법 시행령 제28조 제2항).

3. 시험의 응시 및 일부면제

제2차 시험은 제1차 시험에 합격한 자 또는 제1차 시험을 면제받은 자에 한하여 응시할 수 있으며(법 시행령 제28조 제3항), 제1차 시험에 합격한 자에 대하여는 다음 회의 시험에 한하여 제1차 시험을 면제한다(법 시행령 제28조 제6항).

4. 시험방법

제1차 시험은 선택형으로 하되 기입형을 가미할 수 있으며, 제2차 시험은 논문형으로 하되 기입형을 가미할 수 있다(법 시행령 제28조 제4항).

5. 시험과목

제1차 시험 및 제2차 시험의 과목은 [별표 3]과 같다(법 시행령 제28조 제5항).

[별표 3] 〈개정 2008. 1. 31.〉

가맹거래사 시험과목(제28조 제5항 관련)

구분	시험과목
1차 시험	○ 경제법[독점규제 및 공정거래에 관한 법령(제3장 기업결합의 제한 및 경제력집중의 억제를 제외한다) 및 약관의 규제에 관한 법령] ○ 민법(제1편 총칙, 제2편 물권 및 제3편 제2장 계약만 해당한다) ○ 경영학
2차 시험	○ 가맹사업거래의 공정화에 관한 법령 및 실무 ○ 가맹계약에 관한 이론 및 실무

6. 합격자 결정

시험의 합격자는 매 과목 100점을 만점으로 하여 매 과목 40점 이상, 전 과목 평균 60점 이상을 득점한 자로 한다(법 시행령 제28조 제7항). 공정거래위원회는 시험의 합격자가 결정된 때에는 이를 관보에 게재하고, 합격자에 대하여는 합격증서를 교부하여야 한다(법 시행령 제28조 제8항).

7. 응시자격의 정지

시험에서 부정행위를 한 자에 대하여는 그 시험을 정지하거나 무효로 하고, 그 시험시행일부터 3년간 응시자격을 정지한다(법 시행령 제28조 제9항).

8. 가맹거래사시험위원회

시험의 응시자격, 시험방법, 시험문제의 출제, 시험합격자의 결정 등 시험의 시행에 관하여 필요한 사항을 심의하기 위하여 공정거래위원회에 가맹거래사시험위원회를 둘 수 있다(법 시행령 제28조 제10항).

9. 기타 필요한 사항

그 밖에 시험관리에 관하여 필요한 사항은 공정거래위원회가 정하여 고시한다(법 시행령 제28조 제11항).

Ⅳ. 가맹거래사의 업무와 책임

1. 가맹거래사의 업무

가맹거래사는 다음 각 호의 사항에 관한 업무를 수행한다(법 제28조).

(1) 가맹사업의 사업성에 관한 상담이나 검토
(2) 정보공개서와 가맹계약서의 작성 및 수정에 관한 상담이나 자문
(3) 가맹점사업자의 부담, 가맹사업 영업활동의 조건 등에 관한 상담이나 자문
(4) 가맹사업당사자에 대한 교육 · 훈련에 관한 상담이나 자문
(5) 가맹사업거래 분쟁조정 신청의 대행
(6) 정보공개서 등록 신청의 대행

2. 가맹거래사의 책임

가맹거래사는 성실히 직무를 수행하며 품위를 유지하여야 하며, 직무를 수행함에 있어서 고의로 진실을 감추거나 허위의 보고를 하여서는 아니 된다(법 제30조).

Ⅴ. 가맹거래사의 등록·등록취소 및 자격정지

1. 가맹거래사의 등록 등

가. 등록

(1) 가맹거래사 자격이 있는 자가 가맹거래사의 업무를 개시하고자 하는 경우에는 대통령령이 정하는 바에 따라 공정거래위원회에 등록하여야 한다(법 제29조 제1항). 이에 따라 가맹거래사 등록을 하려는 자는 공정거래위원회가 정하는 바에 의하여 등록신청서를 공정거래위원회에 제출하여야 한다(법 시행령 제32조 제1항).

(2) 공정거래위원회는 가맹거래사 등록신청이 있는 때에는 가맹거래사등록부에 다음의 사항을 기재하고 신청인에게 등록증을 교부하여야 한다(법 시행령 제32조 제2항).

① 가맹거래사의 주소 · 성명 및 주민등록번호
② 사무소의 명칭 및 소재지
③ 등록번호
④ 그 밖에 공정거래위원회가 정하는 사항

(3) 가맹거래사 등록을 한 자가 교부받은 등록증을 잃어버리거나, 그 등록증이 못쓰게 된 경우에는 재교부신청서를 공정거래위원회에 제출하여야 하며(법 시행령 제32조 제3항), 등록증의 재교부를 받은 후 잃어버렸던 등록증을 발견한 때에는 지체 없

이 이를 반환하여야 한다(법 시행령 제32조 제4항).

나. 등록의 갱신

등록을 한 가맹거래사는 공정거래위원회가 정하는 바에 따라 5년마다 등록을 갱신하여야 한다(법 제29조 제2항). 갱신등록을 하지 아니한 가맹거래사는 그 자격이 정지된다(법 제31조 제2항).

다. 가맹거래사 표시행위 금지

등록을 한 가맹거래사가 아닌 자는 가맹거래사임을 표시하거나 이와 유사한 용어를 사용하여서는 아니 된다(법 제29조 제3항).이를 위반하여 가맹거래사임을 표시하거나 유사한 용어를 사용한 자에게는 300만 원 이하의 과태료를 부과한다(법 제43조 제7항).

2. 가맹거래사의 등록취소(법 제31조 제1항)

가. 필요적 등록취소사유

공정거래위원회는 등록을 한 가맹거래사가 다음의 어느 하나에 해당하는 경우에는 그 등록을 취소하여야 한다.

(1) 허위 그 밖의 부정한 방법으로 등록 또는 갱신등록을 한 경우

(2) 가맹사업법 제27조 제2항에 의한 가맹거래사의 결격사유에 해당하는 경우

☞ 가맹사업법 제27조 제2항

② 다음 각 호의 어느 하나에 해당하는 자는 가맹거래사가 될 수 없다.
1. 미성년자 · 금치산자 또는 한정치산자
2. 파산선고를 받고 복권되지 아니한 자
3. 금고 이상의 실형의 선고를 받고 그 집행이 종료(종료된 것으로 보는 경우를 포함한다)되거나 집행을 받지 아니하기로 확정된 후 2년이 경과되지 아니한 자
4. 금고 이상의 형의 집행유예를 받고 그 집행유예기간 중에 있는 자
5. 제31조의 규정에 의하여 가맹거래사의 등록이 취소된 날부터 2년이 경과되지 아니한 자

나. 상대적 등록취소사유

공정거래위원회는 등록을 한 가맹거래사가 다음의 어느 하나에 해당하는 경우에는 그 등록을 취소할 수 있다.

(1) 업무수행과 관련하여 알게 된 비밀을 다른 사람에게 누설한 경우
(2) 가맹거래사 등록증을 다른 사람에게 대여한 경우
(3) 업무수행과 관련하여 고의 또는 중대한 과실로 다른 사람에게 중대한 손해를 입힌 경우

3. 가맹거래사의 자격정지(법 제31조 제2항)

갱신등록을 하지 아니한 가맹거래사는 그 자격이 정지된다. 이 경우 공정거래위원회가 고시로서 정하는 바에 따라 보수교육을 받고 갱신등록을 한 때에는 그 때부터 자격이 회복된다.

Ⅵ. 가맹사업거래에 대한 교육 등

1. 공정거래위원회의 업무수행

공정거래위원회는 공정한 가맹사업거래질서를 확립하기 위하여 다음 각 호의 업무를

수행할 수 있다(법 제31조의2 제1항).

가. 가맹본부에 대한 교육 · 연수

나. 가맹희망자 및 가맹점사업자에 대한 교육 · 연수

다. 가맹거래사에 대한 교육 · 연수(제27조 제1항에 따른 실무수습을 포함한다)

라. 가맹본부가 이 법을 자율적으로 준수하도록 유도하기 위한 자율준수프로그램의 보급 · 확산

마. 그 밖에 공정한 가맹사업거래질서 확립을 위하여 필요하다고 인정하는 업무

2. 업무의 위탁

가. 공정거래위원회는 가맹사업법 제31의2조 제1항의 업무를 대통령령으로 정하는 시설 · 인력 및 교육실적 등의 기준에 적합한 법인으로서 공정거래위원회가 지정하는 기관 또는 단체(이하 "교육기관 등"이라 한다)에 위탁할 수 있다(법 제31조의2 제2항).

☞ 대통령령으로 정하는 시설 · 인력 및 교육실적 등의 기준([별표 4])

[별표 4] 〈신설 2008. 1. 31.〉

교육기관 등의 지정기준(제32조의2 관련)

1. 시설 기준

가. 바닥 면적이 150㎡ 이상으로서 집합교육을 할 수 있는 1개 이상의 강의실을 두어야 한다. 다만, 강의실은 교육기관 등이 직접 소유하거나 교육이 진행되는 기간 동안 계속하여 임차하여야 한다.

나. 10명 이상이 동시에 영상교육을 받을 수 있는 시설을 갖추어야 한다.

2. 인력 기준

가. 법 제31조의2 제1항 제1호부터 제3호까지의 업무를 수행하는 전임강사를 1명 이상 두어야 한다.

나. 가목의 전임강사는 다음 어느 하나에 해당하는 자로 한다.

1) 대학에서 법학 · 경제학 · 경영학 중 한 가지 이상을 전공한 자로서 고등교육법 제2조에 따른 학교나 공인된 연구기관에서 전임강사 이상 또는 이에 상당하는 직에 재직 중이거나 그 직에 있었던 자

2) 판사나 검사의 직에 있었던 자 또는 변호사의 자격이 있는 자

3) 가맹거래사로 등록한 자
4) 가맹사업거래 관련 업무를 5년 이상 수행한 자
5) 공정거래위원회에서 5급 이상의 직에 5년 이상 근무한 경력이 있는 자(재직 중인 자는 제외한다)
다. 관리직원은 3명 이상 두어야 한다.

3. 교육실적 기준(다음 각 목의 어느 하나만 충족하면 기준을 만족하는 것으로 본다)
가. 지정일 바로 전 3년 동안 가맹본부 50개 이상이나 가맹희망자 및 가맹점사업자 100명 이상, 또는 가가맹거래사 30명 이상의 교육 · 연수를 수행한 실적이 있을 것
나. 지정일 바로 전 3년 동안 가맹사업 관련 분쟁조정 실적이 30건 이상일 것
다. 고등교육법 제2조에 따른 학교로서 지정일 바로 전 3년 동안 [별표 3]에 열거된 가맹거래사 시험과목 중 한 가지 이상을 매 학기 개설할 것

나. 교육기관 등은 가맹사업법 제31조의2 제1항의 업무를 수행하는 데 필요한 재원을 조달하기 위하여 수익사업을 할 수 있다(법 제31조의2 제3항).

3. 지정의 취소 및 효력정지

공정거래위원회는 교육기관 등이 가맹사업법 제31조의2 제1항의 업무를 충실히 수행하지 못하거나 대통령령으로 정하는 기준에 미치지 못하는 경우에는 지정을 취소하거나 3개월 이내의 기간을 정하여 지정의 효력을 정지할 수 있다(법 제31조의2 제4항).

4. 기타 필요한 사항

교육기관 등의 지정절차 및 방법, 가맹사업법 제31조의2 제3항에 따른 수익사업 등에 관하여 필요한 사항은 공정거래위원회가 정하여 고시한다(법 제31조의2 제5항).

부록

□ 정보공개서 작성실무

1. 정보공개서 작성

가. 취지

가맹희망자가 가맹계약 체결여부 및 가맹사업을 통한 수익 또는 위험을 미리 예측할 수 있도록 하여 가맹점사업자의 피해를 방지하고, 당사자 간 분쟁방지가 그 목적이다

나. 정보공개서

(1) 의의: 가맹본부의 사업현황, 임원의 경력, 가맹점사업자의 부담, 영업활동의 조건, 가맹점사업자에 대한 지원 · 교육 · 지도 · 통제, 가맹계약의 해제 · 해지 · 해지 · 갱신 그 밖에 해당 가맹사업에 관하여 대통령령이 정하는 사항을 수록하여 책자로 편철한 문서를 말한다(법 제2조 제10호).

(2) 구체적 기재사항

① 일반현황, ② 가맹사업현황, ③ 법위반사실, ④ 가맹점사업자의 부담, ⑤ 영업활동 조건 및 제한, ⑥ 영업개시절차 및 소요기간, ⑦ 교육 및 훈련에 관한 사항

2. 정보공개서의 작성방법

가. 작성원칙

공정거래위원회는 가맹본부가 정보공개서를 작성 시에는 아래와 같은 원칙에 따라 정

보공개서를 작성하도록 하고 있다.

(1) 정보공개서는 가맹희망자나 가맹점사업자의 입장에서 읽기 쉽도록 작성하여야 한다.
(2) 정보공개서는 그 내용이 명확하도록 기재사항별로 나누어 작성하되 모호한 표현을 사용하여서는 아니 된다.
(3) 정보공개서는 구체적인 표현을 사용하여 자세히 작성하여야 한다.
(4) 정보공개서에 사용하는 용어는 일상에서 쓰는 말(구어체), 짧은 말(단문), 능동태로 표현된 말이어야 하며, 법률용어, 전문가 수준의 용어, 다중 부정어 등은 최대한 사용을 자제하여야 한다.
(5) 정보공개서는 읽는 사람의 이해를 쉽게 하기 위하여 표, 그림, 그래프 등 시각적 효과를 높이는 도구를 가능한 많이 사용하고 중요한 내용은 별도의 색상, 글꼴, 글씨 크기 등으로 작성하여야 한다.
(6) 정조공개서의 내용 중 사실과 가맹본부의 의견(전망, 예상, 추정 등을 포함한다)은 분리하여 작성하여야 한다. 증명자료 등 확인이 가능한 부분과 가맹본부의 단순한 전망, 예상, 추정 등을 분리하여 작성함으로써 가맹희망자의 오인가능성을 줄여야 한다.
(7) 정보공개서는 그 자체로 완결된 문서여야 하며, 다른 자료 내용을 인용하거나 보충자료가 필요한 경우에는 정보공개서에 그 내용을 기재하고 자료나 보충자료를 별첨하여야 한다. 그러나 가급적 계약서나 첨부자료를 인용하는 것은 자제하고 정보공개서에 모든 내용이 완결된 형태로 담기도록 하여야 한다.
(8) 정보공개서는 가맹계약서의 관련 내용과 일치하도록 작성하여야 한다. 특히 가맹점사업자의 권리와 의무의 내용이 가맹계약서와 다를 경우 허위기재로 판명되면 정보공개서가 등록이 거부되거나 취소될 수 있으므로 유의하여야 한다.

나. 작성요령 및 유의사항

(1) 표지 · 목차 · 내용의 구분 기재

정보공개서는 표지 · 목차 및 정보공개사항으로 구성하되 그 내용이 명확하고 구체적이며 가맹희망자가 이해하기 쉽도록 가맹사업별로 별도의 문서로 작성되어야 한다. 표지를 첫 장으로 하여 다음 장에 목차를 기재하고, 그 다음 장부터 정보공개사항이라는 제목 하에 가맹사업 시행령 제4조 제1항 [별표 1]의 기재사항 순서대로 구분하여 작성하는 것이 원칙이다. 가맹본부는 가맹사업의 경영에 필요한 내용으로서 법에서 정한 정보공개서의 내용 이외에 가맹본부가 가맹사업거래를 위하여 필요한 사항을 정보공개서에 추가하여 기재할 수 있다. 다만, 가맹본부가 임의로 기재사항을 변경하거나 순서를 바꾸는 행위는 하지 않는 것이 바람직하다.

1) 표지

표지는 해당 가맹사업의 유형, 가맹본부의 영업표지 등 정보공개서의 성격을 한눈에 알아 볼 수 있도록 하는 얼굴이라고 할 수 있다. 제목, 가맹본부의 상호, 영업표지, 주된 사무소의 소재지, 홈페이지 주소, 연락처 및 정보공개서의 등록번호 등을 일정한 구도에 맞게 간단히 표기하면 된다. 구도는 깔끔하고 복잡하지 않게 배치하여 가맹본부의 이미지를 향상시킬 수 있도록 하는 것이 바람직하다. 또한 회사의 비밀유지 경고문을 포함하여 이를 위반할 경우 계약해지 및 손해배상을 청구할 수 있다는 내용을 표시하는 편이 바람직하다.

2) 목차

목차는 정보공개사항을 일목요연하게 표시하는 것으로서 가맹희망자가 원하는 사항을 쉽게 찾을 수 있도록 하는 역할을 한다. 목차를 너무 세부적으로 작성하게 되면 번잡해질 수 있는 반면, 너무 간단히 작성하게 되면 작성취지가 몰각될 우려가 있으므로 중간목차까지는 표시하는 것이 좋으며, 해당 목차의 페이지를 명기하는 것이 바람직하다.

3) 정보공개사항

정보공개사항은 가맹사업법 시행령 제4조 제1항 [별표 1]에 규정한 내용 등을 담아야 한다. 정보공개사항은 가맹희망자간 해석의 여지를 남기거나 분쟁의 소지가 없도록 되도록 간결하고 쉬운 문체로 명확하고 구체적으로 작성하여야 한다. 가맹희망자가 오인할 수 있는 표현을 쓰거나 가맹사업에 대한 사업성판단을 할 수 없을 정도로 포괄적으로 기재하는 것은 피해야 한다.

정보공개서는 가맹사업법 시행령 제4조 제1항 [별표 1]에 따른 기재사항 순서대로 작성하는 것이 바람직하며, 정보공개사항을 임의로 변경 또는 삭제하여서는 아니 된다. 정보공개서 작성 시 해당 기재사항에 관련된 내용이 없는 경우에는 "해당사항 없음" 등으로 표시하여야 하며, 표시하지 않을 경우 기재사항 누락으로 간주될 수 있다.

(2) 등록신청 준비서류

신규등록신청서(별지 제1호)+α(각종 서류들)를 공정거래위원회에 제출하여야 한다(법 시행령 제5조의2 제1항).

㉠ 정보공개서(문서형태의 정보공개서와 함께 정보통신망 이용촉진 및 정보보호 등에 관한 법률 제2조 제1항 제1호에 따른 정보통신망을 이용하여 전자적 파일을 제출하여야 한다) ㉡ 바로 전 3개 사업연도의 대차대조표 및 손익계산서(가맹본부가 재무제표를 작성하지 아니하는 경우에는 바로 전 3개 사업연도의 매출액을 확인할 수 있는 서류) ㉢ 바로 전 사업연도 말 현재 운영 중인 직영점 및 가맹점 목록(대표자, 소재지, 가맹계약체결일, 전화번호를 기재) ㉣ 가맹계약서 양식 사본 ㉤ 바로 전 사업연도 말 현재 근무 중인 임직원 수를 확인할 수 있는 서류 ㉥ 그 밖에 정보공개서 내용과 관련 있는 서류로서 공정위가 요구하는 서류

(3) 정보공개서의 사전제공

정보공개서는 반드시 가맹계약의 체결이나 가맹금의 일부수령일보다 14일(변호사나 가맹거래사의 자문을 받은 경우 7일) 이상 먼저 제공하여야 한다.

(4) 전문가의 자문

정보공개서는 각 가맹본부마다 특색 있는 사업내용에 관한 사업현황, 가맹본부에 관한 일반현황 그리고 가맹점사업자의 영업활동에 관한 조건이나 제한 및 가맹점사업자에 대한 부담 등 가맹사업거래당사자 간의 권리 · 의무에 관한 사항 등으로 구성되어 있다. 이러한 정보공개서에 기재된 내용들이 허위 · 과장되거나 누락되는 경우 법에 의한 제재가 예상되므로 심사숙고하여 작성하여야 한다.

공정위는 표준정보공개서의 작성 시 주의사항 가운데 특히 <가맹점사업자의 영업활동의 조건과 제한> 항목은 가맹본부의 불공정거래행위와 관련될 수 있으므로 최대한 자세히 기재할 것을 당부하면서 정보공개서에 정확하게 기재되지 않거나 기재하더라도 지나치게 가맹점사업자의 영업활동을 제한하는 경우 가맹사업법에 따라 처벌될 수 있으므로 법률자문을 거침 후에 작성할 것을 권장하고 있다.

(5) 정보공개서 제공확인서

가맹본부는 정보공개서를 제공하기에 앞서 정보공개서를 제공한 날을 명확히 하기 위하여 일정한 서식에 따른 정보공개서 제공확인서를 가맹희망자로부터 제출받아 두는 것이 바람직하다.

정보공개서 제공확인서에는 아래의 내용들이 기재되어 있어야 하며, 가맹본부와 가맹희망자는 정보공개서 제공확인서를 작성하여 1부씩 보관할 수 있다.

① 정보공개서를 제공한 날
② 정보공개서를 작성한 날
③ 제공한 정보공개서의 주요 목차
④ 정보공개서를 제공받았다는 사실
⑤ 가맹희망자의 성명 · 주소 및 전화번호
⑥ 가맹본부 및 가맹희망자의 서명 또는 기명날인

(6) 정보공개서 등록절차

① 접수 및 배분: 즉시
② 심사(필요 시 보완): 신규등록 30일(변경등록 20일)
③ 등록공문 통지: 즉시
④ 공개: 공문발송 후 14일 후

(7) 정보공개서 접수절차

구 분	인터넷 접수(신규접수만 가능)	방문 및 우편접수(신규 및 변경접수)
접수방법	■ 홈페이지(http://franchise.ftc.go.kr) ■ 가맹본부 회원 가입 ■ 필요한 자료 입력 후 정보공개서 등 파일 첨부 ■ 신규등록신청서, 정보공개서 문서 및 온라인상으로 미제출한 서류를 우편으로 반드시 송부하여야 접수가 완료됨.	■ 제출서류: 신청서, 정보공개서(문서형태와 파일), 기타 구비서류 ■ 정보공개서는 반드시 문서와 파일을 함께 제출 ■ 복수의 영업표지(브랜드)의 경우 신청서, 정보공개서, 기타 서류 각각 제출 ■ 담당자 연락처(휴대전화, 전자우편 포함) 반드시 제출
특징	접수번호는 자동부여되나 정보공개서 파일 첨부와 신청서와 문서도착 시 접수 완료됨.	접수완료(접수번호 부여 및 담당자 배정)

☞ 변경 신청 시 주의사항

■ 변경된 정보공개서 문서 전체를 파일과 함께 제출할 것

1) 신청서만 제출 시 접수 불가
2) 복수의 영업표지(브랜드)의 경우 신청서, 정보공개서 그 밖의 서류를 각각 별도로 제출할 것
3) 변경된 부분만 제출하는 경우는 미접수 처리되므로 주의하여야 한다.
4) 변경된 내용은 신청서에 기재하되, 내용이 많은 경우는 변경 전후를 대비시켜서 별지에 요약 기재

다. 공정거래위원회의 심사

(1) 형식적 심사원칙

시행령 [별표 1]에 따른 기재사항을 모두 기재한 경우 원칙적으로 정보공개서를 등록 처리한다. 다만, 일부항목의 경우 내용심사를 병행하게 되며, 제출서류와 내용이 다른 경우 해당 내용의 보완 및 변경을 요구하게 된다.

(2) 심사 및 등록증 발급

공정거래위원회에 접수한 순서에 따라 심사를 진행하게 되며, 해당 내역에 대한 보완 요구에 빨리 응한 가맹본부는 우선 심사한다. 그리고 정보공개서의 등록증 발급은 일괄적으로 처리할 계획을 가지고 있다.

3. 표준정보공개서

공정거래위원회는 정보공개서의 표준양식을 정하여 가맹본부 또는 가맹본부로 구성된 사업자단체에게 그 사용을 권장함으로써 가맹희망자에게 실효적인 정보공개서를 제공하고 가맹본부의 업무편의를 높이며 나아가 가맹사업의 공정한 거래관행의 정착을 목적으로 '정보공개서 표준양식에 관한 고시'를 제정하였다. 다만 공정거래위원회가 고시한 표준정보공개서는 정보공개서의 기재사항을 구체적으로 예시한 것에 불과하고 가맹본부의 정보공개서 작성의무와 관련하여 별도의 법적 효력을 갖지 아니한다고 하면서 가맹본부는 표준정보공개서 등의 내용을 자신이 영위하는 가맹사업에 맞도록 변경하여 사용할 것을 당부하고 있다.

〈별지 서식〉

※ 정보공개서는 **영업표지(브랜드) 별로 작성 · 등록**하여야 합니다.
※ 목차는 가맹본부에 맞게 더 자세하게 나누십시오.
※ 이하의 내용은 공정거래위원회가 가상의 가맹본부를 상정하여 작성한 것입니다. 본 표준정보공개서를 사용하려는 가맹본부는 자신의 상황에 맞게 내용을 작성하시고, 특히 대괄호([ ]) 안의 내용은 가맹본부의 영업방침에 따라 수정하시기 바랍니다. 또한, **해당되는 사항이 없는 경우에도 반드시 "해당 없음.", "그러한 사실이 없습니다." 등으로 일반인이 알기 쉽게 표시**하십시오. 아무 표시가 없는 경우 정보공개서 **기재사항을 누락한 것으로 간주합니다.**
※ 본문 내용 중 보충설명이 필요한 부분에는 **점선으로 된 글상자** 안에 그 내용을 기재하였으니 참고하십시오.
※ **객관적인 사실에 근거하지 않거나 계약서의 관련 내용과 다른 사항**이 정보공개서에 기재될 경우 **관련법에 따라 처벌**될 수 있으니 주의하시기 바랍니다.
※ 표준정보공개서는 가맹사업법령에 따른 정보공개서 기재사항을 모두 포함하고 있으나 본 양식을 사용한 것만으로 정보공개서 등록이 항상 이루어지는 것은 아니므로 **법적 검토를 하신 후 사용**하시기를 부탁드립니다.

[가맹본부의 로고가 있는 경우 로고]

[정보공개서 등록번호]
[정보공개서 최초 등록일]
[정보공개서 최종 등록일]

[가맹본부의 홈페이지 주소 및 대표 이메일 주소]

[가맹희망자가 운영하게 될 영업표지(브랜드명)]

정 보 공 개 서

[가맹본부명]은 가맹사업거래의 공정화에 관한 법률 제7조 및
같은 법 시행령 제4조 제1항에 따라 귀하에게 이 정보공개서를 드립니다.

20 . . .

[가맹본부명]

<주 의 사 항>

이 정보공개서는 귀하께서 체결하려는 가맹계약 및 해당 가맹사업에 대한 전반적인 정보를 담고 있으므로 그 내용을 정확하게 파악한 후에 계약체결 여부를 결정하시기 바랍니다.

가맹사업거래의 공정화에 관한 법률에 따라 가맹희망자에게는 정보공개서의 내용을 충분히 검토하고 판단할 수 있도록 일정한 기간이 주어집니다. 따라서 이 **정보공개서를 제공받은 날부터 14일(변호사나 가맹거래사의 자문을 받은 경우에는 7일)이 지날 때까지는 가맹본부가 귀하로부터 가맹금을 받거나 귀하와 가맹계약을 체결할 수 없습니다.**

이 정보공개서는 법령이 정한 기재사항을 담고 있는 것에 불과하며 그 **내용의 사실 여부를 정부에서 모두 확인한 것은 아닙니다.** 또한, 귀하께서는 어디까지나 **가맹계약서의 내용에 따라 가맹사업을 운영하게 되므로 정보공개서의 내용에만 의존하여서는 아니 됩니다.**

귀하께서 **가맹계약서에 서명하는 순간**부터 그 내용에 구속됩니다. 따라서 충분한 시간을 갖고 정보공개서나 가맹계약서의 내용을 검토하시고 **기존 가맹점사업자를 방문하여 얻은 정보**에 근거하여 가맹본부의 신뢰성을 판단하도록 하십시오.

가맹사업은 **법률, 회계, 경영** 등 다양한 분야의 지식이 필요한 분야이므로 **가맹거래사 등 전문가의 자문을 받는 것을 권장**합니다. 귀하가 과거 사업경력이 없는 경우 관련 업종에서 경험을 쌓아 경영 수행 능력을 갖출 필요가 있습니다.

마지막으로 사업 초기에 많은 자금이 소요되므로 **귀하의 재정상태를 확실히 점검**한 다음 창업에 임하시기 바랍니다.

[가맹본부의 주된 사무소의 소재지]
[가맹본부의 대표전화번호]
[가맹본부의 대표팩스번호]
[가맹사업 담당부서 및 전화번호]

목　차

< 정보공개서를 읽기 전에 >

◇ 정보공개서는 가맹본부의 자료에 기초하여 작성된 것이므로 귀하가 실제 운영할 사업 내용과는 **차이가 있을 수 있습니다.** 따라서 사전에 충분히 **내용의 타당성을 검토**하고 별다른 문제가 없는 경우에 가맹계약을 체결하여야 합니다.

◇ 정보공개서의 내용을 이해하기 위해서는 일정한 법률 지식이 필요합니다. 이해가 가지 않는 부분은 가맹본부 측에 **충분한 설명을 요구**하고 필요한 경우 **가맹거래사나 변호사 등 전문가에게 자문을 요청**하는 것이 바람직합니다.

◇ 가맹본부로부터 제공받은 정보공개서와 공정거래위원회에 등록한 정보공개서를 비교하여 다른 내용이 있는 경우 공정거래위원회(http://franchise.ftc.go.kr)에 알려 주시기 바랍니다.

◇ 정보공개서 기재사항에 허위·과장된 정보가 포함된 경우에는 그 사실을 **공정거래위원회**nchise.ftc.go.kr)로 신고하실 수 있습니다.

◇ 가맹사업거래의 공정화에 관한 법률에 따라 정보공개서와 함께 귀하가 창업하려고 하는 **점포 예정지 인근 10곳의 정보(가맹점명, 대표자, 소재지, 전화번호)**를 제공받아야 합니다. 인근 점포를 직접 방문하셔서 가맹본부를 신뢰할 수 있는지 확인하시기 바랍니다.

◇ 가맹본부와 상담하기 전 창업희망자가 알아야 할 **10가지 필수사항**을 확인하시고 가맹사업법 관련 조항도 찾아보십시오.
(http://ftc.go.kr/data/hwp/20080306_103723.hwp)
(http://www.ftc.go.kr/laws/laws/laws.jsp?lawDivCd=08)

◇ 가맹본부와 분쟁이 발생한 경우 정보공개서는 중요한 단서가 될 수 있습니다. **정보공개서를 계약서와 함께 잘 보관하십시오.**

I. 가맹본부의 일반 현황

1. 가맹본부의 일반 정보

당사의 일반 정보는 다음과 같습니다.

<table>
<tr><th>상호</th><th>영업표지</th><th colspan="4">주 소</th></tr>
<tr><td rowspan="4">(주)공정위</td><td>반포삼겹살 외 1개</td><td colspan="4">서울시 서초구 반포로 9999번지</td></tr>
<tr><td>법인 설립등기일①</td><td>사업자등록일</td><td>대표자</td><td>대표전화번호</td><td>대표팩스번호</td></tr>
<tr><td>1999. 3. 15.</td><td>1999. 3. 17.</td><td>김공정</td><td>02 - 1234 - 5678</td><td>02 - 1234 - 5679</td></tr>
<tr><td>법인등록번호</td><td colspan="2">111111 - 2222222</td><td>사업자등록번호</td><td>123 - 45 - 67890</td></tr>
</table>

① 개인사업자의 경우 법인 설립등기일 란에 "개인사업자"로 표기합니다.

2. 특수관계인※의 일반 정보

당사의 최근 3년 동안 특수관계인의 일반 정보는 다음과 같습니다.

<table>
<tr><th>관계</th><th>이름/상호①</th><th>영업표지</th><th colspan="3">주 소</th></tr>
<tr><td rowspan="3">배우자</td><td rowspan="3">이친절
(주)서초건강</td><td rowspan="3">1004건강</td><td colspan="3">서울시 서초구 강남대로 10000번지</td></tr>
<tr><td>대표자②</td><td>대표전화번호</td><td>대표팩스번호</td></tr>
<tr><td>백철민</td><td>02 - 2000 - 9999</td><td>02 - 2000 - 8888</td></tr>
<tr><th>관계</th><th>이름/상호</th><th>영업표지</th><th colspan="3">주 소</th></tr>
<tr><td rowspan="3">사용인(임원)</td><td rowspan="3">최거래</td><td rowspan="3">반포삼겹살</td><td colspan="3">서울시 서초구 반포로 9999번지</td></tr>
<tr><td>대표자</td><td>대표전화번호</td><td>대표팩스번호</td></tr>
<tr><td>-</td><td>02 - 1234 - 5678</td><td>02 - 1234 - 5679</td></tr>
<tr><th>관계</th><th>이름/상호</th><th>영업표지</th><th colspan="3">주 소</th></tr>
<tr><td rowspan="3">사용인(임원)</td><td rowspan="3">송가맹</td><td rowspan="3">반포삼겹살</td><td colspan="3">서울시 서초구 반포로 9999번지</td></tr>
<tr><td>대표자</td><td>대표전화번호</td><td>대표팩스번호</td></tr>
<tr><td>-</td><td>02 - 1234 - 5678</td><td>02 - 1234 - 5679</td></tr>
</table>

<table>
<tr><th>관계</th><th>이름/상호</th><th colspan="2">영업표지④</th><th colspan="3">주 소</th></tr>
<tr><td rowspan="4">계열회사③</td><td rowspan="3">조정원(주)</td><td colspan="2" rowspan="3">잠원우동 외 1개</td><td colspan="3">서울시 서초구 잠원로 1234번지</td></tr>
<tr><td>대표자</td><td>대표전화번호</td><td>대표팩스번호</td></tr>
<tr><td>박조정</td><td>02 – 9876 – 5432</td><td>02 – 9876 – 5431</td></tr>
<tr><td colspan="2">법인등록번호</td><td colspan="2">333333 – 4444444</td><td>사업자등록번호</td><td>987 – 65 – 43210</td></tr>
<tr><td rowspan="4">계열회사⑤</td><td rowspan="3">나도해(주)</td><td colspan="2" rowspan="3">삼겹구어</td><td colspan="3">서울시 서초구 반포로 7777번지</td></tr>
<tr><td>대표자</td><td>대표전화번호</td><td>대표팩스번호</td></tr>
<tr><td>박협회</td><td>02 – 1234 – 3333</td><td>02 – 1234 – 3334</td></tr>
<tr><td colspan="2">법인등록번호</td><td colspan="2">777787 – 666666</td><td>사업자등록번호</td><td>123 – 45 – 67890</td></tr>
<tr><td>· · · ·</td><td colspan="2"></td><td colspan="2"></td><td></td><td></td></tr>
</table>

※ 특수관계인의 범위(가맹사업거래의 공정화에 관한 법률 시행령 [별표 1] 제2호 나목)
1) 다음에 해당하는 회사나 개인을 간추립니다.
   가) 가맹본부를 사실상 지배하고 있는 자: 임원 여부와 무관하게 실제로 의사결정을 하는 자를 의미
   나) 가)의 배우자, 6촌 이내의 혈족, 4촌 이내의 인척
   다) 가맹본부의 계열회사
   라) 가맹본부나 계열회사의 사용인: 임원 여부와 무관하게 가맹사업 경영에 실질적으로 참여하는 자를 의미
2) 1)에 해당하는 회사나 개인이 **최근 3년 이내에 가맹사업을 경영한 적이 있거나 현재 경영하고 있습니까?** **예→ 특수관계인에 해당** / 아니오→ 해당 없음.
3) 더 자세한 내용은 독점규제 및 공정거래에 관한 법률 시행령 제3조 제1호 및 제11조 제1호를 참고하십시오.

① 회사인 경우 상호를, 개인인 경우 이름을 기재합니다. 개인인 특수관계인이 다른 가맹본부의 임원인 경우 그 회사명도 표시합니다.
② 특수관계인이 가맹본부의 계열사이거나 다른 회사의 임원인 경우 그 회사의 대표자를 기재합니다.
③ 계열회사인 경우 법인등록번호 및 사업자등록번호를 기재합니다.
④ 특수관계인이 운영하는 영업표지가 복수인 경우 대표 영업표지 1개 외 몇 개식으로 기재합니다.
⑤ 계열회사가 최근 3년 동안 가맹사업을 경영하였으나 폐업 등으로 정보공개서 등록 취소 등을 하고 더 이상 가맹사업을 경영하지 않는 경우에도 빠짐없이 기재합니다.

3. 가맹본부의 인수·합병 내역

당사는 최근 3년 동안 다음과 같이 다른 기업(가맹사업 영업표지를 포함하여 가맹사업을 경영한 기업)을 인수·합병(다른 기업의 가맹 관련 사업을 양수 또는 양도한 경우도 포함한다)하거나 다른 기업에 인수·합병된 적이 있습니다.

인수 · 합병 여부	기업명	영업표지	인수 · 합병일	주 소	대표자
가맹본부가 다른 기업을 인수함.	해당 없음.				
가맹본부가 다른 기업의 가맹사업 일부를 인수함.	해당 없음.				
다른 기업에 가맹사업 일부를 인도함.	청산별곡(주)	달려라 한입	2010. 11. 24.	강원도 ○○군 ○○로 ○○번지	나국어
다른 기업이 가맹본부를 합병함.	해당 없음.				

※ 기재기간: 최근 3년

4. 가맹희망자가 앞으로 경영할 가맹사업(앞으로 [반포삼겹살]이라 합니다)의 내용

귀하는 앞으로 아래 표에 따른 가맹사업을 경영하게 됩니다.

구 분	내 용	추가 설명
명 칭①	반포삼겹살	명칭의 유래 설명
상 호②	반포삼겹살 ○○점	
상표(서비스표)③	반포삼겹살	서비스표 등록번호: ○○○○○○○○○○○○
광 고④		
그 밖의 영업표지		

[반포삼겹살은…… 영업표지 홍보를 하고 사진 등의 자료도 첨부합니다.]※

※ 가맹본부의 로고, 간판 등의 그림을 기재하는 것도 가능합니다.
① 영업표지를 기재합니다.
② 가맹점이 사용하게 될 점포명을 기재합니다.
③ 상표법에 따라 등록한 상표(서비스표 포함)가 아니더라도 제3자의 입장에서 가맹본부의 영업표지가 경쟁사의 영업표지와 구별될 수 있는 표지(로고 포함)를 기재합니다.
④ 광고에 사용되는 캐릭터 등이 있으면 기재합니다.

5. 최근 3개 사업연도[①]의 대차대조표 및 손익계산서

1) 당사의 최근 3년 동안의 재무상황 요약은 다음과 같습니다.

(단위: 천 원, 부가세 미포함)

연 도	자산총계[②]	부채총계	자본총계	매출액	영업 이익	당기 순이익
2008년						
2009년						
2010년						

그 근거자료는 별첨 1과 같습니다. [**※ 대차대조표, 손익계산서 사본**은 가맹사업거래의 공정화에 관한 **법률 시행령에 따라 반드시 삽입**하셔야 합니다.]

① 정보공개서 최종 등록일에 따라 기재 기간이 달라집니다.
- 2011년에 등록할 경우: 2008~2010년도 대차대조표 및 손익계산서
- 2012년에 등록할 경우: 2009~2011년도 대차대조표 및 손익계산서
- 2013년 이후 등록할 경우: 직전 3개 사업연도의 대차대조표 및 손익계산서

* 주식회사의 외부감사에 관한 법률에 따라 외부감사의 대상이 되는 가맹본부(자산총액 70억 이상 주식회사, 주권 상장법인, 코스닥 상장법인)는 감사보고서상의 대차대조표 및 손익계산서를 기재하며, **그 내용을 임의로 수정하지 마십시오.**

② 자산, 부채, 자본의 경우 직전 사업연도 말일을 기준으로 기재합니다. 기재기간은 ①과 같습니다.

※ 대차대조표 및 손익계산서를 작성하지 않는 가맹본부는 최근 3개 사업연도의 매출액을 확인할 수 있도록 **부가가치세신고서 등의 증명서류**를 삽입합니다.
재무상황의 기재방법은 원칙적으로 **기업회계기준**을 따릅니다.

[당사는 [ ]년 [ ]월 개인사업자[법인사업자]에서 법인사업자[개인사업자]로 전환하였습니다. 따라서 ○○○○년도 이전은 법인사업자[개인사업자]로 전환하기 전 개인사업자[법인사업자]로서의 가맹본부 매출액이며, ○○○○년 이후에는 현재 법인사업자[개인사업자]의 매출액임을 알려드립니다.]

※ 가맹본부가 최근 3년 사업연도에 **개인사업자에서 법인사업자로 전환**하였거나 법인사업자에서 개인사업자로 전환한 경우 **전환 전 사업연도의 매출액**은 전환 전 **개인사업자**(또는 법인사업자)의 **매출액임을 반드시 추가 명기**하시기 바랍니다.

2) 당사의 최근 3년 동안의 가맹사업 관련 매출액① 은 다음과 같습니다.

당사의 가맹사업 관련 매출액

(단위: 천 원, 부가세 미포함)

영업표지②	연도	가맹사업 관련 매출액③④		
		매출액	상한	하한
반포 삼겹살	2008년			
	2009년			
	2010년			
과천보쌈	2008년			
	2009년			
	2010년			
……				

① 가맹본부가 가맹사업 이외의 사업을 경영하지 않아 **1)의 매출액과** 가맹사업 관련 매출액이 **같을 경우에는** 1)의 매출액과 **같음을 표기하고 추가로 기재하시지 않으셔도 됩니다.**
② 가맹본부가 다수의 영업표지를 경영하고 있을 경우에는 **영업표지별로 분류**하여 **기재**하시되, 분류가 어려울 경우에는 그 합계를 기재하실 수 있습니다.
③ 관련 매출액 근거자료 제시나 매출액 산정이 곤란할 경우, 추정된 매출액임을 밝히고 그 상한과 하한을 기재하셔야 합니다. 또한, 매출액 산정 시 그 산정기준을 제시하여야 합니다.
④ 직영점이 있을 경우에는 직영점 매출액도 포함하여 기재합니다.

[당사에서 추정한 가맹사업 관련 매출액은 당사 전체 매출액의 60%입니다.]

[당사는 가맹사업(반포삼겹살, 과천보쌈) 외, 육류 도매업도 하고 있으며, 당사의 매출액은 가맹사업별로 가맹점사업자들에게 공급하는 육류매출액과 육류 도매매출액으로 구성됩니다.

당사가 각 가맹사업 영업표지별로 가맹점사업자들에게 공급하는 육류의 매출액은 전체 매출액과 대비하여 60%에 해당하며, 가맹사업 관련 매출액 중 반포 삼겹살 가맹점사업자들에게 공급하는 육류매출액은 50%~52%이며, 과천보쌈 가맹점사업자들에게 공급하는 육류매출액은 48%~50%입니다. 따라서 관련 매출액은 반포삼겹살은 ○○○천 원과 ○○○천 원 사이에 있으며, 과천보쌈은 ○○○천 원과 ○○○천 원 사이에 있을 것으로 추정됩니다.

※ 가맹사업 관련 매출액을 산정(추정) 시 그 근거자료를 제시하시기 바랍니다.

6. 가맹본부의 임원[①] 명단 및 사업경력[②]

당사의 임원 내역은 다음과 같습니다.

관련 여부[③]	이름	현 직위	사업경력		
			기간[④]	직위	담당 업무
가맹사업 관련 임원	김공정	대표이사	2008. 1.~2009. 3.	AB학원(주) 상무	가맹점 관리
			2009. 3.~2009. 11.	AB학원(주) 전무	회계 · 자금
			2009. 11.~현재	(주)공정위 대표이사	회사 업무 총괄
	송가맹	감사	2008. 1.~2008. 5.	(주)가나식품 전무	가맹점 관리
			2008. 5.~현재	(주)공정위 감사	
가맹사업 비관련 임원	최거래	이사	2007. 6.~2009. 5.	한강대학교 교수	경영학
			2009. 5.~현재	(주)공정위 이사	경리
	……				

① 임원의 범위(자세한 내용은 독점규제 및 공정거래에 관한 법률 제2조 제5호를 참고하십시오.)
1) 이사 · 대표이사: 등기 여부를 불문
2) 업무집행을 하는 무한책임사원
3) 감사
4) 지배인 등 본점이나 지점의 영업전반을 총괄적으로 처리할 수 있는 상업사용인
5) 그 밖에 이에 준하는 사람

② 사업경력은 **시간 순서**에 따라 기재합니다. 동일한 기간에 여러 사업을 수행한 경우에는 **가맹사업과 관련된 내용을 우선 기재**하고 그 밖의 업무는 중요도를 고려하여 기재합니다.

③ 가맹본부의 임원이지만 가맹사업에 관여하지 않는 임원은 나누어 기재합니다.
④ 기재기간: 최근 3년
※ 임원의 **개인정보(집 주소, 집 전화번호, 휴대 전화번호, 주민등록번호, 생년월일 등)는 기재하지 않습니다.**

7. 바로 전 사업연도 말 임직원 수

당사의 바로 전 사업연도 말 임직원 수는 다음과 같습니다.

시 점	임원 수(명)		직원 수(명)①
	상 근	비 상근	
2010년 12월 31일	3	1	30

[※ 사업연도가 연도 말이 아닌 가맹본부는 사업연도 말을 기준으로 기재합니다.]

① **직원 수**는 가맹본부가 관할 세무서장에게 신고한 **원천징수이행상황신고서** 상의 12월 말(사업연도가 연도 말이 아닌 가맹본부는 바로 전 사업연도 말을 기준으로 작성합니다. 이하 같습니다) **월급여간이세율(A01)의 총인원**을 기준으로 하며, 등록심사 시 근거자료도 제출합니다.

8. 가맹본부 및 가맹본부의 특수관계인의 가맹사업 경영 사실

당사 및 당사의 특수관계인은 정보공개일 현재 최근 3년 동안 다음과 같이 가맹사업을 경영하였거나 경영하고 있습니다.

관 계	상호/이름	구 분	기 간①	사업 내용②
가맹본부	(주)공정위	가맹사업 경영	2006. 1.~현재	과천보쌈(등록번호: 20090000019)이라는 영업표지의 한식사업 경영
		가맹사업 경영	2007. 2.~2010. 11. *해당 가맹사업을 다른 회사에 인도함.	달려라한입(등록번호: 20080000001)이라는 영업표지의 분식사업 경영
특수관계인 (배우자)	이친절	다른 가맹본부 [(주)서초건강] 이사로 재직	2008. 11.~현재	1004건강(등록번호: 20080000002)이라는 영업표지의 식품사업 경영
		친절식품(주)라는 식품 업체 경영	2008. 7.~현재	(주)공정위에 식자재 등 납품
특수관계인 (계열회사)	조정원(주)	가맹사업 경영	2008. 5.~현재	잠원우동(등록번호: 20080000003)라는 영업표지의 분식사업 경영
		가맹사업 경영	2008. 4.~현재	랄라라학원(등록번호: 20080000005)라는 영업표지의 영어사업 경영
특수관계인 (계열회사)	나도해(주)	가맹사업 경영	2008. 9.~2009. 8. *경영난으로 폐업하여 정보공개서 자진취소③	삼겹구이(등록번호: 20080000004)이라는 영업표지의 한식사업 경영

① 기재기간: 최근 3년
② 구체적으로 기재하되, **가맹사업의 영업표지 · 업종, 정보공개서 등록번호**는 반드시 포함합니다.
③ 최근 3년 동안 가맹사업을 경영한 적이 있으나 **폐업 등의 사유로 정보공개서를 자진취소한 경우**도 포함하여 기재하여야 합니다.

9. 사용을 허용하는 지식재산권①

당사가 귀하에게 사용을 허용하는 지식재산권은 다음과 같습니다.

명칭	권리내용②	등록 및 등록신청 여부(일자)	출원번호 및 등록번호	소유자 (등록신청자)	존속기간 만료일 (가맹본부의 사용기간③)
반포삼겹살 (상표권)		2004. 5. 10. 출원 2004. 7. 21. 등록	출원 제○○-○ 등록 제○○-○	(주)공정위	2014. 7. 21.
특제소스 1 (특허권)	제품 사용 및 대가 수수	2004. 4. 11. 출원 2006. 1. 20. 등록	출원 제○○-○ 등록 제○○-○	(주)공정위	2024. 4. 11.
특제소스 2 (특허권)	제품 사용 및 대가 수수	2010. 6. 2. 출원 2010. 9. 2. 등록	출원 제○○-○ 등록 제○○-○	나가맹	2030. 6. 2. (2015. 2. 4.)
특제소스 3 (특허권)	제품 사용 및 대가 수수	2010. 9. 3. 출원 2010. 10. 29. 출원거절 2010. 11. 22. 이의신청	출원 제○○-○	(주)공정위	
……					

귀하가 허용된 범위를 벗어나 당사의 상표(특허)를 사용할 경우에는 민형사상 책임을 질 수 있으니 주의하여야 합니다.

당사의 지식재산권 내용은 한국특허정보원 특허정보검색서비스(http://www.kipris.or.-kr/)에서 확인할 수 있습니다.

① 특허청에 상표 · 실용신안 · 특허 등의 **출원신청을 하고 접수된 이후의 사항**에 대해서 기재합니다. 특히 가맹본부가 외국법인인 경우, 국제 PCT 특허 출원이 있는 경우에 한정하여 기재합니다.
지식재산권이 등록되지 않은 경우(출원신청만 한 경우)에는 **"당사의 상표 등을 사용하는 권리는 관계법으로 보호받지 못합니다."**라는 내용을 반드시 기재합니다.
② 가맹점사업자에게 사용이 허용되는 범위를 구체적으로 기재합니다.
③ 지식재산권 소유자가 가맹본부가 아닌 자일 경우, 소유자로부터 가맹본부가 사용권을 부여받은 기간을 괄호로 표현합니다.

※ 참고: 가맹본부가 **외국기업**인 경우 작성요령
① 국내에 가맹본부의 영업 사무소(국내지사 포함)가 있고 국내 사무소가 가맹사업을 진행하는 경우 및
② 국내에 가맹본부의 영업 사무소가 없고 국제 가맹계약(라이선스 계약 포함)을 통하여 별도의 사업자가 가맹사업을 진행하는 경우(이 경우 국내사업자가 국내에서 가맹사업운영권을 부여받은 기간을 포함하여 기재합니다)
가. 가맹본부의 상호, 영업표지, 설립일, 명칭 등은 국제적으로 통용되는 원 가맹본부의 정보를 기재합니다. 다만, 가맹희망자의 이해를 돕기 위하여 국내 사무소(또는 국내 사업자)의 정보도 함께 표시합니다.
나. 기타 정보(가맹본부의 주소, 사업자등록일, 전화번호, 특수관계인, 인수합병 내역, 재무제표, 임원 명단 등)는 국내 사무소(또는 국내 사업자)를 기준으로 작성합니다.
③ 국내에 가맹본부의 영업 사무소가 있으나 실제 영업은 별도 계약을 맺은 국내 사업자가 수행하는 경우 → 실제 사업을 수행하는 국내 사업자가 국내 사무소 대신 정보공개서를 작성합니다.

Ⅱ. 가맹본부의 [반포삼겹살] 가맹사업 현황

1. [반포삼겹살]을 시작한 날: 1997년 3월 21일

(직영점을 시작한 날: 1996년 5월 23일)

※ 최초의 가맹점이 영업을 시작한 날을 기재합니다. 가맹점 없이 직영점을 먼저 개설하여 사업을 운영하고 있었다면 최초의 직영점이 영업을 시작한 날을 추가로 기재하고 그 사실을 표시합니다. 다른 영업표지를 인수 · 합병한 경우에도 동일합니다. 또한 영업을 시작한 날을 확실하게 알기 어려운 경우에는 계약일을 기재하고 그 사실을 표시합니다.

2. [반포삼겹살] 연혁

가맹본부 상호	영업표지	대표자의 이름	가맹사업 경영 기간	주된 사무소의 소재지
공정위	서초삼겹살	김사업	1997. 3. 21.~1999. 3. 16.	서울시 송파구 송파1동 999번지
(주)공정위	반포삼겹살	김사업	1999. 3. 17.~2009. 10. 31.	서울시 서초구 반포로 9999번지
(주)공정위	반포삼겹살	김공정	2009. 11. 1.~현재	서울시 서초구 반포로 9999번지

※ 변경사항이 발생하면 기재하시기 바랍니다. 다만, 가맹본부 상호, 영업표지, 대표자 이름, 경영기간에 변경이 없이 주된 사무소의 소재지 등만 변경된 경우에는 연혁에 별도로 기재하지 않으셔도 됩니다.

3. 최근 3년간 사업연도 말 영업 중인 [반포삼겹살] 가맹점 및 직영점의 총 수

(단위: 개)

지역	2008. 12. 31.			2009. 12. 31.			2010. 12. 31.		
	전체	가맹점수	직영점수	전체	가맹점수	직영점수	전체	가맹점수	직영점수
전체	54	50	4	58	55	3	68	64	4
서울	44	40	4	40	37	3	49	45	4
부산	–	–	–	–	–	–	–	–	–
대구	–	–	–	–	–	–	–	–	–
인천	–	–	–	–	–	–	–	–	–
광주	–	–	–	–	–	–	1	1	–
대전	–	–	–	2	2	–	2	2	
울산	–	–	–	–	–	–	–	–	–
경기	10	10	–	16	16	–	16	16	–
강원	–	–	–	–	–	–	–	–	–
충북	–	–	–	–	–	–	–	–	–
충남	–	–	–	–	–	–	–	–	–
전북	–	–	–	–	–	–	–	–	–
전남	–	–	–	–	–	–	–	–	–
경북	–	–	–	–	–	–	–	–	–
경남	–	–	–	–	–	–	–	–	–
제주	–	–	–	–	–	–	–	–	–

※ 직영점과 가맹점 수는 영업 중인 점포 수를 기준으로 기재합니다. 다만, 가맹점의 경우 영업을 시작한 시점이 불분명할 경우 가맹계약을 체결한 가맹점 수를 기준으로 기재합니다. 다만, 가맹본부가 개인사업자에서 법인사업자로 전환하거나, 법인사업자에서 가맹사업자로 전환한 경우 전환 전 연도의 가맹점 및 직영점 수에 대한 설명을 추가합니다.

4. 최근 3년간 [반포삼겹살] 가맹점 수

(단위: 개)

연도	연초	신규 개점	계약 종료①	계약 해지②	명의 변경③	연말
2008	41	11	1	1	2	50
2009	50	12	5	2	-	55
2010	55	10	1	-	1	64

[반포삼겹살] 가맹점의 자세한 내역은 별지를 확인하십시오.④

※ 연초: 1월 1일, 연말: 12월 31일 기준으로 가맹점 수를 기재합니다.
① 계약종료: **계약기간이 만료**되어 종료하는 경우
② 계약해지: 가맹본부나 가맹점사업자의 귀책사유 등으로 **계약을 중도에 종료**하는 경우
③ 명의변경: 가맹점운영권을 **가맹점사업자 간 양도한 경우**(가맹본부가 파악할 수 있는 내용만 기재합니다)에 한하며, 가맹본부가 가맹점사업자의 운영권을 환매하여 직영점으로 운영하는 경우에는 계약 해지에 포함합니다.
④ 가맹점사업자의 명칭(○○점), 소재지, 대표자의 이름, 전화번호 등을 기재한 가맹점사업자 내역을 별지로 제공하는 것이 바람직합니다. 양이 많은 경우 전자우편 등으로 제공할 수도 있습니다.

5. [반포삼겹살]외에 가맹본부가 경영하거나 특수 관계인이 경영하는 가맹사업 현황

당사는 [반포삼겹살]외에도 가맹본부 및 가맹본부의 특수 관계인이 경영하고 있는 가맹사업의 최근 3년간 현황은 다음과 같습니다.

(단위: 개)

구분	상호/이름	영업표지	정보공개서 등록번호	업종①	가맹점/직영점의 수②		
					2008. 12. 31.	2009. 12. 31.	2010. 12. 31.
가맹본부	(주)공정위	과천보쌈	20080000000	한식	11/1	11/1	11/2
특수관계인(배우자)	(주)서초건강	1004건강	20080000050	식품사업	23/1	25/0	25/0
특수관계인(계열회사)	조정원(주)	잠원우동	2008000003	분식	67/0	122/2	79/2
		랄랄라영어	2008000005	영어학원	40/5	50/6	55/3

① 일반인이 쉽게 구별할 수 있도록 대표상품(서비스)을 기재하는 것도 좋습니다.
② 기재기간: 최근 3년간 사업연도 말 기준

6. 바로 전 사업연도 가맹점사업자①의 연간 평균 매출액(직영점 매출은 제외)과 그 산정기준②

[반포삼겹살] 가맹점사업자 한 명이 2010년에 올린 연간 평균 매출액 및 지역별 매출액은 아래와 같을 것으로 추정됩니다.③ 보다 정확한 금액은 매출액 표의 상한과 하한 금액 사이에 있을 것으로 판단됩니다.

(단위: 천 원, 부가세 미포함)

지역④	2010년 말 가맹점 수	2010년 가맹점사업자의 연간 평균 매출액			비고⑤
		연간 평균 매출액	상한	하한	
전체⑥	64	92,000	125,300	52,300	
서울	45	99,000	125,300	72,700	
부산	–	해당 없음.			
대구	–	해당 없음.			
인천	–	해당 없음.			
광주	1	해당 없음.			5곳 미만
대전	2	해당 없음.			5곳 미만
울산	–	해당 없음.			
경기	16	87,600	121,100	54,100	
강원	–	해당 없음.			
충북	–	해당 없음.			
충남	–	해당 없음.			
전북	–	해당 없음.			
전남	–	해당 없음.			
경북	–	해당 없음.			
경남	–	해당 없음.			
제주	–	해당 없음.			

[※ 가맹점매출액은 부가세를 포함하지 않고 기재합니다. 매출액 산정근거 자료에 부가세가 포함되어 있을 경우에는 부가세 부분(10%)은 제외하고 기재하여 주시기 바랍니다.]

예시1)

[당사의 가맹점사업자 연간 평균 매출액은 가맹점별 POS(Point of Sales)상의 매출액을 근거로 하여 기재한 것입니다.]

[특히 서울지역의 경우, 3개월 이상⑦ 영업한 가맹점의 매출액을 1년치로 환산하여 전체 연간평균 매출액을 추정하는 데 근거수치로 포함하였으나, 2010년 10월 이후 영업을 개시한 2개 가맹점(○○점, ○○점) 매출액은 1년치로 환산하여 전체 연간평균 매출액을 추정하는 데 근거자료로 사용하는 것은 합리적이지 않다고 판단하여 매출액 추정 근거자료로 활용하지 않았습니다. 따라서 표에서 기재한 연간 평균 매출액은 전체 가맹점 수 64개가 아닌 실제 62개 가맹점의 연간 평균 매출액 추정 자료임을 알려드립니다.]

예시 2)

[당사에서 추정한 매출액은 다음의 산식을 따른 것입니다.]

[매출액=당사가 가맹점에 공급하는 물품 공급액×추정비율⑧(　　)]

[당사가 보유한 가맹점사업자 원가 분석 자료에 따르면 물품 공급액이 차지하는 비율이 42%～46%인 것으로 보이므로 이를 역산하여 매출액을 추정하였습니다.]

[특히 서울지역의 경우, 3개월 이상 영업한 가맹점의 매출액을 1년치로 환산하여 전체 연간평균 매출액을 추정하는 데 근거수치로 포함하였으나, 2010년 10월 이후 영업을 개시한 2개 가맹점(○○점, ○○점) 매출액은 1년치로 환산하여 전체 연간평균 매출액을 추정하는 데 근거자료로 사용하는 것은 합리적이지 않다고 판단하여 매출액 추정 근거자료로 활용하지 않았습니다. 따라서 표에서 기재한 연간 평균 매출액은 전체 가맹점 수 64개가 아닌 실제 62개 가맹점의 연간 평균 매출액 추정 자료임을 알려드립니다.]

[매출액은 가맹점사업자별로 물품 공급액, 시장상황, 점주의 노력 등에 차이가 있기 때문에 달라질 수 있습니다. 따라서 위 표에 나타난 매출액이 귀하가 올릴 수 있는 미래 수입과 같지는 않다는 점을 명심하여야 합니다.]

[가맹사업거래의 공정화에 관한 법률 제9조 제2항 · 제3항 및 같은 법 시행령 제9조 제1항에 따라 당사가 매출액 추정에 사용한 자료는 당사의 본사 사무실에 비치하고 있습니다. 귀하가 ○○○으로 방문하여 소정의 신청서를 작성하면 열람이 가능합니다.]

① **바로 전 사업연도 말에 영업 중**인 **모든** 가맹점사업자를 대상으로 합니다.

② 매출액 산정기준은 가맹본부가 가지고 있는 **내부 자료**를 토대로 자체적으로 작성하시되, **근거자료가 없는 경우 매출액을 기재하지 않는 대신 "당사는 가맹점사업자의 매출액을 추정할 수 있는 근거자료가 없습니다." 라는 사실을 반드시 기재합니다.** 근거자료는 가맹본부가 확보한 직접 자료(매출액) 외에도 간접 자료(물품 공급액, 원가율, 동종업계 관행, 과거 매출액 자료 등)가 모두 포함됩니다. 한편 매출액을 정보공개서에 기재할 경우에는 가맹사업거래의 공정화에 관한 법률 시행령 제9조 제1항에 따른 자료를 **사무실에 비치**하고 있어야 합니다.

1) **현재수익 또는 예상수익에 사용된 사실적인 근거와 예측에 관한 자료**

2) **현재수익 또는 예상수익의 산출근거가 되는 가맹사업의 점포(직영점과 가맹점을 포함)의 수와 그 비율**

3) **최근의 일정기간 동안에 가맹본부나 가맹중개인이 표시 또는 설명하는 현재수익 또는 예상수익과 같은 수준의 수익을 올리는 가맹점사업자의 수와 그 비율(이 경우 최근의 일정기간에 대하여 시작하는 날짜와 끝나는 날짜를 표시하여야 한다)**

③ 가맹본부가 가맹점사업자의 매출액을 정확하게 파악하기 어려운 경우가 대부분이므로 **추정된 매출액임을 밝히고, 상한과 하한을 포함한 구간**으로 나타내어야 합니다. 또한, 산정기준이 지역별로 다를 경우에는 그 내용도 포함시켜야 합니다.

④ **직전 사업연도 말에 영업 중인 가맹점사업자가 5곳 이상인 광역지방자치단체(시 · 도)**인 경우만 분류할 수 있고 5곳 미만인 경우에는 "해당 없음."으로 기재할 수 있습니다. 다만, 5곳 미만이라도 **지역별 가맹점 수는 반드시 기재**하시기 바랍니다.

⑤ 가맹점사업자의 매출액을 기재하지 않은 경우 그 사유를 기재합니다.

⑥ 가맹점사업자의 전체 **연간 평균 매출액**은 5곳 미만인 광역지방단체의 가맹점사업자를 포함한 **모든 가맹점사업자**의 평균 매출액을 기재합니다.

⑦ 보다 합리적인 산정을 위하여 가맹점이 실제 **영업한 개월 수가 3개월 이상**이면 **1년치로 환산**하여 연간 평균 매출액 산정자료에 포함하시고, 가맹점의 영업 개월 수가 **3개월 미만**일 경우에는 해당 가맹점의 매출액은 **매출액 산정자료에 포함하지 않습니다.**

⑧ 추정비율은 일부 산정이 가능한 "(표본)가맹점사업자의 매출액/(표본)가맹점사업자에 대한 가맹본부의 물품공급매출액" 등을 위주로 산정하실 수 있으나 그 외 더 합리적인 산정방법이 있으면 그에 따라 추정비율을 산정하시기 바랍니다. 또한 추정비율 산정근거 자료를 제출하시기 바랍니다.

7. 가맹지역본부(지사, 지역총판)[①]의 일반 정보

당사는 [반포삼겹살] 가맹점 관리를 위하여 다음과 같이 지역사무소를 운영하고 있습니다.

<table>
<tr><th>관리지역[②]</th><th>상호/명칭[③]</th><th colspan="3">주 소</th></tr>
<tr><td rowspan="5">서울시 동부</td><td>동부사무소</td><td colspan="3">서울시 ○○구 ○○로 ○○번지</td></tr>
<tr><td>대표자</td><td colspan="2">대표전화번호</td><td>관리 가맹점수[④]</td></tr>
<tr><td>서일중</td><td colspan="2">02 - 7777 - 8888</td><td>14</td></tr>
<tr><td>가맹본부와의 계약기간</td><td>가맹점 모집권한</td><td>가맹계약 체결권한[⑤]</td><td>가맹금 수령권한[⑥]</td></tr>
<tr><td>2009. 4. 1.~2011. 3. 31.</td><td>○</td><td>×</td><td>×</td></tr>
<tr><td rowspan="7">서울시 서부</td><td>상호/명칭</td><td colspan="3">주소</td></tr>
<tr><td>서부총판</td><td colspan="3">서울시 ○○구 ○○로 ○○번지</td></tr>
<tr><td>대표자</td><td>대표전화번호</td><td colspan="2">관리 가맹점수</td></tr>
<tr><td>이승</td><td>02 - 666 - 9999</td><td colspan="2">16</td></tr>
<tr><td>가맹본부와의 계약기간</td><td>가맹점 모집권한</td><td>가맹계약 체결권한</td><td>가맹금 수령권한</td></tr>
<tr><td>2010. 5. 2.~2012. 5. 1.</td><td>○</td><td>×</td><td>×</td></tr>
<tr><td rowspan="5">경기도</td><td>삼미실업(주)</td><td colspan="3">경기도 ○○시 ○○로 ○○번지</td></tr>
<tr><td>대표자</td><td colspan="2">대표전화번호</td><td>관리 가맹점수[④]</td></tr>
<tr><td>장종훈</td><td colspan="2">031 - 5555 - 6666</td><td>11</td></tr>
<tr><td>가맹본부와의 계약기간</td><td>가맹점 모집권한</td><td>가맹계약 체결권한</td><td>가맹금 수령권한</td></tr>
<tr><td>2009. 4. 1.~2011. 3. 31.</td><td>○</td><td>○</td><td>×</td></tr>
</table>

① 가맹본부가 직접 가맹점을 관리하지 않으면서 본사의 지사형태로 운영하거나 다른 기업(총판, 대리점) 등으로 운영하는 경우를 모두 포함합니다.
② 가맹희망자가 자신을 담당할 관리지역을 알 수 있도록 쉽게 표현합니다.
③ 별도 회사인 경우 상호를, 가맹본부의 직영일 때에는 명칭을 쓰면 됩니다.
④ **직전 사업연도 말** 기준 관리 가맹점 수를 기재합니다.
⑤, ⑥ 가맹본부가 가맹지역본부(지사, 지역총판 등 명칭 불문)에게 부여한 권한내역을 구체적으로 기재하시기 바랍니다.

8. 광고 · 판촉 지출 내역

당사에서 [2010년]에 [반포삼겹살]과 관련하여 광고비 및 판촉비로 사용한 금액은 다음과 같습니다. 광고비 및 판촉비를 가맹점사업자와 분담하는 기준은 [ ]쪽을 참고하십시오.

구분①	수단②	기간③	지출 비용(단위: 천 원, 부가세 미포함)			비고④
			합계	가맹본부	가맹점	
합계			342,000	295,000	47,000	
광고	소계		230,000	230,000	-	
	TV	2010. 3. 1.-3. 7.	150,000	150,000	-	KTV
	라디오	2010. 10.-12.	30,000	30,000	-	반포라디오
	인터넷	연중	50,000	50,000	-	ftc.com
판촉	소계		112,000	65,000	47,000	
	1월 행사	2010. 1. 5.~1. 18.	35,000	20,000	15,000	……
	추석 행사	2010. 9. 15.~9. 29.	77,000	45,000	32,000	한가위와 함께하는 돈돈돈! 이벤트

① 광고: **구체적인 행사와 관계없이** 회사 이미지 제고, 가맹점 모집, 신상품 출시 홍보 등을 위한 홍보 활동을 의미
판촉: **개별 행사와 관련하여 수행하는 홍보 활동**으로 월간 행사 외에도 명절, Day 이벤트 등을 포함
② 최대한 자세히 구분하십시오(예: TV, 라디오, 인터넷, 신문, 잡지, 입간판 등). **구분이 어려운 경우 총액만 쓰시기 바랍니다.**
③ **직전 사업연도** 중에 광고 및 판촉이 실제로 이루어진 기간을 기재합니다.
④ **광고의 경우 매체명, 판촉의 경우 행사명**을 기재하십시오.
⑤ 해당 가맹사업 이외의 가맹사업을 경영하거나, 가맹사업이 아닌 사업을 경영하고 있고 해당 가맹사업에 관련된 광고비 및 판촉비를 산정하기 곤란하여 손익계산서상의 광고판촉비를 기재하실 경우에는 기재한 액수에 해당 가맹사업 외의 광고비 및 판촉비도 포함되어 있음을 추가 설명하시기 바랍니다.

9. 가맹금 예치

귀하가 당사와 계약을 체결하기 위하여 가맹금을 지급하는 경우에는 [(주)한강은행]에 예치하여야 하며 자세한 내용은 다음과 같습니다.

예치기관 상호	담당 지점 또는 부서	주소	전화번호
(주)한강은행	수신부 프랜차이즈팀	서울시 ○○구 ○○로 ○○번지	02-××××-××××

자세한 예치방법은 다음과 같습니다.

귀하는 가맹금을 당사의 소정서식을 작성하여 [한강은행]에 [계약 체결 다음 날까지]

예치신청하여야 합니다. [예치방법은 한강은행의 인터넷 홈페이지에 접속하여 공인인증서를 다운받아 설치한 후 "예치 서비스"를 클릭한 다음 (주)공정위를 찾아 금액을 입력하면 됩니다.]※

※ 가맹본부와 예치기관(은행, 우체국, 보험회사) 간의 맺은 약정에 따른 예치방법을 자세히 안내하여야 합니다. 그림을 사용하여 알기 쉽게 설명하는 것이 바람직합니다. 한편 가맹본부는 가맹사업거래의 공정화에 관한 법률 시행령 별지 제5호 서식의 **예치신청서**를 가맹점사업자에게 내 주어야 하므로 그 서식을 별첨하는 것이 좋습니다.

귀하는 또한 [한강은행]에서 발급한 예치증서를 보관하고 있어야 하며 아래 주의사항을 반드시 알아두어야 합니다.

가맹금 예치와 관련하여 가맹점사업자가 알아두어야 할 사항
1. 가맹점사업자가 영업을 시작하거나 가맹계약 체결일로부터 2개월이 지난 경우에는 이 가맹예치금은 가맹본부에 지급됩니다. 2. 다만, 다음의 경우에는 가맹금의 지급이 보류됩니다. 가. 가맹점사업자가 예치가맹금을 반환받기 위하여 소를 제기한 경우 나. 가맹점사업자가 예치가맹금을 반환받기 위하여 알선, 조정, 중재 등을 신청한 경우 다. 가맹점사업자가 가맹금반환 사유가 발생하여 가맹본부를 공정거래위원회에 신고한 경우 3. 2번의 가~다의 조치를 취한 경우 그 사실을 예치기관에 서면으로 통보하여야 합니다. 그렇지 않은 경우 예치가맹금은 가맹본부에 지급될 수 있습니다.

※ 가맹점사업자피해보상보험 등에 가입하여 예치 의무가 없는 경우에는 그 사실을 기재합니다.

10. 가맹점사업자피해보상보험 등의 체결 내역

당사는 가맹점사업자의 피해를 예방하기 위하여 [(주)한강보증보험]과 피해보상보험 계약을 체결하였으며 자세한 내용은 다음과 같습니다.

항목	내용	비고
보험인(보험회사)	(주)한강보증보험	
보험계약자	(주)공정위	가맹본부
피보험인(보험금을 지급받는 자)	가맹점사업자	
보험기간	가맹금 예치기간(가맹계약체결일로부터 2개월이 경과한 날 또는 가맹점사업자 영업 개시일까지)	
보험금액	예치금액	
보장범위	가맹점사업자의 피해액 일부 보장	
지급조건	가맹본부의 가맹금반환의무 불이행	
보험금의 수령절차	가맹점사업자의 보험금 신청→가맹본부 경유→보험회사 접수→보험회사 조사→지급 여부 결정→보험금 지급	평균 [ ]개월 소요

[※ 보험증권 본문의 사본이 있는 경우 삽입하는 것이 바람직합니다.]

※ 가맹점사업자피해보상보험에 가입한 경우 보험사의 로고 등을 사용할 수 있습니다.
가맹점사업자피해보상보험 등에 가입하지 않은 경우 [해당 없음.]으로 표시하십시오.

Ⅲ. 가맹본부와 그 임원의 법 위반 사실

1. 공정거래위원회의 시정조치①

당사와 당사의 임원은 정보공개일 현재 최근 3년 동안 가맹사업거래와 관련하여 가맹사업거래의 공정화에 관한 법률 또는 독점규제 및 공정거래에 관한 법률을 위반하여 공정거래위원회로부터 [3]회의 시정조치를 받은 사실이 있으며 자세한 내용은 다음과 같습니다.

시정조치 대상	의결번호 (사건번호)	위반법령	위반내용 (위반법조문)②	조치일자③	조치내용④
(주)공정위	의결 2008- (2008가맹○○○○)	가맹사업법	가맹금 미반환 (제10조 제1항)	2008. 12. 3.	시정명령 과징금 10백만 원 신문공표
대표이사 김공정	약식2009- (2008서경○○○○)	가맹사업법	부당한 계약해지 (제12조 제1항 제1호)	2009. 7. 21.	시정명령 가맹점사업자에게 통지
감사 송가맹	약식2010- (2009경촉○○○○)	공정거래법	거래거절 (제23조 제1항)	2010. 5. 6.	시정명령
(주)공정위			정보공개서 변경등록 불이행	2009. 1. 1.	정보공개서 (과천보쌈 200800000)직권취소

당사는 (과천보쌈) 정보공개서의 변경등록 불이행으로 정보공개서가 직권취소 되었으나, 직권취소된 2009. 1. 1.부터 정보공개서를 신규로 재등록한 2009. 8. 5.까지 신규로 가맹계약을 체결하지 않았을 뿐 현재까지 [과천보쌈] 경영하고 있습니다.

① 공정거래위원회로부터 **시정권고 이상의 조치(시정명령, 과징금 부과, 정보공개서 등록취소 등)**를 받은 경우에 한하며, **경고 · 조정 성립 등은 해당하지 않습니다.**
② 복수의 위반행위가 있는 경우 대표 위반행위를 기재합니다.
③ **의결일**을 기재합니다.
④ 의결 주문 내용을 요약하여 작성하십시오.

2. 민사소송 및 민사상 화해

당사와 당사의 임원은 정보공개일 현재 최근 3년 동안 가맹사업거래와 관련하여 가맹사업거래의 공정화에 관한 법률 또는 독점규제 및 공정거래에 관한 법률을 위반하거나, 사기 · 횡령 · 배임 등 타인의 재물이나 재산상 이익을 영득 또는 이득하는 죄와 관련된 민사소송에서 패소의 확정판결을 받았거나, 민사상 화해를 한 사실이 다음과 같이 있습니다.

원고[①]	피고	사건번호	최종 법원명	판결(선고)일자	청구 취지 및 내용	판결 또는 화해 내용
(주)○○○	(주)공정위	2009○○ ○○○○	대법원	2009. 12. 3.	피고는 원고에게 금 300만 원 지급	청구 취지와 동일

> ※ **사건이 계속 중(항소, 상고 등)인 경우에는 기재하지 않습니다.**
> ① 원고의 실명은 생략하고 **이니셜**(김OO, K 전자회사 등)로 표시합니다.

3. 형(刑)의 선고

당사와 당사의 임원은 정보공개일 현재 최근 3년 동안 사기 · 횡령 · 배임 등 타인의 재물이나 재산상 이익을 영득 또는 이득하는 죄를 범하여 형의 선고를 받은 사실이 다음과 같이 있습니다.

피고	사건번호	선고 법원	선고 일자	죄명 및 범죄사실	선고 내용
(주)공정위	2008○○○	대법원	2008. 7. 5.	횡령죄 (○○○○○○○○○)	벌금 500만 원
대표이사 김공정	2008○○○	○○ 지방법원	2009. 5. 3.	사기죄 (○○○○○○○○○)	벌금 100만 원

> ※ 최종심 이전의 **하급심에서 선고를 받은 경우에도 기재합니다.** 다만, 같은 사건의 경우 **현재까지 진행된 최종심의 선고 내용**만 기재합니다.

Ⅳ. 가맹점사업자의 부담

1. 영업개시 이전의 부담

귀하가 [반포삼겹살] 가맹사업을 시작하기 위해서는 아래와 같은 금액이 소요됩니다. 이 금액에는 귀하가 지불하여야 하는 [점포의 임대비용 등][※]이 제외되어 있습니다. 또한, 귀하가 운영하게 될 점포의 위치 및 규모, 내부 설비의 종류, 영업 시작까지 걸리는 시간 등이 상이하므로 실제 지불하는 금액과는 차이가 있을 수 있습니다.

※ 가맹사업을 시작하는 데 필요한 비용에서 제외된 항목을 구체적으로 기재하여 가맹점사업자가 오인하지 않도록 주의합니다.

귀하가 부담하여야 할 대가는 매우 다양하나 크게 다음의 세 가지로 구분할 수 있습니다.

구분	지급 대상	예치 대상 여부	비고
최초 가맹금	가맹본부	예치	확정 금액
보증금	가맹본부	예치	확정 금액
기타 비용	가맹본부 또는 다른 업체	예치하지 않음.	추정 금액

1) 최초 가맹금을 자세히 나누면 다음 표의 내용과 같습니다.

(단위: 천 원, 부가세 포함)

구분①	금액②	지급 기한	반환조건③	반환될 수 없는 사유③	비고③
총계	[4,950]				
가입비	3,300	계약 체결 후 20일 이내	영업 개시 이전까지 계약 해지	가맹점 모집을 위해 소요된 실제비용	반환 시 당사에서 정한 기준의 위약금을 공제(계약금을 별도로 지급하는 경우, 사후 가입비로 전환)
교육비	1,100	교육 시작 7일 이전	교육 시작 1일 이전에 계약 해지		교육이 시작되면 반환되지 않음.

개점행사비	550	계약 체결 후 20일 이내	영업개시 이전까지 계약 해지	영업개시 행사를 위한 소요된 실제비용	반환 시 당사에서 정한 기준의 위약금을 공제
……					

① 가맹본부의 실정에 맞게 작성하고 최대한 자세히 구분하되 서로 겹치지 않도록 항목을 조정하여 기재합니다.
② 정액으로 금액이 특정되면 그 금액을, 정률 기준이 있으면 그 기준을 기재합니다.
③ 반환조건, 반환될 수 없는 사유, 비고란은 가맹본부의 계약 내용을 자세히 기재합니다.

2) 보증금을 자세히 나누면 다음 표의 내용과 같습니다. 보증금은 계약 종료 시 전액이 귀하에게 반환되는 대가입니다. 다만, 귀하의 귀책사유가 있는 경우에는 그러하지 아니합니다.

(단위: 천 원, 부가세 없음)

구분[①]	금액[②]	지급 기한	가맹점사업자의 귀책사유[③]	비고
총계	[35,000]			
(현금)보증금	5,000	계약 체결 후 20일 이내	가맹금 미지급, 본사가 공급한 물품 파손 등	
담보목적물	30,000	계약 체결 후 20일 이내	〃	가맹희망자의 동산에 질권설정
……				

① 가맹본부의 실정에 맞게 작성하고 최대한 자세히 구분하되 서로 겹치지 않도록 항목을 조정하여 기재합니다.
② 금전으로 수령하는 경우에는 그 금액을, 별도의 기준이 있으면 그 기준을 기재합니다.
③ 보증금을 반환할 경우에 가맹점사업자의 귀책사유에 따라 일정 금액을 공제하도록 하고 있다면 그 내용을 기재합니다.

3) 예치가맹금의 범위와 그 금액

가맹사업거래의 공정화에 관한 법률에 따라 귀하가 예치하여야 하는 가맹금의 자세한 내역은 다음과 같습니다.

구분	금액(단위: 천원, 부가세 포함)
합계	9,950
가입비	3,300
교육비	1,100
개점행사비	550
(현금)보증금	5,000

① 예치하여야 하는 가맹금의 범위(가맹사업거래의 공정화에 관한 법률 제2조 제6호)
가. 가입비 · 입회비 · 가맹비 · 교육비 또는 계약금 등 가맹점사업자가 영업표지의 사용허락 등 가맹점운영권이나 영업활동에 대한 지원 · 교육 등을 받기 위하여 가맹본부에 지급하는 대가
나. 가맹점사업자가 가맹본부로부터 공급받는 상품의 대금 등에 관한 채무액이나 손해배상액의 지급을 담보하기 위하여 가맹본부에 지급하는 대가
(가+나를 합친 금액을 예치하여야 함)
② **가맹본부가 피해보상보험계약** 등을 가입한 경우에는 가맹금을 예치하실 필요가 없음을 알려주시기 바랍니다. 다만, **보험으로 대체되는 예치가맹금 액수는 반드시 기재**하시기 바랍니다.

4) 귀하가 그 밖에 지급하여야 하는 비용을 자세히 나누면 다음 표의 내용과 같습니다. 귀하가 가맹점을 운영하기 위하여 필요한 물품의 품목은 [ ]쪽에서 확인할 수 있습니다.

(단위: 천 원, 부가세 포함)

구분①	지급대상②	금액③	지급 기한	반환조건	비고④
총계		[54,500~63,000]			
필수설비 (정착물)	(주)공정위, ○○가게 외 1개사	24,700	설치 1일 이전	설치 전 계약취소	
인테리어 (점포 내장공사)	튼튼디자인 외 2개사	21,000(보통형) 27,000(고급형)	내부 인테리어 공사 시작 3일 이후	공사 전 계약취소	33㎡ 기준 3.3㎡ 늘어날 때마다 700천 원 추가부담(보통형, 고급형의 경우 800천 원)
최초 공급 상품 비용	(주)공정위	7,000~9,000	물품 공급 1일 이전	상품 미공급 시	
기타 개점에 소요되는 비용	(주)공정위	1,800~2,300	계약 체결 후 20일 이내	개점 전 계약취소 (그간 소요비용 제외)	소모품비, 사업자등록 등 대행 대가
……					

[위 표의 금액은 당사가 그 동안의 가맹점 운영 경험을 토대로 추정한 것으로 실제 지불 금액과는 다를 수 있습니다.]

[※ 위 표에 기재된 비용 중 가맹본부 또는 가맹본부가 지정한 업체가 아닌 다른 업체와 거래할 경우 가맹본부에 **추가로 비용을 지불(예:** 당사 또는 당사가 지정한 업체가 아닌 **다른 업체와 인테리어 공사를 진행할 경우** 인테리어 공사 관련, 당사의 **설계 및 감리 대가로 33㎡ 기준으로 500천 원을** 내부 인테리어 공사 완료 후 3일 이후에 당사에 **추가 지급하여야 합니다)** 하도록 하고 있다면 그 내용을 반드시 기재합니다.]

① 가맹본부의 실정에 맞게 작성하고 최대한 자세히 구분하되 서로 겹치지 않도록 항목을 조정합니다. 필수설비, 정착물, 인테리어 비용은 **가맹사업의 통일성을 위하여 가맹본부가 요구 또는 권장하는 경우만 해당합니다.** 위 표에 기재된 비용 중 가맹본부 또는 가맹본부가 지정한 업체가 아닌 다른 업체와 거래할 경우 가맹본부에 **추가로 비용을 지불(예: 인테리어 자체 시공 시 가맹본부에 감리비 지급)** 하도록 하고 있다면 그 내용을 반드시 기재합니다.
② 가맹본부가 직접 제공하거나 업체를 지정(계열사 포함)하는 경우, 가맹본부와 가맹본부가 지정한 업체를 구별하되 업체의 수가 많을 경우 요약하여 기재합니다. 여기서 '지정'이라 함은 업체 소개, 유도, 요구, 제한 등 실질적으로 가맹본부가 가맹점사업자로 하여금 자신이 정한 업체와 계약하도록 하는 모든 행위를 포함합니다.
③ 금액이 확정되지 않는 경우에는 **추정치임을 알 수 있도록 상한과 하한을 포함한 구간**으로 표시합니다.
④ 가맹희망자가 각 비용의 성격을 알 수 있도록 내용을 기재하고, 필요한 경우 주석을 다는 것도 바람직합니다.

5) 가맹점 입지 선정 주체 및 선정 기준

당사는 신규 가맹점 입지를 다음과 같이 정하고 있습니다.

선정 주체①	선정 기준②
당사 점포개발팀 (전화: 02－×××－××××)	담당자 배정→상담을 통하여 가맹희망자가 원하는 지역 파악→현장 조사 등 시장 분석→ 최적의 입지 도출→가맹희망자에게 동의 여부를 구함. ※ 가맹희망자가 동의하지 않는 경우 새로운 입지를 정할 수 있으나 영업이 늦어지는 데 따라 발생하는 비용을 추가로 부담할 수 있습니다.

① 담당 임원이나 담당자가 정해져 있는 경우 그 내용을 기재할 수 있습니다. 가맹희망자가 직접 입지를 정할 경우 그 내용을 기재합니다.
② 선정까지의 절차를 나타내되, 가맹희망자와의 협의 여부, 가맹본부가 정한 입지를 가맹희망자가 원하지 않는 경우 해결 방법 등을 자세히 기재합니다.

6) 가맹점사업자와 그 종업원의 교육 및 계약 · 채용 기준

당사와 계약을 체결하여 교육을 받거나 귀하가 운영하는 가맹점에 종업원을 채용하기

위하여 필요한 조건은 다음과 같습니다.

구분	교육 기준①	계약 · 채용 기준②
가맹점사업자	국외여행에 결격사유가 없을 것	금치산자 · 한정치산자가 아닐 것 ○○○ 자격증을 소유할 것 만 20세 이상일 것
종업원	특별한 기준 없음.	만 18세 이상일 것

① 가맹점사업자나 종업원이 교육을 받기 위해 필요한 **자격요건이나 결격사유**가 있으면 기재합니다.
② 가맹점사업자가 계약을 맺거나 종업원을 채용하기 위한 기준을 작성합니다. 계약서에 기재된 자격요건이나 결격사유를 기재합니다.

7) 가맹점 운영에 필요한 설비 등의 내역 및 공급방법 · 공급업체

[반포삼겹살] 가맹점을 운영하기 위해서는 다음의 물품이 필요합니다. [※물품의 상세 내역은 첨부한 카탈로그를 참고하기 바랍니다.]

물품 내역①		공급방법②	공급업체③
주방집기	냉장고	가맹계약 체결 시 별도 계약	○○전자(지정업체)
	가스레인지	가맹계약 체결 시 별도 계약	○○전자(지정업체)
	그릇	시장에서 자체 조달(30인분 이상)	-
외부	간판	추후 별도 계약	○○디자인(지정업체)
	입간판	추후 별도 계약	○○아트(지정업체)
내장재	실내공사	가맹계약에 포함	(주)공정위
기타	금전출납기	가맹계약에 포함	(주)공정위
……			

① **원재료, 부재료, 상품, 서비스 등은 제외**하고 가맹점 운영에 필요한 **설비(집기)를** 자세히 기재합니다.
② **가맹본부가 직접 공급하거나 업체(계열사 포함)를 지정**하는 경우에는 계약 체결 방법을 기재하고, 가맹점사업자가 **자체 조달하는 경우에는 품질, 수량** 등 지켜야 할 사항을 기재합니다.
③ 가맹본부가 직접 공급하거나 업체를 지정한 경우에만 기재합니다.
※ 품목이 많은 경우 별지를 이용하거나 "○○ 외 몇 종" 식으로 대표 품목별로 묶어서 기재하는 것도 가능합니다.

8) 한편, 귀하가 당사에 가맹금을 한 번에 납부하기 어려운 경우 다음과 같은 절차를 거쳐 가맹금을 납부할 수 있습니다.

구분	총액	계약금	중도금(1)	중도금(2)	……	잔금
금액(천 원)		총액의 10%	15%	15%		10%
납부일		계약일	계약일+15일	계약일+1월		계약일+2월
비고						

2. 영업 중의 부담

1) 비용 부담

귀하가 영업을 시작한 후에도 다음과 같은 비용을 부담하여야 합니다. 특히 광고분담금에 대한 세부 분담기준은 [ ]쪽에 나와 있습니다.

(단위: 천 원, 부가세 포함)

구분①	지급대상②	금액③	지급기한	반환조건	반환될 수 없는 사유	비고④
상표사용료	(주)공정위	월 200	다음 월 10일			
리스료		해당 없음.				
광고 분담금	(주)공정위	월 매출액 0.5% 등	다음 월 20일			
판촉분담금		행사별로 분담 등				
교육훈련비	(주)공정위	770	교육 실시 10일 이전			교육 필요 시 지급
간판류 임차료		해당 없음.				
영업표지 변경 등에 따른 간판변경 비용⑤	공정광고기획(주)	1,500~3,000	간판 변경 후 2일 이내			부득이한 경우 변경될 수 있으며, 교체비용은 당사자의 귀책사유 등을 고려하여 협의 결정
영업지역 보장금		해당 없음.				

인테리어 시설 각종 기기의 교체·보수비용	튼튼디자인 외 2개사	14,000~16,000	교체·보수 후 5일 이내			교체·보수 필요시 시설, 기기 등의 내구연수 등을 감안하여 당사와 협의하여 결정
재고관리 비용	(주)공정위	150	재고조사 후 7일 이내			3개월마다 지급
회계처리 비용		해당 없음.				
POS 사용료	○○시스템	월 150	다음 월 5일			
……						

① 가맹본부의 실정에 맞게 작성하고 최대한 자세히 구분하되 서로 겹치지 않도록 항목을 조정합니다.
② **가맹본부와 가맹본부가 지정한 업체(관계자, 계열사 포함)를 구별**하되 업체의 수가 많을 경우 요약하여 기재합니다.
③ 정액인 경우 그 금액을, 정률인 경우 그 기준을 기재하되 금액이 확정되지 않는 경우에는 **추정치임을 알 수 있도록 상한과 하한을 포함한 구간**으로 표시합니다.
④ 가맹희망자가 각 비용의 성격을 알 수 있도록 내용을 기재하고, 필요한 경우 주석을 다는 것도 바람직합니다.
⑤ 영업표지 변경 등으로 가맹본부가 가맹점사업자에게 계약기간 중에 간판을 변경하도록 요구할 경우, 변경비용의 분담 기준을 기재합니다.

2) 가맹점사업자에 대한 감독

당사는 귀하의 영업 상황에 대하여 일정한 감독을 실시하고 있으며 자세한 내용은 다음과 같습니다.

감독 항목	내용	시기	비고
재고관리	실재제고 수량을 조사하여 장부상 재고와 비교	분기별 1회	문의: ○○팀 (02-×××-××××)
회계처리	가맹점사업자의 매출누락에 대한 회계 조사 실시	1년 1회	문의: ○○팀 (02-×××-××××)
……			

3. 계약 종료 후의 부담(부담이 없는 경우에는 그 사실을 기재합니다)

1) 계약연장이나 재계약 과정의 추가 부담

귀하가 당사와 계약이 종료된 후에 연장(갱신, 재계약을 포함한다)하기 위해서는 아래의 금액을 지급하여야 합니다.

(단위: 천 원, 부가세 포함)

구분①	금액②	지급 기한	반환조건③	반환될 수 없는 사유	비고
총계	[ ]				
추가 교육비④	협의하여 결정	교육 시작 7일 이전	교육 시작 1일 이전에 계약 해지		추가교육 필요 시
점포 이전비⑤	협의하여 분담	점포 이전 후 10일 이내	점포 이전에 합의하지 않을 경우		점포이전 합의 시
……					

[당사는 계약종료 시점에 점포 위치에 대한 정기 점검을 실시하고 있어, 가맹점 운영에 반드시 필요하다고 당사가 판단하여 협의한 결과 가맹점도 이에 동의하면 점포 이전비가 추가 될 수 있습니다.]

① 가맹본부의 실정에 맞게 작성하고 최대한 자세히 구분하되 서로 겹치지 않도록 항목을 조정합니다.
② 정액으로 금액이 특정되면 그 금액을, 정률 기준이 있으면 그 기준을 기재합니다.
③ 반환조건, 반환될 수 없는 사유, 비고란은 가맹본부의 계약 내용을 자세히 쓰고 신규 계약과 비교할 수 있도록 작성하기 바랍니다.
④ 추가 교육이 필요한지 여부, 최초 계약 시 수료하는 교육의 양과 질에 비하여 추가교육의 수준이 다른지 여부 등을 감안하여 그에 상응하는 비용 책정 등 가맹본부의 교육방침을 기재합니다.
⑤ 가맹본부의 필요에 의하여 점포 이전할 경우, 그 이전사유를 감안하여 그 비용 분담내용을 기재합니다.

2) 가맹본부의 사정에 의해 계약종료 시 조치사항

가) 가맹본부가 가맹사업을 다른 사업자에게 양도하는 경우 기존 가맹점사업자와의 계약승계 여부

당사가 가맹사업을 타인에게 양도하는 경우 가맹점사업자는 가맹계약을 종료하고 계약

관계를 탈퇴할 수 있습니다. 다만, 가맹점사업자가 양수한 사업자(가맹본부)와의 계약 관계 유지를 원할 경우에는 가맹계약을 유지할 수 있습니다. 가맹관계를 탈퇴할 경우, 당사의 귀책사유로 인한 계약해지에 해당되므로 가맹점사업자는 남은 가맹계약기간을 고려하여 일부 가맹금의 반환을 청구할 수 있습니다.

나) 가맹본부가 사용을 허락한 지식재산권의 유효기간이 만료되는 경우 조치사항

당사가 가맹점운영을 위하여 가맹점사업자에게 사용을 허가한 상표권, 특허권 등 지식재산권이 존속기간의 만료, 소유권(사용권) 변경, 효력 상실 등의 사유로 더 이상 지식재산권을 독점적으로 사용할 수 없게 된 경우에는 당사의 책임과 비용으로 이를 대체할 수 있는 수단을 제공하며, 이로 인해 가맹점사업자에게 손해가 발생하면 가맹점사업자와 협의하여 이를 배상하도록 하겠습니다.

또한, 대체할 수 있는 수단을 제공하지 못하거나 대체수단이 만족스럽지 못할 경우에는 가맹점사업자는 체결한 가맹계약을 해지하실 수 있으며, 이 경우 귀책사유 등을 감안하여 일부 가맹금의 반환을 청구할 수 있습니다.

다) 가맹본부가 해당 가맹사업을 중단하는 경우 조치사항

당사는 원칙적으로 모든 가맹계약이 종료될 때까지 가맹사업을 중단하지 않습니다. 다만, 예상치 못한 사정으로 당사가 가맹사업을 중단하게 될 경우에는 이를 미리 가맹점사업자에게 통지하고 협의하여 계약을 해지할 것입니다. 이 경우 계약해지의 귀책사유를 고려하여 일부 가맹금의 반환을 청구할 수 있습니다.

3) 가맹점 운영권 양도 과정의 부담

귀하가 운영하는 [반포삼겹살] 운영권을 다른 사람에게 양도할 경우에는 귀하가 [(주)공정위]에 지급해야 할 비용은 없습니다. 다만, 양수인은 가맹점을 운영하기 위하여 요구되는 교육을 받아야 하며 이에 필요한 교육비를 지급하여야 합니다. 또한 계약보증금도 가맹본부에 지급하여야 합니다. 운영권 양도에 관한 자세한 절차는 [ ]쪽에 나와 있습니다.

※ 양도 과정에서 가맹점사업자가 직접 비용을 부담하는 경우에 기재합니다. 또한, 기존 가맹점사업자와 별도로 **양수인이 가맹본부에 교육비, 보증금 등을 지급하는 경우에는 그 내용을 기재합니다.**

4) 계약 종료 후의 조치 사항

[가맹점사업자는 계약이 종료된 경우에는 지체 없이 상호 · 간판 등 영업표지의 사용을 중단하고 이를 철거 내지 제거하여야 하며, 가맹본부가 제공한 설비, 전산시스템 등 영업 관련 자산을 가맹본부에 반환하여야 합니다. 이상의 내용을 준수하지 아니한 경우에는 가맹점사업자는 일정한 금액을 손해배상액으로 당사에 지급하여야 합니다.]

[다만, 가맹점사업자가 지급한 계약이행보증금의 정산잔액과 정산서를 받을 때까지는 상호 · 간판 등의 철거 내지 제거, 영업관리 자산의 반환의무 이행을 연기할 수 있습니다. 또한 위 의무이행과 관련하여 필요한 비용은 계약종료에 책임 있는 당사자가 부담합니다.]

[또한, 가맹점사업자가 당사 또는 당사가 지정한 자로부터 공급받은 물품을 반품하고자 하는 경우, 물품의 재고량, 오 · 훼손 등 관리상태, 유통기한 등을 고려하고 일정범위 내(10%～90%)에서 반품이 가능하며, 구체적인 내용은 당사와 협의하여 결정합니다.]

※ 가맹본부의 계약서 및 영업방침의 내용을 중심으로 작성하기 바랍니다

Ⅴ. 영업활동에 대한 조건 및 제한※

귀하는 당사와 가맹계약을 체결하게 되면 **사업의 동일성 유지**를 위하여 **영업활동에 일부 제한을 받을 수 있습니다**. 따라서 앞으로 기재된 내용을 신중히 살펴본 후 계약 체결 여부를 판단할 것을 권장합니다.

※ 본 항목은 **불공정거래행위**와 관련되어 있으므로 최대한 자세히 기재하기 바랍니다. 정보공개서에 정확하게 기재되지 않거나 기재하더라도 지나치게 가맹점사업자의 영업활동을 제한하는 경우 **가맹사업법에 따라 처벌**될 수 있으므로 **법률 자문**을 거친 후에 작성하는 것을 권장합니다.

1. 물품 구입 및 임차

귀하가 [반포삼겹살]을 시작하거나 경영하기 위하여 필요한 부동산 · 용역 · 설비 · 상품 · 원재료 또는 부재료 등의 구입 또는 임차와 관련하여, 당사 또는 당사가 지정하는 자와 거래해야 할 품목은 다음과 같습니다.

구분①	품목②	규격③	거래 형태④	거래 상대방⑤	비고⑥
부동산	해당 없음.				
용역	POS 사용료	시스템 사용료	강제	○○시스템	
	……				
설비	냉장고	1,000 ℓ	강제	○○전자	
	……				
상품	기름과자	-	권장	○○식품	
	마늘		권장	○○식품	
	……				
원 · 부재료	삼겹살	1등급	강제	(주)공정위	매일 발주 후 익일 정산
……					

[귀하가 위 표에 기재된 물품을 지정된 사업자가 아닌 사업자에게 공급받으려는 경우에는 사전에 가맹본부에 서면으로 통지하여 승인을 받아야 합니다. 그렇지 않을 경우 불이익을 받을 수 있으므로 주의하여야 합니다.]

[당사는 경영환경의 변화 등으로 필요한 경우 위 표에 기재된 상품 · 용역 외에 다른 품목도 추가할 수 있습니다 이 경우 가맹점사업자의 동의를 미리 얻도록 하고 있으며, 동의가 없는 경우에는 본 정보공개서의 내용에 따라 사업을 진행합니다.]

① 상품은 직접 소비자에게 판매하는 형태일 때, 원·부재료는 가공하여 판매하는 형태일 때로 구분합니다.
② 품목이 많은 경우 별지에 기재하거나 "외 몇 종" 등으로 줄여 기재할 수도 있습니다.
③ 상품의 규격 또는 서비스의 내용을 기재합니다.
④ **강제사항(요구)인지 권장사항인지 구분**하여 기재합니다.
⑤ 거래 상대방은 **가맹본부 또는 가맹본부가 지정한 사업자**인 경우만 해당합니다.
⑥ 가맹희망자가 각 비용의 성격을 알 수 있도록 내용을 기재하고, 필요한 경우 주석을 다는 것도 바람직합니다.
※ 가맹본부가 **소매업(다수의 일상품을 판매)**에 해당하는 경우에는 구체적인 품목명은 생략할 수 있습니다.

※ 가맹사업법 시행령 관련 조문([별표 2] 제2호 구속조건부 거래 나목)
나. 거래상대방의 구속
부동산·용역·설비·상품·원재료 또는 부재료의 구입·판매 또는 임대차 등과 관련하여 **부당하게 가맹점사업자에게 특정한 거래상대방(가맹본부를 포함한다)과 거래할 것을 강제**하는 행위
다만, 다음의 요건을 충족하는 경우에는 그러하지 아니하다.
(1) **부동산·용역·설비·상품·원재료 또는 부재료가 가맹사업을 경영하는 데에 필수적이라고 객관적으로 인정될 것**
(2) **특정한 거래상대방과 거래하지 아니하는 경우에는 가맹본부의 상표권을 보호하고 상품 또는 용역의 동일성을 유지하기 어렵다는 사실이 객관적으로 인정될 것**
(3) **가맹본부가 미리 정보공개서를 통하여 가맹점사업자에게 해당 사실을 알리고 가맹점사업자와 계약을 체결할 것**

2. 거래 요구 또는 권장①의 대가 내역

당사는 [반포삼겹살] 가맹점사업자로 하여금 상품 또는 용역을 특정한 거래상대방에게 거래하도록 요구 또는 권장하여 특정한 거래상대방이나 가맹점사업자에게 다음과 같은 대가를 받고 있습니다.

(단위: 천 원, 부가세 포함)

상품·용역②	거래상대방	대가 지불③	산정기준④	금액⑤	비고⑥
갈비살	○○축산	가맹점사업자	거래액의 2%	연간 거래총액 250,000	2010년 기준
식탁	○○가구	○○가구	정액	건당 100	
간판	○○디자인	○○디자인	정액	건당 200	
……					

[당사는 이러한 대가의 일부를 가맹점사업자를 위하여 사용하고 있습니다. 구체적인

내용은 첨부 파일을 참고하시기 바랍니다.]

① Ⅴ. 1번에 기재된 가맹점사업자의 거래 상대방을 제한하는 경우를 제외하고 **가맹본부가 가맹점사업자의 편의를 위하여 거래상대방을 주선하여 대가를 받는 경우**만 기재합니다.
② 소비자 판매 대상 상품뿐만 아니라 가맹점사업자가 사용하는 **설비, 장비, 정착물 등도 포함**합니다.
③ 거래상대방 또는 가맹점사업자로 구분하여 기재합니다.
④ 대가를 산정하는 구체적인 기준이 있는 경우 기재합니다.
⑤ 정확한 금액이 산정되지 아니하는 경우에는 **추정된 금액임을 밝히고 상한과 하한을 포함한 구간**으로 표시합니다.
⑥ 가맹희망자가 각 대가의 성격을 알 수 있도록 내용을 기재하고, 필요한 경우 주석을 다는 것도 바람직합니다.

3. 신용 제공 등 내역

당사는 [반포삼겹살] 가맹점사업자를 위하여 다음과 같이 신용 제공 또는 알선을 하고 있습니다.

(단위: 원, 부가세 포함)

신용명 또는 내용①	신용제공자②	금액③	신용 형태④	신용제공 조건⑤
자금 지원	(주)공정위	최대 5천만 원	신용 대출	임원 면담 후 결정
프랜차이즈 우대신용 대출	한강은행	최대 3천만 원	담보 대출	가맹본부 확인 신용등급 ○○ 이상 5천만 원 이상 담보 제공

[구체적인 신용제공 조건은 귀하의 신용상태에 따라 달라질 수 있습니다. 신용 지원을 원하는 경우 02－×××－××××로 상담하기 바랍니다.]

① 신용제공 상품명이 있으면 기재하기 바랍니다.
② 가맹본부 또는 신용제공 기관의 상호를 기재합니다.
③ 최대 제공 금액을 기재합니다.
④ 신용 대출, 담보 대출, 가맹본부 보증 등 실제 신용이 제공되는 형태를 기재합니다.
⑤ 신용 제공이 가능한 조건(필요 서류 포함)을 기재하되, 양이 많은 경우 별도의 주석을 다는 것도 바람직합니다.

4. 상품 · 용역, 거래상대방, 가격 결정

1) 가맹점사업자가 취급하는 상품 · 용역의 판매 제한

당사의 상표권을 보호하고 상품 또는 용역의 동일성을 유지하기 위하여 귀하는 지정된 상품 · 용역만을 판매하여야 하며 그 자세한 내용은 다음과 같습니다.

상품 · 용역명①	제한내용 및 조건②	위반 시 책임③	비고④
흑미삼겹살	왼쪽에 기재된 이외의 제품을 판매할 수 없음	1회 위반: 구두 경고 2회 위반: 2회 이상 서면 시정요구 3회 이상 위반: 계약 해지	
쫄깃오겹살			
……			
대박갈비살			

[귀하가 위 표에 기재되지 않은 상품 · 용역을 판매하려는 경우에는 사전에 가맹본부에 서면으로 통지하여 승인을 받아야 합니다. 그렇지 않을 경우 불이익을 받을 수 있으므로 주의하여야 합니다.]

[당사는 경영환경의 변화 등으로 필요한 경우 위 표에 기재된 상품 · 용역 외에도 판매 제한을 가할 수 있습니다. 이 경우 당사는 가맹점사업자의 동의를 미리 얻고 있습니다.]

①~③ 계약서 내용을 중심으로 구체적으로 기재하기 바랍니다.
④ 가맹점사업자에게 필요한 내용을 기재하고 필요한 경우 주석을 다는 것도 좋습니다. 또한 가맹점사업자가 가맹본부의 승인을 얻어 상품을 판매할 수 있다는 내용을 예시와 같이 언급하여야 합니다.

2) 거래상대방(고객)에 따른 상품 · 용역의 판매 제한

당사의 상표권을 보호하고 상품 또는 용역의 동일성을 유지하기 위하여 귀하는 지정된 고객에 대해 상품 · 용역을 판매하지 않아야 하며 자세한 내용은 다음과 같습니다.

거래상대방(고객)①	상품 · 용역명②	제한내용 및 조건③	위반 시 책임④	비고⑤
고등학교 재학생	주류	거래상대방별로 기재된 제품은 판매할 수 없음.	1회 위반: 구두 경고 2회 위반: 2회 이상 서면 시정요구 3회 이상 위반: 계약 해지	
……				

[귀하가 위 표에 기재된 거래상대방에게 제한된 상품 · 용역을 판매하려는 경우에는 사전에 가맹본부에게 서면으로 통지하여 승인을 받아야 합니다. 그렇지 않을 경우 불이익을 받을 수 있으므로 주의하여야 합니다.]

[당사는 경영환경의 변화 등으로 필요한 경우 위 표에 기재된 거래상대방(고객) 외에도 판매 제한을 가할 수 있습니다. 이 경우 당사는 가맹점사업자의 동의를 미리 얻고 있습니다.]

①~④ 계약서 내용을 중심으로 구체적으로 기재하기 바랍니다.
⑤ 가맹점사업자에게 필요한 내용을 기재하고 필요한 경우 주석을 다는 것도 좋습니다. 또한 가맹점사업자가 가맹본부의 승인을 얻어 상품을 판매할 수 있다는 내용을 예시와 같이 언급하여야 합니다.

※ 가맹사업법 시행령 관련 조문([별표 2] 제2호 구속조건부 거래 다목)
다. 가맹점사업자의 상품 또는 용역의 판매제한
가맹점사업자에게 **부당하게 지정된 상품 또는 용역만을 판매하도록 하거나 거래상대방에 따라 상품 또는 용역의 판매를 제한**하는 행위
다만, 다음의 요건을 충족하는 경우에는 그러하지 아니하다.
(1) **가맹점사업자의 상품 또는 용역의 판매를 제한하지 아니하는 경우에는 가맹본부의 상표권을 보호하고 상품 또는 용역의 동일성을 유지하기 어렵다는 사실이 객관적으로 인정될 것**
(2) **가맹본부가 미리 정보공개서를 통하여 가맹점사업자에게 해당 사실을 알리고 가맹점사업자와 계약을 체결할 것**

3) 가맹점사업자의 가격 결정의 제한

당사는 귀하가 판매하는 상품이나 용역의 가격을 정하여 이를 따르도록 권장하도록 하고 있으며 자세한 내용은 다음과 같습니다.

상품 · 용역명[1]	권장가격(단위: 원)[2]	가격 통보 방법	비고[3]
흑미삼겹살	5,000(180g)	월별로 홈페이지에 공지	2010. 12월 기준
쫄깃오겹살	6,000(180g)	〃	〃
……			
대박갈비살	10,000(120g)	〃	〃
……			

[귀하가 위 표에 기재된 권장가격과 다른 가격으로 상품 · 용역을 판매하려는 경우에는 사전에 서면으로 당사와 협의하여야 합니다.]

① 권장가격이 있는 상품 · 용역만 기재합니다. 내용이 많은 경우 별지에 작성합니다.
② 소비자가격을 표시합니다.
③ 가맹점사업자에게 필요한 내용을 기재하고 필요한 경우 주석을 다는 것도 좋습니다. 또한 가맹점사업자가 가격을 결정하거나 변경하기에 앞서 가맹본부와 사전협의를 할 수 있다는 등의 내용을 예시와 같이 언급할 수도 있습니다.

※ 가맹사업법 시행령 관련 조문([별표 2] 제2호 구속조건부 거래 가목)
가. 가격의 구속
정당한 이유 없이 가맹점사업자가 판매하는 상품 또는 용역의 가격을 정하여 그 가격을 유지하도록 하거나 가맹점사업자가 상품 또는 용역의 가격을 결정하는 행위를 부당하게 구속하는 행위
다만, 다음의 어느 하나에 해당하는 행위는 제외한다.
(1) **판매가격을 정하여 가맹점사업자에게 이를 따르도록 권장하는 행위**
(2) **가맹점사업자에게 판매가격을 결정하거나 변경하는 경우 그 내용에 관하여 사전에 협의하도록 하는 행위. 다만, 사전협의를 통해 판매가격을 강요하는 행위는 가격을 구속하는 행위로 본다.**

5. 가맹점사업자의 영업지역 보호

1) 영업지역 제도 유무와 독점적 · 배타적 영업지역 설정 여부

당사는 영업지역과 관련하여 기본적으로 다음과 같은 방침을 갖고 있습니다.

영업지역 제도 운영 여부[1]	독점적 · 배타적 영업지역 여부[2]
○	○

[당사는 가맹점사업자의 영업지역 내에 반포삼겹살을 추가 설치하지 않으며, 향후에도 돼지고기 또는 소고기 구이를 전문으로 하는 동일업종의 영업표시를 가진 가맹사업을 해당 영업지역에 추가 개설하지 않습니다.]

① 가맹본부가 특정 가맹점사업자별로 영업지역을 정하는 제도를 운영하고 있는 경우 "○"로 표시합니다. 별도의 영업지역 제도가 없는 경우에는 "×"로 표시합니다.
② 계약기간 동안 특정 가맹점사업자의 영업지역 안에서 해당 가맹사업의 영업표지 또는 해당 가맹사업과 같은 업종의 다른 영업표지를 사용하는 가맹본부 또는 그 계열회사가 직영점이나 다른 가맹점을 설치하지 않도록 **계약서에 명문화**되어 있는 경우에는 예시와 같이 "○"로 기재하고, 그렇지 않은 경우 **직영점이나 다른 가맹점을 설치할 수 있다는 내용을 반드시 기재**합니다. 또한 **독점적 · 배타적 영업지역 제도를 운영하는 경우**에는 해당 가맹사업과 같은 업종의 범위 및 영업표시의 종류도 **반드시 기재**합니다.

2) 영업지역의 설정 기준과 변경 가능성 및 그 사유

당사는 영업지역을 다음과 같이 정하고 있으며 경우에 따라 일부 변경될 수 있습니다.

설정 기준①	설정방법②	변경 가능 여부③	변경 사유④
인구 ○만 명 당 1점포	별지에 영업지역 표시	가맹점사업자 동의 시	상권 변화(기관 입주, 아파트 입주 등), 고객 선호 변화, 경쟁 영업표지 입점의 사유로 기존 가맹점사업자의 영업지역 내 예상매출액이 다른 가맹점사업자의 평균예상매출액보다 2.5배 이상으로 나타나는 경우
점포를 중심으로 반경 ○○km	별지에 영업지역 표시	가맹점사업자 동의 시	상권 변화(기관 입주, 아파트 입주 등), 고객 선호 변화, 경쟁 영업표지 입점의 사유로 기존 가맹점사업자의 영업지역 내 예상매출액이 다른 가맹점사업자의 평균예상매출액보다 2.5배 이상으로 나타나는 경우
행정구역당 1점포	별지에 영업지역 표시	가맹점사업자 동의 시	상권 변화(기관 입주, 아파트 입주 등), 고객 선호 변화, 경쟁 영업표지 입점의 사유로 기존 가맹점사업자의 영업지역 내 예상매출액이 다른 가맹점사업자의 평균예상매출액보다 2.5배 이상으로 나타나는 경우
· ·			

① 가맹점사업자의 영업지역을 정하는 구체적인 기준을 기재하십시오.
② 예시: 계약서 별지에 구역(지도)으로 표시, 행정구역별로 표시 등
③ 독점적 · 배타적 영업지역 설정으로 영업지역은 변경 가능하지 않으나, 가맹점사업자가 동의할 경우는 가능
④ 영업지역을 변경할 수 있는 사유를 구체적으로 기재**하되, 계약서상의 내용과 일치하여야 합니다.**

3) 영업지역을 재조정(변경)하는 경우의 절차

당사는 영업지역을 재조정하기에 앞서 가맹점사업자의 동의를 얻고 있으며 구체적인 절차는 다음과 같습니다.

재조정 절차	동의를 얻는 방법
재조정 사유 발생→당사 담당팀 검토→영업지역 변경(안) 작성→가맹점사업자에게 서면 통지→가맹점사업자 동의→영업지역 변경 완료	영업지역 변경(안)을 서면으로 통지하고 30일 이내에 동의 여부 회신 동의가 있는 경우 15일 이내에 영업지역 재조정 완료(신규 점포 입점 가능)

[당사는 계약기간 중 가맹점사업자의 동의 없이 영업지역을 변경할 수 없습니다. 다만, 가맹본부는 도로사정의 변경이나 재개발 등으로 인하여 영업지역이 충돌되는 경우에는 가맹점사업자 상호 간의 이해관계를 합리적으로 조정할 수 있습니다.]

4) 영업지역 밖의 고객에게 상품이나 용역을 판매하는 데에 따르는 제한

[가맹점사업자는 가맹본부와 약정한 영업지역을 준수하시기 바랍니다. 영업지역을 벗어나 다른 가맹점사업자의 영역지역에 속한 고객에게 영업활동을 하는 경우 가맹본부는 다음의 조치를 취하여 가맹점사업자 상호간의 이해관계를 합리적으로 조정할 수 있습니다.]

[첫째, 가맹점사업자가 다른 가맹점사업자의 영업지역의 고객과 거래하는 경우 가맹본부가 두 가맹점사업자 간의 보상금 지불에 대한 중재안을 제시하는 행위]

[둘째, 영업지역을 침해받은 가맹점사업자의 영업지정 조정 요구가 있는 경우 매출액 현황 조사 등 필요한 조치를 취하는 행위]

[셋째, 특정 가맹점사업자가 다른 가맹점사업자의 영업지역을 반복적으로 침해하여 '반포삼겹살' 영업표지 이미지에 심각한 손해를 가한 경우 그 가맹점사업자에게 행위의 시정을 요구하고 손해배상액을 청구하는 행위]

※ 가맹점사업자의 영업지역을 **가맹본부가 침해하는 것은 불공정거래행위**로 문제가 될 수 있으나 **다른 가맹점사업자가 침해하는 것은 원칙적으로 허용**됩니다. 따라서 가맹점사업자 간 분쟁은 **민사문제**로 해결하도록 하시되, 법령에서 허용된 범위에서 필요한 조치를 예시와 같이 기재하시기 바랍니다.

※ 가맹사업법 시행령 관련 조문([별표 2] 제2호 구속조건부 거래 라목)
라. 영업지역의 준수강제
부당하게 가맹점사업자에게 영업지역을 준수하도록 조건을 붙이거나 이를 강제하는 행위
다만, 다음의 어느 하나에 해당하는 행위는 제외한다.
(1) **가맹본부가 가맹점사업자의 영업거점지역을 정하는 행위**
(2) **가맹점사업자가 자기의 영업지역에서의 판매책임을 다한 경우에 영업지역 외의 다른 지역에서 판매할 수 있도록 하는 행위**
(3) **가맹점사업자가 자기의 영업지역 외의 다른 지역에서 판매하고자 하는 경우 그 지역의 가맹점사업자에게 광고선전비 등 판촉비용에 상당하는 일정한 보상금을 지불하도록 하는 행위**

5) 그 밖에 영업지역에 관한 내용

※ 상기의 기재사항 외, 영업지역 관련 영업방침이 있을 경우 기재합니다.

6. 계약기간, 계약의 갱신 · 연장 · 종료 · 해지 · 수정

1) 가맹계약 및 갱신 기간

[반포삼겹살] 가맹사업의 계약기간은 [계약체결일로부터] [ ]년이며, 가맹계약 갱신 시 계약기간은 [계약갱신일로부터] [ ]년입니다.

※ 가맹계약의 종류(type)가 여러 가지가 있고, 각각 계약기간이 다른 경우 나누어 기재합니다.

2) 계약 연장이나 재계약, 또는 계약 종료에 필요한 절차

가맹사업거래의 공정화에 관한 법률 제13조 및 같은 법 시행령 제14조에 따라 귀하에게는 가맹계약의 갱신을 요구할 수 있는 권리가 최초 계약일로부터 10년간 주어집니다.

구체적인 절차는 다음과 같습니다.

순 서	기간(계약만료일: D-day)
① 가맹점사업자가 계약갱신을 요구하였습니까? 예→②, 아니오→⑦	D-180~D-90
② 3)에서 정한 계약갱신 거절 사유에 해당합니까? 예→④, 아니오→③	D-180~D-90
③ 가맹본부가 계약조건 변경을 서면으로 통지하였습니까? 예→⑤, 아니오→A	D-180~D-90
④ 가맹본부가 가맹점사업자에게 거절 사유를 적은 서면으로 거절 통지를 하였습니까? 예→B, 아니오→A	①+15일 이내
⑤ 가맹점사업자가 계약조건 변경에 동의하였습니까? 예→C, 아니오→⑥	
⑥ 변경된 계약조건이 다른 가맹점사업자에게 통상적으로 적용되는 계약조건입니까? 예→B, 아니오→D	
⑦ 가맹본부가 계약갱신을 하지 않겠다는 사실을 서면으로 통지하였습니까? 예→B, 아니오→⑧	D-180~D-90
⑧ 가맹점사업자가 계약갱신 또는 계약조건에 대하여 이의를 제기하였습니까? 예→E, 아니오→A	D-60일 이전
A. 종전과 같은 조건으로 다시 가맹계약 체결	D-day
B. 계약기간이 만료되는 날 계약 종료	D-day
C. 변경된 조건으로 다시 가맹계약 체결	D-day
D. 양자가 합의하여 계약조건을 바꾸어야 함(가맹본부가 계약 변경을 강행할 경우 불공정거래행위에 해당할 수 있음).	-
E. 양자가 합의하여 계약을 만료하거나 변경된 조건으로 다시 가맹계약 체결(민사상 문제로 가맹사업법에서 특별하게 제한하는 규정 없음)	-

3) 계약 갱신 거절(종료) 사유

당사가 가맹계약의 갱신요구를 거절할 수 있는 사유는 다음과 같습니다.

갱신요구 거절 사유	관련 계약조문
ㅇ가맹계약상의 가맹금 등의 지급의무를 지키지 아니한 경우	ㅇ조 ㅇ항
ㅇ다른 가맹점사업자에게 통상적으로 적용되는 계약조건이나 영업방침을 귀하가 수락하지 아니한 경우	ㅇ조 ㅇ항

ㅇ 가맹점 운영에 필요한 점포 · 설비의 확보나 법령상 필요한 자격 · 면허 · 허가의 취득을 하지 못한 경우	○조 ○항
ㅇ 판매하는 상품이나 용역의 품질을 유지하기 위하여 필요한 제조공법 또는 서비스기법을 지키지 않은 경우	○조 ○항
ㅇ [반포삼겹살] 경영에 필수적인 지식재산권을 보호하기 위한 방침을 지키지 않은 경우	○조 ○항
ㅇ 정기적으로 실시하는 교육 · 훈련을 준수하지 않은 경우(다만, 교육 · 훈련 비용이 같은 업종의 다른 가맹본부가 통상적으로 요구하는 비용보다 뚜렷하게 높은 경우는 제외합니다.)	○조 ○항

※ 가맹계약서에 기재되지 않은 사유를 정보공개서에 기재하여서는 아니 됩니다.

4) 계약 해지 사유 및 그 절차

당사가 귀하와의 가맹계약을 해지할 수 있는 사유는 다음과 같습니다.

계약 해지 사유	관련 계약조문
ㅇ	○조 ○항
ㅇ	○조 ○항
ㅇ	○조 ○항
……	

가맹사업거래의 공정화에 관한 법률 제14조와 같은 법 시행령 제15조에 따라 당사는 가맹계약을 해지하려는 경우에는 귀하에게 서면으로 2개월 이상의 유예기간을 두고 계약의 위반 사실 및 이를 시정하지 않을 경우 계약을 해지한다는 사실을 2회 이상 통지하고 있습니다. 이러한 절차를 거치지 않은 계약해지는 무효가 됩니다.

다만, 가맹사업법 시행령 제15조의 계약해지 사유에 해당되는 아래의 경우에는 2개월 이상의 유예기간이나 2회 이상의 서면통지 없이 계약서에 따른 절차를 거쳐 계약이 해지될 수 있으므로 주의하여야 합니다.

즉시계약 해지 사유	관련 계약조문
○ 가맹점사업자에게 파산 신청이 있거나 강제집행절차 또는 회생절차가 개시된 경우	○조 ○항
○ 가맹점사업자가 발행한 어음 · 수표가 부도 등으로 지불정지된 경우	○조 ○항
○ 천재지변, 중대한 일신상의 사유 등으로 가맹점사업자가 더 이상 가맹사업을 경영할 수 없게 된 경우	○조 ○항
○ 가맹점사업자가 공연히 허위사실을 유포함으로써 가맹본부의 명성이나 신용을 뚜렷이 훼손하거나 가맹본부의 영업비밀 또는 중요정보를 유출하여 가맹사업에 중대한 장애를 초래한 경우	○조 ○항
○ 가맹점사업자가 가맹점 운영과 관련되는 법령을 위반하여 이를 시정하라는 내용의 행정처분(과징금 · 과태료 등의 부과처분을 포함한다)을 통보받고도 행정청이 정한 시정기한(시정기한을 정하지 아니한 경우에는 통보받은 날부터 10일) 내에 시정하지 않는 경우	○조 ○항
○ 가맹점사업자가 가맹점 운영과 관련되는 법령을 위반하여 자격 · 면허 · 허가 취소 또는 영업정지 명령(15일 이내의 영업정지 명령을 받은 경우는 제외한다) 등 그 시정이 불가능한 성격의 행정처분을 받은 경우. 다만, 법령에 근거하여 행정처분을 갈음하는 과징금 등의 부과 처분을 받은 경우는 제외한다.	○조 ○항
○ 가맹점사업자가 법 제14조 제1항 본문에 따른 가맹본부의 시정요구에 따라 위반사항을 시정한 날부터 1년(계약갱신이나 재계약된 경우에는 종전 계약기간에 속한 기간을 합산한다) 이내에 다시 같은 사항을 위반하는 경우. 다만, 가맹본부가 시정을 요구하는 서면에 다시 같은 사항을 1년 이내에 위반하는 경우에는 법 제14조 제1항의 절차를 거치지 아니하고 가맹계약이 해지될 수 있다는 사실을 누락한 경우는 제외한다.	○조 ○항
○ 가맹점사업자가 가맹점 운영과 관련된 행위로 형사처벌을 받은 경우	○조 ○항
○ 가맹점사업자가 공중의 건강이나 안전에 급박한 위해를 일으킬 염려가 있는 방법이나 형태로 가맹점을 운영하는 경우	○조 ○항
○ 가맹점사업자가 정당한 사유 없이 연속하여 7일 이상 영업을 중단한 경우	○조 ○항

※ 보다 자세한 내용은 **가맹사업법 제14조 및 같은 법 시행령 제15조**를 참고하기 바랍니다.
※ **가맹계약서에 기재되지 않은 사유를 정보공개서에 기재하여서는 아니 됩니다.**
※ **가맹계약 즉시해지사유는** 가맹사업법 제14조 및 같은 법 시행령 제15조에 규정된 사유를 기재하시기 바랍니다.

5) 계약 수정의 사유, 사전 통보 여부 및 동의 절차

당사는 계약기간 중에 계약서의 내용을 변경하지 않는 것을 원칙으로 합니다. 다만, 다음의 경우에는 [귀하의 동의를 얻어] 계약 조건을 수정할 수 있습니다.

계약 수정 사유	관련 계약조문
○	○조 ○항
○	○조 ○항
○	○조 ○항
……	

재조정 절차	동의 절차
계약 수정 사유 발생→당사 담당팀 검토→수정계약서(안) 작성→가맹점사업자에게 서면 통지→가맹점사업자 동의→수정 완료	수정 계약서(안)를 서면으로 통지하고 30일 이내에 동의 여부 회신 동의가 있는 경우 수정계약서에 정한 날부터 효력 발생

※ 예시처럼 계약 수정 절차나 동의를 얻는 방법은 최대한 자세히 기재하되, **동의를 얻지 못할 경우 가맹본부의 조치에 대해서도 반드시 기재**하여야 합니다.

7. 가맹점운영권의 환매 · 양도 · 상속 및 대리행사

1) 가맹점운영권의 환매

당사는 [귀하가 가맹점을 운영하다가 개인 사정 등으로 조기에 계약을 해지하려는 경우 새로운 가맹점사업자를 찾을 때까지 일시적으로]① 가맹점운영권을 다시 사들여 직영점 체제로 운영하는 제도를 운영하고 있습니다. 자세한 내용은 다음과 같습니다.

환매 조건②	환매 절차③	비고④
○ 가맹점에게 계약서 ○○조, ○○조, ○○조, ○○조의 계약 해지 사유가 존재하지 않을 것 ○ 가맹점사업자의 매출액이 당사가 정한 기준 이상일 것 ○ 가맹점운영 기간이 2년 이상일 것 ○ ……	가맹점사업자가 소정의 양식을 갖추어 가맹본부에 환매 신청→당사 담당팀 검토(현장조사 포함, 20일가량 소요)→환매 여부 통지	문의: ○○팀 (02－×××－××××)

① 가맹점운영권 환매제도를 운영하고 있는 경우에 그 사유를 알기 쉽게 기재합니다.
② 환매에 필요한 조건을 자세하기 기재합니다.
③ 대략적인 소요기간 등도 가능하면 기재합니다.
④ 그 밖에 가맹점사업자에게 필요한 내용을 기재합니다.

2) 가맹점운영권의 양도①

귀하가 가맹점운영권을 다른 사업자에게 양도하기 위해서는 [사전에 당사에 서면으로 그 사실을 통지하여야 하고, 당사의 승인이 있어야만 합니다.] 자세한 내용은 다음과 같습니다.

양도 가능 조건②	양도 절차③	비고④
○ 양수인이 당사가 정한 가맹점 운영 기준을 준수할 것 ○ ……	가맹점사업자가 서면으로 양도 신청→당사 담당팀 검토(양수인 면담 포함, 30일가량 소요)→승인 여부 통지→양도인, 양수인, 가맹본부의 양수 · 양도 계약 체결(5일 소요)→가맹점운영권 이전 완료	문의: ○○팀(02 - ××× - ××××)

[당사가 양도를 승인하면 양수인은 양도인의 모든 권리의무를 승계하게 되며 양수인은 교육비 및 계약이행 보증금을 납입하여야 합니다. 다만, 양수인이 원할 경우에는 당사는 양수인과 신규 가맹계약을 맺을 수 있습니다. 이 경우 신규가맹계약일지라도 가맹점 모집비용, 개점행사비 등이 일반적인 신규가맹계약보다 적게 소요될 경우에는 비용 소요액에 상응하는 가맹금을 당사와 협의하여 지급하실 수 있습니다.]

① 가맹점사업자가 계약기간 중에 **운영권을 양도 · 양수계약을 통해 다른 사람에게 넘기는 경우** 해당됩니다.
② 양도에 필요한 조건을 자세하게 기재합니다. **가맹점사업자는 가맹본부와 독립된 사업자로서 조건을 지나치게 까다롭게 설정하는 경우 불공정거래행위에 해당할 수 있습니다.**
③ 대략적인 소요기간 등도 가능하면 기재합니다.
④ 그 밖에 가맹점사업자에게 필요한 내용을 기재합니다.

3) 가맹점운영권의 상속, 대리행사, 위탁 등

가맹점운영권은 원칙적으로 당사와 가맹계약을 체결한 귀하에게 주어집니다. 따라서 개인사정 등으로 가맹점운영권을 다른 사람에게 대리행사하게 할 경우에는 당사에 사전에 서면으로 그 사실을 통지하여야 합니다.

가맹점사업자의 상속인은 가맹점 영업을 상속할 수 있으며, 이 경우 상속개시일로부터

3개월 이내에 상속사실을 통지하여야 합니다. 다만, 상속인이 미성년자, 금치산자 한정치산자에 해당하거나 이에 준하는 사유가 있는 경우에는 가맹계약은 종료합니다.

구분①	가능 여부(조건)②	이전 범위③	절차④	기타 의무사항⑤
상속	상속인 사후통지 시	모든 권리의무	[앞서 내용을 참고하여 작성]	교육수료 및 교육비 지급
대리행사	본부 승인 시 가능	가맹점사업자가 지정한 범위 내의 권리의무		
업무위탁	본부 승인 시 가능	-		
……				

① 가맹점사업자가 계약기간 중에 **운영권의 전부 또는 일부를 양수 · 양도계약 외의 방법으로 다른 사람에게 넘기는 경우**에 해당됩니다.
② ①의 행위가 인정되는지 여부를 기재하고, 인정될 경우 그 조건을 기재합니다.
③ 상속인(대리인, 수탁인 등 포함)에게 이전되는 가맹점운영권의 범위를 기재합니다.
④ 대략적인 소요기간 등도 가능하면 기재합니다.
⑤ 가맹점 운영에 필요한 교육이수에 따른 교육비 등이 있으면 기재합니다.

8. 경업금지, 영업시간 제한, 가맹본부의 영업장 관리 · 감독

1) 경업금지의 범위

당사는 계약기간 동안 [지역 내에서] 귀하가 [반포삼겹살]과 동일한 업종의 영업을 하는 행위를 금지하고 있습니다. 만약 귀하가 그러한 행위를 하기 위해서는 [사전에 가맹본부에 서면으로 그 사실을 통지하여야 합니다.] 자세한 내용은 다음과 같습니다.

경업금지 되는 업종①	경업허가 절차②	비고③
○ 일반인에게 식사류를 제공하면서 돼지고기나 쇠고기를 철판에 굽는 형태로 판매하는 업종 ○ ……	가맹점사업자가 서면으로 경업허가 신청→당사 담당팀 검토(시장조사 포함, 30일가량 소요)→허가 여부 통지→ 완료	문의: ○○팀 (02－×××－××××)

① 가맹점사업자가 쉽게 알 수 있도록 자세히 기재합니다.
② 대략적인 소요기간 등도 가능하면 기재합니다.
③ 그 밖에 가맹점사업자에게 필요한 내용을 기재합니다.
※ 경업금지의 범위를 동일업종이 아니라 **유사한 업종까지 확대하는 것은 약관규제법상 무효**가 됩니다.

2) 영업시간 및 영업일수 제한

당사는 [반포삼겹살]의 영업시간 및 영업일수를 제한하고 있습니다. 자세한 내용은 다음과 같습니다.

영업시간	영업일수	비고
10:00~23:00(13시간)	일요일, 공휴일 제외 영업	문의: ○○팀 (02-×××-××××)

가맹사업거래의 공정화에 관한 법률 시행령 제15조 제10호에 따라 귀하가 정당한 사유 없이 연속하여 7일 이상 영업을 중단한 경우 가맹계약 해지가 될 수 있으므로 주의하시기 바랍니다.

[귀하가 개인 사정 등으로 영업을 불가피하게 중단하거나 영업시간을 조정해야 할 경우에는 사전에 담당팀에 통지하시기 바랍니다.]

3) 권장 종업원 수 및 영업장 근무 여부

당사는 귀하가 운영하는 가맹점포(영업장)의 종업원 및 근무 형태를 제한하고 있으며 자세한 내용은 다음과 같습니다.

권장① 종업원 수	직접 근무 여부②	대체 가능 인력③	비고④
3명 이상	직접 근무	점주의 배우자, 직계가족	점주의 부재 시 가맹본부에 사전 통보

① 가맹본부가 종업원 수를 제한하고 있는 경우 그 내용을 기재합니다.
② 가맹점사업자가 직접 영업장에서 근무해야 할 경우 그 내용을 기재합니다.
③ 가맹점사업자가 개인사정 등으로 직접 근무하지 못하는 경우 대체 가능 인력과 절차를 기재합니다.
④ 그 밖에 가맹점사업자에게 필요한 내용을 기재합니다.

4) 가맹본부의 영업장 관리 · 감독

당사는 귀하가 운영하는 가맹점포(영업장)를 정기적으로 관리 · 감독하고 있으며 자세한 내용은 다음과 같습니다.

관리 · 감독 항목①	감독 절차	빈도 및 시기	담당팀②	비고③
매장 청결(4항목)	담당자 매장 방문→청결도 확인→관리표 작성→가맹점사업자 확인 및 서명→완료	4회/1주일	각 지역 ××팀	
친절도(5항목)	담당자 매장 암행방문→주문→친절도 확인→관리표 작성→완료	1회/2주일	본사 ○○팀	
품질 관리(7항목)	담당자 매장 방문→품질 확인→관리표 작성→가맹점사업자 확인 및 서명→완료	4회/1주일	각 지역 ××팀	
……				

[당사는 감독의 공정성을 기하기 위하여 다음과 같은 가맹점 관리표를 작성하고 있습니다. 본 표는 감독이 끝난 후 귀하의 서명을 받아 (주)공정위와 귀하가 각 1부씩 보관하게 됩니다. ※ 관리표가 있는 경우 첨부합니다.]

① 가맹점사업자의 영업장을 관리 · 감독하는 항목을 자세히 기재합니다. 양이 많은 경우 별지에 기재합니다.
② 관리 · 감독을 실제 수행하는 담당팀을 기재합니다. 필요한 경우 연락처도 함께 기재합니다.
③ 그 밖에 가맹점사업자에게 필요한 내용을 기재합니다.

9. 광고 및 판촉 활동

1) 가맹본부와 가맹점사업자의 비용 분담 기준

당사는 [반포삼겹살 영업표지 이미지 제고 및 매출액 증대를 위한 전국 단위의] 광고 및 판촉 활동을 위해 필요한 비용을 [가맹점사업자와 나누어 부담하고 있습니다.] 자세한 내용은 다음과 같습니다.

구분①	광고 성격②	부담비율		분담 절차④	비고⑤
		본사부담③	가맹점부담		
광고 전체 행사	상품광고	광고비의 50%	광고비 50% 중 가맹점 총매출액 비율 따라 산정	광고 계획 공고→가맹점의 광고참여 여부 결정→가맹점부담액 제시(명세서)	대중매체 광고 명절, Day 이벤트 행사 (전국 행사)
	상품광고+가맹점모집광고	광고비의 75%	광고비 25% 중 가맹점 총매출액 비율 따라 산정		
	가맹점 모집광고	전액 부담	없음.		
개별 행사	행사에 따라 달라짐(2010년의 경우 행사별로 가맹점사업자당 20~50만 원 부담).			행사 계획 공고→가맹점부담액 제시→가맹점의 행사 참여 결정→행사 종료 후 최종 분담금 확정	월별 판촉 행사
할인카드 · 멤버십 제휴서비스		서비스로 인한 월 할인금액의 50%	서비스로 인한 월 할인금액의 50%	(가맹점)월 할인금액 제시 →(가맹본부) 자료제출일로부터 10일 이내 부담액 송금	할인서비스 등의 종료 시까지
……					

[전국단위의 광고일 경우 가맹점부담액은 광고비 중 일부를 광고시행 직전 분기의 각 가맹점사업자의 총매출액 비율에 따라 분담합니다. 지역 광고일 경우에는 해당 지역 내 가맹점사업자가 가맹점부담액 부분을 분담합니다.]

※ 실제 가맹본부의 광고 및 판촉활동 내용의 기재하셔야 합니다. 특히 **할인카드 · 멤버스 제휴서비스가** 있으신 경우 해당 내용을 **반드시 기재**하셔야 합니다.

① **광고와 판촉행사를 구분**하되 가능한 자세히 기재합니다. 할인카드 · 제휴서비스 사용으로 인한 비용 부담도 포함합니다.
② 반드시 **광고의 성격(상품광고인지, 가맹점 모집광고인지 등)에 따라 구분**하여 **기재**합니다.
③ 분담 비율이 있으면 비율을, 가맹점사업자가 정액으로 부담하면 그 액수를 기재합니다.
④ 분담 기준이 매번 달라질 경우 그 절차를 기재합니다.
⑤ 그 밖에 가맹점사업자에게 필요한 내용을 기재합니다.
※ 가맹점부담 비율을 제시할 경우에는 광고에 따른 예상이익 등을 고려해서 **광고비의 산출근거를 명확하게 제시**하여야 합니다. 특히 가맹점의 월매출액 대비 일정비율을 광고비로 부담시키는 경우에는 **가맹점 매출을 구체적으로 산정하는 기준을 제시**하여야 합니다.

2) 가맹점사업자의 독자적 광고 · 판촉 활동

[개별 가맹점사업자가 스스로 또는 다른 가맹점사업자와 함께 독자적으로 광고 · 판촉 활동을 할 수 있습니다. 이 경우 특별하게 필요한 절차는 없습니다.]

※ 가맹본부가 가맹점사업자의 독자적인 광고 · 판촉 활동에 대해 **별도의 조건(사전 협의 등)을 요구하는 경우에는 그 내용을 기재**합니다.

10. 영업비밀 보호에 관한 사항

당사의 영업비밀이란, 공공연히 알려져 있지 아니하고 독립된 경제적 가치를 가지는 것으로서, 가맹본부의 상당한 노력에 의하여 비밀로 유지된 생산방법, 판매방법, 그 밖에 영업활동에 유용한 기술상 또는 경영상의 정보를 말합니다.

귀하는 계약체결 및 가맹점 운영상 알게 된 가맹본부의 영업비밀을 계약기간은 물론 계약종료 후에도 제3자에게 누설해서는 안 됩니다. 가맹본부의 허락 없이 교육과 세미나 자료 기타 가맹점운영과 관련하여 영업비밀이 담긴 관계서류의 내용을 인쇄 또는 복사할 수 없습니다.

당사의 영업비밀을 무단으로 유출할 경우 부정경쟁방지 및 영업비밀보호에 관한 법률에 의해 처벌 받을 수 있음을 알려드립니다. 또한, 당사의 영업비밀은 한국특허정보원의 영업비밀 원본 증명 서비스에 가입되어 있습니다. [※ 해당사항이 있는 경우 기재합니다.]

11. 가맹계약 위반 시 손해배상에 관한 사항

이 계약의 당사자는 상대방의 계약위반이나 불법행위로 인한 손해에 대하여 손해배상액의 예정으로서 위약금을 청구하거나 별도로 손해배상을 청구할 수 있다.

Ⅵ. 가맹사업의 영업 개시에 관한 상세한 절차와 소요기간

1. 상담 · 협의 과정에서부터 가맹점 영업 시작까지 필요한 절차 요약

귀하가 당사와 가맹계약을 체결할 경우 상담일로부터 실제 가맹점이 개설될 때까지 걸리는 시간과 필요한 절차는 다음과 같습니다.

(단위: 천 원, 부가세 포함)

구분	내용	소요기간①	소요비용②
합계		47일 내외	[18p ~ 20p 참조]
가맹희망자 문의	- 전화문의 접수 - 희망지역 확인, 담당자 배정	D-47	
사업 설명 · 상담	- 정보공개서 제공 - 가맹희망자 상담	D-46~45	
점포개발 및 상권분석 실시	- 입지선정 - 입지 주위 점포 정보 제공	필요 시 실시	
최종 협의	- 개설 승인 - 계약서 제공	D-34~31	
가맹계약 체결	- 계약 체결	D-30	
가맹금 예치	- ○○기관에 가맹금 예치	D-29(1일)	
점포실측/설계	- 투자비 산출	D-27~25(3일)	
실내외 공사착수	- 도면협의 및 공사일정 확인	D-24(1일)	
인테리어 공사	- 공사 실시	D-24~5(20일)	
교육 실시	- 점포운영교육 실시	D-7~4(3일)	
점포 개설	- 가맹점 개설 및 영업시작	D-day	

위 표에 따른 소요기간은 평균적인 가맹점을 기준으로 작성된 것으로, 협의 과정에서 시장상황 등에 따라 그 기간이 늘어날 수 있습니다.③

귀하는 본사와 계약을 체결하는 과정에서 변호사나 가맹거래사의 자문을 받을 수 있습니다. 자문이 필요하신 경우는 본사에 소속되어 있거나 업무 연관성이 있는 변호사나 가맹거래사를 제외하고 귀하께서 선택하신 변호사나 가맹거래사에게 정보공개서 및 가맹계약서 등에 대하여 자문을 받으시기 바라며, 특히 정보공개서에 대하여 자문을 받으신 경우에는 계약체결일이 정보공개서 제공 14일 후에서 7일 후로 단축됩니다.

① 소요기간이 정확하게 산정되지 않을 경우에는 **추정된 기간임을 밝히고 상한과 하한을 포함한 구간**으로 표시합니다.
② 소요비용은 앞서 기재한 가맹점사업자의 부담내용 관련 페이지를 참조하도록 합니다.
③ 기간이 늘어날 수 있는 사유를 구체적으로 기재합니다.

2. 가맹본부와의 분쟁 해결 절차

[가맹계약 당사자는 계약의 해석 또는 계약에 의해 명시되지 아니한 사항에 관하여 다툼이 있을 경우 법적 절차에 이르기 전까지 우선적으로 대화와 협상을 통해 분쟁을 해결하도록 합니다.]

[대화와 협상으로 분쟁이 해결되지 아니할 경우, 가맹사업거래의 공정화에 관한 법률 제22조에 따라 한국공정거래조정원의 **가맹사업거래분쟁조정협의회**에 조정을 신청하거나 (**연락처:** 02 - 3445 - 9898, **홈페이지:** http://www.kofair.or.kr) 다른 법령에 의해 설치된 중재기관에 중재를 신청할 수 있습니다.]

[중재를 신청하지 아니한 경우, 법적 분쟁에 관한 소송은 민사소송법상의 관할법원에 제기합니다. 단, 가맹본부와 가맹점사업자가 관할법원에 대해 약정할 경우에는 그러하지 아니합니다.]

※ 가맹본부가 분쟁 해결을 위하여 별도의 통제 시스템을 갖추고 있는 경우 자세히 기재합니다. 또한 가맹사업거래의 공정화에 관한 법률에 따른 분쟁조정협의회에 관한 내용도 기재하고, 민사소송 외에 중재제도를 통해 분쟁을 해결할 경우 그 내용도 포함합니다.

Ⅶ. 교육 · 훈련에 대한 설명

1. 교육 · 훈련의 주요내용

[당사는 반포삼겹살 운영에 필요한 제반 지식 및 노하우를 귀하에게 전수하기 위하여 교육 · 훈련을 실시하고 있습니다. 자세한 내용은 다음과 같습니다.]

구분	주요 내용	교육방식①	기한	비고②
신규 교육	회사 소개 음식 가공 POS 사용, 입금 방법 등	합숙 실습교육 집단 강의	가맹계약 체결 후 1개월 이내	필수 교육
보수 교육	신메뉴 가공 종업원 관리 실무 등	실습교육	매년 가맹계약 체결일로부터 1개월 이내	매년 필수적으로 이수
……				

① 집단 강의 및 실습 교육을 구분하여 기재합니다.
② 가맹점사업자가 반드시 이수하여야 하는 필수적 사항인지 여부를 포함합니다.

2. 교육 · 훈련의 최소시간 및 비용

귀하가 [반포삼겹살] 가맹사업을 운영하는 데 필요한 교육 · 훈련의 최소시간 및 비용은 다음과 같습니다.

구분	최소시간	비용(단위: 천 원, 부가세 포함)	비고
신규 교육	7일(2박 3일 합숙 포함)	1,100	최초 계약 시 이수
보수 교육	3일	770	매년 필수적으로 이수
……			

3. 교육 · 훈련의 주체

교육 · 훈련은 가맹계약을 맺는 당사자가 직접 받아야 합니다. [다만, 귀하가 직접 받기 어려운 경우에는 본사의 사전 승인을 받아 가맹점을 함께 운영하는 사람으로 하여금 대신하게 할 수 있습니다.] 또한, 가맹계약 당사자가 원하여 당사자 외 직원도 같이 교육을 받게 되면 인원 추가에 따라 비용도 추가됩니다.

※ 교육 · 훈련을 받는 주체가 가맹계약 당사자가 아닌 경우 그 내용을 반드시 기재합니다.

4. 교육 · 훈련 불참 시에 받을 수 있는 불이익

[기한 내 신규 교육을 받지 않은 경우에는 가맹계약서 ○○조에 따라 ○○일 내로 교육을 이수하여야 합니다. 그렇지 않은 경우에는 가맹계약이 해지될 수 있습니다.]

[기한 내 보수 교육을 받지 않은 경우에는 가맹계약서 ××조에 따라 ××일 내로 교육을 이수하여야 합니다. 그렇지 않은 경우에는 본사가 정한 기준에 따라 벌점을 부여받는 등 불이익이 있을 수 있습니다.]

※ **정기적이고 의무적으로 실시되는 교육 · 훈련에 가맹점사업자가 불참한 경우에 받을 수 있는 불이익**에 대하여 기재합니다.

<정보공개서 내용 문의>

◇ 이상의 정보공개서에 대하여 문의 사항이 있거나 정보공개서와 다른 사실을 발견한 경우에는 당사 ○○팀(02－×××－××××)으로 연락 주시면 친절하게 안내해 드리겠습니다.

◇ 가맹사업거래의 공정화에 관한 법률 관련 내용이 궁금하신 경우에는 **공정거래위원회 종합상담과(02－2023－4010) 또는 가맹유통과**(help@ftc.go.kr)로 문의하십시오. 개별 정보공개서 내용에 관한 문의는 받지 않고 있으니 주의하시기 바랍니다.

◇ 이 정보공개서는 당사의 홈페이지[ ] 또는 **공정거래위원회 가맹사업정보제공시스템**(http://franchise.ftc.go.kr)에서도 확인하실 수 있습니다.

□ 가맹사업거래분야 분쟁조정 및 심결사례[181)]

1. 분쟁조정사례

■ 정보공개서 미제공 관련

사례 1	
분쟁 개요	신청인(가맹점사업자)은 영어동화책 대여 가맹사업을 영위하는 피신청인(가맹본부)으로부터 정보공개서를 제공받지 못한 채 2009년 8월 ○○일 계약을 체결하고 가맹금 580만 원을 지급하였다. 신청인은 이후 2009년 9월 ○○일 피신청인에게 정보공개서 미제공을 이유로 가맹금반환을 서면으로 요구하였으나, 피신청인이 반환을 거절하자 가맹금 반환을 요구하는 내용의 조정신청을 하였다.
조정 결과	"피신청인은 가맹사업법 제7조를 위반하여 신청인과 가맹계약을 체결하였고, 신청인은 가맹사업법 제10조에 따라 적법하게 가맹금의 반환을 요구하였으므로, 피신청인은 신청인에게 가맹금 580만 원 전액을 반환하여야 한다"라는 내용으로 의결하였고, 양당사자가 권고를 수락하여 조정이 성립되었다.

사례 2	
분쟁 개요	신청인(가맹점사업자)은 도소매판매 가맹사업을 영위하는 피신청인(가맹본부)으로부터 정보공개서를 제공받지 못한 채 2010년 1월 ○○일 계약을 체결하고 가맹금 600만 원을 지급하였다. 하지만 신청인은 피신청인이 가맹계약서에 2010년 1월 ○○일에 이미 정보공개서를 제공하였다는 조항을 강제로 삽입했다는 사실을 알게 되어 이를 이유로 가맹금 반환을 요구하는 내용의 조정신청을 하였다.
조정 결과	양 당사자는 가맹계약을 해지하고 피신청인이 신청인에게 가맹금 550만 원을 반환하기로 합의하여 조정이 성립되었다.
비고	가맹사업법 제10조에는 가맹희망자가 가맹본부로부터 가맹계약체결 혹은 가맹금 지급일로부터 14일 이전에 정보공개서를 제공받지 않고 계약을 체결한 경우, 가맹계약체결일로부터 2개월 이내에 2개월 이내에 서면으로 가맹금 반환을 청구할 수 있도록 규정하고 있다.

181) 공정거래위원회 & 한국공정거래조정원(2010. 7.)

사례 3	
분쟁 개요	신청인(가맹점사업자)은 제과 · 제빵 가맹사업을 영위하는 피신청인(가맹본부)으로부터 정보공개서를 제공받지 못한 채 2003년 2월 ○○일 계약을 체결하고 가맹금 500만 원을 지급하였다. 신청인은 영업개시 이후 피신청인의 각종 불공정거래로 인하여 영업이 어려워 폐점에 이르게 되자 정보공개서 미제공 및 불공정거래행위로 인한 손해배상을 청구하는 내용의 조정을 신청하였다.
조정 결과	"본 건의 계약체결일은 2003년 2월 ○○일이므로 계약체결과정의 위법성 여부의 판단은 당시의 가맹사업법을 기준으로 하여야 할 것이고, 해당 가맹사업법(2007. 8. 이전의 가맹사업법)은 가맹본부에게 정보공개서의 제공을 서면으로 요구한 자를 가맹희망자로 규정하고, 가맹본부는 이러한 가맹점희망자에게 정보공개서를 제공하여야 한다고 규정되어 있는바, 신청인은 피신청인에게 서면으로 정보공개서의 제공을 요구한 사실이 없어 가맹사업법에서 규정한 가맹희망자에 해당하지 않으므로 비록 피신청인이 정보공개서를 제공하지 아니한 사실이 있다 하더라도 가맹사업법 위반이라 할 수 없고, 기타 신청인의 주장에 대해서도 피신청인에게 계약위반사실이나 법 위반 행위가 없다고 판단되므로 신청인의 주장은 이유가 없다."라는 내용으로 기각으로 결정하고 조정절차를 종료하였다.
비고	현재 가맹사업법은 서면의 청구 없이도 정보공개서를 제공하도록 하고 있다.

■ 가맹금 예치제 미준수 관련

사례 1	
분쟁 개요	신청인(가맹점사업자)은 요식업 관련 가맹사업을 영위하는 피신청인(가맹본부)과 2009년 9월 ○○일 계약을 체결하고, 가맹금 300만 원을 계좌이체하였다. 이후 신청인은 피신청인이 가맹금을 직접 수취한 행위가 가맹사업법상 가맹금예치의무를 위반한 행위라는 사실을 알게 되어 피신청인에 대한 신뢰가 상실되었으므로 이를 이유로 가맹계약을 해지하고 가맹금의 반환을 요구하는 내용의 조정신청을 하였다.
조정 결과	양 당사자는 가맹계약을 해지하고 피신청인이 신청인에게 가맹금 300만 원을 반환하는 내용으로 합의하여 조정이 성립되었다.
비고	가맹금 예치의무 위반이 바로 가맹금 반환사유에 해당하지는 아니하나 양 당사자가 더 이상의 가맹계약 유지가 어렵다고 판단하고 조정합의하여 가맹금을 반환하고 가맹계약을 해지한 사례이다.

사례 2	
분쟁 개요	신청인(가맹점사업자)은 외식관련 가맹사업을 영위하는 피신청인(가맹본부)과 2009년 9월 ○○일 계약을 체결하고, 가맹금 200만 원을 직접 지급하였다. 이후 신청인은 피신청인의 가맹금의 예치의무위반을 이유로 가맹금 반환을 청구하는 내용의 조정을 신청하였다.
조정 결과	"가맹사업법상 가맹금의 반환은 정보공개서 미제공, 허위 · 과장 정보 제공, 일방적인 가맹사업 중단의 경우에만 인정될 뿐, 가맹금 미예치 행위는 가맹금반환 사유가 되지 않고, 또한 피신청인은 계약 체결 전 이미 가맹점사업자피해보상보험에 가입한 사실이 있으므로 가맹금예치의무를 위반했다고 할 수 없다"고 판단하여 본 사건을 기각하였다.
비고	가맹사업법 제6조의5 제1항 단서에 따르면 가맹본부가 가맹점사업자피해보상보험계약 등을 체결한 경우에는 예치하지 아니한다고 규정하고 있다.

■ 허위 · 과장 정보 제공 관련

사례 1	
분쟁 개요	신청인(가맹점사업자)은 요식업관련 가맹사업을 영위하는 피신청인(가맹본부)과 2009년 7월 ○○일 계약을 체결하면서, 피신청인으로부터 월 550만 원 정도의 순이익이 가능하다는 내용이 포함된 사업계획서를 제공받았다. 그러나 실제 영업을 해보니 오히려 적자를 기록하여 피신청인에게 점포를 개설하기 위해 소요되었던 투자금의 반환을 요구하는 내용으로 조정신청을 하였다.
조정 결과	양 당사자는 가맹계약을 해지하고 피신청인이 신청인의 점포를 인수하는 내용으로 합의하여 조정이 성립되었다.
비고	가맹사업법 제9조에는 가맹본부는 가맹희망자에게 정보를 제공함에 있어서 허위 또는 과장된 정보를 제공하거나 중요사항을 누락해서는 안 된다고 규정하고 있다. 또한 가맹희망자의 예상매출액 · 수익 · 매출 등 예상수익상황에 관한 정보를 제공함에 있어서는 반드시 서면으로 제공하도록 하고 있으며, 그 산출근거가 되는 자료를 반드시 사무실에 비치하도록 하고 있다.

사례 2	
분쟁 개요	신청인(가맹점사업자)은 베이커리 관련 가맹사업을 영위하는 피신청인(가맹본부)과 2009년 12월 ○일 계약을 체결하였다. 당시 피신청인은 직영점과 특정 가맹점의 일평균 매출액이 각각 100만원과 70만원이라는 내용이 기재된 영업제안서를 제공하였고, 계약서의 특약사항에 가맹점이 입점한 건물6층의 매장과 더불어 1층 매대의 운영을 보장해 준다는 내용을 명기하였다. 그러나, 영업개시 후 4개월이 지나도록 피신청인은 매대운영보장약정을 이행하지 않을 뿐 아니라 신청인의 가맹점 매출 또는 극히 저조하여, 피신청인의 허위 · 과장 정보제공을 이유로 피신청인에게 투자금 전액의 반환을 요구하는 내용으로 조정신청을 하였다.
조정 결과	"피신청인의 직영점과 가맹점의 실제 매출액이 본건 영업제안서 상의 금액에 훨씬 미달함이 확인되므로 이는 피신청인이 허위 · 과장된 정보를 신청인에게 제공한 것이라 할 수 있고, 또한 계약체결 이후 수개월이 지나도록 본 건 계약에서 중요한 내용이라고 할 수 있는 1층 매대 보장약정을 이행하지 못한 사실이 있으므로 가맹계약을 해지하고 피신청인은 신청인에게 투자금 전액을 반환하라"는 내용으로 의결하였으나, 피신청인이 권고를 수락하지 아니함에 따라 조정절차를 종료하였다.

사례 3	
분쟁 개요	신청인(가맹점사업자)은 2009년 9월 ○○일 피신청인과 가맹계약체결 시 신청인의 가맹점개설지역은 상권이 좋고 피신청인의 직영점포보다 매출이 좋을 것이라는 피신청인의 말을 신뢰하여 본 건 계약을 체결하였으나, 막상 가맹점을 개설하여 영업을 하다 보니 실제로 매출이 부진하여 2008년 11월 ○○일 가맹점을 양도하고 피신청인에게 손해의 일부를 배상하라는 내용의 조정을 신청하였다.
조정 결과	"피신청인이 신청인에게 본 건 점포를 권유한 바 없고 신청인 점포의 예상매출액을 제공한 사실도 없어 과장정보를 제공하였다고 보기 어렵다."라고 판단하여 기각을 결정하고 본 조정절차를 종료하였다.

■ 부당한 계약종료 및 해지 관련

사례 1	
분쟁개요	신청인(가맹점사업자)은 편의점관련 가맹사업을 영위하는 피신청인(가맹본부)과 2005년 3월 ○○일 계약을 체결한 후 가맹사업을 운영해 오던 중 2010년 3월까지 계약기간이 남아 있음에도 불구하고 2009년 2월 말경 피신청인이 가맹점사업자의 의무불이행이라는 명목으로 일방적으로 가맹계약을 해지하고 2009년 3월 ○○일부로 일방적인 상품공급 중단 및 전산시스템 차단으로 영업을 하지 못하게 하였다. 또한 피신청인은 신청인에게 가맹계약 해지 이외에도 위약금 및 인테리어 잔존가액을 요구하자 신청인은 2009년 3월 ○○일자 계약해지는 무효라는 확인을 요구하는 내용의 조정을 신청하였다.
조정결과	피신청인이 본 사건을 서울지방법원에 소를 제기함에 따라 본 조정절차를 종료하였다.
비고	가맹사업법 제14조는 가맹본부가 가맹계약을 해지하기 위해서는 2개월 이상의 유예기간을 두고 반드시 서면으로 2회 이상의 시정을 요구하도록 하고 있으며, 만일 이를 위반한 계약해지는 효력이 없음을 규정하고 있다.

사례 2	
분쟁개요	신청인(가맹점사업자)은 편의점 관련 가맹사업을 영위하는 피신청인(가맹본부)과 2006년 8월 ○○일 계약을 체결하였다. 계약기간은 2년이고 2008년에 피신청인은 계약 종료통보를 하지 않았으므로 기존의 계약조건과 동일하게 계약기간이 2년 연장되었음에도 불구하고 2009년 4월 ○○일 피신청인은 계약은 1년만 갱신된 것이며, 변경된 계약조건으로 재계약을 체결하지 않을 경우 2009년 8월 ○○일부로 가맹계약을 종료한다는 내용의 서면을 발송하자 신청인은 조정신청을 하였다.
조정결과	가맹사업법 제13조에 따라 이전의 계약조건(계약기간, 가맹금 등)과 동일한 내용으로 계약이 갱신된 것이다. 이에 따라 양 당사자는 가맹계약만료 전의 계약과 같은 조건으로 다시 계약을 체결하는 것으로 합의하여 조정이 성립되었다.

사례 3	
분쟁개요	신청인(가맹점사업자)은 학원 관련 가맹사업을 영위하는 피신청인(가맹본부)과 브랜드 두 개에 대해 2008년 12월 ○○일 각각 계약을 체결하였다. 이후 한 브랜드에 대하여 신청인과 피신청인 간에 법적 분쟁이 발생하였고, 피신청인이 이를 이유로 분쟁과 관계없는 나머지 한 개의 브랜드에 대하여 일방적인 계약해지통보를 하자 신청인이 조정신청을 하였다.
조정결과	피신청인은 나머지 한 개의 브랜드에 대한 계약해지통보를 철회하고 양 당사자가 원만히 합의하여 조정이 성립되었다.

사례 4	
분쟁 개요	신청인(가맹점사업자)은 제과업에 대한 가맹사업을 영위하는 피신청인(가맹본부)과 2004년 6월 ○○일 계약체결 후 가맹점을 운영하던 중 피신청인이 물품대금미납 등의 이유로 2009년 6월 ○○일 자로 가맹계약 즉시해지를 통보하자 신청인은 가맹계약해지가 부당하다며 이를 철회하라는 내용의 조정을 신청하였다.
조정 결과	피신청인이 신청인에 대한 가맹계약해지 통보를 철회하는 내용으로 합의하여 조정이 성립하였다.
비고	가맹사업법(법 시행령 제15조)상 가맹본부가 즉시 계약을 해지할 수 있는 사유에 해당되지 아니한다.

■영업지역 침해 관련

사례 1	
분쟁 개요	신청인(가맹점사업자)은 영어교육관련 가맹사업을 영위하는 피신청인(가맹본부)과 2005년 6월 ○일 계약체결 후 가맹사업을 운영해 오던 중 2008년 3월 ○○일 피신청인이 신청인의 영업지역에 대한 분할을 요구하였으나, 신청인이 이를 거부하자 피신청인은 2008년 7월 ○○일 분할된 영업지역으로 재계약을 요구한 뒤 일방적으로 신청인의 영업지역 내에 추가 가맹점을 개설하였다. 이에 신청인은 피신청인의 영업지역 침해를 이유로 손해배상을 요구하는 내용의 조정을 신청하였다.
조정 결과	양 당사자는 피신청인이 신청인의 가맹점을 750,000,000원에 인수하는 내용으로 합의하여 조정이 성립되었다.
비고	가맹사업법 제5조 제6호에는 '가맹본부는 가맹점사업자의 영업지역 내에 자기의 직영점 또는 유사한 가맹점의 설치를 금지'하고 있으며, 제12조 제1항 제4호에는 '가맹본부가 가맹계약을 위반하여 가맹점사업자의 영업지역 내에 자기 또는 계열회사의 동일한 업종의 가맹점을 설치하는 행위'를 불공정거래행위로 규정함으로써 가맹점사업자의 영업지역을 보호하고 있다.

사례 2	
분쟁 개요	신청인(가맹점사업자)은 2005년 11월 ○○일 치킨배달판매업에 관한 가맹사업을 영위하는 피신청인(가맹본부)과 계약체결 후 가맹점을 운영하던 중 영업지역으로 설정받은 ○○ 1, 2, 3, 4동 중 ○○ 3동에 피신청인이 추가 가맹점을 개설하자 즉시 추가 가맹점을 폐점하고 신청인의 영업지역을 보장해 달라는 내용으로 조정을 신청하였다.
조정 결과	양 당사자는 신청인의 영업지역은 ○○ 1, 4동으로, 본 건 추가가맹점의 영업지역은 ○○ 2, 3동으로 재설정하는 내용으로 합의하여 조정이 성립되었다.

사례 3	
분쟁 개요	신청인(가맹점사업자)은 2009년 4월 ○○일 영어교육관련 가맹사업을 영위하는 피신청인(가맹본부)과 계약체결 후 영업을 해 오던 중 피신청인이 2008년 7월 ○○일경 가맹점과 직선거리 90m, 우회 최대거리 200m 이내인 같은 블록 내에 추가 가맹점을 개설하자 신청인은 피신청인의 영업지역 침해로 인한 손해배상 30,000,000원을 청구하는 내용으로 조정을 신청하였다.
조정 결과	"신청인의 영업지역과 추가 가맹점의 영업지역은 서로 중복되지 않고, 추가 가맹점이 생긴 후에도 신청인의 매출액 또한 큰 변동이 없으므로 신청인의 주장은 이유 없다"라고 판단하여 기각결정하고 조정절차를 종료하였다.
비고	가맹사업법은 가맹본부가 가맹점사업자에게 영업지역을 보장해 준 경우에 한해서 영업지역을 보호해 주고 있으나, 본 건은 가맹본부가 계약체결 시부터 가맹점사업자에게 영업지역을 보장해 준 사실이 없어 가맹사업법상 영업지역에 대한 보호를 받을 수 없었던 사례이다.

사례 4	
분쟁 개요	신청인(가맹점사업자)은 2009년 1월 ○일 인테리어 및 조경관련 가맹사업을 영위하는 피신청인(가맹본부)과 계약체결 후 영업을 하던 중 피신청인이 신청인의 영업지역 내에서 직접 영업활동을 할 뿐만 아니라 영업지역 내에 새로운 가맹점을 개설하는 등 신청인의 영업지역을 침해하였다는 이유로 가맹계약을 해지하고 가맹금 17,000,000원을 반환하라는 내용으로 조정을 신청하였다.
조정 결과	양 당사자는 가맹계약을 해지하고, 피신청인이 신청인에게 7,000,000원을 지급하는 내용으로 합의하여 조정이 성립되었다.

■ 일방적 계약조건변경 관련

사례 1	
분쟁 개요	신청인(가맹점사업자)은 주류외식업에 관한 가맹사업을 영위하고 있는 피신청인(가맹본부)과 2008년 5월 ○○일 계약을 체결하고, 가맹점을 운영하던 중 피신청인이 지정해 준 국산주류업체와 수입주류업체 중 수입주류업체가 공급을 원활히 하지 않아 국산주류업체로부터 수입주류를 공급받아 영업을 하였다. 이에 피신청인은 계약체결 당시 감액해 준 로열티를 원래 금액인 150만 원으로 지급하라고 통보하였다. 그러자 신청인은 이러한 피신청인의 행위로 상호 간의 신뢰가 상실되었다며 가맹계약을 해지하고 계약해지에 따른 손해배상을 청구하는 내용으로 조정을 신청하기에 이르렀다.
조정 결과	"신청인은 계약체결 당시 국산주류와 수입주류의 공급업체를 다르게 지정하고 공급받아야 함을 알고 있음에도 불구하고, 국산주류업체로부터 수입주류를 공급받은 것은 가맹계약을 위반한 것으로 보여지고, 사실관계 조사 중 피신청인이 국산주류업체로부터 수입주류를 공급받은 부분도 로열티 인상을 하지 않겠다고 했음에도 불구하고 신청인이 이를 거부하고 가맹계약해지 및 손해배상을 청구하는 것은 부당한 이득을 얻을 목적으로 조정을 신청한 것으로 보이는바, 신청인의 주장은 이유 없다"라고 판단하여 기각결정하고 조정절차를 종료하였다.
비고	가맹사업거래분쟁조정협의회는 신청인이 '부당한 이익을 얻을 목적으로 조정신청을 한 경우'에 분쟁조정의 거부 및 중지를 할 수 있다(법 시행령 제22조 제3항 제3호).

사례 2	
분쟁 개요	신청인(가맹점사업자)은 편의점에 관한 가맹사업을 영위하고 있는 피신청인(가맹본부)과 2003년 11월 ○○일 계약을 체결하고, 계약 당시 담배 판매장려금을 계약종료 시까지 받기로 하였으나, 피신청인이 2004년 5월부터 담배 판매장려금을 지급하지 않자 담배판매장려금에 대한 지급을 청구하는 내용으로 조정을 신청하였다.
조정 결과	양 당사자는 피신청인이 신청인에게 금 일천만원을 지급하는 내용으로 합의를 하고 신청인이 합의취하서를 보내 옴에 따라 조정절차를 종료하였다.

사례 3	
분쟁 개요	신청인(가맹점사업자)은 요식업에 관한 가맹사업을 영위하고 있는 피신청인(가맹본부)과 2005년 6월 ○○일 계약을 체결하고 가맹점을 운영하던 중, 3년간의 계약기간이 경과하여 피신청인이 재계약에 따른 추가가맹금을 요구하자 피신청인에게 추가 가맹금 없는 가맹계약연장을 요구하는 내용으로 조정을 신청하였다.
조정 결과	양 당사자는 피신청인이 신청인에게 추가 가맹금 없는 가맹계약연장을 약속하고 신청인이 합의취하서를 보내 옴에 따라 협의회는 조정절차를 종료하였다.
비고	재계약 시 추가 가맹금을 교부하여야 하는지는 당사자 간의 계약사항이다. 그러나 당사자 간에 작성한 계약서에 추가 가맹금에 대한 규정을 두고 있지 않음에도 근거 없이 추가 가맹금을 요구하여서는 아니 된다.

사례 4	
분쟁 개요	신청인(가맹점사업자)은 아이스크림 제조 및 판매관련 가맹사업을 영위하는 피신청인(가맹본부)과 1994년 9월경 최초 계약체결 후 가맹점을 운영해 오던 중 2005년경 점포를 리모델링하면, 계약기간은 5년 보장해 주겠다는 피신청인의 약속을 믿고 리모델링을 하였다. 그러나 리모델링공사 이후 3년이 경과한 2008년 9월경 피신청인은 계약기간이 만료되었다며 점포이전 및 신규리모델링을 재계약조건으로 요구하자 조정을 신청하였다.
조정 결과	"2005년 인테리어 리모델링 당시 양 당사자 간의 합의 내용은 확인이 되지 않으나 2008년 8월 ○○일 신청인이 스스로 폐점확인서를 작성하여 2009년 9월 ○○일에 폐점하기로 한 것으로 볼 때 본 사건은 2008년 8월 당시에는 양 당사자 간 합의가 이루어진 것으로 보이는바 조정의 실익이 없다"라고 판단하여 기각을 결정하고 조정절차를 종료하였다.

■ 계약불이행 관련

사례 1	
분쟁 개요	신청인(가맹점사업자)은 죽을 판매하는 요식업에 관한 가맹사업을 영위하는 피신청인(가맹본부)과 2008년 4월 ○○일 가맹계약을 체결하고 간단한 조리교육을 받았으나 영업하는 과정에서 조리방법에 대한 문의를 하려 해도 담당자와 연락이 되지 않아 조리 및 판매가 어려웠고, 조리교육 당시 제공한 것과 다른 계량국자를 공급하여 일부 상품의 경우 음식의 맛을 제대로 내지 못하여 고객들에게 평판이 좋지 못하게 되자 그 손해에 대한 배상을 청구하는 취지의 조정을 신청하였다.
조정 결과	피신청인은 잘못된 물품을 제공한 것으로 인정하고 신청인에게 4백만 원의 금액을 50만 원씩 8개월에 걸쳐 물품으로 지급하는 내용으로 합의하고, 신청인이 합의취하서를 보내 옴에 따라 협의회는 조정절차를 종료하였다.

사례 2	
분쟁 개요	가발판매 관련 가맹사업을 영위하는 신청인(가맹본부)은 피신청인(가맹점사업자)과 2007년 9월 ○○일 계약을 체결하였으나, 피신청인이 가맹금 중 일부와 다른 물품대금을 미납함에 따라 해당 금전의 청구와 계약의 해지를 요구하는 내용으로 조정을 신청하였다.
조정 결과	피신청인이 신청인에게 1,530,000원을 지급하는 내용으로 합의하고, 신청인이 합의취하서를 보내 옴에 따라 협의회는 조정절차를 종료하였다.

■ 영업표지 관련

사례 1	
분쟁 개요	음식업 가맹사업을 영위하는 신청인(가맹본부)은 2008년 3월 ○○일 피신청인(가맹점사업자)과 계약을 체결하였다. 2009년 3월 ○○일 정상적으로 가맹계약이 만료되었음에도 불구하고 피신청인이 신청인의 간판, 상호 등을 그대로 사용하며 간판 중 일부 모양만 조금 변형하여 영업을 지속하고 있기에 상호 사용금지 및 간판철거를 구하는 내용의 조정을 신청하기에 이르렀다.
조정 결과	피신청인이 간판 및 상호 사용부분을 전부 철거하여 조정이 성립되었다.
비고	가맹계약이 종료되면, 가맹점사업자는 더 이상 가맹본부의 상호 · 상표 등을 사용할 수 없다.

■ 기타(가맹점 양수도와 관련된 분쟁)

사례 1	
분쟁 개요	신청인(가맹점사업자)은 2007년 2월 ○○일 이전 가맹점주로부터 가맹점을 양수하고, 피신청인으로부터 가맹점 양수를 승인받은 후, 가맹점영업을 해오다가 매출부진으로 인하여 2008년 6월 ○○일에 가맹계약을 해지하였으나, 피신청인이 잔여가맹계약기간의 로열티 308만 원을 공제하고 이행보증금을 반환하자 양수도승인 시 지급한 교육비와 로열티부과의 부당성을 주장하여 이를 반환하라는 내용으로 조정신청을 하였다.
조정 결과	"교육을 실제로 시행하지 않아 피신청인이 수령한 교육비는 부당이득에 해당하고, 영업일수 · 잔여기간에 대한 고려 없이 일방적으로 잔여기간 전체에 대한 로열티를 위약금으로 정하고 있는 약관은 부당하므로 피신청인은 금 4,020,000원을 반환하라"는 내용으로 조정권고를 하였으나 피신청인이 조정권고안 수락을 거부하였다.

사례 2	
분쟁 개요	신청인(가맹점사업자)은 2008년 7월 ○○일 외식가맹사업을 영위하는 피신청인(가맹본부)과 계약체결 후 인테리어 시공을 신청인이 하기로 하였으나, 피신청인이 감리비를 요구하자 피신청인에게 인테리어시공을 맡겼다. 그런데 피신청인이 보수공사를 하는 도중 발생한 분진, 소음 등으로 매출에 지장이 생겼을 뿐 아니라 실내 및 주방장비 비용을 과다수령하고, 낡은 주방장비를 공급하는 등 영업에 차질이 발생하자 설비금액의 차액 및 환불을 요구하는 내용으로 조정신청을 하였다.
조정 결과	양 당사자는 피신청인이 신청인에게 16,224,000원을 지급하는 내용으로 합의하였다.

사례 3	
분쟁 개요	신청인(가맹점사업자)은 2003년 10월 ○○일 편의점 관련 피신청인(가맹본부)과 계약을 체결하고 가맹점을 운영해 오다 2008년 10월 ○○일 계약기간 만료로 계약을 종료하는 과정에서 피신청인이 신청인에게 부과한 간판 수리비용이 일반적인 간판제작비용에 달하는 금액이라는 점, 계약기간 동안 연 3회 정기점검 및 유지보수비용을 신청인이 계속 지불해 왔던 점에 비추어 볼 때 과다하게 책정되었다는 이유로 조정신청을 하였다.
조정 결과	피신청인이 신청인에게 과다하게 책정된 금액 19,000,000원을 지급하는 내용으로 합의하였다.

2. 공정위 심결례 및 법원판례

■ 정보공개서 미제공 관련

심결례 1	
사건개요	피심인(가맹본부)은 2009. 6. ○○. 공정거래위원회에 정보공개서 등록을 하였으나, 2009. 2. ○○.~5. ○○. 기간 동안 등록된 정보공개서를 제공하지 아니하고, ○○건의 가맹계약을 체결하고 가맹금을 수령하였다.
심결요지	등록된 정보공개서를 제공하지 아니하거나 정보공개서를 제공한 날부터 14일이 지나지 아니하였음에도 가맹금을 수령하거나 가맹계약을 체결하는 행위에 대해 **시정명령과 교육실시명령**
비고	의결(약) 제2009－213호(2009. 11. 10.)

■ 가맹금 예치제 미준수 관련

심결례 1	
사건개요	피심인(가맹본부)은 2008. 8. 4.~2009. 7. 31. 기간 동안 ○○개 가맹점사업자로 하여금 예치가맹금을 예치기관에 예치하도록 하지 아니하거나 가맹점사업자피해보상보험계약 등을 체결하지 아니하고 가맹점사업자로부터 총 ○,○○○천 원의 예치가맹금을 직접 수령하였다.
심결요지	예치가맹금을 예치기관에 예치하도록 하지 아니하거나 가맹점사업자피해보상보험계약 등을 체결하지 아니하고 예치가맹금을 직접 수령하는 행위에 대해 **시정명령과 교육실시명령**
비고	의결(약) 제2010－014호(2010. 02. 02.)

■ 허위 · 과장정보제공 관련

심결례 1	
사건개요	피심인(가맹본부)은 국내에서 제조하여 판매하는 ○○○○기능성 신발을 판매할 가맹사업자를 모집하면서, 2008. 2. ○○.~2008. 12. ○○.까지 ○○개 가맹희망자들에게 사업제휴회사인 AA회사가 인체 적합성 평가신고서상 'Class I Medical Products' 및 유럽의 의료기기 등급 인증제도의 근거가 되는 유럽공동체위원회의 의료기기지침상의 'Class 1'을 단순히 한글로 의료기기 '1등급'으로 표현하였다.
심결요지	정보를 제공하면서 'Class I Medical Products'을 '의료기기 1등급'으로 표현하여 마치 해당 제품이 특별한 의료적인 효과가 있거나 품질이나 기능이 우수하여 의료기기로서 최고의 등급을 인증받은 것으로 가맹희망자를 오인시킬 우려가 있는 과장된 정보제공행위에 대해 **시정명령**
비고	의결 제2009－283호(2009. 12. 30.)

■ 부당한 계약 종료 및 해지

심결례 1	
사건 개요	피심인(가맹본부)은 2007. 10. ○. ○○○과 가맹계약을 체결하고 2007년 11월분 상품대금을 결제하지 아니한다는 이유로 서면으로 시정요구하는 절차 없이 2007. 12. ○○. ○○○과의 가맹계약을 해지하였다.
심결 요지	가맹계약을 해지함에 있어 계약을 해지하는 날부터 2월 이상을 유예기간을 두고 3회 이상 계약해지의 사유를 기재한 문서로써 그 시정을 요구해야 함에도 이를 이행하지 아니하는 행위에 대해 **시정명령 및 수명사실 통지명령**
비고	의결 제2008-476호(2008. 11. 17.) 현재의 가맹사업법은 '2회 이상'으로 개정되어 있음.

심결례 2	
사건 개요	피심인(가맹본부)은 자신이 운영하는 홈페이지에 2007. 8. ○○.~12. ○○. 기간 중 3회에 걸쳐 허위사실을 유포하여 명예를 훼손하였다는 이유로 AAA가맹점과 BBB가맹점의 실제 운영자를 유포자로 간주하여 2008. 10. ○○자로 각각 가맹계약을 해지하였다.
심결 요지	김××의 글이 전체적으로 허위성이 있다고 보기 어려워 가맹사업법 제14조 단서규정 및 같은 법 시행령 제15조 제4호에 해당한다고 보기 어렵고, 같은 법 제14조에서 규정하고 있는 계약해지절차도 준수하지 아니하여 같은 법 제12조 제1항에 위반되는 부당한 계약해지에 해당하므로 가맹점사업자와 거래를 함에 있어 부당하게 계약기간 중에 가맹점사업자와의 계약을 해지하는 행위에 대해 **시정명령**
비고	의결 제2010-001호(2010. 01. 06.)

판례 1	
분쟁 개요	가맹점사업자 A는 학원가맹본부 B와 계약을 체결하고 가맹점을 운영하던 중, 2007년 6월 ○○에 B로부터 교육사업 참여금지의무와 이미지 동일성 유지의무를 위반하였음을 이유로 2007년 7월 ○○일까지 시정하지 아니하면 계약을 해지할 것이라는 내용의 통지를 받았다. 이에 대하여 A는 해명 및 기한연장을 통지하였으나 B는 명예훼손 등의 사유를 추가하여 교재공급 중단 및 해지통고를 하였다.
판결 요지	가맹사업자는 가맹사업법 제14조에 따라 2월 이상의 유예기간을 두고 3회 이상 계약해지의 사유를 기재한 문서로서 시정을 요구하도록 하고 그 절차를 거치지 아니한 가맹계약 해지는 그 효력이 없다고 규정하고 있는바, 유예기간 중에는 가맹계약상의 교재공급중단을 할 수 없고, 이에 위반하는 A의 불법행위를 이유로 손해배상을 청구할 수 있다.
참고	대법원 2009. 9. 24. 선고 2009다32560 판결 현재의 가맹사업법은 '2회 이상'으로 개정되어 있음.

■ 거래상대방 구속

심결례 1	
사건 개요	피심인(가맹본부)은 2006년 ○○월경 작성한 정보공개서의 '물품 구입 및 임차'항에 자신이 지정하는 사업자로부터 튀김기, 오븐기, 냉장고, 그릇류, 주류를 구입하여 사용하기로 명시하고 자신과 신규계약을 체결한 ○○명의 가맹점사업자 모두에게 오븐기, 튀김기, 냉장고, 그릇류를 자신이 지정하는 사업자와 거래하도록 하였고, 이 중 ○○명의 가맹점사업자에게 주류를 자신이 지정하는 사업자와 거래하도록 하였다.
심결 요지	가맹점사업자에게 가맹본부의 품질동일성을 추구하기 위해 제작된 물품이 아닌, 시장에서 동일기능을 가진 제품을 구할 수 있는 튀김기, 오븐기, 냉장고, 그릇류, 주류 등 자신의 가맹사업과 관련이 없는 물품까지 자신이 지정한 사업자에게 구입하도록 한 행위는 상표권 보호와 상품·용역의 동일성을 유지하는 정도를 벗어나는 것으로서, 가맹사업을 영위하는 데 필요하지 않은 상품재료 구입과 관련하여 부당하게 가맹점사업자에게 자신이 지정하는 사업자와 거래할 것을 강제하는 행위에 대해 **시정명령과 수명사실 통지명령**
비고	의결 제2008-229호(2008. 05. 22.)

■ 부당한 강요

심결례 1	
사건 개요	피심인(가맹본부)은 2004년 2월 ○○텔레콤 등 통신회사 및 카드사와 제휴하여 할인행사를 실시하면서, 비용분담에 대하여 미리 정보공개서를 통하여 가맹사업자에게 알리거나 동의를 얻지 아니하고 할인에 따른 비용을 가맹점사업자에게 부담하도록 하였다.
심결 요지	정보공개서 등을 통해 미리 가맹점사업자에게 알리지 아니하거나 동의를 받지 아니하고 가맹점사업자에게 비용을 부담하도록 강요하는 행위에 대해 **시정명령과 수명사실 통지명령**
비고	의결 제2008-004호(2008. 01. 02.)

심결례 2	
사건 개요	피심인(가맹본부)은 2004년 5월 이후 치킨튀김기름을 ○○유에서 ◇◇유로 바꾸면서 제품홍보를 위해 2005. 6. ○.~2007. 2. ○.의 기간 동안 가맹점사업자들을 통하여 또는 단독으로 판촉물을 사용하여 총 ○○회의 판촉행사를 진행하였다. 판촉물에 대해서는 그 구입비용을 가맹점사업자들이 전액 부담하도록 하거나 피심인이 일부 부담하는 방식으로 판촉행사를 진행하면서, 총 ○,○○○백만 원의 판촉비용을 가맹점사업자들에게 부담시켰다.
심결 요지	판매촉진행사와 관련하여 자신의 거래상의 지위를 이용하여 판촉물 구입비용을 강제로 부담시킴으로써 가맹점사업자들에게 불이익을 주는 행위에 대해 **시정명령**
비고	의결 제2008-124호(2008. 04. 16.)

판례 1	
분쟁 개요	위의 심결례 2[의결 제2008-124호(2008. 04. 16.)] 참조
판결 요지	판촉비용은 원고가 정하는 기준에 의하여 분담하고, 분담관계 및 그 기준에 대하여 가맹점사업자에게 미리 알리거나 행사에 대한 가맹점사업자의 자율적인 참가여부와 배포받을 판촉물의 수량에 관하여 미리 가맹점사업자의 신청이나 동의를 받지 아니하고, 가맹점사업자들에게 품질이 떨어져 고객들의 불만을 초래하게 된 일부 판촉물을 공급하면서 가맹점사업자들로 하여금 사실상 전체 판촉물의 구입비용을 부담하기 한 행위는 가맹사업법상 불이익제공행위에 해당된다.
참고	대법원 2010. 1. 28. 선고 2009두17032 판결 서울고등법원 2009. 9. 3. 선고 2008누26338

■ 영업지역 준수강제

심결례 1	
사건 개요	피심인(가맹본부)은 가맹점사업자와 가맹계약을 체결하면서, 가맹점사업자의 영업활동을 약정된 영업지역으로 제한하고, 다른 가맹사업자의 영업지역 내에서 전단지 배포, 홍보 및 기타 영업을 위한 행위를 하여 피심인으로부터 시정권고를 받고서도 시정되지 않을 시 최고 없이 즉시 가맹계약이 해지될 수 있다는 내용이 기재된 영업지역 구분도를 첨부하여 가맹계약서를 작성하였다. 2008년 2월경 가맹점사업자가 전단지 광고를 하기 위해 그 시안을 작성하여 피심인에게 승인을 요청하자, 다른 가맹점사업자의 영업지역에서는 광고하지 못하도록 하였다.
심결 요지	가맹점사업자에게 약정된 영업지역 안에서만 광고하도록 함으로써 부당하게 가맹점사업자에게 영업지역을 준수하도록 조건을 붙이도록 이를 강제하는 행위에 대해 **시정명령과 가맹계약서 내용 수정 · 삭제명령**
비고	의결 제2009-241호(2009. 11. 03.)

심결례 2	
사건 개요	피심인(가맹본부)은 2000. 4. ○○. ○○○과 가맹계약을 체결하면서 피심인이 지정한 서비스구역을 준수하고 이를 위반하는 경우 1차 경고, 2차 식품공급중단, 3차 폐점조치를 하더라도 어떤 이의를 제기하지 않겠다는 내용의 각서를 받았다. 피심인은 ○○○이 인접 가맹점사업자의 영업구역을 침해하였다는 이유로 2002. 10. ○○. 각서의 내용에 따라 1일간 물류공급을 중단하겠다는 것과 재계약의사가 없음을 통지하였다.
심결 요지	영업지역을 준수하지 아니한 가맹점사업자에게 경고, 식품공급중단 및 계약연장거부 의사통보 등의 행위를 한 것과 같이 부당하게 가맹점사업자에게 영업지역을 준수하도록 조건을 붙이거나 이를 강제하는 행위에 대해 **시정명령**
비고	의결 제2009-157호(2009. 07. 09.)

■ 영업지역 침해

판례 1	
분쟁 개요	(1) ○○○가 가맹본부와 가맹계약을 체결하면서 가맹본부의 직영점이 개점될 것이라는 사정을 알고 있었으나 가맹본부가 ○○○의 가맹점에 불과 120m 떨어진 동일 상권 내에 직영점을 설치함으로써 결과적으로 위 피고의 적자운영을 초래하여 적정한 판매지역권 확보의무를 위반하였다는 이유로 ○○○가 가맹본부를 상대로 소를 제기 (2) 가맹본부가 아무런 제약없이 언제라도 가맹점의 점포와 동일 지역 내에 직영점을 개설하거나 가맹점을 둘 수 있도록 하는 조항이 약관법 제5조 제1항, 제2항 제1호에 의하여 무효인지 여부
판결 요지	(1) ○○○와 가맹본부의 이 사건 계약은 제○조 제○항에서 일정 지역에서의 배타적 · 독점적 영업을 보장하는 것이 아님을 분명히 밝히고 있고, 같은 조 제○항은 "갑(원고)은 을(피고)의 점포영업이익이 부당하게 침해되지 아니하는 한 을의 점포 주변에서 새로운 점포를 개설하거나 신규 가맹점 운영권을 제2자에게 부여할 수 있다"라고 규정함으로써 스스로 '을의 점포영업이익이 부당하게 침해되지 아니하는 한'이라는 제약을 두고 있으므로 판매지역권을 배제하는 위 제○조 제○항이 불공정 약관으로 무효라고 단정할 수 없다. (2) 가맹본부에 가맹점에 대한 판매지역권 보장의무가 당연히 인정되는 것은 아니라 하더라도 가맹본부로서는 소속 가맹점의 판매지역권을 부당하게 침해하는 것은 허용되지 않는다고 할 것이므로, 약관법 제6조 제1항, 제2항 제1호에 의하여 무효
참고	대법원 2000. 6. 9. 선고 98다45553, 45560, 45577 판결

■ 부당한 계약조항의 설정 또는 변경

심결례 1	
사건 개요	피심인(가맹본부)은 가맹점사업자와 '○○○투자점 계약서'를 체결하면서 계약서에 가맹점사업자가 법인인 경우 그 법인의 대표자 변경 시 명의개서료 오백만 원을 가맹점사업자 법인이 부담하여야 한다는 계약조항을 설정
심결 요지	가맹점사업자의 실질적 변경이 없이 법인 가맹점사업자의 대표자가 변경되는 경우에도 가맹점사업자가 명의개서료를 부담하도록 하는 내용의 조항을 설정함으로써 가맹점사업자에게 부당하게 불이익을 주는 행위에 대해 **시정명령과 가맹계약서 조항 수정 · 삭제명령**
비고	의결 제2009-274(2009. 12. 16.)

판례 1	
분쟁 개요	(1) 가맹본부가 기업집단의 계열분리로 인하여 기존의 편의점 영업표지를 일방적으로 변경한 후 변경에 동의하지 않고 기존의 영업표지를 그대로 사용하고 있는 가맹점사업자 A 등에 대하여 가맹계약을 해지하였고, 이에 가맹점사업자 A 등은 가맹본부의 일반적 영업표지 변경은 가맹계약 상의 채무불이행임을 주장하며 위약금청구소송을 제기하였다. (2) 가맹본부가 기업집단의 계열분리로 인하여 기존의 편의점 영업표지를 변경하는 것에 대하여 가맹점사업자 B 등이 동의하였음에도 가맹본부의 영업표지변경작업에 협조하지 아니하자 가맹본부는 가맹계약을 해지하였고, 이에 가맹점사업자 B 등은 가맹본부의 일방적 영업표지 변경은 가맹계약상의 채무불이행을 주장하며 위약금 청구소송을 제기하였다.
판결 요지	(1) 가맹본부의 제(1)의 행위와 관련하여 가맹본부가 영업표지를 일방적으로 변경한 행위는 계약의 목적에 위배되는 중대한 불신행위에 해당하므로 가맹본부는 가맹점사업자 A 등에게 위약금 ○,○○○천 원을 지급하여야 한다. (2) 가맹본부의 제(2) 행위와 관련하여 가맹점사업자 B 등이 기존의 영업표지를 변경하는 것에 대하여 동의하였음에도 불구하고 영업표지 변경작업에 협조하지 아니하는 행위는 가맹계약상의 통일적 이미지 표출의무에 위배되는 것으로서 계약해지사유인 중대한 불신행위에 해당하고 가맹본부의 이 사건 해지권행사는 유효하다.
참고	대법원 2008. 11. 13. 선고 2007다43580 판결 대법원 2008. 11. 13. 선고 2008다6366, 6373, 6380 판결

■ 예상매출액 등 서면제공의무 위반

심결례 1	
사건 개요	피심인(가맹본부)은 ○○○로부터 ×××가맹점에 대하여 피심인이 실시한 상권조사서를 제출해 달라는 요청을 서면으로 받았으나, 상권조사서는 회사의 영업기밀로서 대외적으로 제공하기 어렵다는 이유로 ○○○의 자료제시요구에 응하지 아니하였다.
심결 요지	회사의 영업기밀이라는 이유로 ○○○DML ×××가맹점에 대한 상권조사서의 자료 제시요구에 응하지 아니한 행위에 대해 **시정명령**
비고	의결 제2008-234(2008. 08. 11.)

■ 가맹계약서 교부기한 미준수

심결례 1	
사건 개요	피심인(가맹본부)은 가맹희망자 ○○○와 'YYY PC방' 개설을 위해 2008. 6. ○. 기본계약, 2008. 6. ○. 가맹계약을 체결함에 있어 신고인(가맹점사업자)에게 계약체결일 전에 가맹계약서를 제공하지 아니하고, 가맹계약을 체결하고 가맹금을 수령하였다.
심결 요지	가맹희망자와 가맹계약을 체결하면서 가맹희망자가 가맹계약 내용을 미리 이해할 수 있도록, 가맹계약서를 계약체결일, 가맹금 수령일 중 빠른 날 전에 제공하지 아니하고 가맹계약을 체결하는 행위에 대해 **시정명령**
비고	의결(약) 제2009-211(2009. 11. 06.)

■ 가맹계약서의 필수기재사항 누락

심결례 1	
사건 개요	피심인(가맹본부)은 2007. 11월부터 ○○개 가맹점사업자와 가맹계약을 체결하면서 계약서에 반드시 포함하도록 한 17개 필수 기재사항 중 일부가 누락된 계약서를 사용하여 가맹계약을 체결하였다.
심결 요지	가맹희망자와 가맹계약을 체결함에 있어서 가맹사업법 제11조 제2항 및 같은 법 시행령 제12조에서 정하고 있는 가맹계약서 필수적 기재사항 17개가 누락된 가맹계약서를 사용하는 행위에 대해 **시정명령**
비고	의결(약) 제2009-283(2009. 12. 30.)

■ 가맹계약서 보관의무 위반

심결례 1	
사건 개요	피심인(가맹본부)은 2008. 2. 4~2008. 9. ○○. 기간 중 중도해지한 ×××점 등 ○개의 가맹점사업자의 가맹계약서를 보관하지 아니하였다.
심결 요지	피심인은 자신과 가맹사업거래를 중도해지한 지 3년이 경과하지 아니한 ○개 가맹점사업자의 가맹계약서를 보관하지 아니한 행위에 대해 가맹사업법 제11조 제3항에 위반되어 **과태료부과**
비고	의결(약) 제2009-283(2009. 12. 30.)

■ 구입강제

판례 1	
분쟁 개요	(1) 햄버거를 주력상품으로 하는 가맹사업을 영위하는 가맹본부가 가맹점사업자에게 원·부재료 및 일반공산품을 가맹본부를 통해서만 구입하도록 강제하였다. (2) 가맹본부가 가맹점사업자의 판매상품 또는 용역을 자기 또는 자기가 지정한 자로부터 공급받도록 하거나 그 공급상대방의 변경을 제한하는 행위가 구 독점규제 및 공정거래에 관한 법률 시행령 제36조 제1항 [별표 1]의2 제6호 가목의 구입강제 행위인지 여부에 관한 판단에 있어서 가맹사업의 목적달성을 위한 필요한 범위 내인지 여부에 관한 판단기준
판결 요지	(1) 가맹본부가 가맹점사업자에게 가맹사업의 중심상품인 패스트푸드의 맛과 품질의 균질성과 관련이 없는 일부의 일반공산품을 가맹본부로부터만 공급받도록 하는 것은 가맹사업의 목적달성에 필요한 범위 내의 통제라고 하기 어려우므로 거래상의 지위를 이용하여 부당하게 거래상대방으로 하여금 구입할 의사가 없는 상품을 구입하도록 강제하는 행위에 해당한다. (2) 가맹점사업자에게 사양서나 품질기준만을 제시하고 임의로 구입 또는 설치하도록 방치하여서는 가맹사업의 통일적 이미지 확보와 상품의 동일한 품질을 보증하는 데 지장이 있는지 여부를 판단하여 결정하여야 한다.
참고	대법원 2006. 3. 10. 선고 2002두332 판결 현재 가맹사업법 제12조 제1항 [별표 2] 제3호 가목의 구입강제행위에 적용

■ 가맹금의 반환

심결례 1	
사건 개요	피심인(가맹본부)은 신고인(가맹점사업자)에게 정보공개서를 제공하지 아니한 상태에서 2008. 5. ○○. 가맹계약을 체결하고, 2008. 5. 30.과 6. 4.에 각각 5,500천 원과 4,500천 원, 총 10,000천 원의 가맹금을 수령하였으며, 이후 신고인이 가맹계약을 체결한 날로부터 2개월이 경과하기 전인 2008. 7. 8.에 정보공개서 제공의무 위반행위 등의 이유로 계약해지 및 가맹금반환을 청구하였으나 반환하지 아니하였다.
심결 요지	수령한 가맹금 전액 **반환명령**
비고	의결(약) 제2009-189(2009. 07. 24.)

판례 1	
분쟁 개요	가맹점사업자 B는 1999. 12. ○○. 가맹본부 A와 ○○역점에 관한 프랜차이즈 가맹계약을 체결하고 프랜차이즈 수수료 명목으로 미합중국 통화 45,000$를 지급하였고, 그 외에 보증금 15,000,000원을 별도로 지급하여 가맹점을 운영하였으나, 2001. 12.경 가맹본부가 해당 점포를 인수하여 운영하기로 합의한 후 프랜차이즈수수료 중 일부를 포함한 인수대금을 산정하여 가맹점사업자에게 지급하였다. 그러나 가맹본부는 위의 프랜차이즈 수수료는 합의해지 시 반환할 의무가 없음을 이유로 부당이득반환을 청구하였다.
판결 요지	가맹계약 해지에 따른 가맹금 반환 여부 판단 시 가맹점이 가맹본부에게 지급한 금전이 어떤 이름으로 지급하였는가를 가지고만 볼 것이 아니라 무엇에 대한 대가로 지급한 것이고, 프랜차이즈 계약의 해지 경위와 그에 있어서 당사자의 귀책사유 유무 등을 종합적으로 고려하여 판단하여야 하며, 프랜차이즈 계약이 합의해지된 경우라면, 가맹본부가 지급받은 가맹금 중 프랜차이즈 계약의 합의해지 후 잔여기간에 해당하는 부분은 가맹점에게 반환함이 상당하다.
참고	수원지법 성남지원 2002. 12. 24. 선고 2002가단13668 판결

□ 가맹사업법 관련서식

[별지 제1호 서식] 〈개정 2010. 10. 13.〉 (앞쪽)

<table>
<tr><td colspan="4" rowspan="2">정보공개서 신규등록신청서</td><td>처리기간</td></tr>
<tr><td>14일</td></tr>
<tr><td rowspan="7">신
청
인</td><td colspan="2">상호</td><td> </td><td>법인등록번호</td></tr>
<tr><td colspan="2">영업표지</td><td colspan="2"></td></tr>
<tr><td colspan="2">소재지</td><td colspan="2">(전화번호:)</td></tr>
<tr><td colspan="2">대표자(성명)</td><td>서명 또는 인</td><td>주민등록번호</td></tr>
<tr><td colspan="2">주소</td><td colspan="2">(전화번호:)</td></tr>
<tr><td colspan="2">전자우편주소</td><td> </td><td>사업자등록번호</td></tr>
<tr><td>참
고
사
항</td><td>대표업종</td><td colspan="2">편의점 ( ), 농수산 ( ), 건강식품 ( ), 의류 · 패션 ( ), 화장품 ( ),
기타도소매 ( ),패스트푸드 ( ), 주류 ( ), 제과 · 제빵 ( ), 기타외식 ( ),
교육서비스 ( ), 자동차관련 ( ), 이미용 ( ), 스포츠 ( ), 배달서비스 ( ),
유아관련 ( ), 컴퓨터관련 ( ), 유지관리서비스 ( ), 기타서비스 ( )</td></tr>
<tr><td colspan="5">「가맹사업거래 공정화에 관한 법률」 제6조의2 제1항 및 같은 법 시행령 제5조의2 제1항에 따라 위와 같이 정보공개서의 등록을 신청합니다.

년 월 일
신청인: (서명 또는 인)

※ 위 신청인과 동일인이 아닌 경우만 기재합니다.

공 정 거 래 위 원 회 귀하</td></tr>
<tr><td rowspan="2">구
비
서
류</td><td colspan="2">신청인(대표자) 제출서류</td><td>담당 공무원 확인사항</td><td>수수료</td></tr>
<tr><td colspan="2">1. 정보공개서
2. 바로 전 3개 사업연도의 대차대조표 및 손익계산서(재무제표를 작성하지 않을 경우에는 바로 전 3개 사업연도의 매출액을 확인할 수 있는 서류)
3. 바로 전 사업연도 말 현재 운영 중인 직영점 및 가맹점 목록(대표자, 소재지, 가맹계약 체결일 및 전화번호를 포함한다)
4. 가맹계약서 양식 사본
5. 바로 전 사업연도 말 현재 근무 중인 임직원 수를 확인할 수 있는 서류
6. 그 밖에 정보공개서 내용과 관련있는 서류로서 공정거래위원회가 제출을 요구하는 서류</td><td>1. 법인 등기사항증명서 (법인인 경우에 한정합니다) 1부
2. 발기인의 주민등록표 등본(법인의 설립등기 전에 신청하는 경우에 한정합니다) 1부
3. 사업자등록증 사본 1부
※ 담당 공무원의 제2호 및 제3호의 서류에 대한 확인에 동의하지 아니하는 경우 신청인이 직접 제출하여야 합니다.</td><td>없음</td></tr>
<tr><td colspan="5">본인은 이 건 업무처리와 관련하여 담당 공무원이 「전자정부법」 제36조 제1항에 따른 행정정보의 공동이용을 통하여 위의 담당 공무원 확인사항의 제2호 및 제3호를 확인하는 것에 동의합니다.

신청인(대표자) (서명 또는 인)</td></tr>
</table>

210×297㎜(일반용지 60g/㎡(재활용품))

(뒤쪽)

이 신청서는 아래와 같이 처리됩니다.

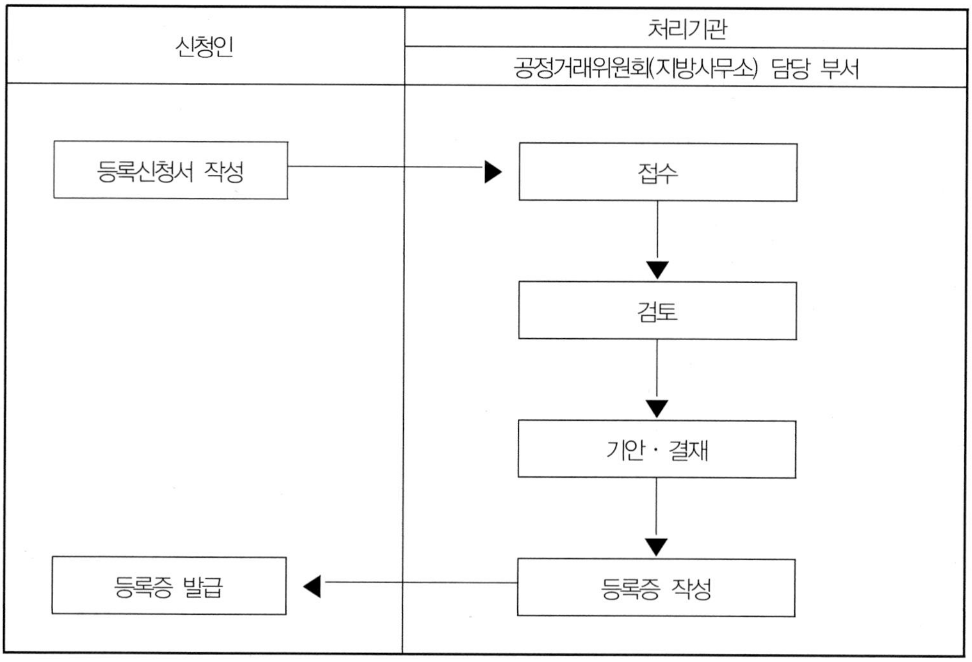

210㎜×297㎜(신문용지 54g/㎡(재활용품))

[별지 제2호 서식] 〈신설 2008. 1. 31.〉 (앞쪽)

<table>
<tr><td colspan="4">정보공개서 등록증</td></tr>
<tr><td>등록번호</td><td colspan="3"></td></tr>
<tr><td>가맹본부상호</td><td colspan="3"></td></tr>
<tr><td>영 업 표 지</td><td colspan="3"></td></tr>
<tr><td>소재지</td><td colspan="3"></td></tr>
<tr><td>대표자(성명)</td><td></td><td>주민등록번호</td><td></td></tr>
<tr><td>대 표 업 종</td><td></td><td>최초등록일</td><td></td></tr>
<tr><td colspan="4">「가맹사업거래의 공정화에 관한 법률」 제6조의3 제2항 및 같은 법 시행령 제5조의2 제2항에 따라 위와 같이 정보공개서를 등록하였음을 증명합니다.

년 월 일

공 정 거 래 위 원 회 [인]</td></tr>
</table>

210mm×297mm(보존용지(1종) 120g/㎡)

(뒤쪽)

변경사항 및 처분사항 등

연월일	변경사항 및 처분사항	담당자(서명 또는 인)

[별지 제4호 서식] 〈개정 2010. 10. 13.〉 (앞쪽)

<table>
<tr><td colspan="3" rowspan="2">정보공개서</td><td colspan="2" rowspan="2">□ 변경등록 신청서
□ 변경신고서</td><td>처리기간</td></tr>
<tr><td>변경등록(20일)
변경신고(3일)</td></tr>
<tr><td rowspan="11">신
청
인</td><td>법인명(상호)</td><td colspan="2"></td><td>법인등록번호</td><td></td></tr>
<tr><td>영업표지</td><td colspan="2"></td><td>사업자등록번호</td><td></td></tr>
<tr><td>소재지</td><td colspan="4">(전화번호:)</td></tr>
<tr><td>대표자(성명)</td><td colspan="2">(서명 또는 인)</td><td>주민등록번호</td><td></td></tr>
<tr><td>대표 전화번호</td><td colspan="2"></td><td>대표 팩스번호</td><td></td></tr>
<tr><td>대표 휴대전화</td><td colspan="2"></td><td>대표 전자우편</td><td></td></tr>
<tr><td>인터넷 홈페이지</td><td colspan="4"></td></tr>
<tr><td rowspan="3">정보공개서
담 당 자</td><td colspan="4">(성명) (직위/직급)</td></tr>
<tr><td colspan="4">(전화번호) (전자우편)</td></tr>
<tr><td colspan="4">(사무실 주소) * 위 소재지와 다른 경우만 기재합니다.</td></tr>
<tr><td colspan="5"></td></tr>
<tr><td rowspan="2">신청
사항</td><td colspan="3">변경 전</td><td colspan="2">변경 후</td></tr>
<tr><td colspan="3">*내용이 많을 경우에는 별지에 작성합니다.</td><td colspan="2"></td></tr>
<tr><td>변경
사유</td><td colspan="5"></td></tr>
<tr><td colspan="6">「가맹사업거래의 공정화에 관한 법률」 제6조의2 제1항 및 같은 법 시행령 제5조의3 제1항(제4항)에 따라 위와 같이 정보공개서 변경등록을 신청(신고)합니다.

년 월 일
신청인(신고인): (서명 또는 인)
※ 위 신청인(신고인)과 동일인이 아닌 경우만 기재합니다.

공 정 거 래 위 원 회 귀하</td></tr>
<tr><td colspan="5">구비서류</td><td>수수료</td></tr>
<tr><td colspan="5">1. 변경된 정보공개서(변경등록하는 경우만 해당합니다)
2. 변경사항을 증명할 수 있는 서류(사업자등록증은 「전자정부법」 제36조 제1항에 따른 행정정보의 공동이용을 통하여 담당 공무원이 구비서류를 확인할 수 있도록 동의하는 경우에는 제출하지 않아도 됩니다)
3. 정보공개서 등록증(등록증 기재사항을 변경하는 경우만 해당합니다)</td><td>없음</td></tr>
<tr><td colspan="6">본인은 이 건 업무처리와 관련하여 「전자정부법」 제36조 제1항에 따른 행정정보의 공동이용을 통하여 담당 공무원이 사업자등록증을 확인하는 것에 동의합니다.

신청인(대표자) (서명 또는 인)</td></tr>
</table>

210㎜×297㎜(신문용지 54g/㎡(재활용품))

(뒤쪽)

신청서(신고서) 작성 시 주의사항

1. 정보공개서 변경등록사항과 변경신고사항을 함께 변경하려는 경우에는 변경등록신청서 해당네모에 모두 표시합니다.
2. 상호: 법인인 경우 법인등기부, 개인인 경우 사업자등록증상 이름을 기재합니다. 주식회사, 유한회사 등 회사종류는 약칭으로 기재합니다. [예: (주)공정위]
3. 영업표지: 한글로 띄어쓰기 없이 기재하는 것을 원칙으로 합니다. 외국어로 표기하는 경우에는 한글 기재 후 괄호 안에 병기합니다. [예: 페어트레이드(Fair Trade)]
4. 소재지: 법인 등기사항증명서 또는 사업자등록증상 본점의 주소를 기재합니다.
5. 대표 휴대전화: 정보공개서 등록 관련 안내를 문자(SMS)로 받고 싶은 경우에만 기재합니다. 개인 휴대전화는 기재하지 아니합니다.
6. 인터넷 홈페이지: 회사 대표 인터넷 홈페이지와 별도로 해당 영업표지와 관련된 인터넷 홈페이지를 운영하고 있는 경우 그 인터넷 홈페이지의 주소를 기재합니다.
7. 대표 전자우편: 개인 전자우편은 기재하지 아니합니다.
8. 정보공개서 담당자: 회사 전화번호, 회사 전자우편을 기재합니다. 담당자 사무실의 소재지가 회사 본점 소재지와 다른 경우 그 사실을 기재합니다.
9. 신청사항: 변경 전·후의 내용을 정보공개서 관련 쪽수와 함께 기재합니다. 내용이 많은 경우에는 별지에 기재합니다.
10. 변경사유: 내용이 많은 경우에는 별지에 기재합니다.

[별지 제5호 서식] 〈신설 2008. 1. 31.〉 (앞 쪽)

<table>
<tr><td colspan="2" rowspan="2">가맹금예치신청서</td><td>처리기간</td></tr>
<tr><td>즉시</td></tr>
<tr><td rowspan="3">신청인</td><td>상호(가맹점)명</td><td></td></tr>
<tr><td>성명(대표자)</td><td></td></tr>
<tr><td>주소(사무소)</td><td>(전화:)</td></tr>
<tr><td rowspan="3">가맹
본부</td><td>상호명(영업표지)</td><td></td></tr>
<tr><td>성명(대표자)</td><td></td></tr>
<tr><td>주소(사무소)</td><td>(전화:)</td></tr>
<tr><td colspan="2">예치가맹금</td><td>₩ (금 원 정)</td></tr>
<tr><td colspan="2">신청인의 계좌</td><td></td></tr>
<tr><td colspan="2">가맹본부의 계좌</td><td></td></tr>
<tr><td colspan="3">「가맹사업거래의 공정화에 관한 법률」 제6조의5 제1항, 같은 법 시행령 제5조의7 제2항에 따라 위와 같이 가맹금을 예치하여 줄 것을 신청합니다.

년 월 일

신청인: (서명 또는 인)

예치기관의 장
귀하
지점장</td></tr>
</table>

210mm×297mm(일반용지 60g/㎡(재활용품))

(뒤쪽)

예치기관이 주의하여야 할 사항

1. 예치기관의 장은 가맹금을 예치한 경우에는 지체 없이 예치신청인에게 본 가맹금 예치증서를 내 주어야 합니다.

2. 예치기관의 장은 가맹금의 예치일 부터 7일 이내에 이 증서를 첨부하여 가맹금을 예치한 사실을 가맹본부에 통지하여야 합니다.

3. 예치기관의 장은 가맹금 예치 및 그 관리로 인하여 발생하는 비용을 관리수수료로서 가맹금의 수령인이 수령할 금액에서 공제할 수 있습니다.

[별지 제6호 서식] 〈신설 2008. 1. 31.〉 (앞 쪽)

<table>
<tr><td colspan="4">가맹금예치증서</td></tr>
<tr><td>예치번호</td><td colspan="3"></td></tr>
<tr><td>예치신청인
(가맹점명)</td><td colspan="3"></td></tr>
<tr><td>수 령 인
(영업표지)</td><td colspan="3"></td></tr>
<tr><td>예치기관명</td><td></td><td>계좌번호</td><td></td></tr>
<tr><td>예치금액</td><td>₩</td><td colspan="2">(금 원 정)</td></tr>
<tr><td>예치이율</td><td>연 %</td><td>관리수수료</td><td>₩</td></tr>
<tr><td colspan="4">「가맹사업거래의 공정화에 관한 법률」 제6조의5 제1항, 같은 법 시행령 제5조의7 제4항 및 제5항에 따라 위와 같이 가맹금을 예치하였음을 증명합니다.

년 월 일

발행부서 시 구 동
지점장 예치기관 ㊞
대표이사 .</td></tr>
</table>

210mm×297mm(보존용지(1종) 120g/㎡)

(뒤쪽)

예치기관이 주의하여야 할 사항

1. 예치기관의 장은 가맹금을 예치한 경우에는 지체 없이 예치신청인에게 본 가맹금 예치증서를 내 주어야 합니다.
2. 예치기관의 장은 가맹금의 예치일 부터 7일 이내에 본 증서를 첨부하여 가맹금을 예치한 사실을 가맹본부에 통지하여야 합니다.
3. 예치기관의 장은 가맹금 예치 및 그 관리로 인하여 발생하는 비용을 관리수수료로서 가맹금의 수령인이 수령할 금액에서 공제할 수 있습니다.

가맹점사업자가 주의하여야 할 사항

1. 가맹점사업자가 영업을 시작하거나 가맹계약 체결일부터 2개월이 지난 경우에는 이 가맹예치금은 가맹본부에 지급됩니다.
2. 다만, 다음의 경우에는 가맹금의 지급이 보류됩니다.

가. 가맹점사업자가 예치가맹금을 반환받기 위하여 소를 제기한 경우

나. 가맹점사업자가 예치가맹금을 반환받기 위하여 알선, 조정, 중재 등을 신청한 경우

다. 가맹점사업자가 가맹금반환 사유가 발생하여 가맹본부를 공정거래위원회에 신고한 경우

[별지 제7호 서식] 〈신설 2008. 1. 31.〉 (앞 쪽)

<table>
<tr><td colspan="2">예치가맹금</td><td>□ 지급요청서
□ 반환요청서</td><td>처리기간
일반(10일)
분쟁발생 시(30일)</td></tr>
<tr><td rowspan="3">신청인</td><td>해당지위</td><td colspan="2">□ 가맹본부 □ 가맹점사업자</td></tr>
<tr><td>상호명(대표자)</td><td colspan="2"></td></tr>
<tr><td>주소(사무소)</td><td colspan="2">(전화:)</td></tr>
<tr><td rowspan="2">요청 내용</td><td>요청사항</td><td colspan="2">□ 지급 □ 반환</td></tr>
<tr><td>요청사유</td><td colspan="2">□ 가맹점사업자의 영업개시 □ 계약체결 후 2개월 경과
□ 분쟁조정 · 시정조치 등 완료 □ 가맹본부의 동의</td></tr>
<tr><td colspan="2">예치가맹금</td><td colspan="2">₩ (금 원 정)</td></tr>
<tr><td colspan="2">예치번호/예치일</td><td colspan="2">/</td></tr>
<tr><td colspan="2">입금 계좌</td><td colspan="2"></td></tr>
<tr><td colspan="4">「가맹사업거래의 공정화에 관한 법률」 제6조의5 제3항 · 제6항 · 제7항, 같은 법 시행령 제5조의8 제1항 · 제3항 · 제4항에 따라 위와 같이 가맹금을 지급(반환)하여 줄 것을 요청합니다.

년 월 일

신청인: (서명 또는 인)

예치기관의 장
귀하
지점장</td></tr>
<tr><td colspan="3">구비서류</td><td>수수료</td></tr>
<tr><td colspan="3">요청사유를 증명할 수 있는 서류</td><td>없음</td></tr>
</table>

210㎜×297㎜(신문용지 54g/㎡(재활용품))

(뒤쪽)

예치기관이 주의하여야 할 사항

1. 예치기관의 장은 가맹본부가 예치가맹금의 지급을 요청하는 경우에는 10일 이내에 지급하여야 합니다. 다만, 가맹본부가 거짓이나 그 밖의 부정한 방법으로 지급을 요청한 경우에는 지급요청을 거부하거나 가맹본부에 그 내용의 변경을 요구하여야 합니다.
2. 예치기관의 장은 가맹본부 또는 가맹점사업자가 분쟁조정 등의 결과나 시정조치 결과를 첨부하여 예치가맹금의 지급 또는 반환을 요청하는 경우에는 30일 이내에 그 결과에 따라 가맹금을 지급 또는 반환하여야 합니다.
3. 예치기관의 장은 가맹점사업자가 가맹본부의 동의를 받아 예치가맹금의 반환을 요청하는 경우에는 10일 이내에 가맹금을 반환하여야 합니다.

[별지 제8호 서식] 〈신설 2008. 1. 31.〉 (앞 쪽)

<table>
<tr><td colspan="3">예치가맹금 지급보류요청서</td><td>처리기간
3일</td></tr>
<tr><td rowspan="3">신청인</td><td>상호(가맹점)명</td><td colspan="2"></td></tr>
<tr><td>성명(대표자)</td><td colspan="2"></td></tr>
<tr><td>주소(사무소)</td><td colspan="2">(전화:)</td></tr>
<tr><td rowspan="3">가맹
본부</td><td>상호명(영업표지)</td><td colspan="2"></td></tr>
<tr><td>성명(대표자)</td><td colspan="2"></td></tr>
<tr><td>주소(사무소)</td><td colspan="2">(전화:)</td></tr>
<tr><td colspan="2">보류사유</td><td colspan="2">□ 제소(提訴) □ 알선 신청 □ 조정 신청
□ 중재 신청 □ 공정위 신고 □ 기타</td></tr>
<tr><td colspan="2">예치가맹금</td><td colspan="2">₩ (금 원 정)</td></tr>
<tr><td colspan="2">예치번호/예치일</td><td colspan="2">/</td></tr>
<tr><td colspan="4">「가맹사업거래의 공정화에 관한 법률」 제6조의5 제5항, 같은 법 시행령 제5조의8 제2항에 따라 위와 같이 가맹금의 지급을 보류하여 줄 것을 요청합니다.

년 월 일

신청인 : (서명 또는 인)

예치기관의 장
귀하
지점장</td></tr>
<tr><td colspan="3">구비서류</td><td>수수료</td></tr>
<tr><td colspan="3">보류사유를 증명할 수 있는 서류</td><td>없음</td></tr>
</table>

210㎜×297㎜(신문용지 54g/㎡(재활용품))

(뒤쪽)

예치기관이 주의하여야 할 사항

1. 예치기관의 장은 가맹본부가 예치가맹금의 지급을 요청하는 경우에는 10일 이내에 지급하여야 합니다. 다만, 가맹본부가 거짓이나 그 밖의 부정한 방법으로 지급을 요청한 경우에는 지급요청을 거부하거나 가맹본부에 그 내용의 변경을 요구하여야 합니다.
2. 예치기관의 장은 가맹본부 또는 가맹점사업자가 분쟁조정 등의 결과나 시정조치 결과를 첨부하여 예치가맹금의 지급 또는 반환을 요청하는 경우에는 30일 이내에 그 결과에 따라 가맹금을 지급 또는 반환하여야 합니다.
3. 예치기관의 장은 가맹점사업자가 가맹본부의 동의를 받아 예치가맹금의 반환을 요청하는 경우에는 10일 이내에 가맹금을 반환하여야 합니다.

□ 가맹거래사 가맹사업법 제2차 기출문제(1회~8회)

2003년 제1회 가맹거래사 2차 시험(1교시)

1. 가맹점사업자 甲은 가맹본부 乙이 아무런 근거 없이 산정하여 일간신문에 광고한 '1억 투자, 월 2천만 원 보장'이라는 내용에 현혹되어 2001년 5월 1일 가맹계약을 체결하고 가맹금도 납입한 바 있다. 그러나 가맹계약의 체결 1개월 후, 인근지역에 있는 비슷한 규모의 기존 가맹점 5곳의 실제 매출액을 확인해 본 결과, 이들 가맹점의 현실의 매출액(평균 5,000만 원)은 가맹본부 乙이 광고한 내용과는 현저한 차이가 있다는 것을 알게 되었다. 이에 가맹점사업자 甲은 "가맹사업거래의 공정화에 관한 법률" 제10조(가맹금반환)를 근거로 가맹본부 乙에게 가맹금의 반환을 요구하였으나 가맹본부 乙은 계약체결이 이루어졌음을 이유로 가맹금의 반환을 거부하고 있다.

(1) 이 사건에서 甲은 가맹금반환청구가 타당하기 위한 전제조건을 설명하시오(20점).

(2) 甲의 청구가 타당한 경우에 공정거래위원회가 "가맹사업거래의 공정화에 관한 법률"에 의하여 가맹본부 乙에 대하여 취할 수 있는 조치에 대하여 설명하시오(30점).

2. 가맹거래사의 등록취소 및 자격정지요건에 대하여 설명하시오(25점).

3. "가맹사업거래의 공정화에 관한 법률"의 가맹금에 대하여 설명하시오(25점).

2004년 제2회 가맹거래사 2차 시험(1교시)

1. 가맹사업법상 불공정거래행위의 유형과 위법성 판단기준에 대하여 논하시오(50점).

2. 정보공개제도에 대하여 설명하시오(25점).

3. 가맹사업거래의 분쟁조정제도에 대하여 설명하시오(25점).

2005년 제3회 가맹거래사 2차 시험(1교시)

1. 2005년 3월경 가맹본부 甲은 자신의 제품을 취급하는 가맹점사업자 乙에게 甲이 정한 가격으로 제품을 판매하도록 하였는데, 乙은 甲이 정한 가격보다 20% 할인된 가격으로 판매하였다. 이에 甲은 乙에게 '가맹점물품공급 및 상표 · 상호 계약서'에 위반하였다는 이유로 수차례에 걸쳐 할인판매영업을 중단하도록 통보하였으나, 乙은 이를 거부하였다. 이에 甲은 2005년 6월부터 7월까지 3차례에 걸쳐 계약해지 사유를 기재한 문서로 시정을 요구하였으나, 乙은 응하지 않았다. 그리하여 甲은 2005년 10월 1일 乙과의 계약을 해지하였다. 이 사안에서 乙은 가맹사업거래의 공정화에 관한 법령상 구제받을 수 있는가? 구제받을 수 있다면 구체적인 방법과 절차에 대하여 논하시오(50점).

☞ tip) 문제 지문에서 보면 "6월부터 7월까지 3차례에 걸쳐 계약해지 사유를 기재한 문서로 시정을 요구"라는 부분이 나온다. 필자가 생각하기에는 "6월부터 7월까지"라는 표현이 6/1～6/30을 의미하는 것인지, 아니면 6/1～7/31까지를 의미하는지 모호하다고 생각한다. 그러나 언제나 case문제에서는 정상적인 상황이 아닌, 하자가 있는 상황을 전제하므로 이 문제를 접하는 독자께서는 6/1～6/30까지인 1개월로 전제하고 답안을 작성하는 것이 출제자의 의도에 좀 더 부합한다고 생각합니다.

2. 가맹사업거래의 공정화에 관한 법령상 허위 · 과장된 정보제공에 대한 법적 규제를 설명하시오(25점).

3. 가맹사업거래의 공정화에 관한 법령상 가맹본부의 가맹계약서교부의무에 대하여 설명하시오(25점).

2006년 제4회 가맹거래사 2차 시험(1교시)

1. 돈육삼겹살을 취급하는 가맹본부 甲은 가맹사업자 乙에게 시중보다 비싼 가격으로 매주 일정량 이상의 재료를 구입할 것을 강제하였다. 乙의 영업매출이 감소함에 따라 甲에게 구입량을 줄여줄 것을 몇 차례 요청하였으나, 甲은 이를 거절하였다. 乙이 돈육대금의 지급을 연체하게 되면서 甲과 乙 사이에 분쟁이 발생하였다. 이에 甲은 본 건 분쟁과 관련하여 가맹거래사 丙과 상담하였고, 丙은 甲과 경쟁관계에 있는 丁에게 상담과 관련하여 알게 된 甲의 비밀에 관하여 자세히 알려 주었다.

(1) 가맹사업거래의 공정화에 관한 법률에 따라 공정거래위원회가 甲의 구입강제행위에 대하여 제재를 가하고자 하는 경우, 그 제재의 근거와 유형을 논하시오(20점).

(2) 甲의 연간 매출액이 4천만 원인 경우 가맹사업거래의 공정화에 관한 법률이 적용되는지의 여부에 관한 법률이 적용되는지 여부에 관하여 논하시오(10점).

(3) 甲과 乙의 분쟁에 대한 丙의 상담이 가맹사업거래의 공정화에 관한 법률이 규정한 가맹거래사의 업무범위와 관련하여 정당한지의 여부에 관하여 논하시오(10점).

(4) 丙이 丁에게 비밀을 알려준 행위를 가맹사업거래의 공정화에 관한 법률에 의하여 평가하시오(10점).

2. 가맹사업거래의 공정화에 관한 법률에서의 가맹금의 반환에 대하여 설명하시오(25점).

3. 가맹사업거래의 공정화에 관한 법률에서의 가맹사업자의 준수사항에 대하여 설명하시오(25점).

2007년 제5회 가맹거래사 2차 시험(1교시)

1. 가맹본부 甲은 부대찌개 요식업에 대한 가맹점사업자를 모집하면서 아주 독특하고

시원한 맛을 내는 기법으로 국내 특허를 취득하였다고 하여 이를 가맹점사업자들에게 제공하는 내용의 광고를 하였다. 이 광고를 믿고 乙과 丙이 가맹사업신청을 하여 계약을 체결하고 사업을 시작하였다. 그런데 甲은 약속한 특허에 대한 출원은 하였으나 그 특허를 취득하지 못하여 乙과 丙은 그 특허권을 광고, 선전에 이용하지 못하게 되었다. 그리하여 乙과 丙은 적자누적 등으로 인하여 막대한 피해를 보게 되었다. 이 경우 다음에 답하시오.

(1) 乙과 丙은 甲을 상대로 가맹금의 반환을 청구할 수 있는가? 그리고 이 문제에 관하여 가맹거래사에게 상담할 수 있는가?(10점)

(2) 공정거래위원회가 甲에 대하여 조치할 수 있는 것은 무엇인가?(20점)

(3) 이 사건에 대한 분쟁을 조정으로 해결하는 방법과 절차는 어떠한가?(20점)

2. 가맹사업거래의 공정화에 관한 법률상 가맹계약의 종료와 해지의 사유 및 절차에 관하여 설명하시오(25점).

3. 가맹사업거래의 공정화에 관한 법률상 가맹본부의 의무에 관하여 설명하시오(25점).

2008년 제6회 가맹거래사 2차 시험(1교시)

1. ① '이태리피자'라는 브랜드로 가맹사업을 운영하는 가맹본부 甲은 가맹점사업자들과 가맹계약을 체결하면서 가맹점사업자 乙에 대해서는 A지역, 가맹점사업자 丙에 대해서는 B지역을 영업거점지역으로 지정해 주었다. 이에 따라 乙은 B지역의 피자 배달주문에는 응하지 않고 있었다.
② 그러던 중 甲이 A지역에서 '이탈리아피자'라는 브랜드의 직영 피자점을 개설하자 乙은 매출액이 급감하여 막대한 손해를 보게 되었다.

(1) 위의 사례에서 甲의 행위를 ①과 ②의 경우로 나누어 가맹사업거래의 공정화에

관한 법령에 따라 평가해 보시오(40점).

(2) 甲이 정보공개서에서 배타적인 영업지역을 설정하지 아니한다는 사실을 이미 乙에게 알렸다면 어떠한가?(10점)

2. 가맹사업거래의 공정화에 관한 법령상 가맹점사업자의 계약갱신요구권에 관하여 설명하시오(25점).

3. 가맹사업거래의 공정화에 관한 법령상 가맹거래사의 업무 및 책임에 관하여 설명하시오(25점).

2009년 제7회 가맹거래사 2차 시험(1교시)

1. 甲은 모닝커피라는 브랜드로 가맹사업을 운영하는 가맹본부이다. 甲은 가맹점사업을 희망하는 乙에게 케냐산 커피원료만으로 커피를 제조한다는 설명과 함께 2009년 9월 1일 가맹금 중 일부를 계약금으로 지불하고 계약을 체결하였다. 그리고 甲은 동년 9월 3일 乙에게 계약서를 교부하고, 동시에 동년 8월 15일 공정거래위원회에 등록을 완료한 정보공개서도 함께 제공하였다. 한편 乙은 동년 9월 6일 나머지 가맹금을 지불함으로써 총 300만 원의 가맹금을 甲이 직접 수령하였다. 乙이 지급한 300만 원의 가맹금 중 60만 원은 가맹비, 교육비, 계약이행보증금 명목에 해당하는 것이었다. 한편 甲이 제조한 커피 중 케냐산원료의 비중은 약 60%이었다.

「가맹사업거래의 공정화에 관한 법률」 및 동법 시행령에 의거하여 甲의 행위와 관련한 모든 법률문제에 대하여 논하시오(50점).

2. 가맹사업거래의 공정화에 관한 법령상 가맹점사업자 피해보상보험계약의 충족요건에 대하여 설명하시오(25점).

3. 가맹사업거래의 공정화에 관한 법령상 자율규약에 대하여 설명하시오(25점).

2010년 제8회 가맹거래사 2차 시험(1교시)

1. 국내 10대 기업집단인 BCD그룹에 속하는 甲은 'BCD피자'라는 영업표지로 이태리식 피자 관련 가맹사업을 운영하는 가맹본부이다. 甲은 2008년 5월부터 가맹계약기간을 2년으로 하는 가맹계약을 乙과 체결하였다. 甲이 2010년 1월 경 작성·등록한 정보공개서에 따르면, 자신이 지정하는 사업자로부터 오븐기·냉장고·에어컨·주류 등을 구입하여 사용하도록 되어 있다. 이에 甲은 신규계약을 체결한 丙과 丁을 비롯한 다수의 가맹점사업자에게 오븐기·냉장고·에어컨·주류 등을 자신이 지정한 사업자인 BCD그룹의 다른 계열사와 거래하도록 하였다. 2010년 8월에 이르러 BCD그룹이 BC그룹, CD그룹과 BD그룹으로 분리되면서 갑은 BD그룹으로 편입되었다.

(1) 2010년 6월 현재, 乙은 「가맹사업거래의 공정화에 관한 법률」에 따라 甲에게 계약만료 전의 가맹계약과 동일한 조건의 계약존속을 주장할 수 있는지에 대하여 설명하시오(10점).

(2) 2010년 7월 현재, 갑은 丙이 에어컨을 BCD그룹의 다른 계열사로부터 구입하지 않았다는 것을 이유로 병과의 가맹계약을 해지하였다면, 그 해지의 적법성여부에 대하여 설명하시오(20점)

(3) 2010년 8월 현재, 甲은 영업표지를 'BD피자'로 변경하는 것에 동의하지 않는 丁에게 'BD피자'라는 영업표지의 사용을 요구할 수 있는지에 대하여 설명하시오(20점).

2. 「가맹사업거래의 공정화에 관한 법률」상 가맹본부의 정보공개서 등록 및 변경절차에 대하여 설명하시오(25점).

3. 「가맹사업거래의 공정화에 관한 법률」상 가맹금 예치제도에 대하여 설명하시오(25점).

가맹사업거래의 공정화에 관한 법률

[시행 2010. 3. 22.] [법률 제10168호, 2010. 3. 22, 일부개정]

공정거래위원회(가맹유통과)02 - 2023 - 4524

제1장 총칙

제1조(목적) 이 법은 가맹사업의 공정한 거래질서를 확립하고 가맹본부와 가맹점사업자가 대등한 지위에서 상호보완적으로 균형 있게 발전하도록 함으로써 소비자 복지의 증진과 국민경제의 건전한 발전에 이바지함을 목적으로 한다.

제2조(정의) 이 법에서 사용하는 용어의 정의는 다음과 같다. <개정 2007. 8. 3.>

1. "가맹사업"이라 함은 가맹본부가 가맹점사업자로 하여금 자기의 상표 · 서비스표 · 상호 · 간판 그 밖의 영업표지(이하 "영업표지"라 한다)를 사용하여 일정한 품질기준이나 영업방식에 따라 상품(원재료 및 부재료를 포함한다. 이하 같다) 또는 용역을 판매하도록 함과 아울러 이에 따른 경영 및 영업활동 등에 대한 지원 · 교육과 통제를 하며, 가맹점사업자는 영업표지의 사용과 경영 및 영업활동 등에 대한 지원 · 교육의 대가로 가맹본부에 가맹금을 지급하는 계속적인 거래관계를 말한다.
2. "가맹본부"라 함은 가맹사업과 관련하여 가맹점사업자에게 가맹점운영권을 부여하는 사업자를 말한다.
3. "가맹점사업자"라 함은 가맹사업과 관련하여 가맹본부로부터 가맹점운영권을 부여받은 사업자를 말한다.
4. "가맹희망자"란 가맹계약을 체결하기 위하여 가맹본부나 가맹지역본부와 상담하거나 협의하는 자를 말한다.
5. "가맹점운영권"이란 가맹점사업자가 가맹본부의 가맹사업과 관련하여 가맹점을 운영할 수 있는 계약상의 권리를 말한다.
6. "가맹금"이란 명칭이나 지급형태가 어떻든 간에 다음 각 목의 어느 하나에 해당하는 대가를 말한다. 다만, 가맹본부에 귀속되지 아니하는 것으로서 대통령령으로 정하는 대가를 제외한다.

가. 가입비 · 입회비 · 가맹비 · 교육비 또는 계약금 등 가맹점사업자가 영업표지의 사용허락 등 가맹점운영권이나 영업활동에 대한 지원 · 교육 등을 받기 위하여 가맹본부에 지급하는 대가
나. 가맹점사업자가 가맹본부로부터 공급받는 상품의 대금 등에 관한 채무액이나 손해배상액의 지급을 담보하기 위하여 가맹본부에 지급하는 대가
다. 가맹점사업자가 가맹점운영권을 부여받을 당시에 가맹사업을 착수하기 위하여 가맹본부로부터 공급받는 정착물 · 설비 · 상품의 가격 또는 부동산의 임차료 명목으로 가맹본부에 지급하는 대가
라. 가맹점사업자가 가맹본부와의 계약에 의하여 허락받은 영업표지의 사용과 영업활동 등에 관한 지원 · 교육, 그 밖의 사항에 대하여 가맹본부에 정기적으로 또는 비정기적으로 지급하는 대가로서 대통령령으로 정하는 것
마. 그 밖에 가맹희망자나 가맹점사업자가 가맹점운영권을 취득하거나 유지하기 위하여 가맹본부에 지급하는 모든 대가

7. "가맹지역본부"라 함은 가맹본부와의 계약에 의하여 일정한 지역 안에서 가맹점사업자의 모집, 상품 또는 용역의 품질유지, 가맹점사업자에 대한 경영 및 영업활동의 지원 · 교육 · 통제 등 가맹본부의 업무의 전부 또는 일부를 대행하는 사업자를 말한다.
8. "가맹중개인"이라 함은 가맹본부 또는 가맹지역본부로부터 가맹점사업자를 모집하거나 가맹계약을 준비 또는 체결하는 업무를 위탁받은 자를 말한다.
9. "가맹계약서"라 함은 가맹사업의 구체적 내용과 조건 등에 있어 가맹본부 또는 가맹점사업자(이하 "가맹사업당사자"라 한다)의 권리와 의무에 관한 사항(특수한 거래조건이나 유의사항이 있는 경우에는 이를 포함한다)을 기재한 문서를 말한다.
10. "정보공개서"란 다음 각 목에 관하여 대통령령으로 정하는 사항을 수록한 문서를 말한다.

가. 가맹본부의 일반 현황
나. 가맹본부의 가맹사업 현황(가맹점사업자의 매출에 관한 사항을 포함한다)
다. 가맹본부와 그 임원(「독점규제 및 공정거래에 관한 법률」 제2조 제5호에 따른 임원을 말한다. 이하 같다)이 이 법 또는 「독점규제 및 공정거래에 관한 법률」을

위반한 사실, 사기 · 횡령 · 배임 등 타인의 재산을 영득 또는 편취하는 죄에 관련된 민사사송에서 패소의 확정판결을 받았거나 민사상 화해를 한 사실, 사기 · 횡령 · 배임 등 타인의 재산을 영득 또는 편취하는 죄를 범하여 형을 선고받은 사실

라. 가맹점사업자의 부담

마. 영업활동에 관한 조건과 제한

바. 가맹사업의 영업 개시에 관한 상세한 절차와 소요기간

사. 교육 · 훈련에 대한 설명(교육 · 훈련계획이 있는 경우에 한한다)

제3조(적용배제) 이 법은 다음 각 호의 1에 해당하는 경우에는 적용하지 아니한다. 다만, 제9조 및 제10조의 규정의 경우에는 그러하지 아니하다.

1. 가맹점사업자가 가맹금의 최초 지급일부터 6월까지의 기간 동안 가맹본부에게 지급한 가맹금의 총액이 대통령령이 정하는 금액을 초과하지 아니하는 경우
2. 가맹본부의 연간 매출액이 대통령령이 정하는 일정규모 미만인 경우

제2장 가맹사업거래의 기본원칙

제4조(신의성실의 원칙) 가맹사업당사자는 가맹사업을 영위함에 있어서 각자의 업무를 신의에 따라 성실하게 수행하여야 한다.

제5조(가맹본부의 준수사항) 가맹본부는 다음 각 호의 사항을 준수한다.

1. 가맹사업의 성공을 위한 사업구상
2. 상품이나 용역의 품질관리와 판매기법의 개발을 위한 계속적인 노력
3. 가맹점사업자에 대하여 합리적 가격과 비용에 의한 점포설비의 설치, 상품 또는 용역 등의 공급
4. 가맹점사업자와 그 직원에 대한 교육 · 훈련
5. 가맹점사업자의 경영 · 영업활동에 대한 지속적인 조언과 지원
6. 가맹계약기간중 가맹점사업자의 영업지역 안에서 자기의 직영점을 설치하거나 가맹점사업자와 유사한 업종의 가맹점을 설치하는 행위의 금지

7. 가맹점사업자와의 대화와 협상을 통한 분쟁해결 노력

제6조(가맹점사업자의 준수사항) 가맹점사업자는 다음 각 호의 사항을 준수한다.

1. 가맹사업의 통일성 및 가맹본부의 명성을 유지하기 위한 노력
2. 가맹본부의 공급계획과 소비자의 수요충족에 필요한 적정한 재고유지 및 상품진열
3. 가맹본부가 상품 또는 용역에 대하여 제시하는 적절한 품질기준의 준수
4. 제3호의 규정에 의한 품질기준의 상품 또는 용역을 구입하지 못하는 경우 가맹본부가 제공하는 상품 또는 용역의 사용
5. 가맹본부가 사업장의 설비와 외관, 운송수단에 대하여 제시하는 적절한 기준의 준수
6. 취급하는 상품 · 용역이나 영업활동을 변경하는 경우 가맹본부와의 사전 협의
7. 상품 및 용역의 구입과 판매에 관한 회계장부 등 가맹본부의 통일적 사업경영 및 판매전략의 수립에 필요한 자료의 유지와 제공
8. 가맹점사업자의 업무현황 및 제7호의 규정에 의한 자료의 확인과 기록을 위한 가맹본부의 임직원 그 밖의 대리인의 사업장 출입허용
9. 가맹본부의 동의를 얻지 아니한 경우 사업장의 위치변경 또는 가맹점운영권의 양도 금지
10. 가맹계약기간 중 가맹본부와 동일한 업종을 영위하는 행위의 금지
11. 가맹본부의 영업기술이나 영업비밀의 누설 금지
12. 영업표지에 대한 제3자의 침해사실을 인지하는 경우 가맹본부에 대한 영업표지 침해사실의 통보와 금지조치에 필요한 적절한 협력

제3장 가맹사업거래의 공정화

제6조의2(정보공개서의 등록 등) ① 가맹본부는 가맹희망자에게 제공할 정보공개서를 공정거래위원회에 등록하여야 한다. 등록한 정보공개서를 변경하려는 경우에도 또한 같다. 다만, 대통령령으로 정하는 경미한 사항을 변경하려는 경우에는 신고하여야 한다.
② 공정거래위원회는 제1항에 따라 등록하거나 신고한 정보공개서를 공개할 수 있다.
③ 공정거래위원회는 제2항에 따라 정보공개서를 공개하는 경우 당해 가맹본부에 공개하는 내용과 방법을 미리 통지하여야 하고, 사실과 다른 내용을 정정할 수 있는 기

회를 주어야 한다.

④ 공정거래위원회는 제2항에 따라 정보공개서를 공개하기 위하여 예산의 범위 안에서 가맹사업정보제공시스템을 구축 · 운용할 수 있다.

⑤ 그 밖에 정보공개서의 등록, 변경등록, 신고 및 공개의 방법과 절차는 대통령령으로 정한다.

[본조신설 2007. 8. 3.]

제6조의3(정보공개서 등록의 거부 등) ① 공정거래위원회는 제6조의2에 따라 등록을 신청한 정보공개서나 그 밖의 신청서류에 거짓이 있거나 필요한 내용을 적지 아니한 경우에는 정보공개서의 등록을 거부하거나 그 내용의 변경을 요구할 수 있다.

② 공정거래위원회는 정보공개서의 등록을 하였을 때에는 신청인에게 등록증을 내주어야 한다.

[본조신설 2007.8.3]

제6조의4(정보공개서 등록의 취소) 공정거래위원회는 정보공개서가 제1호에 해당하는 경우에는 그 등록을 취소하여야 하며, 제2호에 해당하는 경우에는 등록을 취소할 수 있다.

1. 거짓이나 그 밖의 부정한 방법으로 정보공개서가 등록된 경우
2. 제2조 제10호 각 목의 기재사항 중 대통령령으로 정하는 중요한 사항(이하 "중요사항"이라 한다)이 누락된 경우

[본조신설 2007. 8. 3.]

제6조의5(가맹금 예치 등) ① 가맹본부는 가맹점사업자(가맹희망자를 포함한다. 이하 이 조, 제15조의2 및 제41조 제3항 제1호에서 같다)로 하여금 가맹금(제2조 제6호 가목 및 나목에 해당하는 대가로서 금전으로 지급하는 경우에 한하며, 계약체결 전에 가맹금을 지급한 경우에는 당해 가맹금을 포함한다. 이하 "예치가맹금"이라 한다)을 대통령령으로 정하는 기관(이하 "예치기관"이라 한다)에 예치하도록 하여야 한다. 다만,

가맹본부가 제15조의2에 따른 가맹점사업자피해보상보험계약 등을 체결한 경우에는 그러하지 아니하다.

② 예치기관의 장은 가맹점사업자가 예치가맹금을 예치한 경우에는 예치일부터 7일 이내에 그 사실을 가맹본부에 통지하여야 한다.

③ 가맹본부는 다음 각 호의 어느 하나에 해당하는 경우에는 예치기관의 장에게 대통령령으로 정하는 바에 따라 예치가맹금의 지급을 요청할 수 있다. 이 경우 예치기관의 장은 10일 이내에 예치가맹금을 가맹본부에 지급하여야 한다.

1. 가맹점사업자가 영업을 개시한 경우
2. 가맹계약 체결일부터 2개월이 경과한 경우. 다만, 2개월이 경과하기 전에 가맹점사업자가 제5항 제1호부터 제3호까지의 규정 중 어느 하나에 해당하는 조치를 취한 사실을 예치기관의 장에게 서면으로 통보한 경우에는 그러하지 아니하다.

④ 가맹본부는 거짓이나 그 밖의 부정한 방법으로 예치가맹금의 지급을 요청하여서는 아니 된다.

⑤ 예치기관의 장은 제1호부터 제3호까지의 규정 중 어느 하나에 해당하는 경우에는 제24조에 따른 가맹사업거래분쟁조정협의회의 조정이나 그 밖의 분쟁해결의 결과(이하 "분쟁조정 등의 결과"라 한다) 또는 제33조에 따른 공정거래위원회의 시정조치가 확정될 때(공정거래위원회의 시정조치에 대하여 이의신청이 제기된 경우에는 재결이, 시정조치나 재결에 대하여 소가 제기된 경우에는 확정판결이 각각 확정된 때를 말한다. 이하 이 조에서 같다)까지 예치가맹금의 지급을 보류하여야 하고, 제4호에 해당하는 경우에는 예치가맹금의 지급요청을 거부하거나 가맹본부에 그 내용의 변경을 요구하여야 한다.

1. 가맹점사업자가 예치가맹금을 반환받기 위하여 소를 제기한 경우
2. 가맹점사업자가 예치가맹금을 반환받기 위하여 알선, 조정, 중재 등을 신청한 경우
3. 가맹점사업자가 제10조의 위반을 이유로 가맹본부를 공정거래위원회에 신고한 경우
4. 가맹본부가 제4항을 위반하여 거짓이나 그 밖의 부정한 방법으로 예치가맹금의 지급을 요청한 경우

⑥ 예치기관의 장은 가맹본부 또는 가맹점사업자가 분쟁조정 등의 결과나 시정조치 결과를 첨부하여 예치가맹금의 지급 또는 반환을 요청하는 경우 요청일로부터 30일 이내에 그 결과에 따라 예치가맹금을 가맹본부에 지급하거나 가맹점사업자에게 반환하여야 한다.

⑦ 예치기관의 장은 가맹점사업자가 가맹본부의 동의를 받아 예치가맹금의 반환을 요청하는 경우에는 제5항 및 제6항에도 불구하고 요청일로부터 10일 이내에 예치가맹금을 가맹점사업자에게 반환하여야 한다.

⑧ 그 밖에 가맹금의 예치 등에 관하여 필요한 사항은 대통령령으로 정한다.

[본조신설 2007. 8. 3.]

제7조(정보공개서의 제공의무 등) ① 가맹본부(가맹지역본부 또는 가맹중개인이 가맹점사업자를 모집하는 경우를 포함한다. 이하 같다)는 가맹희망자에게 제6조의2 제1항에 따라 등록한 정보공개서를 대통령령으로 정하는 바에 따라 제공하여야 한다. <개정 2007. 8. 3.>

② 가맹본부는 등록된 정보공개서를 제공하지 아니하였거나 정보공개서를 제공한 날부터 14일(가맹희망자가 정보공개서에 대하여 변호사 또는 제27조에 따른 가맹거래사의 자문을 받은 경우에는 7일로 한다)이 지나지 아니한 경우에는 다음 각 호의 어느 하나에 해당하는 행위를 하여서는 아니 된다. <신설 2007. 8. 3.>

1. 가맹희망자로부터 가맹금을 수령하는 행위. 이 경우 가맹희망자가 예치기관에 예치가맹금을 예치하는 때에는 최초로 예치한 날(가맹본부가 가맹희망자와 최초로 가맹금을 예치하기로 합의한 때에는 그날)에 가맹금을 수령한 것으로 본다.
2. 가맹희망자와 가맹계약을 체결하는 행위

③ 공정거래위원회는 대통령령이 정하는 바에 따라 정보공개서의 표준양식을 정하여 가맹본부 또는 가맹본부로 구성된 사업자단체에게 그 사용을 권장할 수 있다. <개정 2007. 8. 3.>

제8조 삭제 <2007. 8. 3.>

제9조(허위 · 과장된 정보제공 등의 금지) ① 가맹본부는 가맹희망자에게 정보를 제공함에 있어서 허위 또는 과장된 정보를 제공하거나 중요사항을 누락하여서는 아니 된다. <개정 2007. 8. 3.>

② 가맹본부는 가맹희망자나 가맹점사업자에게 다음 각 호의 어느 하나에 해당하는 정보를 제공하는 경우에는 서면으로 하여야 한다. <개정 2007. 8. 3.>

1. 가맹희망자의 예상매출액 · 수익 · 매출총이익 · 순이익 등 장래의 예상수익상황에 관한 정보
2. 가맹점사업자의 매출액 · 수익 · 매출총이익 · 순이익 등 과거의 수익상황이나 장래의 예상수익상황에 관한 정보

③ 가맹본부는 제2항에 따라 정보를 제공하는 경우에는 그 정보의 산출근거가 되는 자료로서 대통령령으로 정하는 자료를 가맹본부의 사무소에 비치하여야 하며, 영업시간 중에 언제든지 가맹희망자나 가맹점사업자의 요구가 있는 경우 그 자료를 열람할 수 있도록 하여야 한다. <개정 2007. 8. 3.>

제10조(가맹금의 반환) ① 가맹본부는 다음 각 호의 어느 하나에 해당하는 경우에는 가맹희망자나 가맹점사업자가 대통령령으로 정하는 사항이 적힌 서면으로 요구하는 날부터 1개월 이내에 가맹금을 반환하여야 한다. <개정 2007. 8. 3.>

1. 가맹본부가 제7조 제2항을 위반한 경우로서 가맹희망자 또는 가맹점사업자가 가맹계약 체결 전 또는 가맹계약의 체결일부터 2개월 이내에 가맹금의 반환을 요구하는 경우
2. 가맹본부가 제9조 제1항을 위반한 경우로서 가맹희망자가 가맹계약 체결 전에 가맹금의 반환을 요구하는 경우
3. 가맹본부가 제9조 제1항을 위반한 경우로서 허위 또는 과장된 정보나 중요사항의 누락된 내용이 계약 체결에 중대한 영향을 준 것으로 인정되어 가맹점사업자가 가맹계약의 체결일부터 2개월 이내에 가맹금의 반환을 요구하는 경우

4. 가맹본부가 정당한 사유 없이 가맹사업을 일방적으로 중단하고 가맹점사업자가 대통령령으로 정하는 가맹사업의 중단일로부터 2개월 이내에 가맹금의 반환을 요구하는 경우

② 제1항의 규정에 의하여 반환하는 가맹금의 금액을 정함에 있어서는 가맹계약의 체결경위, 금전이나 그 밖에 지급된 대가의 성격, 가맹계약기간, 계약이행기간, 가맹사업당사자의 귀책정도 등을 고려하여야 한다. <개정 2007. 8. 3.>

제11조(가맹계약서의 기재사항 등) ① 가맹본부는 가맹희망자가 가맹계약의 내용을 미리 이해할 수 있도록 제2항 각 호의 사항이 적힌 문서를 다음 각 호의 날 중 빠른 날 전에 가맹희망자에게 제공하여야 한다. <개정 2007. 8. 3.>

1. 가맹계약의 체결일
2. 가맹금의 최초 수령일(가맹희망자가 예치기관에 예치가맹금을 예치하는 경우에는 최초로 예치한 날로 한다. 다만, 가맹희망자가 최초로 가맹금을 예치하기로 가맹본부와 합의한 날이 있는 경우에는 그날로 한다)

② 가맹계약서는 다음 각 호의 사항을 포함하여야 한다. <개정 2007. 8. 3.>

1. 영업표지의 사용권 부여에 관한 사항
2. 가맹점사업자의 영업활동 조건에 관한 사항
3. 가맹점사업자에 대한 교육 · 훈련, 경영지도에 관한 사항
4. 가맹금 등의 지급에 관한 사항
5. 영업지역의 설정에 관한 사항
6. 계약기간에 관한 사항
7. 영업의 양도에 관한 사항
8. 계약해지의 사유에 관한 사항
9. 가맹희망자 또는 가맹점사업자가 가맹계약을 체결한 날부터 2개월(가맹점사업자가 2개월 이전에 가맹사업을 개시하는 경우에는 가맹사업개시일)까지의 기간 동안 예치가맹금을 예치기관에 예치하여야 한다는 사항. 다만, 가맹본부가 제15조의2에 따

른 가맹점사업자피해보상보험계약 등을 체결한 경우에는 그에 관한 사항으로 한다.

10. 가맹희망자가 정보공개서에 대하여 변호사 또는 제27조에 따른 가맹거래사의 자문을 받은 경우 이에 관한 사항
11. 그 밖에 가맹사업당사자의 권리 · 의무에 관한 사항으로서 대통령령이 정하는 사항

③ 가맹본부는 가맹계약서를 가맹사업의 거래가 종료된 날부터 3년간 보관하여야 한다.

④ 공정거래위원회는 가맹본부에게 건전한 가맹사업거래질서를 확립하고 불공정한 내용의 가맹계약이 통용되는 것을 방지하기 위하여 일정한 가맹사업거래에서 표준이 되는 가맹계약서의 작성 및 사용을 권장할 수 있다.

제12조(불공정거래행위의 금지) ① 가맹본부는 다음 각 호의 1에 해당하는 행위로서 가맹사업의 공정한 거래를 저해할 우려가 있는 행위를 하거나 다른 사업자로 하여금 이를 행하도록 하여서는 아니 된다. <개정 2007. 8. 3.>

1. 가맹점사업자에 대하여 상품이나 용역의 공급 또는 영업의 지원 등을 부당하게 중단 또는 거절하거나 그 내용을 현저히 제한하는 행위
2. 가맹점사업자가 취급하는 상품 또는 용역의 가격, 거래상대방, 거래지역이나 가맹점사업자의 사업활동을 부당하게 구속하거나 제한하는 행위
3. 거래상의 지위를 이용하여 부당하게 가맹점사업자에게 불이익을 주는 행위
4. 가맹계약을 위반하여 가맹계약기간 중 가맹점사업자의 영업지역 안에서 가맹점사업자와 동일한 업종의 자기 또는 계열회사(「독점규제 및 공정거래에 관한 법률」 제2조 제3호에 따른 계열회사를 말한다)의 직영점이나 가맹점을 설치하는 행위
5. 제1호 내지 제4호외의 행위로서 부당하게 경쟁가맹본부의 가맹점사업자를 자기와 거래하도록 유인하는 행위 등 가맹사업의 공정한 거래를 저해할 우려가 있는 행위

② 제1항 각 호의 규정에 의한 행위의 유형 또는 기준은 대통령령으로 정한다.

제13조(가맹계약의 갱신 등) ① 가맹본부는 가맹점사업자가 가맹계약기간 만료 전 180일부터 90일까지 사이에 가맹계약의 갱신을 요구하는 경우 정당한 사유 없이 이를 거절하지 못한다. 다만, 다음 각 호의 어느 하나에 해당하는 경우에는 그러하지 아니하다.

1. 가맹점사업자가 가맹계약상의 가맹금 등의 지급의무를 지키지 아니한 경우
2. 다른 가맹점사업자에게 통상적으로 적용되는 계약조건이나 영업방침을 가맹점사업자가 수락하지 아니한 경우
3. 가맹사업의 유지를 위하여 필요하다고 인정되는 것으로서 다음 각 목의 어느 하나에 해당하는 가맹본부의 중요한 영업방침을 가맹점사업자가 지키지 아니한 경우

가. 가맹점의 운영에 필요한 점포 · 설비의 확보나 법령상 필요한 자격 · 면허 · 허가의 취득에 관한 사항
나. 판매하는 상품이나 용역의 품질을 유지하기 위하여 필요한 제조공법 또는 서비스 기법의 준수에 관한 사항
다. 그 밖에 가맹점사업자가 가맹사업을 정상적으로 유지하기 위하여 필요하다고 인정되는 것으로서 대통령령으로 정하는 사항

② 가맹점사업자의 계약갱신요구권은 최초 가맹계약기간을 포함한 전체 가맹계약기간이 10년을 초과하지 아니하는 범위 내에서만 행사할 수 있다.
③ 가맹본부가 제1항에 따른 갱신 요구를 거절하는 경우에는 그 요구를 받은 날부터 15일 이내에 가맹점사업자에게 거절 사유를 적어 서면으로 통지하여야 한다.
④ 가맹본부가 제3항의 거절 통지를 하지 아니하거나 가맹계약기간 만료 전 180일부터 90일까지 사이에 가맹점사업자에게 조건의 변경에 대한 통지나 가맹계약을 갱신하지 아니한다는 사실의 통지를 서면으로 하지 아니하는 경우에는 계약 만료 전의 가맹계약과 같은 조건으로 다시 가맹계약을 체결한 것으로 본다. 다만, 가맹점사업자가 계약이 만료되는 날부터 60일 전까지 이의를 제기하거나 가맹본부나 가맹점사업자에게 천재지변이나 그 밖에 대통령령으로 정하는 부득이한 사유가 있는 경우에는 그러하지 아니하다.

[전문개정 2007. 8. 3.]

제14조(가맹계약해지의 제한) ① 가맹본부는 가맹계약을 해지하려는 경우에는 가맹점사업자에게 2개월 이상의 유예기간을 두고 계약의 위반 사실을 구체적으로 밝히고 이를 시정하지 아니하면 그 계약을 해지한다는 사실을 서면으로 2회 이상 통지하여야 한

다. 다만, 가맹사업의 거래를 지속하기 어려운 경우로서 대통령령이 정하는 경우에는 그러하지 아니하다. <개정 2007. 8. 3.>

② 제1항의 규정에 의한 절차를 거치지 아니한 가맹계약의 해지는 그 효력이 없다.

제15조(자율규약) ① 가맹본부 또는 가맹본부를 구성원으로 하는 사업자단체는 가맹사업의 공정한 거래질서를 유지하기 위하여 자율적으로 규약을 정할 수 있다.

② 가맹본부 또는 가맹본부를 구성원으로 하는 사업자단체는 제1항의 규정에 의하여 자율규약을 정하고자 하는 경우 그 규약이 제12조 제1항의 규정에 위반하는 지에 대한 심사를 공정거래위원회에 요청할 수 있다.

③ 공정거래위원회는 제2항의 규정에 의하여 자율규약의 심사를 요청받은 때에는 그 요청을 받은 날부터 60일 이내에 심사결과를 신청인에게 통보하여야 한다.

제15조의2(가맹점사업자피해보상보험계약 등) ① 가맹본부는 가맹점사업자의 피해를 보상하기 위하여 다음 각 호의 어느 하나에 해당하는 계약(이하 "가맹점사업자피해보상보험계약 등"이라 한다)을 체결할 수 있다.

1. 「보험업법」에 따른 보험계약
2. 가맹점사업자 피해보상금의 지급을 확보하기 위한 「금융감독기구의 설치 등에 관한 법률」 제38조에 따른 기관의 채무지급보증계약
3. 제15조의3에 따라 설립된 공제조합과의 공제계약

② 가맹점사업자피해보상보험계약 등에 의하여 가맹점사업자 피해보상금을 지급할 의무가 있는 자는 그 지급사유가 발생한 경우 지체 없이 이를 지급하여야 한다. 이를 지연한 경우에는 지연배상금을 지급하여야 한다.

③ 가맹점사업자피해보상보험계약 등을 체결하고자 하는 가맹본부는 가맹점사업자피해보상보험계약 등을 체결하기 위하여 매출액 등의 자료를 제출함에 있어서 거짓 자료를 제출하여서는 아니 된다.

④ 가맹본부는 가맹점사업자피해보상보험계약 등을 체결함에 있어서 가맹점사업자의 피해보상에 적절한 수준이 되도록 하여야 한다.

⑤ 가맹점사업자피해보상보험계약 등을 체결한 가맹본부는 그 사실을 나타내는 표지

를 사용할 수 있다.

⑥ 가맹점사업자피해보상보험계약 등을 체결하지 아니한 가맹본부는 제5항에 따른 표지를 사용하거나 이와 유사한 표지를 제작 또는 사용하여서는 아니 된다.

⑦ 그 밖에 가맹점사업자피해보상보험계약 등에 대하여 필요한 사항은 대통령령으로 정한다.

[본조신설 2007. 8. 3.]

제15조의3(공제조합의 설립) ① 가맹본부는 제15조의2 제1항 제3호에 따른 공제사업을 영위하기 위하여 공정거래위원회의 인가를 받아 공제조합(이하 "공제조합"이라 한다)을 설립할 수 있다.

② 공제조합은 법인으로 하며, 주된 사무소의 소재지에 설립등기를 함으로써 성립한다.

③ 공제조합에 가입한 가맹본부는 공제사업의 수행에 필요한 출자금 등을 조합에 납부하여야 한다.

④ 공제조합의 기본재산은 조합원의 출자금 등으로 조성한다.

⑤ 공제조합의 조합원의 자격, 임원에 관한 사항 및 출자금의 부담기준에 관한 사항은 정관으로 정한다.

⑥ 공제조합의 설립인가 기준 및 절차, 정관기재사항, 운영 및 감독 등에 관하여 필요한 사항은 대통령령으로 정한다.

⑦ 공제조합이 제1항에 따른 공제사업을 하고자 하는 때에는 공제규정을 정하여 공정거래위원회의 인가를 받아야 한다. 공제규정을 변경하고자 하는 때에도 또한 같다.

⑧ 제7항의 공제규정에는 공제사업의 범위, 공제료, 공제사업에 충당하기 위한 책임준비금 등 공제사업의 운영에 관하여 필요한 사항을 포함하여야 한다.

⑨ 공제조합에 관하여 이 법에 규정된 것을 제외하고는 「민법」 중 사단법인에 관한 규정을 준용한다.

⑩ 이 법에 따른 공제조합의 사업에 대하여는 「보험업법」을 적용하지 아니한다.

[본조신설 2007. 8. 3.]

제4장 분쟁의 조정 등

제16조(가맹사업거래분쟁조정협의회의 설치) 가맹사업에 관한 분쟁을 조정하기 위하여 「독점규제 및 공정거래에 관한 법률」 제48조의2 제1항에 따른 한국공정거래조정원(이하 "조정원"이라 한다)에 가맹사업거래분쟁조정협의회(이하 "협의회"라 한다)를 둔다.

[전문개정 2007. 8. 3.]

제17조(협의회의 구성) ① 협의회는 위원장 1인을 포함한 9인의 위원으로 구성한다.

② 위원은 공익을 대표하는 위원, 가맹본부의 이익을 대표하는 위원, 가맹점사업자의 이익을 대표하는 위원으로 구분하되 각각 동수로 한다.

③ 위원은 조정원의 장이 추천한 자와 다음 각 호의 어느 하나에 해당하는 자중 공정거래위원회 위원장이 임명 또는 위촉하는 자가 된다. <개정 2005. 12. 29, 2007. 8. 3.>

1. 대학에서 법률학 · 경제학 · 경영학을 전공한 자로서 「고등교육법」 제2조 제1호 · 제2호 또는 제5호에 따른 학교나 공인된 연구기관에서 부교수 이상의 직 또는 이에 상당하는 직에 있거나 있었던 자
2. 판사 · 검사직에 있거나 있었던 자 또는 변호사의 자격이 있는 자
3. 독점금지 및 공정거래업무에 관한 경험이 있는 4급 이상 공무원(고위공무원단에 속하는 일반직공무원을 포함한다)의 직에 있거나 있었던 자

④ 위원장은 공익을 대표하는 위원 중에서 공정거래위원회 위원장이 위촉한다. <개정 2007. 8. 3.>

⑤ 위원의 임기는 3년으로 하고 연임할 수 있다.

⑥ 위원 중 결원이 생긴 때에는 제3항의 규정에 의하여 보궐위원을 위촉하여야 하며, 그 보궐위원의 임기는 전임자의 잔임기간으로 한다.

제18조(공익을 대표하는 위원의 위촉제한) ① 공익을 대표하는 위원은 위촉일 현재 가맹본부 또는 가맹점사업자의 임원 · 직원으로 있는 자중에서 위촉될 수 없다.

② 공정거래위원회 위원장은 공익을 대표하는 위원으로 위촉받은 자가 가맹본부 또는 가맹점사업자의 임원 · 직원으로 된 때에는 즉시 해촉하여야 한다. <개정 2007. 8. 3.>

제19조(협의회의 회의) ① 협의회의 회의는 위원 전원으로 구성되는 회의(이하 "전체회의"라 한다)와 공익을 대표하는 위원, 가맹본부의 이익을 대표하는 위원, 가맹점사업자의 이익을 대표하는 위원 각 1인으로 구성되는 회의(이하 "소회의"라 한다)로 구분한다. <개정 2007. 8. 3.>

② 협의회의 소회의는 전체회의로부터 위임받은 사항에 관하여 심의 · 의결한다. <신설 2007. 8. 3.>

③ 협의회의 전체회의는 위원장이 주재하며, 재적위원 과반수의 출석으로 개의하고, 출석위원 과반수의 찬성으로 의결한다. <개정 2007. 8. 3.>

④ 협의회의 소회의는 공익을 대표하는 위원이 주재하며, 구성위원 전원의 출석과 출석위원 전원의 찬성으로 의결한다. 이 경우 소회의의 의결은 협의회의 의결로 보되, 회의의 결과를 전체회의에 보고하여야 한다. <신설 2007. 8. 3.>

⑤ 위원장이 사고로 직무를 수행할 수 없을 때에는 공익을 대표하는 위원 중에서 공정거래위원회 위원장이 지명하는 위원이 그 직무를 대행한다. <개정 2007. 8. 3.>

⑥ 조정의 대상이 된 분쟁의 당사자인 가맹사업당사자(이하 "분쟁당사자"라 한다)는 협의회의 회의에 출석하여 의견을 진술하거나 관계자료를 제출할 수 있다. <개정 2007. 8. 3.>

제20조(위원의 제척 · 기피 · 회피) ① 위원은 다음 각 호의 1에 해당하는 경우에는 당해 조정사항의 조정에서 제척된다.

1. 위원 또는 그 배우자나 배우자이었던 자가 당해 조정사항의 분쟁당사자가 되거나 공동권리자 또는 의무자의 관계에 있는 경우
2. 위원이 당해 조정사항의 분쟁당사자와 친족관계에 있거나 있었던 경우
3. 위원 또는 위원이 속한 법인이 분쟁당사자의 법률 · 경영 등에 대하여 자문이나 고문의 역할을 하고 있는 경우
4. 위원 또는 위원이 속한 법인이 당해 조정사항에 대하여 분쟁당사자의 대리인으로

관여하거나 관여하였던 경우 및 증언 또는 감정을 한 경우

② 분쟁당사자는 위원에게 협의회의 조정에 공정을 기하기 어려운 사정이 있는 때에 협의회에 당해 위원에 대한 기피신청을 할 수 있다.

③ 위원이 제1항 또는 제2항의 사유에 해당하는 경우에는 스스로 당해 조정사항의 조정에서 회피할 수 있다.

第21조(협의회의 조정사항) 협의회는 공정거래위원회 또는 분쟁당사자가 요청하는 가맹사업거래의 분쟁에 관한 사항을 조정한다.

第22조(조정의 신청 등) ① 분쟁당사자는 제21조의 규정에 의하여 협의회에 대통령령이 정하는 사항이 기재된 서면으로 그 조정을 신청할 수 있다.

② 공정거래위원회는 가맹사업거래의 분쟁에 관한 사건에 대하여 협의회에 그 조정을 의뢰할 수 있다.

③ 협의회는 제1항의 규정에 의하여 조정을 신청 받은 때에는 즉시 그 조정사항을 분쟁당사자에게 통지하여야 한다. <개정 2007. 8. 3.>

第23조(조정 등) ① 협의회는 분쟁당사자에게 조정사항에 대하여 스스로 조정하도록 권고하거나 조정안을 작성하여 이를 제시할 수 있다.

② 협의회는 다음 각 호의 1에 해당되는 경우에는 그 조정을 거부하거나 중지할 수 있다. <개정 2007. 8. 3.>

1. 분쟁당사자의 일방이 조정을 거부한 경우
2. 이미 법원에 소를 제기하였거나 조정의 신청이 있은 후 법원에 소를 제기한 경우 또는 조정의 신청이 있은 후 분쟁당사자가 「중재법」에 따른 중재합의를 한 경우
3. 신청의 내용이 관계법령 또는 객관적인 자료에 의하여 명백하게 인정되는 등 조정을 할 실익이 없는 것으로서 대통령령이 정하는 사항이 발생하는 경우

③ 협의회는 다음 각 호의 1에 해당되는 경우에는 조정절차를 종료하여야 한다. <개정 2007. 8. 3.>

1. 분쟁당사자가 협의회의 권고 또는 조정안을 수락하거나 스스로 조정하는 등 조정이 성립된 경우
2. 조정을 신청 또는 의뢰 받은 날부터 60일(분쟁당사자 쌍방이 기간연장에 동의한 경우에는 90일로 한다)이 경과하여도 조정이 성립하지 아니한 경우
3. 제2항의 규정에 의하여 조정이 중지된 경우로서 조정절차를 진행할 실익이 없는 경우

④ 협의회는 제2항의 규정에 의하여 조정을 거부 또는 중지하거나 제3항의 규정에 의하여 조정절차를 종료한 경우에는 대통령령이 정하는 바에 따라 공정거래위원회에 조정의 경위, 조정거부ㆍ중지 또는 종료의 사유 등과 관계서류를 서면으로 지체 없이 보고하여야 하고 분쟁당사자에게 그 사실을 통보하여야 한다.

⑤ 협의회는 당해 조정사항에 관한 사실을 확인하기 위하여 필요한 경우 조사를 하거나 분쟁당사자에 대하여 관련자료의 제출이나 출석을 요구할 수 있다.

⑥ 공정거래위원회는 조정사항에 관하여 조정절차가 종료될 때까지 당해 분쟁당사자에게 시정조치를 권고하거나 명하여서는 아니 된다. 다만, 공정거래위원회가 이미 제32조의 규정에 의하여 조사 중인 사건에 대하여는 그러하지 아니하다.

제24조(조정조서의 작성과 그 효력) ① 협의회는 조정사항에 대하여 조정이 성립된 경우 조정에 참가한 위원과 분쟁당사자가 기명날인한 조정조서를 작성한다. 이 경우 분쟁당사자 간에 조정조서와 동일한 내용의 합의가 성립된 것으로 본다.

② 협의회는 분쟁당사자가 조정절차를 개시하기 전에 조정사항을 스스로 조정하고 조정조서의 작성을 요구하는 경우에는 그 조정조서를 작성할 수 있다.

제25조(협의회의 조직 등에 관한 규정) 제16조 내지 제24조의 규정 외에 협의회의 조직ㆍ운영ㆍ조정절차 등에 관하여 필요한 사항은 대통령령으로 정한다.

제26조 삭제 <2007. 8. 3.>

제27조(가맹거래사) ① 공정거래위원회가 실시하는 가맹거래사 자격시험에 합격한 후 대통령령이 정하는 바에 따라 실무수습을 마친 자는 가맹거래사의 자격을 가진다. <개정 2004. 1. 20, 2007. 8. 3.>

② 다음 각 호의 어느 하나에 해당하는 자는 가맹거래사가 될 수 없다. <개정 2007. 8. 3.>

1. 미성년자 · 금치산자 또는 한정치산자
2. 파산선고를 받고 복권되지 아니한 자
3. 금고 이상의 실형의 선고를 받고 그 집행이 종료(종료된 것으로 보는 경우를 포함한다)되거나 집행을 받지 아니하기로 확정된 후 2년이 경과되지 아니한 자
4. 금고 이상의 형의 집행유예를 받고 그 집행유예기간 중에 있는 자
5. 제31조의 규정에 의하여 가맹거래사의 등록이 취소된 날부터 2년이 경과되지 아니한 자

③ 가맹거래사 자격시험의 시험과목 · 시험방법, 실무수습의 기간 등 자격시험 및 실무수습에 관하여 필요한 사항은 대통령령으로 정한다. <신설 2004. 1. 20, 2007. 8. 3.>

제28조(가맹거래사의 업무) 가맹거래사는 다음 각 호의 사항에 관한 업무를 수행한다.

1. 가맹사업의 사업성에 관한 상담이나 검토
2. 정보공개서와 가맹계약서의 작성 및 수정에 관한 상담이나 자문
3. 가맹점사업자의 부담, 가맹사업 영업활동의 조건 등에 관한 상담이나 자문
4. 가맹사업당사자에 대한 교육 · 훈련에 관한 상담이나 자문
5. 가맹사업거래 분쟁조정 신청의 대행
6. 정보공개서 등록 신청의 대행

[전문개정 2007. 8. 3.]

제29조(가맹거래사의 등록) ① 가맹거래사 자격이 있는 자가 제28조에 따른 가맹거래사의 업무를 개시하고자 하는 경우에는 대통령령이 정하는 바에 따라 공정거래위원회에 등록하여야 한다. <개정 2004. 1. 20, 2007. 8. 3.>
② 제1항의 규정에 의하여 등록을 한 가맹거래사는 공정거래위원회가 정하는 바에 따라 5년마다 등록을 갱신하여야 한다. <개정 2007. 8. 3.>
③ 제1항의 규정에 의하여 등록을 한 가맹거래사가 아닌 자는 제27조의 규정에 의한

가맹거래사임을 표시하거나 이와 유사한 용어를 사용하여서는 아니 된다. <개정 2007. 8. 3.>

제30조(가맹거래사의 책임) ① 가맹거래사는 성실히 직무를 수행하며 품위를 유지하여야 한다. <개정 2007. 8. 3.>

② 가맹거래사는 직무를 수행함에 있어서 고의로 진실을 감추거나 허위의 보고를 하여서는 아니 된다. <개정 2007. 8. 3.>

제31조(가맹거래사의 등록취소와 자격정지) ① 공정거래위원회는 제29조의 규정에 의하여 등록을 한 가맹거래사가 다음 각 호의 어느 하나에 해당하는 경우에는 그 등록을 취소할 수 있다. 다만, 제1호 및 제2호에 해당하는 경우에는 그 등록을 취소하여야 한다. <개정 2007. 8. 3.>

1. 허위 그 밖의 부정한 방법으로 등록 또는 갱신등록을 한 경우
2. 제27조 제2항의 규정에 의한 결격사유에 해당하게 된 경우
3. 업무수행과 관련하여 알게 된 비밀을 다른 사람에게 누설한 경우
4. 가맹거래사 등록증을 다른 사람에게 대여한 경우
5. 업무수행과 관련하여 고의 또는 중대한 과실로 다른 사람에게 중대한 손해를 입힌 경우

② 제29조 제2항의 규정에 의한 갱신등록을 하지 아니한 가맹거래사는 그 자격이 정지된다. 이 경우 공정거래위원회가 고시로서 정하는 바에 따라 보수교육을 받고 갱신등록을 한 때에는 그 때부터 자격이 회복된다. <개정 2007. 8. 3.>

제31조의2(가맹사업거래에 대한 교육 등) ① 공정거래위원회는 공정한 가맹사업거래질서를 확립하기 위하여 다음 각 호의 업무를 수행할 수 있다.

1. 가맹본부에 대한 교육 · 연수
2. 가맹희망자 및 가맹점사업자에 대한 교육 · 연수
3. 가맹거래사에 대한 교육 · 연수(제27조 제1항에 따른 실무수습을 포함한다)
4. 가맹본부가 이 법을 자율적으로 준수하도록 유도하기 위한 자율준수프로그램의 보

급 · 확산

5. 그 밖에 공정한 가맹사업거래질서 확립을 위하여 필요하다고 인정하는 업무

② 공정거래위원회는 제1항의 업무를 대통령령으로 정하는 시설 · 인력 및 교육실적 등의 기준에 적합한 법인으로서 공정거래위원회가 지정하는 기관 또는 단체(이하 "교육기관 등"이라 한다)에 위탁할 수 있다.

③ 교육기관 등은 제1항에 따른 업무를 수행하는 데 필요한 재원을 조달하기 위하여 수익사업을 할 수 있다.

④ 공정거래위원회는 교육기관 등이 제1항에 따른 업무를 충실히 수행하지 못하거나 대통령령으로 정하는 기준에 미치지 못하는 경우에는 지정을 취소하거나 3개월 이내의 기간을 정하여 지정의 효력을 정지할 수 있다.

⑤ 교육기관 등의 지정절차 및 방법, 제3항에 따른 수익사업 등에 관하여 필요한 사항은 공정거래위원회가 정하여 고시한다.

[본조신설 2007. 8. 3.]

제5장 공정거래위원회의 사건처리절차 등

제32조(조사개시대상행위의 제한) 이 법의 규정에 의하여 공정거래위원회의 조사개시대상이 되는 가맹사업거래는 그 거래가 종료된 날부터 3년을 경과하지 아니한 것에 한한다. 다만, 그 거래가 종료된 날부터 3년 이내에 신고된 가맹사업거래의 경우에는 그러하지 아니하다.

제33조(시정조치) ① 공정거래위원회는 제6조의5 제1항 · 제4항, 제7조 제2항, 제9조 제1항, 제10조 제1항, 제11조 제1항 · 제2항, 제12조 제1항, 제15조의2 제3항 · 제6항을 위반한 가맹본부에 대하여 가맹금의 예치, 정보공개서의 제공, 가맹금 반환, 위반행위의 중지, 위반내용의 시정을 위한 필요한 계획 또는 행위의 보고 그 밖에 당해 위반행위의 시정에 필요한 조치를 명할 수 있다. <개정 2007. 8. 3.>

② 공정거래위원회는 제24조의 규정에 의하여 협의회의 조정이 이루어진 경우에는 특별한 사유가 없는 한 제1항에 따른 시정조치 및 제34조 제1항에 따른 시정권고를

하지 아니한다. <개정 2007. 8. 3.>

③ 공정거래위원회는 제1항에 따라 시정명령을 하는 경우에는 가맹본부에게 시정명령을 받았다는 사실을 공표하거나 거래상대방에 대하여 통지할 것을 명할 수 있다. <개정 2007. 8. 3.>

제34조(시정권고) ① 공정거래위원회는 이 법의 규정을 위반한 가맹본부에 대하여 제33조의 규정에 의한 시정조치를 명할 시간적 여유가 없는 경우에는 대통령령이 정하는 바에 따라 시정방안을 마련하여 이에 따를 것을 권고할 수 있다. 이 경우 당해 권고를 수락한 때에는 시정조치를 한 것으로 본다는 뜻을 함께 통지하여야 한다.

② 제1항의 규정에 의한 권고를 받은 가맹본부는 당해 권고를 통지받은 날부터 10일 이내에 이를 수락하는 지의 여부에 관하여 공정거래위원회에 통지하여야 한다.

③ 제1항의 규정에 의한 권고를 받은 가맹본부가 당해 권고를 수락한 때에는 제33조의 규정에 의한 시정조치를 받은 것으로 본다.

제35조(과징금) 공정거래위원회는 제6조의5 제1항·제4항, 제7조 제2항, 제9조 제1항, 제10조 제1항, 제11조 제1항·제2항, 제12조 제1항, 제15조의2 제3항·제6항을 위반한 가맹본부에 대하여 대통령령이 정하는 매출액에 100분의 2를 곱한 금액을 초과하지 아니하는 범위 안에서 과징금을 부과할 수 있다. <개정 2007. 8. 3.>

제36조(관계행정기관의 장의 협조) 공정거래위원회는 이 법의 시행을 위하여 필요하다고 인정하는 때에는 관계행정기관의 장의 의견을 듣거나 관계행정기관의 장에 대하여 조사를 위한 인원의 지원 그 밖의 필요한 협조를 요청할 수 있다.

제37조(「독점규제 및 공정거래에 관한 법률」의 준용) ① 이 법에 의한 공정거래위원회의 조사·심의·의결 및 시정권고에 관하여는 「독점규제 및 공정거래에 관한 법률」 제42조, 제43조, 제43조의2, 제44조, 제45조, 제49조 제1항 내지 제3항, 제50조 제1항 내지 제4항, 제52조, 제52조의2, 제53조, 제53조의2 및 제55조의2의 규정을 준용한다. <개정 2007. 8. 3.>

② 이 법에 의한 과징금의 부과·징수에 관하여는 「독점규제 및 공정거래에 관한 법률」 제55조의3부터 제55조의8까지를 준용한다. <개정 2004. 12. 31, 2007. 8. 3.>

③ 이 법에 의한 이의신청, 소의 제기 및 불복의 소의 전속관할, 손해배상에 관하여

는 「독점규제 및 공정거래에 관한 법률」 제53조, 제53조의2, 제54조, 제55조, 제56조, 제56조의2, 제57조의 규정을 준용한다. 다만, 「독점규제 및 공정거래에 관한 법률」 제56조, 제56조의2 및 제57조의 규정은 사업자가 행한 법률위반의 정도가 경미하거나 이미 스스로 위반행위를 시정한 결과 시정조치의 실익이 없는 경우 등 대통령령이 정하는 경우에는 준용하지 아니한다. <개정 2007. 8. 3>

④ 이 법에 의한 직무에 종사하거나 종사하였던 공정거래위원회의 위원, 공무원 또는 협의회에서 가맹사업거래에 관한 분쟁의 조정업무를 담당하거나 담당하였던 자에 대하여는 독점규제 및 공정거래에 관한 법률 제62조의 규정을 준용한다.

⑤ 삭제 <2007. 8. 3.>

제38조(「독점규제 및 공정거래에 관한 법률」과의 관계) 가맹사업거래에 관하여 이 법의 적용을 받는 사항에 대하여는 「독점규제 및 공정거래에 관한 법률」 제23조 제1항 제1호(부당하게 거래를 거절하는 행위에 한한다) · 제3호(부당하게 경쟁자의 고객을 자기와 거래하도록 유인하는 행위에 한한다) · 제4호 · 제5호(거래의 상대방의 사업활동을 부당하게 구속하는 조건으로 거래하는 행위에 한한다) 및 동법 제29조 제1항의 규정을 적용하지 아니한다. <개정 2007. 8. 3.>

제39조(권한의 위임과 위탁) ① 이 법에 의한 공정거래위원회의 권한은 그 일부를 대통령령이 정하는 바에 따라 소속기관의 장이나 특별시장 · 광역시장 · 도지사 또는 특별자치도지사에게 위임하거나 다른 행정기관의 장에게 위탁할 수 있다. <개정 2007. 8. 3.>

② 공정거래위원회는 다음 각 호의 어느 하나에 해당하는 업무를 대통령령으로 정하는 바에 따라 관련법인 또는 단체에 위탁할 수 있다. 이 경우 제1호의 위탁관리에 소요되는 경비의 전부 또는 일부를 지원할 수 있다. <개정 2007. 8. 3.>

1. 제6조의2 제4항에 따른 가맹사업정보제공시스템의 구축 · 운영 업무
2. 제27조 제1항에 따른 가맹거래사 자격시험의 시행 및 관리 업무

제40조(보고) 공정거래위원회는 제39조의 규정에 의하여 위임 또는 위탁한 사무에 대하여 위임 또는 위탁받은 자에게 필요한 보고를 하게 할 수 있다.

제6장 벌칙

제41조(벌칙) ①제9조 제1항의 규정에 위반하여 허위·과장된 정보를 제공하거나 중요사항을 누락한 자는 5년 이하의 징역 또는 1억 5천만 원 이하의 벌금에 처한다. <개정 2007. 8. 3.>

② 다음 각 호의 어느 하나에 해당하는 자는 3년 이하의 징역 또는 1억 원 이하의 벌금에 처한다. <개정 2007. 8. 3.>

1. 제33조 제1항에 따른 시정조치의 명령에 따르지 아니한 자
2. 제37조 제4항의 규정에 의하여 준용되는 「독점규제 및 공정거래에 관한 법률」 제62조의 규정에 위반한 자

③ 다음 각 호의 어느 하나에 해당하는 자는 2년 이하의 징역 또는 5천만 원 이하의 벌금에 처한다. <개정 2007. 8. 3.>

1. 제6조의5 제1항을 위반하여 가맹점사업자로부터 예치가맹금을 직접 수령한 자
2. 제7조 제2항을 위반하여 가맹금을 수령하거나 가맹계약을 체결한 자
3. 제15조의2 제6항을 위반하여 가맹점사업자피해보상보험계약 등을 체결하였다는 사실을 나타내는 표지 또는 이와 유사한 표지를 제작하거나 사용한 자

④ 제6조의5 제4항을 위반하여 거짓이나 그 밖의 부정한 방법으로 예치가맹금의 지급을 요청한 자는 예치가맹금의 2배에 상당하는 금액 이하의 벌금에 처한다. <신설 2007. 8. 3.>

제42조(양벌규정) 법인의 대표자나 법인 또는 개인의 대리인, 사용인, 그 밖의 종업원이 그 법인 또는 개인의 업무에 관하여 제41조의 위반행위를 하면 그 행위자를 벌하는 외에 그 법인 또는 개인에게도 해당 조문의 벌금형을 과(科)한다. 다만, 법인 또는 개인이 그 위반행위를 방지하기 위하여 해당 업무에 관하여 상당한 주의와 감독을 게을리 하지 아니한 경우에는 그러하지 아니하다.

[전문개정 2010. 3. 22.]

제43조(과태료) ① 가맹본부가 제2호 또는 제3호의 규정에 해당하는 경우에는 1억 원 이하, 제1호의 규정에 해당하는 경우에는 5천만 원 이하의 과태료에 처한다. <개정 2007. 8. 3.>

1. 제37조 제1항의 규정에 의하여 준용되는 「독점규제 및 공정거래에 관한 법률」 제50조 제1항 제1호의 규정에 위반하여 정당한 사유 없이 2회 이상 출석하지 아니한 자
2. 제37조 제1항의 규정에 의하여 준용되는 「독점규제 및 공정거래에 관한 법률」 제50조 제1항 제3호 또는 동조 제3항의 규정에 의한 보고 또는 필요한 자료나 물건의 제출을 정당한 사유 없이 하지 아니하거나, 허위의 보고 또는 자료나 물건을 제출한 자
3. 제37조 제1항의 규정에 의하여 준용되는 「독점규제 및 공정거래에 관한 법률」 제50조 제2항의 규정에 의한 조사를 정당한 사유 없이 거부 · 방해 또는 기피한 자

② 가맹점사업자가 제1항 제2호 또는 제3호의 규정에 해당하는 경우에는 1억 원 이하, 동항 제1호의 규정에 해당하는 경우에는 1천만 원 이하의 과태료에 처한다.
③ 가맹본부 또는 가맹점사업자의 임원이 각각 제1항 제3호의 규정에 해당하는 경우에는 5천만 원 이하, 동항 제1호 또는 제2호의 규정에 해당하는 경우에는 1천만 원 이하의 과태료에 처한다.
④ 가맹본부 또는 가맹점사업자의 종업원 또는 이에 준하는 법률상 이해관계에 있는 자가 각각 제1항 제3호의 규정에 해당하는 경우에는 5천만 원 이하, 동항 제2호의 규정에 해당하는 경우에는 1천만 원 이하, 동항 제1호의 규정에 해당하는 경우에는 5백만 원 이하의 과태료에 처한다.
⑤ 제37조 제1항의 규정에 의하여 준용되는 「독점규제 및 공정거래에 관한 법률」 제43조의2의 규정에 의한 질서유지명령에 응하지 아니한 자는 100만 원 이하의 과태료에 처한다. <개정 2007. 8. 3.>
⑥ 다음 각 호의 어느 하나에 해당하는 자에게는 1천만 원 이하의 과태료를 부과한다. <개정 2007. 8. 3.>

1. 제9조 제2항을 위반하여 같은 항 각 호의 어느 하나에 해당하는 정보를 서면으로

제공하지 아니한 자

2. 제9조 제3항을 위반하여 근거자료를 비치하지 아니하거나 자료요구에 응하지 아니한 자

3. 제11조 제3항을 위반하여 가맹계약서를 보관하지 아니한 자

⑦ 다음 각 호의 어느 하나에 해당하는 자에게는 300만 원 이하의 과태료를 부과한다. <개정 2007. 8. 3.>

1. 제6조의2 제1항을 위반하여 신고를 하지 아니하거나 거짓으로 신고한 자
2. 제29조 제3항을 위반하여 가맹거래사임을 표시하거나 유사한 용어를 사용한 자

⑧ 제1항부터 제7항까지의 규정에 따른 과태료는 대통령령으로 정하는 바에 따라 공정거래위원회가 부과 · 징수한다. <신설 2007. 8. 3.>

⑨ 삭제 <2010. 3. 22.>

⑩ 삭제 <2010. 3. 22.>

⑪ 삭제 <2010. 3. 22.>

제44조(고발) ① 제41조 제1항 · 제2항 제1호 및 제3항의 죄는 공정거래위원회의 고발이 있어야 공소를 제기할 수 있다.

② 공정거래위원회는 제41조 제1항 · 제2항 제1호 및 제3항의 죄 중 그 위반의 정도가 객관적으로 명백하고 중대하다고 인정하는 경우에는 검찰총장에게 고발하여야 한다.

③ 검찰총장은 제2항의 규정에 의한 고발요건에 해당하는 사실이 있음을 공정거래위원회에 통보하여 고발을 요청할 수 있다. 공정거래위원회는 검찰총장의 고발요청이 있을 경우 이에 응하여야 한다.

④ 공정거래위원회는 공소가 제기된 후에는 고발을 취소하지 못한다.

부칙 <제10168호, 2010. 3. 22.>

이 법은 공포한 날부터 시행한다.

가맹사업거래의 공정화에 관한 법률 시행령

[시행 2011. 1. 14.] [대통령령 제22446호, 2010. 10. 13, 일부개정]

제1조(목적) 이 영은 「가맹사업거래의 공정화에 관한 법률」에서 위임한 사항과 그 시행에 관하여 필요한 사항을 규정함을 목적으로 한다. <개정 2008. 1. 31.>

제2조 삭제 <2008. 1. 31.>

제3조(가맹금의 정의) ① 「가맹사업거래의 공정화에 관한 법률」(이하 "법"이라 한다) 제2조 제6호 각 목 외의 부분 단서에서 "대통령령으로 정하는 대가"란 다음 각 호의 어느 하나에 해당하는 대가를 말한다. <개정 2008. 1. 31.>

1. 소비자가 신용카드를 사용하여 가맹점사업자의 상품이나 용역을 구매한 경우에 가맹점사업자가 신용카드사에 지불하는 수수료
2. 소비자가 상품권을 사용하여 가맹점사업자의 상품이나 용역을 구매한 경우에 가맹점사업자가 상품권 발행회사에 지급하는 수수료나 할인금
3. 소비자가 「전자금융거래법」 제2조 제11호에 따른 직불전자지급수단 · 선불전자지급수단 또는 전자화폐를 사용하거나 「전자금융거래법」 제2조 제19호에 따른 전자지급결제대행 서비스를 이용하여 가맹점사업자의 상품이나 용역을 구매한 경우에 가맹점사업자가 지급수단 발행회사나 지급결제 대행회사에 지급하는 수수료나 할인금
4. 법 제2조 제6호 다목에 따라 가맹본부에 지급하는 대가 중 적정한 도매가격(도매가격이 형성되지 아니하는 경우에는 가맹점사업자가 정상적인 거래관계를 통하여 해당 물품이나 용역을 구입 · 임차 또는 교환할 수 있는 가격을 말하며 가맹본부가 해당 물품이나 용역을 다른 사업자로부터 구입하여 공급하는 경우에는 그 구입가격을 말한다. 이하 같다)
5. 그 밖에 가맹본부에 귀속되지 아니하는 금전으로서 소비자가 제3의 기관에 지불하는 것을 가맹본부가 대행하는 것

② 법 제2조 제6호 라목에서 "대통령령으로 정하는 것"이란 다음 각 호의 어느 하나

에 해당하는 대가를 말한다. <신설 2008. 1. 31.>

1. 가맹점사업자가 상표 사용료, 리스료, 광고 분담금, 지도훈련비, 간판류 임차료·영업지역 보장금 등의 명목으로 정액 또는 매출액·영업이익 등의 일정 비율로 가맹본부에 정기적으로 또는 비정기적으로 지급하는 대가
2. 가맹점사업자가 가맹본부로부터 공급받는 상품·원재료·부재료·정착물·설비 및 원자재의 가격 또는 부동산의 임차료에 대하여 가맹본부에 정기적으로 또는 비정기적으로 지급하는 대가 중 적정한 도매가격을 넘는 대가. 다만 가맹본부가 취득한 자신의 상품 등에 관한 「특허법」에 따른 권리에 대한 대가는 제외한다.

③ 공정거래위원회는 제1항 제4호 및 제2항 제2호에 따른 적정한 도매가격을 정하여 고시할 수 있다. <개정 2008. 1. 31.>

제4조(정보공개서의 기재사항) ① 법 제2조 제10호 각 목 외의 부분에서 "대통령령으로 정하는 사항"이란 [별표 1]의 기재사항(이하 "정보공개사항"이라 한다)을 말한다. <개정 2008. 1. 31.>

② 정보공개서는 표지·목차 및 정보공개사항으로 구성하되 그 내용이 명확하고 구체적이며 가맹희망자가 이해하기 쉽도록 영업표지별로 별도의 문서로 작성되어야 한다. <개정 2008. 1. 31.>

③ 가맹본부는 가맹사업의 경영에 필요한 내용으로서 [별표 1]에 규정되지 아니한 사항을 정보공개서에 기재할 수 있다. <신설 2008. 1. 31.>

④ 공정거래위원회는 필요하다고 인정하는 경우 정보공개사항에 대하여 업종별·업태별 또는 용도별로 세부적인 사항을 정하여 고시할 수 있다. <개정 2008. 1. 31.>

제5조(적용배제) ① 법 제3조 제1호에서 "대통령령이 정하는 금액"이라 함은 100만 원을 말한다.

② 법 제3조 제2호에서 "대통령령이 정하는 일정규모"라 함은 5천만 원을 말한다. 다만, 해당 가맹본부가 가맹사업을 시작하기 전에 해당 가맹사업과 같은 품질기준이나 영업방식에 따라 상품이나 용역을 판매하는 직영점을 개설하여 1년 이상 운영하고 있는 경우에는 2억 원(직영점의 매출액을 포함한다)으로 한다. <개정 2008. 1. 31.>

③ 제2항에 따른 금액의 산정은 바로 전 사업연도의 손익계산서상의 매출액으로 한다. 다만, 가맹본부가 손익계산서를 작성하지 아니하는 경우에는 「부가가치세법」에 따른 바로 전 2개 과세기간의 부가가치세확정신고서상의 과세표준과 면세수입금액을 합한 금액으로 한다. <신설 2008. 1. 31, 2010. 10. 13.>

④ 가맹본부가 가맹사업을 시작한 후 1년이 지나지 아니한 경우에는 사업을 시작한 때부터 마지막으로 부가가치세확정신고를 한 때까지의 부가가치세확정신고서(부가가치세확정신고를 하지 아니한 경우에는 부가가치세예정신고서)상의 과세표준과 면세수입금액을 합한 금액을 제3항 단서의 금액으로 본다. <신설 2008. 1. 31, 2010. 10. 13.>

제5조의2(정보공개서의 등록 등) ① 가맹본부는 법 제6조의2 제1항에 따라 정보공개서를 등록하려는 경우에는 별지 제1호서식의 신규등록신청서에 다음 각 호의 서류를 첨부하여 공정거래위원회에 제출하여야 한다. <개정 2010. 10. 13.>

1. 정보공개서[문서 형태의 정보공개서와 함께 「정보통신망 이용촉진 및 정보보호 등에 관한 법률」 제2조 제1항 제1호에 따른 정보통신망(이하 "정보통신망"이라 한다)을 이용하여 전자적 파일을 제출하여야 한다]
2. 바로 전 3개 사업연도의 대차대조표 및 손익계산서(가맹본부가 재무제표를 작성하지 아니하는 경우에는 바로 전 3개 사업연도의 매출액을 확인할 수 있는 서류)
3. 바로 전 사업연도 말 현재 운영 중인 직영점 및 가맹점 목록(대표자, 소재지, 가맹계약 체결일 및 전화번호를 기재하여야 한다)
4. 가맹계약서 양식 사본
5. 바로 전 사업연도 말 현재 근무 중인 임직원 수를 확인할 수 있는 서류
6. 그 밖에 정보공개서 내용과 관련 있는 서류로서 공정거래위원회가 제출하도록 요구하는 서류

② 제1항에 따라 신청서를 제출받은 공정거래위원회는 「전자정부법」 제36조 제1항에 따른 행정정보의 공동이용을 통하여 다음 각 호의 서류를 확인하여야 한다. 다만, 신청인이 제2호 및 제3호의 확인에 동의하지 아니하는 때에는 그 서류(제3호의 경우에는 사본)를 제출하도록 하여야 한다. <개정 2010. 10. 13.>

1. 법인 등기사항증명서(가맹본부가 법인인 경우로 한정한다)
2. 해당 법인의 설립등기 전에 등록신청하는 때에는 법인을 설립하려는 발기인의 주민등록표 등본
3. 사업자등록증(제3항에 따라 정보공개서 등록증을 내 준 날부터 30일 이내에 공정거래위원회가 확인하거나 신청인이 제출할 수 있다)

③ 공정거래위원회는 제1항에 따른 등록신청이 있으면 등록신청일로부터 30일(법 제6조의4에 따라 등록이 취소된 가맹본부가 다시 등록을 신청한 경우에는 2개월) 이내에 가맹본부에 별지 제2호서식의 정보공개서 등록증(이하 "등록증"이라 한다)을 내주어야 하며, 법 제6조의2 제4항에 따른 가맹사업정보제공시스템(이하 "가맹정보시스템"이라 한다)에 등록에 관한 사항을 관리하여야 한다. <신설 2010. 10. 13.>

④ 공정거래위원회는 제3항에도 불구하고 다음 각 호의 어느 하나에 해당하면 1회에 한하여 상당한 기간을 정하여 가맹본부에 필요한 내용의 변경 또는 보완을 요구하거나 정보공개서의 등록을 거부할 수 있다. <개정 2010. 10. 13.>

1. 정보공개서의 기재 사항이 사실과 다르거나 일부 내용이 빠진 경우
2. 제1항 제2호부터 제6호까지의 첨부 서류를 제출하지 아니한 경우
3. 제2항 제2호 및 제3호의 확인에 동의하지 아니하고 서류를 제출하지 아니한 경우

⑤ 공정거래위원회는 다음 각 호의 어느 하나에 해당하면 정보공개서의 등록을 거부하여야 하고, 그 사실을 가맹본부에 통지하여야 한다. <개정 2010. 10. 13.>

1. 정보공개서의 기재사항이나 첨부서류에 거짓이 있는 경우
2. 제4항에 따른 변경 또는 보완 요구에 가맹본부가 따르지 아니한 경우

⑥ 가맹본부가 제4항에 따른 변경 또는 보완 요구에 따른 경우에는 그 요구에 따른 날을 등록신청을 한 날로 본다. <개정 2010. 10. 13.>

⑦ 가맹본부는 가맹정보시스템을 통하여 제1항에 따른 정보공개서 등록신청을 할 수 있다. <신설 2010. 10. 13.>

[본조신설 2008. 1. 31.]

제5조의3(정보공개서의 변경등록 및 변경신고) ① 가맹본부는 [별표 1]의2에서 정한 변경등록사항이 변경된 경우에는 같은 표에서 정한 기한 내에 별지 제4호 서식의 변경등록 신청서에 변경된 정보공개서, 변경내용을 증명하는 서류와 등록증(등록증 기재사항을 변경하는 경우만 해당한다)을 첨부하여 공정거래위원회에 제출하여야 한다. 다만, 「전자정부법」 제36조 제1항에 따른 행정정보의 공동이용을 통하여 제출서류에 대한 정보를 확인할 수 있는 경우에는 그 확인으로 제출서류를 갈음할 수 있다. <개정 2010. 10. 13.>

② 변경등록 및 거부절차에 관하여는 제5조의2 제2항부터 제6항까지의 규정을 준용한다. 이 경우 제5조의2 제3항 중 "30일"은 "20일"로 본다. <개정 2010. 10. 13.>

③ 법 제6조의2 제1항 단서에서 "대통령령으로 정하는 경미한 사항"이란 [별표 1]의2에서 정한 변경신고사항을 말한다. <개정 2010. 10. 13.>

④ 가맹본부는 [별표 1]의2에서 정한 변경신고사항이 변경된 경우에는 같은 표에서 정한 기한 내에 별지 제4호 서식의 변경신고서에 변경내용을 증명하는 서류를 첨부하여 공정거래위원회에 제출하여야 한다. 다만, 「전자정부법」 제36조 제1항에 따른 행정정보의 공동이용을 통하여 제출서류에 대한 정보를 확인할 수 있는 경우에는 그 확인으로 제출서류를 갈음할 수 있다. <개정 2010. 10. 13.>

⑤ 공정거래위원회는 제4항에 따른 변경신고가 있으면 가맹정보시스템에 변경신고에 관한 사항을 관리하여야 한다. <개정 2010. 10. 13.>

⑥ 가맹본부는 정보공개서를 변경등록하거나 변경신고하는 경우에는 정보통신망을 이용하여 전자적 파일 형태의 정보공개서를 함께 제출하여야 한다.

⑦ 가맹본부는 정보공개서를 변경등록한 경우에는 변경등록한 날 현재 가맹계약을 체결하고 있는 가맹점사업자에게 변경등록한 날부터 15일 이내에 제6조 제1항 각 호의 어느 하나에 해당하는 방법으로 그 사실을 알려야 한다. <개정 2010. 10. 13.>

⑧ 가맹본부는 제7항에 따라 [별표 1]의2에서 정한 변경등록사항 중 다음 각 호에 해당하는 사항의 변경등록 통지를 받은 가맹점사업자가 변경등록된 정보공개서를 요구하면 그 요구를 받은 날부터 15일 이내에 제6조 제1항 각 호의 어느 하나에 해당하는 방법으로 이를 제공하여야 한다. <개정 2010. 10. 13.>

1. [별표 1] 제1호
2. [별표 1] 제2호 가목, 나목(가맹본부와 관련된 정보만 해당한다), 다목부터 마목까지, 사목(대표자와 관련된 정보만 해당한다) 및 자목
3. [별표 1] 제3호 나목
4. [별표 1] 제4호

[본조신설 2008. 1. 31.]

제5조의4(정보공개서의 공개 등) ① 공정거래위원회는 법 제6조의2 제2항에 따라 정보공개서의 내용을 공개하는 경우에는 「공공기관의 개인정보보호에 관한 법률」 제2조 제2호에 따른 개인정보와 「부정경쟁방지 및 영업비밀보호에 관한 법률」 제2조 제2호에 따른 영업비밀에 관한 사항은 제외하고 공개한다.

② 공정거래위원회는 정보공개서를 공개하는 경우에는 법 제6조의2 제3항에 따라 다음 각 호의 사항을 적은 서면으로 공개일 10일 전까지 가맹본부에 이를 미리 알려야 한다.

1. 공개 목적과 공개 기간
2. 공개 내용
3. 공개 방법
4. 가맹본부의 정정 또는 비공개 요구 방법

③ 제2항에 따른 통지를 받은 가맹본부는 공개하는 내용 중 사실과 다른 내용이 있거나 제1항에 해당하는 내용이 있으면 통지를 받은 날부터 7일 이내에 그 사실을 증명하는 서류를 첨부한 서면으로 공정거래위원회에 그 내용의 정정 또는 비공개를 요구할 수 있다. 이 경우 공정거래위원회는 가맹본부의 요구가 정당하다고 인정되면 정보공개서의 공개 내용을 변경하거나 공개하지 아니하여야 한다.

④ 가맹정보시스템의 구축 및 운용업무를 하기 위한 법인이나 단체의 시설 · 인력 등 위탁의 기준과 절차 등에 필요한 사항은 공정거래위원회가 정하여 고시한다. <개정 2010. 10. 13.>

[본조신설 2008. 1. 31.]

제5조의5(정보공개서 등록의 취소 등) ① 공정거래위원회는 법 제6조의4 제1호에 해당하는 사유로 정보공개서의 등록을 취소한 경우에는 취소한 날 부터 7일 이내에 해당 가맹본부에 서면으로 그 사실과 취소 사유를 알려야 한다.

② 법 제6조의4 제2호에서 "대통령령으로 정하는 중요한 사항"(이하 "중요사항"이라 한다)이란 다음 각 호의 어느 하나에 해당하는 사항을 말한다. <개정 2010. 10. 13.>

1. 별표 1 제1호
2. 별표 1 제2호 가목, 나목(가맹본부와 관련된 사항만 해당한다), 다목부터 바목까지, 사목(대표자와 관련된 사항만 해당한다), 아목부터 차목까지
3. 별표 1 제3호 나목부터 차목까지
4. 별표 1 제4호부터 제6호까지 및 제8호

③ 공정거래위원회는 법 제6조의4 제2호에 해당하는 사유가 있는 경우에는 상당한 기간을 정하여 누락된 중요사항의 보완을 가맹본부에 요구하여야 한다. 다만, 다음 각 호의 어느 하나에 해당하는 경우에는 가맹본부의 귀책 정도, 회생가능성, 가맹희망자가 입을 피해가능성, 기존 가맹점사업자에게 미치는 영향 등을 모두 고려하여 보완 요구 없이 정보공개서의 등록을 취소할 수 있다.

1. 가맹본부가 휴업 또는 폐업 신고를 한 경우
2. 가맹본부가 파산을 신청한 경우
3. 가맹본부에 대하여 강제집행절차 또는 회생절차가 개시된 경우
4. 가맹본부가 발행한 어음·수표가 부도 등으로 지급 거절된 경우
5. 가맹본부가 대표자의 사망·소재불명 등의 사유로 영업을 중단한 경우
6. 그 밖에 제1호부터 제5호까지의 규정에 준하는 경우로서 가맹본부가 가맹사업을 정상적으로 경영하기 어렵다고 공정거래위원회가 판단하는 경우

④ 가맹본부는 제3항 각 호 외의 부분 본문에 따른 보완 요구를 받은 경우에는 누락된 중요사항을 보완하여 제5조의3에 따라 정보공개서의 변경등록을 신청하여야 한다.

[본조신설 2008. 1. 31.]

제5조의6(가맹금의 예치기관) 법 제6조의5 제1항 본문에서 "대통령령으로 정하는 기관"(이하 "예치기관"이라 한다)이란 다음 각 호의 기관을 말한다. <개정 2008. 7. 29, 2010. 10. 13.>

1. 「은행법」 제2조 제1항 제2호 및 같은 법 제5조에 따른 금융회사
2. 「우체국 예금 · 보험에 관한 법률」에 따른 체신관서
3. 「보험업법」에 따른 보험회사
4. 「자본시장과 금융투자업에 관한 법률」에 따른 신탁업자

[본조신설 2008. 1. 31.]

제5조의7(가맹금의 예치 등) ① 가맹본부는 법 제6조의5 제1항 본문에 따라 가맹점사업자(가맹희망자를 포함한다. 이하 이 조, 제5조의8 및 제16조의2에서 같다)로 하여금 가맹금을 예치하도록 할 경우에는 예치기관을 지정하여 가맹금의 예치에 관한 계약을 체결하여야 한다. <개정 2010. 10. 13.>

② 가맹본부는 가맹점사업자에게 별지 제5호 서식의 가맹금예치신청서(이하 "예치신청서"라 한다)를 내 주어야 하며, 가맹점사업자는 예치신청서와 함께 법 제6조의5 제1항 본문에 따른 예치가맹금(이하 "예치가맹금"이라 한다)을 예치하여 줄 것을 지정된 예치기관에 신청하여야 한다.

③ 가맹본부는 제2항에 따라 예치신청서를 내주는 경우에는 법 제6조의5 제3항 각 호의 어느 하나에 해당하면 예치가맹금이 가맹본부에 귀속된다는 사실을 가맹점사업자에게 알려야 한다.

④ 예치기관의 장은 제2항에 따른 예치신청을 받은 경우에는 예치가맹금을 예치기관의 명의로 예치하여야 하고, 이를 다른 금융자산과 분리하여 관리하여야 한다.

⑤ 예치기관의 장은 제4항에 따라 예치가맹금을 예치한 경우에는 가맹본부와 가맹점사업자에게 각각 별지 제6호 서식의 가맹금 예치증서(이하 "예치증서"라 한다)를 내 주어야 한다.

[본조신설 2008. 1. 31.]

제5조의8(예치가맹금의 지급 및 반환) ① 가맹본부는 법 제6조의5 제3항에 따라 예치가맹금의 지급을 요청하려는 경우에는 별지 제7호 서식의 예치가맹금 지급(반환)요청서(이하 "가맹금지급요청서"라 한다)를 예치기관의 장에게 제출하여야 한다. 이 경우 법 제6조의5 제3항 제1호의 사유에 해당하면 가맹점사업자가 영업을 시작하였다는 사실을 증명하는 서류 또는 가맹점사업자의 확인서를 첨부하여야 한다.

② 가맹점사업자는 법 제6조의5 제5항 제1호부터 제3호까지의 사유가 발생한 경우에는 그 사실을 증명하는 서류를 첨부하여 별지 제8호서식의 예치가맹금 지급보류 요청서를 예치기관의 장에게 제출하여야 한다.

③ 가맹본부 또는 가맹점사업자는 법 제6조의5 제6항에 따라 예치가맹금의 지급 또는 반환을 요청하려는 경우에는 그 사실을 증명하는 서류를 첨부하여 가맹금지급요청서를 예치기관의 장에게 제출하여야 한다.

④ 가맹점사업자는 법 제6조의5 제7항에 따라 예치가맹금의 반환을 요청하려는 경우에는 가맹본부의 동의서를 첨부하여 가맹금지급요청서를 예치기관의 장에게 제출하여야 한다.

⑤ 예치기관의 장은 정보통신망을 이용하여 가맹금의 예치신청 · 지급 및 반환 등에 필요한 절차를 수행할 수 있다. 이 경우 예치기관의 장은 가맹본부와 가맹점사업자로 하여금 그 신원을 파악하기 위하여 「전자서명법」 제2조 제8호에 따른 공인인증서를 사용하도록 할 수 있다.

⑥ 예치기관의 장은 가맹본부 또는 가맹점사업자가 제1항부터 제4항까지의 규정에 따라 제출한 증명서류 등을 해당 예치가맹금을 지급 또는 반환한 날부터 3개월간 보관하여야 한다.

⑦ 공정거래위원회는 예치기관의 장에게 가맹금의 예치 · 지급 및 반환 현황 등에 관한 업무 자료를 요청할 수 있다.

⑧ 그 밖에 가맹금의 예치 · 지급 및 반환 등에 필요한 세부사항은 공정거래위원회가 정하여 고시할 수 있다.

[본조신설 2008. 1. 31.]

제6조(정보공개서의 제공 등) ① 가맹본부(가맹지역본부 또는 가맹중개인이 가맹점사업자를 모집하는 경우를 포함한다. 이하 같다)는 법 제7조 제1항에 따라 가맹희망자에게 정보공개서를 제공할 경우에는 다음 각 호의 어느 하나에 해당하는 방법에 따라야 한다. 다만, 제2호부터 제4호까지의 경우에는 문서의 형태로 인쇄 또는 출력이 가능하도록 하는 조치를 취하여야 한다. <개정 2008. 1. 31.>

1. 가맹희망자에게 정보공개서를 직접 또는 우편으로 전달하는 방법
2. 정보공개서를 자기디스크(자기테이프, 그 밖에 이와 비슷한 방법에 의하여 정보공개서의 내용을 확실하게 기록·보관·출력할 수 있는 것을 포함한다)에 전자적 파일 형태로 제공하는 방법
3. 정보통신망을 이용하여 정보공개서의 내용을 게시한 후 게시사실을 가맹희망자에게 알리는 방법. 이 경우 가맹본부는 특정 가맹희망자가 정보공개서의 내용을 읽어 본 시간을 확인할 수 있는 시스템을 마련하여야 한다.
4. 가맹희망자의 전자우편 주소로 정보공개서의 내용이 포함된 전자적 파일을 보내는 방법. 이 경우 가맹본부는 전자우편의 발송·도달시간의 확인이 가능한 자동수신사실통보장치를 갖춘 컴퓨터 등을 이용하여야 한다.

② 가맹본부는 제1항의 규정에 불구하고 가맹희망자의 편의를 위하여 필요하다고 인정하는 때에는 정보공개사항의 일부에 관하여 별도의 문서(이하 "설명서"라 한다)를 작성하여 이를 제공할 수 있다. 이 경우 설명서에 수록되는 정보공개사항의 목차는 정보공개서에 수록하여야 한다.

③ 가맹본부는 정보공개서를 제공한 후 가맹계약 체결 전에 중요사항이 변경된 경우에는 변경된 내용을 제1항 각 호의 어느 하나에 해당하는 방법으로 가맹희망자에게 지체 없이 알려야 한다. <개정 2008. 1. 31.>

④ 가맹본부는 가맹희망자에게 정보공개서를 제공할 경우에는 가맹희망자의 장래 점포 예정지에서 가장 가까운 가맹점(직영점을 포함한다. 이하 이 항에서 같다) 10개(정보공개서 제공시점에 가맹희망자의 장래 점포 예정지가 속한 광역지방자치단체에서 영업 중인 가맹점의 수가 10개 미만인 경우에는 해당 광역지방자치단체 내의 가

맹점 전체)의 상호, 대표자의 이름, 소재지 및 전화번호가 적힌 문서를 함께 제공하여야 한다. 다만, 정보공개서를 제공할 때 장래 점포예정지가 확정되지 아니한 경우에는 확정되는 즉시 제공하여야 한다. <개정 2008. 1. 31.>

⑤ 가맹본부와 가맹희망자는 제1항 제1호 또는 제2호에 따라 정보공개서를 제공한 날을 명확히 하기 위하여 다음 각 호의 사항을 적은 서면을 작성하여 1부씩 보관할 수 있다. <신설 2008. 1. 31, 2010. 10. 13.>

1. 정보공개서를 제공한 날
2. 정보공개서를 마지막으로 등록한 날
3. 제공한 정보공개서의 주요 목차
4. 정보공개서를 제공받았다는 사실
5. 가맹희망자의 성명 · 주소 및 전화번호
6. 가맹본부 및 가맹희망자의 서명 또는 기명날인

제7조(정보공개서의 표준양식) 공정거래위원회는 법 제7조 제3항에 따라 각 업종별 · 업태별 또는 용도별로 정보공개서의 표준양식을 정하여 고시할 수 있다. <개정 2010. 10. 13.>

제8조 삭제 <2008. 1. 31.>

제9조(수익률의 표시 · 광고 또는 설명에 대한 자료) ① 법 제9조 제3항에서 "대통령령으로 정하는 자료"란 다음 각 호의 자료를 말한다. <개정 2008. 1. 31, 2010. 10. 13.>

1. 현재수익 또는 예상수익의 산출에 사용된 사실적인 근거와 예측에 관한 자료
2. 현재수익 또는 예상수익의 산출근거가 되는 가맹사업의 점포(직영점과 가맹점을 포함한다. 이하 같다)의 수와 그 비율
3. 최근의 일정기간 동안에 가맹본부나 가맹중개인이 표시 또는 설명하는 현재수익 또는 예상수익과 같은 수준의 수익을 올리는 가맹점사업자의 수와 그 비율(이 경우 최근의 일정기간에 대하여 시작하는 날짜와 끝나는 날짜를 표시하여야 한다)

② 공정거래위원회는 제1항의 규정에 의한 자료에 대하여 업종별 · 업태별 또는 용도별로 세부적인 사항을 정하여 고시할 수 있다.

第10조(가맹금 반환의 요구) 법 제10조 제1항에 따라 가맹금의 반환을 요구하고자 하는 가맹점사업자 또는 가맹희망자는 다음 각 호의 사항이 기재된 서면으로 요구하여야 한다. <개정 2008. 1. 31.>

1. 가맹금의 반환을 요구하는 가맹점사업자 또는 가맹희망자의 주소 · 성명
2. 가맹본부가 허위 또는 과장된 정보를 제공하거나 중요사항을 누락한 사실
3. 가맹본부가 허위 또는 과장된 정보를 제공하거나 중요사항을 누락하여 계약체결에 중대한 영향을 준 것으로 인정되는 사실
4. 가맹본부가 정당한 이유 없이 가맹사업을 일방적으로 중단한 사실과 그 일자
5. 반환대상이 되는 가맹금의 금액
6. 가맹본부가 정보공개서를 제공하지 아니한 사실 또는 정보공개서를 제공한 날부터 14일(가맹희망자가 정보공개서에 대하여 변호사 또는 법 제27조에 따른 가맹거래사의 자문을 받은 경우에는 7일)이 지나지 아니한 상태에서 가맹희망자로부터 가맹금을 수령하거나 가맹희망자와 가맹계약을 체결한 사실과 그 날짜

第11조(가맹사업의 중단일) 법 제10조 제1항 제4호에서 "대통령령으로 정하는 가맹사업의 중단일"이란 다음 각 호의 어느 하나에 해당하는 날을 말한다. <개정 2008. 1. 31.>

1. 가맹본부가 가맹점사업자에게 가맹사업의 중단일을 통지하는 경우에는 그 통지가 가맹점사업자에게 도달된 날
2. 가맹본부가 가맹점사업자에게 미리 통지함이 없이 가맹사업을 영위하는 데 중대한 영향을 미치는 부동산 · 용역 · 설비 · 상품 등의 거래를 10일 이상 중단하고 가맹점사업자가 서면으로 거래재개일을 정하여 거래재개를 요청하였음에도 불구하고 가맹본부가 이에 응하지 아니한 경우에는 위 서면으로 정한 거래재개일

第12조(가맹사업당사자의 권리 · 의무에 관한 사항) 법 제11조 제2항 제11호에서 "대통령령이 정하는 사항"이란 다음 각 호의 어느 하나에 해당하는 사항을 말한다. <개정

2003. 6. 13, 2010. 10. 13.>

1. 가맹금 등 금전의 반환조건에 관한 사항
2. 가맹점사업자의 영업설비 · 집기 등의 설치와 유지 · 보수 및 그 비용의 부담에 관한 사항
3. 가맹계약의 종료 및 해지에 따른 조치 사항
4. 가맹본부가 가맹계약의 갱신을 거절할 수 있는 정당한 사유에 관한 사항
5. 가맹본부의 영업비밀에 관한 사항
6. 가맹계약 위반으로 인한 손해배상에 관한 사항
7. 가맹본부와 가맹점사업자 사이의 분쟁 해결 절차에 관한 사항
8. 가맹본부가 다른 사업자에게 가맹사업을 양도하는 경우에는 종전 가맹점사업자와의 계약에 관한 사항
9. 가맹본부의 지식재산권 유효기간 만료 시 조치에 관한 사항

제13조(불공정거래행위의 유형 또는 기준) ① 법 제12조 제2항의 규정에 의한 불공정거래행위의 유형 또는 기준은 [별표 2]와 같다.

② 공정거래위원회는 필요하다고 인정하는 경우에 [별표 2]의 유형 또는 기준의 범위 내에서 특정업종 또는 특정행위에 적용되는 세부적인 불공정거래행위의 유형 또는 기준을 정하여 고시할 수 있다.

제14조(가맹계약의 갱신거절사유 등) ① 법 제13조 제1항 제3호 다목에서 "대통령령으로 정하는 사항"이란 다음 각 호의 어느 하나에 해당하는 사항을 말한다.

1. 가맹본부의 가맹사업 경영에 필수적인 지식재산권의 보호에 관한 사항
2. 가맹본부가 가맹점사업자에게 정기적으로 실시하는 교육 · 훈련의 준수에 관한 사항. 다만, 가맹점사업자가 부담하는 교육 · 훈련비용이 같은 업종의 다른 가맹본부가 통상적으로 요구하는 비용보다 뚜렷하게 높은 경우는 제외한다.

② 법 제13조 제4항 단서에서 "대통령령으로 정하는 부득이한 사유"란 다음 각 호의 어느 하나에 해당하는 경우를 말한다.

1. 가맹본부나 가맹점사업자에게 파산 신청이 있거나 강제집행절차 또는 회생절차가 개시된 경우
2. 가맹본부나 가맹점사업자가 발행한 어음 · 수표가 부도 등으로 지급거절된 경우
3. 가맹점사업자에게 중대한 일신상의 사유 등이 발생하여 더 이상 가맹사업을 경영할 수 없게 된 경우

[전문개정 2008. 1. 31.]

第15조(가맹계약의 해지사유) 법 제14조 제1항 단서에서 "대통령령이 정하는 경우"란 다음 각 호의 어느 하나에 해당하는 경우를 말한다. <개정 2008. 1. 31, 2010. 10. 13.>

1. 가맹점사업자에게 파산 신청이 있거나 강제집행절차 또는 회생절차가 개시된 경우
2. 가맹점사업자가 발행한 어음 · 수표가 부도 등으로 지불정지된 경우
3. 천재지변, 중대한 일신상의 사유 등으로 가맹점사업자가 더 이상 가맹사업을 경영할 수 없게 된 경우
4. 가맹점사업자가 공연히 허위사실을 유포함으로써 가맹본부의 명성이나 신용을 뚜렷이 훼손하거나 가맹본부의 영업비밀 또는 중요정보를 유출하여 가맹사업에 중대한 장애를 초래한 경우
5. 가맹점사업자가 가맹점 운영과 관련되는 법령을 위반하여 이를 시정하라는 내용의 행정처분(과징금 · 과태료 등의 부과처분을 포함한다)을 통보받고도 행정청이 정한 시정기한(시정기한을 정하지 아니한 경우에는 통보받은 날부터 10일) 내에 시정하지 않는 경우
6. 가맹점사업자가 가맹점 운영과 관련되는 법령을 위반하여 자격 · 면허 · 허가 취소 또는 영업정지 명령(15일 이내의 영업정지 명령을 받은 경우는 제외한다) 등 그 시정이 불가능한 성격의 행정처분을 받은 경우. 다만, 법령에 근거하여 행정처분을 갈음하는 과징금 등의 부과 처분을 받은 경우는 제외한다.
7. 가맹점사업자가 법 제14조 제1항 본문에 따른 가맹본부의 시정요구에 따라 위반사항을 시정한 날부터 1년(계약갱신이나 재계약된 경우에는 종전 계약기간에 속한 기간을 합산한다) 이내에 다시 같은 사항을 위반하는 경우. 다만, 가맹본부가 시정을 요구하는 서면에 다시 같은 사항을 1년 이내에 위반하는 경우에는 법 제14조

제1항의 절차를 거치지 아니하고 가맹계약이 해지될 수 있다는 사실을 누락한 경우는 제외한다.

8. 가맹점사업자가 가맹점 운영과 관련된 행위로 형사처벌을 받은 경우
9. 가맹점사업자가 공중의 건강이나 안전에 급박한 위해를 일으킬 염려가 있는 방법이나 형태로 가맹점을 운영하는 경우
10. 가맹점사업자가 정당한 사유 없이 연속하여 7일 이상 영업을 중단한 경우

제16조(자율규약의 심사요청) 가맹본부 또는 가맹본부를 구성원으로 하는 사업자단체는 법 제15조 제2항의 규정에 의하여 자율규약의 심사를 요청하고자 하는 때에는 공정거래위원회에 다음 각 호의 사항을 기재한 서면과 심사요청의 대상이 되는 자율규약의 사본을 제출하여야 한다.

1. 심사요청인의 주소와 성명
2. 자율규약의 제정배경
3. 자율규약의 주요 골자와 그 취지

제16조의2(가맹점사업자피해보상보험계약 등) ① 법 제15조의2 제1항에 따라 가맹본부가 체결하는 가맹점사업자피해보상보험계약 등(이하 "피해보상보험계약 등"이라 한다)은 다음 각 호의 사항을 충족하여야 한다.

1. 가맹본부의 가맹금반환의무의 불이행 등으로 인한 가맹점사업자의 피해를 보상하는 내용일 것
2. 피보험자 · 채권자 또는 수익자는 해당 가맹본부와 가맹계약을 체결하거나 체결할 예정인 가맹점사업자 또는 가맹점사업자가 지정한 자로 할 것
3. 계약금액은 예치가맹금 이상으로 할 것
4. 정당한 사유 없이 가맹점사업자의 의사표시 방법을 제한하거나 가맹점사업자에게 지나친 입증책임을 지우지 아니할 것
5. 정당한 사유 없이 피해보상의 범위나 보험자 · 보증인 · 공제조합 또는 가맹본부의 책임을 한정하지 아니할 것
6. 계약기간은 2개월 이상으로 하고, 정당한 사유 없이 쉽게 계약을 해지할 수 있도

록 하여 가맹점사업자에게 불이익을 주지 아니할 것

7. 그 밖에 가맹점사업자에게 예상하기 어려운 위험이나 손해를 줄 염려가 있거나 부당하게 불리한 약정을 두지 아니할 것
8. 보험금 · 보증금 또는 공제금은 해당 가맹본부와 가맹계약을 체결하거나 체결할 예정인 가맹점사업자 또는 가맹점사업자가 지정한 자가 직접 수령할 수 있도록 할 것

② 제1항 외에 가맹본부가 경영하는 가맹사업의 특성에 따른 피해보상보험계약 등의 구체적인 기준이나 피해보상의 내용 · 절차와 보험의 표지 사용 등에 필요한 세부사항은 공정거래위원회가 정하여 고시할 수 있다.

[본조신설 2008. 1. 31.]

제16조의3(공제조합의 인가 등) ① 법 제15조의3 제1항에 따른 공제조합을 설립하려는 때에는 10명 이상이 발기인이 되어 정관을 작성하고 창립총회의 의결을 거쳐 공정거래위원회에 인가를 신청하여야 한다.

② 제1항에도 불구하고 특정 업종에 속하는 가맹본부만을 조합원으로 하는 공제조합을 설립하려는 때에는 발기인이 10명 미만이라도 해당 업종에 속하는 가맹본부 총수의 10분의 1 이상의 발기인이 있으면 제1항에 따른 절차를 진행할 수 있다.

③ 공정거래위원회는 제1항에 따른 인가를 한 때에는 이를 공고하여야 한다.

[본조신설 2008. 1. 31.]

제16조의4(공제조합의 정관기재사항) ① 법 제15조의3 제6항에 따른 정관기재사항은 다음 각 호와 같다.

1. 목적
2. 명칭
3. 사무소의 소재지
4. 출자금과 그 납부방법 및 그 지분계산에 관한 사항
5. 조합원의 자격과 가입 · 탈퇴에 관한 사항

6. 조합원의 권리 · 의무에 관한 사항
7. 자산 및 회계에 관한 사항
8. 총회에 관한 사항
9. 운영위원회에 관한 사항
10. 임원 및 직원에 관한 사항
11. 융자에 관한 사항
12. 업무와 그 집행에 관한 사항
13. 정관의 변경에 관한 사항
14. 해산과 남은 재산의 처리에 관한 사항
15. 공고의 방법에 관한 사항

② 공제조합이 정관을 변경하려는 때에는 민법 제42조 제2항에 따른다.

[본조신설 2008. 1. 31.]

제16조의5(공제조합의 운영 및 감독) ① 공제조합은 매 사업연도가 지난 후 2개월 이내에 결산을 마치고 해당 사업연도의 공제실적 등을 포함한 사업실적보고서 및 대차대조표 · 손익계산서를 포함한 결산보고서를 3월 31일까지 공정거래위원회에 제출하여야 한다.
② 공제조합은 제1항에 따라 공정거래위원회에 제출한 대차대조표와 손익계산서를 주사무소(지부가 있으면 포함한다)에 갖추어 두고, 대차대조표는 공고하여야 한다.

[본조신설 2008. 1. 31.]

제17조 삭제 <2008. 1. 31.>

제18조(협의회의 회의) ① 법 제16조에 따라 가맹사업거래분쟁조정협의회(이하 "협의회"라 한다)의 위원장이 법 제19조 제1항에 따른 전체회의를 소집하거나 공익을 대표하는 위원이 같은 항에 따른 소회의를 소집하려는 때에는 관계 위원들에게 회의개최 7일 전까지 회의의 일시 · 장소 및 안건을 서면으로 통지하여야 한다. 다만, 긴급을 요

하는 경우에는 그러하지 아니하다. <개정 2008. 1. 31.>

② 협의회의 회의는 공개하지 아니한다. 다만, 위원장이 필요하다고 인정하는 때에는 분쟁당사자 그 밖의 이해관계인에게 방청하게 할 수 있다.

제19조(분쟁조정의 신청) ① 법 제22조 제1항의 규정에 의하여 분쟁의 조정을 신청하고자 하는 자는 다음 각 호의 사항이 기재된 서면을 협의회에 제출하여야 한다.

1. 신청인과 피신청인의 성명 및 주소(분쟁당사자가 법인인 경우에는 법인의 명칭, 주된 사무소의 소재지, 그 대표자의 성명 및 주소를 말한다)
2. 대리인이 있는 경우에는 그 성명 및 주소
3. 신청의 이유

② 제1항의 규정에 의한 서면에는 다음 각 호의 서류를 첨부하여야 한다.

1. 분쟁조정신청의 원인 및 사실을 증명하는 서류
2. 대리인이 신청하는 경우 그 위임장
3. 그 밖에 분쟁조정에 필요한 증거서류 또는 자료

제20조(대표자의 선정) ① 다수인이 공동으로 분쟁의 조정을 신청하는 때에는 신청인 중 3인 이내의 대표자를 선정할 수 있다.

② 제1항의 규정에 의하여 신청인이 대표자를 선정하지 아니한 경우 위원장은 신청인에게 대표자를 선정할 것을 권고할 수 있다.

③ 신청인은 대표자를 변경하는 때에는 그 사실을 지체 없이 위원장에게 통지하여야 한다.

제21조(분쟁조정신청의 보완 등) ① 위원장은 제19조의 규정에 의한 분쟁조정의 신청에 대하여 보완이 필요하다고 인정될 때에는 상당한 기간을 정하여 그 보완을 요구하여야 한다.

② 제1항의 규정에 의한 보완에 소요된 기간은 법 제23조 제3항 제2호의 규정에 의한 기간에 이를 산입하지 아니한다.

제22조(분쟁조정의 거부 및 중지하는 내용 등) 법 제23조 제2항 제3호에서 "대통령령이 정하는 사항이 발생하는 경우"라 함은 다음 각 호의 어느 하나에 해당하는 경우를 말한다. <개정 2008. 1. 31.>

1. 신청인이 정당한 사유 없이 기한 내에 분쟁조정신청을 보완하지 아니한 경우
2. 신청의 내용과 직접적인 이해관계가 없는 자가 조정신청을 한 경우
3. 신청인이 부당한 이익을 얻을 목적으로 조정신청을 한 것으로 인정되는 경우
4. 분쟁의 성격상 조정을 하는 것이 적당하지 아니하다고 인정되는 경우
5. 신청인이 같은 사안에 대하여 같은 취지로 2회 이상 조정신청을 한 경우
6. 신청인이 협의회에서 이미 끝난 분쟁조정과 같은 사안을 공정거래위원회에 신고하여 다시 협의회에 넘겨진 경우

제23조(분쟁조정의 종료 등) 협의회는 법 제23조 제4항의 규정에 의하여 조정을 거부 또는 중지하거나 조정절차를 종료한 경우에는 다음 각 호의 사항이 기재된 분쟁조정종료서를 작성한 후 그 사본을 첨부하여 공정거래위원회에 보고하여야 한다.

1. 조정신청인의 주소 · 성명
2. 조정대상 분쟁의 개요

가. 가맹사업거래 당사자의 일반현황
나. 가맹사업거래의 개요
다. 분쟁의 경위
라. 조정의 쟁점(가맹사업거래 당사자의 의견을 기술한다)

3. 조정의 거부 · 중지 또는 종료사유(법 제23조 제2항 및 제3항 각호에 규정된 사유별로 상세하게 기술한다)

제24조(분쟁당사자의 사실확인 등) ① 협의회는 법 제23조 제5항의 규정에 의하여 분쟁당사자에 대하여 출석을 요구하고자 하는 때에는 시기 및 장소를 정하여 출석요구일 7일 전까지 분쟁당사자에게 통지하여야 한다. 다만, 긴급을 요하거나 출석의 통지를

받은 자가 동의하는 경우에는 그러하지 아니하다.

② 제1항의 통지를 받은 분쟁당사자는 협의회에 출석할 수 없는 부득이한 사유가 있는 경우에는 미리 서면으로 의견을 제출할 수 있다.

第25조(분쟁의 조정 등) 협의회는 법 제24조 제1항의 규정에 의한 분쟁의 조정이 성립된 경우에는 다음 각 호의 사항이 기재된 조정조서를 작성한 후 그 사본을 첨부하여 조정결과를 공정거래위원회에 보고하여야 한다.

1. 조정신청인의 주소 · 성명
2. 조정대상 분쟁의 개요

가. 가맹사업거래 당사자의 일반현황
나. 가맹사업거래의 개요
다. 분쟁의 경위
라. 조정의 쟁점(가맹사업거래 당사자의 의견을 기술한다)

3. 조정의 결과(조정의 쟁점별로 기술한다)

第26조(분쟁당사자의 지위승계) ① 협의회는 조정절차가 종료되기 전에 분쟁당사자가 사망하거나 능력의 상실 그 밖의 사유로 절차를 계속할 수 없는 경우에는 법령에 의하여 그 지위를 승계한 자가 분쟁당사자의 지위를 승계하게 할 수 있다.

② 제1항의 규정에 의하여 분쟁당사자의 지위를 승계하고자 하는 자는 서면으로 협의회에 신청하여야 한다.

③ 협의회가 제2항의 규정에 의한 신청을 받은 때에는 지체 없이 이를 심사하여 승계 여부를 결정하고, 그 내용을 신청인에게 서면으로 통지하여야 한다.

第27조(소제기 등의 통지) 분쟁당사자는 분쟁조정신청 후 당해 사건에 대하여 소를 제기하거나 「중재법」 제8조에 따른 중재합의를 한 때에는 지체 없이 이를 협의회에 통지하여야 한다. <개정 2008. 1. 31.>

제27조의2(협의회의 운영세칙) 이 영에 규정된 것 외에 협의회의 조직 · 운영 · 조정절차 등에 필요한 사항은 협의회의 심의 · 의결을 거쳐 협의회의 위원장이 정한다.

[본조신설 2008. 1. 31.]

제28조(가맹거래사 자격시험) ① 공정거래위원회는 법 제27조에 따른 가맹거래사 자격시험(이하 "시험"이라 한다)을 제1차 시험과 제2차 시험으로 구분하여 매년 1회 이상 실시한다. <개정 2008. 1. 31.>

② 공정거래위원회는 시험을 시행하고자 할 때에 시험의 일시 · 장소 · 방법 · 과목 · 응시자격 및 응시절차 등 필요한 사항을 시험시행일 30일 전에 「신문 등의 진흥에 관한 법률」 제9조 제1항에 따라 전국을 보급지역으로 등록한 일반일간신문 등에 공고하여야 한다. <개정 2008. 1. 31, 2010. 1. 27.>

③ 제2차 시험은 제1차 시험에 합격한 자 또는 제1차 시험을 면제받은 자에 한하여 응시할 수 있다.

④ 시험방법은 다음 각 호에 의한다.

1. 제1차 시험은 선택형으로 하되, 기입형을 가미할 수 있다.
2. 제2차 시험은 논문형으로 하되, 기입형을 가미할 수 있다.

⑤ 제1차 시험 및 제2차 시험의 과목은 [별표 3]과 같다.

⑥ 제1차 시험에 합격한 자에 대하여는 다음 회의 시험에 한하여 제1차 시험을 면제한다.

⑦ 시험의 합격자는 매과목 100점을 만점으로 하여 매과목 40점 이상, 전 과목 평균 60점 이 상을 득점한 자로 한다.

⑧ 공정거래위원회는 시험의 합격자가 결정된 때에는 이를 관보에 게재하고, 합격자에 대하여는 합격증서를 교부하여야 한다.

⑨ 시험에서 부정행위를 한 자에 대하여는 그 시험을 정지하거나 무효로 하고, 그 시험시행일부터 3년간 응시자격을 정지한다.

⑩ 시험의 응시자격, 시험방법, 시험문제의 출제, 시험합격자의 결정 등 시험의 시행에 관하여 필요한 사항을 심의하기 위하여 공정거래위원회에 가맹거래사시험위원회를

둘 수 있다. <개정 2008. 1. 31.>

⑪ 그 밖에 시험관리에 관하여 필요한 사항은 공정거래위원회가 정하여 고시한다.

[전문개정 2004. 3. 22.]

제29조(응시수수료) ① 시험에 응시하고자 하는 자는 공정거래위원회가 정하는 금액의 응시수수료를 납부하여야 한다.

② 공정거래위원회는 제1항에 따른 응시수수료를 납부한 자가 시험 응시 의사를 철회할 경우에는 응시수수료의 전부 또는 일부를 반환하여야 한다. <개정 2008. 1. 31.>

③ 응시수수료의 반환에 필요한 사항은 공정거래위원회가 정하여 고시한다. <신설 2008. 1. 31.>

[전문개정 2004. 3. 22.]

제29조의2 삭제 <2004. 3. 22.>

제30조(가맹거래사의 실무수습) ① 가맹거래사의 실무수습 기간은 100시간 이상으로 한다. <개정 2008. 1. 31.>

② 실무수습의 구체적인 내용, 기간 및 방법 등은 공정거래위원회가 정하여 고시한다.

[전문개정 2004.3.22]

제31조(자격증의 교부) ① 공정거래위원회는 가맹거래사의 자격을 갖춘 자에게 자격증을 교부한다. <개정 2008. 1. 31.>

② 가맹거래사 자격증의 교부에 관하여 필요한 사항은 공정거래위원회가 정하여 고시한다. <개정 2008. 1. 31.>

[전문개정 2004. 3. 22.]

제32조(가맹거래사의 등록 등) ① 법 제29조 제1항에 따라 가맹거래사등록을 하려는 자

는 공정거래위원회가 정하는 바에 의하여 등록신청서를 공정거래위원회에 제출하여야 한다. <개정 2008. 1. 31.>

② 공정거래위원회는 제1항에 따른 등록신청이 있는 때에는 가맹거래사등록부에 다음 각 호의 사항을 기재하고 신청인에게 등록증을 교부하여야 한다. <개정 2008. 1. 31.>

1. 가맹거래사의 주소 · 성명 및 주민등록번호
2. 사무소의 명칭 및 소재지
3. 등록번호
4. 그 밖에 공정거래위원회가 정하는 사항

③ 가맹거래사등록을 한 자가 제2항에 따라 교부받은 등록증을 잃어버리거나 그 등록증이 못 쓰게 된 때에는 재교부신청서를 공정거래위원회에 제출하여야 한다. <개정 2008. 1. 31.>

④ 제3항의 규정에 의하여 등록증의 재교부를 받은 후 잃어버렸던 등록증을 발견한 때에는 지체 없이 이를 반환하여야 한다.

⑤ 그 밖에 가맹거래사의 등록 및 등록갱신에 필요한 세부사항은 공정거래위원회가 정하여 고시한다. <신설 2008. 1. 31.>

제32조의2(교육기관의 지정기준) 법 제31조의2 제2항에서 "대통령령으로 정하는 시설 · 인력 및 교육실적 등의 기준"은 [별표 4]와 같다.

[본조신설 2008. 1. 31.]

제33조(시정권고절차) 법 제34조 제1항의 규정에 의한 시정권고는 다음 각 호의 사항을 명시한 서면으로 하여야 한다.

1. 법 위반 내용
2. 권고사항
3. 시정기한
4. 수락 여부 통지기한

5. 수락거부 시의 조치

제34조(과징금의 산정방법 등) ① 법 제35조에서 "대통령령이 정하는 매출액"이란 해당 가맹본부의 위반행위 바로 전 3개 사업연도의 평균매출액을 말한다. 다만, 해당 사업연도 초일 현재 사업을 시작한 지 3년이 되지 아니하는 경우에는 사업을 시작한 날부터 위반행위 바로 전 사업연도 말일까지의 매출액을, 해당 사업연도에 사업을 시작한 경우에는 사업을 시작한 날부터 위반행위일까지의 매출액을 연간 매출액으로 환산한 금액으로 한다.

② 그 밖에 과징금의 부과절차에 필요한 세부사항은 공정거래위원회가 정하여 고시한다.

[전문개정 2008. 1. 31.]

제35조(손해배상책임 등의 준용제한) 법 제37조 제3항 단서에서 "대통령령이 정하는 경우"란 다음 각 호의 어느 하나에 해당하는 경우를 말한다.

1. 법률을 위반한 사업자의 연간 매출액이 10억 원 미만으로서 위반행위의 파급효과가 1개의 시 · 군 · 구 지역에 한정되는 경우
2. 법률을 위반한 사업자가 가맹금을 반환하는 등 스스로 위반행위를 시정한 결과 시정조치의 실익이 없는 경우

[전문개정 2008. 1. 31.]

제36조(권한의 위임과 위탁) ① 공정거래위원회는 법 제39조 제2항 제1호에 따라 가맹정보시스템의 구축 · 운영 업무를 다음 각 호의 어느 한 기관에 위탁할 수 있다.

1. 「독점규제 및 공정거래에 관한 법률」 제48조의2에 따른 한국공정거래조정원
2. 민법 제32조에 따라 주무관청의 허가를 받아 설립된 가맹본부 또는 가맹점사업자의 사업자단체
3. 그 밖에 공정거래위원회가 고시로 정하는 시설 · 인력 등의 기준을 충족하는 법인

이나 단체

② 공정거래위원회는 법 제39조 제2항 제2호에 따라 가맹거래사 자격시험의 시행 및 관리 업무를 「한국산업인력공단법」에 따른 한국산업인력공단에 위탁한다.

[전문개정 2008. 1. 31.]

제37조(과태료의 부과기준) ① 법 제43조 제6항 및 제7항에 따른 과태료의 부과기준은 [별표 5]와 같다.

② 공정거래위원회는 [별표 5]에 따라 산정된 과태료를 그 위반행위의 정도, 위반횟수, 위반행위의 동기와 결과 등을 고려하여 그 해당 금액의 2분의 1의 범위에서 경감하거나 가중할 수 있다. 다만, 가중하는 때에는 법 제43조 제6항 및 제7항에 따른 과태료 금액의 상한을 초과할 수 없다.

[전문개정 2010. 10. 13.]

부칙 <제22446호, 2010. 10. 13.>

제1조(시행일) 이 영은 공포 후 3개월이 경과한 날부터 시행한다. 다만, 제5조 및 제5조의7의 개정규정은 공포한 날부터 시행한다.

제2조(가맹계약서 기재사항에 관한 적용례) 제12조의 개정규정은 이 영 시행 후 최초로 체결되거나 갱신된 가맹계약부터 적용한다.

제3조(가맹계약 해지의 제한에 관한 적용례) 제15조의 개정규정은 이 영 시행 후 최초로 가맹계약 해지 사유가 발생한 경우부터 적용한다.

제4조(정보공개서 등록에 관한 특례) 공정거래위원회는 이 영 시행 후 가맹본부가 [별표 1] 제2호 바목 · 아목, 제3호 다목부터 바목까지 · 사목3) 및 아목의 기재사항을 변경하려는 경우에는 제5조의3 제2항의 개정규정에도 불구하고 30일 이내에 등록절차를

수행할 수 있다.

제5조(과태료 부과기준에 관한 경과조치) 이 영 시행 전의 행위에 대하여 과태료의 부과기준을 적용할 때에는 종전의 예에 따른다.

에필로그

국가자격 가맹거래사 소개 및 사회적 책임에 대한 당부의 글

가맹거래사는 가맹사업거래의 공정화에 관한 법률에 의하여 다음의 업무를 수행하는 국가자격사를 말합니다.

1. 가맹사업의 사업성에 관한 상담이나 검토
2. 정보공개서와 가맹계약서의 작성 및 수정에 관한 상담이나 자문
3. 가맹점사업자의 부담, 가맹사업 영업활동의 조건 등에 관한 상담이나 자문
4. 가맹사업당사자에 대한 교육 · 훈련에 관한 상담이나 자문
5. 가맹사업거래 분쟁조정 신청의 대행
6. 정보공개서 등록 신청의 대행

우리나라의 자영업주비중은 25.8%로 OECD국가 평균 13.8%의 약 1.8배(2007년 기준)로서 과잉경쟁상황이 일어나고 있습니다. 이른바, 창업과 폐업이 반복되는 다산다사(多産多死)의 구조를 띠고 있으며, 생계형 창업, 과당경쟁 등으로 전반적인 수익성은 지속적으로 악화되고 있는 것이 현실입니다. 이러한 현실에 대해 가맹사업관련 유일한 국가자격사로서 역할의 중요성에도 불구하고, 많은 가맹거래사들은 단순히 정보공개서나 가맹계약서 관련 업무에 치중하고 있는 것 같습니다. 그러나 가맹사업이 국가경제에서 차지하는 비중(2008년도 매출은 약 77조 원으로 GDP의 약 7.5%를 차지)을 볼 때 단순히 정보공개서 관련 업무에 그쳐서는 안 될 것입니다.

국가경제에서 차지하는 가맹거래사 역할의 중요성을 인식하고 가맹사업의 발전을 위해 모든 역량을 집중하여야 할 것이고 그로부터 창출되는 수익을 만끽하되, 일정 부분은 사회에 환원할 수 있어야 할 것입니다.

사회환원의 방법은 열거할 수 없을 정도로 많이 있을 것입니다만, 그중에서도 재무구

조가 열악한 가맹본부나 가맹점사업자들을 위한 무료상담 등을 생각할 수 있습니다. 중요한 것은 단순히 돈을 벌기 위한 가맹거래사가 아니라, 가맹거래를 발전시켜 많은 일자리를 창출시키고 종국에는 국민경제발전에 보탬이 되겠다는 마음가짐을 갖고 업무를 하는 것만으로도 사회공헌은 이루어질 수 있다고 생각합니다.

부디 원대한 포부와 사명감을 가진 멋진 가맹거래사가 되시기를 기원합니다.

사항색인

공정거래위원회에 의한 분쟁해결 331

(ㅇ)

(ㅈ)

장준근

아주대학교 경영대학원(MBA)
국민투자신탁주식회사 국제부
현대투자신탁주식회사 국제영업팀
제7회 가맹거래사 합격(공정거래위원회)

현) 프랜차이즈사업체 운영
가맹거래사협회 정회원
중소기업청 자영업컨설턴트

E-mail: lawchang@naver.com

'프랜차이즈 사업자가 알아야 할 쉽고, 체계적인 가맹사업법 해설'

알기 쉽게 해설한 가맹사업법

초판인쇄 | 2011년 6월 17일
초판발행 | 2011년 6월 17일

지 은 이 | 장준근
펴 낸 이 | 채종준
펴 낸 곳 | 한국학술정보(주)
주 소 | 경기도 파주시 교하읍 문발리 파주출판문화정보산업단지 513-5
전 화 | 031) 908-3181(대표)
팩 스 | 031) 908-3189
홈페이지 | http://ebook.kstudy.com
E-mail | 출판사업부 publish@kstudy.com
등 록 | 제일산-115호(2000. 6. 19)

ISBN 978-89-268-2300-2 93360 (Paper Book)
978-89-268-2301-9 98360 (e-Book)

어담 Books는 한국학술정보(주)의 지식실용서 브랜드입니다.

책에 대한 더 나은 생각, 끊임없는 고민, 독자를 생각하는 마음으로 보다 좋은 책을 만들어갑니다.